中国烟草年鉴

1981·1990

中国烟草年鉴协办单位：

玉溪红塔（集

红　　河

团）有限责任公司

卷 烟 厂

中国烟草总公司 国家烟草专卖局 历届领导

李益山

段成章

袁行思

江明

寻兴华

党铁山

南屏

马尔赤

陆胜

金茂先

刘治光

关政林

陈元勤

1981－1990年

亲切关怀

——党和国家领导视察烟草企业剪影

国务院领导同志１９８７年１２月２２日接见全国烟草专卖局局长、烟草公司经理会议部分代表

江泽民主席１９８９年１０月在“中国工业四十年成就展”期间参观天津卷烟厂的产品

李鹏总理参观营口卷烟厂的产品

宋平同志在安徽视察烟草工作

乔石同志1990年视察红安卷烟厂

姚依林同志在宝鸡卷烟厂视察

李瑞环同志视察华美卷烟有限公司

丁关根同志1989年11月28日视察华美卷烟有限公司

亲切关怀

——党和国家领导视察烟草企业剪影

乔石同志视察郴州卷烟厂

朱镕基副总理接见无锡太极烟草公司领导

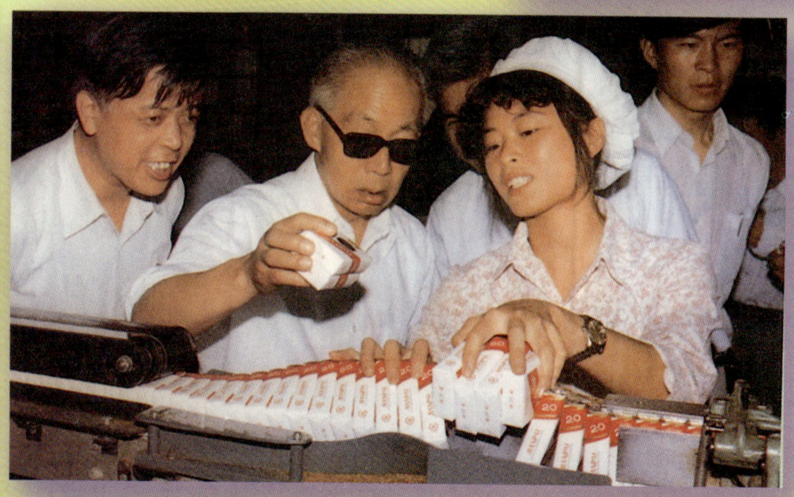

陈丕显同志视察龙岩卷烟厂

邹家华同志视察梅州卷烟厂

万里同志参观浙江烟草“雄狮杯”网球赛

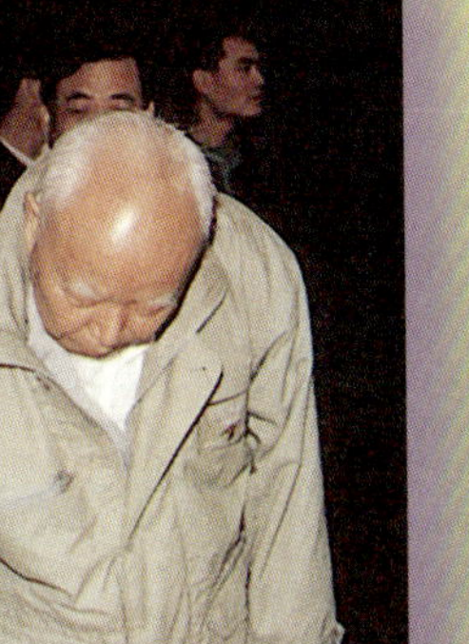

秦基伟同志1989年5月视察红安卷烟厂

倪志福同志在长沙卷烟厂视察

王恩茂同志1990年10月31日视察新疆卷烟厂

地址：河北省保定市烟厂路8号　　邮政编码：071000

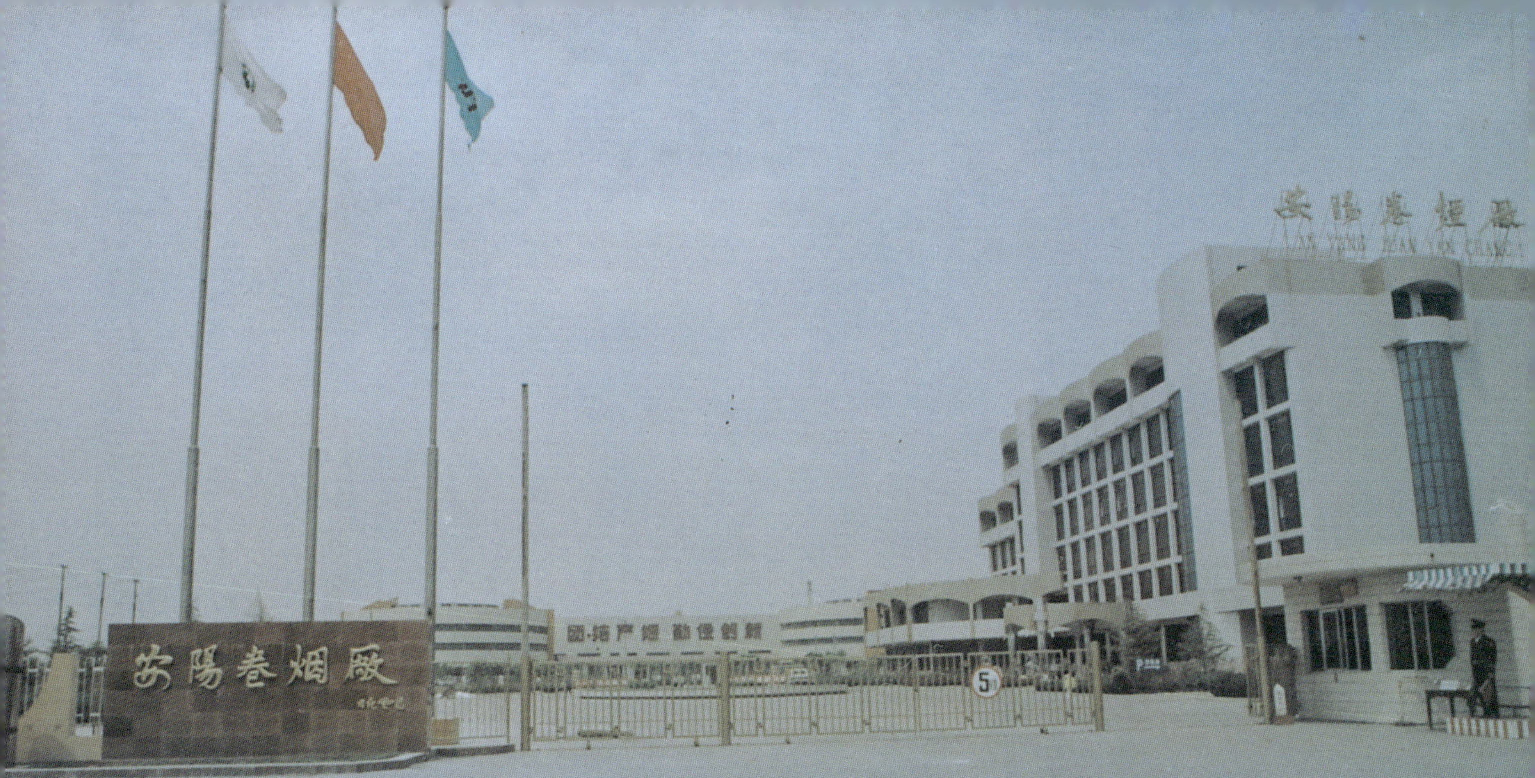
安陽卷烟廠

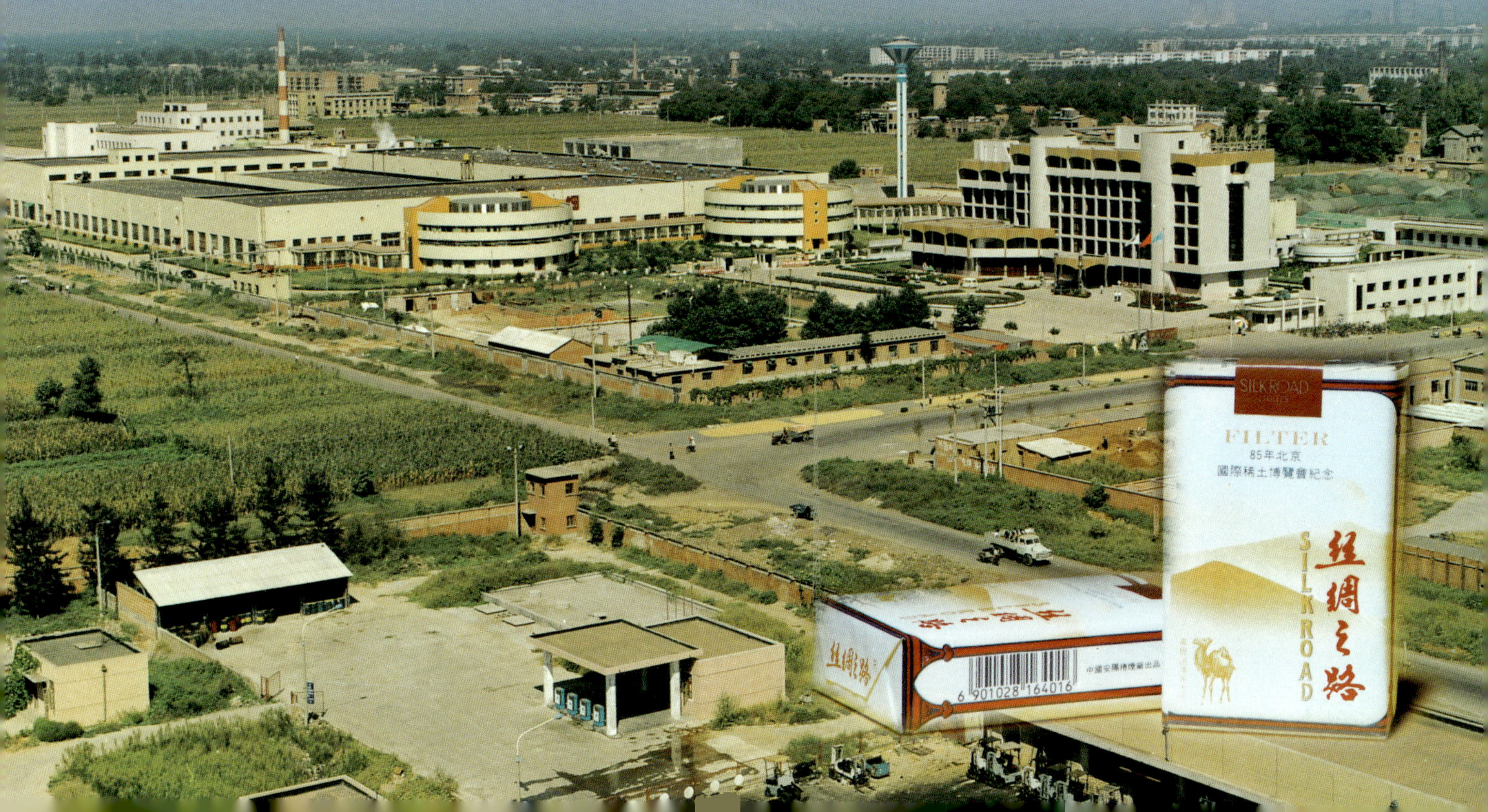
SILKROAD
FILTER
丝绸之路
SILKROAD

《中国烟草年鉴》编辑委员会

《中国烟草年鉴》编辑部

《中国烟草年鉴》编辑部联系地址：

北京市崇文区天坛东门体育馆路 11 号 4 楼

联系电话：(010)67125311

传　　真：(010)67125308

邮　　编：100061

中国烟草年鉴

(1981—1990年)

目 录

企业篇

主编的话

继1996年12月出版《中国烟草年鉴》（1991—1995年）之后，经过一年的努力，今天又给广大读者奉上一期1981至1990年的《中国烟草年鉴》。

本期《年鉴》是在《烟草管理体制改革十周年》的基础上，经过补充、修订、编辑出版的，其主要目的是为了与1996年出版的《年鉴》相衔接，保持烟草管理体制改革后历史记载的完整性。

由于时间相隔较远，部分资料难以收集，深感缺憾。但从总体上看，它还是比较全面地反映了我国烟草行业“六五”、“七五”期间的发展状况。

总结过去，是为了开拓未来。我们计划在此基础上，逐步过渡到每年出版一期《年鉴》，希望全国烟草行业的广大职工，继续关心《年鉴》、支持《年鉴》，使《中国烟草年鉴》越办越好。

为了进一步加强对《中国烟草年鉴》工作的领导和管理，经领导同意，并与各有关烟草企事业单位协商，目前已组成(筹备)“中国烟草年鉴第一届理事会”，计划在适当时候召开理事会议，制订有关章程。理事长、副理事长和常务理事名单，将在下期刊登。

编辑说明

一、《中国烟草年鉴》是反映我国烟草事业发展状况的大型工具书，由国家烟草专卖局主办，国家局办公室主编，经济日报出版社出版。

二、本期年鉴由“亲切关怀”、“特载”、“综合篇”、“省市篇”、“企业篇”、“法规篇”、“组织人事篇”、“人物篇”、“文化篇”等9个部分组成。

①“亲切关怀”——用珍贵的图片资料反映了党和国家领导人视察烟草行业的重要活动。

②“特载”——主要刊登了党和国家领导同志“七五”期间对烟草行业的重要指示。同时，选登了国家烟草专卖局主要负责人的工作报告和重要讲话。

③“综合篇”——以《十年改革，十年巨变》为题，综合介绍了我国烟草行业在“六五”、“七五”十年间取得的巨大成就。同时，以“大事纪”的形式记录了1981年至1990年中国烟草界的主要活动。

④“省市篇”——按行政区划排列顺序，分别介绍了各省、市、自治区和计划单列市烟草系统“六五”、“七五”期间的工作情况。

⑤“企业篇”——重点介绍了全国56个卷烟厂、复烤厂和烟草配套企业“六五”、“七五”期间的发展状况。

⑥“法规篇”——选载了“六五”、“七五”期间国家颁布的和国务院各部、委发布的有关烟草工作的法律、法规和政策。

⑦“组织人事篇”——重点介绍了国家烟草专卖局、中国烟草总公司和省级烟草专卖局、省烟草公司“六五”、“七五”期间的机构沿革和党政领导成员历次变动情况。

⑧“人物篇”——主要介绍了全国烟草系统第一届先进集体、劳动模范名单。

⑨“文化篇”——通过“吸烟与健康”、“产品简介”和“轶闻趣事”栏目，分别介绍了烟草的药用价值、我国部分名牌卷烟的特点和少数民族烟俗趣闻。

三、本期年鉴的主要文稿，由有关部门撰写，并经过该部门领导审核。其中一些重要的文稿还送交国家烟草专卖局有关领导或有关部门审核过。因此，所有资料翔实可靠。个别数字由于统计口径不同而出现的不尽一致，使用时应以统计部门的数字为准。

四、本期年鉴在编辑出版过程中，得到了各方面的领导、专家、有关人士和烟草企业的热情鼓励和支持。在此我们深表感谢。由于编辑力量和水平的关系，缺点和错误在所难免，欢迎广大读者批评指正。

1998·1990

CHINA TOBACCO ALMANAC

中国烟草年鉴

特载

全国烟草专卖局长、公司经理会议在北京召开

田纪云副总理主持中央财经领导小组办公会议，听取和讨论全国烟草专卖局长、公司经理会议的汇报。

国务委员张劲夫、王丙乾同志出席会议开幕式。张劲夫同志作重要讲话。国家烟草专卖局局长、中国烟草总公司总经理李益三同志作工作报告和会议总结讲话。

会议号召全国烟草行业的广大职工为实现“七五”奋斗目标、为完成1986年计划而团结奋斗，多做贡献。

全国烟草专卖局长、公司经理会议于1986年3月4日至11日在北京召开。这次会议，是在“七五”计划刚刚开始，也是在全国烟草行业全部组建上划，中国烟草总公司已基本形成经济实体的形势下召开的。参加会议的有各省级（包括计划单列市）烟草专卖局和烟草公司的负责人、部分大中型烟厂的厂长以及科研教育、烟草贸易中心等单位的代表；国务院有关部委及新闻单位也应邀出席了会议，共210人。这是我国烟草行业的历史上一次具有重要意义的会议。

会议传达学习了赵紫阳总理、姚依林副总理在全国计划会议、经济工作会议上的重要讲话和有关文件；进一步贯彻国务院国发［1985］144号文件精神，制定烟草行业的“七五”奋斗目标和措施；会议在总结1985年工作和交流经验的基础上，安排了1986年的工作任务。

党和国家对烟草行业十分重视。国务委员张劲夫、王丙乾以及轻工部部长杨波、国家计委副主任刘中一、国家经委副主任盛树仁、财政部副部长迟海滨等领导同志出席了会议开幕式。张劲夫同志作了题为《满足消费，增加积累》的重要讲话，分析了烟草行业所面临的形势和任务，对烟草行业的工作提出了希望和要求。

国家烟草专卖局局长、中国烟草总公司总经理李益三同志作了题为《加强宏观调节，改革产品结构，努力把烟草行业的经济效益提高到一个新的水平》的报告，总结了1985年的工作，提出了烟草行业的“七五”奋斗目标和工作重点，安排了1986年的工作。副局长、副总经理马尔赤同志作了《搞好销售，促进生产》的报告。总公司政治工作部主任党铁山同志和纪检组副组长刘治光同志，分别就加强领导班子建设和端正党风党纪的问题作了发言。中国烟草学会副理事长兼秘书长郑旭同志就努力做好学会工作的问题也作了发言。

会议交流了各地和各方面的工作经验。黑龙江省烟草公司等10个单位作了大会发言，还有十几个单位作了书面发言。代表们认真总结了几年以来，特别是1985年各地的实践经验。主要是：(1) 发挥专卖体制优势，加强集中统一管理，对行业发展实行宏观控制，统筹安排，是振兴烟草行业的根本措施；(2) 根据市场需要，抓紧调整产品结构，提高烟叶和卷烟质量，努力增产名优产品，大力开发新产品，是提高经济效益的中心环节；(3) 理顺经济关系，改革不合理的规章制度，落实经济政策，是增强企业活力，特别是增强大中型企业活力的关键；(4) 发展横向经济联合，在产供销各个环节，扩大技术经济协作，是发挥优势，扬长避短，提高整体经济效益的方向；(5) 按照社会主义商品经济的客观要求，在流通领域组织产销见面，实行计划供应与自由选购相结合，是避免封销，搞活流通的有效途径。

经过讨论，代表们进一步明确了烟草行业的“七五”奋斗目标和1986年的主要任务。根据国务院的要求，1990年卷烟产量为2600万箱（其中：甲级烟520万箱，滤嘴烟1000万箱，铝箔纸包装烟2200万箱），比1985年实际增长11%；烟叶收购量（包括晾晒烟）为3500万担（其中上等烟叶10%），比1985年实际略有下降；“七五”累计实现税利750亿元，比“六五”实际完成增加250亿元，增长50%；“七五”累计出口创汇5亿美元，比“六五”实际完成增长50%以上。1986年的主要任务是：卷烟产量2350万箱（其中：甲级烟240万箱，滤嘴烟400万箱，铝箔纸包装烟1300万箱）；卷烟销量2350万箱；烟叶收购量（包括晾晒烟）3200万担，上中等烟叶达到75%，

其中上等烟叶达到5－6%；实现税利130亿元；完成出口创汇9000万美元。

代表们一致认为，在烟草行业已经全部组建上划，形成经济实体的形势下，应该集中精力抓好行业的内部建设。大家认真讨论了总公司制定的《关于烟草行业内部管理的若干意见》（征求意见稿），提出了很多很好的修改意见。建议总公司在此基础上，进一步调查研究，充实完善，尽快形成正式文件下发执行。同时，要求各企、事业单位也要本着改革的精神，紧密结合本单位的实际情况，切实抓好自身建设。

代表们认为：当前烟草行业的形势很好，完成“七五”和1986年任务的有利条件很多。但是，困难和压力也还不小。我们要按照会议提出的要求，进一步动员烟草行业的广大职工，加强两个文明的建设，改善经营管理，挖掘内部潜力，积极争取地方各级政府和有关部门的领导和支持，为实现“七五”奋斗目标和完成1986年任务而团结奋斗，多做贡献。

3月12日，会议刚刚结束，中央财经领导小组就召开了办公会议。田纪云副总理、国务委员张劲夫同志，国务院秘书长陈俊生同志，副秘书长白美清、阎颖同志，财经领导小组副秘书长王维澄同志，以及有关部委领导同志听取和讨论了全国烟草专卖局长、公司经理会议的汇报，并对解决烟草行业存在的有关问题作出了重要指示。总公司李益三、马尔赤、江明、袁行思等同志出席。这充分体现了党中央和国务院对烟草行业的极大关怀和巨大鼓舞。

会议期间，新华社、中央电视台、中央人民广播电台、人民日报、经济日报等新闻单位，都对会议情况进行了报道。

满足消费　增加积累

——张劲夫同志在全国烟草专卖局长、公司经理会议上的讲话

（1986年3月4日）

同志们：

这次会议的中心议题是，贯彻《中共中央关于制定国民经济和社会发展第七个五年计划的建议》精神，集中讨论在“七五”期间坚持改革，加强管理，提高企业素质，保证产品质量，使甲级名牌烟有较快的发展。我参加今天的会议，心里很高兴。高兴的是，我国烟草行业在“六五”计划期间为国家做出了较大贡献，5年上交税利总和500亿元，活跃了市场，满足了人民消费。特别是1982年烟草公司成立以来，经济效益连年递增，1985年创造了上交税利120.6亿元的好成绩，为历史最好水平。这些成绩的取得，一方面说明了我国烟草行业的广大职工，包括各级管理人员和科技工作者是有理想、有抱负、有干劲的，胸怀四化大业，齐心努力工作。同时，各地政府、各有关部门给予烟草行业很大的支持；另一方面，也说明了党中央、国务院关于建立国家烟草专卖体制，对烟草行业实行集中统一经营管理的决策，是非常正确的。可以说，没有广大职工的主观努力，没有各地各有关部门的支持，没有集中统一管理的客观条件，烟草行业是不会取得这样好的成绩的。

同志们，我国当前的经济形势是很好的。党中央关于“七五”计划的建议中指出：“争取我国财政经济状况根本好转的任务已经基本实现，国民经济开始出现持续、稳定、协调发展的新局面，展现了良性循环的前景”。小平同志、耀邦同志、紫阳同志以及中央其他领导同志在前一阶段的多次重要讲话中，都对当前的形势作了精辟的分析和实事求是的评价。

这里，我想就烟草行业所面临的形势和任务谈一些看法。前面已经讲到，“六五”期间我国烟草行业取得了较好的成绩。那么，“七五”期间所面临的形势如何呢？我想，可以概括为这样

三句话：条件很好，任务很重，压力很大。

讲条件很好，首先是整个经济形势将持续、稳定、协调发展，这必将为烟草行业创造很好的客观条件。其次是，烟草行业本身进行了体制改革，烟草总公司已基本形成经济实体，各方面的工作开始走上轨道。国务院（1985）144号文件明确规定将国家烟草专卖局改为国务院直属局。所有这些，都为“七五”期间烟草行业的发展创造了有利的条件。

讲任务很重，主要是指烟草行业的经济效益在“七五”期间要有一个大的提高、大的突破。国务院要求，烟草行业5年税利总和要达到750亿元，将比“六五”期间净增250亿元，增长50%。为了实现这一奋斗目标，需要大家从各方面、各环节上扎扎实实地做好工作，努力奋斗。

讲压力很大，不仅是指任务重，而且更主要地是指人民的消费要求越来越高，世界烟草科技发展的步子也越来越大，而我们的产品结构、技术水平和生产条件还有很多不够适应的地方。因此，我国烟草行业的发展面临着一定的困难和压力。但是，我们要把压力变为动力。

针对以上情况，怎样进一步做好工作呢？我想，要重点抓住以下几个方面：

第一，必须发挥集中统一管理的优势，加强宏观控制。国务院多次强调指出，烟草及其制品是一种特殊的消费品，烟草行业是一个特殊的行业。这种特殊性，就决定了烟草行业必须实行国家专卖政策，而不能自由竞争，盲目发展。从烟叶种植到卷烟生产，都要严格执行计划，不能一哄而上。烟草总公司要根据《烟草专卖条例》的规定，发挥集中统一管理的优势，加强宏观控制和调节，以便“有计划地发展生产，提高质量，改善供应，调节消费，增加积累”。各部门、各地区都要从大局出发，积极支持烟草总公司的工作，保证烟草专卖政策的贯彻执行。同时，对于企业和生产者，要按照统筹兼顾的原则，给予合理的物质利益，以进一步调动他们的积极性。对于需要照顾地方的合理利益要按政策给予照顾，以利调动地方的积极性。

第二，必须积极开发新产品，努力减少吸烟的危害性，使卷烟生产朝着优质、高档和低焦油安全烟的方向发展。人民消费水平的提高，吸烟要照顾健康问题的呼声，都对卷烟生产的发展提出了新的要求。因此，烟草行业必须适应形势发展的要求，制订正确的生产经营决策。在产品质量上，要坚持以优取胜，让消费者“信得过”；在产品结构上，要努力增加高档卷烟的比重，特别是加快甲级名牌卷烟的生产，以缓和高档卷烟供不应求的矛盾；在产品类型上，要积极开发和大力发展混合型、低焦油和中草药疗效烟，以提高吸烟的安全性。我们要积极采用新配方、新工艺、新技术，努力减少烟草中的有害物质，从照顾消费者的健康出发，研制出更多的安全型新产品。应当强调的是，利用我国中草药资源而研制的卷烟，是具有中国特色的卷烟新产品，北京卷烟厂生产的中南海、长乐等疗效烟，在日本筑波国际博览会上，受到日本消费者的欢迎，引起了国际上的重视。现在其他一些国家也要求购买。我们还要进一步加以改进和提高，扶持其积极发展。

第三，必须狠抓原料基础，努力增产上中等烟叶。影响高档卷烟发展的主要因素，就是上中等烟叶供应不足，特别是上等烟叶太少。这个问题解决不好，行业的发展就会受到影响。因此，烟草总公司要采取有力措施，协同各地和农业部门提高烟叶质量，努力把上等烟叶抓上去，“七五”期间尽快实现上等烟叶的比例达到10%的目标。适宜种植烟叶的地区，在提高质量的前提下，可有计划地逐步发展。不适宜种植的地区，要严格限产，要坚决按计划办事。同时，在原料调拨和使用上，要适当照顾调出地区的利益，对调入地区与调出地区统筹兼顾，合理安排。各地要认真执行原料调拨计划，保证重点企业和甲级名牌卷烟的生产需要，使有限的上等烟叶发挥更大的作用。

第四，必须加强横向联合，发展共同牌号的生产。各种形式的横向经济联合，是经济体制改革和经济生活中的一件新事物，它的好处很多。就烟草行业来说，加强横向联合的必要性也是很突出的。目前，我国卷烟的牌号很多，而真正的名牌产品又很少；整个卷烟工业的生产能力很大，而名牌产品的生产能力又相对有限。一方面上等烟叶供应不足；另一方面有些烟厂优材劣用，原料高配方，产品低档次。这些情况就清楚地表明了，只有加强企业之间的横向联合，才能扬长避短，才能有效地利用现有的原料和生产条件，多生产一些优质名牌卷烟，多提高一些经济效益。同时，开展横向联合，也有利于企业之间互相学习，互相促进。有利于使管理比较落后的企业，改变面貌、提高素质。例如：四平卷烟厂通过和昆明卷烟厂一年的联合生产，已经摘掉了连续三年零八月的亏损帽子，实现了扭亏增盈，使一个濒临倒闭的企业，出现了生机和活力。在加强横向联合的问题上，希望发挥两个积极性：一是大力支持厂际之间的自主联合；二是烟草总公司和省公司也要出面做些组织牵头工作。希望总结一些好的典型经验，大力加以推广。

第五，必须加快技术进步的步伐，走以内涵扩大再生产为主的路子。我国烟草行业的技术装备比较落后，技术力量也比较薄弱。近几年来，虽然引进了一些先进设备，但在总水平上与发达国家比较，仍有较大差距。为了实现“七五”奋斗目标，烟草行业必须加快技术改造的步伐，国家也要给予一定的支持。但是，立足点和发展方向必须明确，这就是立足于国内，立足于挖掘行业内部的潜力，少花钱、多办事。“六五”期间，烟草行业已引进了一批卷接包设备和制丝生产线。“七五”期间还要从国外再引进一些技术设备。但主要精力要抓好消化吸收和国产化的工作，在借鉴别人经验的基础上，靠自己武装自己。烟草行业的新技术开发工作也要抓紧，要开放技术市场，扩大技术交流，加快科研成果向生产转化的速度，推动烟草科技事业的发展。

第六，必须坚持改革方针，进一步理顺烟草行业内部的各种关系。坚持改革方针，是“七五”计划的首要指导原则。烟草行业的发展，也必须把改革放在首位。从大的方面讲，建立国家烟草专卖体制是整个经济体制改革的重要组成部分。但在具体方面，还需要烟草行业扎扎实实地搞好内部改革。目前，省级烟草公司的组建和上划工作已经基本完成，在人财物、产供销、内外贸实行集中统一管理的前提下，应当建立哪些规章制度？如何做到既有利于宏观控制，又有利于微观搞活？需要大家很好地研究。烟草总公司已经提出了一个加强行业管理的初步意见，希望大家集思广益，使之完善并贯彻施行。

同志们，今年是“七五”计划的第一年，也是关键的一年。我们把第一年的头开好了，后几年的工作就会顺利一些。希望同志们认真贯彻党的全国代表会议精神，“团结奋斗，再展宏图”，为满足人民消费需要，为国家建设增加积累，做出更大的贡献。

加强宏观调节　改革产品结构 努力把烟草行业的经济效益 提高到一个新的水平

——李益三同志在全国烟草专卖局长、公司经理会议上的报告（摘要）

（1986年3月4日）

这次会议以《中共中央关于制定国民经济和社会发展第七个五年计划的建议》为指导，贯彻全国计划会议、经济工作会议、技术进步会议和国务院［1985］144号文件精神，总结1985年工作，交流经验，讨论《关于烟草行业内部管理的若干意见》，部署1986年的工作任务。

一、关于1985年工作情况

1985年，烟草行业在中央、国务院有关部委领导和各地党政部门支持下，在整党和改革的推动下，经济体制改革逐步深入，产供销协调发展，技术进步速度加快，经营管理水平提高，经济效益持续增长，是形势比较好的一年。

1985年，全国生产卷烟2345.1万箱，为年计划的111.7%，比1984年增长11.1%；销售卷烟

2200.5万箱，比1984年增长7.9%；烟叶预计整个生产年度可收购3600万担，超过计划22.8%；完成工业总产值143.7亿元，比1984年增长16.6%；实现税利120.6亿元，比1985年增长11.6%。

1985年是第六个五年计划的最后一年。整个“六五”计划期间，卷烟产量由1980年的1520万箱提高到2345.1万箱，增长了54.3%；卷烟销售量由1468万箱提高到2200.5万箱，增长50%；烟叶收购量由1393.6万担提高到3600万担，增长了158%；工业总产值由81亿元提高到143.7亿元，增长了77.4%。5年间，累计实现税利504.5亿元，比原计划420亿元增收84.5亿元。为改善市场供应，回笼货币，积累建设资金，做出了较大的贡献。

1985年，各项工作都有一定进步，取得了不少经验。比较突出的是以下几个方面：

（一）实行管理体制改革，完成组建上划，形成了经济实体。中央、国务院决定对全国烟草行业实行国家专卖体制，由总公司集中统一经营管理，是国家整个经济体制改革的一个重要组成部分。在国务院有关部委的大力支持和各省、自治区、直辖市人民政府的配合下，上划工作逐步深入，全国28个省市区烟草公司的组建上划工作已经全部完成，标志着全国烟草行业集中统一经营管理的经济实体已经形成，进入了一个新的时期。这是一件具有历史意义的大事。

（二）调整产品结构，提高产品质量，优质名牌卷烟增长幅度较大。各地认真贯彻中央财经领导小组关于增产甲级烟的指示精神，采取各种措施，努力增产甲级烟和适销对路的卷烟。1985年全国生产甲级烟195.1万箱，比1984年增长了44.6%。占总产量的8.3%；生产乙级烟1055.9万箱，比1984年增长了17.3%；甲乙级烟合计占总产量的53.34%，都突破了历史最好水平。许多卷烟厂积极组织力量研究开发混合型低焦油卷烟、中草药疗效烟、外香型卷烟，开发了50多个新品种，并努力改进包装装潢，搞出了一批新的装潢设计和包装，向高档化、多规格、系列化、礼品化发展，多数新品种投放市场后受到好评。各地还认真开展了卷烟产品质量大检查，针对存在的问题，严格执行《卷烟工艺规范》，健全充实质量检验机构，完善检测手段，抓紧工序检查和成品把关，重视信息反馈，树立质量第一、信誉至上的办厂方针，使卷烟质量稳定提高，基本上扭转了一度出现的质量不稳，外观下降的趋势。

（三）烟叶实行科学种植和管理，质量有提高，上中等烟比重有增加。各地认真贯彻“计划种植、主攻质量、优质适产”的方针，使烟叶生产出现了可喜的变化。1985年收购的烟叶，上等烟占3.1%，中等烟占67%，上中等烟叶比重首次突破了70%大关，而且烟硷含量提高，单叶重量增加，化学成分比例趋向协调。由于烟叶质量提高，1985年全国烤烟平均每担收购价由84元提高到90元，估计全国烟农收入比1984年增加7亿元。1985年烤烟收购金额31亿元，为国家提供税收12.4亿元。

（四）理顺经济关系，落实经济政策，为烟草行业的发展增添了生机和活力。经过我们积极争取和国务院有关部委大力支持，已经落实的经济政策有：

1. 工业企业列入总公司计划的技术改造项目，其贷款用新增利润归还，不足部分可以用新增产品税归还；

2. 商业企业为了加强商品养护、减少霉变损失所需的营业设施建设的贷款，可以用新增利润归还，使流通建设资金来源有了希望；

3. 卷烟包装材料继过滤嘴和对铁、木、竹、塑包装材料免税后，又解决了对改进包装装潢所用的透明纸、白板纸、白卡纸、金拉线等比原精软包装费用增加部分的免税问题；

4. 为增产甲级烟，对列入国家计划的进口烟叶差价部分，由使用的企业就地申请财政补贴；

5. 对上划企业第二步利改税核定方案，得到财政部支持，获得比较合理的留利水平；

6. 上划企业利润，实行由省级公司集中解缴，既可避免截留利润，便于掌握基层经营状况，也有利于对计划亏损企业加强管理，合理弥补；

7. 在企业工资改革中，烟草企业职工工资类别从三类产业调改为二类产业，解决了多年来存在的不合理状况；

8. 经过积极争取，我们行业有14个企业列入全国搞活大中型企业的试点行列，企业设备折旧率从4.2%提高到6%，固定资产折旧基金全部留给企业，并减免调节税，进一步提高企业自我改造、自我完善的能力。

（五）发展横向经济联系，加强技术经济协作有了重大进展。1985年全国有22个省、市72个卷烟企业之间，通过有偿技术转让，统一工艺配方，组织了56个牌号的联合生产，产量达到80万箱，促进了双方共同繁荣和发展。还有一些工厂与科研单位、原料产地一起，联合建设原料基地；有的协作建设零配件生产点，进行物资余缺调剂；有的通过招标形式组织技术攻关。1985年总公司在郑州举办第一次技术成果交易会，对于沟通信息、开发技术市场起了一定作用。全行业已经出现了多渠道、多层次、多种形式的横向经济联系的新格局。

（六）基本建设和技术改造工作进展比较顺利。1985年，由于国家压缩基本建设、紧缩银根、削减外汇以及建筑材料涨价等因素，给基建、技改工作带来很大困难。经过多方奔走呼吁，筹集基金，1985年总公司安排基建项目38个，资金13670万元，安排技术改造项目98个，资金16285万元，外汇额度3000万美元，保证了横包机、制丝生产线等技术改造项目的顺利实施，还建成了50万平方米国家储备库和37.5万平方米简易库。

（七）扭亏增盈工作效果显著。1985年，在国家审计署的帮助下，总公司审计部会同一些省市烟草公司对全行业中13个亏损企业进行了经济效益审计。通过抓典型厂，开展自审自查等活动，帮助亏损企业找出原因，提高认识，制订扭亏增盈措施，加强经营管理，13户中已有9户扭亏为盈，4户亏损减少，由1984年合计亏损2085万元，变为1985年盈利316万元。

（八）进口工作有了一个良好的开端。1985年，是烟草进出口公司组建并开展工作的第一年，在几乎白手起家的情况下，进出口公司和各分公司认真贯彻党和国家对外贸易的各项方针政策，边组建、边学习、边工作，在较短的时间里疏通了渠道，理顺了关系。1985年，经贸部给我们下达的出口计划是6300万美元，经过努力，实际出口烟叶19000吨，出口卷烟（含旅游烟）40万件，共创外汇7786万美元，超额23.5%完成了出口创汇任务。

（九）烟草专卖工作进一步得到加强。1985年各级烟草专卖局大张旗鼓地宣传、贯彻《烟草专卖条例》，配合有关部门关停计划外烟厂，整顿批发机构，打击投机倒把，查禁冒牌假烟，取缔手工卷烟。据统计，共发放各种许可证210多万个，处理各种违章案件12万起，收缴罚没款一千余万元，焚烧冒牌假烟30万多条，巩固了专卖体制，维护了国家和消费者利益。

（十）疏通流通渠道，购销两旺，库存合理。据不完全统计，1985年全国平均每县有批发点（包括代批点）2.5—3个，零售点全国有213万个，从城市到农村基本上形成了销售网络。1985年12月末，全国工商库存卷烟395.7万箱，相当于2.1个月的销售量，库存合理。

几年来的实践，特别是1985年各地的实践充分说明：发挥专卖体制优势，加强集中统一管理，对行业发展实行宏观控制，统筹安排，是振兴烟草行业的根本措施；根据市场需要，抓紧调整产品结构，提高烟叶和卷烟质量，努力增产名优产品，大力发展新产品，是提高经济效益的中心环节；理顺经济关系，改革不合理的规章制度，落实经济政策，是增强企业活力，特别是增强大中型企业活力的关键；发展横向经济联合，在产供销各个环节，扩大技术经济协作，是发挥优势，扬长避短，提高整体经济效益的方向；按照社会主义商品经济的客观要求，在流通领域组织产销见面，实行计划供应与自由选购相结合，是避免封锁，搞活流通的有效途径。

1985年，总公司和各省市区公司的内部建设有了相当的进展，逐步建立健全各项规章制度，加强自身思想和业务建设以及标准化工作，相继搞出了新的卷烟、烤烟国家标准，组织了几亿元的物资调拨分配供应工作。全国第二次工业普查，由于各单位重视，进展比较顺利（另有专题报告）。全国性的企业整顿工作，财经纪律大检查等，都取得了很大成绩。对于提高企业素质，提高全行业的经济效益，起到了促进和推动作用。1985年各项成绩的取得，是国务院各有关部委和各省、自治区、直辖市政府对烟草行业关心支持的结果，也是全行业各级领导干部和几十万职工共同努力的结果。

二、“七五”任务和1986年主要工作

关于烟草行业的“七五”奋斗目标和工作重点，国务院［1985］144号文件已经给我们作了明确具体的规定，为烟草行业的发展制定了一系列方针政策，是指导我们行业工作的纲领。我们这次会议，就是要认真学习、深刻领会、全面落实这个文件精神。

国务院144号文件指出：“卷烟是一种特殊消费品，国家实行高税政策和专卖制度。为了做到合理调配烟叶，有计划安排生产，避免盲目发展，保证产品质量，提高经济效益，对烟草行业必须加强集中管理。中国烟草总公司要对烟草行业实行产供销和进出口统一经营。”国务院同意国家计委请示中提出的指标：1990年卷烟产量为2600万箱（其中：甲级烟520万箱，滤嘴烟1000万箱，铝箔纸包装烟2200万箱），比1985年实际增长11%；烟叶收购量（包括晾晒烟）为3500万担（其中上等烟叶10%），比1985年实际略有下降；“七五”累计实现税利750亿元，比“六五”实际完成增加250个亿，增长50%；“七五”累计出口创汇5亿美元，比“六五”实际完成增长50%以上。按照国务院要求，实现税利和出口创汇增长幅度高于产值增长幅度，产值增长幅度高于产量增长幅度，这是党中央、国务院交给我们的光荣而艰巨的任务。

根据紫阳同志提出的关于经济体制改革要“巩固、消化、补充、改善”的方针和国务院［1985］144号文件精神，我们当前工作的重点是：巩固完善改革成果，调整理顺经济关系，加强宏观调节，打基础，上水平，调整产品结构，改进生产经营管理，为改善市场供应，增加财政收入，实现“七五”目标创造条件。

1986年任务，总公司党组根据“七五”计划和市场预测的需求，经国家计委综合平衡，提出的奋斗目标是卷烟产量2350万箱（其中：甲级烟240万箱，滤嘴烟400万箱，铝箔纸精装烟1300万箱）；卷烟销量2350万箱；烟叶收购量（包括晾晒烟）3200万担；工业总产值（不包括烟叶复烤产值）150亿元；实现税利130亿元；出口创汇9000万美元。

围绕完成1986年的奋斗目标，并为下一步改革创造良好条件，今年要切实抓好以下几项工作：

（一）调整产品结构，提高产品档次，改进包装装潢，努力增产甲级烟、滤嘴烟、混合型低焦油烟，大力开发新产品，适应市场消费需要，是1986年卷烟工业的主攻目标。1986年要实现税利130亿元或者更多一些，比1985年增长7—8%，主要靠卷烟工业调整产品结构，提高产品档次增加收益。当前甲级烟、滤嘴烟供不应求，产需矛盾突出，计划今年增产甲级烟45万箱，比去年增长23%，滤嘴烟增产100万箱，比去年增长33%。各地要认真贯彻增产甲级烟生产会议精神，整顿牌号，除已定下来要保留的222个甲级烟牌号（其中烤烟型158个）外，其它牌号一律不得生产。要组织好定厂定牌号生产工作，原料、紧俏物资等分配要优先保证全国畅销名牌，兼顾地方名牌，要使畅销名牌甲级烟产量增长幅度超过一般甲级烟增长幅度。今年上半年要做好甲级烟全部接嘴的准备工作，从7月1日起甲级烟要全部滤嘴化。力争通过增产甲级烟、滤嘴烟、改进包装装潢，开发新技术，降低消耗，使卷烟工业平均单箱税利从1985年440元左右，1986年提高到470元以上。

（二）依靠政策和科学，坚决把上等烟叶抓上去。由于烟叶质量差，上等烟叶比重低，远远不能满足卷烟工业和出口的需要。各烟叶产区要继续深入贯彻“计划种植、主攻质量、优质适产”的方针，推广行之有效的经验，各项政策和措施都要围绕提高烟叶质量、增加上等烟比例作相应的调整。要实行择优安排生产，哪个地方生产的上等烟叶比重高，调出的上等烟叶多，就多安排哪个地方的烟叶生产。经过三、五年的努力，坚决把上等烟叶比例搞到10%以上。

1986年，上等烟叶要搞到5%（主要产区达到6%），上、中等烟叶要达到75%。

要结合贯彻新的烤烟国家标准，实行优质优价政策，运用价格杠杆引导烟农多产上等烟叶，提高烟叶品质。

烟叶生产收购要全面推行购销合同制，根据“以销定购、以购定产”的原则，控制种植面积，衔接产销，制订生产、收购、调拨计划，防止盲目发展。

要继续大力推广优良品种，改革复合化肥的供应分配办法，建设好原料基地和出口烟叶基地，并研究相应的扶持政策，使烟叶生产有一个可靠的基础。

在烟叶收购中，要严格按照国家标准和统一的价格，不准随意修改。要坚决制止毗邻省、县之间提级加价抢购的现象。有调出任务的省公司，一定要按照总公司统一的调拨计划执行。

（三）加强企业经营管理，发展横向联系，从改进企业管理中要质量、要效益。损失浪费大，消耗高，经济效益低，是我们烟草行业多数企业的通病。但是烟草制品的高额税收，掩盖了企业经营管理中的许多矛盾。这方面的潜力很大。从1984年财务决算资料对比看，同类企业，有的经济效益竟相差一倍以上。近几年新纳入计划的小烟厂，多数企业经济效益很低。

根据国家经委制定的《企业管理现代化纲要》，要在“七五”期间以大中型企业为骨干，建设具有中国特色的现代化企业管理体系。总公司委托上海卷烟厂和安徽、云南、黑龙江省烟草公司分别牵头，组织一部分企业参加，以提高质量、降低消耗为中心环节，研究制定烟草行业一、二、三级企业的等级标准，通过试点，在全行业开展上等级、创先进、全面提高企业素质活动。同时要积极发展横向联系，开展经济技术协作，促进生产力的发展，提高社会经济效益。初步衔接，今年全国联营加工 90 万箱，力争多发展一些。

当前，工业企业最低要做到消耗有定额、核算有依据、工艺生产控制有手段，开展车间、班组经济核算，定期的进行企业经济活动分析，减少损失浪费，降低原材料和能源消耗，卷烟厂的利润率（包括城建税）达到 7.5%以上。流通环节要做好市场预测，合理调拨运输，搞好仓储保管，改善经营管理，减少霉变损失，加快资金周转，使经营费用降低幅度 10%。力争卷烟工业企业今年实现税利 110 亿元以上，烟叶收购经营企业（含烟叶复烤企业）实现利税 14.5 亿元以上，卷烟批发企业实现税利 6 亿元以上，保证全行业实现税利 130 亿元。

（四）打基础、上水平，为烟草行业改变面貌创造条件。为了保证完成“七五”计划，为后十年发展增加后劲，必须十分注意技术进步，抓好以内涵为主的老企业技术改造和必要的基本建设。要用发达国家六、七十年代或七、八十年代的新技术和设备来装备重点骨干企业。

“七五”技术改造和基本建设的投资方向：一是为出口创汇、增产甲级烟、滤嘴烟的设施，重点是打叶复烤、制丝生产线、膨胀烟丝、膨胀梗丝、烟草薄片、烟用醋酸丝束及配套材料等；二是智力开发，科研、教育，省级质量检测站等；三是仓库和经营设施，以及为正常开展工作必需的其它设施。

“七五”技术改造要保重点，要抓好年税利在 1 亿元以上的 45 个大、中型骨干企业和保出口的复烤厂的改造（其中：列入国家计委限额以上的项目 17 个），而且要成龙配套，使其更好地发挥综合经济效益，扩大出口创汇能力。同时要加强消化、吸收和组织国产化的工作，加快国产化的进程。今后凡是国内能生产的设备一律不进口。技术改造要与投入产出挂钩，以取得最大经济效益为原则来考虑选择，不能单纯追求高速、高效、高度自动化。在当前情况下，要以采用先进适用的技术设备为主。

（五）端正业务指导思想，继续加强专卖管理。国务院颁发的《烟草专卖条例》是国家对烟草行业实行集中统一管理的行政法规，社会各行各业都要遵守，我们烟草行业内部更应模范地执行。当前，在少数烟草分公司、县公司和卷烟厂中，存在着一些违反《烟草专卖条例》的错误倾向。有的不执行国家指令性计划，层层加码，盲目生产；有的不顾禁令，支持计划外小烟厂变相生产；有的烟厂随意将烟叶降等降级，优料劣用，浪费资源；有的不按规定随意向系统外批发卷烟，扰乱市场；有的乱给回扣，低价竞销，甚至用非法手段推销产品；在紧俏产品的分配、供应上也存在漏洞，有些优质名牌卷烟被小贩弄到黑市上卖高价。这些问题应当引起各级领导高度重视，严肃对待。

今年，各级烟草专卖局在加强专卖管理工作中，要突出地抓一下在系统内部贯彻执行《烟草专卖条例》的问题。

首先要端正业务指导思想，树立全局观念和法制观念。要组织系统内各级干部认真重新学习《烟草专卖条例》，从理论和实际的结合上正确认识和处理好“专卖与改革”、“计划与搞活”、“局部与全局”的关系，模范地遵守专卖条例和财经纪律。

要严格执行国家指令性计划，服从统一的生产安排，在执行计划中遇到问题要及时请示报告，不得随意修改计划，盲目超产。

省级公司要加强对企业的工艺配方管理，合理用料，改进配方，充分利用有限的上等原料增产名牌甲级烟。

在烟叶和卷烟的分配调拨上，要保证重点，兼顾一般，实行计划与选购相结合，认真执行调拨计划，既要避免划地为牢，封锁市场，又要防止用不正当的竞争手段冲击市场，损害全局利益。

省级公司要对少数问题多的经营单位和一些新纳入计划的小烟厂认真进行整顿，帮助他们提高政治水平和经营管理水平，纠正错误做法。对少数严重违反专卖条例和财经纪律的要严肃处理。

各级烟草专卖局担负着对系统内外实行专卖管理的繁重任务，要进一步健全机构，充实力量，明确职责范围，建立办案程序，对系统外特别是系统内违反专卖条例的活动，加强监督检查，保证《烟草专卖条例》的贯彻实施。

（六）**做好进出口工作，努力扩大出口，完成创汇任务**。今年国家安排总公司市场外汇1.6亿美元，用来进口上等烟叶和烟用醋酸丝束、铝箔纸等物资，以补充国内供应不足。对进口的国内紧缺物资，生产企业要加强管理，降低消耗，进出口公司要按计划保质保量、及时地组织进口，物资部门要及时分配供应，保证生产需用。

今年出口创汇任务9000万美元，比去年计划增长42%，而且今后还要逐年增加。我们必须十分重视出口工作，要有计划地建立出口基地，组织好货源，加强国外市场的调查和对外销售工作，努力扩大出口，力争超额完成今年出口创汇任务。同时，继续抓好技贸结合和积极开展进出结合工作。

（七）**加强各级烟草公司的思想、组织、业务建设**。我们各级公司都是各部门来的同志，新组建的机构。我们要把精力集中到组织好生产、经营、建设和公司内部的建设上来。要加强思想政治工作，按照中央和各省、自治区、直辖市党委的部署，认真抓好端正党风，纠正不正之风。这个问题今年内总公司要抓几次，还要召开政治工作会议、纪律检查工作会议和审计工作会议，研究如何加强思想政治工作和加强监督检查工作，坚持两个文明一起抓。要进一步把各级公司的机构和班子建设好。要建立健全各项规章制度，在今年内要逐项制订出来并组织执行，使各项业务尽快走上正常的工作轨道。

中国烟草学会已于1985年5月正式成立。各省也要抓紧建立相应的组织，积极开展学术活动，对烟草行业当前存在的主要科技问题和经济管理问题多提建议。

（八）**改进作风，深入基层，大兴调查研究**。各级公司形成经济实体以后，责任更大，任务更重了，我们各级领导同志和广大机关干部，要树立为基层服务的思想，要深入基层、深入实际调查研究，研究新情况，解决新问题，帮助基层企业解决自身难以解决的问题，要关心职工生活，改善劳动条件，逐步解决职工住房、子女入托、上学等困难问题。总公司准备就全行业共同关心、比较突出的问题，进行重点调查研究，提出解决办法。

最后，特别要指出的是，企业虽然上划了，仍然要十分尊重和积极争取地方党政的领导，要多请示、勤汇报，主动征求有关部门的意见，共同努力完成党和国家交给我们的光荣而艰巨的任务。

李益三同志在全国烟草专卖局长、公司经理会议上的总结讲话

（1986年3月11日）

我们会议开了8天，今天就要结束了。这是全国烟草企业完成组建上划，开始形成经济实体以后的第一次会议。各省、自治区、直辖市和计划单列市的专卖局长、公司经理，一部分卷烟厂、复烤厂、原料基地、贸易中心、科研教育单位以及省级公司有关部门的负责人参加了会议，中央和国务院有关部委和总局、发展研究中心、银行、社会科学院、新闻单位的同志应邀出席会议，共210人。国务院领导同志对烟草行业非常重视，国务委员张劲夫、王丙乾同志，轻工业部杨波部长、计委刘中一副主任、经委盛树仁副主任、财政部迟海滨副部长等领导同志，在繁忙的工作中抽出时间参加了大会的开幕式，给了我们很大的鼓舞和支持。特别是张劲夫同志，在会上做了重要讲话，为烟草行业的发展指明了正确的方向，提出了更高的标准和要求，对于我们开好这次会议，努力开创烟草行业的新局面，具有非常重要的意义。

参加会议的代表,认真学习文件,深刻领会精神,围绕着张劲夫同志的讲话和总公司的工作报告,紧密联系工作实际,就如何加强专卖管理,增产上等烟叶和甲级卷烟,加快技术进步,加强企业管理,抓好科技教育,搞活商品流通,以及行业内部管理改革等问题,热烈发言,深入讨论,精神振奋,心情舒畅。各有关部门出席会议的同志,对烟草行业非常关心和支持,不少同志提出了很有参考价值的意见和建议。

与会代表认为,全国烟草行业正处在一个历史性的转折时期。会议开得非常及时,很有必要。总公司的工作报告,主题明确,重点突出,符合中央和国务院要求和行业的实际情况,抓住了行业发展的主要矛盾和关键环节,提出的目标和措施是积极可行的。许多代表说,这次会议,时间紧凑,内容丰富,问题议论得比较深透,收获很大:一是加深了对全行业大好形势的认识,统一了思想,提高了全局观念;二是明确了奋斗目标,增强了责任感和紧迫感;三是认清了主攻方向,学到了先进经验,坚定了完成任务的信心。在这次会议上,总公司提出的1986年和"七五"期间增产甲级烟、上等烟叶、实现税利等指标,落实得比较好。总的看,这次会议是成功的,达到了预期的目的。

为了把国务院的指示和这次会议的精神贯彻好,我再讲几点意见,有些问题再强调一下。

一、明确主攻方向,狠抓措施落实。

"七五"期间全行业的主攻方向是什么?概括地说,就是理顺经济关系,改革产品结构,改善市场供应,提高经济效益。

首先,总公司和省级公司要在理顺经济关系上多下功夫,加强宏观控制和调节,为整个行业的发展,创造一个良好的经济环境。一是解决集中统一管理的政策性问题。在继续加强专卖管理,运用行政和法律手段的同时,研究运用税收(改革税种、税率)、价格(实行优质优价)等经济调节手段,从根本上解决四个'失控"问题;二是搞好行业内部管理的改革。在专卖体制下把大中型企业搞活,增强企业进行技术改造和开发新技术、新产品的内在动力;三是行业发展的重大措施。如上划的收尾工作,1986年和"七五"期间基建、技改资金的落实,积压的下低等烟叶的处理,一些企业留利水平太低等问题;四是协调和处理好条块关系。充分调动中央和地方两个积极性,使地方各级组织一如既往地支持烟草行业。

改革产品结构,实质上就是以改革的精神调整烟叶和卷烟的品种等级结构。当前,我国人民生活水平正在从温饱型向小康型过渡,广东、东北等地出现的卷烟消费结构变化,是全国发展的必然趋势。我们在指导思想上,要按照贸——工——农的格局,从国内外市场的需要来组织工业生产,从卷烟厂的需要来组织烟叶生产。1986年和"七五"期间,改革产品结构要实现四个突破:一是甲级烟的产量要有大的突破。会上提出的增产甲级烟的措施,要各负其责,坚决落实。要进一步解放思想,发展横向经济联系,以优质名牌产品为龙头,扩大联合生产,保证1986年生产甲级烟240万箱,1990年达到520万箱,并力争超过。二是上等烟叶产量要有大的突破。提高烟叶质量,增加上等烟叶比重,是增产甲级烟和扩大出口的基础。现在上等烟比重太低,1990年达到10%也远远不够,要看到这个问题的严重性和紧迫性。烟叶生产分散在几百万烟农那里,生产周期长,受传统习惯和自然条件制约,工作难度相当大,是整个行业最突出的薄弱环节。各大产烟区省级公司要有一名主要负责同志亲自抓好这项工作,组织强有力的工作班子,充分发挥地方各级组织和农业科研单位的作用,下最大的决心把上等烟抓上去。烟叶要严格执行生产和调拨计划。这次会议上河南和山东的同志都提出,1986年要把上等烟搞到6%,上中等烟合计达到80%以上;贵州省提出上等烟达到6%,中等烟达到72%,都超过了总公司下达的指标,这种主动给自己压担子,迎着困难上的精神,很值得大家学习。三是低焦油卷烟要有大的突破。各研究所和有条件的卷烟厂要组织力量攻克技术难关,在今年内搞出赶上国际中档水平的产品。中草药卷烟的研制工作,要尊重科学,严格试验,请有权威的医学科研机构鉴定,集中几个牌号扩大生产。四是包装装潢上要有大的突破,在保证内在质量的前提下,大力改进包装装潢,发展系列产品,提高产品的经济价值,适应不同消费层次的需要。不少卷烟厂的经验证明,包装改进,身价提高,税利倍增,市场畅销。

搞好商品流通,对于指导生产和满足消费具有巨大的作用。各级销售部门和商业企业,要搞好市场调查和预测,及时反馈信息,实行计划分配与自由选购相结合,提高服务质量,加强商品保管养护,调剂品种余缺,改善市场供应,努力开拓农村市场。烟草贸易中心在调剂余缺等方面起到了一定作用,由于缺乏经验,也存在一些问题,要不断改进工作。我们增产的优质名牌卷烟,要执行调拨计划,要优先满足北京等大城市大宾馆、旅游饭店的需要,为国家多创外汇。

二、以提高质量降低消耗为中心,进一步加强企业管理。

近几年来,经过全面整顿和初步改革,工商企业的管理工作有了一定的改善。但是,从总体上说,我们的企业管理水平仍然不高。产品质量差,原材料消耗高,占用资金多,赢利水平低。我们有不少同志,对于技术落后这一面,看得比较清楚,而对于管理更为落后这一面,往往缺乏足够的认识,在加强企业管理上下的功夫不够。

1986年和“七五”期间,在加强企业管理中,要把提高质量,降低消耗做为中心环节来抓,坚决纠正单纯重视技术引进,轻视管理工作,重视产量产值,轻视产品质量的错误倾向。要处理好数量与质量的关系,牢固树立“质量第一”、“信誉第一”思想,领导机关不要给企业强压产量、产值,要体谅企业的困难,在数量与质量发生矛盾时,数量一定要服从质量。今年,各省至少要抓一个重点企业,实行全面质量管理,真正建立起一整套以预防为主的质量保证体系,企业领导和职工奖金要与质量好坏紧密挂钩,产品质量水平要以二级检测站的数据为准。今年二季度,总公司要对卷烟质量再进行一次抽查。各单位要高度重视,扎实地抓好各项工作,坚决消灭三类品,扩大一类品。

在企业现有的技术装备条件下,从各个环节抓紧点滴节约,降低原材料燃料消耗,这方面还是有很大潜力的。同样是遇到原材料涨价,杭州卷烟厂却能够通过加强管理工作,在企业内部消化涨价因素,使实现利润大幅度提高。杭州的经验具有典型意义,应大力学习推广。今年,物资和劳动部门,要针对行业特点,研究制定出节约主要原材料的奖励办法。

要加强计划、劳资、设备、物资、财务等管理工作,卷烟生产和卷烟调拨要严格执行指令性计划,不准层层加码随意超产和自销。要严格控制劳动力指标,搞好设备维护保养,注意安全生产。烟草行业家业很大,各级公司和企业要坚持勤俭节约、艰苦创业精神,加强财务物资管理,搞好经济核算,遵守财经纪律,精打细算,减少开支,堵塞漏洞和浪费。

三、把系统内部贯彻专卖条例做为一项重要工作来抓。

《烟草专卖条例》颁布以后,对于我们有计划地组织生产,改善供应,增加积累,发挥了重大作用。可以这样说,没有国家专卖制度,就不会有今天的大好形势。但是,也有少数同志对这一点缺乏足够的认识,有的人全局观念和法制观念很淡薄,为了局部地区或小单位的利益,公然违反条例规定,不执行国家指令性计划,盲目超产,低价竞销,冲击市场。湖北省有的小烟厂,成倍地超计划生产,用不正当的手段推销,靠地方退税掩盖亏损。最近,新华社记者反映,云南省昆明、玉溪卷烟厂,用紧俏产品与广东、四川等系统外单位串换物资,使大批优质名牌卷烟流入黑市,造成市场混乱,价格暴涨,消费者意见很大。在其它一些地方也存在国营商店缺好烟,小贩在黑市卖高价的现象。这些问题应当引起各级专卖局和工商企业的注意。

今年,各级烟草专卖局要对系统内部,认真进行一次深入地贯彻执行专卖条例的教育,对严重违反条例的单位进行检查和整顿,加强管理,堵塞漏洞。对损大公肥小公、损公肥私,严重违法乱纪的要严肃处理。同时,要坚决关停计划外烟厂,密切配合工商、物价、税务,交通、邮电、民航、公安、司法等部门,严厉打击投机倒把、假冒烟、高价黑市等不法行为,以维护国家和消费者的利益。

四、大力加强科研教育工作,抓好技术和人才开发。

加强科研教育工作,既是百年大计,又是当务之急。目前,我们行业约有大专以上科技人员3000余人,占职工总数的1%,远远低于机械、化工等行业。由于技术和管理干部严重不足,大批青年工人文化素质很低,使得全行业技术开发缓慢,对先进设备的承受能力很差,与当前的要求非常不适应。

科研工作要在调查研究的基础上,进一步修订“七五”科技规划,有条件的省和大中型卷烟厂都要建立科研机构,充实力量,完善试验手段,与生产实际密切结合,以提高质量、降低消耗为中心,抓紧研究制丝线的改造,推广打叶复烤、烟草薄片技术,开发和推广微机自动检测、控制系统。今年要建好全国质量检测中心站和一部分二级站,制定卷烟质量管理规范,加强对质量的监督检查。

教育工作要制定规划,实行分级管理,总公司负责筹建合肥农业经济学院,培养大专以上干部,有条件的省级公司要办中等专业学校,工厂要办好技工学校。省级公司和大中型企业都要有专人负责教育工作。要舍得下本钱,总公司、省公司、工厂几个方面筹集资金,支持办学。

要继续利用社会力量,通过选送代培、电大、业大、高等教育自学考试、组织青年工人轮训等不同形式，多层次、多渠道地开发智力，培训人才。“七五”期间，通过自己培训和争取国家分配，使全系统大中专以上的专业人员，每年增加一千多人，到1990年达到3%。

五、加强思想政治工作和监督检查工作。

烟草系统思想政治工作比较薄弱，纪检工作不健全，审计工作刚刚起步。由于党的关系在地方，我们很容易产生单纯依赖地方而放松自己的责任。小平同志说：“不加强精神文明建设，物质文明建设也要受破坏，走弯路。光靠物质条件，我们的革命和建设都不可能胜利”。我们要按照中央和地方党委的部署，积极主动地抓好思想政治工作，加强精神文明建设。

当前的不正之风，在经济领域中表现很突出。我们烟草行业，资金和商品周转量很大，由于管理制度不严，思想政治工作薄弱，漏洞和问题很多，刘治光同志讲的仅仅是一部分，有的问题更严重。行业的特殊性和产供销一体化，容易掩盖矛盾。讲这些的目的，是要引起大家的高度重视。

端正党风，纠正不正之风，首先要从领导机关、领导干部做起。总公司、省级公司要认真贯彻党中央召开的中央机关干部大会精神，开展党风大检查，领导干部要以身作则，加强组织性纪律性。各单位要做好准备，开好政治工作会议、纪律检查工作会议和审计工作会议。思想教育和监督管理双管齐下，力争在今年内实现烟草系统党风的基本好转。

要在开放和搞活的新形势下，大力加强思想政治工作，对广大干部和职工进行理想和纪律教育，克服“一切向钱看”的思想，激发爱国热情和建设社会主义积极性，保证各项生产建设任务的顺利完成。

六、关于会议精神的贯彻问题。

这次会议是在国务院144号文件下发不久，全国烟草企业完成上划、“六五”计划完成、“七五”计划刚刚开始的时候召开的。这次会议对于贯彻144号文件，加强宏观控制，进行管理改革，解决一系列经济政策，对产品结构进行大调整等等，提出了重大措施。贯彻好这次会议精神，意义很重要。所以一定要把会议精神贯彻好，真正贯彻到三十多万职工中去。

在贯彻中，要把国务院领导同志的指示传达贯彻好。国务委员张劲夫同志的讲话已经印发。田纪云副总理还要听取我们的汇报。国务委员在我们的会议上作重要讲话，这在烟草行业的历史上还是第一次。对于我们执行党和国家的方针政策，深化体制改革，完成“七五”任务是极为重要的。因此，各地同志回去以后，要把国务院领导同志的指示，把总公司对全行业的工作安排，向各地党政领导和经济管理部门做详细的汇报，积极主动地争取地方各级组织的支持。

这次会议上，各地同志带来不少好经验，由于时间关系，在大会上只讲了一部分，材料都印发了，希望大家认真学习，取长补短，使这些经验广泛传播。

各单位要根据国务院领导同志指示和总公司的部署，结合本地区、本单位的实际情况，制定出自己的“七五”规划和1986年工作计划，于4月底以前书面报告总公司。总公司准备在上半年就这次会议的有关文件搞出文件汇编。

最后，讲几个具体问题。

1. 关于行业内部管理的若干意见的征求意见稿，这次会议上大家又提出了不少好的修改意见，会后我们马上着手进行修改，报请有关领导部门核准，上半年正式印发执行。对行业进行集中管理，我们还没有经验，只能摸着石头过河，通过实践，不断修改补充，在执行中逐步完善。

2. 关于基建技改资金问题，大家都很关心，会议期间国务院同意给我们增加2个亿，1986年建设资金达到6.5亿元，总公司准备尽快开会具体安排落实下去。各地要按照上划协议，尽快把基数划上来，划上来的基数也是用于本省建设项目，基数未上划的，采取由总公司和所在省“两家抬”的办法解决。各地要抓紧向所在省计委、经委汇报，争取尽快落实这个问题。

3. 省级公司组建上划基本完成，但有一些省的内部组建上划工作尚未完成。要求河北、浙江、贵州、陕西、广东等省、区，要在今年内全部完成内部组建上划工作。

4. 工业普查工作，今年已进入正式填表、审表、汇总阶段，各地要按照国务院工业普查领导小组的统一部署和总公司的安排抓紧工作，保证质量，按时完成任务。下半年要拿出一批分析汇总资料，为行业加强宏观管理和企业经营管理，提供信息和基础资料。

5. 在讨论中，有的同志对党管干部的提法有不同看法，觉得似乎与厂长负责制矛盾。其实并不矛盾。我们讲党管干部是从组织工作角度讲的。推行厂长负责制，厂长有权任免职权范围内的行政干部，这是中央体制改革文件确定的。但是厂长任免干部也要事前作有组织的考察，征求同级党委的意见。我们讲党管干部，主要是强调党委要从组织上、思想上关心、教育、考察和正确选拔干部。

这次会议上，有些同志对总公司工作中存在的办事拖拉扯皮，工作质量和效率不高等问题提出了好的意见，这是对总公司的帮助和爱护。我们要进一步树立领导就是服务的思想，加强机关的思想和业务建设，健全规章制度，改变工作作风，提高办事效率，努力为基层服好务。

江明同志在全国烟草专卖局长、公司经理会议上的报告

（1987年2月26日）

这次会议的主要议题，是贯彻全国省长会议、经济工作会议精神和国务院〔1986〕103号文件，总结全国烟草行业1986年工作，交流经验，部署1987年的工作任务。

一、1986年的主要工作情况

1986年是“七五”计划的第一年，也是烟草行业完成组建上划的第一年。在党中央、国务院正确领导和各地党政领导的支持下，全国烟草行业广大职工积极进取，开拓前进，较好地完成了各项工作任务，取得了比较显著的经济效益，为全面完成“七五”计划创立了一个好的开端。

1986年工作的主要情况是：

（一）产销基本协调，经济效益持续提高

1986年，全国生产卷烟2568万箱，比上年的2345万箱增加223万箱，增长9.5%；全国销售卷烟2372万箱，比上年2209万箱增加168万箱，增长7.4%；全国烟草工业总产值166.2亿元，比上年143.7亿元增加22.5亿元，增长15.7%。

1986年，全行业实现税利145亿元，比上年的120.6亿元增长20%，提前一年超额完成了原订1987年的税利奋斗目标。税利增长超过20%的有：河北、山西、内蒙古、吉林、黑龙江、江苏、福建、湖北、湖南、广东、广西、四川、贵州、云南、陕西、甘肃、青海、宁夏和重庆。山东、河南税利基数大，去年由于烟叶受灾，受到一定影响。上海卷烟厂生产能力基本饱和，在不停产的情况下，更新改造了一车间的设备。杭州卷烟厂努力挖掘潜力，增产节约，去年实现税利突破3亿元，其中利润3200多万元，人均创税利16.9万元，成为全国经济效益最好的卷烟厂之一。去年，对亏损企业加强了审计，扭亏增盈工作取得较好效果，工商亏损企业由62户减到40户，亏损额由6061万元降为4191万元，减亏30%。

1986年，全行业的产值增长超过产量增长，税利增长又超过产值增长，这说明全行业经济效益是好的，是在良性循环的轨道上前进的。

（二）调整产品结构取得明显成效

1986年是全行业产品结构大调整的一年。各地认真贯彻国务院144号文件，为适应市场需求变化，把各方面的力量组织起来，在调整产品结构上狠下功夫，增产名优产品，开发适销对路的新产品，既丰富了市场供应，又提高了经济效益。

1986年，全国生产甲级烟280万箱，比上年增加85万箱，增长44%；生产乙级烟1182万箱，比上年增加127万箱，增长12%；甲乙级烟合计达到1463万箱，占总产量的57%；生产滤嘴烟469万箱，比上年增加163万箱，增长53.4%。卷烟平均单箱税利从1985年的468.6元提高到514.3元，仅调整产品结构一项就增加税利12亿元。

（三）端正生产经营思想产品质量提高

去年，在市场需求旺盛的情况下，有些企业一度出现忽视质量的倾向。个别企业领导不顾原材料供应的可能，盲目大上高档烟，企业管理混乱，质量严重下降，产品严重积压。总公司在省级公司经理通气会议上及时提出“约法三章”，果断地调整了个别卷烟厂的领导班子，引起各级公司和企业的高度重视。各地从端正经营思想入手，对产品质量进行认真整顿，迅速扭转了部分卷烟内在质量不稳、外观质量下降的问题。去年四季度，全国卷烟质量监测中心对81个重点牌号按部颁标准抽样检查，与同年二季度比较，一类品率从18.1%提高到43.2%，三类品率从50%下降到12.3%，消灭了不合格品。说明产品质量有了较大提高。但是，还有个别名优产品如上海的“中华”、“凤凰”和昆明的嘴“大重九”、嘴“茶花”，降为三类品，应当引起有关卷烟厂的高度重视。

(四)企业技术进步迈出新的步伐

去年，全行业完成基建技改投资9亿元，引进了一批新技术、新设备，竣工建筑面积97万平方米，改造了一批骨干企业。截止去年底，引进技、设备累计用汇约2亿美元，进口各种设备1086台(套)，更新改造了近五分之一的生产能力。

通过技贸结合引进了一批烟机软件和关键部件，全面铺开了消化吸收实现国产化工作。1986年已经造出MK-8卷烟机100台，质量尚可，价格比进口设备低40%，切丝机、装卸盘机等也都投入批量生产，不但节省了外汇，而且掌握了技术进步的主动权。去年11月的全国烟机订货上，各地订货474台(套)，全部完成以后，可节省外汇6800万美元。

去年，我们开始贯彻卷烟和烤烟国家新标准，修订了设备管理条例，制订了企业管理升级标准，建成一批二级质量检测站，自行设计制造的打叶复烤线通过鉴定，共同牌号甲级混合型卷烟的研制取得初步成果，一些企业开始将微型计算机用于财务管理、配方管理、生产过程控制和烟叶收购。所有这些，说明我国烟草行业的生产技术正在向新的水平推进。

(五)上中等烟叶比重有所增加

去年，烟叶产区在烤烟生产上下了很大功夫，全国推广种植良种面积达到94%，生产技术水平有新的提高，并建立了一批新的烤烟基地。黑龙江省种烟历史不长，由于领导重视，组织严密，工作扎实，措施得力，这几年烟叶生产搞得很有生气。云南在玉溪地区抓了14万亩优质烟叶示范区，平均亩产320斤，上等烟叶达到21%，中等烟叶达到66%。山东、河南、贵州等地积极与外国公司进行技术合作，在一些试验田里生产出接近国际水平的烟叶。去年，几个主要产烟区都遇到严重自然灾害，烟叶减产较多，到去年12月底，全国收购烤烟123万吨，为年度计划的80.8%。但烟叶质量和等级品率提高，去年12月底统计，上等烟占5.84%，中等烟占64.55%，上中等合计达到70%。

(六)改革流通体制　促进了销售工作

1986年，我们针对一些地区存在流通不畅的问题，在认真调查研究、反复征求意见的基础上，对流通环节进行初步改革，实行计划分配与选购相结合；对二级站、三级站采取了一些放开搞活的措施，促进了产销衔接，扩大了流通渠道。去年11月西安订货会上，产销直接见面，商品购销两旺，成交量达171万箱，突破了历次订货水平。

各级商业企业还普遍加强了对商品养护和储运管理，减少了库存积压和霉变损失。去年全国烟草商业企业销售收入比上年增长21.1%，毛利额增长16.4%。

(七)积极开拓进出口业务创汇水平提高

各烟草进出口分公司加强自身业务建设，广泛结交客户，积极组织货源，发挥烟草专卖优势，认真贯彻技贸结合、进出结合、统一对外的方针，以购卖设备和原辅材料为筹码，引进技术，扩大出口，取得可喜成绩。去年，同西德虹尼公司谈成滤嘴棒成型机技术引进，与美国赛拉尼斯公司谈成醋酸纤维丝束生产技术转让。在国际烟草不景气的情况下，我国出口烟叶2.2万吨，出口(含旅游)卷烟17万箱，创外汇比上年增长58%。北京卷烟厂生产的中草药系列安全烟，在日本逐步打开局面，去年售出17000件，创汇180万美元，成为纯出口卷烟最多的工厂。

(八)国家烟草专卖管理得到加强

去年，各级烟草专卖局大力加强了国家专卖政策的宣传贯彻，以条例和实施细则为重点，结合普及法律教育，举办各种学习班560多期，培训专卖干部1万多人次，组织展览1700余场，印发宣传资料上百万份。同时，制定了办案程序，加强对许可证、准运证的管理，与国家工商行政管理局、物价局联合发出通知，整顿卷烟市场，配合有关部门查处违章案件12.5万多起，罚没款1708万元，收缴焚毁假烟200余万条,吊销了一批违章经营单位和个体户的许可证,有效地打击了非法活动。去年,我们坚决关停了长春与黑龙江东宁县合办的计划外烟厂,妥善处理了云南红河州烟厂问题,对河南、安徽交界处生产假冒烟的问题进行了调查处理。去年,还在上海等地召开了专卖管理协调会议,密切了省际之间的关系和加强了互相间的支持。

(九)加强了精神文明建设

1986年,我们召开了全行业第一次思想政治工作会议,研究了在新的历史时期思想政治工作面临的形势和任务;交流了加强领导班子建设,围绕中心工作认真做好思想政治工作,进行民主和法制教育,创建文明单位等经验;根据中央要求,针对行业特点,讨论制订了加强思想政治工作计划和"七五"教育规划。一年来,调整充实了一批领导班子,妥善安置了离退休老干部,抓紧解决落实知识分子政策的遗留问题,加强了干部工人的教育和培训,合肥农业经济学院和几所中专开始着手建设,许多企业对职工进行理想、纪律、法制和职业道德教育,收到良好效果。各级纪检部门认真调查处理了一批大案,打击严重经济犯罪,纠正行业不正之风,同时表彰了一批奉公守法的先进单位和个人。各级工会和共青团组织动员职工参加企业管理,开展多种形式的文体活动,丰富了职工精神生活,促进了各项工作任务的顺利完成。

二、1987年烟草行业面临的形势和任务

展望1987年的形势,我们有不少有利的条件,一是群众购买力继续上升,有关部门预计今年社会商品零售总额将提高13%,城乡卷烟市场前景广阔;二是一批基建技改项目建成投产,增加了新的生产能力;三是随着改革的深化,企业和职工的积极性正在进一步调动起来;四是当前开展的坚持四项基本原则,反对资产阶级自由化的斗争,对于端正党风、纠正不正之风,克服消极因素,是一个强大的动力。当然,我们也应当清醒地看到还存在一些不容忽视的困难和问题,一是去年烤烟受灾严重,用途广泛的中三、上二两个等级烟叶减产约25万吨,辅助材料缺口较大,对今年调整产品结构、安排市场供应,带来很大困难;二是烤烟价格上调,辅助材料涨价较多,税利基数加大,将严重影响企业成本和经济效益的进一步提高;三是改革的形势咄咄逼人,而我们有些同志思想准备不足,对一些问题的认识还存在差距,对进一步改革搞活企业缺乏紧迫感。我们既要看到1987年工作的有利条件,满怀信心地去开创新局面,又要看到客观存在的新情况和新问题,采取有力措施,扎扎实实地解决前进中的矛盾。

根据国务院的部署、"七五"规划的要求和对当前形势任务的分析,1987年烟草行业要着重抓好三件大事:一是大力开展增产节约、增收节支运动,努力提高产品质量,继续调整产品结构,增产适销对路产品,降低原材料消耗,节约费用开支,提高经济效益;二是在深化改革上下大功夫,进一步理顺经济关系,增强企业特别是增强大中型企业的活力,提高经营管理水平,促进生产力发展;三是坚持四项基本原则,反对资产阶级自由化,加强精神文明建设。

根据市场需求和原辅材料的供应情况,对1987年几项主要指标安排是:生产卷烟2450万箱,其中:甲级烟300万箱,滤嘴烟500-550万箱;精装烟1400万箱;销售卷烟2450万箱;收购烟叶174万吨;基建技改投资7-8亿元(国家计划部分);出口创汇1亿美元;实现税利150亿元。

三、在专卖体制下推进改革搞活企业

总公司成立以来,在经济体制改革方面主要做了两件事情:一是针对烟草行业高税的特殊性,改革行业管理体制,对产供销、人财物、内外贸实行集中统一管理和经营,形成农、工、商、贸一条龙的管理形式。这是国家对烟草行业管理体制的一项特殊改革政策。二是贯彻国务院颁发的《烟草专卖条例》,关停了300多家技术落后、质量低劣、经济效益差的计划外烟厂,制止了盲目建设和重复建设,整顿了卷烟市场,把烟草生产和经营纳入国家专卖轨道。此外,在流通环节还采取了一些放开搞活的措施,在88个卷烟厂、复烤厂试行了厂长(经理)负责制。上述几项改革,对于加强宏观控制和调节,合理布局生产能力,有效地利用资源,集中资金改造骨干企业,发挥了积极作用。同时,大大减少了盲目发展、低价竞销所造成的财源流失,使宏观经济效益逐年提高。总公司成立5年来(1982年至1986年)累计实现税利583.5亿元,比成立前5年(1977年至1981年)的273.5亿元,增长了1.13倍。5年来的实践证明,我们前一阶段的改革是必要的,也是有成效的。

但是应当看到,我们前一阶段的改革,主要着眼于克服国家财源流失的弊端,在加强宏观控制上考虑得比较多,而在微观搞活上确实动得比较慢,在增强企业活力上下功夫不够。主要表现在:

行业管理体制层次环节多,计划和价格管理统得比较死,流通领域限制和行政干预多,专卖管理有些地方囿于局部利益,不该管的管了,应该管的没有管住,因而基层工商企业还缺乏应有的经营自主权和活力。

根据国务院关于深化企业改革、增强企业活力的若干规定,结合烟草行业实际情况,我们下一步改革的重点是:在坚持烟草专卖体制和继续加强宏观管理的同时,紧紧围绕增强企业特别是增强大中型企业活力这个中心环节,有步骤地对烟草的体制、计划、价格、流通、税制、专卖等方面进行配套改革,进一步调整理顺行业经济关系,扩大企业生产经营自主权,调动干部工人积极性。具体意见是:

(一)调整行业管理体制

从长远考虑,在改革烟草税收体制的基础上,烟草行业的专卖管理与生产经营管理可以逐步脱钩,政企相对分开,各级专卖机构不动,生产经营管理机构按照经济区划来设置。当前,总公司和省级公司除了从事一些必不可少的经营外,主要抓管理和服务,把中央和国务院赋予企业的自主权不折不扣地落实到基层企业。同时,要简化管理层次,拟将北京、天津、重庆等市级公司与当地卷烟厂合并,对外几块牌子,对内一套班子;或者卷烟厂主要负责人参加市公司领导,生产、技术、科研等机构设在工厂,市公司不再另设重复机构。为有利于技术改造和产、供、销协调发展,明确大中型企业划归省级公司直接管理。有条件的地方,将卷烟二级批发部与所在地的烟厂合并,使烟厂具有销售经营自主权,直接参与市场竞争,推动技术和管理进步。

(二)缩减指令性计划,扩大企业经营自主权

为控制生产总规模,烟叶收购、调拨(通过购销合同)和卷烟生产实行指令性计划。卷烟季度计划和品种生产计划明确为指导性计划,工厂有权根据市场需要和原材料供应情况,灵活调整产品结构。卷烟销售,除少数名优产品实行计划调拨外,其它均实行指导性计划。

基建技改,总公司只管大中型项目,其余切块下达省级公司管理,零星项目按规定范围放给基层企业。国家统配物资,由总公司与省级公司确定分配指标后,一般均直发企业,不另设库和增加中间环节。目前由上级部门集中掌握的30%的折旧基金全部留给企业。

在国家规定范围内,企业有权支配自有资金,有权决定用工办法和工资、资金分配形式,以及调资升级的时间、对象等。

(三)适当放宽价格管理

今后,总公司只管两条:一是协助国家物价局管理烟叶和卷烟的价格总水平。二是会同国家物价局负责审批烟叶的收购价格;烟叶的调拨价格和甲乙级卷烟及进口烟、旅游烟的价格,由总公司管理。丙、丁级卷烟价格定价放给省级公司。烟叶收购价格实行优质优价,进一步拉开等级、地区差价,适当调高上、中等烟叶价格,适当调低下低次烟叶价格。今年烟叶收购价格总水平上调3.98%。

卷烟批发和零售价格要有控制地逐步放开。1987年对调拨计划外的名优产品先在温州、广州两地试点价格随行就市,自由浮动。

上述有关价格变动的出台时机和实施办法,同国家物价局商量后另定。

(四)搞活流通促进销售

在批发环节,实行计划分配与自由选购相结合。除少数名优产品实行计划分配以保证旅游(卖外汇券)特需外,其它品种一律自由选购。

分公司和厂、站合一的烟厂,在省内平衡的基础上,可以面向全国自由进货、供货;三级批发可以在本省和毗邻地区进货、供货。各级公司不得强迫批发单位包销当地产品。

扩大批发零售差价。二级批发要适当向三级批发扩大倒扣率,三级批发要适当向基层供销社(委托代批单位)扩大倒扣率,促进销售,方便群众。

本着维护国家和消费者利益以及有利于商品流通的精神,对《烟草专卖条例》进行必要的修改和完善。坚决纠正地区封锁和产品搭配。

这里必须指出的是,在我们行业内部,有些单位对烟草专卖条例的执行极不严肃,有的断章取义,各取所需,甚至明知故犯。现在重申:对有关维护国家和消费者利益的政策规定,必须强化专卖管理;对系统内违反专卖条例的行为,应从严查处。

(五)扩大横向经济联合

为搞活生产经营,加速引进技术的消化吸收,扩大原材料来源等,根据自愿互利原则,经过批准,企业可以进行以下联合:

以名优产品为龙头,在行业内部发展跨地区的联合生产、联合经营销售。有条件的可以组织企业集团。

卷烟企业与产烟区联合建立优质烟叶生产基地,收获的烟叶允许全部自用,但须纳入总的烟叶种植、调拨计划。

发展与机械、化工、航空、船舶等跨部门、跨行业的联合,共同消化引进技术,加快烟草设备国产化,并使烟用过滤嘴丝束、复合化肥等的生产供应,逐步立足于国内配套解决。定点生产烟机的企业,零部件可以扩散加工。

卷烟企业与造纸、印刷等行业可以联营生产包装材料。

此外,将烟草贸易中心办成系统内横向经济联合的组织形式,本着自愿互利原则,采取集资入股办法,实行董事会制。贸易中心开展活动,主要依托当地卷烟销售机构和人员,入股单位可派人参加,但不另增设编制。

(六)改革税制加强宏观管理

现行的财政税收分灶吃饭体制,使烟草高税大部分留在地方,这是造成生产、收购、调拨难以控制和市场分割的主要原因。最近,国务院领导同志对烟草税制改革方案(即设置专卖税方案)做了正式批示,决定将这个问题放在国家财税体制进一步改革(划分中央税种与地方税种)时,一并考虑解决。我们要进一步调查研究,积极做好改革的准备。

四、认真贯彻“三个条例”,全面推行厂长(经理)负责制

(一)认真贯彻中央、国务院颁发的全民所有制工业企业“三个条例”和补充通知,明确厂长是企业法人的代表,对企业负有全面责任,处于中心地位,起中心作用。企业党组织要进行深入细致的思想政治工作,正确处理好“三者”关系,要转变工作重心,积极支持厂长行使职权。厂长要自觉接受党组织和职工群众的监督。厂长和书记都要顾全大局,合作共事,认真贯彻“三个条例”。

(二)要按条例的要求,对企业领导班子进行考察、调整和加强,对于不适应工作要求的厂长(经理)或党委书记,要按照“四化”要求和干部分级管理规定,积极慎重地从组织上进行调整。调整后的领导班子,特别是主要领导干部,要保持相对稳定。厂长每届任期四至五年,可以连任,以利于实行任期目标责任制。

(三)实行厂长(经理)负责制的企业,都要同时实行厂长(经理)任期目标责任制,并在企业内部实行各种经济责任制,做到责权利相结合,企业、职工所得同经营成果密切联系,进一步激发企业的活力。制定厂长(经理)任期目标责任制,要结合企业升级工作进行,应包括以下主要内容:

1、调整产品结构,提高产品质量,真正达到产品适销对路。

2、加强管理,各项主要经济技术指标、资金税利率及其实现税利水平先进合理。

3、推进技术进步,大中型企业综合技术水平达到国际七十年代水平,少数骨干企业达到八十年代初的水平。

4、加强精神文明建设,使干部工人思想政治和文化科学素质有明显提高。

5、关心职工生活,有计划地逐步解决突出问题,在发展生产的基础上,职工收入有相应的增加。

厂长(经理)任期责任目标的实施,应当作为对厂长(经理)考核、监督和决定可否连任的主要依据之一。厂长(经理)离任前,企业主管上级应提请审计部门对厂长(经理)进行经济责任审计评议。

(四)为使厂长(经理)实现任期目标,企业主管上级要提供一定的保证条件,主要是:

1、不能下达没有物资保证的指令性生产计划。

2、按照国家规定的权限及时审批基建技改计划,落实资金和材料。

3、根据企业的劳动成果,经财政部门核准,合理确定企业的留利水平。保障企业合法的处置自有资金和内部利益分配,不得以任何形式侵占、截留国家赋予企业的权利。

4、认真落实经营者的利益,负责制订和兑现对厂长(经理)的奖励办法。

5、帮助企业解决生产经营中自身难以解决的问题。

6、企业主管上级对因自己决策失误而造成企业工作被动、致使厂长(经理)完不成任期目标的,要承担主要责任。

（五）在工作步骤上，要求1987年大中型企业基本实现厂长（经理）负责制；具体工作要从实际出发，成熟一个定一个，不搞一刀切。

对商业企业，我们准备在调查研究的基础上，比照工业企业实行厂长负责制的精神，参照商业部门的作法，另行制定任期目标责任制的意见。

五、切实加强对增产节约运动的领导

国务院和国家经委对开展增产节约、增收节支运动做了详细部署，我们要坚决贯彻。各级公司和企业的领导同志，务必充分认识开展增产节约运动的重要意义。要加强领导，精心组织，紧紧围绕提高经济效益这个中心，大力加强产供销的组织和协调平衡，切实加强企业管理，采取扎扎实实的措施，把增产节约运动建立在质量不断提高、消耗不断下降、产品适销对路的基础上，建立在原料、生产、销售紧密衔接，速度、比例、效益互相协调的基础上，保证烟草行业持续稳定健康地向前发展，为党和国家多做贡献。根据这个要求，要着重抓好以下六项工作：

（一）切实抓紧烟叶生产，争取有个好收成

烟叶质量低，是制约全行业发展的突出薄弱环节。重点产烟区烟草公司要有一名经理专门负责抓烟叶生产，配备得力人员，与地方政府紧密配合，针对存在的问题，加强组织领导，坚定不移地继续贯彻“计划种植，主攻质量，优质适产，坚持改革，提高效益”的方针，利用烤烟调价的有利时机，把烟田面积稳定在1400万亩左右。要落实“良种化、规范化、区域化”的措施，抓早、抓紧、抓好各项生产准备和种子、化肥、薄膜、煤炭等物资的供应工作。要引导烟农增强商品意识和竞争意识，抓好示范田，推广新技术。在适时移栽、合理施肥、打顶抹杈、成熟采摘、低温烘烤等关键环节上，提高烟农的生产技术水平。要继续加强国际间的技术合作，探索中外合资开发烟叶资源的途径，扩大优质烟叶和出口烟叶基地。1987年，上等烟叶比例要达到6%，中等烟叶达到70%。各地要认真执行烟叶购销合同和调拨计划，完成出口备货任务。烟叶收购工作，各级公司要坚持原则，顾全大局，认真按国家标准验级，执行总公司和物价局制定的价格，严禁随意修改标准，哄抬价格，加价抢购毗邻地区烟叶，发不义之财。也不准压级压价，影响烟农合理收益。

（二）抓紧原辅材料的供应和节约

去年烟叶减产已成定局。目前国家外汇有限，在削减其他部门指标的情况下，保了烟草行业进口烟叶和辅助材料的用汇基数，但与实际需要相差很多。我们要在开源、节流两个方面采取措施。

首先要合理利用现有资源，认真执行烟叶调拨计划，清仓利库，搞清家底。在今年新烟上市之前把国家储备库存的20万吨烟叶使用好，把进口烟叶分配好，原辅材料要优先供应产品档次高、经济效益好的企业，以满足市场需要，增加财政收入。

各地要积极争取一些地方外汇，吸收社会外汇，组织进口一些原辅材料；同时在国内广开门路，争取地方支持，调剂解决一些铝锭、木浆、铜板纸等资源。

所有企业都要把降低原辅材料消耗做为一项重要任务来抓。今年要求卷烟企业，在保证质量的前提下，单箱卷烟耗烟叶降低一公斤，盘纸、铝箔纸、铜板纸等消耗指标都要降低2%。要加强计量统计，严格领发料制度，按机台进行核算，认真执行节约原材料奖励办法。

要研究提高中低档烟叶使用价值的科学方法，积极试用国产聚丙烯透明薄膜，推广节约过滤嘴丝束的措施，控制100毫米加长滤嘴烟的生产。

（三）继续调整产品结构，严格质量否决权

调整产品结构是适应消费需要，提高经济效益的重要途径。卷烟不是营养品，人们吸烟的口味也不是一成不变的，只要我们把科学态度和创新精神结合起来，大力开发新技术，改进工艺配方，提高加香技术，积极开发混合型、药物型、外香型和低焦油卷烟，在满足消费者需要的同时，努力减少吸烟对健康的危害，在现有原材料的基础上，使产品结构档次更加合理，是完全有可能做到的。各级公司、学会和研究机构、烟厂要把科技人员和有经验的老工人组织起来，开展科研和技术攻关，争取今年在调整产品结构上迈出更大的步伐。1987年，混合型、外香型、雪茄型卷烟的产量，要达到卷烟总产量的20%。

当然，产品结构的调整也要根据市场需要和企业实际的可能，不能一哄而上。在一部分生活还不富裕的农村，目前仍以销售机制雪茄和丙、丁级烟为主。去年，河南临汝烟厂从本厂技术力量薄弱、设备比较落后的实际出发,不与大厂争原材料、争市场,而是生产适合农村需要的低档卷烟,结果产品销路不错,企业也扭亏增盈,获得比较好的经济效益,这个经验值得一些小烟厂借鉴。工业企业特别是卷烟企业,要本着对企业信誉负责,对广大消费者负责的精神,努力提高产品质量。一、二级质量检测站要对卷烟质量加强检查监督,企业在奖惩制度上要严格执行质量否决权。1986年经理通气会议上决定的对卷烟质量采取的“约法三章”,要继续贯彻执行。

(四)坚决压缩生产经营费用

近几年,我们有些单位艰苦奋斗、勤俭节约的思想淡薄了,不同程度地存在大手大脚、请客送礼、铺张浪费的现象。有些单位在高税的掩盖下,经营管理薄弱,盈利水平很低,出现税收增加、利润下降的局面,甚至舍利保税,挖了中央财政。1986年,全国烟草工业利润比上年减少2807万元,降低5.2%;烟草商业利润比上年减少3917万元,降低4.36%。这里固然有部分原材料、运费涨价和新增税种等因素,但是,在全国大体相同的经济环境中,黑龙江、内蒙古、河北、安徽、浙江、山东、福建、广西、湖北等省,工业和商业利润都有较大增长。同是沿海地区的老企业,杭州卷烟厂基本上消化了各种涨价因素,实现利润3214万元,与上年基本持平;而天津卷烟厂实现利润只有850万元,比上年减少1574万元。这些情况都说明,我们在增收节支、提高盈利方面,还有很大的潜力。

今年,所有工商企业都要加强财务、物资管理和统计分析工作,搞好经济核算,认真开展清仓查库、修旧利废,减少库存积压,加快商品和资金的周转,紧缩开支、节约费用,严格遵守财经纪律,加强财务检查和审计监督。工业部门特别要运用工业普查的宝贵资料,认真开展经济活动分析,提高经营管理水平,努力使税金和利润同步增长。按照国务院要求的精神,在我们行业,今年工业企业要降低成本2%,主要是降低物质消耗2%,节减企业和车间经费10%,扭亏30%;商业企业要降低流通费用率10%,扭亏20%。这些指标要层层下达落实到基层。各级公司的办公费用要压缩10%。去年,全行业工商总成本(费用)为84亿元,比上年增加2.1亿元,上升2.4%,其中:工业成本增加7000万元,上升1.1%;商业费用增加1.4亿元,上升15%。今年要通过增收节支,把增加成本2.1亿的因素消化掉。

(五)搞好商品流通和出口创汇工作

商业和外贸企业要大力加强国内外市场的调查和预测,及时反馈信息,搞好产销衔接,提供优质服务,积极开发农村和国际市场,发挥流通对生产的促进作用。

要继续抓紧仓库和经营设施建设,搞好淡储旺销,加强商品养护。要把库存结构搞合理,尽量组织直达运输,勤进快销,安排好市场供应,为基层批发点和个体零售户提供方便条件。

外贸企业要加强出口基地建设,在提高质量、改进包装和及时交货上下功夫,努力降低换汇成本,多创外汇。同时,要按计划抓紧物资进口,保证生产需要。

此外,需要指出的是,近几年在我们内部,有些人想方设法钻搞活流通的空子,利用手中的权和工作方便,内外勾结,投机倒把,谋取私利。这些行为,既腐蚀了职工,又败坏了专卖的信誉,造成恶劣的社会影响。据20个省级公司的不完会统计,1985、1986两年,发生2000元以上经济案件162起,总金额达505万元,其中万元以上的47起。这些案件有的与烟厂有关。各级公司和工商企业在纠正行业不正之风中,要高度重视,严格制度,加强教育,监督检查,配合公安、司法部门坚决打击违法犯罪活动。

(六)严格控制基建技改投资,保续建保重点

各地要把近几年基建技改项目的投资效益进行一次检查,特别是对引进的技术装备,要集中一批技术骨干加强管理,搞好易损零件的供应,保证这些设备开足马力生产,充分发挥设备能力。在这方面要认真学习推广玉溪卷烟厂的经验。

按照国务院的部署,我们要对固定资产投资进行必要的控制,特别是要把热衷于全盘引进的温度降一降,把热气压缩一下。今后基建技改工作的投资方向主要是大中型企业,重点是抓好制丝车间的改造、仓库建设、打叶复烤和配套材料,以及为出口服务的项目。对于年久失修、技术落后、效率很低、影响产品质量的设备,要有计划地报废一批。要按照保证续建、保证重点的原则,把在建和准备新开工的项目排一排队,集中财力和物力,加快在建重点项目的施工进度,缩短建设周期,抓紧竣工投产,发挥效益。要加强引进技术国产化的组织协调工作,使列入今年计划的200台国产MK-8卷烟机和其它设备保质保量生产出来,交付企业使用。

今年，总公司生产、原料、专卖部门和主要产烟区烟草公司，要对复烤厂进行一次检查和整顿，实行生产许可证制度，把质量差、浪费大的小复烤厂关停或转产一批，有计划地逐步改造一批骨干复烤厂，推广打叶复烤技术。从长远考虑，要把大城市卷烟厂的打叶工序移到烟叶产区由复烤厂向卷烟厂提供去梗烟片。目前复烤厂利润甚微，使用技改贷款无偿还能力，要研究解决的办法，争取在"七五"和"八五"期间把骨干复烤厂改造好。

此外，去年全行业火灾 11 起，死亡 8 人，损失金额 140 多万元。各地要高度重视，对安全生产工作进行一次检查，加强劳动保护，建立安全生产规章制度，消除事故隐患，杜绝重大事故的发生。

六、加强思想政治工作，搞好精神文明建设

当前开展的坚持四项基本原则、反对资产阶级自由化的斗争，关系到党的十一届三中全会以来路线、方针和政策能否正确地坚持下去，关系到我们的事业将由什么样的一代人来继承，关系到党和国家的命运以及社会主义事业的前途。各级烟草专卖局和烟草公司的党组织务必充分认识反对资产阶级自由化斗争的重要性和长期性，要组织广大党员重新认真学习十一届三中全会以来党中央、特别是邓小平同志代表中央常委集体关于坚持四项基本原则、反对资产阶级自由化的一系列重要论述，进一步统一认识，明确这场斗争的性质和深远意义，站在斗争的前列，在思想和政治上同党中央保持一致。

要对广大党员进行正面教育，加强思想政治工作，引导职工分清大是大非，坚持社会主义方向，自觉抵制企图摆脱共产党的领导、否定社会主义道路的错误思潮，巩固安定团结的政治局面。

反对资产阶级自由化的斗争，必须十分注意政策界限。要始终坚持以正面教育为主，团结绝大多数的方针。不搞政治运动。纠正政治思想领域内的右倾错误，必须以十一届三中全会以来的路线、方针，政策为准绳，要防止以"左"批右，决不允许因为反对资产阶级自由化而妨碍改革、开放、搞活政策的贯彻执行。

各级公司和企业要按照党的十二届六中全会《决议》的要求，制订出本单位精神文明建设的长期规划和近期目标，结合行业特点和企业思想工作实际，大力开展思想政治工作，充分发挥工会、共青团的作用，采取生动活泼的形式进行形势与政策教育，理想与纪律教育，民主与法制教育，职业道德教育，办好各种文化技术培训，组织技术比赛，开展岗位练兵，提高广大职工特别是大中型企业领导干部和后备干部的培训，同时抓好科技干部的知识更新。

要适应深化企业改革、推行厂长(经理)负责制的实际，摸清职工队伍的思想状况，贯彻按劳分配原则，破除平均主义观念，树立商品生产和竞争观念，克服因循守旧、安于现状的思想，引导职工积极参加企业管理，增强主人翁的责任感，生产第一流产品，提供第一流服务，把个人利益同企业兴旺、国家富强紧密联系在一起，激发大干社会主义的积极性和创造性。为了推动增产节约运动的深入开展，经国务院批准，今年下半年我们要召开全行业的先进集体和劳动模范代表大会，各级公司和企业要层层发动，开展评选活动，用优异成绩迎接代表大会的召开。

有关思想政治工作、精神文明建设和教育工作，总公司发了个专门材料，请同志们讨论修改。这里就不具体讲了。

各级烟草公司组建以来，大多数单位的领导成员工作积极，学习刻苦，团结协作，作风民主，能够带领所属单位不断开拓局面，这是烟草行业五年迈出五大步的一个重要因素。但是也有少数单位的班子中还存在一些问题，有的不能合作共事，有的业务素质较差，有的缺乏开拓创新精神。为了适应繁重的工作任务和推行厂长(经理)负责制的需要，同时贯彻中组部关于对近几年提拔的领导干部进行考察调整的要求，今年要对各级公司领导班子进行一次系统的考察，组织群众评议，对个别问题较多的班子要进行必要的调整。

总公司和省级公司要适应改革和生产经营工作的新形势，对机关工作进行认真的整顿。要精简机构、严格编制定员，不准无计划进人，建立健全各级各部门的责任制度和检查考核办法，克服职责不明、忙闲不均、办事拖拉扯皮的问题。要大力整顿和改进机关的思想作风和工作作风，树立面向基层、为企业服务的思想，加强部门之间的团结协作，提高办事效率和工作质量，减少差错和失误，努力为生产经营第一线服好务。

现在，基层对总公司会议太多、文件太滥反映强烈。1987 年，要大力精简会议和文件，能缩短的缩短，能合并的合并，可开可不开的坚决不开。1987 年的各种会议和文件至少要减少三分之一，使基层的同志从文山会海中解放出来,使机关的同志能够深入下去,多搞一些调查研究,掌握第一手材料,帮助企业及时解决一些实际问题。

为了加强对改革和增产节约运动的领导,总公司决定成立改革和产供销协调两个领导小组,集中一部分人员(不另设编制),深入基层,加强调查研究,及时解决存在的问题。各省级公司也要加强这方面的领导,要有专人负责抓这方面的工作。

1989·1990

CHINA TOBACCO ALMANAC

中国烟草年鉴

综合篇

十年改革　十年巨变

——中国烟草行业发展综述

党的十一届三中全会以后，我国社会主义建设进入了改革开放的时期。

改革开放的总设计师邓小平同志为我们规划了建设有中国特色的社会主义的宏伟发展蓝图，确定了“三步走”的伟大战略目标。

烟草行业作为一个特殊行业，进行了富有特色的改革，取得了令人瞩目的发展。从1982年1月1日中国烟草总公司正式成立算起，我国实行国家烟草专卖制度和行业集中管理体制已经整整10周年。这10年，是我们烟草行业有史以来发展的最好时期。实践充分证明，党和国家关于烟草管理体制的改革决策是完全正确的。

10年来，我国烟草行业的50万职工坚持党的“一个中心，两个基本点”的基本路线，坚持两个文明建设一起抓的方针，在党中央、国务院的正确领导和各地党委、政府、各有关部门的大力支持下，团结拼搏，开拓进取，为实现社会主义现代化建设的第一步战略目标做出了积极贡献。当前，全行业的广大职工以更加昂扬的斗志，在江泽民同志为核心的党中央领导下，正在为实现第二步战略目标而努力奋斗。

总结过去，是为了开拓未来。回顾我国烟草行业10年来的改革与发展，可以使我们得到有益的经验和启示。

（一）

国家烟草专卖制度和烟草行业集中管理体制的确立，使烟草行业由分散管理走向集中管理，从自由发展变成垄断经营，使全国烟草行业形成了农工商贸一体化、产供销一条龙的统一整体。这种体制不仅适应烟草这种特殊商品的发展要求，而且也符合社会主义有计划商品经济运行机制的要求。烟草专卖和集中管理，是党中央、国务院对烟草管理体制的重大改革，也是烟草行业历史经验的科学总结。

烟草管理体制改革适应烟草生产经营的内在要求　烟草及其制品是一种特殊消费品，烟草行业是一个特殊行业。其主要特点是：第一，吸烟对人体健康有一定影响，但又拥有众多的消费者。目前我国有2亿多吸烟人口，在短时间内难以完全戒除吸烟习惯。因而，对于烟草生产供应既要适当控制，又要适当满足，还要积极引导。要加强宏观调控，推进技术进步，减少有害成份。第二，为了限制和调节消费，各国政府都对烟草及其制品课以重税，我国也同样实行“寓禁于征”的高税政策，因而烟草税收成为国家的一个重要财源。第三，烟草行业农工商贸经营环节多，内部联系紧密，从烟叶种植收购、复烤加工、调拨储运、烟机制造、辅料生产供应、卷烟生产以及批发销售、对外贸易等等，需要统一协调产供销的比例关系。同时，烟草机械和物资多属专用产品，不能用于其它行业的生产。因此，烟草生产经营客观上需要较强的专业性和计划性。第四，烟草及其制品虽然不是生活必需品，但它是经常性的消费品，每时每刻都在消费，并且属于一次性完全消费。对于吸烟嗜好者来说，不可一日而缺。早在晚清时期就有人写道：开门七件事，于今八矣。意即：柴米油盐酱醋茶烟，烟也列入了不可缺少的生活日用品之列。因此，烟草制品的生产供应状况对市场影响较大，特别是名烟供应对繁荣市场起着重要作用。由此可以看出，对烟草及其制品的生产、销售，包括对外贸易与合作实行统一领导、垄断经营、计划调控、集中管理是非常必要的。

烟草管理体制改革是烟草行业历史经验的科学总结　由国家对某些重要的或特殊商品实行专卖，在我国古已有之。古称“榷酤”，榷字原指一人通过不准他人并行的独桥，即“专”的意思；

酤者，卖也。历史上专卖的基本内容有四点：1. 高税高价；2. 特许经营；3. 监督产销；4. 禁私缉私。这也是专卖商品区别于其它商品管理形式的基本特点。在我国历史上，实行专卖的商品大体上可分为两大类，一类是“因民所急而税之”的生活必需品，如盐、铁等；一类是“因民所嗜而税之”的生活嗜好品，如烟、酒等。两类专卖品的性质不一样，因而专卖的宗旨也有所不同。据史载，我国酒类专卖始于汉代。公元前98年，汉武帝的财政大臣桑弘羊及其同僚提出对酒实行专卖，开创了选择生产较易，获利较大，为部分有嗜好的消费品实行专卖的先河，这对以后把烟草列为专卖品具有借鉴意义。

近代，在北洋军阀和国民党统治时期，都曾对烟酒等商品实行过“公卖”或“专卖”。北洋政府曾于1915年采取“官督商销”的公卖制，这实际上是一种“商专卖制”。即国家及各地层层设立烟酒公卖机构，由国家公卖机构酌定公卖价格，通告各地执行，公卖费、押款、罚款、私货变价等公卖收入属于中央财政。国民党政府也曾于1941年提出专卖动议，并经过一年多的筹备，对盐、烟、糖、火柴4种商品实行专卖。但是，国民党政府设想的各种专卖管理制度和办法并未实现，实际上同样搞成了“商专卖制”，并于1945年1月又取消了专卖。旧中国出现过的两次专卖，都是一种不完全的专卖，虽然也收到了一定的效果，但在当时的社会历史条件下不可能取得更积极的成效。

新中国的成立，使饱受帝国主义和官僚资本侵略摧残的烟草行业得到新生和发展。但是在过去30年的社会主义建设中，烟草行业的发展也有过曲折，管理体制几经变化。概括起来，从1949年到烟草总公司成立之前，大体分为以下四个阶段：

一，解放初期到1952年，部分大区和省、市设烟酒专卖公司，产销统一，企业隶属公司管理。在老解放区，东北行政委员会颁布了《东北解放区烟酒专卖暂行条例》，设立东北专卖总局，下设各省、市、县烟酒专卖局。并规定凡从事烟草生产的企业必须经总局批准发照，且产品只限交专卖机关，不得私自出售；其产品未经专卖机关许可不得运出、转让或抵押。盘纸的管理办法与烟相同，专卖机关有权对制造厂的设备、成品、原料等进行检查和合法处理。凡经营卷烟业务的零售批发商，必须向当地专卖机关申请领牌照，价格由专卖总局统一规定，专卖品必须在封口处粘贴专卖证。其运输批发商需持准购或推销证，零售商须持批发商的发货票。这段时间，卷烟工业由恢复生产，组织起来，逐步向统一管理过渡。主管机关有中央轻工业部、商业部、大区财政部及部队机关等，仍属多头领导，产供销的问题仍难以统筹解决。

二，1953年鉴于在全国实行烟草专卖制度的条件尚未成熟，国家决定对卷烟实行统购包销政策，以促进计划生产，满足消费，并为专卖创造条件。1953年底，国营商业包销数量占总产量的90%，1954年第三季度达到100%。为保证这项政策全面贯彻执行，国家又规定卷烟盘纸、铝箔纸的收购、分配业务也由专卖公司经营，对烤烟实行“统一收购和统筹分配”的政策，到1954年底，实现了在国家计划范围内卷烟产品全部由专卖公司的中央站和地市公司收购。1953年至1957年，卷烟工业重点企业由轻工部直接管理，中小型企业仍由地方管理。1958年至1962年，部管企业全部下放给省、市；省、市管的全部下放给地、市。1959年，国务院批准有关部委报告，将卷烟规定为二类商品，由商业部统一收购，统一安排市场。这一时期中，1953～1957年共上缴税利46亿多元，约占国家财政收入的3%强。1959年，卷烟产量上升到549万箱，全员劳产率达到64箱。但1960年以后，由于自然灾害和“共产风”的影响，卷烟产量和质量下降，1962年下降到243万箱，退到了1952年的生产水平，1958～1962年税收共41.53亿元，比“一五”期间降低4亿多元。这一时期，由于烟厂下放，分散管理，卷烟又出现了盲目发展的现象。

三，1963年7月，中央决定试办中国烟草工业公司（托拉斯），实行高度集中统一的管理，卷烟生产和烟叶收购、复烤、调拨、分配统一经营、产供合一。全国卷烟厂经过整顿，从104个调整为61个，关停并转了43个，经济效益显著提高，1963年到1966年共上缴税利56亿元。

四，“文革”期间，中国烟草工业公司被撤销，企业全部下放，分散管理，小厂盲目发展，计划外烟厂搞到300多家，而且多数是县或县以下社、队开办的，供、产、销矛盾突出，管理混乱，卷烟质量和经济效益大幅度下降。

从1949年到1979年的30年间，我国烟草行业经历了不平凡的发展历程，总的来说是向前发展的，但也出现过失误和曲折。历史的经验证明，对于烟草这个特殊行业，只有加强集中管理，才能避免盲目发展，只有实行国家垄断经营，才能避免财源流失。因此，实行国家烟草专卖制度和集中管理体制，也是历史经验的科学总结。

烟草管理体制改革的确立、完善与发展 鉴于烟草行业的特点和烟草管理体制的历史经验，党和国家在十一届三中全会之后不久即着手研究烟草管理体制的改革问题。当时，对其它行业普遍实行简政放权，总的趋势是放，而对烟草行业则是组建上划，实行集中统一管理，建立国家烟草专卖制度。1981年5月，国务院发文明确指出："为了加强对烟草行业的集中管理，改善市场卷烟供应，增加国家财政收入，决定对烟草行业实行国家专营，成立中国烟草总公司，并授予一定的行政管理权力。"经国务院批准，中国烟草总公司于1982年1月1日正式成立，统一领导、全面经营管理烟草行业的产供销、人财物、内外贸业务。中国烟草总公司的成立，标志着烟草专卖和集中管理体制的正式确立，从此，我国烟草行业在改革开放中进入了新的发展阶段。

为了适应形势发展，进一步加强烟草专卖管理，国务院于1983年9月23日颁布了《烟草专卖条例》，形成了统一完整的烟草专卖法规，并决定设立国家烟草专卖局，对烟草专卖进行全面的行政管理。1984年1月，国家烟草专卖局正式成立。在当时的条件下，国务院决定国家烟草专卖局与中国烟草总公司一套机构、两块牌子，目前烟草行业正在按照国务院的要求，向政企职能分开过渡。此外，国务院还对清理调整计划外烟厂问题、烟草机构组建上划问题、经济特区和沿海开放城市实行烟草专卖问题、烟草进出口业务统一管理等问题，下发了一系列文件，做出了明确规定。我国历史上的烟草专卖只是部分环节或部分地方的专卖，都是不完全的专卖，而自本世纪80年代以来我国建立了全面的、完整的国家烟草专卖制度。

——完成组建上划任务，形成集中管理和垂直领导体系。目前，全国共有29个省级烟草专卖局和烟草公司、5个计划单列市烟草专卖局和烟草公司、260多个地、市级烟草专卖局和烟草分公司、1500多个县级烟草专卖和烟草公司，实行上一级烟草专卖局、烟草公司和当地人民政府双重领导，以上一级烟草专卖局，烟草公司为主的领导体制。

——整顿生产经营渠道，极大地制止了资源浪费和财源流失。实行烟草专卖和集中管理前，小烟厂林立，批发渠道混乱，盲目发展、重复建设、优材劣用、粗制滥造、多头批发等现象比较突出。实行烟草专卖和集中管理后，有效地克服了上述弊端。经过整顿，1983年以后全国保留了146家计划内烟厂，关停了300多家计划外烟厂。1991年，根据形势发展需要，又对现存的50家计划外烟厂进行了清理整顿，保留了19家，合并保留了11家，转产和关停了20家。但是，这次保留与合并保留的烟厂是作为地方烟厂管理的，即财政隶属关系不变，生产纳入计划，管理纳入专卖轨道，产品实行地产地销、不参加全国订货会，其生产规模和产品价格由国家统一核定等。此外，全国烟草系统还有120多家烟叶复烤厂、15家烟机制造和辅助材料生产厂。目前，烟叶的技术指导与收购工作、卷烟的生产加工、卷烟销售的批发环节以及烟草进出口业务，全部由烟草系统内的企业负责。系统外从事烟机制造和辅助材料生产的企业，也实行定点生产，纳入专卖管理范围。为了加强对烟草产供销、内外贸的管理，中国烟草总公司还设立了中国烟叶生产购销公司、中国卷烟销售公司、中国烟草机械公司、中国烟草物资公司、中国烟草进出口公司和中国卷烟滤嘴材料公司6个直属专业公司，并设有郑州烟草研究院、合肥经济技术学院等直属科研、教育机构。

——打击非法生产经营，保护合法生产经营，维护国家和消费者利益。各级烟草专卖机构建立后，认真贯彻《烟草专卖条例》及其施行细则，对无证经

营、投机倒把、倒买倒卖、制销手工卷烟和假冒牌烟、走私外烟等非法生产经营活动，进行了严肃查处和坚决打击。在公安、工商、海关、税务、物价等部门的大力配合下，每年都要查处一两万起各种违反专卖法规的案件，有力地维护了国家和广大消费者的利益。在专卖体制的保护和促进下，烟草行业正常的生产经营活动得到比较顺利和协调的发展。我国烟草行业所实现的税利从1981年的75亿元增加到1991年280亿元（预计），增长2.73倍。烟草管理体制改革10年来，全行业总计将实现税利1700多亿元，比建国后前32年的税利总和增长70%以上。自1987年以来，烟草行业实现的税利一直居全国各行业之首，较好地完成了满足消费、增加积累的任务。

——深化行业改革，建立符合社会主义商品经济发展的、适应烟草专卖特点的经济运行机制。在坚持烟草专卖和集中管理的前提下，烟草行业根据国家改革开放的总体部署，积极推行了一系列改革措施，增加了活力、增添了后劲。在计划管理上，实行总量的指令性与品种、等级的指导性相结合；在烟叶及卷烟的分配调拨上，实行计划调拨与产销直接见面相结合，并积极推行卷烟厂与调拨站“厂站合一”的管理体制；在卷烟流通中，实行“二级批发面向全国、三级批发面向全省、毗邻地区按传统习惯进行业务往来”的经销方式，鼓励市场竞争；在利益分配上，实行总公司向国家财政进行利润总承包，对下层层承包，并在全系统实行“工效挂钩”办法；在企业内部分配上，根据岗位和工种实行各种形式的经济承包责任制，贯彻按劳分配原则，调动职工的社会主义积极性；在企业领导体制上，认真贯彻“三个条例”和“企业法”精神，进一步发挥企业党组织的政治核心作用，坚持和完善厂长负责制、全心全意依靠工人阶级；在价格管理上，实行甲乙级卷烟由国家烟草专卖局核定价格、丙级以下卷烟及雪茄烟由省级烟草专卖局核定价格的两项管理办法，并于1987年在广州、温州两市进行了放开卷烟价格的试点，1988年在全国放开了13种名烟的价格，随后一些省区逐步放开了卷烟市场零售价，取得了较好的成绩与经验。在此基础上，1991年10月下旬，全面放开卷烟三级批发和零售价格。此外，烟草行业在科技教育体制、发展横向经济技术联合以及干部管理制度等方面都进行了很有成效的改革，促进了烟草行业的健康发展。

——加快专卖立法，强化烟草专卖，我国烟草专卖法制建设进入新的发展阶段。经过历时4年的起草、论证、审议、修改，七届全国人大常委会第二十次会议于1991年6月29日正式通过《中华人民共和国烟草专卖法》，国家主席杨尚昆发布第46号主席令，宣布烟草专卖法自1992年1月1日起施行。这部法律的制定和通过，说明了党和国家对烟草专卖事业和消费者利益的重视和关心，体现了对烟草行业50万职工的关怀和支持，也是对烟草管理体制改革成果的进一步巩固和完善。《中华人民共和国烟草专卖法》是我国一部重要的经济立法，也是我国有史以来第一部烟草法典，标志着我国烟草行业从此走上依法治烟的轨道。烟草专卖法把国家烟草专卖制度，把行业的集中统一管理和垂直领导体制，用法律的形式加以确立和巩固，对烟草行业农工商贸的生产经营活动提出了法律上的要求，鲜明地体现了“实行烟草专卖管理，有计划地组织烟草专卖品的生产和经营，提高烟草制品质量，维护消费者利益，保证国家财政收入”的立法宗旨。烟草专卖法的颁布与实施，是我国烟草发展史上的一个新的、重要的里程碑。烟草专卖法的正式施行之日，恰巧是烟草管理体制改革10周年纪念日，这是一个具有重要历史意义的巧合。随着烟草专卖法的施行，我国烟草专卖管理工作必将出现新的局面。

（二）

16世纪末，烟草传入我国，至今已有400多年的历史。在本世纪以前，我国烟草的调制方法主要是晒晾制，通称晒晾烟。烤烟是本世纪初引进种植的，旧中国发展缓慢，1949年全国烤烟面积仅127万亩，总产量7万多吨。解放后，党和政府把烤烟生产列入国家统一计划，实行派购政策，发放贷款，优先供应生产物资，促进了烤烟生产的恢复和发展。1952年烤烟面积达到290万亩，总产量18万吨；1975年695万亩，产量70万吨；1984年达到1093万亩，总产量153万吨。目前我国烤烟种植面积和总产量都居世界第一位。烤烟主要产区有云南、贵州、四川、湖南、湖北、陕西、河南、安徽、山东、辽宁、吉林、黑龙江等10多个省区，900多个县市种植，其中70%的县市烤烟面积在万亩以上。

晾晒烟生产在我国历史悠久，类型齐全，风格独特。1949年全国晾晒烟面积176万亩，总产量11万吨；1952年达到365万亩，总产量22万吨。50年代后期，因消费习惯的变化，晾晒烟面积逐年减缩，收购量亦随之减少。最近几年，随着混合型卷烟生产的发展、调整卷烟产品结构及对外出口需要，全国晾晒烟面积基本稳定在200万亩，总产量15万吨左右，占我国烟叶总产量的7.8%，主要分布于湖北、四川、湖南、河南、浙江、福建、广东、广西等省区。

新中国成立后，我国烟叶（主要是烤烟）生产有了较大发展，但起伏较大。50年代初期，烤烟生产基础薄弱，产量低而不稳。50年代后期至80年代初，烤烟生产曾出现“四起三落”。在此期间，烤烟生产和收购基本上是围绕数量打圈子。全国普遍出现高密度，多留叶，提前采收，留二茬烟，有的地方甚至提出亩产千斤的口号。种植区域不合理，品种杂乱，烟碱低，香气淡，烟叶质量严重下降。1982年以后，数量上的供需矛盾逐渐趋于缓和，重产轻质的问题引起了重视。

1982年烟草管理体制改革后，在各级政府的重视支持下，经过广大职工的积极努力，我国烤烟数量增加，质量好转。但是，烤烟生产走上正常发展轨道，烟叶质量真正登上一个新台阶，是近五六年才开始的。

坚持“三化”生产，烟叶质量不断提高　“七五”期间，全国烟草行业认真贯彻“计划种植、主攻质量、提高单产、增加效益”的烟叶生产指导方针，烟叶种植面积大体稳定在1800万亩左右，年产量210万吨，防止了烟叶生产的大起大落，实现了产、供、销基本平衡，略有储备，并有一定数量的出口。1986年与1990年相比，烤烟收购量从127万吨增加到201万吨。上中等烟叶比例从68.6%提高到79.5%，其中上等烟叶比例从5.4%提高到16.6%。5年全国共收购烟叶920多万吨，农民收入220多亿元，为国家提供税金90多亿元。不少地方靠发展烟叶生产摆脱了贫困，取得了较大的经济效益和社会效益。

在全国推行“良种化、区域化、规范化”生产技术措施，加强品种审定工作，建立健全种子管理制度和良种繁育体系。继NC89、G28、NC82、红花大金元等品种在主产区成为当家品种后，又推出K326和G80两个良种，扭转了品种上的多、乱、杂。目前，全国良种化面积达90%以上。

烟草种植区域化日趋合理，片面追求高产，过分扩大面积的问题得到控制。全国层层创办优质烟田430万亩，总公司创办优质烟基地110多万亩，推动了烟叶整体水平的提高。全国现有三分之一的烟叶种植进入了先进行列，有的县烟叶生产水平赶上了国际水平。烟叶生产规范化技术措施在大部分产区得到普及，培育壮苗、合理密度、科学施肥、成熟采收、科学烘烤已逐步被广大烟农掌握。

在改革开放方针的指引下，采取请进来，派出去的办法，学习吸收国际上先进的烟叶生产技术，先后同美国、加拿大及英国乐富门公司合作，进行开发我国优质烟叶的试验。同时，围绕生产中的关键技术问题，组织我国专家、大专院校和科研单位开展科学研究。中国科学院南京土化所的科学施肥试验，北京农大防治花叶病的83增抗剂，黑龙江省培育壮苗、地膜覆盖生产技术，都对烟叶品质的提高起很大的促进作用。

近几年来，围绕提高烟叶质量，提高烟叶产量，对烟叶生产投入不断增加，各地对烟叶生产采取许多扶持政策，全国用于生产技术改进和技术普及推广的费用达1.4亿元。国家分配的烟草专用化肥从1985年的18.5万吨增加到1989年的34万吨，并利用国内资源加工烟草复混专用肥，在一定程度上缓解了肥料供需矛盾。各地不断加强水利设施建设，山东、河南烟叶生产区旱涝保收面积达到70%以上。云南曲靖、玉溪，贵州遵义，四川西昌等地区，修建了一大批小水窖，增强了防御自然灾害的能力。各地烟草公司向烟农免费提供良种，统一组织技术培训，免费技术服务，补贴农用生产资料等服务活动，深受农民欢迎。

治理整顿收购工作取得明显成效 据统计，全国现有3600多个中心收购站，9900多个收购点和临时设置的收购点，年投入的正式工、临时工、合同工近13万人。由于收购设施差，收购手段落后，收购人员素质低及个别地区不适当的行政干预，1987年、1988年两年“烟叶大战”使国家受到巨大的经济损失。从1989年开始，国家烟草专卖局连续3年对烟叶收购工作进行治理整顿，制定了《关于认真搞好烟叶收购工作的若干办法》，推行一证一卡、约时定点、轮流交售办法，制止了烟叶大战。实行《烟叶收购工作规则》，为烟叶收购工作制度化、标准化奠定了基础。在此期间，国家烟草专卖局和国家技术监督局联合组织对国家标准实施监督检查，烟叶等级合格率提高，起到了科学、公正、监督、协调的作用。各级政府和烟草公司在收购季节派出工作组，加强对收购工作的领导和等级质量的监督检查，稳定了收购秩序。经过治理整顿，我国烟叶生产收购工作已开始走上良性循环的发展轨道。

（三）

卷烟加工业自上世纪末期在我国开始出现，至今已有百年历史。但在旧中国的50多年间，我国卷烟工业基本为外国资本所垄断，民族卷烟工业发展艰难。全国解放前夕，我国卷烟市场70%的产品是国外进口的和外国资本在华生产的，国产卷烟仅占30%。新中国的成立，使我国卷烟工业得以新生和发展。党和政府通过没收官僚资本、接收外国资本和改造民族资本，建立了社会主义的卷烟工业体系。1949年，全国卷烟产量仅有160万箱，1979年发展到1303万箱。党的十一届三中全会以后，特别是实行国家烟草专卖制度和集中管理体制后，卷烟工业得到了更加健康的发展。中国烟草总公司成立前的1981年，卷烟产量为1704万箱，而1991年预计完成3100万箱，比1981年增长82%，比1979年增长1.38倍，比1949年增长18.38倍。

烟草管理体制改革10年来，我国卷烟生产是在市场的挑战和产品的竞争中得以发展的。50～60年代，我国卷烟生产一直处在缓慢发展时期，市场只能“以产定销”，产品成为“皇帝的女儿不愁嫁”。70年代开始，卷烟产量以平均每年7.7%左右的速度逐年递增，1981年全国相继调高烟叶收购和卷烟销售价格，卷烟产品供不应求的局面得到缓解，质次价高的卷烟开始出现滞销，这就要求卷烟产量必须随消费水平适量增长。同时，80年代初期，国际贸易以混合型卷烟为主导产品，滤嘴烟比重已超过90%，而我国卷烟产量居世界各产烟国之首，却处在单一的烤烟型品种、90%以上光嘴烟、甲级烟比重不足5%的水平。调整产品结构，提高产品水平，增加适销对路产品生产不能不成为全行业当务之急。为了使烟草行业持续、稳定、协调发展，总公司采取有效措施，加强卷烟生产的宏观调控，加强企业内部管理，组织和引导企业在产品结构和质量上下功夫。近年来，针对卷烟产大于销、供过于求的形势，国家烟草专卖局和中国烟草总公司进一步明确提出了：“控制总量、提高质量、调整结构、增加效益”的指导方针。经过10年的努力，卷烟工业的科技与管理水平有了明显进步，产品质量和经济效益有了显著提高。

产品结构调整迈出较大步伐 10年来，卷烟工业在调整产品结构，增加适销对路产品的生产上有了比较明显地进展。1990年与1981年比较：卷烟总产量从1704万箱发展到3250万箱，增长90.7%，而甲级烟从108.56万箱发展到866.7万箱，增长6.98倍；乙级烟从697.21万箱发展到1474.7万相，增长1.11倍；滤嘴烟从95.9万箱发展到1565万箱，增长15.31倍。

近年来，随着产品结构的调整，名优烟生产有较大幅度增长，1985年13种名烟生产36万箱，占当年比重1.5%，1990年生产125万箱，占当年比重3.8%，并且涌现出一大批质量好、市场覆盖面广、经济效益好的畅销牌号。1990年，列入总公司甲级名优烟计划的49个牌号生产340.9万箱，占比重为10.5%；甲乙级烟产量比重为72%，比1981年的47.3%增长24.7个百分点。由于产品结构不断优化，既丰富了市场供应，又使行业经济效益大大提高。卷烟单箱税利由1981年374.8元，提高到1990年的809.2元，增长1.16倍。同时，单一品种的状况得到改善。总公司确定了“发展混合型、改造烤烟型、稳定雪茄型、开发疗效烟”的产品发展策略。1981年，混合型、雪茄型、外香型卷烟产量比重不足10%，1990年已达到17%。特别是具有一定疗效作用的新混合型卷烟，在国内外市场上获得较高的声誉，40多个卷烟企业生产的50多个牌号，年产量达20万箱以上，成为出口创汇的主要品种。随着行业的技术进步，卷烟焦油含量普遍降低。1981年抽检卷烟焦油含量综合平均近30mg/支，嘴烟平均25mg/支，到1990年已降到平均20．32mg/支，一批15mg/支以下的低焦油卷烟投放市场后深受消费者的青睐。

卷烟工艺明显改进 80年代初，全国卷烟工艺管理粗放，制丝水平落后，卷烟机速度平均只有1000支/分，平均单箱耗烟叶57公斤以上，同国外先进水平相比差距很大。随着技术改造，设备更新，高速卷烟机的应用，卷烟生产能力大大提高，要求工艺技术水平同步提高，保证设备效益得到充分发挥。总公司利用行业的优势，开展企业间技术交流，并于1985年开始实施《卷烟工艺规范》，指导企业制定工艺规程，开展卷烟工艺达标活动，收到显著成效，先后有38家企业工艺达标。制丝过程的工艺质量大幅度提高，主机台时产量增加3~5倍，卷烟消耗明显降低，1990年全国平均单箱耗烟叶52.6公斤，比1981年降低4公斤以上。

企业管理水平普遍提高 企业是行业发展的基础。企业管理落后，物资消耗高，经济效益低是困扰卷烟生产发展的重要因素之一。国家烟草专卖体制的建立，市场观念和时效观念的转变，使管理出效益的思想在行业内达成共识。从1986年起，总公司对现有卷烟企业进行了恢复性整顿和建设性调整，切实加强了标准、计量、定额、规章制度、信息、职工培训及班组建设八大基础工作。同时，推行以“四权一制”为主体的现代化管理办法，开展“抓管理、上等级、全面提高素质”工作，建立6大企管协作区，举办5期培训班，加强对企业的咨询活动，并从现场管理考核入手，抓基础管理工作，使企业面貌发生深刻变化。截止到1990年，全行业已有45家企业被确定为省级先进企业，上海、龙岩、长沙、杭州、广州二厂、新郑、曲靖、济南、宁波、广州一厂、郴州、常德、青岛、延吉、合肥、昆明卷烟厂、常德烟草工业机械厂17家企业被确定为国家二级企业，玉溪卷烟厂被确定为国家一级企业。

产品设计不断有新突破 从1988年开始，以提高产品质量、降低成本、增加经济效益为目的的配方改革工作，对行业产品设计水平起了较大的推动作用。过去，我国一直采用横配方、烟叶等级同卷烟等级一一对应，卷烟产品风格延续浅颜色、低浓度，造成烟叶资源得不到合理利用，卷烟焦油居高不下。配方改革打破传统观念，从烟叶资源出发，扩大成熟度好的中上部烟叶使用比重，改进加香加料技术，采用新工艺，使产品成本有所降低，质量有较大提高，已研制开发出一批深受国内外市场欢迎的卷烟新产品：

配方改革中标产品名单

卷烟厂	中标牌号	卷烟厂	中标牌号
玉溪	人和	曲靖	晨曦
昆明	皓牌	曲靖	慧中
郴州	行牌	济南	九州
营口	久宝	龙岩	万德福
成都	金达	张家口	18牌
贵阳	都督	上海	晨牌
贵定	亚细亚	商丘	黄河
漯河	雪城	杭州	福德门
新邵	古雅	合肥	天仙配
哈尔滨	雷克	毕节	雄健
南昌	西汉	西昌	凉烟
常德	飞达	贵阳	大世界
驻马店	发时达	昆明	红帆
杭州	力宝		

产品质量管理和质量监督工作成效显著 80年代开始，烟草行业质量管理工作走向系统化、标准化、规范化。建立健全产品检测网络，检测方法统一采用国际标准和利用现代手段，1986年颁布《中华人民共和国卷烟标准》，并开展行业质量管理奖评审工作，使卷烟产品的内在品质、外观质量和包装装潢都有较大改进，总体质量水平有较大提高。1990年已有92个卷烟企业全面质量管理达标。中国烟草标准化质量监督检测中心自1986年8月开始按卷烟国家标准对产品质量进行检测，抽检合格率1987年平均87.7%，1990年平均94.3%，比1987年提高6.6个百分点。10年来，卷烟工业创行优以上产品达73个牌号，其中上海卷烟厂生产的“中华”、玉溪卷烟厂生产的“红塔山”、昆明卷烟厂生产的“云烟”牌卷烟获国家金质奖，上海卷烟厂生产的“高乐”、长春卷烟厂生产的“黄人参”、沈阳卷烟厂生产的“古瓷”、长沙卷烟厂生产的“扁鹊”、许昌卷烟厂生产的“中原”、济南卷烟厂生产的“将军”牌卷烟获国家银质奖。

烟草行业历年优质产品名单

生产厂	牌名	等级类型
1988年		
沈阳卷烟厂	溪水洞	甲级混合型
沈阳卷烟厂	古瓷	甲级混合型
上海卷烟厂	高乐	甲级混合型
玉溪卷烟厂	新兴	甲级混合型
郴州卷烟厂	博士	甲级混合型
郴州卷烟厂	四连冠	甲级混合型
长沙卷烟厂	扁鹊	甲级混合型
青岛卷烟厂	双马	甲级混合型
武汉卷烟厂	百宝	甲级混合型
石家庄卷烟厂	华光	甲级混合型
厦门卷烟厂	鼓浪屿	甲级混合型
安阳卷烟厂	丝绸之路	甲级混合型
开封卷烟厂	宋城	甲级混合型
北京卷烟厂	中南海	甲级混合型
北京卷烟厂	金健	甲级混合型
北京卷烟厂	长乐	甲级混合型
广州卷烟厂	羊城	甲级混合型
长春卷烟厂	人参（黄）	甲级外香型
上海卷烟厂	凤凰	甲级混合型
延吉卷烟厂	长白参	甲级混合型
常德卷烟厂	银象	乙级混合型
营口卷烟厂	琴鸟	乙级混合型
湛江卷烟厂	醒宝	乙级混合型
驻马店卷烟厂	853	乙级混合型
1989年		
长沙卷烟厂	长沙	甲级烤烟型
长沙卷烟厂	白沙	甲级烤烟型
贵阳卷烟厂	贵烟	甲级烤烟型
贵阳卷烟厂	遵义	甲级烤烟型
贵阳卷烟厂	花溪	甲级烤烟型

生产厂	牌名	等级类型
广州卷烟一厂	广州（黄）	甲级烤烟型
济南卷烟厂	将军	甲级烤烟型
哈尔滨卷烟厂	哈尔滨	甲级烤烟型
新郑卷烟厂	喜梅	甲级烤烟型
武汉卷烟厂	红双喜	甲级烤烟型
昆明卷烟厂	茶花	甲级烤烟型
芜湖卷烟厂	迎客松	甲级烤烟型
芜湖卷烟厂	大江	乙级烤烟型
龙岩卷烟厂	乘风	乙级烤烟型
青州卷烟厂	云门	乙级烤烟型
城固雪茄烟厂	巴山	雪茄烟
城固雪茄烟厂	小桔子	雪茄烟
栖霞雪茄烟厂	民丰	雪茄
1990年		
楚雄卷烟厂	雄宝	甲级混合型
延吉卷烟厂	长白山	甲级混合型
厦门卷烟厂	五福	甲级混合型
昭通卷烟厂	猕猴桃	甲级混合型
昆明卷烟厂	三七	甲级混合型
杭州卷烟厂	金猴	甲级外香型
滁州卷烟厂	红三环	乙级混合型
许昌卷烟厂	中原	甲级烤烟型
长沙卷烟厂	扁鹊	甲级混合型
1991年		
玉溪卷烟厂	红塔山	甲级烤烟型
玉溪卷烟厂	阿诗玛	甲级烤烟型
昆明卷烟厂	云烟	甲级烤烟型
昆明卷烟厂	大重九	甲级烤烟型
上海卷烟厂	中华	甲级烤烟型
上海卷烟厂	牡丹	甲级烤烟型
上海卷烟厂	红双喜	甲级烤烟型

生产厂	牌名	等级类型
楚雄卷烟厂	蝴蝶泉	甲级烤烟型
楚雄卷烟厂	桂花	甲级烤烟型
曲靖卷烟厂	石林	甲级烤烟型
贵阳卷烟厂	黄果树	甲级烤烟型
贵定卷烟厂	云雾山	甲级烤烟型
广州卷烟一厂	椰树	甲级烤烟型
广州卷烟二厂	红双喜	甲级烤烟型
成都卷烟厂	五牛	甲级烤烟型
天津卷烟厂	紫光阁	甲级烤烟型
徐州卷烟厂	红杉树	甲级烤烟型
许昌卷烟厂	许昌	甲级烤烟型
常德卷烟厂	金芙蓉	甲级烤烟型
龙岩卷烟厂	富健	甲级烤烟型
玉溪卷烟厂	红梅	乙级烤烟型
杭州卷烟厂	西湖	乙级烤烟型

注：1988 年“高乐”“古瓷”和“黄人参”、1989 年至 1990 年“中原”“扁鹊”和“将军”均为国优银质奖。

1991 年“中华”“红塔山”和“云烟”为国优金质奖。

（四）

烟草管理体制改革前，我国卷烟批发渠道比较混乱，被人们形容为“工农兵学商、都做卷烟批发商”。国家烟草专卖制度和集中管理体制确立后，根据国家规定，卷烟批发业务由烟草公司负责，卷烟零售业务仍由国营、集体及个体商业经营，但经营卷烟零售业务也必须领取专卖许可证，纳入专卖管理轨道。10 年来，卷烟二级批发的全部和三级批发的大部都掌握在各级烟草公司手中，未设烟草公司的地区其卷烟批发业务由烟草公司委托原主营单位负责。上述经营管理体制，有力地促进了卷烟销售工作的发展。据《中国统计年鉴》公布的资料，1990 年与总公司成立前的 1981 年比较，卷烟销售量增长 86%，销售额增长 5.08 倍。销售额增长幅度大大超过销售量的增长幅度，一方面说明我国人民在改革开放中的消费水平是不断提高的，另一方面也说明实行烟草专卖和集中管理后卷烟的销售档次发生了较大变化。

全国卷烟销售形成庞大网络 通过组建上划工作，全国卷烟销售机构基本上建立和健全，各省、自治区、直辖市及计划单列市都成立了卷烟销售机构，各地市及卷烟厂所在地基本上建立了卷烟二级批发机构（包括分公司和调拨站）。到目前为止，共有二级发生企业 285 个，已上划直属管理的三级批发企业 1384 个，下设批发部及委托批发单位 3 万多个，领有专卖许可证的零售点 360 多万个。由这些二、三级批发企业及批发部，在全国形成了一个横竖贯通的卷烟批发网络。中国烟草总公司及其销售公司通过这个遍布全国城乡的庞大批发网络，把市场需要的卷烟输送到每个零售点及广大消费者手中。

卷烟流通体制改革取得明显成效 通过深化改革，已在行业内部形成了一整套适应行业发展的销售、信息、储运管理办法。在销售工作中，改变了过去按“产、销”实行差额调拨计划的老方式，采取了“计划分配与选购相结合”的调拨办法，并对调拨计划实行“合同制”，由买卖双方签订购销合同，中国卷烟销售公司监约执行。基本上改变了由各省级公司分配调拨计划的流通形式，由全国产、销地烟草分公司（二级调拨企业）在总公司购销管理办法的指导下进行业务往来，互相调拨，调剂余缺。各县级烟草公司在省内可选购地产卷烟，相互调剂。为开辟农村市场，采取委托供销社代批发及下伸批发网点等措施，使农村卷烟供应得到很大改善。近几年来，国产旅游外汇烟、侨汇烟供应有较大增加，对解决发展国家旅游事业所需商品问题起了积极促进作用，部分已取代进口卷烟，为国家增加了创汇能力。同时按照国家政策，安排好进口寄售烟的供应，满足外宾及港澳台胞的特殊需要。

商情信息和储运工作有了较大进展 为及时了解和反馈市场信息，中国卷烟销售公司在各级烟草公司、烟厂设立了商情信息网络，及时沟通各地的市场行情和产销情况，为烟厂合理安排生产和各级领导科学决策提供了依据。烟草公司组建初期，全国卷烟商品库面积仅有 30 多万平方米。10 年来，在国家政策的扶持下，通过各级烟草储运机构 1 万多名职工的努力，又新建卷烟商品库 100 万平方米。仓储标准和能力有了较大提高，现有空调机 7628 台，去湿机 8650 台，风幕 1750 台，烘箱 206 台，天秤 185 架，干湿度计 13099 支，基本上可以满足仓储工作的需要。广大仓储职工通过已经建立和健全的仓库管理制度，使仓库管理规范化、安全化，有效地防止了各种事故的发生。

通过对全国卷烟销售情况的具体分析，目前，各地区间销售量和销售额仍有差别，人均消费量高低相差仍有不同。一般来看，沿海及工业发展较快地区消费水平较高，其他地区消费水平还较低，农村市场仍有潜力。因此，根据市场需要，组织更多适销对路的品种，满足消费者的要求，是销售工作的主要宗旨和根本任务。

（五）

烟草物资具有专用性强、品种多、周期短、用量大的特点。为了加强对烟草物资的经营管理，搞好生产供应工作，烟草管理体制改革后，于1984年2月专门成立了中国烟草物资公司，并建立了“统一领导、分级管理”的烟草物资经营管理体制。即：中国烟草物资公司、省级烟草物资部门和企事业单位物资机构三级管理的体制。1988年，在深化国家物资体制的改革中，国务院确定烟草物资供应机构由中国烟草总公司和物资部双重领导，以中国烟草总公司领导为主。通过清理整顿，全国烟草系统现有工业物资供应机构172个，形成了比较完整的烟草物资供应体系，并纳入了全国物资流通的主渠道，逐步改善了烟草物资的生产供应条件。

物资供应计划管理充分发挥应有作用　为适应卷烟生产的指令性计划要求，烟草物资供应的计划管理得到相应加强。一是抓好国家指令性计划物资的管理和分配工作。据不完全统计，1984年至1991年国家分配钢材18万吨、木材16.4万立方米、水泥近20万吨以及近5000万元的机电产品，在系统内得到比较合理的计划分配。二是抓好供、管结合，对统配、部管物资优先保证重点项目和大中型骨干企业的需要，发挥了计划经济的优势。三是协同有关部门和生产企业做好专用物资的计划生产和分配工作。例如，1984年至1991年烟草系统协同主管部门安排盘纸生产供应达40.6万吨，保证了卷烟生产需要。

加强对市场调节物资的引导和管理　卷烟配套物资品种较多，且多数属于市场调节物资。如何加强对市场调节物资的引导和管理，从而达到保证供应、降低成本、提高质量的目的，是烟草物资经营管理工作的重大课题。为解决这一重大课题，主要采取了3项措施：一是利用市场竞争机制，组织看样订货会，改变多方式、多渠道的随意供应办法，逐步建立比较稳定的供需关系；二是根据国家物资工作的方针、政策，对全国烟用配套材料生产企业进行对比筛选，实行重点扶持政策，引导卷烟生产企业与配套材料生产企业建立供需合作关系，促进共同发展；三是本着既照顾配套材料生产企业利益，又照顾卷烟生产企业利益，更注意烟草行业宏观、综合效益的原则，采取有效措施，防止乱购乱用，引导市场调节物资改进质量，并使其价格在合理的范围内跳动。目前，通过加强引导和管理，卷烟配套物资出现了质量提高、价格稳定的趋势，同时，一些物资不合理的涨价因素得到控制并已回落。以铝箔纸为例，通过治理整顿，已从价格最高时每吨14800元左右下降到目前的9980元，下降率为32.5%。

治理整顿滤嘴材料供应秩序取得明显效果　滤嘴材料是烟草物资中的一项重点内容，前几年缺口较大。由于调整产品结构、发展滤嘴卷烟的需要，供求矛盾比较突出。一些单位不顾烟草专卖法规，借机大做滤材生意，造成进口和经营渠道混乱，供应价格大幅度上升，既浪费了国家的大量外汇和资金，也使卷烟生产成本大量增加。1986年，卷烟滤嘴价格每万支为97元，而1987年后最高时达到每万支336元，涨价幅度为2.46倍，1988年一年就使烟草行业增加成本20亿元。因此，国家烟草专卖局把加强滤嘴材料的进口和经营管理作为烟草行业治理整顿工作的重点，采取有效措施坚决制止多头进口、哄抬价格、乱渠道供应、倒买倒卖的违法乱纪行为。在国务院领导下，国家烟草专卖局与经贸部、海关总署等部门密切配合，从1989年下半年开始采取治理整顿措施，到1990年下半年把滤材进口和经营基本管住。据测算，1990年仅滤材供应一项就使烟草行业减少支出15亿元，收效非常明显。

烟草物资国产化能力和水平显著提高　几年来，烟草行业通过发展横向经济联合，建立生产供应基地，大大加快了烟用配套物资的国产化步伐。其主要成绩，一是采取重点扶持政策，发展联营企业，在全国18个省区初步形成了区域性或全国性的配套物资生产供应基地。例如，发挥“条条”和“块块”两个积极性，已使江苏省成为烟用配套物资的主要生产供应基地。据统计，这个省已生产丝束、卷烟纸等10多种配套物资，年产值达12亿元以上，占全国同类产品的45%左右，供应面复盖全国市场。二是打破了烟用滤嘴材料完全依赖进口的局面。直到1989年上半年为止，我国的烟用滤嘴材料还是完全依赖进口，使滤嘴卷烟的发展受到一定程度的限制。为了改变这一局面，国家局和总公司坚持自力更生精神，大力开发和推广应用烟用聚丙烯丝束，从“爱国丝束”的高度积极发展这一新型滤嘴材料。1990年，我国自己研制生产的烟用聚丙烯丝束已达2.3万吨，有力地缓解了丝束供应紧张的矛盾。同时，烟草行业积极发展对外合作，建成了中美合资的南通醋酸纤维有限公司，并于1990年5月正式开业投产。1990年，国产聚丙烯丝束与合资生产的醋纤丝束已占当年用量的30%左右，打破了完全依赖进口的局面。三是除滤嘴材料以外的其它配套物资已基本做到国内自给。前几年，卷烟盘纸、铝箔纸、透明纸、金拉线等配套物资缺口较大，需要花费大量外汇进口。通过积极开发，走国产化道路，自1988年以后这些材料陆续实现了国内自给。近两年来，有相当一部分配套材料已从卖方市场转为买方市场，有些材料已可以提供出口。

我国烟草行业充分发挥烟草专卖和集中管理的优势，烟用配套物资正在向生产基地化、产品标准化、品种系列化、供应配套化方面健康发展。

（六）

烟草公司组建初期，生产经营条件较差，人们形象地称之为“吃饭无锅、办公无桌、办事无车、经营无窝”。烟草行业的技术装备也十分落后，仅相当于国际40年代左右的水平。直到1985年，烟草大中型企业的设备还基本是单机操作，人工控制，机械化程度低，工作条件差，手工劳动强度大，甚至一些企业处理烟叶和烟梗的分离时仍使用原始的人工抽梗的方法。为改变这种经营设施缺乏、技术装备陈旧的被动局面，烟草行业在国家政策扶持和有关部门的大力支持下，加快了技术改造步伐。经过几年的努力，烟草行业的固定资产原值已从组建初的10亿元左右发展到115亿元左右，增长了10.5倍。特别是在烟草技术装备水平方面，“七五”期间5年跨跃30年，目前多数企业达到60~70年代的水平，部分企业达到国际70~80年代的水平。

先进的技术装备，是先进生产技术的载体。为了提高烟草专用机械的国产化水平，加快烟草行业的设备更新，国家烟草专卖局和中国烟草总公司采取了一系列有效措施，并于1988年专门成立了中国烟草机械公司，对烟机产品的开发、生产、销售、对外合作及设备管理实行了集中统一管理，使烟机工业在较短的时间内取得了较大的发展。

加强烟草机械的专卖管理和计划管理，促进烟机工业健康发展　烟机公司成立后，把有关烟机的生产经营活动进一步纳入了专卖管理的轨道，狠抓了以计划管理为中心的各项经济技术管理工作，建立健全了烟机新产品试制、生产、大修理、零配件供应等计划管理、技术质量管理、销售管理、设备管理、行业统计以及企业升级、现场管理等一整套规章制度，实现并逐步加强了烟机工业的集中统一管理。在烟机生产中，没有出现一哄而上的混乱局面，避免了重复建设、盲目发展。1985年，我国烟机工业的产值还不足4000万元，而1991年已发展到7亿多元。

引进技术的消化吸收工作取得突破性进展　几年来，烟机工业坚持引进技术的消化吸收与研制开发相结合的方针，已生产出一批具有国际先进水平、比较适合我国国情、门类比较齐全的产品。

——对烟机设备进口实行集中统一管理。坚持集中审批，统一对外，实行技贸结合，买硬件带软件，全行业在进口2000多台套设备的同时，引进了26项国际七、八十年代的烟机制造技术，并为消化吸收这些技术创造了良好的条件。结合引进技术消化吸收的进度，通过限制和减少盲目进口，在维护国家和烟草行业利益的同时，保护了国内烟机工业的发展。

——狠抓引进技术的消化吸收，加快国产化进程。这些引进技术的产品机电仪一体化，技术性能高，制造难度大。国产化工作坚持以产品为龙头，以消化吸收企业为主体，充分利用和发挥高等院校、科研院所及军工企业的技术力量消化这些引进技术。采用项目招标等形式组织对进口关键和进口设备的维修零备件进行技术攻关，大大促进了国产化率的提高。目前，已有8项产品通过鉴定，大部分投入批量生产。国产化率均在80%以上，有些设备已全部国产化。

发展横向联合，组建集团公司，发挥群体优势　先进技术的引进和高性能产品的开发和生产，需要大批的技术力量和大量的资金支持。显然，完成改变烟草行业技术装备落后的任务只靠烟草系统内部的力量是不够的。国家局、总公司积极发展横向联合，组建和发展了跨地区、跨部门、跨行业的集团性公司——中国烟草设备联合公司。充分利用了国内各行业，特别是军工企业的技术力量和剩余生产能力，发挥群体优势，使烟机工业在工艺技术水平不高的情况下，以较短的时间消化吸收国际先进技术，并尽快形成了批量生产能力。

目前，通过集团公司已经组织起40多家企业从事烟机产品开发和主要机械的生产，1991年主要烟机产量预计可完成生产1166台套。全国9个烟机零配件联营公司已组织起200多家企业，可提供33个机型，近3万个品种，年产值1.7亿元的零配件，除新引进的少数机型外，可以基本满足卷烟厂的需要。从1986年至1991年，累计完成烟机产值25亿元，年平均增长速度为63%；实现利润约4亿元；主要烟机产品产量完成7500台、套。不仅可以批量提供成套制丝、卷接包、滤嘴成型等设备，而且主要产品的质量也在稳步提高。从产品交车验收情况看：目前，YJ14/YJ23型卷接机组的班产量全部达到13大箱以上，达到了进口同类机型的水平；YS14型和YS44型滚刀式切丝机等产品质量稳定，能替代进口，满足需要。由于烟机生产技术水平的提高，国产化设备用于替代进口设备，已为国家节约外汇7亿多美元。

加强设备管理，提高设备的有效作业率 加强设备管理，是“向管理要效益”的重要内容。全行业注意从基础工作抓起，使设备管理水平不断提高。通过两届设备管理评优活动，共评出16个设备管理优秀单位和14个设备管理先进单位。其中，玉溪、青岛、长沙、张家口卷烟厂被评为国家级设备管理优秀单位。总公司先后在玉溪、长沙、张家口、海林、南海、上海卷烟厂组织了设备管理的现场会，推广这些单位的先进经验。为了培训骨干，管好用好烟机设备，几年来通过培训中心和烟机制造厂已经培训了6000多名操作和维修人员，还培训了400多名管理人员。为了加强宏观管理，烟草行业实行申报订购设备的同时申报淘汰报废设备的管理办法，新设备交付使用后及时报废旧设备，对控制生产规模、提高产品质量、推广先进技术起到了积极的促进作用。目前，一些大中型卷烟企业的设备有效作业率明显提高，已由过去平均50%左右提高到60%左右。

（七）

1985年以前，有关烟草的进出口业务分别由烟草系统以外的其他4家外贸公司负责。长期以来，这些公司为发展烟草外贸业务做了大量工作。但是，随着烟草管理体制和外贸体制改革的深化，这种分散经营的方式已不利于烟草专卖和集中管理优势的发挥。因此，建立中国烟草进出口公司，对烟草进出口贸易和对外经济技术合作业务实行统一经营管理，是顺乎形势发展的必要改革措施。

建立集中管理的烟草外贸体制 1985年1月1日，中国烟草进出口公司正式成立，并根据烟草外贸业务的发展，相继在上海、辽宁、山东、河南、湖北、广东、福建、云南、贵州、湖南建立了10个烟草进出口分公司，直属中国烟草进出口公司领导。此外，根据国家有关特区政策的规定，海南省烟草公司、深圳市烟草公司和珠海市烟草公司，经批准取得部分商品的进出口权，进出口业务接受中国烟草进出口公司的领导。为了扩大我国烟草的国际声誉，进一步开拓国际市场，发展国际友好合作，及时沟通信息，1989年10月，在香港设立了天利国际经济贸易有限公司，作为中国烟草总公司的海外总机构和中国烟草进出口公司的海外总代理。1991年，天利国际经贸公司又在津巴布韦首都设立了办事处。初步形成了比较完整的烟草外贸经营管理体制。

积极开拓国际市场，出口创汇大幅度增长 1985年以来，我国烟草及其制品的出口创汇年年有较大幅度的增长。1985年出口创汇为0.7亿美元，以后，每年以平均30%的幅度递增。1990年出口创汇达3亿多美元，比1985年翻了两番。6年累计为国家创汇11亿多美元。

——我国烟叶历史上就有出口，但出口数量不是很大。因此，为扩大烟叶出口，烟草行业认真贯彻“进出结合”的方针，充分利用进口烟叶和寄售香烟的有利条件，开拓国际市场。同时，积极开展技术交流，邀请外国专家来华讲学、指导，提高了烟叶种植和复烤加工技术，发展了晒烟、白肋烟和香料烟的生产，总公司在全国建立了31个出口烟叶基地。几年来，烟叶出口量不断增加。1986年，我国烤烟第一次直接进入英国市场。世界一些著名的烟草公司，如英美公司、雷诺士公司、菲利普·莫里斯公司等，相继购买我国烟叶，数量不断增加。同时，出口烟叶的成熟

度、复烤加工质量、包装运输及售后服务等方面也有了明显的改革和提高，制定了合理的、有吸引力的价格政策和优惠政策，受到外商一致好评。1990年与1985年比较，我国烟叶出口量增长1倍，创汇额增长1.2倍。

——1985年以前，我国卷烟出口处于停滞状态。中国烟草进出口公司成立后，积极开拓国际市场，首先将含有中草药成份的“中南海”、“长乐”等牌号的卷烟打入日本市场。继而各分公司积极组织恢复港澳市场，很快形成10多个牌号的出口局面。随着我国烟草行业的技术进步，产品质量有了很大提高，新产品开发取得突出进展，为扩大卷烟出口创造了较好条件。同时，在烟草外贸上积极贯彻“多元化贸易”、“多元化市场”的方针，通过各种渠道，采取多种贸易方式，广交朋友，积极推销。目前，我国卷烟的出口品种，有适合东南亚地区的烤烟型；有适合欧、美和非洲市场的混合型；还有深受日本和南朝鲜市场欢迎的含中草药成份、百分之百烟丝、对某些疾病能起到疗效或缓解作用的新混合型卷烟。发展到1990年，我国已有17个省、市、自治区的29个卷烟厂生产的65个牌号的卷烟，销往亚洲、非洲、美洲、欧洲等26个国家和地区。卷烟出口量和创汇额都比1985年增长250倍以上。

对外经济技术合作取得较大进展 烟草行业认真贯彻党的对外开放方针，积极扩大对外经济技术合作。到目前为止，已经与国外烟草界一些著名的国际公司签定了12个技术合作项目，外商直接投资5000万美元，我国烟草界也开始对外进行技术输出。

——1980年，美国雷诺士国际烟草有限公司捷足先登，与福建厦门卷烟厂签定了来料加工协议，生产“骆驼”牌卷烟；1987年又进一步兴办了我国第一个卷烟合资企业“华美卷烟有限公司”。

——1985年，英国乐富门公司与山东烟草公司开展技术合作，为山东济南卷烟厂提供设备、培训人才，共同研制出“将军”牌卷烟，并协助指导种植山东烟叶，取得较好效果。1991年，进一步合资兴办了“山东—乐富门烟草有限公司”，具有乐观的发展前景。

——1988年，中国烟草总公司与美国赫斯特·赛拉尼斯公司通力合作，在江苏合资兴建了“南通醋酸纤维有限公司”，引进先进设备和生产技术。目前一期工程已于1990年5月正式投产，年产二醋酸纤维丝束1.3万吨，缓解了烟用丝束的供需矛盾，结束了我国不能生产醋酸纤维丝束材料的历史。每年可为国家节约外汇1000多万美元。在建的二期工程全部投产后，每年可为国家节约外汇5500万美元。

——1990年，我国首批技术工人被派往中东国家，承担卷烟生产的包装、卷烟机操作及维修任务；1991年，中国卷烟滤嘴材料公司和意大利费尔特高公司签定合同，首次向国外输出技术。劳务输出和技术输出的成功，表明中国烟草行业已开始从技术输入型向技术输出型转变。

——为了提高我国烟草行业的生产、管理和技术水平，中外烟草界进行了广泛的经济技术交流活动。据不完全统计，近7年来，我国烟草行业接待了20多个国家和地区的烟草同行前来交流技术、洽谈业务。其中，邀请了一些国际著名的烟草专家多次来华讲学或进行科研项目的合作，取得了很好的效果。我国烟草行业也相继派出一批出国团组到国外参观考察、短期培训和开拓外贸市场。目前，我国烟草行业已经与世界上近百家烟草公司建立了比较密切的联系，其中基本上包括了所有的烟叶生产、卷烟生产、烟机制造和辅助材料生产的国际著名厂商。随着中国烟草的国际声誉不断扩大，我国烟草行业的出口创汇工作呈现出继续以较大幅度增长的趋势。

（八）

科学技术是第一生产力，是推动经济和社会发展的强大力量。烟草行业之所以能够在最近10年中取得较大发展，一个重要原因就是在烟草专卖和集中管理体制下，全面推进了烟草行业的科技进步。烟草行业高度重视科技和教育工作，总公司不仅设有科技和教育工作的职能机构，而且还专门成立了科学技术委员会，始终坚持“经济建设必须依靠科学技术，科学技术必须面向经济建设”的方针，不断培育和形成“尊重知识、尊重人才”的良好风气，努力把经济建设转到依靠科技进步和提高劳动者素质的轨道上来。

加强科研机构建设，深化科技体制改革 烟草行业认真贯彻《中共中央关于科学技术体制改革的决定》精神，不断加强科研机构建设，实行科技成果商品化，改革科技拨款制度，举办科技成果交易会，实行科技项目公开招标和有偿合同制，调动科研单位和科技人员积极性，加快科技成果向现实生产力的转化。

——目前，烟草系统的科研院所已有近20个，科技工作人员达1000多人。这些院所中既有三、四十年历史的老科研机构，也有在改革中新建立的科研机构。对于规模较大、分别在烟草工业和农业方面起到科研中心作用的郑州研究所、青州研究所，总公司加强了领导和管理。在管理体制上，将郑州烟草研究所划归总公司直接领导并改建为研究院；将青州烟草研究所改为中国农科院与烟草总公司双重领导，在体制上促进了科研与生产的紧密结合。这些科研机构在重点进行以技术开发为主要内容的应用研究和成果推广工作的同时，也加强了基础理论研究工作。如郑州烟草研究院10年来共立研究题目294个，其中基础理论研究为95个。

——重视科技情报信息工作，建立了全国科技情报网。总公司设有全国烟草科技情报中心，并在各地设有情报站，开展了情报信息的搜集、交流、整理和发布工作。仅全国情报中心每年发布的信息就有500多条，并编辑了烟草方面的专利检索、摄制编辑了烟草科技方面的录相资料，为烟草企业提供信息资源，推动了科技成果的推广应用工作。

——质量监督检测和标准化工作得到加强和完善。总公司设有中国烟草标准化质量监督检测中心，并设有23个省级质量监督检测站，还在烟草企业中设立了一批厂级质检站，装备了现代化的检测仪器，对烟叶、卷烟、主要辅助材料的内在质量、外观质量及理化指标经常地或定期地进行检测分析，促进了烟草企业管理与质量水平的不断提高。烟草行业的标准化工作虽然起步较早，但进展不快，长时期只有卷烟的部颁标准和烤烟的国家标准，而且随着形势的发展还需要重新修订。烟草管理体制改革后的10年来，标准化工作有了新的进展。目前，烟草行业已有烟草原料、烟草制品、辅助材料、烟草机械、专用仪器等方面的国家标准11个、行业标准3个，很多企业还自订了企业标准。为了加强对全行业标准的管理工作，于1988年成立了全国烟草标准化技术委员会，现列入计划需要修订和制订的标准化项目共190多个。

——加强系统内外的技术协作和对外技术交流，促使烟草科技工作起点高、周期短、见效快。10年来，为解决烟草行业技术力量薄弱而科技任务繁重的矛盾，烟草行业积极开展横向技术联合与协作，紧密团结和充分利用社会上的高等院校、科研机构及其他行业的技术力量，共同促进烟草科技事业的发展。同时，采取请进来、走出去的办法，与国外烟草界进行广泛的技术交流。在烤烟、白肋烟、香料烟生产，滤棒成型技术，卷烟加香技术，降低焦油含量措施，薄片生产，高强度、高透度盘纸技术及烟草机械、仪器仪表等方面，中外烟草科技人员都进行了友好合作。中国烟草总公司及其科技部门还聘请英、美退休专家做顾问，与日本烟草界合编《汉日英烟草词汇》，并于1987年和1991年分别在北京和天津举办了国际烟草展览会。中国烟草行业参加了国际烟草科学研究合作中心和国际标准化组织，并于1988年在广州和北京成功地举办过第九届国际烟草科学大会和国际标准化组织TC126委员会的年会，有近20位的中国烟草专家和学者在国际最高权威的烟草学术讲坛上发表过论文，有两名中国青年科技人员获得国际烟草科研合作中心的奖学金。通过开展系统内外和国内外的技术交流以与协作，烟草行业的科技水平有了明显提高。据统计，烟草行业“六五”期间共取得科技成果30多项，而“七五”期间取得科技成果250项。

烟草学会在推进烟草行业的科技进步上发挥了积极作用 中国烟草学会作为紧密联系农业、工业、商业、科研、教育、医药卫生等各界专家学者的群众性学术团体，成立于1985年5月，受中国科协领导,挂靠中国烟草总公司。目前,中国烟草学会拥有国内会员2000多名,还吸收了一批国外及香港地区的会员。中国烟草学会成立以来,充分发挥自己的优势,在推进烟草科技进步中做了大量卓有成效的工作,在发展跨行业、多学科的经济技术协作中起到了十分积极的作用。例如,中国烟草学会曾于1986年和1990年两次召开新混合型卷烟研讨会,组织烟草界和医药卫生界以及科研、检测部门的专家学者,对含有中草药成份、具有疗效作用的新混合型卷烟的科学性、可行性及发展方向进行理论研讨,使这种具有中国特色的新型卷烟的开发生产工作得到健康发展。

重视教育工作,培养专业人才 烟草管理体制改革前,烟草行业没有自己的专业院校,其他院校也很少设置烟草专业。因此,长期以来烟草行业专业人才缺乏的矛盾一直比较突出。为了改变这一状况,国家烟草专卖局和中国烟草总公司始终注意抓好教育这个根本,建成了行业所属的1所高等院校、5所中专学校和11所技工学校。合肥经济技术学院作为烟草行业唯一的综合高等学府,具有现代化的设施和教学手段,融农业、工业、经济等多学科为一体,已于1989年正式建成,并面向全国招生。"七五"末期,烟草行业已有大学、中专和技校在校生6000名。同时,烟草行业还积极投资,通过委托代培和鼓励职工自学等方式,几年来共培养出5000多名大学、中专和技工学校毕业生,充实了科技队伍和技工队伍。在培养和招收等多种途径下,烟草职工队伍的文化素质发生了较大变化。目前,全行业拥有高、中、初级职称的各类人员5万多名,约占职工总数的10%左右。其中,科技人员将近2.5万人,科技人员占职工总数的比例已由"六五"末期的0.7%提高到现在的5%左右。

科技进步带来了工农业的发展和经济效益的提高 烟草行业的科技进步对烟叶、卷烟的生产发展,对企业管理水平和经济效益的提高,起到了巨大的推动作用。其作用和成果在上面的分别论述中已有具体体现,现再作一简要归纳:

——烟叶种植水平有明显提高,一是大部分地区推广了经全国或省级烟草品种审定委员会审定的优良品种,淘汰了劣杂品种,建立了良种繁育体系,实行了统一供种办法;二是推广了地膜覆盖、营养袋育苗等先进技术;三是单行起垅移栽,控制留叶数,保证合理密度,提高单叶重;四是在继续使用有机肥的同时,广泛推广复合化肥,并测土施肥,使烟叶香气增加,烟碱含量提高;五是大部分烟区接受了成熟度的观念,努力做到成熟采摘;六是变高温快烤为低温慢烤,提高了烘烤质量;七是反映烟叶内在质量要求的40级烤烟新标准推广速度加快,等等。通过上述技术进步措施,使我国烟叶的数量和质量,特别是质量水平有了新的发展和提高。

——卷烟生产和管理水平有明显提高,一是积极开发新产品,具有国际口味的混合型卷烟和具有疗效作用的新混合型卷烟有较大发展,产品结构发生较大变化;二是产品质量有明显提高,焦油含量有明显降低;三是计量、检测手段有较大提高,推广应用了微机管理等现代化管理方法和手段,提高了管理水平,降低了物质消耗;四是改进工艺,提高加香加料技术,进行了配方技术改革;五是推广应用膨胀烟丝、烟草薄片、高强度高透气度盘纸、聚丙烯丝束、激光打孔等新材料、新技术;六是加快技术改造和设备更新,已有三分之二左右的制丝能力和三分之一以上的卷接包能力得到改造;七是广泛开展岗位培训、岗位练兵、技术比赛等活动,提高职工的技术操作水平,并积极开展群众性的技术革新和合理化建议活动,收到良好效果。通过上述技术进步措施,使卷烟生产条件大为改善,产品水平有显著提高。

——经济效益有明显提高,据统计测算,仅烟叶、烟机、聚丙烯丝束、烟草薄片、膨胀烟丝5个方面所带来的直接经济效益每一年就有16亿元,并可节省外汇2亿美元。

（九）

烟草行业在10年改革发展中，始终注意坚持四项基本原则，沿着建设有中国特色的社会主义的道路前进，在抓好物质文明建设的同时，十分重视社会主义精神文明建设。在实际工作中，注意发挥党的政治优势，采取有效措施，加强党的建设，加强思想政治工作，加强党风和廉政建设，努力培养一支“四有”职工队伍。

烟草行业在组建上划初期，就建立健全了党的各级组织和各级政工机构。国家烟草专卖局党组认真贯彻党中央、国务院的各项方针政策，紧密联系烟草行业的实际，把握正确的政治方向，努力进行创造性的工作。在一度出现淡化党的领导、取消党组的形势下，国家烟草专卖局党组主动提出保留党组的要求，并得到中央组织部的批准。自1986年开始，烟草系统的政治工作会议坚持每年召开一次，从未间断。即使在1989年春夏之交发生动乱和北京发生反革命暴乱的危急时刻，烟草系统的第四次政工会议仍然照常坚持在安徽蚌埠召开。这次会议对统一思想、稳定局势、稳定队伍，反击资产阶级自由化思潮的进攻，对烟草生产经营工作的正常开展起到了十分重要的作用。由于国家烟草专卖局党组和各级党组织坚强有力的领导和具体有效的工作，使烟草系统50万职工坚持与党中央、国务院保持高度一致，在关键时刻能够经受住各种考验。在1989年春夏之交的政治风波中，从国家烟草专卖局、中国烟草总公司机关到全系统每个企业，始终坚守岗位、正常工作。很多企业顶住围攻和鼓惑，保持了正常的生产经营秩序，并努力增产节约，以实际行动维护安定团结的局面，挽回动乱造成的损失，受到地方党政领导的表彰。国家局、总公司机关没有一个人上街游行，没有一个人参加社会上的围攻和请愿活动，始终保持了领导机关的工作运转。在1991年的抗洪救灾斗争中，身处抗洪第一线的烟草企业和职工舍小家、顾大局，全力抗洪抢险，积极进行生产自救，发扬了大无畏的英雄主义气慨。其他非灾区的烟草企业和职工，发扬“一方有难、八方支援”的社会主义大协作精神，踊跃捐钱捐物，积极支援灾区。据不完全统计，全系统的企业和职工个人共向灾区捐款3527.5万元，还捐献和调集了棉被、衣物、粮票、食品、钢材、木材、化肥、卷烟生产配套材料等大批救灾物资。其中，国家局、总公司机关及在京直属二级公司共捐款700万元，机关职工近500人捐款16000多元，并捐献了一汽车棉被及衣物直接送往灾区。在日常及关键时刻的行动中，充分体现了烟草职工的高度政治觉悟，也真实反映了思想政治工作的积极成果。

坚持“四化”标准，加强各级领导班子建设 根据1986年上半年统计，全国烟草系统省级领导班子成员的平均年龄为51.5岁；文化程度，大专以上的占51.9%，中专（高中）占27.1%，初中占21%；有专业技术职称的占33%。从这些数字中可以看出，当时领导班子年龄偏大、文化偏低、专业技术人员偏少的问题比较突出。加之刚刚组建上划，领导班子人员不齐，规章制度也不健全，很难适应工作需要。为迅速改变这种状况，烟草行业在地方党委的支持帮助下，主要抓了三个方面的工作：

——严格按干部“四化”方针和“相对稳定，局部调整，改善结构，提高素质”的原则，对省、地、县三级烟草专卖局（烟草公司）的领导班子，在认真考察的基础上陆续作了调整充实。目前，年龄、文化和专业结构都有了明显改善，领导班子的整体素质和效能有了明显提高，为今后的政企分开做了必要的组织准备。

——针对班子建设中的难点，从完善制度措施入手，不断提高班子成员素质。为提高领导班子的战斗力，从政治上、思想上、业务上全面提高干部素质，几年来烟草行业在干部工作中坚持把思想教育作为基础，把增强团结、加强组织纪律性作为工作重点，把制度建设作为保证。从1986年以来相继建立和坚持了每年两次民主生活会制度；领导班子（中心组）学习制度；领导干部的培训制度；以及对干部的民主评议和监督、考核制度等，有力地促进了领导干部马列主义理论水平、政策水平、专业知识水平的提高和工作作风的转变。

——从战略高度，抓好后备干部队伍的建设，这是提高领导班子“四化”程度，培养革命事业接班人的重要工作。为抓好这项带战略性的工作，一是针对在后备干部建设上的种种模糊认识，以及烟草行业面临的政企分开的形势，不断提高领导干部对建立后备干部队伍意义的认识。国家局党组下发了《关于建立后备干部制度的意见》，对后备干部的数量、选拔条件、管理及呈报要求等，都做了具体明确的规定。二是拓宽选拔后备干部的视野，从企业发展实践中考察和发现人才，下力量做好人才资源的开发工作。

加强思想政治工作，建设“四有”职工队伍 国家烟草专卖局党组于1986年下发了《关于加强烟草系统思想政治工作的意见》，并在淡化思想政治工作、削弱政工机构的形势下，毫不放松对思想政治工作的领导，不仅保留和加强了政工力量，而且成立了“中国烟草职工思想政治工作研究会”。党的十三届四中全会以后，国家局党组更加自觉地抓好思想政治工作，对全系统党的建设和职工思想教育工作采取了更为有力的措施。为了建设一支有理想、有道德、有文化、有纪律的职工队伍，烟草系统广泛地开展了各种形式的思想政治工作，并取得了积极有效的成果。

——坚持正面、系统教育。为提高广大职工的政治理论素质，烟草系统一直注意加强对干部和职工的系统教育，特别是认真抓好青年职工的政治培训工作。1989年春夏之交的动乱和暴乱发生后，各级领导干部和广大党员、职工通过认真反思，进一步认清了坚持四项基本原则、反对资产阶级自由化斗争的重要性和迫切性，全系统普遍开展了坚信党的领导、坚信社会主义道路的“双基教育”。国家局组织编写出版了《国情与基本路线教育读本》，下功夫对职工进行系统的基本国情、基本路线和马克思主义基本原理的教育和灌输。系统的政治教育对消除资产阶级自由化思潮的影响，激发职工对社会主义祖国的深厚感情和主人翁意识，坚持走有中国特色的社会主义道路起了积极的作用。

——紧密联系经济工作，坚持开展有行业特色的“渗透”教育。烟草行业围绕企业经济工作中心先后在职工中进行了“改革与开放政策教育”、“形势与任务教育”、“理想与纪律教育”、“民主与法制教育”、“企业精神与职工道德教育”，以及“党风与党纪教育”等，较好地发挥了思想政治工作的保证和促进作用。如组建初期针对部分职工怕艰苦、不安心的思想，进行了艰苦奋斗、艰苦创业的教育；针对部分职工服务态度不好，官商作风严重的问题，进行了文明经商、礼貌待客、争创一流服务的教育，并广泛制定了职业道德规范。这些思想教育融汇和渗透到生产经营工作中，有力地促进了各方面工作的顺利开展。

——为了把形势政策教育搞好，不少单位联系单位和个人的实际，进行了改革前后“算帐对比”，举办了“十年改革成果座谈”，开展了“赞改革专题演讲比赛”和“改革热点、难点答疑会”等活动。

——为了发扬职工的主人翁精神，提高职工的民主参与意识，不少单位开展了“民主协商对话”、“民主讨论会”、“如果我是厂长”的演讲会，推动思想政治工作的“双向交流”和“多向交流”。

——为了提高职工学政治、学技术、学文化的积极性，不少单位开办了“政治夜校”，“业余党校”，“岗位练兵”，“技术比武”，“同工种竞赛”，“服务竞赛”以及读书演讲等比赛活动。

——为了满足职工的业余文化生活，不少单位重视开展“企业文化”建设，建立了企业自己的报社、电台、电视台、运动场、功能齐全的“职工俱乐部”，组织“兴趣小组”，开展文体比赛和“周末舞会”等活动。在群众性文体活动广泛开展的基础上，1989年和1991年，总公司先后组织了两次大型职工文艺汇演，和一次职工体育比赛。这些健康有益的、寓教于乐的各种活动，不仅增强了企业的凝聚力，而且有利于用社会主义思想占领职工业余文化阵地。

——为了宣传在两个文明建设中做出突出贡献的先进集体和个人，国家烟草专卖局和中国烟草总公司于1989年1月在北京召开了“全国烟草系统先进集体、劳动模范电话表彰大会”，会上共表彰了86个先进集体和55个劳动模范。其中，肖寿松、李国庭、褚时健、姚玉珠、蒋世杰、杜玉薇6名同志被评为全国劳动模范。他们的先进事迹被编印成书，编辑成录像片发放全行业学习。1990年，烟草系统又表彰了一批在加强精神文明建设方面作出显著成绩的45个政治工作先进集体和60名优秀政工干部。与此同时，国家局还着重宣传了河南省遂平县烟草专卖局办公室副主任刘富忠同志为维护国家利益和烟草专卖制度，与歹徒英勇搏斗光荣献身的感人事迹。1990年11月30日，在河南省遂平县隆重召开了授予刘富忠同志“模范专卖管理干部”的命名大会，并组织了包括刘富忠同志先进事迹在内的“全国烟草系统理想、信念、奉献报告团”，于1991年5月至6月深入7个省市，巡回做了15场报告，有力地促进全系统学雷锋、学刘富忠、学先进活动的深入开展。

——为了研究和总结新时期思想政治工作的规律，改进和加强思想政治工作，“中国烟草职工思想政治工作研究会”开展了积极工作。目前，全系统已有46个团体会员，并逐步建立了一支群众性的思想政治工作研究队伍。1989年12月和1990年8月，先后召开了两届年会，发表了一大批有价值的研究成果，涌现出一批政治工作先进集体。其中，上海、蚌埠、玉溪卷烟厂被评为全国思想政治工作优秀企业。

加强党风廉政建设，清除消极腐败现象，端正行业风气 为了适应改革开放、发展社会主义商品经济的要求以及烟草行业实行专卖体制的特点，国家烟草专卖局和中国烟草总公司十分重视纪检、监察工作，1985年3月就建立了党组纪检组，认真履行了“保护、惩处、监督、教育”四项职能，积极开展党性、党风、党纪教育和监督检查工作。1988年以来，特别是党的十三届四中全会以后，烟草系统完成了行政监察机构的组建任务。各省局、省公司及企业也相继建立、健全了纪检、监察部门。截止1990年底，全系统共有纪检、监察干部2200余人，初步形成了监督网络，无论在维护党风党纪方面，还是在执法监察、反腐倡廉方面都取得了可喜的成绩。

——坚持不懈地进行党风、党纪和廉政教育，提高广大党员拒腐防变的能力。改革开放以来，烟草系统广大党员、干部在维护党风、遵守党纪和廉政建设方面，总的说是比较好的，经受住了考验。但也有些党员受资产阶级思想的腐蚀和影响，放松了世界观的改造，不同程度地存在违法乱纪、以权谋私和以烟谋私等腐败作风，严重损害了党和政府在群众中的威信。为了从根本上提高党员、干部素质，增强经受改革开放考验和反“和平演变”的能力，烟草系统有针对性地在党员中反复进行了以坚持四项基本原则、反对资产阶级自由化为重点的马克思主义基本理论、党性、党风党纪和法律教育，使广大党员、干部牢固树立全心全意为人民服务的思想，争做遵纪守法的模范。

在教育过程中，注意采用多种形式开展正反两方面的教育。一方面宣扬先进典型，弘扬正气；另一方面运用反面典型案例敲警钟，达到“查处一案，教育一片”的目的。通过坚持不懈的教育，广大党员、干部的政治素质有了提高，廉政意识大大加强，涌现出许多“请吃不到，送礼不要”，拒礼拒贿的好人好事。仅1990年据25个省烟草系统的不完全统计，拒礼拒贿和退回礼品礼金的就有3670人次，现金和实物折款达96万元。

——严肃查处违纪违法案件。全国烟草系统自1988年7月至1990年7月，经过清理整顿公司，贯彻“两院一部”通告，纠正行业不正之风等项工作，共受理案件线索和查处案件1679起，结案1069起，结案率为64%。其中大案要案265起，已做出处理或移交司法部门处理的201起，结案率为76%。在已结案处理的案件中，受党纪、政纪、法纪处理的共有1118人。烟草系统在查处大案、要案，惩治腐败上态度坚决，有力地打击了不法分子的活动，提高了广大职工对加强党风廉政建设和纠正行业不正之风的信心。

——认真贯彻党中央、国务院的部署，加强行业廉政建设，纠正行业不正之风。根据1990年8月23日国务院召开的“加强廉政建设，纠正行业不正之风”的电话会议精神，国家烟草专卖局党组决定从1990年四季度开始到1991年底，在全系统认真开展以纠正行业不正之风为主要内容的党风廉政大检查。为了抓好这次大检查工作，国家局党组在认真进行具体工作部署的同时，始终注意抓好各级领导干部的思想认识。本着“不怕问题多，就怕不认真抓”的思想原则，在大检查开始之际，国家局党组就首先召开了省局、省公司主要负责同志参加的“全国烟草系统廉政建设会议”，学习文件，通报情况，交流思想，提高认识，以后又继续多次地抓好领导干部的认识问题。认识的提高，带来了工作的真抓实干，党风廉政大检查在全系统深入扎实地全面开展。为了解基层落实情况，1991年8月下旬国家局派出检查组，先后到海南、广东、广西等9个省市进行了实地检查。检查结果表明，这项工作深受各级领导和广大职工的重视和欢迎，并按国务院的要求取得了阶段性的效果。

——建立健全和完善各种规章制度，强化制约监督机制，促进党风廉政建设的不断发展。为了从组织上保证纪检、监察部门的职能得到更好的发挥，根据国家局纪检组的部署和要求，各省、市、区及企业的纪检监察部门，结合清理整顿公司和纠正行业不正之风工作，普遍加强了建章立制工作。为了密切党群、干部关系，加强全系统的党风廉政建设，国家局党组织根据《中共中央、国务院关于近期做几件群众关心的事的决定》精神，于1989年8月20日做出了“十条规定”。1990年8月，在郑州召开的全国烟草系统廉政建设会议上，又讨论通过了“关于加强领导班子廉政建设的决定”。据湖南、黑龙江、河南等17个省、区、市局的统计，自1990年10月至1991年6月，新建制度1929项，修改、完善原有制度2539项，其中既有业务管理制度，又有以“两公开一监督”为重点的制约监督制度，较好地解决了有章可循，违章必究的问题。

——为了表彰那些在纪检、监察工作中做出突出贡献的同志，1990年5月国家局党组召开表彰会，有41个纪检、监察先进集体和43名纪检、监察先进工作者在会上受到表彰。其中贵州省黔南州烟草专卖局纪委书记白如彬同志还被中纪委授予全国优秀纪检干部称号；湖南省局监察主任邬思华同志被监察部、人事部授予全国监察系统先进工作者称号。

（十）

总结烟草行业10年改革、10年巨变的发展历程，可以得到这样几条深刻的体会：

——认真贯彻党和国家对烟草行业的方针政策，不断强化和完善专卖管理，并注意发挥好中央和地方两个积极性，是烟草行业健康发展的根本保证；

——针对烟草行业的实际情况，不断深化行业内部的改革，积极推行一系列行之有效的改革措施，是烟草行业健康发展的强大动力；

——大力推进烟草行业的科技与管理进步，不断增强烟草大中型企业的活力，把工作重点转到调整结构和提高效益的轨道，注意保持产供销的协调发展，是烟草行业健康发展的正确途径；

——坚持两个文明一起抓，不断加强领导班子和职工队伍建设，端正行业风气，振奋行业精神，充分发挥党的政治优势，是烟草行业健康发展的基本前提。

在烟草行业经历10年发展取得显著成绩的同时，烟草行业也面临着新的困难和矛盾。为了在“六五”组建上划打基础、“七五”深化改革大发展的基础上，实现“八五”开拓前进上水平的奋斗目标，从而在实现社会主义现代化建设的第二步战略目标中做出新的贡献，国家烟草专卖局、中国烟草总公司审时度势，鲜明地提出了烟草行业要搞好历史性转折的战略观点。也就是说，再走“速度效益型”的老路已无前途和余地，烟草行业必须从“速度效益型”转为“质量、品种、结构效益型”。

为开拓前进、搞好历史性转折，国家局、总公司还比较完整地提出了坚持一个方针、实现两个转变、抓好三个基础、力求四个突破、树立八大观念的“八五”发展战略：

一个方针——控制总量，提高质量，调整结构，增加效益；

两个转变——从“速度效益型”转变为“质量、品种、结构效益型”，从“粗放经营”转变为“集约经营”；

三个基础——烟叶生产、物资供应和烟机制造，也就是原料基础、物资基础和装备基础；

四个突破——管理上有突破，技术上有突破，产品上有突破，国内外市场上有突破，从而在总体上达到提高综合经济效益的目的；

八大观念——改革的观念，专卖的观念，市场的观念，计划的观念，全局的观念，长远的观念，科技的观念，效益的观念。

1992年1月1日，标志着烟草管理体制改革的第一个10年已经过去，而烟草行业继续发展前进的第二个10年已经开始。这一天，《中华人民共和国烟草专卖法》正式施行，烟草行业从第二个10年的第一天就迈开了依法治烟的步伐。我们坚信，烟草行业50万职工在党中央、国务院的正确领导下，在有关部门和地方党政的大力支持下，将会沿着建设有中国特色的社会主义道路昂扬奋进，将在满足消费、增加积累上更上一层楼、再做新贡献。当我们跨入新的世纪总结第二个10年的改革与发展之时，将会向党和人民交出更加完美的答卷，做出更加满意的汇报。

撰稿：付　鹏　张裕征　孙桂芳　刘敬如　邓　琦　姬　元
陈金铭　王彦亭　曹新茂　郭齐贵　周瑞增

附：中国烟草十年发展统计表

单位：万吨、万箱、亿元

项目 年度	烤烟收购	上等烟叶比重%	卷烟产量	甲级烟比重%	滤嘴烟比重%	卷烟销量	实现税利
1982年	173.8	2.07	1885.2	3.8	5.8	1608.3	97.6
1983年	100.7	1.59	1937.8	5.2	9.9	1820.4	102.5
1984年	142.0	3.65	2119.6	6.4	10.6	2039.2	107
1985年	177.8	3.72	2359.5	8.3	13.1	2209.0	120.6
1986年	119.0	5.41	2560.5	10.9	18.4	2371.1	145
1987年	131.7	7.61	2848.5	13.9	27.9	2545.6	170
1988年	206.7	9.5	3050.7	20.4	36.0	2665.4	210
1989年	200.6	12.24	3152.0	23.2	41.5	2878.5	240
1990年	191.3	16.61	3260.4	26.6	47.9	3017.2	270

1981年—1990年 中国烟草大事纪

1981年

●4月22日，全国供销合作总社、国家物价总局联合发出《关于提高烤烟收购价格的通知》。

●5月18日，国务院批转轻工业部关于实行烟草专营报告的通知，同意轻工业部《关于实行烟草专营的报告》。为了加强对烟草行业的集中管理，改善市场卷烟供应，增加国家财政收入，决定对烟草行业实行国家专营，成立中国烟草总公司，并授予一定的行政管理权力。总公司对烟草行业实行产供销、人财物的集中统一管理。卷烟销售业务，公司管到批发，零售业务仍归商业、供销部门和批准的集体、个体商业经营。总公司成立后，委托轻工业部代管。

●5月26日，农业部、轻工业部、全国供销总社、国家标准总局联合发布《关于下达全国烤烟标准审定会议纪要和〈烤烟〉、〈烤烟检验方法〉国家标准的通知》。

●9月5日，国家经济委员会复函轻工业部，同意轻工业部关于中国烟草总公司机构设置和人员编制的报告。

●11月9日，贵州省烟草公司成立。下辖9个卷烟厂，9个分公司。

●12月28日，轻工业部发出《关于中国烟草总公司正式成立的通知》，决定从1982年1月1日起，正式成立中国烟草总公司。

1982

●1月1日，中国烟草总公司正式成立。总公司对烟草行业实行产供销、人财物的集中统一管理，从而正式确立了烟草专卖和集中管理体制。

●2月8日，国务院发布《关于实行烟草专营后有关财政问题的处理办法的通知》。《关于实行烟草专营后有关财政问题的处理办法》是财政部根据国务院关于烟草专营的决定精神，经和国务院有关部门和有关省、自治区进行多次协商后拟定，经修改报经国务院批准的。

●2月9~15日，农业部、全国供销合作总社、轻工业部在湖南郴州联合召开提高烟叶质量经验交流会。会议讨论了如何按照国家计划发展烟叶生产和提高烟叶质量的问题。根据这次会议的纪要，农业部、商业部、轻工业部于1982年4月1日发出了《印发〈全国提高烟叶质量经验交流会议纪要〉的通知》。

●2月10日，财政部就卷烟的价外补贴问题及烟叶提价补贴的计算问题发布了《关于卷烟提价后有关财务处理执行中几个问题的规定》。

●2月，商业部、全国供销合作总社、轻工业部联合发布《关于将全国烟叶收购、卷烟生产和销售业务划归中国烟草总公司管理的通知》。

●3月19日，国家标准总局、国家物价总局、中国烟草总公司联合发出《关于烤烟收购标准和价格问题的通知》。

●3月27日，云南省烟草公司成立。下辖6个卷烟厂，12个分公司。

●5月3日，国务院批转国家计委等部门关于对计划外烟厂调整意见的报告，指出对在国家计划之外办的小烟厂，要认真进行整顿，大部分要予以关、停、并、转，并做好善后处理工作。对城乡居民搞手工卷烟要坚持予以取缔。

●4月20日，山东省烟草公司成立。下辖10个卷烟厂，17个分公司。

●6月8日，江苏省烟草公司成立。下辖3个卷烟厂，11个分公司。

●6月19日，国务院批转轻工业部等单位关于控制卷烟生产和调整部门不合理品种比价问题的报告的通知。

●4月13日，山西省烟草公司成立。下辖两个卷烟厂，1个复烤厂，12个分公司。

●7月12日，黑龙江省烟草公司成立。下辖6个卷烟厂，1个卷烟材料厂，8个烟叶复烤叶工厂。

●9月21日，国务院批转轻工业部、国家物价局关于1983年烤烟生产、收购、价格安排意见的报告的通知。要求严格按照国家计划控制种植面积，防止盲目发展，安排好烤烟的生产和收购。

●10月12日，财政部发出《关于加强卷烟税收征收管理工作的通知》。

●10月20日，四川省烟草公司成立。下辖12个卷烟厂和雪茄烟厂，10个烟叶复烤厂，18个分公司。

●11月，河北省烟草公司成立。下辖3个卷烟厂和秦皇岛烟草工业机械厂，11个分公司。

●12月13日，河南省烟草公司成立。下辖16个卷烟厂和雪茄烟厂，38个复烤厂，17个分公司。

●12月22日，财政部发出《关于卷烟和酒的工商税上划后有关财政体制结算办法的通知》。通知指出，根据国务院发出的《关于改进“划分收支，分级包干”财政管理体制的通知》规定，从1983年起将卷烟、酒两种产品的工商税划为中央财政收入。

1983年

●1月1日，广东省烟草公司成立。下辖8个卷烟厂。

●2月7日，国家计委、国家经委、农牧渔业部、商业部、轻工业部、国家物价局联合发出《关于严格控制一九八三年烤烟种植面积的紧急通知》。

●3月1日，国家物价局、财政部、商业部、中国烟草总公司联合发出《关于调整部分甲二级烟和过滤嘴烟价格的通知》。

●5月14日，国务院批转轻工业部关于计划外烟厂调整意见报告的通知。报告指出，卷烟是国家的专卖产品，是国家财政收入的一项重要来源。全国卷烟工业的布局和产、供、销都必须由国家综合平衡，全面安排，不能盲目发展。……为了更好地继续贯彻执行调整、改革、整顿、提高的方针，除经批准纳入计划的卷烟厂和雪茄烟厂以外，对未经批准的计划外卷烟厂和雪茄烟厂，要在限期内坚决予以关停。对城乡居民和社队搞的手工卷烟生产，也要坚决取缔。

●6月，哈尔滨市烟草公司成立。1987年10月实行计划单列。

●7月1日，湖南省烟草公司成立。下辖9个卷烟厂，14个分公司。

●7月，辽宁省烟草公司成立。下辖4个卷烟厂，12个分公司。

●8月13日，国务院批转国家物价局、中国烟草总公司关于坚决制止卷烟降价竞销的报告的通知。报告（通知）指出，目前有些地区和企业缺乏全局观念，盲目生产，低价竞销，用损害国家整体利益的办法来增加本地区和本单位的利益，这是完全错误的，必须立即纠正。

●8月15~21日，中国烟草总公司在京召开全国烟草工作会议。会议传达了中央财经领导小组会议和国务院常务会议的精神，就加快公司组建步伐、迅速形成经济实体，关于整顿关停计划外烟厂工作、专卖工作等进行了讨论，并布署了下半年的工作。

●8月27日，湖北省烟草公司成立。下辖11个烟厂，15个分公司。

●9月9日，国家计划委员会发出通知，同意中国烟草总公司从1984年起，在国家计划中单列户头。

●9月19日，财政部、中国烟草总公司联合发出《关于不再扩大卷烟价外补贴的通知》。

●9月23日，国务院颁布《烟草专卖条例》，这是一部比较完整的烟草专卖法规，自1983年11月1日开始执行，并决定设立国家烟草专卖局。

●10月4日，国家经委、财政部、水利电力部、中国人民银行、国家工商行政管理局、轻工业部联合发出《关于进一步贯彻国务院指示坚决关停计划外烟厂的通知》。

●10月5日，国家烟草专卖局（代）、中国烟草总公司发出关于认真贯彻执行《烟草专卖条例》的通知。

●11月30日，国家烟草专卖局（代）发出关于颁发烟草专卖许可证收费问题的函。

●12月6日，轻工业部向国家工商行政管理局发出《关于申请准予中国烟草总公司办理注册登记的函》。

●12月15日，国家工商行政管理局向中国烟草总公司发出《核准登记通知书》、《核定注册资本通知书》。

●12月22日，国家工商行政管理局颁发给中国烟草总公司《中华人民共和国营业执照》。

●5月26日，吉林省烟草公司成立。下辖3个卷烟厂，47个市县公司。

●10月，浙江省烟草公司成立。下辖3个卷烟厂，11个分公司。

●6月25日，广西壮族自治区烟草公司成立。下辖7个卷烟厂和配套材料厂，10个分公司。

●10月15日，宁夏回族自治区烟草公司成立。下辖1个卷烟厂和9个市县公司。

●8月，重庆市烟草公司成立。

●上海社会科学院经济研究所编写的《英美烟公司在华企业资料汇编》出版。辑录该公司自1902年至1949年在华企业的有关资料，全四册，共九章。

●8月3日，内蒙古自治区烟草公司（专卖局）成立。下辖呼和浩特卷烟厂和乌兰浩特雪茄烟厂，12个盟、市烟草分公司（局）及呼和浩特铁路烟草专卖局。

1984年

●1月6日，国务院根据1983年9月23日发布的《烟草专卖条例》，复文同意将轻工部烟草专卖局改为国家烟草专卖局，与中国烟草总公司一套机构，两块牌子。

●1月28日，国家烟草专卖局发出关于颁发烟草专卖许可证的补充通知。

●2月9日，国家经委、轻工业部、国家烟草专卖局发布关于计划外烟厂关停情况的通报。

●2月9日，上海市烟草公司成立。下辖上海卷烟厂、上海烟草机械厂、上海烟草工业印刷厂和上海烟草材料厂。

●2月16日，财政部发出《关于特案批准用工商税归还中国烟草总公司安排的技措贷款的通知》。

●2月25日，轻工业部复文中国烟草总公司，同意中国烟草总公司设立烟草物资公司。

●3月1日，全国烟草工作会议在南京召开。会议以《烟草专卖条例》的精神，检查、总结1983年的工作，安排部署1984年的任务，着重讨论加快完成机构组建，基本形成经济实体，全面开展烟草专卖，努力提高经济效益等问题。

●3月24日，国家烟草专卖局发出关于严格执行《烟草专卖条例》的函。

●4月12日，国家工商行政管理局、国家烟草专卖局联合发出《关于卷烟、雪茄烟注册商标问题的通知》。

●4月28日，国家烟草专卖局发出关于增补烟草专卖有关证件的通知。

●5月19日，青海省烟草公司成立。下辖一家卷烟厂。1986年上划中国烟草总公司。

●6月7日，轻工业部复文 中国烟草总公司，同意中国烟草总公司设立卷烟销售公司。

●6月15日，国家烟草专卖局、财政部联合发出《关于烟草专卖许可证收费标准及其使用范围的暂行规定》。

●7月1日，大连市烟草公司成立。1985年实行计划单列。

●7月2日，中国烟草总公司发出关于印发《烟叶供需合同暂行办法》的通知。

●7月16日，国务院办公厅转发国家烟草专卖局关于经济特区及14个沿海城市执行《烟草专卖条例》的报告的通知。通知指出，14个进一步开放的沿海城市、4个经济特区和海南岛，在烟草行业的产供销业务方面，必须认真执行《烟草专卖条例》。

●8月24日，国务院办公厅转发国家经委关于中国烟草总公司当前亟待解决的几个主要问题的请示的通知。通知指出，把烟草公司办成经济实体，提高经济效益，增加积累，实行产供销、人财物、内外贸统一管理和经营，是经济管理体制的一项重要改革，希望各地区、各部门对烟草公司的工作给予大力支持。几个主要问题是：一、关于各地烟草公司的上划问题；二、关于计划外烟厂的问题；三、关于烟草行业进出口业务问题。

●9月3日，国家烟草专卖局发出《关于发布〈烟草专卖条例施行细则〉的通知》。

●9月7日，国家烟草专卖局发出关于对贯彻执行《烟草专卖条例施行细则》几点要求的通知。

●9月10日，国家烟草专卖局发布《烟草专卖条例施行细则》。

●9月，甘肃省烟草公司成立。下辖3个卷烟厂、1个雪茄烟厂，8个分公司。

●10月，首届全国烟草专卖工作座谈会召开。

●10月4日，邮电部、国家烟草专卖局联合发出关于烟草限量邮寄执行办法的通知。

●10月12日，中深烟草贸易中心在深圳成立。由中国烟草总公司卷烟销售部门，广东、云南、上海烟草公司以及有关方面联合兴建。在香港设有代理机构。

●中国烟草物资公司成立，是中国烟草总公司直属的专业公司，具有法人资格。公司经营管理全国烟草行业的物资供应，其范围包括国家计划分配物资及合同订购物资；卷烟用进口辅助材料和市场物资；合作、开发烟草专业物资；办理代购代销、交易物资。

●1月1日，福建省烟草公司成立。下辖6个卷烟厂，9个分公司。

●1月1日，江西省烟草公司成立。下辖2个卷烟厂，11个分公司。

●沈阳市烟草公司成立。

1985年

●1月，《中国烟草工作》创刊（试刊），1986年为双月刊，1987年改为月刊。由国家烟草专卖局、中国烟草总公司主办，为烟草行业的内部刊物。主编江明。

●1月，中国烟草进出口公司成立，是中国烟草总公司的直属专业公司，具有法人资格。经营烟叶、烟制品的进出口；烟草专用机械及仪器的进口；烟草专用物资的进口；进出口烟制品的寄售；烟草行业的对外经济合作等。

●中国卷烟销售公司成立。是中国烟草总公司直属的专业公司；具有法人资格。负责国产烟草制品在国内市场的销售、储存、运输；进口卷烟在我国境内的分配、销售；国产旅游烟、侨汇烟的计划安排和销售等。还担负全国卷烟市场预测、商情信息、市场开发等任务。

●3月1日，国家计委、农牧渔业部、中国烟草总公司联合发出关于烟叶生产收购几个政策性问题的通知。

●5月6日，国家烟草专卖局发出关于印发《烟草专卖管理收入暂行管理办法》的通知。

●5月20日，中国烟草学会正式成立，受中国科协领导，挂靠中国烟草总公司。第一任理事长李益三。

●5月23～30日，首次全国烟草科技工作会议在京召开。会议学习了《中共中央关于科学技术体制改革的决定》和邓小平同志在全国科技工作会议上的讲话，讨论修改了《烟草行业科技发展规划（草案）》，交流了工作经验，并对开展烟草行业技术交流活动进行了酝酿。

●5月28日至6月1日，中国烟草总公司根据国家计委、经贸部、轻工部有关领导同志的指示，在京召开南通烟用醋纤丝束工厂合资可行性研究论证会。与会专家和代表认真审阅了资料并进行了讨论，一致认为，南通项目由引进技术转为技贸结合合资经营，具有很多的优越性，不仅可以节省大量外汇，而且可以填补我国醋纤丝束工业空白，提高滤嘴烟的比重，改善吸烟卫生条件。

●6月11日，中国烟草总公司发出关于安全型疗效烟商标、牌号使用等问题的通知。

●7月22日，国家烟草专卖局转发国家经委关于坚决关停计划外烟厂的通知。

●7月23日，国家烟草专卖局、中国烟草总公司发出关于烟草专用机械专卖管理中几个具体问题的通知。

●7月30日，国家烟草专卖局、国家物价局发出关于当前烤烟收购中出现提价、提级违反政策情况的紧急通报。

●8月7日，中国烟草总公司颁布《中国烟草总公司卷烟调拨合同条例》。

●10月，陕西省烟草公司成立。下辖6个卷烟和雪茄烟厂，3个烟叶复烤厂，10个分公司。

●10月，首次烟草科技成果交易大会在河南郑州举行。

●11月9日，北京市烟草公司成立。下辖1家卷烟厂、北京铁路烟草专卖局、公路烟草专卖局。

●12月3～5日，中国烟草总公司派出以金茂先为团长的中国烟草代表团，参加《世界烟草》杂志在香港举办的首届亚太地区世界烟草博览会和报告会。中国派团参加如此大规模的国际烟草博览会并在大会上发言，是建国以来的第一次，受到各方面的重视。

●12月，全国烟草机构的组建上划工作基本完成，中国烟草总公司形成了农工商贸一体化、产供销一条龙的全国性经济实体。

●12月29日，国家烟草专卖局、国家工商行政管理局发出关于卷烟、雪茄烟使用商标、文字等有关问题的补充通知。

●10月，天津市烟草公司成立。

1986年

●1月12日，国家烟草专卖局就烟草机械的有关问题发布公告。

●3月4～11日，全国烟草工作会议在京召开。国务委员张劲夫、王丙乾出席了会议的开幕式。会议制定了烟草行业的“七五”奋斗目标和措施，安排了1986年的工作任务。

●3月29日，国家烟草专卖局发出关于修改卷烟、雪茄烟邮寄数量规定的通知。决定将《烟草专卖条例施行细则》第21条中关于“邮寄卷烟、雪茄烟以10条为限”的规定，修改为“邮寄卷烟、雪茄烟以2条为限”。

●4月11日，邮电部、国家烟草专卖局联合发出关于修改卷烟、雪茄烟邮寄数量的通知。

●5月4～8日，首次全国烟草系统政治工作会议在京召开。会议的中心议题是，如何适应形势需要，针对行业特点，把烟草系统政治工作提高到新水平，以促进改革、开放、搞活的形势发展，保证烟草专卖体制的加强和经济效益的进一步提高。

●5月19日，国家烟草专卖局发出启用“国家烟草专卖局准运专用章”的通知。

●5月26日，中国烟草总公司发出关于成立总公司职称改革工作领导小组的通知。

●6月13日，国家烟草专卖局、国家工商行政管理局、国家物价局联合发出关于加强卷烟市场管理的通知。

●6月23日，国家烟草专卖局、中国烟草总公司发出关于发送《烟草行业内部管理办法（试行）》的通知。

●7月15日，国家烟草专卖局、中国烟草总公司发出《关于认真贯彻执行〈国务院办公厅关于严禁在社会经济活动中牟取非法利益〉的通知》。

●7月22日，国家烟草专卖局发出关于名晾晒烟管理问题的通知。通知对一些地区的地产毛柳烟、晒红烟、晒黄烟是否属于烟草专卖管理范围问题做了解释。

●7月31日，中国烟草总公司发出关于贯彻卷烟国家标准的通知。

●8月，药物型卷烟研讨会在承德市召开。医药卫生界和烟草界专家、学者会聚一堂，对药物型卷烟的科学性及其发展方向等进行了认真研讨和学术交流。

●武汉市烟草公司成立。

●9月4日，中国第一家中外合资卷烟企业——华美卷烟有限公司成立，由厦门卷烟厂、厦门经济特区联合发展有限公司和美国雷诺士·纳贝斯高（中国）有限公司筹建。1988年10月28日正式投产。生产“云丝顿”、“骆驼”、“金桥”牌卷烟。

●11月7日，新华社发布消息：江明同志任中国烟草总公司经理、国家烟草专卖局局长、党组书记。

●11月24日，财政部、国家烟草专卖局发出关于烟草专卖罚没收入上缴问题的联合通知。

●广西合浦上窑出土文物中有两个烟斗，为明代嘉靖二十八年（1550）所制，表明烟草传入我国的时间早于16世纪中叶。

●北京卷烟厂首次运用水松纸激光打孔技术生产出“金健”牌过滤嘴香烟。

●中国烟叶生产购销公司成立。为中国烟草总公司直属的专业公司，具有法人资格。公司对全国烟叶生产、收购、复烤、供应和市场平衡进行行政管理，并作为独立的企业，自主地开展烟叶生产开发及经营业务。

●1月1日，新疆维吾尔自治区烟草公司成立。下辖1个卷烟厂，6个分公司。

●中国唯一的鼻烟生产厂——四川省西昌鼻烟厂开始试生产。

●中国烤烟首次直接进入英国市场。

●《吸烟与健康译文集》由轻工业出版社出版发行。

1987年

●2月25日至3月3日，全国烟草工作会议在京召开。中共中央书记处书记郝建秀、国务委员张劲夫出席会议开幕式。张劲夫同志作重要讲话。田纪云副总理对会议报告批示：我支持召开这次会，并向为我国烟草工业作出贡献的同志致意。会议主要论题是：贯彻全国省长会议、全国经济工作会议精神和国务院有关文件精神，总结全国烟草行业1986年工作，部署1987年工作任务。

●4月，《中国烟酒专卖法规汇编》由海天出版社出版发行。

●5月4日，中国烟草总公司发出关于印发《全国烟草行业卷烟、雪茄烟优质产品评选办法(暂行)》、《全国烟草行业卷烟、雪茄烟优质产品申请表》等三个文件及产品评选工作的通知。

●6月21～26日，全国烟草系统第二次政治工作会议在延安召开。会议通过了中国烟草职工思想政治工作研究会的章程及理事会人选。

●6月26日，中国烟草职工思想政治工作研究会正式成立。

●7月11日，中国烟草总公司发出关于制止卷烟盲目超计划生产的通知。

●7月20日，中国烟草总公司科技委员会在京成立。主任李益三，副主任金茂先、朱尊权、陈瑞泰、袁行思。

●7月25日，国家烟草专卖局、中国烟草总公司召开全国烟草行业电话会议。国家烟草专卖局局长江明同志在电话会议上强调，当前应高度重视和切实抓紧的四个问题是：抓好今年烤烟生产收购是烟草行业最大的增产；抓住有利时机，理直气壮地贯彻国家烟草专卖条例；把降低消耗、提高质量、调整结构放在卷烟生产的突出地位来抓；紧跟形势，注意政策，克服官僚主义，加强安全管理。

●7月30日，中国烟草总公司发出关于下发《烟草行业物资管理试行办法》的通知。

●9月1日，国务院办公厅发出关于制止加价抢购和提级收购烟叶的通知。

●9月22～28日，中国烟草总公司和中国国际贸易促进委员会北京分会在京联合举办“八七北京国际烟草展览会”。16个国家和地区的55家外国公司、厂商，其中包括几乎所有世界名牌香烟的生产厂家和著名的烟叶、烟机、仪器、辅助材料的公司参展。这次国际烟草专业大型展览在我国举办尚属第一次。

●12 月 17 日，全国烟草工作会议在京召开。中心议题是以中共十三大精神为指针，总结 1987 年工作，部署 1988 年的工作任务。

●全国烟草行业 1987 年共实现税利 170 亿元，开始居各行业之首。

●河南电影制片厂和许昌烟草分公司合作拍摄成我国第一部关于烤烟生产技术的科教片——《优质烤烟栽培技术》。

1988 年

●1 月，中国烟草机械公司成立，是中国烟草总公司直属的专业公司，具有法人资格。公司负责全国烟草机械的发展规划，烟草机械的制造计划，进口计划，分配计划及企业设备管理等。

●2 月 9 日，中国烟草总公司就成立中国烟草总公司培训中心发出通知。通知指出，为适应改革和经济发展的需要，总公司研究决定成立中国烟草总公司培训中心。主要任务是承担烟草行业处级以上干部的岗位培训和其他研讨班、培训班。

●4 月 8 日，国家烟草专卖局、中国烟草总公司发出关于印发《中国烟草总公司关于卷烟、雪茄烟商标管理若干规定》和《中国烟草总公司关于卷烟、雪茄烟产品申报审批管理办法》的通知。

●4 月 30 日，国家烟草专卖局发布公告：为加强对进口滤嘴材料的管理，对外经济贸易部和海关总署联合决定，自 1988 年 1 月 1 日起对丝束和滤嘴棒实行进口许可证制度。

●5 月 11 日，国家烟草专卖局发出关于烟草专卖管理机构名称、干部编制和管理意见的通知。

●5 月 11 日，国家烟草专卖局发出关于印发《烟草专卖管理机关查处违章案件程序（暂行)》的通知。

●5 月 16 日，海南省烟草公司成立。下辖一家卷烟厂、一家合资的香精香料公司。

●5 月 27 日，国家烟草专卖局发出关于立即执行“国家烟草专卖局公告”的通知。

●9 月，烟草行业第一份对外交流、宣传的刊物（季刊）——《中外烟草》创刊，由中国烟草总公司主办。

●10 月 9 ~ 13 日，第九届国际烟草科学大会在广州召开。该会是“国际烟草科学研究合作中心”每 4 年举行一次的学术会议。本届大会由中国烟草总公司主办。来自世界五大洲的 50 多个国家和地区的 400 多名代表参加了大会。这次大会围绕“传统与创新”这一主题，进行了多学科的学术交流。大会共宣读论文 136 篇，是历届大会最多的一次。

●10 月 28 日，中国国内第一家合资烟草企业——“华美卷烟有限公司”在厦门湖里工业区正式开业。

●12 月 20 ~ 23 日，中国烟草职工思想政治工作研究会首届年会在广州召开。会议的主要议题是认真贯彻中共中央关于加强和改进企业思想政治工作和研究会工作精神，总结行业思想政治工作和研究会工作经验，交流研究成果，加强相互学习，研讨在治理经济环境、整顿经济秩序和全面深化改革过程中，如何进一步加强和改进思想政治工作，搞好形势教育等问题，部署思想政治工作研究的任务。

●23 月 22 ~ 25 日，首次全国烟草工业企业管理现代化成果发布会在京举行。发布成果 29 项。发布的成果来自全国 19 个省、市的 25 家工厂，其中有 23 家卷烟厂、1 家烟机厂、1 家材料厂。一等奖 1 项，二等奖 3 项，三等奖 10 项，优秀奖 15 项。

●经国务院企业管理指导委员会核定，中国烟草总公司发文，下列企业为国家二级企业：玉溪卷烟厂、上海卷烟厂、杭州卷烟厂、龙岩卷烟厂、长沙卷烟厂。

●全国烟草标准化技术委员会成立。

●中国烟草总公司决定放开 13 种名烟价格，这 13 种名烟是：“云烟”、“红山茶”、“茶花”、“大重九”、“玉溪”、“红塔山”、“阿诗玛”、“恭贺新禧”、“石林”、“中华”、“红双喜”（上海)、“牡丹”（上海)、“牡丹”（北京)、黄人参”。

●南通醋酸纤维有限公司成立。由中国烟草总公司与美国赫斯特·塞拉尼斯公司合资兴建。一期工程于1990年5月正式投产，年产二醋酸纤维丝束1.3万吨。

●中国烟草总公司科学技术委员会评定1988年度科学技术进步奖。一等奖1项：YJ13及YJ13A卷烟机研制，该项目主要由许昌烟草工业机械厂完成；三等奖11项。

●根据深化改革的精神，为促进企业管理，推进劳动制度改革和优化劳动组合，进一步调动职工积极性，提高经济效益，经国务院同意，劳动部、财政部批准，中国烟草总公司从1988年起在烟草系统国营工商企业中，全面实行工资总额同实现税利挂钩。

1989年

●1月14日，中国利用意大利SASIB公司提供的3.279/6000型包装线技术，制造出合格的卷烟包装机。

●1月，国家烟草专卖局、中国烟草总公司召开全国烟草系统领导干部座谈会。会议以党的十三届三中全会的精神为指导，总结了烟草行业1988年的工作，讨论研究了1989年的任务和行业管理体制改革问题。

●3月，全国烟草工作会议在西安召开。国家烟草专卖局局长江明同志在会上针对烟草行业面临的形势和任务，重点强调了集中精力搞好当前生产经营工作的问题。

●5月11日，国家教委批准，于1985年开始筹建的合肥经济技术学院正式建成，秋季面向全国招收本科生、专科生，发展规模为在校学生3000人。是烟草行业唯一的综合性高等院校。

●6月3~7日，全国烟草系统第四次政治工作会议在蚌埠卷烟厂召开。会议期间，国家局副局长刘治光作《加强和改进政治工作，保证烟草行业治理整顿和全面深化改革工作的顺利进行》的工作报告；传达学习了中央领导同志关于制止动乱的重要讲话；对职称改革工作总结等几个征求意见的文件进行了认真讨论。

●6月27日，国务院办公厅转发国家烟草专卖局、中国烟草总公司《关于认真搞好烟叶收购工作的意见》。

●8月20日，国家烟草专卖局党组制定10条规定，规定发至县烟草机构。这10条规定为认真贯彻《中共中央、国务院关于近期做几件群众关心的事的决定》精神，紧密联系烟草行业的实际，对保持廉洁的有关问题提出了明确要求。

●10月，天利国际经济贸易有限公司在香港成立。作为中国烟草总公司的海外总机构和中国烟草进出口公司的海外总代理。

●11月20日，中共中央总书记江泽民同志到昆明卷烟厂视察。

●11月，中国烟草总公司科学技术委员会评定1989年度烟草行业科技进步奖：一等奖1项，“中美合作改进中国烟叶质量试验研究”，由郑州烟草研究院、贵州省烟草公司、河南省烟草公司等完成；二等奖4项；三等奖7项。

●12月6~15日，全国烟草系统治理整顿工作会议在山西太原召开。会议中心议题是深入贯彻十三届五中全会精神，认真搞好烟草系统的治理整顿工作。

●第一部比较完整的大型烟标图样汇编——《中国烟标总汇》出版。

●上海烟草材料厂试制成功聚丙烯滤嘴棒。

●经国务院企业管理指导委员会核定，中国烟草总公司发文，下列企业为国家二级企业：广州卷烟二厂、曲靖卷烟厂、新郑卷烟厂、济南卷烟厂、宁波卷烟厂。

1990年

●3月6日，全国卷烟生产工作会议在广州召开。

●4月，烟草系统首届职工文艺汇演在安徽蚌埠举行。

●5月15日，中国第一家烟用醋酸纤维丝束生产厂、烟草行业最大的合资企业——南通醋酸纤维有限公司正式开业。

●6月1日，中国烟草总公司烟叶收购工作规则自即日起施行，该规则共8章40条。

●6月27日，中国烟草总公司派往伊拉克胜利烟厂的技术劳务人员离开北京前往巴格达。为保证项目成功，总公司从昆明、楚雄、曲靖、合肥、阜阳、芜湖和贵阳7家烟厂择优选派50名出国人员。

●9月1日，全国烟草行业电话会议在京召开。会议内容一是传达国务院关于加强廉政建设、纠正行业不正之风的指示精神；二是分析今年上半年烟草行业形势，明确下半年的生产经营工作重点。

●国家烟草专卖局做出关于追授刘富忠同志模范专卖管理干部称号的决定。刘富忠同志是河南省遂平县烟草专卖局办公室副主任，优秀共产党员。为维护烟草专卖制度，在追查重大倒卖卷烟案件过程中，不幸于1990年4月惨遭不法分子杀害。国家烟草专卖局要求全国烟草系统的广大共产党员、干部、职工向刘富忠同志学习。

●9月4日，中国烟草总公司组织的烟草项目队到伊拉克承担援外任务，由于海湾战争的爆发，中止了为期一年的合同而提前回国。

●9月10日，国家烟草专卖局局长江明签发国家烟草专卖局令第一号。一号令要求对《关于修改〈烟草专卖条例施行细则〉的决定》自发布之日起施行。

●9月25日，国家烟草专卖局党组发出关于成立国家烟草专卖局纠正行业不正之风领导小组的通知。

●第一个铁路烟草专卖局——哈尔滨铁路烟草专卖局正式成立。这是在治理整顿中加强烟草专卖管理、制止流通和销售领域混乱现象的一项重要措施，具有重要的社会意义。

●11月29日，北京铁路烟草专卖局正式成立。

●为支持我国举办第八届亚运会，国家烟草专卖局、中国烟草总公司代表全国烟草行业50万职工捐赠人民币100万元。

●中国首批卷烟技术工人被派往中东国家，承担卷烟生产的包装、卷烟机操作及维修任务。

●经国务院企业管理指导委员会核定、中国烟草总公司发文、下列企业为国家二级企业；广州卷烟一厂、郴州卷烟厂、常德卷烟厂、青岛卷烟厂、延吉卷烟厂。

1981·1990

CHINA TOBACCO ALMANAC

中国烟草年鉴

省市篇

北京烟草

北京市烟草专卖局（公司）成立于1986年。5年来，在国家局（总公司）和北京市委、市政府的领导下，北京市烟草行业蓬勃兴旺，工商同步发展，规模不断扩大，取得了很大的成绩，主要表现在：

实现税利连年大幅度增长。5年共实现工商税利9.24亿元，其中工业7.38亿元，商业1.86亿元，年平均增长率达26%，为本市烟草行业今后的发展奠定了坚实的基础。

工业生产迅速发展，产品结构大幅度调整。5年共生产卷烟56.5万箱，年平均11.2万箱，不仅在数量上超过烟厂前15年平均10.7万箱的水平，而且产品结构得到较大调整，5年累计生产嘴烟30.2万箱，占总产量的53.7%，比前15年的9.6%提高44.1个百分点，增加了市场的有效供给。

市场供应得到改善，卷烟销售量大幅度增加。从1986年的35万箱销售量提高到1990年的62万箱，5年共销售卷烟256万箱，平均年增长率为12.6%，有效地满足了首都卷烟市场的需求。

目前，市专卖局（公司）所辖有北京卷烟厂、北京卷烟销售公司、北京烟草专卖局驻北京铁路专卖局、北京市烟草专卖局朝阳区分局。全系统共有干部职工1600多人，其中具有高、中、初级各类技术职称的248人；干部队伍中具有大专以上学历的223人，占干部总数的55%。

1991年上半年，在全国烟草行业产大于销、竞争激烈的形势下，该局（公司）工商企业生产销售再上层楼，生产卷烟8.2万箱，销售卷烟34.8万箱，工商实现税利17039万元，分别比上年同期增长24%、12%和22%。

从小到大的北京烟草工业　北京卷烟工业历史不长，解放前仅有一些个人的手工作坊，年产量不过1000箱左右，名气也不大，1949年全北京市共产卷烟1340箱。当时占领北京市场的主要是英美烟草公司和天津、上海等少数民族工业的产品。解放后，经过公私合营改造，原有的手工作坊逐渐被淘汰，到60年代末，北京尚无自己的烟厂，货源主要靠天津、上海、山东和东北等省（市）供应。

1970年，根据国务院的指示，在当时迁出北京的中央财政金融学院旧址，建起了北京卷烟厂，从此结束了北京人抽不到北京烟的历史。1986年实行专卖管理后，生产得到加强，特别是改革开放政策的实行，为企业注入了活力，生产迅速发展。“七五”期间，烟厂狠抓了企业管理，以“上轨道、上台阶、上水平”为指导思想，年年都有新突破；计量、档案管理先后达到国家二级标准；设备管理被评为全行业18个先进单位之一；“金健”、“长乐”、“中南海”等主要产品的质量，经国家一级站检测，高于行业平均水平；1990年企业通过了市级评审验收。这些，为工厂在“八五”期间达到国家二级企业的目标打下了基础。在加强管理的同时，烟厂进行了大规模的技术改造。1987年，国家和北京市政府先后投资1亿元，迁址新建了北京卷烟厂，并引进国外80年代先进的制丝、卷接包等设备。1988年下半年，烟厂以现代化的崭新面貌投入生产，仅一年时间就收回了建厂1亿元的投资。“七五”期间，北京卷烟厂共引进国外设备58台（套），实现税利7.38亿元，平均年创税利1.47亿元，是前15年平均年创税利的近三倍。目前，该厂共有11个牌号的产品，其中“牡丹”、“金健”、“长乐”、“中南海”、“北京”等牌号1989年荣获总公司和北京市优质产品奖。今天的北京卷烟厂，已由一个年产卷烟10万箱、年创税利5500万元的小型企业，发展成年产卷烟15万箱、实现税利2亿多元、有固定资产1.3亿元的中型企业。

新混合型卷烟享誉海外　北京卷烟厂建厂以来，一直把新产品的开发放在重要位置。1973年，该厂利用我国独特的中草药优势，在国内首先研制新混合型卷烟。1980年，批量生产的“长乐”、“金健”等卷烟，经北京市计委、科委正式组织鉴定，北京朝阳医院等医疗科研部门临床实验，认为这种含有中草药制剂的卷烟对因吸烟引起的气管炎有一定疗效，对肺功能的不利影响小于普通卷烟。1984年，在日本筑波博览会上，这种具有中国特点的新混合型卷烟引起轰动，受到日本广大消费者的欢迎。1985年，新混合型卷烟首开中国卷烟正式出口之先例，打入日本国际市场，随后，在日本和美国等国家申请了专利。几年来，在激烈的国际市场竞争中，新混合型卷烟在日本站住了脚，有了一些较稳定的客户。1990年5月，该厂的新产品淡味“金健”销往南朝鲜，再次成为中国第一家。5年来，北京卷烟厂共创外汇1084万美元，为国家做出了贡献。

首都卷烟市场繁荣兴旺 北京地处全国的政治、经济、文化中心，人口1000多万。优良的地理位置，稠密的人口，众多的卷烟消费者，加上每天多达100万以上南来北往的外省市过客，使北京成为首屈一指的卷烟消费市场，卷烟消费潜力巨大。但在1985年以前，由于销售渠道不畅，北京卷烟市场年销量仅20—30万箱，且品种较少，主要是天津、上海等少数几个省（市）的产品，难以满足消费者需求。

专卖局（公司）成立后，逐步理顺了供销渠道，依靠所委托的各区、县三级批发部门，充分发挥国营商店主渠道的作用，在依法垄断经营的专卖政策保护下，以改进工作、改善供应、提高效益的“两改一高”方针作为整个销售工作的指导思想，采取了符合本市卷烟市场实际的做法，不断扩大市场覆盖面，使销售量逐年增加，品种结构不断改善，较好地保证了首都市场的卷烟供应。其具体做法，一是销好地产烟，不背大包袱。最突出的特点是工商紧密配合，利用自身优势，每月召开一次产销衔接会，互通情况。工业根据市场信息，安排生产计划，以销定产，克服了只顾产量、不管市场、盲目生产的现象；商业则按照工厂生产的品种、数量及生产计划，及时调整销售策略，减少了产品积压。工商携手，既保证了北京卷烟在市场的投放量，又避免了某一牌号集中投放过多、自砸牌子的情况，使北京卷烟始终保持了良好的销售势头，主要产品知名度越来越高，深受消费者喜爱，成为首都卷烟市场的龙头，带动了销售的发展。二是从北京市场的实际出发，不搞地区封锁，采取敞开大门、引进货源、依靠市场机制、存优汰劣的政策，欢迎各省市产品来京，平均每年为十几个厂家的产品进京牵线搭桥。通过这种做法，既搞活、繁荣了本市的卷烟市场，也使各地卷烟直接经受北京市场的检验。目前，北京市场的卷烟品种，已由1985年的100多个增加到1990年的300多个。除个别边远省份外，全国各省（市）的卷烟，北京市场都能见到。随着北京卷烟厂生产的发展和产品结构的不断调整，加之全国卷烟产大于销和北京市场的吸引力，客观上为我们提供了选择货源的余地，市场可供商品将会在一定程度上得到改善。

专卖管理卓有成效 北京市烟草专卖局成立之前，卷烟市场存在“三多”现象，即搞卷烟批发的多（475户），无照经营的多（3万多人），黑市倒卖卷烟的多（较大团伙40多个）。因倒卖卷烟引起的市场混乱，严重影响了社会治安秩序。1986年因倒卖卷烟有9起重大刑事犯罪案，死亡8人，100多人受到法律制裁。专卖局成立之后，整顿了卷烟批发渠道，实行专卖许可证管理，在市有关部门的支持和密切配合下，进行大量工作后，混乱状况基本得到解决。1986年—1990年，共查处违法经营卷烟案件2000多起，经营额4000余万元，罚没款300多万元，罚没烟近70万条。此外，核发零售许可证24520户（其中个体13708户），特殊零售许可证408户，三级批发许可证31户，转批许可证78户。这些手段和措施，有力地起到了打击非法、保护合法的作用。

该市烟草专卖管理工作之所以能够迅速、顺利地开展，首先得力于国家局的直接领导和北京市委、市政府的重视与支持。国家局江明局长几次到市局视察，对专卖工作既给予了充分肯定，同时又提出很高的要求；市政府主要领导多次就整顿卷烟市场做出明确、具体的指示，使专卖管理工作始终处在一种紧张而自觉的状态中。其次，依靠公安、工商、物价和新闻等部门的配合，联合行动是该市专卖管理中最突出的特点。5年来，专卖局与市政府有关部门建立了密切的联系，采取联合召开会议、联合办案、联合检查市场、联合颁发文件等形式，依靠综合力量，打总体战，强化了专卖管理。三是充分发挥区、县专卖所的群体作用，把经常性的专卖宣传和市场检查工作落实到基层。1990年市专卖局办案1379起，其中各区、县专卖所办案达1263起，占办案总数的91%。

目前，北京卷烟市场形势稳定，专卖管理逐步形成一套较为完整的办案制度和市场管理办法，人员的业务素质和执法水平日渐提高，在所经办的上千起案件中，没有出现一起复议的现象，在社会上树立了良好的专卖现象。

廉政建设有实效 北京市烟草专卖局成立5年来，在生产、经营和专卖管理取得显著成绩的同时，精神文明建设也取得了实效。几年来，专卖局始终把思想政治工作放在首位，针对烟草行业的实际，把工作的重点放在廉政建设、纠正行业不正之风方面。除加强对干部、职工的思想教育外，注意制度措施的完善，形成制约机制，坚持把正面教育与建章建制相结合，日常工作与监督检查相结合，常抓不懈，警钟长鸣。经过广大职工讨论形成的《关于加强北京市烟草系统廉政建设若干问题的暂行规定》，从各个部门、各个环节对廉政勤政、纠正行业不正之风做了具体规定，在制度上对廉政建设给予了保证，收到了较好的效果。几年来，无论是国务院每年一次的财务物价税收大检查，还是市政府组织的各部门审计；无论是“两院”颁布的打击贪污受贿的《通告》，还是1989年春夏之交在北京发生的政治风波，全系统没有发现大的问题。1989年北京卷烟厂和北京卷烟销售公司荣获总公司安全先进单位称号；1990年北京卷烟厂被市政府授予北京市先进企业称号；市烟草专卖局（公司）1990年被总公司评为省（市）级安全先进单位。

（撰稿：北京市烟草公司　訾学东）

附：北京烟草发展情况统计表

年度＼项目	卷烟产量（箱）	卷烟销量（箱）	工业（万元）		商业（万元）	
			税金	利润	税金	利润
1986	122491	358851	10198	1227	182	894
1987	83173	458751	6674	745	289	1429
1988	68006	536471	7555	745	537	3125
1989	133231	608173	17503	1303	897	5131
1990	157638	624085	24315	－760	934	5213

注：因迁址建新厂，1987年、1988年为半年的统计数。

天津烟草

天津市烟草公司于1986年1月1日组建，实行产供销、人财物、内外贸集中统一管理，从事烟草的收购、加工、生产、调拨、供应、批发、进出口业务。

天津烟草行业1986年上划以来，在中国烟草总公司和天津市政府的正确领导下，适应商品经济形势发展的需要，摆脱传统观念的束缚，以改革为动力，以产品质量为生命线，以市场为导向；坚持以销定产、以销促产，及时调整品种结构，积极推销、促销、启动市场；扩大销售，理顺经营机制，增强应变能力，提高整体功能；由速度效益型逐步向质量、结构效益型转变，把工作的立足点和着眼点真正转到以提高经济效益为中心的轨道上来。1991年与市公司成立前的1985

年比较：过滤嘴卷烟产量比重从16.78%发展到80%，提高63个百分点；横包全包装卷烟产量从无到有，1991年年产达到12万箱；固定资产原值从2998万元发展到10763万元，增长2.60倍。

天津烟草上划6年，共为国家创利税20个亿，创外汇500万美元。全行业上下经过6年的团结拼搏，取得了令人可喜的显著成绩。

讲廉政，全行业树正气，职工精神状态好 从转变党风入手，狠抓了公司、厂级领导班子廉政建设。制订了廉政建设十条规定，公布于众，并逐步兑现，接受群众监督。尤为对群众最关心、最担心、难度较大的领导干部亲属回避制问题，冲破层层阻力，全部到位，树立了正气，密切了干部关系。并竭尽全力为烟厂职工解除后顾之忧，提供一个宽松、和谐的工作环境，调动了广大职工的积极性。同时还注重了职工的“双基”培训和职工主人翁责任感的教育，提高了广大职工的政治、业务素质。加强民主管理，调整充实了工人管理委员会，职工代表直接参与企业重大决策。职工队伍的精神面貌发生了很大变化，人人关心烟厂的生存和发展，提合理化建设，讲奉献已蔚然成风。

上质量，老名牌“恒大”再展雄风 企业生存的基础是产品，没有适销对路的产品质量、产品结构，企业就不会有优势，也不可能在强手如林、竞争激烈的市场经济中站住脚。强化质量意识，真正把产品质量视为企业的生命线尤为重要。公司所属天津卷烟厂是一个具有70年代历史的老企业，生产中、高档卷烟30余个牌号。“紫光阁”、“恒大”、“郁金香”过滤嘴卷烟发展为三大系列产品。“金恒大”卷烟列入外汇市场。在1988年中国首届国际食品博览会上，“紫光阁”（金色）过滤嘴卷烟获金牌，“郁金香”、“金恒大”过滤嘴卷烟获银牌，“恒大”、“参杞”、“双猫”过滤嘴卷烟获铜牌。“恒大”、“郁金香”、“金恒大”、“紫光阁”（金色）、“紫光阁”（白色）、“紫光阁”（疗效混合型）等七个牌号过滤嘴卷烟保持市级优质产品称号。

多年来，天津卷烟配方已形成多等级、吸味醇、香气浓的独特风格，并拥有现代化的检测手段和实验设备，保证了产品和企业的信誉。但近几年来，由于市场竞争激烈，加之传统的管理不适应市场的变化，84mm嘴“恒大”卷烟质量一度出现不稳定，由畅销逐步滑向滞销。面对市场的冲击、销售的变化，天津卷烟厂越来越清楚地意识到，市场的竞争，实质就是质量的竞争，产品质量是走向市场的通行证，从而增强了危机感、紧迫感，并把振兴天津烟草的生机选在了重振“恒大”雄风上，对“恒大”卷烟生产进行了全方位的整顿。在工艺技术上，进行了配方改革和包装装潢的改造，消化吸收国外先进工艺技术，改进加香加料工艺；在生产管理上，强化了生产全过程的质量控制、检验、监督，完善质量责任制，实行质量否决权，推行“等级品奖励制度”、“红、黄牌警告制”、“工号制”、“跟踪卡”等质量检验制度；把质量指标完成和职工利益紧密挂钩，使质量管理实现了“产品负责到用户，信息反馈到车间，质量奖惩到机台”。狠抓现场管理，实行文明生产；在生产组织上，对“恒大”卷烟生产实行了定专人、定专机、定专用原材料，三级检测站每日抽检一次的“三定一抽检”管理。使改造后的84mm嘴“恒大”卷烟，既保留了其原有香气浓、吃味醇、劲头较大的特点，又具有了国际香型的特色。包装装潢新颖大方，精致美观，有立体感，深受广大消费者的欢迎。据市场抽样调查表明，满意率达95.42%。经国家烟草一级检测一次合格。产品在天津市场供不应求，外省市也纷纷订货。新“恒大”已远销25个省市。《经济日报》曾发表文章称新恒大“老恒大味又回来了”。老名牌“恒大”重放光彩，老企业天津卷烟厂正在困境中崛起、腾飞。

调品种，产品结构适应市场需求 在改造“恒大”的同时，天津卷烟厂下大力量调整品种结构，积极开发适应市场需求的新品种。坚持以市场为导向，停止生产滞销烟，限制生产平滞烟，千方百计增加生产畅销烟，适应性调整品种结构。下大力量生产过滤嘴卷烟，生产横包全包装卷烟。1991年过滤嘴卷烟产量达到16万箱，比上划前的1985年翻了一番，适应了市场的需求。天津卷烟厂按照生产一代、试制一代、预研一代的方针，及时反馈市场信息，进行科学的市场超前预测，积极开发新产品，改造老产品。其中具有美式风味的混合型“雄姿”牌卷烟、烤烟型“天后”牌卷烟、新增的硬盒翻盖包装卷烟受到市场的青睐。目前，正下大力量研制细支坤烟。

抓管理，行业运行机制逐渐理顺 建立合理的运行机制，完善内部管理程序、管理体制，是增强行业内部活力，增强企业后劲的重要环节。为适应烟草管理体制改革的需要，并结合天津烟草行业三级站未上划的实际，在流通环节，充实了销售人员队伍，强化了经营手段。市区借助商业流通渠道，将销售计划指标落实到户；与市辖5县、塘沽区联营组建了县烟草公司，作为市公司对5县销售的主渠道。在生产环节，本着“精简、效能”的原则，对企业运行机制进行较大调整，精简了机构，理顺了管理关系，进一步发挥了生产、工艺、检验、设备、新产品开发、材料供应6大质量保证体系的作用。进一步强化了产品质量的控制、监督职能，提高了工作效率。

促销售，卷烟市场不断拓展 面对卷烟市场竞争日益激烈、天津卷烟产大于销的局面，在经营策略上确定了“立足本市、恢复三北、开拓江南、打入国际市场”的战略。进一步强化经营销售，流通环节各项工作向销售倾斜，运用多种促销手段，开拓市场，扩大销路，提高了产品的市场覆盖率和占有率，重新打入宁夏、新疆等10个省、市、自治区卷烟市场。尤其对新产品和改造后的84mm嘴“恒大”的推销策略上，坚持一保质量、二抓宣传、三搞试销，及时反馈市场信息的方法，并选择最佳时机，推销新产品，取得较好实效。目前，天津卷烟已先后销往25个省、市、自治区。与此同时，天津卷烟厂在总公司的帮助下，正在积极开拓国际市场。

抓技改，科技兴烟增添企业后劲 商品经济的深入发展，要求企业只有依靠科学技术，提高技术装备水平来增强企业的应变能力和发展能力。根据市场需求，确定了“上过滤嘴烟设备、上横包包装设备、增加包装新款式设备”的技改思路，加快技术改造步伐。对天津卷烟厂进行了生产工序、工艺调整，果断淘汰质量次、消耗高、定额低的老卷接设备。引进适合我国国情的先进技术和设备13台（套），购置国内设备42台（套），不断提高消化吸收能力；工序、工艺的调整改善了各车间的环境，使全厂工艺流程更加规范，设备排列趋于合理，做到了人定位、物定置，为加快现场管理创造了条件。技术装备水平的提高使过滤嘴烟设备能力比上划前的1985年翻了几番，为增产适销对路品种奠定了物质基础。

目前，天津烟草行业正在围绕市场抓销售，强化市场信息，采取多种促销措施，巩固老市场，夺回失去的市场，不断开发新市场，瞄准时机打入国际市场；围绕质量抓管理，切实把提高产品质量放在首位，加快产品调整步伐，做到疲中有俏，软中有硬，使品种结构由传统型向潮流型发展，有针对性地开发、研制不同风格、不同档次的产品。视市场疲软为机遇，，视困难为动力，奋力拼搏，重振“恒大”雄风，振兴天津烟草。

（撰稿：天津市烟草公司　崔秀珍　翟子衡）

附：天津烟草发展情况统计表

项目 / 年度	1986	1987	1988	1989	1990
卷烟产量（万箱）	48.49	50.04	43.63	31.71	28.19
卷烟销量（万箱）	51.16	52.23	49.59	35.57	25.47
利　润（万元）	1831	1389	1543	－185	－3409
税　金（万元）	32027	35009	40151	33532	34221

河北烟草

河北省烟草专卖局、河北省烟草公司于1982年8月正式建立，下辖张家口、保定、石家庄3个卷烟厂和秦皇岛烟草工业机械厂，11个地市烟草专卖局（烟草公司），140个县（市）烟草专卖局（烟草公司），全行业职工2万余人。10年来，河北烟草业在国家烟草专卖局、中国烟草总公司领导下，在省、地（市）、县政府大力支持下，坚持治理整顿、深化改革的方针，促进了河北烟草事业蓬勃发展，经济效益和社会效益显著提高。

卷烟工业迅速发展 河北省3个卷烟厂始建于30年代末和40年代初。1939年日本东洋纺织株式会社在张家口设立东洋烟草公司，即张家口卷烟厂前身；保定卷烟厂始建于1945年，是冀中军区第八军分区机关的源丰烟厂，后改为三三烟厂；石家庄卷烟厂前身是延安新中国卷烟厂，后随党中央迁至平山县，石家庄解放后，与利民烟厂和风行烟厂合并，改为石家庄卷烟厂。据史料记载，3个卷烟厂1954年总产值2762万元（现行价），固定资产原值423.5万元，卷烟产量8.9万箱。

河北烟草工业的迅速发展，是在1982年之后。在这之前，3个卷烟厂的设备主要是50～60年代的产品，其中制丝设备126台（套），卷接设备295台（套），包装设备243台（套）。1982年工业总产值2.98亿元（1980年不变价），卷烟产量61.64万箱，利税总额2.1亿元，年末固定资产（原值）2777.2万元。

河北烟草工业企业在“六五”，特别是“七五”期间得到快速发展。“七五”期间共投资4.3亿多元人民币，其中用汇5152万美元，共引进国外先进设备和国产消化设备200多台（套）。与此同时，企业的管理水平不断提高。张家口烟厂多年来一直把现场管理和设备管理放在首位，严格要求、严格管理，被总公司评为设备管理先进单位和现场管理先进单位。“七五”期间各厂在结构调整、开发产品、提高质量等方面获得长足进展，相继开发和改造了“山海关”、“北戴河”、“发彩”、“18”、“迎宾”、“华光”、“石家庄”、“灵芝”、“驰鹿”、“玉兰”、“福来”、“桦林”、“万事利”、“大豪杰”、“天宝”等牌号嘴烟，其中混合型卷烟占70%以上。“七五”末期，嘴烟产量达到31万箱，与1982年相比增长近3倍，占总产量118.53万箱的26.2%。卷烟质量也大大提高。“七五”期间，有11个牌号被评为省优产品，1个牌号被评为部优产品，占现行生产牌号33个的39.4%。卷烟产品抽检合格率达到97.1%。张家口卷烟厂生产的“18”牌混合型卷烟，从1991年7月开始批量出口东南亚。石家庄卷烟厂应用天元公司保健添加剂，推出了“冀翔”牌疗效烟，1991年7月在北京市展销，反映良好。1990年工业税利实现7.69亿元，是1982年的3.7倍，3个卷烟厂都成为当地的税利大户。特别是张家口卷烟厂，1990年首次突破5亿元大关，成为全省预算内企业创税利首户，是全国500个大企业之一（按销售额计算）。

秦皇岛烟草工业机械厂原属轻工业部，1989年4月交河北省烟草公司管理，并转产烟草机械，在短短的两年中，他们依靠雄厚的技术力量，调动广大科技人员和全体职工的积极性，加快消化吸收新技术步伐，已成为全国定点生产烟草制丝、烘丝生产线及其它烟机设备的工厂之一。

烟草种植初具规模 河北省地处北纬36°～42°、东经113°～120°，土地因素和气候条件均适宜种植烟草，且也有较长的种植历史。但由于种种原因，烟草种植在一个时期曾被忽视，产量小，质量低，卷烟工业所需烟叶有95%依赖外省。

为缓解原料供应困难，1987年省政府常务会议做出决定，发展全省烟叶生产，并于1988年1月专门召开烟叶生产会议，决定由农业厅、烟草公司和3个烟厂成立烟叶种植规划指导小组，负责落实种植计划，各有关部门积极配合，扶持烟叶生产，使烟叶生产开始走向健康的发展道路。

全省积极贯彻“计划种植、主攻质量、提高单产、增加效益”的生产指导方针，充分发挥烟草集中统一管理体制的优越性和地方政府以及有关部门的积极性，制定了发展烟叶生产的优惠政策，建立了以各级烟草公司、农业部门为主体的，有农行、工商、供销、保险、水利等部门参加的生产服务体系，积极推广“三化”生产和科学技术，统一制定了全省烤烟、晾晒烟收购标准，制定了烟叶收购措施，使烟叶生产与收购步入良性发展轨道。3年来，建立了以太行山东麓近11万亩的烤烟产区；开发了燕山北麓承德地区5县为区域的近2万亩白肋烟产区和以燕山南麓唐山地区丰润、迁西、滦平等县近4万亩晒红烟产区。1991年还在唐山山区新开发了“周山转”工程，试种了1300亩香料烟，并获得成功。预计，1991年种植16万亩，比1982年增长3.4倍，收购30万担，比1983年增长5倍。中上等烟叶比例在上年79%的基础上，也将有很大提高。

经济管理体制基本理顺 河北省面积18.77万平方公里，人口6000多万，农村人口约占87%，是全国最大的卷烟消费地区之一。过去由于经营渠道混乱，农村市场没有开发，致使卷烟销量在1982年只有74万多箱。

省公司建立后，立即着手理顺经营管理体制。1985年在完成3个卷烟厂和地市烟草分公司组建上划的同时，全面铺开县（市）烟草专卖局（烟草公司）组建工作，1991年又基本完成了县（市）烟草公司的上划，全省11个地（市）和140个县（市）都设有烟草专卖局和烟草公司，使河北省实现了全面的烟草专卖和统一的经营管理。为解决烟草分公司组建上划后“吃饭无锅、办公无桌、经营无窝、办事无车”的困难局面，各级领导带领全体干部职工，发扬艰苦奋斗、艰苦创业的精神，扩大经营，多创利润，在短短几年的时间里，从根本上改变了这个局面。为帮助解决县（市）公司组建后的“一穷二白”的局面，各烟草分公司发扬“烟草大家庭”团结、互助、友爱的精神，服务于基层，让利于基层，积极帮助县（市）公司渡过难关。

为扩大卷烟销售，省公司采取地产卷烟定货方式，使产销直接见面，直接衔接，并制定了一系列地产烟奖励政策和办法，促进销售。各级经营机构发挥农村供销社的作用，建立委托代批发网络，开拓农村市场。全省三级批发和委托代批发单位达1000多个，国营、集体、个体零售单位达13万个，基本形成了以城镇为中心，以农村基层社为基础的批发流通网络，卷烟销量不断增长，1990年卷烟销量达145万多箱，比1982年增长近1倍。

精神文明建设取得丰硕成果 省公司党组自成立之日起，始终把行业党的建设和思想政治工作，作为一项根本性的任务坚持不懈地抓住不放。从提高全体党员党的观念和积极完成党在现阶段的总任务入手，狠抓了党的组织建设、思想建设和作风建设；从促进各级领导班子革命化建设入手，狠抓了各级领导班子廉政勤政建设和整体素质的提高；围绕完成全行业总任务和中心任务，广泛开展群众性的思想政治工作，全面提高干部职工思想素质和业务水平，并涌现了一批政治工作的先进单位和先进人物。1990年，被总公司评为政治工作、纪检工作先进单位2个，先进个人2人；被省公司评为政治工作、纪检工作先进单位16个，先进个人19人。通过开展以基本国情和基本路线为主要内容的系统教育，进一步提高了广大职工爱国主义精神和共产主义觉悟，涌现出一大批为烟草事业发展努力奋斗的先进单位和模范人物。张家口卷烟厂厂长李国庭同志，几十年来为烟草事业孜孜追求，锲而不舍，他以身作则，率先垂范，严格要求，严格管理，不仅建设了一个新型的张家口卷烟厂，也培养了一批技术管理人才，被选为全国劳动模范。

（撰稿：河北省烟草公司办公室）

附：河北烟草发展情况统计表

年　度	卷烟产量（箱）	卷烟销量（箱）	工商利税（万元）	烟叶收购（万担）
1982	616377	749388		12.06
1983	593163	922846		6.1
1984	749180	1066016		7.8
1985	677353	1147336	21672	9.6
1986	782794	1306783	31835	5
1987	890571	1476346	43442.6	4.6
1988	989119	1651573	57842.5	11
1989	1128538	1687195	77761.2	20.68
1990	1185271	1451700	86124.5	27.45

山西烟草

山西省烟草公司于1982年7月7日成立。1983年末各市、县公司组建完毕，1984年6月29日全部上划中国烟草总公司，实行总公司和地方政府双重领导，以总公司为主，产供销、人财物、内外贸集中统一管理，效益分配执行利润交中央、税收交地方的体制。

目前，全省有卷烟厂2个，烟叶复烤厂1个，商业企业114个。商业企业包括省销售公司1个，分、市公司12个，县市公司101个。全行业职工5133人，卷烟生产能力36万箱，其中：太原卷烟厂30万箱，曲沃卷烟厂6万箱。年销售量70万箱，实现利税2亿元。

“七五”期间，山西省烟草行业的广大职工认真贯彻党的基本路线，执行国家烟草专卖局和总公司制定的一系列方针政策，在各级领导的大力支持下，狠抓技术改造，促进技术进步，适时调整产品结构，努力扩大烟叶种植面积，提高烟叶、卷烟的质量，促进了烟草行业的发展。

一是烟叶生产有所发展。1990年烟叶收获面积达7万亩，比1985年2.96万亩增长136.45%，烟叶收购量11万担，比1985年4.2万担增长162%。“七五”期间平均每年递增21.23%。

二是工业生产保持了一定的增长速度。工业总产值（按1990年不变价计算）1990年实际实现30056万元，比1985年的16652万元增长80.49%，“七五”期间平均每年递增12.54%；卷烟产量1990年完成了24.17万箱，比1985年18.72万箱增长29.11%，“七五”期间平均每年递增5.2%；其中滤嘴烟达到9万箱，比1985年2.02万箱增长3.46倍；1990年卷烟单箱耗烟叶53.8公斤，比1985年57.6公斤降低了3.8公斤；全员劳动生产率（按1990年不变价）1990年为14.19万元/人，比1985年7.75万元/人增长6.44万元。

三是卷烟销售稳步增长。1990年全省卷烟销售70.98万箱，比1985年的60.28万箱增长17.75%，“七五”期间平均每年递增3.32%。

四是全行业实现税利有较大幅度增长。1990年全行业实现税利1.94亿元，比1985年0.65亿元增长1.98倍，其中：工业实现1.42亿元，商业实现0.52亿元（含烟叶税），“七五”期间全行业实现税利7.41亿元，平均每年递增24.45%，人均创税利14.44万元。

五是基本建设和技术改造发展较为顺利。“七五”期间共安排投资9207万元，其中：基本建设2067万元，包括拨款97万元，建行贷款598万元，自筹1372万元。技术改造投资8950万元。技术改造投资中，太原卷烟厂投资8400万元，曲沃卷烟厂投资550万元。新增建筑面积9.25万平方米，其中营业设施2.9万平方米，仓库1.84万平方米，生产车间1.1万余平方米。地市级烟草公司的库营设施大部分得到解决，企业的经营设施和职工居住条件有了一定的改善。卷烟生产企业引进了部分具有 80 年代水平的卷烟生产设备。其中引进西德虹尼公司制丝生产线一条，长城卷接机组 3 组，6000 型横包机 2 组，莫林九卷接包旧机组 4 组，购置了国产的 YJ14/YJ23 卷接机组 10 组，国内组装 6000 型横包机 1 组。除 1991 年到货的 1 组卷接包机组正在安装调试外，其余已投产使用，并发挥投资效益。改造使两烟厂技术装备水平得到初步改观，特别是滤嘴烟生产能力从 1985 年的 5 万箱增加到 1990 年的 17 万箱，为调整产品结构提供了条件。

争创名优产品，扩大卷烟销售 产品质量是企业的生命，没有质量就没有效益。1981 年、1985 年太原卷烟厂乙级精“大光”，嘴“黄芪”卷烟获省优产品；1988 年 84’s 嘴“双头凤”，84’s 嘴“太原”卷烟获省优产品，目前太原、曲沃卷烟厂在质量、品种、效益年里，深化改革，狠抓管理，实现优质、高产、低耗、保证质量生产的滤嘴“晋阳”、“晋烟”、“西厢”和中国保健营养协会监制的嘴“黄芪”畅销，深受消费者欢迎。

坚持正面教育卓有成效 培育“四有”职工队伍：培育“四有”职工队伍，首要的工作是坚持正面教育。全省烟草行业，在省局（公司）党组的指导下，开展向雷锋、焦裕禄、李双良等英雄模范人物学习的活动，组织职工观看反映英雄模范事迹的电影、录像、图片展览等，进行思想熏陶，通过“学雷锋、见行动”活动，在系统内树立典型、表彰先进，用发生在大家身边的，看得见、摸得着的典型事迹教育职工，增强其感染力。像洪洞县烟草公司批发部副主任秦天佑同志，同盗窃犯英勇搏斗，身负重伤，保护了国家财产，荣立一等功。我们通过这样的典型事例，在全系统开展向秦天佑同志学习的活动。晋城市烟草公司结合烟草行业的实际，还开展了“热爱共产党、热爱社会主义、热爱祖国、热爱烟草事业、热爱本职工作”的“五热爱”活动，组织比学赶帮竞赛，收到很好的效果，连续两年获得省、市先进单位称号。

正因为我们坚持正面教育，使全体职工自觉与党中央保持一致。在 1989 年春夏那场政治风波中没有一人传谣、信谣，职工们自觉的坚守岗位，工业企业不但没有减产，反而增产，销售部门保证卷烟市场的正常供应。

推行目标化管理，加强思想政治工作：卷烟厂紧紧围绕企业的生产经营活动，以“实现四化，振兴中华”，努力建设一支“四有”职工队伍为目的，推行了思想政治工作目标化管理。通过几年的实践，发挥了应有的效力，基本上形成了思想政治工作程序化、系列化和制度化，调动了党员、干部和职工的积极性，特别对稳定政工队伍，加强其责任心起到了促进作用，保证了生产经营活动的顺利进行。

通过目标化管理，使思想政治工作实现了四个变化：（1）变说教式、灌输式的旧习惯为平等、

民主的启发式；(2) 变多头布置的盲目性为综合协调的一致性；(3) 变工作方法、工作方式和时间要求的死板性为灵活性；(4) 变推一推、动一动、不推不动的被动局面为发现问题主动出击、自行解决的积极局面。真正发挥了思想政治工作的主动性、灵活性、服务性，在解放生产力、发展生产力中起到了积极作用。

抓廉政建设从领导抓起 省局（公司）自组建以来，各级、各任班子都很注重廉政工作，自觉将其作为事关全党、全烟草行业的一件大事来抓。一是充分利用党课、团课、板报、墙报、录音、录像等形式进行教育，打牢思想基础；二是各地、市局成立监察室，配备专职干部，并创造条件充分发展其职能作用，切实加强制约监督机制；三是整章建制，用公正严明的制度规范广大干部群众的言行。几年来省局先后制定了《关于严禁对领导机关、领导干部请客送礼，严禁以烟谋私、以权谋私的通知》、《关于全省烟草系统保持廉洁的规定》、《关于在近期内做几件群众关心的事的决定》等8项全省烟草行业的廉政制度，较好地促进和保证了全省烟草行业的廉政建设。尤其是1990年10月以来，省局又按国家局和山西省委的部署，在全省大规模地进行了纠正行业不正之风，开展党风廉政大检查的工作，干部的廉政、勤政意识进一步增强，较好地促进了各项工作。

几年来，由于培育“四有”职工队伍的指导思想明确，方法比较得力，山西烟草行业的思想政治工作不断深化，一支以党、团员为首的“四有”职工队伍逐步成长壮大。全行业5000多职工中涌现出一批先进集体和个人。其中有全国烟草系统的先进集体和个人、全国烟草系统思想政治工作先进集体和先进党支部，以及省“五一”劳动奖章获得者。

（撰稿：山西省烟草公司办公室）

附：山西烟草发展情况统计表

项目＼年度	1982	1983	1984	1985	1986	1987	1988	1989	1990
烟叶产量（万吨）	1.1	0.26	0.19	0.21	0.16	0.2	0.3	0.66	0.55
卷烟产量（万箱）	21.74	16.77	20.82	18.72	18.95	16.43	19.37	23.03	24.16
卷烟销量（万吨）	51.38	58.37	61.3	60.27	58.23	61.81	65.8	68.75	70.98
实现税利（亿元）	0.65	0.74	1.01	0.65	1.05	1.14	1.46	1.82	1.94

内蒙古烟草

内蒙古自治区烟草公司于1983年8月筹建，与自治区烟草专卖局在1984年1月1日同时成立，负责领导全区的烟草生产和经营，对产供销、人财物、内外贸业务实行集中统一管理，行使烟草专卖行政管理的职能。下属呼和浩特卷烟厂、乌兰浩特雪茄烟厂两个工业企业，12个盟市烟草分公司（局）、20个旗县（市）烟草公司（局）以及呼和浩特铁路烟草专卖局、原料物资公司、烟草质量监督检测站，全行业共有职工3810名。

内蒙古烟草行业组建8年多来，在党的改革、开放、搞活的方针政策指引下，普遍推行了厂长、经理负责制和承包经营责任制，强化企业管理，健全完善岗位经济责任制和各种技术、质量、工作标准，把产量、质量、消耗等经济技术指标同职工工资直接挂钩，使企业管理水平不断提高。特别是经过“七五”工业技术改造，从国外引进了制丝生产线和卷接包设备，其中部分设备采用自控系统，技术装备明显改善。另一方面，进行了以经营设施为重点的基本建设，从而使卷烟生产、经营能力逐步增强。进入90年代以来，内蒙古烟草行业大力开展“质量、品种、效益年”活动，开始从“速度效益型”向“质量效益型”转变，从“粗放经营”向“集约经营”转变，抓管理、上等级、上质量、上品种、增效益。在生产过程中，坚持以市场为导向，适销对路为前提，不断调整产品结构，研制开发新产品，到“七五”末期，先后开发卷烟新牌号19个，系列品种6个。卷烟产品种类有烤烟型、混合型、雪茄型。精“青城”、精“钢花”、嘴“大青山”、嘴“兴安”等牌号卷烟相继被评为自治区优质产品。随着生产、经营能力的增强，产品质量的提高，经济效益年年跨上新台阶。从1983年到1990年的8年间，卷烟产量由145050箱增加到29万多箱，每年平均递增10.4%；销量由22.4万箱增加到52.6万箱，每年平均递增13%，其中区产烟占56%左右；税利总积累由6496万元增加到30311万元，每年平均递增24.6%，8年累计130786.5万元，职工人均创税利6.26万元。其中“七五”期间税利总积累达112680万元，比“六五”增长2.1倍，成为自治区财政收入的主要来源之一。与此同时，狠抓了原料基地建设，烟叶生产逐年发展，收购量增加。原料基地主要有赤峰市郊区、宁城县、喀喇沁旗和乌盟凉城县。此外，在丰镇市、察右前旗、土默特左旗、开鲁县也有一定面积的种植。主要是烤烟，其次是晾晒烟和香料烟。由于坚持“计划种植、主攻质量、提高单产、增加效益”的方针，落实“三化”等一系列具体措施，烟叶等级质量较好。烟叶收购量由1983年的4790担增加到1990年的6万多担，每年平均递增43.5%。

几年来，自治区烟草行业认真贯彻了治理整顿和深化改革的方针，领导坚持深入基层，改变作风，调查研究，狠抓党风和廉政建设，加强思想政治工作，在抓好物质文明建设的同时，抓好精神文明建设，使“两个文明”建设都取得了显著成果。全区烟草行业大多数工商企业被当地党政领导机关评为先进企业或文明单位。1990年，呼和浩特卷烟厂及呼伦贝尔、哲里木、呼和浩特三个烟草分公司，被自治区人民政府评为经济效益先进企业，区公司被评为经济效益先进部门，并颁发了骏马杯奖。

“八五”期间和今后10年，自治区烟草行业发展的指导思想是：控制总量，提高质量，调整结构；继续抓好工业技术改造，加强原材料基地建设；在企业管理、产品质量、品种结构、市场开拓上力争都有新的突破，从而提高行业整体素质和综合经济效益，保持行业的持续、稳定、协调发展，努力为国家和自治区财政积累做出更大的贡献。

（撰稿：内蒙古自治区烟草公司办公室）

附：内蒙古烟草发展情况统计表

项目 年度	烟叶收购量（担）	卷烟产量（箱）	卷烟销售（箱）	实现税利（万元）
1983	4790	145050	230500	6496
1984	3319	157944	222644	7802
1985	9583	172310	303568	10305
1986	15386	208369	357868	13822
1987	15867	229870	431136	16471
1988	33700	277306	498441	23045
1989	53700	291745	522680	29031
1990	60232	290198	526394	30311

辽宁烟草

辽宁省烟草专卖局、烟草公司于1983年7月成立，接着，全省各市、县（市）也相继成立了烟草专卖局、烟草公司。全省烟草行业组建7年多来，认真贯彻党的路线、方针、政策，坚持“一个中心，两个基本点”，在国家烟草专卖局、中国烟草总公司和中共辽宁省委、辽宁省人民政府的领导下，在有关部门的大力支持下，经过全省烟草行业一万多名职工的团结奋斗和努力工作，使辽宁烟草行业发生了较大变化，取得了可喜的成绩。

组建以来，辽宁烟草行业认真贯彻改革开放，搞活经济的方针，顺利地完成了烟草机构上划工作，形成了比较完整的上下成线、左右成网的烟草专卖体系。全省14个市、38个县都成立了烟草专卖局、烟草公司，其中沈阳、大连两市烟草公司实行计划单列。基本实现了产供销、人财物、内外贸高度集中统一管理的体制，促进了全省烟草经济的不断发展。

7年来，烟叶生产大幅度增长，烤烟种植面积从1983年的13万亩发展到1990年的31万亩。烤烟收购量由1983年的34万担增长到1990年的52万担，平均每年递增6.3%。

卷烟生产有较大发展，产量从1983年的40万箱发展到1990年的51万箱，平均每年递增3.5%。

卷烟销售持续增长，销量从1983年36万箱发展到1990年107万箱，平均每年递增16.8%。居全国第11位。

实现烟草税利创历史最好水平，从1983年的1.7亿元增长到1990年4.76亿元，平均每年递增15.8%。7年共为国家创税利26亿元，其中向国家缴库近20亿元。

烟叶出口创汇成倍增长，从1983年的74万美元发展到1990年的440万美元。

7年中，全省烟草行业固定资产投资达2亿元，相当于建国后1949年至1982年累计投资0.5亿元的4倍。

工业企业技术装备水平提高较快，一批老的生产设备得到改造，引进和购置专用设备200多台（套）。一批具有先进水平的卷接包和制丝设备已经或即将投入使用，大大增强了企业的实力和发展后劲，对于提高产品质量，增加经济效益起到极大作用。

商业经营设施和职工住宅条件也有明显改善，7年中，建设烟叶和卷烟仓库5.6万平方米、办公和经营设施3.4万平方米，总投资达2.9亿元。拥有大、小车辆270多台，从根本上改变了组建初期的无办公场所、无仓库、无车辆的一无所有状况。

7年多来，全省烟草行业坚持“两个文明”一起抓，逐步加强和改进思想政治工作，在搞好物质文明建设的同时，精神文明建设也取得了可喜成果。在生产、经营工作中，涌现出一大批先进集体和先进个人。省局、公司于1987年和1990年先后两次召开全省烟草系统先进集体、先进个人表彰会，1987年受表彰的先进集体有29个，先进生产、工作者58名。1990年受表彰的先进集体64个，先进生产、工作者97名。昌图县烟草专卖局专卖办主任乔素娴同志被评为省、市、县烟草先进工作者以及全国烟草系统劳动模范。抚顺市烟草专卖局专卖办主任陈雅娟同志是伟大的共产主义战士雷锋同志生前辅导过的学生，30年来，无论在学校读书、在部队服役还是转业到地方工作，她始终坚持宣传弘扬雷锋精神，以雷锋为榜样，忠于职守，努力奉献，自觉坚持学雷锋，并做宣传雷锋的汇报演讲达几百场，为弘扬雷锋精神，推进精神文明建设做出了积极贡献，省烟草专卖局、烟草公司党组于1991年5月授予她学雷锋积极分子的称号。

到目前为止，辽宁有两个卷烟厂、两个雪茄烟厂和一个烟叶复烤厂，形成了比较齐全的卷烟生产和烟叶复烤体系。

沈阳卷烟厂 是老牌卷烟生产企业，始建于1909年，是我国卷烟行业中最早的厂家之一，具有80多年的生产历史。新中国成立后，随着社会主义建设事业的发展，企业的生产规模不断扩大。特别是烟草行业组建以来，技术改造的步伐大大加快，“七五”期间，先后引进36台（套）先进的制丝和卷接包设备，形成年生产能力36万箱、工艺设备先进、检测手段齐全的现代化企业。连续两年被评为省先进企业、精神文明先进单位。目前，该厂现有职工2486人，固定资产9600万元。卷烟产品由解放初期的1种类型几个牌号，发展到现在的4种类型近30个牌号。近几年来，积极奉行“质量第一，信誉第一、消费者至上”的宗旨，努力生产质优价宜的产品，满足广大消费者需要。主要产品有十多个牌号，其中“古瓷”获国优称号和首届北京国际食品博览会金奖，“沈阳”牌获省优称号和首届北京国际食品博览会银奖，“大生产”牌获省优，“溪水洞”牌为部优产品。尤其是近几年来在国内最先研制成功混合型卷烟，并打入国际市场，曾出口日本、罗马尼亚、香港、苏联、朝鲜等国家或地区。去年又开发了6个牌号的新产品，受到有关方面的好评。

营口卷烟厂 始建于1911年，历史悠久，经过解放后40多年来的建设，已发展成为有职工

2585人，占地面积29万平方米、固定资产5200万元、年生产能力30多万箱卷烟的中型企业。特别是上划以来，经过“七五”期间的技术改造，先后引进了先进的全套制丝生产线和卷接包设备33台（套），形成了从制丝到卷制、包装完整齐全的卷烟生产线，并拥有印刷车间、滤嘴车间、检测中心，被命名为省级先进企业，1987年分别被省、市评为全面质量管理奖企业。该厂坚持为消费者服务的宗旨，全面加强质量管理，产品质量不断提高。现有4种类型、20多个牌号的卷烟产品，其中“营口”牌获省优称号，“力士”牌获省优、并获1988年北京首届国际食品博览会铜奖，“棒棰岛”牌获省优，“琴鸟”牌获部优，“金花”牌获省优。产品曾出口东欧市场，近年来又大量出口苏联，为国家做出了积极贡献。

凤城烟叶复烤厂 坐落在辽宁东部风景秀丽的凤凰山脚下，原名“凤城烟叶再干厂”。该厂建于1935年，全厂占地面积72000平方米，建筑面积35157平方米。建国以来，工厂有了较大发展。特别是改革开放给凤城烟叶复烤厂带来了新的生机和活力，使这个老厂旧貌换新颜，成为一个集烟叶产供销、内外贸、农工商一条龙综合性的中型企业。全厂现有职工869人，固定资产3342万元。1988年投资1630万元，引进了现代化的打叶复烤生产线，生产能力比老式复烤机提高1.5倍，大大提高了工作效率，年复烤加工可达15000吨。每年为上海、南京、新疆、呼和浩特、湖南等21个卷烟厂提供复烤烟叶8000吨左右。同时，每年向美国、英国、德国、奥地利等18个国家出口烟叶5000余吨，年创汇达600万美元左右。该厂负责凤城县烤烟生产的技术指导、科学试验、收购、复烤加工、调拨和出口等任务，拥有农艺师、助理农艺师、技术员和其他工程技术人员计206人，在县内各乡镇设有22个烟叶收购站。近几年来狠抓了“科技兴烟”，广大技术人员经常深入烟田，检查指导烟叶生产，大力推行新技术，推动了全县烟叶生产水平的不断提高。为了提高出口烟叶的包装质量，满足外商的要求，还成立了附属纸箱厂，取得了明显效果。他们奉行的宗旨是：主攻质量、优质适产、保证信誉、提高效益。

（撰稿：辽宁省烟草公司　曹继赋）

附：辽宁烟草发展情况统计表

指标 / 年度	烤烟收购量（吨）	卷烟产量（万箱）	卷烟销量（万箱）	实现税利（亿元）
1983	17638	40	33	1.7
1984	22230	40	45	2.2
1985	17519	43	61	2.3
1986	8810	46	76	2.6
1987	14052	49	91	3.3
1988	21480	52	105	4.8
1989	30126	57	110	5.6
1990	25718	51	107	4.76

吉林烟草

吉林省烟草公司成立适逢改革开放的春天，全省烟草行业生机盎然，茁壮成长。8年创业，饱含着万名职工的渴望、追求，凝聚着万名职工的智慧、辛劳。8年的创业历程，激励着吉烟人开拓进取，不甘人后的斗志，练就了吉烟人百折不挠，振兴烟草事业的高贵品格。

辛勤的汗水换来累累硕果。与省公司成立的1983年相比，1990年产值增长了2.44倍，年均增长28%；卷烟产量增长了1.9倍，年均增长23%；烟叶收购量增长了2.75倍，年均增长30%；卷烟销售增长了1.2倍；利税增长4.45倍，年均增长40%。

突出行业重点，明确主攻方向 吉林烟草工作重点在工业，难点在工业，希望也在工业。省公司提出卷烟工业是全行业的主体，集中了主要力量，投资30254万元进行了较大规模的技术改造，提高了生产力的总体水平。3个卷烟厂改造了主厂房，更新了制丝线，卷、接、包设备大部分更换为进口设备。生产能力达到80万箱，嘴烟能力70万箱。省公司不断引导企业端正经营指导思想，树立市场观念、质量观念、效益观念，卷烟产品结构得到调整，质量有所提高。卷烟产品获国家银牌1个，部优2个，省优8个。黄盒“人参”烟被国家列为13种名烟之一。初步实现了由速度效益型向质量、结构效益型的转变。

烟叶是卷烟工业的基础，把烟叶生产作为第一车间来抓。现在，吉林省的烟叶生产已由原来11个市县发展到26个市县。烟叶种植面积已由1983年的9.2万亩发展到60万亩。数量上已经达到自给。中加技术在全省推广；良种化、区域化、规范化的科学种植措施基本落实；一批较好的科学技术成果开始推广应用，已经收到明显的经济效益和社会效益。以3个卷烟厂为中心的烟叶基地也已初步形成，并正在向按卷烟的名牌产品、主导产品定点、定地块、定品种种植烟叶，实行定向种植、定向供料的方向发展，使卷烟生产有了可靠的原料基地。

吉林烟草行业始终注意为卷烟工作创造良好的市场环境，通过启动市场，扩大销售，推动卷烟生产，并注重各级烟草公司经营设施的建设。到1990年底，共投资4060万元，建设了74346平方米的营业室和仓库，是组建初期的5.56倍。全行业经营设施完善，运力充足，适应商品流通的需要。在卷烟销售上，把目标确定在追赶全国人均消费水平上，采取切实有效措施，千方百计开拓城乡市场，1990年卷烟销售55.3万箱。在经营上既考虑长远又立足于当前，在开拓市场上下功夫，自觉地培育吉林市场，引导吉林人吸吉林烟。在政策措施上的具体做法是省产烟必须达到省内市场销量的80%以上，从而保证了产销的平衡和全行业的持续稳定协调发展。

深化改革，搞活企业 改革是烟草行业发展的强大推动力。几年来，全省在深化企业改革中大的改革动作有两项，一是实行和完善承包经营责任制、干部任期目标责任制、厂长负责制、工效挂钩等改革措施，使企业增强了生机与活力，增加了自我发展、自我改造、自我约束的能力。二是积极探索计划经济与市场调节相结合的路子。主要做法是：(1) 要求卷烟工业企业增强创新、改革、发展、开拓意识；以质量求生存，以品种求发展，以市场为导向，按市场需要组织生产。在以销定产的前提下，在省内流通环节按生产计划的80%进行分配，其余20%的产品由市县公司选购或由工厂自销，使工厂既按计划完成任务，又参与了市场竞争。既使计划管理充分考虑市场供求关系，自觉地遵循价值规律，又使市场调节在计划约束下发挥作用。(2) 对市县公司下达省产烟占80%的销售计划，其余20%部分可与省外等量兑换，可在省内烟厂内自由选购，并实行“先出后进，多出少进，奖励只出不进”的串换政策。这样，既有指令性计划（占主导地位）的约束，又有市场调节的灵活性，既保证指令性计划的实现，又能满足消费。(3) 对零售户实行供货定点、定量，进货记证、记卡，即“双定双记”管理办法，在定量的同时又留有一定的选购进货比例，使其按市场供求关系和价值规律进行调节。这样，既通过计划在总体上保持平衡和协调发展，又可以发挥市场竞争机制的作用，实现统一性与灵活性的结合。这些改革措施只是初步尝试，要在理论和实践上进一步探讨，建立具有吉林烟草行业特点的计划经济与市场调节相结合的运行机制。

建立保证体系，发挥专卖优势 几年来全行业上下协调，步调一致，有令必行，有禁必止，有旺盛的战斗力，整体功能强。所以能做到这一点，是因为全省所有市县都成立了烟草专卖局，上下一条线，实行垂直领导，在组织上有保证。各级烟草专卖局均建立了由当地政府牵头，各有关部门参加的专卖领导小组，建立了专卖联席会议制度，使专卖管理工作列入当地政府的工作日程。把个体户组织起来，使他们自己管理自己。特别是实行“双定双记”办法后，将国营、集体、个体户纳入专卖管理的体制内，使专卖管理更具有权威性，使垄断经营有了基础，使专卖的特点更加突出。专卖制度的落实得以完善，从而闯出一条适合吉林专卖管理特点的道路。“双定双记”已被全省烟草行业视为法宝，并继续坚持下去。各地还在各烟草批发部和部分委托批发单位挂上专卖管理所的牌子，赋予专卖管理职能，既搞经营又抓管理，既是销售部门又是专卖管理部门，使业务经营和专卖管理有机结合起来。几年来，全省特别强调发挥地市专卖局的作用，不断完善和强化地市局的职能，做到一级带一级干，一级对一级负责，使保证体系切实起到保证作用。专卖是烟草行业独具的优势，烟草产销活动必须由专卖保护，专卖管理要溶于产销各个环节之中，不仅要在体制上有保证，机构要健全，而且要从实际出发，肯于开动脑筋，有所建树。各地搞的“双定双记”办法是对卷烟市场实行有效管理的手段，是保证市场稳定，稳中求升、求旺的好办法。这样，不仅在宏观上管住了市场，而且在微观上控制和搞活了市场，促进了生产的发展和市场的扩大，使专卖管理切实发挥了保证、服务、监督的职能，切实地保证烟草行业健康发展。

培育行业精神，加强队伍建设 职工队伍的素质如何，决定企业的兴衰存亡。一切生产和经营活动都是人的活动。人的因素是最根本的因素，也是坚持企业的社会主义方向的根本。各地自觉地发挥党和社会主义的政治优势，在实践中切实解决一手硬一手软的问题，努力加强精神文明建设，加强思想政治工作，建设“四有”职工队伍，广泛开展学习雷锋活动，学习英雄模范人物事迹，做好事，讲奉献，人人关心行业的发展，为烟草事业的发展争做贡献。

各级领导端正作风，深入基层，密切联系群众，党群关系、上下级关系协调，全行业安定团结。加强党风和廉政建设，制定并认真落实《关于加强全省烟草系统廉政建设的若干问题的规定》。各级党组织发挥了核心作用和战斗堡垒作用。延吉卷烟厂党委、吉林市烟草专卖局党组被国家局授予全国烟草系统思想政治工作先进集体。延吉卷烟厂党委书记侯德业、四平卷烟厂党委书记张维民被国家局授予全国烟草系统思想政治工作先进个人称号。一批市、县烟草公司被当地党政机关评为精神文明建设先进单位。

（撰稿：吉林省烟草公司　纪宁　周丽梅）

黑龙江烟草

黑龙江省政府于1982年7月，正式批准成立了省和各级烟草专卖局、烟草公司。之后，相继按照《烟草专卖条例》的规定，把全省的烟草种植、卷烟加工和卷烟销售，由原来的农业、轻工、商业三家分散管理改为烟草部门独家经营；关停13家计划外烟厂，对保留下来的6家烟厂实行“限定生产规模，以销定产”方针；重新整顿流通渠道，取缔了非专卖系统的多头批发，本着简化层次，方便流通的原则，全省烟叶、卷烟各设一个二级批发站，即省烟草原料公司和省卷烟销售公司，实行二级面向全国，三级面向省内的流通体制；有计划地发展了国营、集体和个体的零售网点10多万个，统一印发了烟草专卖许可证。从而使全省烟草市场在治理生产乱、市场乱、价格乱的“三乱”基础上，建立健全了烟草专卖管理的新格局。新格局的建立和完善，标志着全省烟草行业以专卖为主线，“农工贸”一体化的行业运行机制已经形成。这种机制，既发挥了专卖管理的优势，为烟草事业的发展创造了良好的社会环境；又克服了过去分散管理的诸多弊端，使以烤烟生产为基础，卷烟加工为主导，“两烟”产、销批发、销售为内容的产、供、销得到了协调发展，使烟草事业走上了健康发展的新轨道。目前，全省“两烟”生产和经营实现了“三个转变”、“五个翻番”。“三个转变”是：烤烟生产由“非适宜区”向主产区转变；烟叶质量由填充料地位向优质烟转变；卷烟产品由质次价高向“质量、品种、效益型”转变。“五个翻番”是：烤烟种植由41万亩发展到160多万亩，烟叶产量由76万担发展到300多万担，面积、产量都翻两番；卷烟生产由25万箱增加到70多万箱，卷烟销售由30万箱增加到82万多箱，卷烟产、销都翻一番半；年税利积累由1.2亿元达到7.8亿元，翻了两番半还多。

提高产品质量　实施“科技兴烟” 黑龙江的烤烟生产，是在地处北纬43～47度的地域，高寒、无霜期短、早春积温不足的自然条件下振兴起来的。从这一特点出发，他们在实施烤烟生产科学化、规范化、区域化的实践中，紧紧围绕利用和开发热量资源为前提，积极采用国际、国内一系列科学技术手段，为优质烟叶生产创造了有利条件。主要是：选择第一、二积温带为烤烟种植的主产区；采用早熟、适产、优质、抗逆性强的优良种子进行种植；推行以双棚、纸筒、营养土配制和土壤高温处理为主要内容的“四新”育苗技术；烟苗移栽下地实行地膜覆盖措施；按土壤不同条件进行合理施肥；田间翻起、起垄、深松使用机械化作业；用抑芽剂药物平顶抑芽消灭花权；烟叶采收掌握十成熟的最佳期；烤房建设合理匹配；分级札把坚持国标等等。通过以上从种到收过程新技术的推广和应用，为烤烟的正常发育和成长创造了适宜环境，有效地弥补了高纬度地区无霜期短、积温不足等不利因素；提高了烟叶质量，单叶重由过去的3—4克，增加了6—10克，烟碱含量由0.3—0.5%增加到1—3%，烟叶的颜色、油份、香气、吃味都有明显提高；随着烟叶质量的提高，商品量不断扩大，市场信誉逐步增强。现在年产烟叶300多万担，销往全国27个省、市88个厂家。烟叶出品逐年增长，1990年超过13万担，1991年可达到27—47万担。有的烟叶已远销东欧、德国、新加坡。黑龙江的卷烟生产，过去所以上不去主要是卷烟工业设备陈旧、技术落后。为改变这种状况，烟草行业从实际出发，坚持以“存量调整为主，增量投入为辅”的原则，充分挖掘现有资源、设备、技术、资金和人才的潜力，狠抓企业的技术改造。“七五”期间共为6家烟厂投资3.3亿元，实现技改项目33项，引进国外先进设备99台套。各烟厂的一车间普遍应用了新的制丝生产，其它车间的卷、接、包设备也有较大更新，初步改变了技术装备落后面貌。有的已达到了国际70年代末80年代初的先进水平。全省卷烟企业一手抓技术装备的更新改造，一手抓新工艺、新技术在生产过程中的应用，梗丝膨胀技术已见成效，卷接包工艺进一步改进，加香加料技术水平也有明显提高。近几年，随着烟叶质量的提高，以地方烟叶为主开发的新品种较大增加。深受消费者欢迎的“哈顿”、“白灵芝”卷烟基本上是省内烟叶的配方。先进精良的技术装备，是提质量、上水平、调结构、增效益的重要手段。1985年以来，全省甲级烟平均每年递增44.1%；乙级烟递增20%，丙级以下烟下降27.5%。目前全省常年生产的35个卷烟牌号中有1个获部优，11个获省优。卷烟工业税利积累平均递增22%。在实行“科技兴烟”发展战略过程中，引进国外新技术有了长足的发展。先后同加拿大、美国和日本等专家合作，紧紧围绕生产优质烟叶，开发卷烟新产品等重大技术项目进行攻关，都取得了重大进步。加拿大烟草博士程显华等人，3年间6次来我省进行8项新技术实验，共同制定了中加技术合作的《黑龙江省生产优质烤烟的综合栽培技术规范》，已普遍推广应用并得到国内外同行业专家、学者的充分肯定。美国IFF香料公司专家李希达博士，先后两次来黑龙江省讲学，对改进、提高卷烟科学使用香精香料，改进卷烟配方设计起到较好作用。为解决早春移栽烟苗霜冻的危害，省公司还从日本引进改良式地膜覆盖技术，使烤烟移栽期比过去提前10—15天，从此将烟叶成熟期调整到月平均气温22度以上的最佳期，有效地提高了烟叶生产水平。所有这些都为黑龙江烟草的新发展开辟了广阔的前景。

以改革为动力　推进企业管理水平的提高　目前，省公司下属各类县级以上企业84个。多年来，这些企业之所以能从无到有，从小到大，从管理的混乱和经济的困境中，走上健康发展的道路并不断为国家做出新贡献，靠的就是党的改革、开放政策。1984年，在完成行业经济体制改革和对企业进行全面整顿的基础上，他们适时把改革的重点引向企业内部。从1985年起，先后在县级以上企业中普遍实行了厂长（经理）负责制；厂长（经理）任期目标责任制；企业中间环节的经济责任制以及企业最基层的机台、部、站的承包经营制。同时，还进一步推行了干部聘用制、招标制、新提拔干部的试用期制、固定工人合同制、企业风险抵押金制和劳动分配上的效益与劳绩挂钩制等等。通过以上的多项配套改革，有效地把竞争机制引向企业内部，充分调动了干部、职工的积极性、创造性，增强了企业的生机和活力。企业新的经营机制的建立，把企业的经营管理水平提高到一个新的台阶并为加强企业现场管理创造了有利条件。1987年牡丹江卷烟材料厂实行了“定置”管理，通过调整人与场所、人与物、人与现场的相互关系，较好地解决了人、机、料、法、环的有机结合，对推动全省卷烟工业、销售、烟叶复烤企业的现场管理起到了重要作用。在此基础上，各地还把企业的经营承包和多项基础管理工作，紧紧同企业的达标晋级结合起来，推动了企业管理水平的提高。现在，全省的14个卷烟厂和复烤厂，已有12家进入省级先进企业行列。

坚持两个文明一起抓　多年来，紧密结合本行业组建、恢复和发展的实际及国内政治、经济形势，切实加强了对广大干部、职工的革命传统和艰苦奋斗精神的教育；端正党风、行风教育；遵纪守法教育；基本国情、基本路线教育；职工“四有”教育和职业道德教育。同时开展了五项建设：组织机构和职工队伍建设；企业领导班子建设；企业党的建设；机关廉政建设和以“三站”为重点的基层企业建设。“六项”教育和“五项”建设的开展使全行业13000多名干部、职工上下一致、紧密团结、学雷锋、学大庆、讲理想、做奉献、赶先进、创一流的好人好事不断涌现。现在全省烟草系统已建成县以上文明单位73个，占企业总数的81%，“四有”职工达90%以上，有力地促进了各项工作的顺利开展。

（撰稿：黑龙江省烟草公司办公室）

附：黑龙江烟草发展情况统计表

年　度	烟叶收购量（吨）	卷烟产量（箱）	卷烟销量（箱）	税　利（万元）
1983	82049	252205	302216	10566
1984	91881	312474	404286	18315
1985	63288	392414	492116	25278
1986	72446	467325	586689	34064
1987	72136	579594	677585	42465
1988	98647	648515	743077	59241
1989	170004	686837	794350	66200
1990	159691	693972	815497	70982

上海烟草

上海市烟草专卖局、上海市烟草公司于1984年2月9日经上海市人民政府批准成立，10月29日上划国家烟草专卖局、中国烟草总公司。

几年来，形成了以卷烟生产为主，烟草机械生产、烟草商标印刷生产、烟用滤棒生产等相配套的工业生产体系；形成了以工业生产为主导的原材料供应、产品销售、进出口贸易、仓储运输、零备件供应、职工教育等专业分工协作配套的行业经营管理体系，保证了全行业持续、稳定、协调的发展。共拥有企业8家，其中工业企业4家，仓储运输企业1家，外贸企业2家，商业企业1家。共有固定资产原值3.96亿元，净值3.34亿元。1990年有职工9696人，其中工业企业职工8465人。1990年末有各类专业技术人员1086人（其中具有高级职称者16人，中级职称者156人，初级职称740人），其中工程技术人员455人，经济、会计、统计人员518人。

市专卖局成立后，在各区、县成立了烟草专卖管理组。1990年初，在各区、县成立了烟草专卖分局，共22个，由市专卖局负责业务领导，各区县负责行政领导。

工业生产　上海烟草工业主要有卷烟厂、机械厂、印刷厂、烟草材料厂4家工厂。

上海卷烟厂年产卷烟85万箱左右。卷烟产品以烤烟型为主，还有混合型、外香型、薄荷型等。烤烟型卷烟“熊猫”、“中华”、“双喜”、“牡丹”、“前门牌”，外香型卷烟“凤凰”牌和混合型卷烟“中华”、“牡丹”、“金鹿”牌曾先后获部优产品或行优产品奖。1987年，烤烟型卷烟“中华”牌获国家金质奖。1988年，低焦油混合型卷烟“高乐”牌获国家银质奖。1984年以来，上海卷烟生产走的是“控制总量，提高质量，调整结构，增加效益”的道路。1984—1990年，卷烟产量合计606.8万箱，其中1990年卷烟总产量82.3万箱，比1984年84.8万箱降低2.9%，但是甲级烟产量达58.4万箱，比1984年16.7万箱增长2.5倍；滤嘴烟达57.1万箱，比1984年21.9万箱增长1.6倍；中华、牡丹、双喜、凤凰、高乐牌名优卷烟产量达43.4万箱，比1984年14.2万箱增长2倍多。

上海烟草工业机械厂在“七五”期间完成了产品升级换代的重大转变。1987年前，该厂主要生产的制丝机、卷烟机、滤棒成型机、卷烟包装机等各种烟草机械产品仅相当于国际上四五十年代水平。1987年，该厂在吸收消化引进技术的基础上，全国生产具有国际七八十年代水平的产品，到1990年年底，该厂已生产出采用意大利SASIB—6000型技术的YB21型卷烟包装机67套，采用英国RC4滚刀式切丝机技术的YJ14型切丝机52台，采用西德HAUNI公司技术的AF2/KDF2滤棒成型机4套。

上海烟草工业印刷厂通过技术改造，照相制版、平凹印刷、裁切轧盒等方面已经形成以国际八九十年代水平为主的配套成龙的生产技术装备基础，成为我国先进的包装装潢印刷工厂。

上海烟草材料厂主要生产烟用过滤嘴棒。1989年，该厂试制成功了聚丙烯滤嘴棒。聚丙烯滤嘴棒产量1990年达到8.65亿支。目前该厂正在进行无纺布滤棒生产的开发。

烟叶原料 上海不产烟叶原料，历史上主要是依靠中央统一计划分配从各烟叶产地调入。市专卖局、市公司成立之后，主动适应经济体制改革的趋势，在各方面支持下，陆续在河南、山东、贵州、湖北、云南、黑龙江、吉林、陕西等地联合开发了上海烟叶基地或定向供应点。在烟叶基地建设中，市公司以提高质量为目标，抓品种改良、良种推广、合理种植、烟草专用肥料研制、规范化施肥等工作。1984—1990年，共调入烟叶41.7万吨，年均近6万吨，为上海卷烟生产提供了充足的原料。

卷烟销售 1984年以来，上海市烟草公司统一经营上海的卷烟销售，由市公司销售部具体负责。1985年，上海市公司与中国卷烟销售公司合作成立了中国烟草总公司上海烟草贸易中心，立足上海，面向全国，负责卷烟销售的市场调节。1990年，市公司销售部和市烟草贸易中心合并，易名为中国烟草总公司上海市公司贸易中心（简称上海烟草贸易中心）。根据《烟草专卖条例》，从上海的实际出发，委托上海市糖业烟酒系统和供销合作社系统分别负责市区和郊县的部分卷烟销售业务，并以联合方式建立了以贸易中心为行头的23个区县批发市场、1个批发公司、24个卷烟门市部，使上海卷烟流通环节形成“以国营商业为主体的、多渠道、少层次”、“既能管住，又能搞活”，并能直接了解市场信息的销售网络。1985—1990年，卷烟销售合计731.2万箱，其中1990年117.3万箱，比1985年增长1.75%。在731.2万箱中，上海市内销售428.6万箱，其中1990年67.2万箱，比1985年下降0.5%。

对外贸易 1984年起，上海市烟草进出口公司统一经营烟草进出口业务。几年来，上海烟草国际市场从无到有、从少到多，目前与世界上40多个国家和地区建立了贸易联系。1985—1990年，共创汇2.24亿美元，其中1990年创汇3806万美元，比1985年1689万美元增长125%。在进出口贸易中，上海烟草行业发挥集中统一经营管理的优越性，通力合作，重点发展卷烟真出口。1985—1990年，卷烟真出口共4.5万箱，创汇3014.6万美元，其中1990年1.7万箱，创汇1264.6万美元。1987年2月，上海烟草进出口公司与英国莫林斯公司合作在上海成立了零备件寄售站，

从事进口的莫林斯机械设备的零备件供应和维修、咨询服务。

技术进步 “七五”期间，上海烟草行业的基建技改项目共47个，完成投资3.95亿元，其中基建0.52亿元，技改3.43亿元。这些改造都是在坚持生产的同时用就地脱壳的方法进行的，特别是上海卷烟厂的改造困难和风险很大。经过改造，保证了卷烟产品结构的调整和经济效益的逐年持续增长。

企业管理 “七五”期间，各单位广泛开展企业升级活动，1987年上海卷烟厂在全国烟草行业中首批被命名为国家二级企业，上海烟草工业印刷厂和上海烟草工业机械厂先后于1987年、1989年被命名为上海市市级先进企业。全行业坚持两个文明一起抓，加强党的建设和思想政治工作，加强社会主义精神文明建设。以职业道德为重点的企业精神、厂歌、厂风、厂纪、厂标等企业文化不断得到发展，职工队伍素质不断提高。“七五”期间，上海卷烟厂成为上海市级文明单位，上海烟草工业印刷厂、上海烟草工业机械厂、上海烟草储运公司先后成为局级文明单位。

主要经济技术指标和经济效益 工业总产值：1984—1990年共62亿元（1980年不变价），其中1990年10.71亿元，比1985年7.63亿元增长40%。利润和税金：1984—1990年共74.2亿元，加上专项收入2.7亿元，合计76.9亿元。其中1990年利税16.06亿元，比1984年5.78亿元增长177.8%，加上专项收入1.29亿元，合计17.3亿元，比1985年增长2倍。卷烟抽检合格率（二级站）：1990年88.85%，比1986年75%提高13.85个百分点。单箱卷烟耗用烟叶：1990年49.16公斤/箱，比1984年59.44公斤/箱降低10.28公斤/箱。其中，滤嘴烟46.71公斤/箱，比1985年48.87公斤/箱降低2.16公斤/箱；无嘴烟54.73公斤/箱，比1985年60.92公斤/箱降低6.19公斤/箱。

（撰稿：上海市烟草公司办公室）

附：上海烟草发展情况统计表

项目	单位	1984年	1985年	1986年	1987年	1988年	1989年	1990年
卷烟产量	万箱	84.78	86.25	86.25	87.63	89.91	89.65	82.3
其中：甲级烟	万箱	16.72	18.51	22.72	24.34	43.09	46.35	58.4
滤嘴烟	万箱	21.86	24.05	26.19	29.31	36.08	42.25	57.1
烟机产量（1）	台	420	528	390	345	96	120	125
印刷产量	万对开万印	10.09	10.31	11.81	12.02	12.97	13.33	13.36
滤棒产量	亿支	12.16	14.85	16.92	25.01	33.40	40.45	66.45
其中：丙纤棒	–	–	–	–	–	–	试制	8.65
卷烟销售（2）	万箱	62.54	115.28	115.35	122.78	132.23	128.26	117.3
其中：上海市销(2)	万箱	35.46	67.59	64.16	68.36	80.72	80.50	67.22
实现税利	亿元	5.78	7.46	8.14	8.53	12.82	15.44	16.06
其中：利润	亿元	0.83	1.04	1.02	1.04	1.82	1.88	1.66
附：专项收入	亿元	–	–	–	–	0.43	0.99	1.29

（1）1984—1987年为老产品台数，1988年起为新产品的台数。

（2）1984年数为5—12月实际数。

江苏烟草

江苏省烟草公司成立于1982年，是对全省烟草行业产供销、人财物、内外贸实行集中统一管理的企业，具有法人资格。下辖企业有：江苏省卷烟销售公司、江苏省烟草物资公司、11个分公司、65个县（市）公司、8个卷烟经理部、3个卷烟厂、1个烟滤嘴厂和一家中外合资的南通醋酸纤维有限公司，现有职工1万多人。同时，省烟草公司还对50多个工厂的烟机配件和卷烟配套材料实行产品归口管理。

江苏省烟草公司创建以来，在中国烟草总公司和江苏省人民政府的领导下，坚持改革、开放的方针，积极发展生产，搞活商品流通，产、供、销等各项业务发展迅速。目前，全公司卷烟生产能力达到120万箱，全省年卷烟销售量200万箱。

稳步发展的卷烟工业　江苏省有南京、徐州、淮阴3家卷烟厂。公司成立后，大力推进卷烟工业企业的技术进步，提高生产技术水平，更新改造了三分之一卷接包设备，新建、改建和扩建了部分车间、厂房。各厂都引进了国外一些先进的生产技术和设备。"七五"引进的3家卷烟厂制丝线生产车间于1991年全部建成投产，发挥效益。用于卷烟工业技术改造的投资相当于公司成立前工厂固定资产总值的7.5倍。新技术、新工艺、新设备的应用，使工厂的生产水平、竞争能力和发展后劲大为增强。

为适应消费者对滤嘴烟、名优高档烟的需求，各烟厂努力调整产品结构，开发新品种，增加适销产品。1990年全省滤嘴烟产量41万箱，比上年增长42%；全包装双透产品17.35万箱，比上年增长112%。同时在改进产品的吸味香型和包装装潢，增加品种规格档次上都取得了显著进展，基本改变了过去产品结构不合理，品种单调，规格单一，商标装潢不考究的状况。徐州卷烟厂的"红杉树"、南京卷烟厂的"金陵"、"金陵十二钗"、"莫愁女"、淮阴卷烟厂的"古宝"、"罗曼蒂克"等都体现了江苏新一代卷烟产品风格，提高了江苏卷烟的知名度。重点开发的"苏烟"牌卷烟，经过广泛评吸受到一致好评，有希望成为全省具有代表性的名优产品。药物型"大吉利"烟，通过临床验证，对增强免疫功能、镇咳祛痰效果良好，已引起日本烟草界的重视，可望成为出口创汇产品。"锡梅"、"金圆"牌卷烟是根据江苏省卷烟工业原料缺乏和江苏消费特点开发的配方改革产品，香气浓、劲头适中、焦油含量低，投放市场受到欢迎。在加快新产品开发的同时，还对老产品进行改造，推陈出新，如"红旗"、"大运河"等经过改进，包装新颖，声誉大为提高。

江苏省新老牌号卷烟产品多次被评为部优、省优和总公司畅销产品。徐州卷烟厂生产的"红杉树"牌卷烟荣获1991年度全国卷烟行优产品称号。

公司牢固树立以质量求生存、求效益的观念，努力加强企业的各项基础管理工作，坚持常年不懈地抓好产品质量，积极推行全面质量管理。近年来，全省3家烟厂逐步完善了从原料进厂到成品入库的一整套质量管理体系和规章制度，并对产品实行二级质量检测，严格执行质量否决权，切实维护企业和产品信誉，对消费者负责。徐州卷烟厂、南京卷烟厂、南通烟滤嘴厂被江苏省评为省级先进企业，南京卷烟厂两次荣获全国卷烟工业经济效益先进单位的称号。

大有希望的烤烟种植　江苏省发展烟叶生产有着优越的自然条件。据考察，适宜种植

地区达200万亩以上，主要分布在苏北和苏南茅山地区。省公司成立以来，根据“计划种植、主攻质量、优质适产、坚持改革、提高效益”的方针，大力发展烟叶生产，烟田面积稳定在10万亩以上。

在科学种烟上，省公司充分利用江苏高校、科研单位多，农业科技力量雄厚的优势，大力普及种烟新技术，推广“良种化、区域化、规范化”种植，烟叶品质不断提高，上中等烟叶比例达80%左右。经检验，1990烟叶的烟碱含量较高，平均达到2.37。根据“重点集中种植”的指导思想，1991年对全省烟田布局进行了新的调整，使全省烟叶种植县由20多个压缩为5个重点县。经过调整，全省烟田布局趋于合理，初步形成了集中连片种植，面积上规模的新格局。

繁荣兴旺的卷烟市场 江苏有近7000万人口，经济发达，旅游业兴旺，消费档次高，卷烟市场大。1982年国家对卷烟实行专卖后，省公司对全省卷烟销售实行统一集中管理，在坚持专卖的前提下，积极搞活流通，不断改善经营管理，提高服务质量。目前，全省卷烟批发点2100多个，零售点24万多个，批零网点遍布城乡，布局合理，经营灵活，方便消费者。江苏年销售卷烟200万箱，其中从外省调进100万箱，卷烟市场购销两旺，品种丰富，上市牌号多达300—400个，人均消费7.8条。

近年来，公司通过联产联销，努力开拓卷烟市场，促进产销衔接，取得较好成果。全省3家烟厂在省公司的安排下，与苏州、扬州、镇江、南通、无锡、宜兴等旅游城市实行联产联销，开发了具有江苏地方风景名胜特色的旅游烟，如“五亭”、“皇珠”、“虎丘”、“红梅阁”、“金山寺”、“紫琊”、“锡梅”、“陶都”等投放市场后十分畅销。

建立乡镇烟草专卖管理所，在全省范围形成专卖管理网络，对于加强农村卷烟市场管理，促进卷烟销售有重要作用。在各级政府的支持下，1991年上半年共建立乡镇烟草专卖管理所531个。

颇具规模的卷烟配套材料生产基地 江苏卷烟配套的生产已有多年的历史，现有南通醋纤有限公司，南通烟滤嘴厂，无锡合成化纤厂，丹阳铝箔厂，江苏卷烟商标印刷厂等40多家生产卷烟配套材料的工厂。这些企业起步较早，发展较快，具有工艺先进、品种齐全、质量可靠、技术力量强、生产能力大等特点。主要产品醋纤丝束、丙纤丝束、卷烟盘纸、铝箔纸、水松纸、金拉线等，年产值12亿元以上，占全国同类产品的45%，成为全国卷烟配套材料生产供应的重要基地。

为了积极开发和有效利用江苏的配套材料、资源，省公司采取“一条龙开发，联合配套”的形式，建立了由四条龙组成的，即滤嘴材料一条龙、铝箔纸一条龙、金拉线一条龙，盘纸和水松纸一条龙的配套材料生产供应基地。同时在中国烟草总公司的领导下，建立了4省1市30多个厂家组成的江苏烟草机械配件联营公司。

江苏省烟草公司与赫斯特—赛拉尼斯公司采取技贸结合的方式合资兴建的南通醋酸纤维有限公司，是中国烟草行业最大的合资企业。该公司的建成投产，填补了我国醋纤丝束生产的空白，对改变我国卷烟生产结构，发展滤嘴烟生产起到了积极作用。南通醋纤一期工程于1990年5月15日正式建成投产，当年生产醋纤丝束13154吨，超过1万吨的设计能力，实现税利0. 944亿元，荣获江苏省最佳外商投资企业称号。正在建设中的二期工程，将把生产规模扩大到2万吨，并配套生产2.5万吨丝束的原料二醋片。

蓬勃发展的精神文明建设 省公司十分重视精神文明建设，结合行业、企业实际，认真做好思想政治和文化教育工作，增加必要的投入，努力提高行业职工的思想道德素质和科学文化素质。各企业注重培养企业精神，树立企业形象，采取寓教于乐的方式，开展健康有益的文体活动，活跃和丰富职工生活，以增强企业对职工凝聚力和职工做企业主人翁的责任感。1990年徐州卷烟厂被总公司评为全国烟草系统思想政治工作先进单位。省公司通过各种形式，对干部、职工进行文化、技术、业务培训，造成了一大批生产技术骨干和管理人才。目前，江苏省烟草行业具有大中专以上文化程度的职工占职工总数比例已由公司成立初期的1.7%上升到11.7%。经过多年的努力，全行业职工生活、居住及办公条件得到明显的改善。全省市、县公司的“四无”状况基本解决，累计完成“四房”建设项目216个，建筑面积26.4万平方米，总投资1.32亿元。江苏烟草行业有着美好广阔的发展前景。

（撰稿：江苏省烟草公司）

附：江苏烟草发展情况统计表

项目 年度	烟叶收购（万担）	卷烟产量（万箱）	卷烟销量（万箱）	实现税利（亿元）
1982	17.11	66.22	119.24	
1983	13.82	71.81	129.36	3.67
1984	10.20	81.65	144.82	4.22
1985	13.66	87.55	154.76	5.18
1986	8.57	97.77	173.86	6.23
1987	5.1	101.10	187.83	6.65
1988	16.98	93.10	191.52	7.26
1989	34	88.94	197.57	8.64
1990	9.27	89.45	173.63	8.97

浙江烟草

浙江省烟草行业正式上划，实行集中统一管理，是从“六五”末期的1985年1月1日开始的。在国家局、总公司和省委、省政府的正确领导和各级政府各有关部门的大力支持下，通过全行业职工的共同努力、艰苦创业，短短6年，全省烟草行业从无到有，从小到大，实现了历史性的飞跃。

6年来，省局、省公司认真贯彻执行党的基本路线，坚持专卖制度，推行改革开放、双增双节、治理整顿，不断克服前进中的困难，取得了显著成绩。

集中统一管理的体制逐步完善 按照省政府组建工作有关文件要求，省局、省公司成立以来，上划了省内的杭州、宁波、嘉兴3家烟厂，同时还抓了市、县烟草机构的组建工作。目前全省应组建的73个市、县中，已建立烟草机构66个（其中地、市级11个，县级55个），专卖管理机构覆盖面达90%。还组建了有24家烟机及其零件厂为成员的省烟草机械联营公司，烟机零配件年生产销售量占全国三分之一。

卷烟产量基本稳定，产品结构调整取得了突破性进展 成立后的6年与前6年比较，卷烟产量从398.28万箱提高到529.16万箱，增加32.86%。根据市场和消费需求的变化，浙江省卷烟生产由增量型逐步向结构型调整。名优烟产量年递增42.8%、甲级烟年递增28.88%、滤嘴烟年递增13.98%，甲级烟和滤嘴烟占总产量的比重由1985年的7.24%和22.69%，分别上升到1990年的34.97%和68.91%。全省还以“杭州”、“西湖”、“宁波”、“上游”四大系列为主，积极开发多种烟型的产品结构，并研制开发了混合型和新混合型卷烟。

卷烟销售工作有了较大进展 各级烟草公司致力于城乡两个市场的开拓，克服重重困难，在依靠主渠道、下伸批发网点、扶持发展零售网点、为消费者服务、扩大销售等方面

做了大量的工作。6年间批发卷烟销售量712.66万箱，比前6年的511.92万箱增加39.2%，销售卷烟总值达90.56亿元。全省人均年卷烟消费量上升到1400支，卷烟消费单价从“六五”期末的3.14元/条提高到6.12元/条，列全国前茅。省产烟辐射面逐步扩大，至1990年已达到全国12个省52个地区。近年来，在市场疲软的形势下，在省政府、国家局统一领导支持下，各地因势利导，锐意改革，于1989年6月在全国率先实施了“卷烟批零价格实行浮动”的改革。1991年4月份又进一步试行“卷烟调拨价浮动”的办法，进一步理顺卷烟价格关系，改进了销售手段，促进了生产企业调整产品结构的顺利进行，调动了经营企业扩销促产的积极性。

开辟了旅游、侨汇、寄售烟业务，并将省产烟引入侨汇、旅游烟，增设网点85家。几年来，“三烟”销量达67273箱，年递增5.7%，共创汇1172.84万美元，其中省产烟创汇688.99万美元，占58.74%。

专卖管理工作逐步得到加强 几年来，各级烟草专卖局积极宣传、贯彻《烟草专卖条例》、整顿流通秩序、加强市场管理、打击走私贩私和违章经营活动、建立正常生产经营秩序等方面做出了积极的努力，取得了较好的效果。几年来，发放各类专卖许可证21.27万份；查处各类违章案件3.74万起，其中大要案204起；查扣卷烟1914.29万条，其中走私烟124.48万条；罚、没款总额达4814.93万元。在有关部门的支持配合下，还对闻名全省的义乌、黄岩、上蔡等卷烟黑市场进行了多次取缔和打击。专卖管理力量得到了充实和加强，至1990年底，全省专职专卖管理人员已达到271人，并逐步改善了装备，提高了工作效率。

科技工作取得了明显成效 省局、省公司成立伊始，就狠抓科技基础工作，通过抓机构、制度、队伍建设，大力开展科技开发和成果应用，科技工作成效显著，建立健全了科技（质量）管理机制。省公司和3家直属烟厂分别设置了科技、质量管理及产品开发、检测机构，制订了新产品开发、科技成果鉴定、奖励、质量管理等一系列制度。全省烟草科技队伍也逐步发展壮大，全系统现有工程技术人员131人，占职工总数的2.44%，其中，具有高中级职务的技术人员39名，占科技人员总数的29.7%。取得较大科研和革新成果45项、荣获国家科技进步三等奖1项、全国烟草行业科技成果奖2项、省行业成果奖17项，直接经济效益1470万元；QC成果102项，其中获省级QC成果5项，直接经济效益635万元。近几年，烟草薄片工艺经过完善，共生产使用约4000吨。香料烟优质适产技术研究取得成果。累计开发“四新”产品52个，其中8个获省优秀“四新”产品奖、23个获省新优名特产品奖；省优产品由1985年的4个增加到15个，84S“金猴”1990年被评为全国行优；优质产品产值达45383.08万元，优质产品产值率为54.36%。

生产、经营、生活设施改善，行业发展后劲增强 近几年，完成固定资产投资33419万元，其中完成技改投资20389万元，项目11个。“七五”技改完成后，全省卷烟生产能力达120万箱，比1985年增加31.69%；滤嘴烟能力68万箱，比1985年提高254.1%，其中卷接机组、横包能力分别达45万箱和24万箱。完成基建投资13030万元，建筑面积31.69万平方米。其中：新建烟叶库10.85万平方米、卷烟仓库5.2万平方米，可新增烟叶储备能力2.5万吨、卷烟储备能力14万箱；改建厂房3.41万平方米，办公营业楼4.63万平方米。半数分、县公司由招待所迁入了新的营业办公用房，五分之一职工搬进了新居。职工年人均工资收入从1985年1100元上升到1990年的3209元。生产、经营条件明显改善，职工生活水平明显提高。

原辅料开发初具规模 经过努力，省外每年5万吨烤烟供应渠道初建基础。1987年省公司提出了“大力发展香料烟”的生产方针，在巩固提高新昌、嵊县两个老区的前提下，拨出专项资金开发新区。在仙居、上虞、文成、平阳重点开发试种，并取得了成果。“七五”期间烟叶种植面积共23.91万亩，收购15833吨，其中：香料烟6281吨、晒红烟9197吨、晒黄烟353.9吨、白肋烟19.5吨。

国产辅料开发工作取得了明显进展。有计划地与一批企业联合开发并已经形成年产“PP”丝束1600吨、PVC薄膜750万吨、铝箔纸5000吨等生产能力。据不完全统计，全省直接为卷烟工业服务的辅料生产厂已发展到20家，年销售收入达6亿元左右。一个品种齐全的卷烟辅料生产基地在全省初步形成，并有力地支援了地方工业。

改革不断深化，企业管理基础得到加强 行业内部全面推行了厂长（经理）负责制和任期目标责任制，实行了上缴利润递增承包和工效挂钩；企业内部实行了多种形式的承包责任制和岗位

目标责任制，制定了“增强企业活力”、“搞活流通”等方面的规定；先后与省外12家烟厂建立了技术转让、联产联销关系。

以企业上等级为动力，推动现代化管理。全面质量管理已初见成效，3家烟厂TQC教育均已通过达标验收，职工TQC教育面达93.40%，统考合格率93.13%。完善了省公司、烟厂两级质量监督检测体系，3家烟厂标准化均通过验收，杭州烟厂计量达到一级标准，宁波、嘉兴厂达到二级水平。企业管理上了台阶，杭州、宁波烟厂被评定为国家二级企业。

加强了智力开发、人才培养，职工素质有所提高 共组织职工参加各种形式大、中专学历教育215人次，完成“五岗”培训面达82.35%。广泛开展了工人岗位培训。完成了专业职务和工人技师的首次评聘，855名干部职工通过了任职资格，职工队伍中专业技术人员比重由1985年的3.3%上升到12%。为提高工人操作技术水平，省公司还组织了3家烟厂同机种操作技术比赛，通过比武练兵，各厂单机效率明显提高。

党建、廉政建设、思想政治工作得到加强 完成了下属5个市（地）局党组的建立，对3家烟厂、10个市（地）局13个班子、27名县处级干部进行了全面考察；制定了廉政建设制度，抓了监察队伍的建设，按总公司要求部署了纠正行业不正之风的工作。据不完全统计，1987年以来，全系统拒贿598人次，拒收现金16.54万元，上交钱物308人次、礼品2197件。建立健全了系统纪检、审计队伍，13个工厂和市（地）局中，9个单位建立了审计科。近几年开展内外审、检查共111个单位（次）。

以思想政治工作研究会为渠道，开展了群众性的思想政治工作，成立了省烟草职工思想政治工作研究会，分片开展活动，收集论文、资料20多篇。同时，多次抽调干部，深入基层开展形势任务教育。

总之，烟草专卖体制确立以来的6年是浙江省烟草行业效益最好、发展最快、成绩最大的6年。实践证明，党和国家关于建立烟草专卖制度，对烟草行业实行高度集中统一管理的改革决策是完全正确的。

（撰稿：浙江省烟草公司　钱吉夫　涂　勇　潘学敏　邵作民）

附：浙江烟草发展情况统计表

项目 年度	烟叶收购量（吨）	卷烟产量（箱）	卷烟销量（箱）	实现税利（万元）
1985	5110	875100	1121500	51732.5
1986	3735	912800	1218300	60920.8
1987	3722.7	923600	1302800	70407.1
1988	2614.78	921300	1297000	85145.5
1989	2820	840000	1121000	87294.8
1990	2827	818800	1066000	86904.4

安徽烟草

安徽省于1980年10月在全国率先组建烟草公司，实行产供销集中统一管理。10多年来，全省烟草行业经历了两个五年计划时期："六五"是以改革起步，理顺各方面关系，完善集中管理体制，奠定生产经营基础的时期；"七五"是坚持深化改革，通过治理整顿、技术进步，保持较高发展速度的时期。10年累计收购烟叶1114.7万担，年均递增7.37%；完成工业总产值（不变价）135.28亿元，年均递增10.94%；生产卷烟1717.6万箱，年均递增6.13%；销售卷烟1693.7万箱，年均递增7.37%；基建面积136.59万平方米；固定资产原值5.8亿元，年均递增37.38%；实现税利100.2亿元，年均递增15.93%。

深化内部改革 1984年制定《关于改革放权搞活企业的若干暂行规定》，实行三级管理、两级核算，凡国家、省政府和国家局、总公司放给企业的自主权，省局（公司）和行署、市局（分、市公司）一律不截留，解除了束缚生产力发展的条条框框。1986年，贯彻"三个条例"，推行厂长（经理）负责制，基本形成了党委、厂长、职代会三者互相统一、互相制约的领导体制。1988年，按照"包死基数，确保上缴，超收多留，欠收自补"的原则，普遍推行承包经营责任制，省公司向总公司承包，分、市、县公司和工业企业向省公司承包，并实行工资总额与实现税利挂钩，有效地调动了企业生产经营的积极性。从1988年起，进一步完善干部管理、调配办法，对新提拔的处级干部实行试用制。1987年，改革劳动制度和内部分配制度，推广蚌埠卷烟厂优化劳动组合经验，根据生产需要，择优劳动组合，实行合同化管理，并在奖励基金充足的企业中适当扩大活工资部分，起到奖勤罚懒、调动广大职工积极性的作用。1983年，芜湖卷烟厂率先开展与上海联营加工卷烟，到1988年全省联营加工卷烟多达27.3万箱，对于缓解产大于销矛盾起到一定的作用。近年来，横向经济联合出现"商商联销"、"厂所挂钩"等新形式。从1987年起，卷烟批发环节实行计划分配与自由选购各占50%的办法，调动了各地销售卷烟的积极性。

狠抓烟叶生产 省公司组建以来，一直把烟叶生产作为行业发展的基础来抓。1981年全省种植面积66万亩，1982年发展到102万亩，1983年调整种植面积，在提高单产上下功夫，当年种植50万亩，总产量达150万担。之后，烟叶种植面积一直稳定在60万亩以内。为了从根本上解决重产量、轻质量、重调进、轻发展的问题，充分发挥安徽烟叶资源优势，省政府于1987年1月制定皖政（1987）6号文件，旨在合理调整布局，将烟叶种植逐步集中到阜阳地区的涡河两岸，宿县北部的低丘山区，以定、凤、嘉为中心的江淮丘陵和以宣城为中心的皖南适宜区。实施扶持政策，主要对生产和交售上中等优质烟叶实行奖励政策，对皖南新烟区实行特殊优惠政策。同时增加对烟叶生产的投入，建立优质烟叶和出口烟叶生产基地。产烟区各级公司认真贯彻国家烟叶生产指导方针，积极配合农业、科技部门，在提高烤烟生产水平的同时，积极发展晾晒烟生产，普及科学种烟技术，大力推广优良品种，扶持科学种烟大户，抓点促面，搞好示范，促进了烟叶生产的

稳定发展和烟叶品质的逐步提高。

调整产品结构 1983年以来，各卷烟企业在调整产品结构和提高产品质量上狠下功夫，甲级烟产量由1980年的4万箱发展到1990年的38.28万箱，年均递增25.34%；滤嘴卷烟产量由2.22万箱发展到103.61万箱，年均递增46.86%；甲、乙级卷烟所占比重由47.74%上升到82.57%。新产品开发和老产品改造工作取得显著成效，特别是1989年以来，坚持配方改革，在提高卷烟香气、增加烟味浓度上有所创新，在降低焦油含量和叶组配方成本上有所突破。合肥卷烟厂研制的“天仙配”牌卷烟，以其优质和低成本，在1990年全国卷烟配方改革招标会上中标。芜湖卷烟厂打破传统配方观念，成功地开发和改造了“云岭”、“姑苏”、“梅园”牌等产品，一举打开销路，成为南方市场的抢手货。几年来，全省卷烟质量有了明显的提高，22个牌号卷烟被评为省优质产品，6个牌号卷烟被评为行业优质产品。“八五”期间，全省卷烟企业决心把调整产品结构与控制卷烟总量紧密结合起来，制止盲目超产，努力实现由“速度效益型”向“质量结构效益型”的转变。

重视技术改造 10年间，全省烟草行业固定资产投资6.07亿元（其中用于基本建设1.59亿元、技术改造4.48亿元），使卷烟生产能力扩大到245万箱。技术改造大致经历了三个阶段：1980—1983年，投资的重点是扩建大中型卷烟厂生产车间，卷烟产量由1980年的104.1万箱增加到1983年的143万箱。1984—1986年，投资的重点转向引进和更新单机设备。3年中，引进50台卷烟机、6台横包机，改造9台锅炉，提高了卷制、包装生产效率，解决了烟叶发酵问题。1986年以来，全面改造5个大中型卷烟厂制丝线，增加卷、接、包设备的引进台（套）数，解决配套辅助设施，进一步增强了企业的实力。技术改造项目的完成，对于提高生产能力和产品质量，适应产品结构调整，增加企业经济效益，发挥了极其明显的作用。蚌埠、芜湖和合肥、阜阳、滁州卷烟厂及蚌埠烟叶复烤厂已分别进入全国烟草行业大型和中型企业行列。

与此同时，省公司还非常重视职工教育。在1983—1989年7年中，烟草技工学校培养输送了1401名毕业生，他们成为生产经营中的新生力量。工商企业广泛开展岗位培训、技术培训和学历教育、继续教育，受教育干部职工达29400人次。目前，具有各类高级专业职称29人，中级专业职称553人，初级专业职称2258人，分别占职工总数的0.14%、2.76%和11.29%。

加强专卖管理 1983—1984年完成全省行署、市、县烟草专卖局的组建工作，加强专卖管理队伍建设，并逐步健全专卖管理机构和各项规章制度。各级烟草专卖局坚持宣传、贯彻《烟草专卖条例》及其实施细则，不断提高专卖政策水平和执行法规的自觉性，积极保护合法生产经营，几年来共发放准购证、许可证14.7万份；同时与地方有关部门密切配合，大力整顿卷烟市场和烟叶收购秩序，打击非法生产经营活动。据不完全统计，几年来对全省卷烟市场进行了500余次大范围的检查和整顿，重点打击和取缔手工、假冒卷烟制售活动，查处长途贩运、黑市批发等案件6万多起，罚没款近1500万元，充分提高了烟草专卖的权威性，维护了国家、企业和消费者利益。

（撰稿：安徽省烟草公司调研处）

附：安徽烟草发展情况统计表

指标名称	1980	1981	1982	1983	1984	1985	1986	1987	1988	1989	1990
烟叶收购量(万吨)	2	8	10	4	6	6	3	4	8	5	5.8
卷烟产量(万箱)	104	124	142	143	153	179	199	206	208	221	216
卷烟销售(万箱)	87.5	120.2	131.4	142	143.6	188.6	195.5	196.7	214.2	213.3	212
税利实现数(万元)	32975	44939	54470	58051	70970	91715	107587	21059	150992	161790	171700

福建烟草

福建省烟草专卖局、福建省烟草公司成立于1984年，全省烟草系统现有9个地（市）专卖局、分公司，61个县（市）专卖局、公司，5家卷烟厂和1家中美合资卷烟厂，省烟草公司直属单位有进出口分公司、物资公司和贸易中心等，共有职工1万多人。8年来，全省烟草行业坚持改革开放，强化专卖管理，依靠科技进步，推动了农工商贸的迅速发展。1990年与1983年相比，烤烟收购增长6.69倍，达到3.56万吨，卷烟生产增长2.53倍，达到75.64万箱，卷烟销售增长0.78倍，达到75.29万箱，烟草进出口创汇从无到有，达到980万美元，实现工商税利增长7.12倍，达到91722万元，为满足卷烟消费和财政积累做出了贡献。

发挥自然优势，发展烟叶生产 福建烟草历史悠久，是我国引种最早的省份之一，全省具有种植烟叶的良好生态条件，在《全国烟草种植区划》中，属于最适宜区和适宜区。它以其质地优良，香味浓烈，适宜横向配方，上等烟比重大而受到国内外烟草业的好评和青睐。几年来，省烟草公司为了发展烟叶生产，提高烟叶质量，满足卷烟工业的需要，通过调整种植布局，稳定生产收购政策，建立和完善基础设施，推广“三化”生产，促进了烟叶生产的迅速发展。一是烟叶种植面积扩大，产量提高。1991年全省种植面积60万亩，产量将突破5万吨，比1983年增加36.4万亩、3.52万吨；二是开辟了新的烟叶生产基地。在巩固龙岩、漳州老烟区的同时，开发了三明新烟区，形成了以龙岩、三明、漳州为重点的烟叶生产基地；三是基础设施改善。全省建立了251个烟叶收购站（点），13家烟叶复烤厂，形成了年收购加工5万吨烟叶的能力；四是烟叶品质有了很大提高。烟叶等级符合国标，上中等烟叶比重达到80%以上，比1983年有较大幅度的上升。

抓好技术改造，提高装备水平 长期以来，福建省卷烟工业技术设备落后，严重影响了卷烟工业的发展。改革开放给福建卷烟工业带来了生机，省烟草公司为了改变卷烟工业落后状况，在省政府和中国烟草总公司领导和支持下，制定了福建省卷烟工业技术改造规划，组织考察国内外先进卷烟技术设备制造厂家，引进了一批具有80年代国际水平的制丝生产线、卷接机组和包装机组，并配套新建扩建了一批新厂房，通过“六五”和“七五”期间的技术改造，使全省卷烟工业从一个技术基础较差、发展缓慢的省份，逐步跟上了全国发展步伐，技术水平有了较大提高，推动了劳动生产率的提高。1990年全员实物率达到每人156.2箱，卷烟工人实物率达到每人238.2箱，分别比1983年增加32.2箱和74.2箱。单箱物耗下降，1990年耗烟叶52.5公斤，比1983年下降5.1公斤。产品质量提高，创优产品增多，先后有4个产品（富健、乘风、鼓浪屿、金五福）获全国烟草行业优质产品奖，有13个产品获省优质产品奖，名优产品生产占总产量的80%。福建卷烟以其质优价好走俏全省，并逐步走向全国。

调整产品结构，提高经济效益 为改变福建卷烟产品结构不适应市场需求和单箱税利低、效益差的状况，省烟草公司把发展嘴烟生产和甲乙级烟生产作为调整产

品结构的重要工作来抓，使产品结构有了很大变化。几年来，嘴烟和甲乙级烟产量占总产量的比重迅速上升，1990年分别达到50.1%和95.42%，比1983年分别上升了35.5个百分点和27.07个百分点；产品向高档化、系列化、礼品化、多类型、少牌号发展；嘴烟和甲乙级烟增加，主要品种如“友谊”、“乘风”出现了多规格、不同包装的系列产品，并增加了混合型、外香型等类型卷烟。产品结构的调整促进了经济效益的显著提高，卷烟单箱税利1990年达到1003.74元，比1983年的431.55元增加了572.19元。

抓好卷烟流通，扩大卷烟销售 福建省实行烟草专卖以来，省烟草公司坚持在专卖体制下，抓好流通、扩大销售，使卷烟销售逐年增长，较好地满足了市场需要。建立健全了烟草商业批发机构，全省建立了9个分公司、61个县公司，设立了726年代批点，85716个零售点，形成了遍布城乡、方便群众消费的服务网络。1983年全省销售42.41万箱，1990年销售75.29万箱，增长0.78倍。1983年全省甲乙级烟和嘴烟销量分别占总销量的71.05%和14.97%，1990年分别提高到91.75%和51.34%。

坚持改革开放，发展对外贸易 福建省是全国改革开放的试验区，发展对外贸易有着优越的环境和条件。1985年经国家主管部门批准，成立了中国烟草进出口公司福建分公司，担负着统一经营烟草及其制品、卷烟辅助材料、专用机械等项进出口业务。几年来，进出口分公司积极经营寄售烟、国产旅游烟，较好地满足了外宾、台胞、港澳同胞和侨属的需要。同时，开展了烟叶出口业务，1986年后分别在上杭县和三明市建立了出口烤烟基地，开始了烟叶出田。对外经济合作创出新路，厦门卷烟厂在原来代加工美国雷诺烟草公司“骆驼”牌卷烟的基础上，进一步发展关系，在厦门建立了中美合资华美卷烟有限公司，1988年已投入生产，年产5万箱，主要产品“金桥”牌号卷烟畅销国内外，成为全国烟草行业首家中外合资卷烟企业。

加强专卖管理，打击走私活动 福建地处沿海，从1987年开始大量走私卷烟从海上流入，冲击福建市场，进而冲击全国市场。与此同时，一批地下卷烟加工厂（场）大肆非法制造假冒牌卷烟，严重冲击我国卷烟工业的生存和发展，损害国家的利益。为了打击走私卷烟和地下加工卷烟活动，省烟草专卖局积极配合有关部门，采取海上抓、岸上堵、路上查、市场管的办法严厉打击走私贩私卷烟活动和坚决取缔地下烟厂，几年来，共查获走私贩私卷烟33.3万件，其中，进口走私卷烟18.31万件，罚没款达4亿多元；查获并取缔地下卷烟厂（场）44家，缴获卷烟机械53台，烤烟27.37万公斤，嘴棒2.15万公斤，盘纸19吨，商标纸13万张，较好地保护了国家的利益。

建设精神文明，推动行业进步 几年来，省烟草专卖局、省烟草公司致力于建设社会主义精神文明，取得了成绩。廉政建设初见成效，1990年在泉州分公司、永定、龙海等县公司进行了系统廉政建设试点并在全省铺开；制定了烟叶收购、卷烟销售和专卖管理等环节的“两公开一监督”工作制度，有效地纠正了行业不正之风。教育工作初具规模，成立了省烟草培训中心，在厦门、龙岩卷烟厂设立了烟草技工学校，在永定办了烟草职业中专班，形成了具有一定教育培训能力的系统。干部职工文化素质提高，通过多渠道培养人才，提高了干部职工的文化素质，现有干部职工中大专以上文凭占8.97%，中专文凭占7.78%，高级职称人员26个，中级职称人员225个。成立了全省烟草科技资料情报中心，全省烟草质量检测中心，建立了漳州、三明、龙岩等地的烟科所。省公司与泉州华侨电子厂研制成功“快速测定烟叶水份”仪器，被送往国际烟草博览会参展；省公司与省农学院共同研究蚜虫天敌防治烟叶病取得进展；三明地区培育的“翠碧一号”烟叶品种被广泛种植，取得了较好经济效益。企业发展步伐加快，龙岩卷烟厂被评为“国家二级企业”，厦门卷烟厂和泉州分公司被评为“省级先进企业”。全省烟草系统还成立了省烟草学会和政研会，经常开展多种形式的学术活动，并创办了《福建烟草》和《政工动态》刊物，为生产经营出谋献策。

福建烟草行业在已取得成绩的基础上，将努力开拓，不断进取，为满足消费和增加财政积累做出新的贡献！

（撰稿：福建省烟草公司办公室）

附：福建烟草发展情况统计表

项目 \ 数字 \ 年度	1984	1985	1986	1987	1988	1989	1990
烟叶收购量（万吨）	1.7	2.61	1.75	1.66	2.52	2.57	3.56
卷烟产量（万箱）	39.3	46.26	52.57	55.67	59.85	70.29	75.64
卷烟销量（万箱）	45.59	51.11	57.7	66.28	73.9	73.22	75.29
实现税利（万元）	20964.3	30138.26	37619.5	41959.4	50011.2	79693.7	91722

注：本表含华美卷烟厂卷烟产量，1989年5.503万箱、1990年5.79万箱；税利1989年16600万元，1990年19100万元。

江西烟草

江西省烟草系统1983年开始逐步组建，1984年1月1日正式挂牌营业。省局（公司）对全系统实行农工商一体化、产供销一条龙、人财物高度集中的管理，至今已走过了7年多的历程。7年来，在国家局、总公司和江西省委、省政府的正确领导下，艰苦创业，奋力拼搏，在困难中奋进，在竞争中发展。1984年，江西烟草行业组建初期，卷烟工业企业仅有906.6万元的固定资产，商业企业几乎空白，到1990年，已拥有固定资产8746万元（不含“七五”技改投资），比1984年的1141万元增长6.7倍。“七五”期间，全省卷烟工业产值、产量、产品税和卷烟销售，分别以年平均13.4%、7.9%、18.0%和4.6%的递增率增长，7年累计完成卷烟产量257.71万箱，实现工商税利15亿多元，为繁荣江西卷烟市场，增加财政积累，振兴江西经济做出了积极的贡献。

目前，已在全省所属的11个地、市建立了烟草专卖局和烟草分公司，在81个县建立了县烟草专卖局、烟草公司。从地方上划了南昌、赣南两个卷烟厂。1991年6月，国家局与江西省人民政府又签订协议，为照顾江西革命老区的建设，允许保留了广丰、井冈山两个地方卷烟厂，并将兴国卷烟厂作为赣南卷烟厂的分厂予以保留。省局（公司）还根据江西烟草种植业的发展和布局情况，拟在三个重点烤烟种植基地县兴建年复烤能力40万担的复烤厂。目前，全省烟草系统拥有职工6491人。7年来，江西烟草行业发展成就主要体现在下几个方面：

烟草种植业迅速发展　烟草种植业在江西已有400多年的历史，烟草专家来江西实地考察表

明，江西宜烟土壤很多，尤其是以赣南、赣中互临地区为代表的紫色岩和紫色砂页岩发育形成的紫色土，土层深厚疏松，含钾丰富，是生长优质烤烟的天然宝地。广丰、广昌等县所产的晒烟，素以“紫老”、“黑老”和“金白黄”著称于世，誉满海内外，远销欧、亚、美等30多个国家和地区。烤烟种植起步于1952年，尤其信丰、石城、赣县、瑞金、会昌、波阳、峡江等县的烟叶，享有“颜色桔黄、香气醇厚”之盛誉。

1984年江西省烟草公司成立后，在总公司和地方各级政府的关心支持下，特别是近几年来，为了确保江西烟草发展的原料基础，在政策和投入上制订了许多优惠措施，扶持烟草种植业，使江西烤烟生产在短期内得到长足的发展。1984年仅收购烤烟2.6万担，到1990年烟叶收购猛增到26.5万担。

经过几年的努力，江西烟草种植业有了一定的基础和规模，并从1991年开始实行烟叶生产、收购由烟草公司集中统一管理。几年来，在扶持发展烟叶生产的同时，注重烟叶品质的提高，按照“三化”生产技术要求，全面推广良种（种植面积达100%），坚持合理布局，集中连片种植，实行规范化栽培，成熟采收，使烟叶质量逐年有很大提高，多次受到总公司和有关烟草专家及用户的好评。全省上中等烟比例由1985年的60%提高到1990年的84.7%。在1991年全国烟叶生产工作会上，石城县被授予全国烟叶生产先进县。目前，江西烟叶不仅能满足省产卷烟配方需要，还适量销往省外。

卷烟工业不断进步 江西卷烟生产虽然历史较长，但技术装备落后，发展缓慢。南昌、赣南两个卷烟厂上划以后，无论生产规模、技术进步、还是产品水平均有了较大的发展。“七五”期间安排了16036万元的技改投资对两厂进行大规模技术改造。经总公司批准，南昌卷烟厂从西德引进了一条3000Kg/H制丝生产线，年制丝能力达30万箱，加上省经委批准的制丝配套工程和引进卷接包项目以及省计委批准的易地扩建工程三个项目，总共投资9980万元。该技改扩建工程于1989年10月破土动工，并被列为江西重点工程，经过一年多的高速建设，第一期工程基本竣工。

赣南烟厂经总公司批准引进了西德3000Kg/H制丝关键设备，加上地方安排引进的卷接包设备，烟叶复烤（挂杆）生产线以及改造主厂房等项目已全面竣工，共投资6050万元，陆续开始发挥投资效益。

1990年全省卷烟工业总产值完成3.83亿元（1980年不变价），“七五”期间平均每年递增13.3%；卷烟产量完成47.02万箱，平均每年递增7.92%；实现产品税2.92亿元，平均每年递增17.88%；单箱卷烟平均实现产品税621元。实现了产值、产量、税利同步增长，而且税利增长均大于产值、产量的增长，经济效益明显提高。

江西卷烟产品共有44个品种，1990年底仍在生产的品种有35个。在卷烟生产中，从适应市场消费需求出发，在调整结构，增加名优烟和适销对路产品上做出了很大的努力。几年来，在努力扩大生产的同时，一是对产品结构进行了调整，卷烟产品由过去单一的烤烟型发展到多种香型，尤其是混合型和疗效型的开发。二是努力开发适销对路产品，近年来开发的“赣”、“鸳鸯喜”、“百花州”、“高士”、“三阳开泰”等品种，投放市场后，深受消费者欢迎，成为省内特供的主要品种。三是产品档次、产品质量稳步提高。1990年全省甲乙级烟产量占全部产量的95.3%，卷烟抽检合格率达84.4%。四是在市场营销和市场分析方面进行了有益的探索。南昌烟厂与省内几个大地市以及北京市联营生产了吉州、浔阳楼、南方、天虹等几个专产专销品种，赣南烟厂新开发的“国宝”、“好运来”等产品品质优良，吸味纯正。“西汉”牌卷烟在1990年全国卷烟配方改革鉴定会上一举中标。“百花州”牌卷烟1989年10月在厦门召开的中国烟草总公司卷烟工业第三协作组第16次会议上，通过检测评比，在15家烟厂的58个品种中以97.33的高分名列榜首。

卷烟销售逐年增长 江西是个卷烟销大于产的省份，自烟草行业组建以来，全省卷烟销售逐年增长，1990年卷烟系统外销售69万箱。“七五”期间卷烟销售累计达280.84万箱，比“六五”期间的260万箱增长8%。全省烟草商业企业组建初期的工作、生活条件艰苦，仓储设备简陋，几乎是白手起家。但是，全省烟草商业企业的广大干部职工克服困难，艰苦创业，7年来，在精心组织卷烟销售的同时，完成总建筑面积148000平方米。所有基础营业设施等项目总共投资4301万元。

7年来，在卷烟销售工作中，江西烟草系统坚持采取了以工效挂钩为主要内容的搞活流通，扩大销售的措施，形成了一条以省产烟为主，以本地市场为主的营销策略，在开拓农村市场，提高省产烟在本地市场的占有率等方面进行了有益探索。在营销手段上，既注重发挥国合商业主渠道作用，又注意对个体经营坚持既鼓励其守法经营，又限制其非法运销的政策。省公司立足于宏观调控，加强系统内部管理，坚持二级站全国放开，三级站省内放开的原则。在经营作风上，努力提高服务质量，改进服务态度，大力延伸批发网点，着眼于开拓和占领本地市场；逐步改变了“坐店等客”、“皇帝女儿不愁嫁”的官商作风。

几年来的发展，还锻炼培育了一支能打硬仗，也能打胜仗的销售队伍。

行业整体素质普遍提高 生产发展，技术进步，效益增长，同时也是企业整体素质提高的表现。7年来，江西省烟草行业不断深化行业内部改革，在人事制度、劳动制度、分配制度以及生产流通领域实行了一系列积极而富有成效的改革措施，特别是实行利润承包以及工资总额同经济效益挂钩的政策，推动了行业内部各项工作的开展，提高了企业素质。

一是在生产经营工作中加强了思想政治工作，在实践中摸索了一条职工群众喜闻乐见、又扎实有效的思想政治工作方法。同时建立健全了一批廉政防腐制度。二是在全省烟草工商企业全面推行厂长（经理）负责制和方针目标管理，普遍而扎实地推行全面质量管理，从强化全体职工的质量意识入手，加强了企业管理的基础工作，制订了企业的产品发展战略、技术装备战略、市场战略，企业素质全面提高，赣南烟厂已进入省级先进企业行列。

在国家对烟草实行专卖管理的政策下，江西行业有了较大的发展。几年来，省局坚持治理整顿、深化改革的方针，克服阻力，先后集中进行过三次大规模的烟草市场专项整治，广泛宣传和维护了国家烟草专卖制度，为烟草行业的生产、调拨、销售创造了一个较好的环境。专卖队伍不断壮大，力量逐步加强，专卖稽查手段，交通、通讯工具不断完善。

（撰稿：江西省烟草公司　熊尚彬）

附：江西烟草行业发展情况统计表

年　度	烟叶收购（万担）	工业产值（万元）	卷烟产量（万箱）	卷烟销售（万元）	工业税利（万元）	商业税利（万元）
1984	2.6	19331	33.52	57.63	12326.1	无资料
1985	5.35	20360.6	32.10	55.21	12776	611
1986	3.20	20115	29.91	52.21	15040	1022
1987	6.50	22062	32.89	55.25	16319	1051
1988	10.08	27867	39.17	51.21	20247	2129
1989	14.31	33202	43.10	51.13	25029	2452
1990	28.82	38274	47.02	69.24	31034	4350

山东烟草

山东省烟草公司成立于1982年5月，在全国省级烟草公司中是成立较早的公司之一。经过两年多的组建上划，全省陆续成立了地、市、县公司（专卖局），将原轻工、商业、供销3个部门分属的烟草生产经营业务，合并为集中统一的专卖管理体制，随着《烟草专卖条例》的贯彻执行，专卖体制各个环节日臻完善。

目前，全省下辖17个地（市）公司（专卖局），107个县公司（专卖局）；10个卷烟、雪茄烟厂，并设立2个调拨站；7个烟叶复烤厂、1个卷烟材料厂；1所烟草中专学校、3所技工学校、1处二级检测站。1991年全省烟草系统职工人数达到3.1万人，比1982年增加了0.3万人；固定资

产达到9亿元，比1982年增加了7.5亿元；烤烟生产通过确保面积，提高质量，稳定在20万吨左右；卷烟生产在改善结构，提高质量前提下，稳定在240万箱上下；全行业利税1990年完成17.82亿元，比1982年增长55.13%，平均速度为5.64%；出口创汇由1982年1550万美元，提高到1990年3300万美元，增长112%。

山东烟草行业10年来的发展，足以说明实行专卖制度是正确的。一是，将原分属三家经营的烟草业务统一管理，利益一致，经济关系理顺，目标统一，有利于从全局、从高层次上进行宏观控制；二是，从《烟草专卖条例》贯彻执行，到《专卖法》发布，烟草业从发展方向、目标、手段上，有所遵循，客观上提供了一个良好的环境，山东关停计划外烟厂、复烤厂果断，市场管理有威力，原因在于有纪可依、有法可依；三是，中外贸易与技术交流活跃，烟草公司作为独立的经济实体、法人代表在开展中外贸易与技术交流中，信誉好、知名度高，“将军”牌卷烟是开放的产物，继而双方又协商兴办山东——乐富门烟草有限公司合资企业，几年来出口烟叶价格逐步提高，“将军”烟出口逐年增加，就说明了山东烟草走向世界迈出了可喜的一步；四是，公司成立的10年是技术改造加快的10年。“七五”期间技改投资达6亿元，主要用于制丝线和卷接包设备，为“八五”卷烟生产上档次、上水平打下了装备基础，增添了后劲；五是，经济效益稳定增长，山东烟草行业的经济效益增长的原因，主要来自对全省烤烟、卷烟生产当前与长远、局部与全局各个经营环节的有力调控。

烤烟生产跨上新的台阶 省公司认真贯彻总公司提出的“计划种植、主攻质量、提高单产、增加效益”的方针，率先实行“一证一卡”轮流交售制度，将提高烤烟质量作为山东烤烟生产的主攻方向。在贯彻“三化”措施中，首先落实种植区域化，普查土壤、气候等条件，确定了“北烟南移”的指导思想，逐步把烤烟面积集中在适宜区内的潍坊、临沂两个市、地的20多个重点县。通过总结试验田、出口烟叶基地的成熟经验，大力引进良种，普及良种化。为使田间管理科学化，各级烟草公司统一了先给后取思想，尽力增加投入，从经济上扶持水利配套设施、烤烟房、营养袋育苗等，推广先进栽培技术。在潍坊、临沂两个重点产区，建立健全市（地）、县、乡三级政府和科技人员、村干部、示范户组成的科技推广网，举办各种形式的技术培训，让烟农掌握一整套烤烟生产的管理技术。通过以上扎扎实实的几年工作，山东烤烟生产形成了科技系列化服务，“三化”达到新的水平，引起中外专家与生产厂家的注意和好评。近年来上中等烟比重稳定在84%上下，比1982年提高了20个百分点。山东烤烟生产的10年，由控制、整顿到普及“三化”，迈了三大步，走上了依靠技术进步发展的道路。

卷烟工业装备更新加快，新产品开发初见成效 虽说山东卷烟生产历史较长，但其装备水平，据1985年10家卷烟（雪茄）厂的统计，引进国外先进设备，仅占全国卷烟企业引进设备的2.5%。“七五”期间山东卷烟行业将技改列为重点工作，在总公司的支持下，多方筹集资金，利用各种优惠政策，按照先重点后一般的原则，引进和购置国内消化的设备。总共投资5亿元，安装了5条制丝线及中、高速卷接包设备共计41组。新的设备对山东卷烟产品改善结构、提高质量作用十分明显。1982年甲组烟、嘴烟仅占总产量的0.9%和6.4%，1991年提高到18.7%和37.5%。特别是“七五”后期，及时发挥这些新设备作用，把开发新产品作为工作的重点。山东卷烟虽有5个牌号被评为部级优质产品，但在省内外消费市场叫得响的不多，有的牌号已跟不上时代的发展，成熟周期已过；山东卷烟又是传统的外调省，若要每年保持一定的增长速度，除保证省内市场的增长外，还需保持一定量的外调。因此，开发新产品，巩固和开拓省内外市场，已

成为发展山东烟草行业刻不容缓的任务。立足于本省原料资源和技术水平，把开发新产品第一阶段的目标作为适应性的开发——适合大多数消费者的需要，各卷烟企业近两年来在组织、人员、资金、时间上做到四落实，实行责任制以及考核奖励办法。到1990年底，试制了22个新牌号、设计了18个老牌号的系列包装产品，经试销对有意见的牌号，在配方、包装上做进一步的改进，已有几个牌号在市场上站住了脚。“振兴山东烟草要靠开发新产品”这一思想，已成为上下的共识，这就为下一步全面调整产品结构、大比例的用新产品替代老产品，开拓了思路、创造了经验。

始终强化专卖管理，稳定烤烟卷烟生产经营 卷烟是嗜好品，嗜好既有相对稳定性又有可转移性。山东烟草行业的利税已于1986年全部上划中央财政，山东烤烟、卷烟每年需要外调一定数量，才能保持适度的增长水平。公司成立后的10年，对烤烟、卷烟生产经营的根本目标，就是全面提高质量、增强市场竞争力。分析山东烟草行业当前的生产技术水平、外部环境、承担的任务，以及特殊的管理体制，尤其需要在国家烟草专卖局、总公司所出台的政策、规定下，从山东烟草特点出发，坚持高度统一、全局调控，否则在全国烟草行业财政管理不统一的情况下，就会被挤垮。烤烟、卷烟的省内外进出口的生产调拨计划数，均由省公司统一分配。在这个前提下，根据市场情况的变化、经济效益的差别，适当灵活变动的部分，也需经省公司研究许可，不准强调任何理由自行其事。为了这一指导思想的实现，山东省烟草专卖局始终强化专卖管理。全省专卖管理人员达800余人，除了加强经常性的思想、纪律、作风建设外，逐步配齐交通工具、办案器具，以提高管理、办案的效率。在专卖管理中，治内与治外双管齐下，一方面整肃烟草系统内部工作上的漏洞和违纪违法现象，一方面与地方政府的公安、工商、税务等部门一起取缔、打击社会上的不法行为。对烤烟的收购、调拨，重点是维护省界、县界收购秩序，禁止跨地收购、提级提价以及无计划调拨活动；对卷烟经营，重点是取缔黑市批发市场，打击不法商贩，查禁计划外卷烟的流进流出。10年来，山东烟草行业避免了大起大落，一贯强化专卖管理是一条重要的原因。

团结一致奋发向上成为全行业的精神风貌 山东烟草行业的职工，特别是各级公司的工作人员来自四面八方，从总体上说，其政治素质、业务素质不适应形势、任务的需要，培养教育的任务大。在这10年当中，一方面按照总公司和地方有关部门部署的各类教育和培训任务，狠抓落实，一方面根据系统内业务人员的业务水平，自己举办短期培训班，仅财会人员培训面达到60%，做到“会计凭证”、“会计帐簿”、“会计科目”、“记帐方法”、“主要会计事项处理”和“会计报表”的六统一。全系统财会人员1300多人，具有中级以上技术职称的157人，占12%，这是搞好财会工作的人才基础，依据烟草行业的实际，还编写了劳资、审计、统计、专卖等业务教材。

对于各级领导干部的政治业务素质，始终坚持“头头抓、抓头头”原则，重点抓勤政、廉政建设，抓班子的团结统一。近几年来，山东省烟草系统大多数领导班子勤政廉政、团结协作、顾全大局，令行禁止已成为行业的风尚。

以老企业为主体的职工队伍，具有能打敢拼、吃苦耐劳、遵守纪律的良好素质。近几年来，一方面坚持抓好思想政治工作，同时在力能所及的情况下，全行业分期分批建设职工宿舍、托儿所、医疗设施及文化娱乐场所，努力解决职工的后顾之忧。三级公司基本解决了住房紧张的问题，老企业几十年存在的住房极度困难的局面大大缓解。这为全行业3万名职工“热爱烟草，献身烟草”提供了一定的客观物质条件。

“七五”期间，山东省烟草行业在专卖管理体制下，全局性调控加强了，烤烟、卷烟的生产经营由几十年的起伏性发展，走上了较为稳定协调发展的轨道。总结10年的经验教训，1990年提出了“八五”期间的工作指导思想，即：解放思想搞开发，放开手脚抓经营，认认真真抓专卖，扎扎实实练内功。其工作目标是：狠抓原料、物资、设备基础，争取在管理、技术设备、产品创新等方面有新的突破，坚持从改善产品结构、降低消耗中求效益，规划“八五”末期山东烟草行业利税达25亿元以上。

（撰稿：山东省烟草公司调研处）

河南烟草

河南省烟草公司组建于1983年4月，之后又成立了河南省烟草专卖局。8年来，遵照国务院《烟草专卖条例》及其《实施细则》，顺利完成了地、市、县烟草专卖局、烟草公司的组建和上划工作，形成了农工商、产供销、人财物、内外贸高度集中统一管理的新体制。到目前，全省已拥有17个分公司、119年县（市）公司、16家卷烟厂、38家复烤厂、7个卷烟调拨站、1800多个卷烟批发部（站）、1400多个烟叶收购站（点）、1所烟草工业学校、1所烟草技工学校。截止1990年底，全省烟草行业已有固定资产净值9.14亿元，自有流动资金1.64亿元，卷烟加工专用设备2526台（套）；年卷烟生产能力达400万箱；共有干部职工5万余人，其中具有中级以上技术职称的达1100余人。

河南素有“烟叶王国”之称，烟叶种植始于明末清初，迄今已有360多年的历史；卷烟制造业在1890年也已出现，至今已有百年历史。“两烟”生产一直是该省的支柱性行业，并在全国居于领先地位。特别是1983年实行烟草专卖体制以后，“两烟”生产经营进入了一个新的发展时期，年平均种植烟叶300万亩左右，产量800万担上下，约占全国烟叶总产量的五分之一。除满足省内卷烟工业需要外，每年还向省外100多家卷烟厂提供烟叶300—400万担，约占全国供货总数的四分之一。年产卷烟300万箱左右，约占全国总产量的9%。现有217个卷烟牌号（规格），其中甲乙级牌号（规格）144个，占全部牌号的61%。产品行销20多个省、市、自治区，在全国卷烟销售中占有重要地位。全省烟草行业年创税收23亿元左右，占河南财政总收入近三分之一。

烟叶“三化”生产水平逐步提高　收购工作初步走上制度化、标准化轨道　由于各级政府的重视和烟草部门的努力，自上而下认真贯彻执行“计划种植，主攻质量，提高单产，增加效益”的指导方针，坚持以落实烟叶种植面积为基础，以提高烟叶质量为中心，全面推广烟叶种植良种化、区域化、规范化的“三化”生产措施和优质烟基地建设。认真制订和严格执行《烟叶收购工作规程》和《烟叶收购工作奖惩办法》等政策规定，健全规章制度，强化内部管理，坚持“一证一卡”（烟叶产购合同证、交售烟叶登记卡）的收购制度，端正执行国家等级标准，使收购工作初步走上了制度化、标准化的轨道。全省烟叶的内外在质量明显提高，上等烟比例不断增长，几年来，先后涌现出宝丰、卢氏、郏县、襄县等一批全国烟叶生产收购先进县，其中卢氏县连续四年被评为全国烟叶生产收购先进县，全省1989年被评为全国烟叶生产收购先进省。据统计，1983年至1990年，全省累计收购烟叶301万吨，实现烟叶产品税18.6亿元，上等烟比例由1983年的0.38%上升到1990年17.5%，增长17.12个百分点。

卷烟产品结构日趋合理　质量逐步提高　全省卷烟工业以稳定产量，提高质量，调整结构，增加效益为方针，以强化职工质量意识，推行全面质量管理为手段，努力发展卷烟生产，取得显著成效，卷烟产值、产量稳中有升，调整产品结构和开发新产品、改造老产品取得显著成效。1983年至1990年，全省累计生产卷烟2407万箱，完成产值143亿元。8年来，全省卷烟企业共创省优产品34个；“中原”、“喜梅”、“彩蝶”等行优产品6个，有16个牌号的卷烟在首届全国食品博览会上荣获金、银、铜牌奖。其中许昌卷烟厂生产的84cm低焦油甲级烤烟型“中原”牌香烟于1990年荣获国优产品银质奖，结束了河南卷烟大省无“国优”的历史。

市场销售稳中有升　基本实现产销平衡　几年来，全省的卷烟销售工作在稳住省内、开拓省外的前提下，坚持“以销定产”和“以产促销”的原则，不断深化流通体制改革，疏通流通渠道，增设批零网点，开展优质服务和售后服务，积极挖掘农村市场潜力，努力扩大城乡卷烟销售，取得了显著成绩。1983年至1990年，全省累计销售卷烟2335.4万箱。

行业税收稳步增长　卷烟生产的稳步发展和烟叶生产总体水平的提高，促进了行业经济效益的不断增长。1983年至1990年，全省烟草行业共实现工商税利144.2亿元，占同期全省财政总收入约三分之一，为河南经济的发展和国家经济建设做出了较大的贡献。1990年，全省烟草行业共实现工商税收19.7亿元，其中工业税收18.2亿元，分别比1983年增长76%和127%。

“两烟”出口创汇逐年增长　1985年至1990年，全省累计出口烤烟26084吨，出口卷烟1600件，“两烟”共出口创汇5775万美元。1990年，全省出口烤烟6811吨，首次出口卷烟1600件，“两烟”出口创汇1201万美元，其中烤烟出口量和创汇额均居全国第二位。

技改步伐加快　企业后劲增强　科学技术是第一生产力，全省卷烟企业都把技术进步当做增强企业活力，提高经济效益的一件大事来抓。特别是“七五”后期，技改步伐开始加快，1989年完成技改投入1.6亿元，1990年增至2.13亿元，合计3.73亿元，到1991年，完成和正在实施技改项目17个，总投资4.8亿元，已改造和正在改造制丝生产线8条，引进卷接包机组58台（套）（其中二手设备31台套）。其中许昌卷烟厂的“七五”重点技改项目——5000公斤/小时制丝生产线的研制成功，为我国卷烟工业引进技术实施国产化创出了一条新路。1991年，全省卷烟工业在“全面规划、科学决策，突出重点，兼顾一般，搞好协调，加快步伐”的方针指导下，已开始更大规模的技术改造。国家计委已下文同意新郑卷烟厂的“八五”技改审批项目，投入规模9718万元（含外汇1383万美元），主要用于引进国外比较先进的卷接包设备。技改步伐的逐年加快，使全省卷烟工业的技术装备水平有了明显的提高，企业发展后劲正逐步增强。

企业管理水平不断提高　全省卷烟工业以强化企业管理，提高经济效益为宗旨，切实加强以财务管理、劳动管理、质量管理、现场管理、设备管理、计量管理和定量管理为主要内容的企业管理。打基础，上等级，不断提高企业的现代化管理水平。同时，坚持国标要求，严格按工艺规范和工艺流程组织生产，大力开展技术培训和岗位练兵，全面提高职工素质，有力地促进了企业经济效益的大幅度提高。8年来，全省16家卷烟企业中，有6家晋升为省一级企业，3家晋升为省二级企业，其中新郑卷烟厂于1989年晋升为国家二级企业。1990年国家有关部门公布的全国500家最大工业企业中，河南有5家榜上有名。1990年河南省公布的全省100家效益最佳企业中，烟草企业占13家，其中新郑、郑州和许昌三家卷烟厂分居前三名。

专卖体制日臻完善　市场管理逐步正规　8年来，全省各级烟草部门认真贯彻执行国家《烟草专卖条例》及其《实施细则》，收到良好效果。同时以加强卷烟市场管理、维护烤烟收购秩序为主要内容，同地方党政和有关部门配合开展了经常性的“两烟”市场整顿，查处了一批违章违纪案件，关停了一批计划外烟厂，打击取缔了“烟霸”、“二道贩子”和手工假冒烟、黑市高价烟，采取各种措施不断改进紧俏名优烟的供应办法，缓解供需矛盾，使“两烟”市场秩序日益好转，有力地促进了生产经营的顺利开展，并涌现出一大批先进典型。其中遂平县烟草专卖局办公室副主任、优秀共产党员刘富忠，在专卖与反专卖的斗争中，献出了宝贵的生命。河南省委、省政府、河南省烟草专卖局先后做出决定，号召全省人民、全行业广大干部职工向刘富忠同志学习。1990年9月1日，国家烟草专卖局做出决定，追授刘富忠同志“模范专卖管理干部”的称号，并要求在全国烟草系统广大干部职工中，开展向刘富忠同志学习的活动。

（撰稿：河南省烟草专卖局　张宏亭　王志富）

附：河南烟草发展情况统计表

年　度	烟叶收购量（万吨）	卷烟		卷烟销量（万箱）	实现工商税利（亿元）合　计
		产量（万箱）	产值（亿元）		
1983	32.3	254.3	12.5	196.6	11.2
1984	37.4	290.4	13.7	271.3	13.7
1985	45.6	316.1	15.5	306.4	17.4
1986	32.4	321.2	17.3	320.4	17.7
1987	36.3	325.5	19.6	320.9	20.6
1988	48.4	322.7	21.7	328.1	24
1989	35.6	285.3	21.0	290.5	19.9
1990	33.0	291.5	21.7	301.2	19.7
1991	36.0	295	43.3	300	21.5
合　计	337	2702	186.3	2635.4	165.7

湖北烟草

湖北省于1984年1月10日成立了烟草公司，同年3月16日成立了烟草专卖局，对全省烟草产供销、人财物、内外贸实行集中统一管理，对烟草专卖进行全面的行政管理。湖北烟草体制改革8年来，取得了前所未有的成效，全行业税利积累由改革前1983年的5亿元增加到1990年的15亿元，8年增长了两倍。

建立了比较完善的烟草经营管理体制　为了全面贯彻《烟草专卖条例》，对全省烟草行业实行高度集中的统一管理，省烟草专卖局和省烟草公司成立后，即着手在全省范围内组建各级烟草机构，经过一年的紧张工作，全省各地、市、州、县均设立了烟草专卖局和烟草公司。现在，省局（公司）以下有地、市级局（分、市公司）15个，县级局（公司）71个，烟厂及其产品调拨站各11个。还有县以下的卷烟批发站548个，烟叶收购站838个，形成了遍布全省的烟草专卖管理与业务经营网络，烟草流通环节的固定资产由1984年的800万元增加到1990年的3亿元。经过这几年建设，集中统一管理的烟草专卖体制不断完善，有力地促进了行业发展。

卷烟产品结构优化，产品质量有了明显提高 烟草体制改革8年来，全省按照市场需要，及时调整卷烟产品结构，努力提高产品质量，力争做到产品适销对路，促进了产销协调发展。1990年生产卷烟212万箱，比改革前1983年的144万箱增长47%，平均年增长6%；1990年省内卷烟销售量151万箱，比1983年的122万箱增长24%，平均年增长3.4%。省外市场逐步扩大，1990年省产卷烟销往省外81万箱。

卷烟产品结构调整取得了明显进展，甲级烟、滤嘴烟增长幅度较大。1990年甲级烟产量55万箱，比1983年的0.21万箱增长260倍；甲乙级烟占总产量的比重达53.8%，比1983年的28.5%上升25个百分点；滤嘴烟生产107万箱，比1983年的10.47万箱增长9倍。在增产适销产品的同时，压缩了滞销或亏损产品，实现了产销平衡。

集中统一管理的烟草专卖体制，有利于卷烟产品质量提高。8年来，各企业不断加强全面质量管理，改善原辅材料供应，推进科技进步，深化配方改革，建立和完善质量监督保证体系，逐步形成了一批有一定质量水平的骨干产品。1984年至1990年，有26个产品获省优称号，有5个产品获部（行）优称号，有10个产品获全国或全省畅销产品称号。其中，获省优称号的是：武汉烟厂的“永光”、“红金龙”、“白金龙”、“游泳”、“红双喜”，襄樊烟厂的“白鹤”、“丹江”、“襄阳”、“友好”、“金蝶”，枣阳烟厂的“元宝”、“枣阳”、“红宝花”、“华荣”，广水烟厂的“金皇后”、“魁星楼”，红安烟厂的“赤壁”、“龙乡”，来凤烟厂的“4.7”、“武陵游”，宜昌烟厂的“葛洲坝”、“宜昌”，建始烟厂的“宝”、“香蜜”，当阳烟厂的“金金龙”，江陵烟厂的“古荆州”。获部优称号的是：武汉烟厂的“百宝”、“红双喜”、“白金龙”、“永光”，襄樊烟厂的“白鹤”。获全国畅销产品称号的是：“白鹤”、“游泳”、“红金龙”；获全省畅销产品称号的是：“红双喜”、“大桥”、“金蝶”、“华荣”、“龙乡”、“4.7”、“长坂坡”。

烟叶生产不断发展，初步稳定了原料基础 新的烟草管理体制建立以来，烟草系统始终把烟叶生产与收购作为全行业发展的基础来抓，在各级地方党政重视与支持下，湖北烟叶的产量和质量明显提高。1990年烟叶收购量8.8万吨，比1983年的3.97万吨增长1.2倍，烟叶质量、上中等烟比重1990年为71%，比1983年的35.6%提高35个百分点。8年来，烟叶生产在推广良种化、区域化、规范化方面有显著进步，烤烟经过推广优质烟示范，已摸索出种植优质烟的一整套经验，目前优质烟示范面积占总面积的十分之一，推广营养钵假植育苗新技术面积已达总面积的75%。在“三化”生产上已涌现出一大批先进典型。白肋烟经过长达4年的中美合作试验研究，开发的优质白肋烟项目已通过全国专家鉴定，并在面上推广取得明显成效，使湖北白肋烟质量仍处于全国领先水平。多种形式的厂、县联合办基地正在继续发展，目前基地面积已占总面积的三分之一以上。通过建立丰歉年景互助互补的烟叶产供渠道，促进了烟叶生产收购稳定协调发展，初步稳定了卷烟工业的原料基础。

卷烟工业技术改造初见成效，企业实力不断增强 改革8年来，全省11家烟厂技术改造投入

近8亿元，其中外汇投入0.5亿美元，引进了国外先进的制丝生产线10条，对制丝部分全部进行了更新改造；卷接包部分也增添了先进装备，对原有设备的更新改造已近60%。经过这几年的技术改造，全省卷烟工业技术装备水平已由体制改革前的三四十年代水平提高到六七十年代。其中：制丝和包装部分已达70年代水平，卷接部分已达60年代末水平，少数先进设备已达80年代水平。同时，还采用了微机自控等先进技术装备，开发使用了烟草薄片生产、蒸汽剥废烟机、烟丝膨胀、梗丝膨胀等新技术、新工艺，对提高产品质量、降低生产成本发挥了关键作用，增强了工业企业的实力。全省卷烟工业固定资产原值由1983年的8600万元增加到1990年的6亿元。

为卷烟工业服务的烟草机械和配套材料工业相应发展　烟草体制改革为推进横向联合创造了条件。为了适应卷烟工业发展对烟机设备及配件的需要，1987年组建成立了烟机配件联营公司，组织省内机电、军工等企业形成了烟机企业集团，目前已有25个企业生产烟机配件，1990年产值达6千多万元。

卷烟配套材料工业也有较大发展。8年来，烟草行业与有关部门紧密配合，重点开发扶持盘纸、铝箔纸以及新型滤嘴材料丙纤的生产，目前省内已有68家企业为卷烟材料配套生产，1990年产值达2.8亿元。现在，省内卷烟工业需要的配套材料除醋纤丝束嘴棒需要进口外省调入外，其他材料均可基本满足供应。此外，为适应烟叶用肥料的需要，烟草与石化部门联合开发了烟草专用混配肥加工，1990年加工生产混配肥1.6万吨。

烟草外贸业务发展较快，出口创汇成倍增长　自1985年组建成立中国烟草进出口公司湖北分公司以来，大力拓展外贸业务，加强烟叶出口基地建设，增加烟叶出口，提高了出口烟叶质量与效益；并积极组织技贸结合的关键设备进口与技术引进，为卷烟工业技术改造服务，精心组织出口卷烟产品的研究与试制，扩大卷烟出口。1990年，出口创汇达1971万美元，比1985年的818万美元增长1.4倍。

职工队伍的教育与培训进一步加强，整体素质不断提高　8年来，湖北省烟草行业的教育与培训工作不断加强，建立了比较完整的教育工作体系，开展了各级各类干部的岗位培训和多形式、多渠道的工人技术培训，建立了6所烟草技工学校，几年来共招生868人，毕业492人，为烟厂输送了一批合格的技术工人。由于教育与培训工作不断加强，职工队伍的文化结构和技术水平状况有明显改善，1990年与1984年相比，职工队伍中的大专文化人数增加3.5倍，中专文化人数增加1.8倍，科技人员占职工总数的比重由0.3%提高到1.9%，职工队伍的整体素质不断提高，有力地促进了行业发展与技术进步。

精神文明建设取得了可喜的成效　湖北省各级烟草专卖局和烟草公司成立以来，始终坚持两个文明建设一起抓的方针，在地方党委直接领导下，不断加强党的建设、领导班子建设、廉政勤政建设、政治理论学习和思想政治工作，促进了全行业人员政治思想素质的提高。在1989年春夏之交出现的政治风波中，全行业广大干部职工立场坚定、旗帜鲜明，同党中央保持一致。几年来，广大职工团结奋斗、开拓进取，为国家建设与行业发展做了贡献，涌现出一大批先进典型。仅1985年至1989年5年间，就有142人（次）荣获全省烟草行业先进工作者称号，123个（次）单位被评为先进集体。3人荣获全国烟草行业劳模称号，6个单位荣获全国行业先进集体称号，1人荣获全国“五一”奖章。1990年省局党组决定表彰英山县烟草专卖局（公司），号召全省烟草行业向英山学习，把两个文明建设推向前进。

湖北省烟草体制改革8年来取得了显著成绩，但目前烟草行业存在的困难和问题还不少，主要问题一是高档卷烟产品在市场上的竞争能力不强，缺乏享誉全国的名优产品；二是企业的管理水平不高，经济效益不好；三是专卖管理和行业管理水平不高，治理整顿的任务还相当艰巨。今后，要认真贯彻党的十三届七中全会精神，认真贯彻国家局、总公司、省委、省政府的各项指示，深化改革、加强管理，保持烟草行业经济持续稳定协调发展。

（撰稿：湖北省烟草公司办公室）

附：湖北烟草发展情况统计表

年度 \ 项目	烟叶收购量（万吨）	卷烟产量（万箱）	（省内）卷烟销量（万箱）	实现税利（亿元）
1983	3.97	144	122	5.15
1984	5.35	155	133	5.52
1985	8.56	170	141	6.62
1986	6.6	182	147	8.6
1987	4.95	224	154	12
1988	10.05	234	161	15.1
1989	8.85	209	147	14.3
1990	8.8	212	151	14.8

湖南烟草

湖南省烟草行业自1983年实行专卖管理体制以来，集产供销、人财物、内外贸于一体，在短短几年时间里，烟草事业蓬勃发展，开创了前所未有的新局面。目前，省烟草专卖局（公司）所辖14个地、州、市专卖局（公司），102个县（市）专卖局（公司），9家计划内国家烟厂，6家计划内地方烟厂，3家烟叶复烤厂，1家烟机厂，并代管1所烟草中专学校，共有干部职工35000人。生产、经营规模稳步发展，经济效益逐年提高。1983年至1990年，全省合计收购烟叶87.88万吨，生产卷烟1944.9万箱，销售卷烟1915.1万箱。上缴国家税金104.44亿元。

烟叶生产稳步发展　湖南是全国最早种植烟叶的地区之一。湘南、湘西和湘中的大部分地区，无论是土壤、气候、阳光日照、雨量，还是其它自然条件，都适宜于烟叶栽培。但解放前栽种的都是晒红烟和晒黄烟，多是农民自种自吸。1952年桂阳县开始从河南引种烤烟，面积逐年扩大，产量逐年增多。从1983年全省实行专卖管理体制以来，产烟区逐步实现了“一条鞭”经营管理，全省烟叶生产、收购进入了一个稳步发展的阶段，其特点：一是坚决贯彻“计划种植，主攻质量，提高单产，增加效益”的生产指导方针，在计划种植上狠抓了面积落实，坚持生产、收购合同制；在主攻质量的同时，有计划地增加品种和数量。二是坚持走科技兴烟的道路，不断提高区域化、良种化、规范化生产水平。烟叶种植布局进行调整后基本趋于合理，主产区集中连片，基本实行区域化，良种面积达到98%以上。烟草专用肥的研究，烤烟优质适产高效综合研究，病虫草害的综合治理，以及烟稻轮作制的研究与推广，均取得显著成果。因而，烟叶质量明显提高，特别是优质烟叶可以替代部分进口烟叶。三是依靠政策、增加投入，调动了广大烟农和地方政府种烟的积极性。在国家两次调价的基础上，省里从实际出发制定了扶持费政策，增加了烟农的收入。为了调动有关部门和人员的积极性，实行了奖励政策。为了搞好1251个基层收购站点的建设，又安排资金7308万元。此外，还增加了科研经费，肥料补贴。四是治理整顿收购秩序，不断提高收购制度化、标准化水平。为了认真贯彻执行烟叶收购工作规则实施细则，省公司提出了“四个坚持”、“四个整顿”。即坚持国家标准、坚持执行合同、坚持执行统一的政策规定、坚持遵守边境协议；整顿思想，端正经营作风、整顿内部管理，防止“三混”（混级、混包、混堆）等问题的发生；整顿收购站点，做到合理布局，防止收购混乱；整顿烟叶市场，打击二道烟贩的活动。由于采取了有力的治理措施，烟叶收购秩序良好，收购质量大大提高，等级合格率基本达到总公司的要求。

湖南烟叶在产量上，可以基本满足省内卷烟工业的需要。在品种上，比较齐全，有烤烟，有晒黄烟、晒红烟，有白肋烟，还有香料烟，基本可以满足多种类型和风味卷烟配方的需要。在质量上，各地区烤烟均具有颜色正，香气足，油份多，吸味醇和，燃烧性强等特性，深受全国许多卷烟厂家的欢迎。湘西晒红烟是全国10大名晾晒烟之一，具有香气浓郁，尼古丁含量高，烟灰洁白，劲大醇和，燃烧性好等特点，可用作低焦油混合型卷烟的重要原料。

卷烟工业迅速崛起 湖南烟草工业历史悠久，清光绪、宣统年间（1875—1911），即已出现烟丝加工业。中华人民共和国成立以后，湖南省烟草工业获得新生。50年代，在对私营烟厂进行社会主义改造和工业布局调整的基础上，建立了建湘（现长沙）、新湘（现常德）、华中（现郴州）、祁东、新晃5家全民所有制卷烟，卷烟产量从1950年的2.66万箱发展到1959年的8.61万箱。60年代至80年代初期，又先后建立了龙山、新邵、零陵和凤凰4家卷烟厂，至此，湖南卷烟工业的基本布局大体形成。

根据国务院关于实行烟草专卖的决定，于1983年7月成立湖南省烟草公司，随后，顺利完成省属卷烟工业上划国家管理的工作。从1985年至1990年，全省卷烟工业建设计划投资11.11亿元，完成投资9.62亿元。在技术改造方面，先后从英国、意大利、西德和日本引进了一批具有80年代水平的先进设备，其中引进制丝线3条，卷接包设备79台套，滤嘴成型机4台，打叶复烤线1条，购置国仿制丝线4条，国仿卷接包设备60台套，重点装备了长沙、常德、郴州等卷烟厂，使之成为湖南省名优卷烟、甲级卷烟生产的主要厂家；同时，对零陵、龙山、祁东、凤凰等其他几家烟厂制线线和卷接包设备也进行了更新换代，为其生产高中档卷烟，提高产品质量，促进经济效益的提高，创造了技术物质条件。

目前，全省使用的先进卷烟设备，形成高中档烟的制丝生产能力180万箱，卷接包能力103万箱，包装能力114万箱，滤嘴成型能力28亿支。由于有了先进设备，再加上科学的配方和先进的管理方法，近几年来，湖南省的卷烟无论是品种结构，内在质量，还是装潢，在省内外市场上都受到消费者欢迎。其中，“白沙”、“金芙蓉”、“长沙”和“湘南”列入国家名优烟计划生产。“扁鹊”荣获国家银牌奖。“白沙”、“长沙”、“金芙蓉”、“扁鹊”、“博士”、“四连冠”、“银象”和精“郴州”等8个牌号评为部优产品。“白沙”、“长沙”、“金芙蓉”、“扁鹊”、“银象”、“湘南”、“相思鸟”、“桃花源”、“博士”、“湘烟”、“郴州”、“芝城”、“笑梅”、“湘莲”等24个牌号被评为省优产品。在中国首届食品博览会上，“白沙”、“金芙蓉”、“郴州”、“博士”、“扁鹊”、“湘南”、“四连冠”获金奖。“长沙”、“银象”、“桃花源”、“洞庭”、“相思鸟”、精“郴州”获银奖。省优质产品率达52.2%。

常德烟草工业机械厂，是我国消化仿造引进卷烟机械的主要厂家之一。为了尽快生产出具有世界先进水平的烟草工业机械，湖南省已投资500万元，进行装备改造。常德烟机厂目前正在批量生产LOGA—2卷接机组，并着手解决包装机和烟机零配件的生产。省公司从发展行业的总体优势以及增强卷烟工业企业后劲出发，已集中一部分资金，用于开发烟用新材料和新技术，如开发和应用丙纤丝束嘴棒，两高盘纸等。全省烟草机构零配件中心正在筹建中。建立和完善微机管理、电视监控、程控通讯等先进的管理手段，也是近期的技术改造目标。

烟草市场繁荣活跃 由于地理位置优越，水陆交通发达，人多物博，湖南烟草市场历来比较活跃。建国后至70年代，湖南卷烟处于销大于产，供不应求状况，每年都需要从省外调入大量卷烟以满足吸烟者的需要。但由于当时烟草未实行专营，缺乏集中统一管理，因此，为国家提供的税利很微薄。国家对烟草实行专卖政策以后，全省烟草流通市场的程序由乱而治，逐步走上正轨。从整体来说，基本做到了渠道畅通，活而不乱，销售量不断扩大。1983年，全省销售卷烟113万箱，1990年全省销售卷烟263.5万箱，增长233.1%。目前，全国20多个省市都与湖南建立了业务往来关系。烟叶和卷烟出口创汇也迈出了可喜的一步。烟叶出口1990年开始起步，1991年又将有较大的增加。卷烟出口创汇的势头很好，“白沙”、“长沙”、“多柔”、“金芙蓉”和“相思鸟”都已开始出口，特别是“白沙”和“多柔”在港台、东南亚和东欧市场信誉颇佳，很受消费者青睐。1990年出口创汇和国内换汇3000多万美元，1991年1—6月仅创汇已逾1200万美元。

湖南省烟草流通工作的特点表现在四个方面：一是各级烟草专卖局、烟草公司既认真执行烟草专卖法规，又积极组织烟草流通经营，形成强有力的烟草专营体系，以保证供给，增加积累；二是烟草商业网点遍布城乡，主渠道充分发挥作用。在烟叶收购调拨方面，主产区实行了“一条鞭”管理，根据生产和收购需要合理地设置了烟草站点，配备了相当数量的专职人员，负责组织科技兴烟和按照国家标准及有关政策搞好收购和调拨工作。在卷烟销售方面，除了充分发挥烟草公司及其所属二、三级批发部门的职能外，还必须依靠委、代批点，以及有关的国营商店和供销社商店。据统计，全省烟草公司系统自批点428个，委、代批点2447个。省产卷烟商品的绝大部分，都是经由这些委、代批点辐射到全省城镇乡村的，发挥了主渠道作用；三是配合工商部门加强对卷烟个体经营户的管理。全省经批准从事卷烟零售的个体户194525户，通过个体户的“补缺拾遗”促进了卷烟零售量的扩大；四是强化专卖管理。各地通过对烟草专卖条例的广泛宣传，使专卖观念深入人心。全省各级人民政府高度重视，积极支持烟草专卖部门的工作。各级工商、公安、交通、城管和税务部门也紧密配合烟草专卖部门，协同一致，共同搞好烟草市场的综合治理。

综上所述，湖南省烟草行业实行专卖管理体制以来，取得了令人瞩目的成绩，呈现出兴旺发达的局面。所以能如此，首先，是国家专卖政策的威力，为烟草事业的稳定协调发展提供了根本的保证。其次，是国家烟草专卖局、中国烟草总公司和湖南省委、省政府的正确领导。第三，由于湖南省烟草专卖局、省烟草公司不断加强党的领导，不断加强党的建设，使全系统的各级领导班子增强了团结，增强了战斗力。特别是省局、省公司领导在加强廉政勤政建设、端政党风行风、纠正行业不正之风等方面能够率先垂范，组织和团结烟草行业的广大干部职工，辛勤工作、无私奉献。长沙卷烟厂是全行业的标兵。这个厂1984年以前亏损严重，濒临破产。肖寿松同志任厂长兼党委书记后，坚持改革、坚持社会主义方向，形成了一个坚强的领导核心，并采取了一套科学的管理方法，使卷烟产品结构渐趋合理、质量优良稳定、经济效益年年登上新台阶，成为了国家二级企业。常德卷烟厂是全省最大的卷烟工业企业，年生产能力70万箱，上缴国家税利7亿多元。这个厂也是国家二级企业，它的特点是政治思想工作做得很扎实，很有成效，厂党委荣获全国先进基层党组织光荣称号。跻身于国二企业的还有郴州卷烟厂，常德烟机厂也已通过了国二企业的现场评审。几年来，湖南省局、省公司党组坚持“两手抓”、“两手硬”的方针，在实行经济目标管理的同时，实行了政治工作目标管理，因此，全系统在精神文明建设和物质文明建设方面都取得了较大成绩，为进一步发展奠定了坚实基础。

（撰稿：湖南省烟草公司　陈志明）

附：湖南烟草发展情况统计表

项目 年度	烟叶收购（万吨）	卷烟产量（万箱）	卷烟销售量（万箱）	工业（万元）		商业（万元）	
				销售税金	利润总额	税金	利润
1983	5.3783	158.6	113	50824	2253		
1984	7.9254	184.2	138.1	57674	5396	0.3	451.5
1985	11.2823	193.6	191.8	70660	1271	133.5	2772.9
1986	7.8156	205.8	207	88545	2050	872.3	3382.2
1987	9.0772	226.8	238.4	114289	2845	1330.2	5163.9
1988	9.4877	232	241.9	143316	2707	2223.1	8747.5
1989	14.0599	236.6	253	183761	4777	2755.8	12959.4
1990	11.1538	252.3	261.9	201280	-3491	3161.4	12188.1

广东烟草

广东省烟草公司成立于1983年1月1日，是对广东全省烟草行业产供销、人财物、内外贸实行统一管理、集中经营的法人企业。公司成立9年来，广大干部、职工认真贯彻党的十一届三中全会以来的路线、方针和政策，在总公司和省政府的直接领导以及各级政府和有关部门的支持下，艰苦创业，开拓前进，取得了令人瞩目的成就。9年共实现税利98亿元，相当于建国后1953年到1982年30年总和的3.31倍，平均每年增长20%。

技术设备明显进步，原辅材料自给率不断提高 公司下属有8家卷烟厂。公司成立以来，针对卷烟工业设备陈旧、技术落后的状况，提出了“抓早、抓紧、抓好”的战略指导思想，坚决地、有计划有步骤地进行了全面的技术改造、设备更新。先后引进国内外先进设备共124项，总投资达人民币8亿元（其中用汇13824万美元），为建国后1953年至1982年30年总投资的21倍，从根本上改变了8家卷烟厂的落后面貌。目前，制丝生产线和卷接包生产线已实现了比较高程度的自动化，部分实现了生产联动化，并且首批引进了梗丝膨胀和烟丝膨胀技术，为振兴广东烟草业奠定了基础。

省公司坚持把发展优质烟叶生产和开发卷烟配套材料作为一项战略任务来抓。在烟叶种植上，认真贯彻总公司关于“计划种植、主攻质量、提高单产、增加效益”的十六字方针，先后在南雄、大埔等县建立起烤烟基地，在阳春建立起白肋烟基地，在徐闻试种了香料烟。从而使卷烟工业所需的烟叶品种比较齐全，优质烟叶自给率达到30%。1990年收购烟叶3.21万吨，其中烤烟2.70万吨，为解决广东卷烟原材料紧缺问题打下了良好的基础。在辅料开发上，广东省烟草公司在始兴、江门、佛山、韶关等地同一些企业联营建立了盘纸、铜板纸、BOPP薄膜和卷烟机械零配件等定点厂。并协助开发了铝箔纸（含压延纯铝箔生产）、金拉线、三醋酸甘油脂、水松纸、丙纤丝束等。为配套材料实现生产基地化、品种系列化、供应配套化，以及有计划的定点供应创造了条件，在实现卷烟生产配套材料和进口设备零配件国产化方面迈出了重要的一步。

市场开拓出现新局面，保证了社会有效供给 9年来，广东烟草面对走私洋烟的严重冲击和省外名优烟的激烈竞争，各级销售部门从实际出发，千方百计克服困难，疏通流通渠道，重视市场信息，研究营销策略，开拓市场，增加销售，并把销售工作做活、做好。全省保留了广东省烟草公司的二级站，各市、县成立了三级站，14万个零售网点遍布城乡各地，形成既集中管理又灵活经营的销售体系。同时，采取联产、联销、联营等方式，开始卷烟销售工作的新局面，促进了生产的发展，经受住了洋烟冲击、省外名优烟竞争以及市场疲软的考验。1990年卷烟销售140.59万箱，比1982年的62万箱增长了126.76%，年均增长10.76%；在同兄弟省市调剂余缺中销往省外36.4万箱，改变了过去广东烟不出省的状况，收到了较好的经济效益和社会效益。

为了进一步开拓市场，省公司还把目光转向世界，于1985年设立了进出口分公司，并与广东粤海企业（集团）有限公司在香港联营成立了永发烟草有限公司，实行工贸结合，进一步开拓进出口业务。1990年全行业实现出口创汇5631.7万美元，卷烟出口2.8万箱，取得了国外市场开发的重大突破。除此之外，进出口分公司和永发烟草有限公司还为卷烟厂引进生产设备1.38亿元，进口烟叶、配套材料、零配件等共计1.8亿元。目前，还同世界各国（地区）近百个单位和部门广交朋友，建立了贸易经济合作关系，为粤烟走出世界创造了条件。

各项管理工作连上台阶，硕果累累 广东烟草行业各级企业重视加强管理，坚持走“质量、品种、效益型”道路，企业管理工作取得显著成绩。全省8家卷烟厂推行了“方针目标管理”，通过了“全面质量管理”的考核验收。广州卷烟一、二厂均为国家二级企业，获省全面质量管理奖。广州卷烟二厂还是国家计量一级单位。梅州、韶关卷烟厂被评为省级先进企业，广州市烟草贸易中心也晋升为省级先进企业，南雄县烟草公司烟叶生产、收购管理工作、省公司仓储和销售工作均多次受到总公司表彰。在省级厅际劳动竞赛评比中，广东烟草行业蝉联1986、1987、1988年“三连冠”优胜奖，1988年还被省政府授予经济效益优胜奖和劳动成果发布奖。经济效益显著增加。1990年，全省平均单箱税利1224.47元，比1982年的579元增长了111.48%。

主要物耗逐年下降，全省平均单箱耗烟叶减少到46.4公斤，比1982年54.9公斤减少8.5公斤，实物劳动生产率157.1箱/人，人均税利19.03万元，比1982年分别增加47.6箱/人和12.69万元。1990年全省73个卷烟牌号中，适销对路的牌号有58个，适销产品占总产量90%左右。全省目前拥有部优牌号4个，省优牌号11个，优质产品占产量47.63%，基本上满足了消费者的需求。

在专卖管理工作上，广东烟草各级部门认真贯彻国家烟草专卖政策，强化烟草专卖管理。9年来，共关停计划外烟厂15个，发放、换发各种烟草专卖许可证15万多份；积极协同有关部门查处各种违章案件25284宗，取缔了制造假冒烟的地下工厂12个；上缴罚、没款5270万元，打击了一批违法分子，维护和坚持了国家专卖体制，保护了合法的生产和经营。

职工素质不断提高，精神文明建设进一步加强 现代社会的竞争，关键是人才的竞争，省公司通过多种途径，培养、吸收和引进了大批人才，使职工队伍中的专门技术人才和文化结构发生了很大的变化。广东烟草行业已拥有中专学历以上的人员1579人，占职工总数的15.4%，比1982年上升了11.4个百分点，拥有专业人员1170人，其中，高级职称27人，中级职称153人，初级职称990人。9年来共派出专业技术人员和操作人员513人次到国外学习。还采取培养和广招人才相结全的办法，在国内外还招聘了一批专门人才。1988年，创办了广东省烟草学校，成立了教育基金会，为培养烟草专门人才创造了条件。

广东烟草行业还十分重视加强政治思想工作和精神文明建设。9年来，各单位充分发挥党组织在企业中的保证、监督作用，坚持四项基本原则，坚持社会主义方向，发扬革命传统，弘扬职业道德和企业精神，解放思想，更新观念，使全行业形成了一个团结战斗的集体。省公司和各级企业还经常开展党风廉政建设教育，不断增强干部、职工抗腐蚀能力；建立和健全了廉政制度；认真查处了一批违法违纪案件。由于树立了正风正气，全行业涌现了一批廉洁奉公、拒收贿赂的好人好事。

广东烟草过去的9年，是团结奋斗、鼎新革故的9年，也是兴旺发达、继往开来的9年。广东烟草行业的1万多名干部、职工将以崭新的姿态开创美好的未来。

（撰稿：广东省烟草公司办公室）

附：广东烟草发展情况统计表

项目＼年度	1982	1983	1984	1985	1986	1987	1988	1989	1990
烟叶收购量（万吨）	3.12	1.65	1.34	2.13	1.05	1.40	2.25	2.91	3.21
卷烟产量（万箱）	70.35	68.74	75.79	79.49	92.34	106.94	123.21	137.94	150.58
卷烟销量（万箱）	71.01	83.95	100.23	100.16	95.45	114.19	126.20	136.18	140.59
实现税利（亿元）	4.06	4.66	4.89	5.08	6.58	8.07	11.49	15.81	18.13

广西烟草

广西烟草业有着悠久的历史。据《农业考古》、《清代文字狱档》等史料记载，广西烟草栽培历史可追溯到明朝嘉靖年间，为我国最早引种烟草的地方。过去，由于不同历史年代的多种原因，广西烟草业处于长期徘徊的状况。党的十一届三中全会以后，在改革、开放、搞活的浪潮中，国务院决定对烟草实行专营和专卖管理，自治区人民政府顺势而谋、及时决策，使广西烟草业进入了快速发展的时期；不仅建立起相对独立完整的具有一定规模的烟草体系，而且成为广西国民经济中的一大支柱产业。1990 年与实行烟草专营和专卖管理之年的 1983 年比较，取得了令人瞩目的成绩：

——春烤烟种植面积扩大，优质烟叶收购量增加。1990 年种植春烤烟 35 万亩，收购春烤烟叶 2.4 万吨；而 1983 年只种冬烤烟，烟叶质量十分低劣。8 年累计收购春烤烟 11.1 万吨，平均每年递增 15.05%。

——卷烟产量增加，产品结构日趋合理。1990 年卷烟产量比 1983 年增长 10.2 倍，其中甲级烟增长 13.8 倍、乙级烟增长 4.4 倍、滤嘴烟增长 10.3 倍、丙级烟增长 1.38 倍、丁级烟增长 5.9%、戊级烟减少 2.8 倍；甲乙级烟占总产量比重 70%，上升了 45 个百分点；丙丁戊级烟占总产量比重的 30%，下降 45 个百分点。8 年累计生产卷烟 628.19 万箱，平均每年递增 7.65%。

——卷烟销售量增加，区内外市场扩大。1990 年销售卷烟比 1983 年增长 1.47 倍，其中区内销售增长 86%；区外销售增长 9.8 倍。8 年累计销售卷烟 709 万箱，年递增 10.59%。

——经济效益显著，在广西财政收入中占有重要地位。1990 年实现烟草农工商税利比 1983 年增长 6.8 倍，其中工业税金增长 6 倍，商业税利因 1983 年商业亏损而不可比。8

年累计实现税利37.3亿元，平均每年递增55.3%。实行专营和专卖管理8年的实践，使人们深深体会到，成功在改革，希望在改革。

改革烟草体制，理顺行业管理 为了有计划的控制烟草业的发展，增加国家积累，自治区人民政府根据国务院指示精神，于1983年6月成立自治区烟草专卖局和烟草公司，把原来由供销、轻工、商业分头管理的烟叶收购、复烤、调拨，卷烟生产、调拨、批发统一划归区烟草专卖局(公司)负责，并赋予市场管理的行政职权，实行产供销、人财物、内外贸高度集中统一管理。同时，陆续组建各级烟草专卖局、烟草公司。现全区已拥有10家地级烟草专卖局、烟草公司，77家县烟草公司，1家综合贸易中心，3家卷烟调拨站，7家烟厂，2家卷烟配套材料厂，共有职工11792人。

广西各级烟草专卖局、烟草公司针对过去对烟草宏观控制不严，造成生产乱、渠道乱、价格乱，烟草工商业企业亏损严重等问题，从整顿“三乱”入手，坚决关停了28家计划外小烟厂，取缔地下烟厂和冒牌烟、白包烟，制止多头批发和区外卷烟盲目流入，切实治理整顿了烟草生产经营环境和秩序。同时，根据中央，国务院颁布的全民所有制工业企业“三个条例”、“补充通知”和自治区有关规定，在烟草系统内全面推行厂长（经理）负责制，在烟草工商企业全面推行经营承包责任制，并重点进行了人事劳动制度和分配制度改革，对干部实行招聘制、任期制和试用制，对职工进行优化劳动组合；改革工资制度和奖金分配办法，搬掉了“铁交椅”，打破了“铁饭碗”，端掉了“大锅饭”；职工多劳多得，充分调动了生产经营的积极性。

改变产品结构，发展“两烟”生产 过去，广西“两烟”产品属于低型结构。下等烤烟叶和低档卷烟均占烤烟、卷烟产量的50%以上，而且由于种植冬烤烟，烟叶品质低次，致使卷烟青杂味重，产品信誉差。1984年开始改种春烤烟，各地坚持总公司“计划种植、主攻质量、提高单产、增加效益”的方针，按照“区域化、良种化、规范化”的科学栽培要求，在全区择优布局，建立起42个优质烤烟基地县，进行重点开发，联片发展；并采取层层办优质烟示范田的办法，大力推广红花大金元、G28、K326等烤烟良种和“烤烟栽培十大技术规范”，使全区烤烟内在品质和等级有了明显提高。1990年广西上中等烟叶总产量的比重达到85.4%，比1983年上升了38个百分点。烤烟叶品质经化学检测分析和中国烟草学会考察团专家教授评定，烟叶桔黄，油润丰满，上等烟多，原烟香气质好，香气量足，吃味纯净，劲头大，燃烧性好，可与进口烟叶媲美。特别是桂西、桂西北、桂东北地区产出的烤烟叶尤为上乘。

卷烟生产坚持以市场为指导，产品盯着消费变，下功夫，上结构，创名牌，增效益。从扩大外延的速度效益型向质量结构效益型转变，从粗放经营向集约经营转变。加强生产现场管理、工艺配方管理和全面质量管理，积极调整产品结构，对全区现产的79个卷烟牌号、142个规格卷烟进行分类排队，对亏损、衰退的54个卷烟规格牌号实行停产、限产，增产适销高中档滤嘴烟，开发新技术新产品，改进卷烟包装装潢，向高档化、系统化、礼品化、多类型、少牌号发展。这几年，广西推出了一批具有浓郁的民族色彩，装潢精美，制作考究的卷烟产品，“甲天下”、“大金狮”、“田七花”、“丽都”、“达妮”、“刘三姐”、“金花茶”、“好友”、“精钟山”、“富裕”等11个牌号、14种规格卷烟获自治区优质食品奖，“刘三姐”获广西消费者喜爱的“十佳”食品称号，“甲天下”、“钟山”牌卷烟获全国首届食品博览会银质奖。产品畅销全国27个省、市、自治区，特别是上海、北京、江苏、浙江和东北三省。美国、东南亚、苏联、香港等国家和地区的客商纷纷前来洽谈出口生意。优质高中档卷烟的发展，有效地改善了全区卷烟产品结构性调整。单箱卷烟税金达到784元，增加538元，仅提高产品结构一项，就增加年税金5.6亿元。

改造技术设备，提高生产水平 长期以来，广西卷烟工业技术设备，基本属于40年代的水平，严重制约了卷烟工业的发展。为了改变这种状况，区公司组织了多批考察团先后考察了国内先进卷烟厂和国际上先进发达国家及地区有关公司和厂家，瞄准国际先进水平，采取“跳跃式”发展方式进行技术设备改造，在自治区人民政府和中国烟草总公司的关怀下，全区卷烟工业技术改造和基本建设投资人民币2.7亿元，外汇额度2950.2万美元，引进了西德LOG—A型卷接机、英国MK9—5型、MK8型卷接机，意大利萨西布6000型、3000型横包机，英国狄更生和西德虹尼制丝线以及一批空调设备、质量检测仪器，并配套新建扩建了一批厂房、仓库；重点装备了南宁、柳州、武鸣、钟山4家卷烟厂。为了充分利用自动化程度高、用工少、速度快、消耗低、质量好的引进设备，各地还狠抓了进口设备的消化吸收工作，一方面组织工程技术人员从始至终跟随外国专家学习，鼓励他们钻研新技术、掌握新设备，并邀请外国专家来广西举办进口设备操作培训班，提高工人操作技术水平。另一方面建立专群结合的设备管理、维修网络体系，较好地发挥了进口设备的作用，提高了工厂的生产水平。

与此同时，坚持技术与管理同步提高、健全各项规章制度，积极推行全面质量管理，方针目标管理，标准化管理，开展企业管理基础工作达标活动，现场管理检查考评活动和“双增双节”活动，提高了企业综合管理水平。目前，全区已有武鸣、南宁、柳州、钟山 4 家烟厂进入自治区级先进企业的行列。

广西具有发展优质烟叶生产的生态条件，建立了优质烟叶生产基础；拥有国际先进的卷烟设备和技术；创出了一批市场信誉好的名优适销产品；建立起一批烟草配套材料厂。回顾过去，广西烟草业硕果累累，取得了显著成绩。展望未来，广西烟草业发展的前景美好，催人奋进。

（撰稿：广西壮族自治区烟草公司　任西江）

海南烟草

海南省烟草专卖局、海南省烟草公司成立于 1988 年 6 月 1 日，尽管起步晚、基础差、但在国家局、总公司和海南省委、省政府的领导下，经过广大干部职工的共同努力，全省烟草行业从无到有，从小到大，发展迅速，已初步形成了集产供销、人财物、内外贸于一体的专卖管理新体制，成为海南省开发建设中的一个主要经济支柱。几年来，先后完成了各级机构的组建工作，扩建了海南卷烟厂，创办了海南香料烟试验站、海南烟草商业服务公司、海口卷烟销售部、海南宝路国际香精香料有限公司等，现共有干部职工 1800 人。1990 年生产卷烟 7.06 万箱，完成产值 1.57 亿元，销售卷烟 15.01 万箱，实现税利 1.32 亿元，与 1987 年相比，分别增长 1.7 倍、2.7 倍、0.4 倍和 1.9 倍。为全省的经济建设做出了重大贡献。

卷烟工业发展迅速　1978 年底，创建了第一家卷烟厂——琼山卷烟厂（后更名为海南卷烟厂），但由于设备陈旧，工艺落后，发展极为缓慢，至建省前年生产能力仅为 2 万多箱。1989 年 6 月，经国家局、总公司批准，被列为海南省重点建设项目的海南卷烟厂年产 30 万箱的扩建技改第一期工程破土动工，总投资为 1.4 亿元，主要引进了意大利科马斯 3000KG/H 制丝生产线，至 1991 年 9 月，新建的面积为 1.9 万平方米的现代化生产大楼已交付使用，制丝生产线已安装就位，并进入了全线投料试产。该厂占地面积 14 万平方米，固定资产 1.7 亿元，制丝生产能力达到 30 万箱。

省公司和烟厂十分重视吸收国内外卷烟生产新成果，利用海南资源优势，改革生产工艺，改进配方和包装装潢，积极研制生产富有海南特色、有市场竞争能力的优质卷烟。其中具有云烟风格的烤烟型“宝岛”牌卷烟，市场声誉日益提高，已成为海南的拳头产品；具有疗效作用的淡味混合型“金福”牌卷烟，1989 年第一次参加广交会就受到外商的青睐，成功地打入了国际市场；烤烟型“金福”牌卷烟 1990 年被评为省优质产品。新研制的半混合型女式“丽人”牌、混合型“天涯”牌及烤烟型“五指山”、“琼山”和“客来乐”牌卷烟，均以其海南风格，跻身于全国卷烟市场。目前，海南卷烟厂所生产的 9 个牌号的 10 多个规格品种的卷烟中，甲乙级烟占 90%，甲级烟占 60%。

为了推动海南省烟草工业的配套发展，省公司充分利用海南的自然资源和特区优惠政策的优势，抓紧香精香料等辅料项目的开发。1990 年 11 月，省公司与总公司、香港天利国际经贸有限公司、昆明香料厂合作，建成了国内第一家烟用香精香料生产经营企业——海南宝路国际香精香料有限公司。现设备已安装就位，形成了年产 600 吨的调香生产能力，并投入试产，初步获得了成功。

烟叶生产进展顺利 烟叶生产在海南建省前是空白点。1986年，在泰国一家烟叶公司的指导下，海南开始在昌江县试种香料烟，并初获成功。据1988年和1990年总公司科技部等部门及有关专家两次对海南发展香料烟生产的条件进行全面综合考察的结果表明：海南省有优质的地貌、丰富的热量、充沛的雨量、生物循环迅速的热带土壤、夏长无冬以及优惠的政策等各种有利的自然、生态和社会条件，适宜于发展香料烟。据此，省公司在总结试种经验的基础上，进一步抓好扩大试种，制订了“立足昌江、发展两部、规划种植、主攻质量”的发展方针。1989年经总公司批准，省公司在昌江县建立了海南香料烟试验站，开展了品种、肥料、密度和成熟度的试验，在种植中逐步推行规范化、良种化，取得了良好效果，其中引进种植的“巴斯马”品种香气、吃味良好，是目前最佳品种之一。1990年，试种地区由最初的昌江县扩大到东方、白沙、乐东、临高等县，试种面积也由原来的100多亩发展到1000多亩。经中国烟草标准化质量检测中心和郑州烟草研究院两次鉴定，海南生产的香料烟风格明显、香气质较好，在全国29个评吸样品中品质属中上。从而为扩大优质香料烟的种植，建设全国较大的香料烟基地打下了良好的基础。海南省烤烟、白肋烟的试种也获得成功，质量达到国内同类品种标准，为海南烟草种植推广闯出了路子。“八五”期间，海南烟草种植业将以优质香料烟为目标，重点发展烤烟，有计划地发展白肋烟，力争做到烟叶自给。

卷烟销售持续增长 海南是个销大于产的省份，长期以来以经营外省烟为主，由于海南四面环海，卷烟走私、贩私活动猖獗，在当地卷烟工业逐步发展、卷烟产量不断扩大的情况下，销售工作面临诸多困难。省局、省公司成立后，在卷烟销售工作中采取了各种有力措施，促进了销量的持续增长。1990年，全省销售卷烟15.01万箱，比1989年增长5.5%，其中有8077箱地产烟销往省外，1137件地产烟出口东南亚。海南的卷烟销售工作狠抓了四个方面：坚持以销定产、以产促销的原则，促进了卷烟产销平衡；加强管理，拓宽渠道，开拓农村卷烟市场；不断提高服务质量，努力开拓省外市场；强化烟草专卖管理，保护市场健康发展，经过不断努力，初步形成了特区烟草经营的新秩序。

烟草旅游业初见成效 海南是全国重点旅游区，素有“东方夏威夷”之美称。省烟草公司根据这一特点，坚持“一业为主，多种经营”的方针，发展多元化经济，因地制宜开拓新的业务领域，先后利用合资或独资的形式，在岛内各个重点旅游区兴办旅游业。在万宁县兴建的庭园式宾馆“泉香楼”已于1990年2月开业使用；在海口市金融贸易区繁华地段建设的“海南烟草大厦”，高达16层，面积16000平方；在海南南端黄金海岸旅游胜地三亚湾建设的“麒麟大酒店”，占地面积5.5万平方米，建筑面积2万平方米，这两个综合大楼已进入全面装修阶段，1991年底交付使用，为海南烟草行业实行多种经营迈出了第一步。

行业管理水平不断提高 海南烟草行业组建晚、人员新，管理基础薄弱。几年来，全省烟草行业逐步建立健全各项规章制度，不断强化企业管理和思想政治工作，努力建设一支有理想、有道德、有文化、有纪律的职工队伍，行业管理水平和整体素质不断提高。加强企业基础管理，抓好干部职工的业务技术培训，不断提高生产经营管理水平。加强思想政治工作，党政各部门实行分工负责和齐抓共管相结合，针对本行业的实际开展形式多样的教育活动，寓教于乐，陶冶情操，增强企业的凝聚力和向心力。抓好党风廉政建设，同各种不正之风作斗争，全系统廉洁从政、反腐倡廉之风初步形成，艰苦创业，无私奉献蔚然成风。

海南烟草行业实行专卖体制以来，省公司以开拓的精神，打开了局面，闯出了一条特区烟草事业发展的新路子。并将继续努力把自己尽快建设为实力雄厚的多元化经济实体，成为名副其实的“宝岛明珠”。

（撰稿：海南省烟草公司办公室）

附：海南烟草发展情况统计表

项目 年度	卷烟产量（万箱）	卷烟销量（万箱）	工业税利（万元）		商业税利（万元）	
			税金	利润	税金	利润
1988	3.93	13.54	3969	62	419	1974
1989	5.50	14.23	5982	59	520	2703
1990	7.06	15.01	7748	98	814	4530

四川烟草

四川有400多年的烟草种植史，是中国烟草种类最为齐全的省份。无论是烤烟、晒烟还是大量出口的白肋烟，在国内均属上乘。四川的雪茄烟历史悠久、产品繁多、质量优良；卷烟占据了中国最大的省级市场；新型药物鼻烟，独领世界风骚。

四川省烟草专卖体制建立于1982年10月20日。省烟草专卖局全权负责所属地方的烟草产供销方面的行政管理。省烟草公司作为一个农工商、产供销、人财物、内外贸高度集中统一的机构，负责全省的烟草种植、收购和调拨，以及烟草制品的生产、经营、管理、调拨和批发，并组织实施烟产业的开发，对外合作和烟草科研与教育。全省共有18个地（市、自治州）专卖局（分公司)，下属140余个县级专卖局（县公司）；2400多个烟叶收购站点和2700多个烟草制品批发网点；31万个烟草零售商店（贩)。还有成都、重庆、什邡、四川、西昌、绵阳、黔江、巫山、涪陵9个卷烟厂和中江、光明、蓬安3个雪茄烟厂，以及一个西昌鼻烟厂和宜宾等10个烟叶复烤厂。省内拥有一亿多卷烟消费者，省外市场幅射国内十余个省（市、自治区)，有些产品甚至长期出口。

10年来，四川省烟草公司投入了一定的资金，进行了大规模的技术改进，使烟草加工综合设备能力由10年前的70万箱一跃达到了约200万箱，固定资产总值也由10年前的不足1亿元达到目前的6.41亿元（除重庆)。在10年的奋进中，共开发出了“五牛”、“金达”、“攀西”、“凉烟”、“东狮”、“天下秀”、“青城”、“巫山”、“奔驰”、“黔龙”、“名画”等四川名牌卷烟和“长城”、“宝光”、“淡芭”、“名画”、“天府”等著名雪茄烟产品。“白芙蓉”、“并蒂莲”、“索玛”、“三角”、“雪竹”等产品一度风靡省内。以上这些构成了四川烟草市场占主导地位的产品。其中，相当一部分产品不仅在省内畅销不衰，而且在有些省（市、自治区）也倍受欢迎。

10年来，四川烟草得到了中央和地方政府的重视和有力支持。“六五”期间，完成技改投资近1亿元，“七五”期间，又完成技改投资5亿多元。其中，成都卷烟厂技改工程和新建宜宾打叶复烤生产线最为引人注目。成都卷烟厂由一个旧式作坊工厂一举改进为四川省最现代化的卷烟加工企业，拥有西德虹霓制丝线和英国莫林斯公司MARK—95卷接机以及意大利SASIB6000型横包机等先进设备，其产品在省内稳居一流。宜宾打叶复烤厂引进国际80年代先进水平的30万提打叶复烤生产线，使烟叶复烤加工登上了一个新的台阶，成为全国三条的打叶复烤生产线之一。

10年来，四川烟草持续稳定增长，经济效益逐年提高。1981年至1985年，全省收购烟叶分别为104、188、80、92、150.4万担，其中烤烟分别为52、92、43、75、113万担，晒烟分别为52、96、37、17、29.2万担；生产卷烟分别为64.99、71.83、73.25、84.82、108.24万箱，其中甲级烟分别为1.48、0.39、0.41、0.71、1.85万箱，滤嘴烟分别为2.15、1.65、0.67、0.97、1.95万箱；

生产雪茄烟分别为20.46、33.65、40.73、44.11、10.33万箱；完成工业总产值分别为3.39、4.05、4.25、4.9、5.87亿元；销售卷烟分别为118.41、126.15、161.13、156.51、182.99万箱；实现税利分别为2.85、3.29、3.22、3.91、4.98亿元（以上均包含重庆）。“六五”期间，四川烟草主要完成了由旧体制到新体制的平稳过渡，并开始着手调整布局和实施技改，产值产量在小有波动情况下有较大增长，年均递增产量13.6%，产值递增14.7%，销售递增11.5%，税利递增15%。“七五”期间，四川烟草又有大规模的发展。1986年至1990年，收购烟叶分别为163.2、134.6、235.6、290、270万担，其中烤烟分别为107.2、96.6、165.4、182.6、183万担，晒烟分别为43.2、24.8、39、54.4、37万担，白肋烟分别为12.8、13.2、31.2、53、50万担；生产卷烟分别为135.87、153.05、167.95、176.61、172.22万箱，其中甲级烟分别为6.87、9.85、18.1、24.46、30.95万箱，滤嘴烟分别为3.99、16.05、28.86、43.28、51.03万箱；生产雪茄烟分别为14.99、15.16、10.73、15.75、17万箱；完成工业总产值分别为7.68、9.79、11.05、12.39、12.82亿元；销售卷烟分别为201.77、217.74、239.87、253.1、260.5万箱；实现税利分别为6.43、8.74、12.31、14.3、15.5亿元。“七五”期间，四川烟草行业在中央和地方的扶持下，尤其是在四川省给予的一系列经济政策的促进下，得到飞速发展，加上近十年的技改投入开始发挥效益，使四川烟草在质和量两个方面都出现了前阶段未有的可喜成绩。烟叶产量频频冲击300万担大关，卷烟产量也接近200万箱，销售连年增长保持国内第一水平，尤其突出的是卷烟产品不仅在省内成为消费主流质量达到历史最好水平，而且在许多省（市、区）建立起信誉。“七五”期间，各项主要经济指标的年均递增率较为显著。更突出的是产值和税利的增长比例明显大于产量和销量增长比例。烟叶收购递增12.4%，卷烟产量递增9.7%，卷烟销售增长7.3%，工业总产值递增16.9%，实现税利递增25.5%。四川烟草通过调整产品结构，出现了历史上少有的良性循环现象。

10年过去了。通过落实国家专卖制度和进一步加强集中管理，四川烟草行业呈现出较好的发展势头。在未来的10年里，四川烟草将朝着继续保持8—10%的增长速度和税利再翻一番的目标奋进，让四川烟草香飘万里。

（撰稿：四川省烟草公司　汪建中）

贵州烟草

贵州烟草工业是全省主要产业之一，在省国民经济中占有重要地位。经过40年的建设，特别是近几年先后引进西德、英国、意大利先进设备装备，贵州烟草工业已经发展成为比较完整的体系，由贵州省烟草公司统一管理全省烟草工业的生产、经营。现有卷烟厂9个，烟叶复烤厂28个，1个烟科所，现有职工46000多人，其中有各类技术人员3700多人。烟叶复烤能力20多万吨/年，卷烟生产能力250万箱/年。

贵州烟草行业，经历了半个世纪风风雨雨的里程，发展到今天，既有灿烂辉煌的业绩，又面临严峻的挑战。特别在改革开放10年中，才获得突飞猛进、生机蓬勃的发展。

贵州地处中国西南部的云贵高原，海拔137—2900公尺之间，为亚热带湿润季风气候，雨量充沛，无霜期长，气候温和，土壤多为微酸性。水、土、光、热、温等自然条件适宜烟草生长。群众有种烟的悠久历史和长期积累的经验。

贵州种植晾晒烟，手工刨制烟丝，始于18世纪。清朝光绪15年，仅贵定县的烟叶产量就达300吨。

贵州种植烤烟始于1938年。1949年全省已有20多个县种植烤烟，面积达15.2万亩，总产量5950吨，居全国第三位。

1940年，“贵州烟草股份有限公司”成立，这是贵州烟草工业史上的第一家卷烟企业。

1949年，贵州解放前夕，全省共有大小机制、半机制卷烟厂65家，从业人员3000余人，资产总额达40多亿元（法币），拥有各种旧制切丝机、卷烟机200多台。

贵州烟草几经周折，甚至徘徊、踏步，直至70年代后期，特别是党的十一届三中全会以后，贵州各级政府高度重视“两烟”生产的发展，把“两烟”作为加速贵州经济建设的重点产业来抓，加强了对烟草行业的领导，理顺了经营管理体制，依靠科学，增加投入，制定了切实可行的政策措施，使贵州烟草获得了长足的发展。

为改进中国烟叶质量，贵州省烟草公司参加和承担了1986—1988年《中美合作改进中国烟叶质量》试验示范项目，采取边试验，边总结、边推广的办法，三年试验，两年完成，使贵州的烟叶质量明显提高，受到国内外专家的好评。普遍认为外观质量和内在质量均接近或达到世界先进水平，且烟叶的香气有独特的风味。产量由建国初期的11万担上升到1991年的650万担。贵州已成为稳定的优质烤烟基地，名列全国第三。为贵州卷烟工业的发展打下了坚实的基础。

1980—1990年全省投入发展卷烟工业的技改资金共6.4亿元，外汇5000多万美元，引进及消化吸收有当代国际先进水平的制丝、卷接、包装设备185台（套），使贵州卷烟工业的技术装备，跨入了全国先进行列。

贵州卷烟，现有114个牌号，309个规格。“贵烟”、“黄果树”、“遵义”、“花溪”、“云雾山”牌香烟，被总公司列为全国28个甲级名优烟；“90”牌卷烟被选定为第十一届亚运会专用烟；“黄果树”、“贵烟”、“云雾山”、“甲秀”、“天麻”、“草海”、“银杉”等8个牌号香烟，荣获1988年北京首届中国食品博览会金奖。新开发的“池牌”、“桫椤”、“亚细亚”等投放市场后，受到消费者、经营者的好评；“亚细亚”被总公司评为1990年配方改革招标产品。“黄果树”、“云雾山”牌被评为1991年度行优产品。企业的现代化管理水平，在深化改革中不断得到完善和提高。

在全国卷烟产量供过于求，竞争激烈的形势下，贵州烟草正在经受严峻的考验。回顾过去，贵州烟草业有了长足的发展，取得了突出的成效。展望未来，随着先进科学技术的推广应用，贵州烟叶质量提高，烟叶出口量逐年上升，卷烟开始走向国际市场。贵州“两烟”赶超国内外先进

水平，具有其它省、区所没有的、不可替代的条件和基础，一定会有十分美好的发展前景。

当今烟草行业发展迅速，优胜劣汰，以质取胜。后起之秀楚楚逼人。“江山相雄不相让”，省公司决心在深化改革中，总结经验教训，加强企业内部管理，继续引进先进设备、技术，抓住有利时机，自力更生，奋发图强，共创大业，再展宏图。继续坚持以质量求生存，创名优求发展，以服务求声誉，信守合同，服务周到，在质量、品种、包装、运输等方面，最大限度地满足客户和消费者的需要，以现代化的科学管理，努力开拓贵州烟草行业的新局面，沿着有中国特色的社会主义道路，迈步新里程，争创全国第一流企业，以崭新的姿态，强劲的步伐跨入2000年。

（撰稿：贵州省烟草公司）

云南烟草

云南省烟草公司在中国烟草总公司成立不久的1982年4月，按国务院和总公司的部署，经省人民政府批准正式成立，从而给“云烟”的振兴带来了机遇。省公司成立后，充分分析了云南的优势、潜力和问题，采取了自然优势与科技相结合发展烤烟生产；传统工艺、优质原料与现代设备、科学管理相结合革新卷烟工业；体制改革、经营承包与政策鼓励相结合调动多方面、全行业的积极性，齐心合力振兴云南烟草行业，从而迈上了“云烟”腾飞之路。

烟叶生产迈出较大步伐　在过去的几十年中，云南的烤烟生产主要依靠其优越的自然环境和烟农的传统经验，难得有新的突破。省烟草公司成立后清楚地认识到：云南烟草的优势在原料，必须首先抓好烤烟生产，在质量与数量上都要有新的突破。要发展烤烟生产光靠老天赐予的自然环境是很不够的，还要寄希望于科技。首先通过培训、调入等多渠道充实和扩大烟科队伍，在7个主产烟叶地区建立烟科所，在50多个产烟县建立技术推广站。1986年后又在各烟叶站建立技术指导小组，形成三级科技网络。到1990年全省已有高、中、初级农科专业技术人员2000余人。由于各级领导的全力支持和农科人员的努力，已创建出来一套适合云南地貌特征的烤烟种植技

术，概括为："三化、两膜一袋、双配套"。具体说就是：良种化、区域化、规范化；薄膜育苗、地膜凸架栽培和营养袋假植排苗；烟肥配套与烟水配套。对病虫害防治、微肥应用、成熟采摘、科学烘烤等方面的研究都取得了很好的成果。其次，将成套科研成果用于示范田，大办优质烟综合示范区（简称"综示区"）。运用综合配套技术、规范化管理，使烟叶亩产比大面积提高 25～30%，上中等烟叶比重达 87%，比大面积高出 15 个百分点。办综示区的原则是：面积不宜过大，以不超过总面积 20%为限，但标准要求要高，使其真正发挥示范作用。

为推广科技、加强农田水利建设和供给烟农生产物质等需要，由烟草公司、地方财政和卷烟厂投入了大量资金，且逐年增加。仅 1986—1990 年 5 年里就投入资金 15 亿元。卷烟厂把扶持烟叶生产当做自己的"第一车间"来抓。

配合科技与资金的投入，还依靠政策的力量来调动各方面的积极性。如先后出台了调拨基数包干、生产扶持、收购奖励、运费补贴等政策，对发展烤烟生产、提高烟叶质量起到了很大的促进作用。

在科技、资金投入和政策的三股强力推动下，云南的烤烟生产在量与质上都发生了重大变化。产量由 1980 年的 10.24 万吨，增长到 1988 年的 50.73 万吨，8 年翻两番。"六五"期间年平均增长 30.7%，"七五"又比"六五"增长 62.50%。1989～1990 年两年，因让出 25 万亩良田保粮食生产加上自然灾害，使烤烟产量略有减少，但仍保持了 45.67 万吨和 43.6 万吨的高产，质量不断稳步提高。上中等烟叶比重由 1983 年的 53.37%，提高到 1990 年的 76.76%，增加 23.39 个百分点。

由于烤烟的丰产和质量的提高，不仅支持了省内卷烟工业的发展，还支持了全国 100 多家卷烟厂，并扩大了外贸出口。从 1981～1990 年共调出省外烤烟 111.44 万吨，出口烤烟 2.28 万吨。调出与出口量占同期收购量的 37%。云南烤烟已由原来的全国第三位上升到第一位，其产量在全国的比重已由 1982 年的 6%，上升到 1990 年的 18%。

卷烟生产取得明显成绩 省烟草公司成立后，在继续抓好烤烟生产、强化原料优势的同时，也把卷烟工业的振兴，变原料优势为产品优势作为重要战略目标。为此，瞄准难得的机遇，大胆投入，引进当代世界先进水平的技术装备，对省内重点卷烟厂进行大规模的技术改造；重视、加速对科技人员的培训，以保证先进设备引进后的消化与吸收；根据党的改革、开放精神，推出一系列改革措施，强化行业和企业的管理，确保各项工作和产品质量。由于全行业职工同心协力，紧紧围绕上述三个方面的工作，在短短的几年里，就使全省卷烟工业发生了重大变化，产品优势得以确立，并进而向包括配套工业的群体优势迈进！

为卷烟企业的技术改造，从 1983～1990 年先后投入 2.5 亿美元和 15 亿人民币，引进制丝线 9 条、卷接设备 222 台（套）、包装设备 151 台（套），使卷烟生产能力由 100 万箱提高到 400 万箱。其中，进口设备的生产能力占 55%。卷烟工业固定资产净值由 1982 年的 1.02 亿元增加到 1990 年的 11.63 亿元，8 年增长 10 倍。在投资、引进安排上，首先确保拥有名优产品较多的昆明、玉溪两厂，同时重视另外 4 家国营卷烟厂的技术改造和适当照顾其它计划内集体企业的设备更新，使技改有重点、有步骤地进行，收到了很好的效果。

针对云南省卷烟工业技术和现代管理人才短缺的情况（1982 年各卷烟厂专业技术人员不到职工人数的 1%），并配合大规模"技改"和设备引进，省公司及时抓了人才培训工作。先后选送上千名具有高中文化的青年职工，去大专院校学习急需专业，这批人毕业后大多数成了企业技术和管理骨干。到 1990 年，全省卷烟工业已拥有各专业工程技术人员近千人，具有大专以上学历的管理、技术干部达 2131 人，占职工总数的 10%。这对卷烟工业的的高速发展、产品质量和管理水平的明显提高，起到了重要作用。

根据国务院《烟草专卖条例》和集中统一管理原则，全省先后在 16 个地、州、市组建了烟草专卖局和 13 个地、州、市建立了烟草分公司，在 70 个县组建了县级烟草专卖局和烟草公司。专卖和集中管理体制建立后，对发展烤烟生产、提高烟叶质量、贯彻执行烟草专卖政策都起到了推动作用。在关停计划外烟厂、整顿卷烟市场、打击非法倒卖、维护消费者和生产者利益、查处假冒烟等方面都做出了很大贡献。

在卷烟厂贯彻"三个条例"，推行厂长负责制和任期目标制，全面推行经营承包、扩大企业自主权，增强了企业活力。各卷烟厂普遍实行工作实绩、生产成效、产品质量与责任者经济利益挂钩的办法，充分调动了各方面的积极性。

由于上述多方面的组织、技术和管理措施以及依靠政策、法令的力量，使全省卷烟工业在较短的时间内发生了较大的变化。全省卷烟产量由1981年的103万箱增长到1990年的448万箱，9年增长3.35倍，年均增长18%。从1988年开始，云南卷烟产量已由1982年的全国第6位，跃升为第一位；在全国的比重由6%增加到13.7%。更主要的成就还在于产品质量稳定提高，在激烈的竞争中始终保持着较高的声誉和旺盛的销势，产品供不应求，从无积压。为了更牢固地赢得消费者的信誉，各卷烟厂并没有站在优质原料和先进设备上停步不前，而是密切注视市场的变化和消费者的需求，特别是重视生产工艺和配方的不断改进，严格质量管理，使自己的产品保持了比较旺盛的生命力。

云南卷烟面向全国，走向世界。省外销售已占总销量的3/4，还出口10多个国家和地区。“三七”、“新兴”牌卷烟在日本、缅甸等市场很受欢迎。1990年出口卷烟5.96万箱，加上国内外汇销售，创汇1.33亿美元。“七五”期间出口卷烟10.7亿元，创汇3.7亿美元。

管理加强，效益大幅度增长 生产、效益的成就就是以管理成就为基础的。“七五”期间各卷烟厂的内部管理都先后走向了制度化、规范化和现代化，各项管理工作都在每年一个新台阶地向前发展。玉溪、曲靖卷烟厂首获“国家二级企业”称号，玉溪卷烟厂又于1991年6月通过了“国家一级企业”的验收。昆明、楚雄、昭通等7家烟草企业获“省先进企业”称号，其中，昆明卷烟厂于1991年6月通过了“国家二级企业”验收。

云南烟草行业的发展，给全省经济注入了活力，烟农增加了收入，政府增加了财力，还带动了一系列相关产业的发展。仅“七五”期间的烤烟收购就投入资金53亿元，加上各种扶持、补贴和农田水利建设投入，总投入近70亿元。不少县、区、乡和大批农户因此摆脱了贫困，走上了富裕之路。

“六五”期间全省“两烟”共创税利43.2亿元，年平均增长29.5%。“七五”则增长到214亿元，加上浮价收入共计239.6亿元，比“六五”增长4.5倍，占同期全国烟草行业税利总额20%以上，1990年达25%以上。“两烟”税利已成了全省第一财政支柱，给国家、地方和农民都做出了贡献，给相关行业带来发展机遇。

云南烟草除税利增长排在全行业之首外，各项效益指标也居领先地位。1990年全国卷烟单箱税利852元，而云南则为1323元，比全国平均数高出55.3%，加上浮价收入后则为1673元，为全国平均数的196.63%，高出近1倍。其他如劳动生产率、实物效率、单箱卷烟物耗等指标均居全国先进水平。

由于产品质量稳定、市场信誉高，近几年已有28个牌号，占总产量50%以上的卷烟分别获“国优”、“行优”和“省优”称号。1988年全国首次放开价格的13种名优卷烟中，其中9种属云南产品。

开拓前进，明确发展方向 在成绩和荣誉面前，并没有使云南烟草行业的企业家和职工们陶醉。行业各级领导已清楚地看到了自己的不足和尚待开发的潜力。如原料优势尚须进一步加强，卷烟产品结构还须不断调整，产品质量还须继续提高，少数牌号的卷烟出现滞销情况要扭转，已经滞后的配套工业要加强。总之，云南烟草行业需要开拓前进，再上新台阶。

鉴于行业面临的现实，省公司于1990年初就及时地提出了，进入90年代要完成“三个转变”和“五个提高”的任务。“三个转变”：一是从速度效益型向质量、结构效益型转变；二是从设备引进热向消化吸收、提高利用热转变；三是从单一的烟草产品优势向含配套工业在内的群体优势转变。“五个提高”是：提高上等烟叶比重、提高烟叶收购等级合格率、提高卷烟辅料自给率、提高卷烟产品合格率和提高资金利税率。

根据上述精神，近年来在压缩卷烟发展速度、调整产品结构、提高进口设备利用和发展配套工业等方面都迈出了新步伐。玉溪卷烟厂1990年在卷烟产量低于上年的情况下，通过结构调整，其产值、税利却比上年提高10.2%和29%，率先走向了质量、结构效益型发展道路。昆明、曲靖等大型卷烟厂都大大放慢了产量发展速度。由于狠抓了设备管理，进口设备的消化与利用也逐年提高，1990年全省进口设备平均有效利用率达56.8%，比上年提高5.1个百分点。其中，玉溪卷烟厂达71.7%，居领先地位。同时，也看到设备潜力还较大。为发展配套工业，提高卷烟辅料的自给率，已投入人民币3.65亿元，外汇6800万美元发展省内滤嘴材料、盘纸、铜版纸、铝箔纸的生产。1990年又将原昆明通用机械厂划入烟草行业，更名云南烟草机械厂，在该厂建立进口设备大修车间，为进口设备配件国产化，发展国产烟草机械铺平了道路。

保证发展方向，坚持抓好精神文明建设 行业各级党委和行政领导配合党的各项中心工作，加强精神文明建设所取得的成就，是行业得以发展、腾飞的根本动力。

首先，把培养一支政治上站得稳、生产上过得硬的“四有”职工队伍，始终作为头等大事来抓，并取得重大成就。通过脱产轮流培训与经常性思想教育相结合，开展丰富多彩的文体活动，寓教于乐，解决职工实际困难与思想教育相结合等多种方式开展爱国主义、社会主义和共产主义教育。通过“动乱”后的反思，加强党的建设，对职工进行坚持四项基本原则、反对资产阶级自由化的教育。从而使职工坚定了社会主义信念，增强了当家做主的责任感，提高了参加民主管理的自觉性。企业职工代表大会都较充分地发挥了民主管理与监督作用。

行业各级领导带头学习马列主义、毛泽东思想，加强自身思想建设、作风建设和廉政建设，认真纠正行业不正之风，联系实际贯彻党中央、国务院有关规定，建立健全了廉政监督机制，及时查处各种违法违纪案件，惩治腐败，从而保证了社会主义方向。

（撰稿：云南省烟草公司 张开汉 何永清）

附：云南烟草发展情况统计表

年度	烟叶收购量		卷烟产量			卷烟调售省外(万箱)	卷烟省内销售(万箱)	烟草利税总额(亿元)
	总量(万吨)	上等烟叶%	总量(万箱)	甲级烟%	滤嘴烟%			
1980	10.24	56.85	89.29	5.84	2.32	53	27.85	3.72
1981	16.24	62.23	103.01	8.21	6.64	62	34.27	5.62
1982	24.72	54.14	119.11	4.53	7.41	73	36.36	6.80
1983	13.56	53.37	148.55	5.63	8.82	93.4	44.21	7.52
1984	25.70	64.70	175.07	7.70	11.40	119	51.20	9.74
1985	37.55	62.15	206.25	9.83	16.50	125.4	62.70	13.51
“六五”合计	117.74	60.02	752	7.43	11.01	472.8	228.74	43.22
1986	25.39	66.96	235.73	12.20	22.40	154.48	71.53	18.27
1987	31.84	78.40	300.24	15.50	33.10	185.92	83.07	25.84
1988	48.81	80.15	357.20	20.84	39.82	255.79	94.45	42.93
1989	42.91	75.47	407.36	25.12	43.60	302.37	96.57	56.00
1990	41.02	76.76	448.25	32.63	50.47	312.00	100.57	70.91
“七五”合计	189.97	74.04	1748.78	22.48	39.98	1210.58	446	214

陕西烟草

陕西省烟草公司自1984年组建以来，在国家局、总公司、陕西省委、省政府的领导下，以延安精神创家立业，靠改革开放长足发展。1986年基本完成烟草业务的移交和企业上划工作，实行产供销，人才物集中统一管理。辖管分公司10个，县（市）公司56个，卷烟雪茄烟厂6个，烟叶复烤厂2个。

“七五”期间，陕西省各级烟草专卖局和工商企业，全面贯彻党的基本路线，坚持以经济建设为中心，强化专卖，发展生产，使全省烟草经济发生了前所未有的可喜变化。1990年，全行业职工达到18441人，拥有固定资产原值3.33亿元，净值2.94亿元，实现税利11.57亿元。

“七五”期间，累计实现税利36.46亿元，为“六五”计划的3.88倍，为国家做出了一定贡献。

卷烟工业发展迅速 烟草行业实行国家专卖的新体制后，坚持改革、开放，使陕西卷烟工业

在短短的几年里有了飞快的发展。目前，已基本建成以卷烟加工为主体，印刷、造纸、烟机配件制造、滤嘴和包装材料配套发展的工业部门。全省卷烟工业改革和发展的重要变化是，卷烟生产有了长足的发展。“七五”期间，共生产卷烟537.3万箱，为1949年—1985年陕西省卷烟产量之和的1.15倍。1990年陕西省卷烟生产量达到141.6万箱，分别为1980年和1985年的4.76倍和2.07倍，卷烟工业总产值为10.65亿元，分别为1980年和1985年的8.13倍和3.28倍。其次，卷烟的产品结构趋于合理，甲乙级烟、滤嘴烟比重提高。建国以后，一直到80年代初，陕西省基本上只生产中低档卷烟。甲级烟、滤嘴烟占全部卷烟产量的比重甚微。1985年，全省甲乙级卷烟产量只占全部卷烟产量的19.82%，滤嘴烟产量只占1.53%。“七五”期间，陕西省卷烟工业的产品结构逐趋合理，甲乙级烟、滤嘴烟比重迅速上升，丁戊级烟比重相对下降。1990年甲乙级烟生产88.23万箱，占总产量的62.28%。滤嘴烟生产38.89万箱，占总产量的27.45%，丁戊级卷烟比重降低到11.73%。第三，品种结构起了变化。为了减少吸烟对健康的危害，陕西省采取了加快开发和发展混合型烟、滤嘴烟、疗效烟和低焦油含量烟的措施，取得了明显的效果。开发研制的“钟楼”、“飞利达”、“冠”、“海尔登”、“香思丽”、“祝尔慷”等各具特色的混合型、低焦油卷烟和药物疗效卷烟产量1990年达到2.68万箱。目前全省卷烟产品已由以前的烤烟型、雪茄型发展为烤烟型、混合型、外香型、疗效型、雪茄型五大系列。

卷烟产品质量显著提高 陕西各卷烟工业企业坚持质量第一、用户至上的生产方针，坚持不懈地强化质量意识，把提高产品质量放在各项工作的首位。在设备保养、工艺技术和计量管理等方面下功夫，完善生产手段和操作方法，努力克服质量缺陷。全面开展企业管理升级达标，有计划地推行全面质量管理；建立健全质量监测网络体系，加强卷烟产品质量监测；不断开展评吸活动，广泛收集消费者的意见和要求；实行工资奖金与产品质量挂钩，积极开展创优质创名牌活动，收到良好的效果。近几年，卷烟产品合格率基本稳定在96%以上，其中甲乙级烟合格率达到98%以上；优质品率达到40%，有3个牌号荣获行优称号（乙级“金丝猴”、“巴山雪茄”、“小桔子雪茄”）；14个产品荣获省优称号（84甲级“金丝猴”、“圣地”、“新星”、“大雁塔”、84甲级“延安”、“骏马”、“宝塔山”、“飞利达”、“钟楼”、“壶梯山”、“海尔登”、“红玉”、“汉江”、84乙级“金丝猴”）；18个产品荣获省优秀新产品称号（“万力”、“公主”、“华秦”、“新星”、“秦宝”、“宝虹”、“冠”、“武皇”、“海尔登”、“钟楼”、“中央大礼堂”、“九节狸”、“铜车马”、“红玉”、“法门寺”、“飞利达”、“宏华”、“陕兰花花”）。疗效型卷烟“祝尔慷”在泰国举行的“中国实用技术与成果展览会”上荣获金奖。

技术改造效果明显 1985年以前，陕西卷烟生产流程中的烟丝加工、产品包装和制品传送，普遍使用手工操作，机械化程度比较低。手工操作的比重一般占到50—70%，1985年工人劳动生产率只有37544元/人。“七五”期间，陕西卷烟工业顺应工业技术改革之潮流，狠抓了技术引进和设备更新改造，共引进国际80年代先进水平的制丝生产线3条，卷接包机组36台（套），逐步对国家定点生产的卷烟、雪茄烟企业进行了设备更新和技术改造。宝鸡、延安、澄城烟厂基本实现了卷烟制丝、卷烟接嘴、大小包装的机械化、连续化、自动化。城固、旬阳、彬县烟厂的大部分工序实现了机械化、连续化。卷烟工业的技术装备状况和生产技术水平有了明显的进步和提高。1990年陕西省卷烟工业企业工人劳动生产率提高到83359元/人。

经济效益稳定提高 “七五”期间，陕西卷烟工业实现利税连年持续增长，每年都有所贡献，已成为陕西省财政收入的重要来源之一。据统计：从1986年至1990年的5年间，陕西卷烟工业累计实现税利30.38亿元。为解放后投资总额4.11亿元的7.35倍，为1990年末固定资产原值的9.94倍。1990年，全省卷烟工业实现税利9.62亿元，比1985年的2.20亿元增长3.37倍。固定资产税利率、产值税利率、资金税率均居全省各业之首。

卷烟销量稳步增长 “七五”期间，全省卷烟营销工作坚持在专卖和计划的指导下，实行计划分配与自由选购相结合的方针，实行二级站在全国通开，三级站在全省通开，不断改革和完善卷烟流通体制。1990年底，全省建成二级批发站11个，调拨站8个，三级批发站93个，代批点337个，零售门点92495个，全省城乡已经形成一个以烟草公司为调拨批发渠道，国营、集体商业、代销社和个体烟商为零售渠道，网点布局合理，流通基本畅通的卷烟市场，有力地促进了卷烟销售的发展。从1988年开始，陕西卷烟销售连续3年突破百万箱大关。1990年全省批发销售卷烟100万箱，比1985年增长67.11%，在全国同行业的位次已由第22位上升为第12位。目前，陕西各烟厂生产的60多个牌号和规格的卷烟、雪茄烟销售全国28个省、市区的100多个地、市、县。“巴山”、“农工”、“海尔登”等牌号的卷烟、雪茄烟在国际博览会、广交会和经济洽谈会上受到外商的青睐。“祝尔慷”已叩开了新、马、港、澳等东南亚国家和地区的大门。

烟叶生产初具规模 陕西地域狭长，横跨三个气候带，土层深厚，热量资源丰富。种植烤烟得天独厚。但过去烤烟种植发展缓慢，面积、产量一直徘徊在10万亩和1万吨左右，党的十一届三中全会以来，特别是实行产供销集中统一管理以后，省局、省公司遵循“抓住时机，扩大种植，巩固老区，开发新区，主攻质量，提高单产，配套服务，讲求效益”的指导思想，加快陕北、渭北优质出口烟叶基地建设，努力开发陕南优质主料烟和延安香科烟。对烟区实行了一系列扶持、优惠政策，提高烟叶税返还比例，提供贴息贷款和低息贷款，无偿实行技术服务，垫付生产费用，免费减费实行烟叶种植成本保险，培训技术人员，落实解决烟用物资，促进了烟叶生产的发展，使陕西烟叶生产基地初具规模。目前已形成了以咸阳、渭南、延安为主的9个地、市，70多个县（区）种植烟叶的规模和布局。1990年，陕西省种植烟叶118万亩，产收11万吨。其中，中上等烟叶达到80%以上，居全国第9位。

精神文明建设成绩显著 党的十三届四中全会以来，各烟草工商企业党政组织，认真贯彻党的十三届四中、五中、六中全会精神，普遍重视了精神文明建设和思想政治工作，广泛深入地开展四项基本原则的教育，社会主义、爱国主义和集体主义精神教育，有理想、有道德、有文化、有纪律的“四有”教育和法制教育。在全系统普遍开展“学雷锋树新风”活动；创文明单位，争做双文明标兵的活动。同时，还注意把思想政治工作与生产经营工作紧密结合，把教育寓于文体活动之中，寓教于文，寓教于乐。从而使精神文明建设与物质文明建设同步发展，取得了明显进步。近几年来全行业涌现出了一大批先进集体和可歌可颂的模范人物。澄城雪茄烟厂1989年被评为省级先进企业和省级“双文明”建设先进单位，1990年被评为全国烟草系统思想政治工作先进单位和安全先进单位；宝鸡卷烟厂1986年度被评为省级先进企业和省级“双文明”建设先进单位，1988年被评为省级思想政治工作优秀企业；延安卷烟厂1988年度被评为省级先进企业；延安、咸阳分公司，长武、宜川县公司1990年被评为全国烟叶生产先进单位；西安、汉中、商洛、榆林分公司，旬阳卷烟厂1990年被评为陕西省烟草系统“双文明”先进单位。一个群众性的建设“双文明”单位，争做“双文明”先进个人的活动正在全省烟草行业健康发展。同时，抵制了行业不正之见，狠抓了以反腐倡廉为主要内容的党风廉政建设，省局、公司在1990年明确提出的“团结、求实、奋博、奉献”的行业精神，得到了全省18000多名职工的拥护，并在实践中形成了促进陕西烟草业沿着社会主义方向奋发向上的巨大精神力量。

（撰搞：陕西省烟草公司 刘春林）

附：陕西烟草发展情况统计表

年　度	卷烟产量（万箱）	卷烟销售（万箱）	烟叶收购量（万吨）	全行业实现税利（万元）
1981	30.44	35.36	1.39	9904
1982	39.41	40.62	3.03	12157
1983	48.90	45.57	1.95	13800
1984	55.64	52.37	3.80	17336
1985	68.50	59.84	5.05	27800
1986	72.39	63.45	4.45	32000
1987	90.41	71.76	4.77	43800
1988	102.67	82.40	7.80	72000
1989	130.25	96.75	8.80	96400
1990	141.66	99.44	10.22	115200

甘肃烟草

甘肃省烟草专卖局和甘肃省烟草公司成立于 1984 年 9 月。7 年间，党中央关于改革开放的英明决策和国家对烟草实行专营的制度，使甘肃烟草事业同甘肃省的其他事业一样得到了蓬勃发展，行业面貌发生了较大的变化。卷烟产量由 1985 年 15.46 万箱，发展到 1990 年的 27.96 万箱，增长 80.85%；卷烟销售由 1985 年的 22.85 万箱，发展到 1990 年的 43.77 万箱，增长 91.55%；烟叶生产由 1985 年种植 2.3 万亩、收购 5.9 万担，发展到 1990 年种植 11 万亩、收购 29.08 万担，分别增长 3.78 倍和 3.93 倍；实现税利由 1985 年的 6560 万元，发展到 1990 年的 25773 万元（税金 24736 万元，利润 1037 万元），增长 2.93 倍。5 年累计实现税利 93902.8 万元（税金 87832.9 万元，利润 6069.9 万元）。

按照社会主义有计划商品经济的要求，甘肃省的烟草企业，打破了过去封闭式生产旧框框，面向市场，参与竞争，不断完善企业经营机制，逐步深化企业改革，使企业开始有了活力。1986 年部分企业实行了厂长经理负责制；从 1987 年开始对所属企业全部实行了承包经营，并全部实行了厂长经理负责制。至 1990 年底第一轮承包已圆满结束，较好地完成了总公司下达的承包任务。1991 年为了搞活内部分配，充分调动广大职工的积极性，实行了工资总额与经济效益挂钩，把企业的经营成果同劳动者个人利益结合起来。同时，积极改革干部制度和人事制度，各级领导班子实行了目标责任制，对领导干部实行了任期制、试用制，对专业技术干部实行了聘任制，对处级以下干部（不含处级）实行了岗位责任制，初步解决了干部能上不能下、能升不能降的问题，促使各级干部达到本岗位的要求，人尽其才，各展所长。

企业实力得到增强 甘肃省卷烟工业起步晚、发展慢、设备陈旧、技术落后，管理基础工作薄弱，同生产发展和市场要求很不适应。实行集中统一管理以来，省公司坚持技术进步，以科技为先导，引进新技术、新设备、新工艺、新材料，重点改造了兰州烟厂的制丝生产线和其他三家烟厂的制丝、卷接包设备及配套设施，改造总投资已完工 12299 万元。经过技术改造，甘肃省卷烟工业技术装备水平有了一定的提高，企业实力有所增强。1990 年末，设备总数 322 台（套）中，先进的 125 台（套），落后的减少到 134（套）。（1985 年时，全省共有卷烟专用设备 104 台（套），其中比较先进的只有3台（套），其余均为中国烟草总公司列为保留和淘汰的设备。）

调整产品结构迈出了新步伐 在卷烟生产上，以“上质量、调结构、上水平”，狠抓企业基础管理为重点，根据总公司“改造烤烟型、发展混合型、稳定雪茄烟、开发疗效烟”的品种战略，大力开发新产品，改造老产品，发展系列产品，增加适销对路产品，努力提高产品质量，满足不同层次的消费需求，初步改变了甘肃省卷烟工业产品结构不合理，装潢不考究，产量小，品种单一的状况，形成了等级、品种、类型、规格比较齐全，产品结构逐步趋于合理，产品质量不断提高的新局面。目前，全省共生产34个牌号卷烟，6个牌号雪茄烟，3个牌号混合型和药物型卷烟。规格有100mm、84mm、81mm、70mm。1990年生产卷烟27.96万箱，比1985年的15.46万箱增长80.85%。产品抽检合格率达到94.22%。烤烟型甲级烟嘴“海洋”、“奔马”、乙级烟嘴“兰州”、“凤壶”等4个牌号被评为省优产品。

卷烟销售稳步增长 实行集中统一管理以来，省公司在专卖的体制下努力搞活流通。根据甘肃省烟草事业发展的实际情况，明确提出了卷烟销售工作要立足地产烟、立足本区划，以地产烟为主体，省外烟为补充的经营思想和以开拓农村市场为重点的策略，在资金短缺、市场疲软、竞争激烈的情况下，加强专卖管理、计划管理，狠抓企业管理，提高服务质量。各企业普遍采取延长营业时间，下伸批发网点，上门开票，送货下乡，赶集跟会，联合展销等服务措施，充分依靠农村供销社点多面广、经营设施完备、队伍机构健全，组织农村商品流通经验丰富的优势，委托代批、联营展销、完善农村网络，扩大了农村卷烟销售。同时加强市场调查、狠抓信息反馈、加强产销衔接，以产促销、以销定产，使卷烟销售年年增长，经济效益有了较大幅度提高。1988、1989、1990连续三年被总公司评为卷烟销售先进单位。

烤烟生产有了较大的发展 甘肃省的烤烟种植主要在庆阳地区，已有40余年的历史。这里土壤肥沃、气候温和、四季分明，雨量充沛、光照充足，昼夜温差大，无霜期较长，有利于烟叶物质的积累。过去烟叶生产几起几落，发展缓慢，收购量一直徘徊在2—5万担左右。省公司成立后，把发展烟叶生产放在重要地位，坚持“计划种植、主攻质量、提高单产、增加效益”的烟叶生产指导方针，增加种烟投入，制订优惠政策，推广“良种化、规范化、区域化”三化生产和种烟新技术，整顿烟叶收购秩序，严格烟叶收购标准，使烟叶种植面积不断扩大，产量不断提高，质量不断上升，对解决卷烟生产所需原料，缓和烟叶供需矛盾，增加地方财政收入，帮助老区人民脱贫致富起到了积极作用。1991年，种植烤烟11万亩，收购29.08万担，分别比1985年的种植2.3万亩、收购5.9万担增长3.78倍和3.93倍。其中上等烟占18.93%，中等烟占52.83%。除自用以外，还销往全国7个省区、十几家烟厂。

专卖管理不断加强 省烟草专卖局和省烟草公司组建上划以来，认真宣传和贯彻国家《烟草专卖条例》，强化烟草专卖管理机制，积极组建专卖机构，先后组建了8个烟草专卖分局、43个县局，在全省初步形成了专卖管理网络。为了加强烟草专卖管理，大力整顿了卷烟流通秩序，加强市场检查和管理，充分依靠地方政府制订地方烟草专卖法规，在工商、公安、税务、物价等部门的紧密配合下，严厉打击投机倒把，违章贩运，非法批发，走私贩私，假冒烟等扰乱市场的不法活动，保护了合法经营，打击了非法经营，维护了国家和消费者的利益。省局（公司）对内部执行烟草专卖法规的问题，提出了十分严格的要求，自觉地用专卖法规和专卖政策来指导和监督经营业务的开展，把生产经营业务置于严格的专卖管理之下。使专卖工作制度化、规范化，保证了国家财政上缴。

在甘肃烟草事业发展过程中，各级党组织发挥了十分重

要作用。尤其是在党的十三届四中全会以后，省局（公司）党委十分注意加强党的建设和思想政治工作，努力克服“一手硬，一手软”的问题，坚持“两个文明”一起抓的方针，加强了马克思列宁主义毛泽东思想的基础理论教育，开展了纠正行业不正之风为主要内容的党风廉政大检查，重点解决了影响行业声誉，败坏行业风气的问题，保证了行业的健康发展。

（撰搞：甘肃省烟草公司　张建新　孙军）

附：甘肃烟草发展情况统计表

年度 项目	1985	1986	1987	1988	1989	1990
卷烟产量（万箱）	15.45	18.78	21.01	25.05	24.56	27.96
卷烟销量（万箱）	22.85	28.28	30.54	30.89	37.94	43.77
烟叶收购（万担）	5.9	3.76	6.89	20	27	29
实现税利（万元）	6560.1	10924.9	13748.4	20141.5	23315	26100

青海烟草

青海省烟草专卖局、青海省烟草公司于1984年成立。1986年1月上划中国烟草总公司管理。8年来，认真贯彻党中央、国务院关于烟草专卖的方针政策，艰苦创业，坚持改革，产销稳步发展，效益逐年提高，为国家经济建设做出了贡献。

认真贯彻国家专卖政策　加强集中统一管理　管理体制改革前的乐都卷烟厂，虽然年生产能力为3万箱，但因产品质量不稳定，市场竞争能力差，滞销积压严重，1984年6月被迫停产，当年10月，烟厂划归省烟草公司管理后，省公司接收和处理了全部卷烟库存近万箱，理顺了产销关系，对企业进行全面整顿，调整产品结构，提高产品质量，使企业摆脱了困境，走上了健康发展的轨道。1984年到1991年，8年累计生产卷烟14.5万箱，比前6年累计产量4.7万箱增长206%；产值9160万元，增长267%；实现税利7404万元，增长5.4倍；1984年到1990年，7年累计上缴税金5805万元。1990年上缴税金1542万元，在青海省13个上缴税利企业大户中名列第5。

省局、省公司成立后，在组建州、市、县烟草机构的同时，对不成立专卖机构的地区，委托原主营单位经营三级批发业务，并行使烟草专卖行政管理权力。在各级党政领导支持和有关部门配合下，通过各种形式，宣传和贯彻《烟草专卖条例》及其《施行细则》，整顿卷烟市场，扭转了多渠道进货、多头批发的混乱局面，建立了卷烟市场的正常秩序。1984年到1991年上半年的7年半中，全省共发放烟草专卖许可证10050份，查处违章案件4378起，罚没金额118.31万元，查扣、没收计划外、假冒和手工卷烟39万余条，销毁假冒烟4.4万条。打击了违法经营活动，保护了合法经营，维护了国家和消费者的利益。

深化企业改革　改善经营机制　根据总公司统一部署，1987年，省公司和乐都卷烟厂按照“包死基数，确保上缴，超收多留，欠收自补”的原则，实行上缴利润递增包干和工效挂钩。企业内部建立责权利相统一、职工劳动所得与贡献大小相联系的经济责任制网络体系，把强化企业管理的各项任务纳入企业内部经济责任制，把提高质量、降低消耗、提高效益等指标层层分解，落实到人，严格考核，调动了企业和职工的积极性。省公司还在同行业之间，开展横向联合，同陕西、湖北、山东、河南等省联产联销，增产了适销产品，拓展了产品销路。

调整产品结构　提高产品质量　乐都卷烟厂是国家批准的计划内烟厂，也是青海省唯一的卷烟工业。管理体制改革之后，根据市场需求变化，引进先进技术和工艺，进行技术改造，更新部分设备，新建了精装车间和部分配套工程。坚持以销定产，调整产品结构，积极开发新产品，扩

大甲级烟和滤嘴烟的产量，压缩和停止滞销牌号的生产。1990年，甲级烟产量占总产量20.9%，滤嘴烟产量占总产量34%；甲乙级产量已占总产量的71%。

几年来，不断强化质量意识，开展全员、全过程质量管理活动。一是坚持按部颁标准组织生产，改进配方技术，严格工艺规范，抓好生产现场管理；二是建立健全质量管理部门，形成了班组、车间、工厂质检部门对产品质量齐抓共管，搞好质量检测，并按月将样烟送西北烟草质量检测站检测；三是烟厂和省公司评烟委员会经常组织评吸活动。通过二级站、评委会和销售环节反馈和信息查找质量问题和原因，研究改进措施，使产品质量逐步提高。现在，烟厂生产的“95”、“湟光”、“青海湖”、“江河源”等牌号卷烟已在省内畅销或平销。

搞活流通　扩大销售　提高经济效益　近年来，全国烟草系统实行计划分配与自由选购相结合，在国家销售计划指导下，卷烟二级批发在全国放开，三级批发在省内放开，分别在全国、全省范围内看样订货，合同购销。青海省卷烟自给率低，从省外调入的货源占总销量的70%以上。在这种情况下，省公司落实搞活流通、扩大销售的经营方针，正确处理省产烟和省外烟经营的关系，在积极销售地产烟的同时，大力发展同省外的购销关系，进货地区由原来的六七个发展到13个省区，根据本省市场供求变化，购进适销对路品种，加强产品宣传，积极引导消费，开展余缺调剂，为基层搞好服务，卷烟销量逐年增长，市场供应充足，消费者比较满意。1984年到1991年的8年中，共销售卷烟62万箱。1990年销售8.9万箱，比1983年增长65%。结构也有明显改善，甲级烟销量占总销量41.4%，乙级烟销量占42.2%，甲乙级烟合计占总销量83.6%。商业利税8年累计实现3353万元。经工商银行西宁市支行组织的工商企业信用评估委员会从资金信用、经济效益、管理水平、发展前景等方面评审，省公司从1988年起连续三年被评为信用特优级（AAA）企业。

两个文明建设一起抓　行业出现新面貌　青海烟草机构组建较晚，基础薄弱，人员来自四面八方，政治、业务素质不高。几年来，省局、省公司坚定不移地贯彻执行物质文明建设和精神文明建设一起抓的方针，坚持不懈地进行坚持四项基本原则、反对资产阶级自由化的教育和斗争，切实加强思想政治工作，在全体职工中进行基本国情和基本路线的“双基”教育和艰苦奋斗、勤俭办企业的教育，同时加强了文化技术教育，职工的政治、业务素质逐步提高。按照国家局党组的部署，深入开展以纠正行业不正之风为主要内容的党风廉政大检查，建立健全各项规章制度，加强管理，树立良好的职业道德和行业风气，促进了生产经营工作。

在产销发展的基础上，逐步改善了生产经营设施和职工生活条件。省局、省公司成立8年来，在十分困难的条件下，白手起家，艰苦创业，从无到有，由小到大，产销不断发展，积累逐年增多。在总公司和省有关部门的支持下，相继安排了基建和技改项目，省公司办公楼、职工宿舍于1989年4月竣工，累计完成投资328万元，建筑面积6391平方米。固定资产已发展到412万元，流动资金增加到642万元。乐都卷烟厂“七五”期间共投资450万元，精装车间、卷接包机组等生产设备陆续投入使用，职工宿舍相继建成。在生产发展的基础上，职工生活条件得以改善，企业凝聚力明显增强。

（撰稿：青海省烟草公司办公室）

附：青海烟草发展情况统计表

项目 年度	卷烟产量（箱）	卷烟销量（箱）	实现税利（万元）
1984	4979	57785	503
1985	15276	73726	534
1986	15817	67211	725
1987	18557	75622	1046
1988	20159	86549	1355
1989	22442	80727	1911
1990	23163	89117	2333
小计	120393	530737	8407

宁夏烟草

宁夏回族自治区人民政府根据“国发（1981）85号”和“国发（1983）151号”文件精神，于1984年批准成立宁夏回族自治区烟草公司，宁夏回族自治区烟草专卖局。1984年5月自治区经委根据烟草专卖必须实行产供销、人财物统一管理的精神，决定自1984年1月1日起将吴忠卷烟厂由吴忠市移交自治区烟草公司管理。1985年7月至1986年1月在全区重点市、县组建了9个市、县烟草公司和15个卷烟委托代批点（烟草三级批发），1988年又增设新城烟草三级批发站，目前全区共有烟草经营机构：区公司（兼二级站）1个，三级批发公司10个，三级委托代批点15个，零售网点15213个，基本实现了全区烟草行业统一专营的体制。

全区烟草行业实行烟草专卖8年来，在国家烟草专卖局、区党委、区政府的领导下，在各地党政和有关部门大力支持下，经过全行业922名职工的团结拼搏、艰苦奋斗，在组建上划打基础的“六五”时期和深化改革大发展的“七五”时期，取得了显著成绩。

试种烤烟开始起步 1988年区公司根据总公司要求，本着发展地方工业、争取烟叶部分自给、为自治区财政多做贡献的主导思想，在总结宁夏历史上个别地区种烟的经验、教训基础上，组织人员赴六盘山考察，决定开展烤烟试种。1988年在国务院扶贫重点县彭阳、盐池两县试种烤烟215亩，平均亩产收入560多元，上中等烟叶占63%，试种取得初步成功。1989年扩种石嘴山、中卫、固原三县市，试种面积过千亩。但由于地方盲目发展，管理和种植技术跟不上，加之自然灾害的影响，使烟叶单产减少，质量、效益下降，上中等烟叶仅占47%。1990年区公司调整试种计划为650亩，并在地方政府和科研部门支持下，区公司进行了“宁夏烤烟优质、栽培、烘烤”课题试验，这一年上中等烟叶占56%。

经过几年试种，填补了宁夏区种植烤烟的空白，加深了对宁夏自然生态和地质、地貌的认识，为烟叶种植计划管理和科学管理提供了依据。

卷烟产量成倍增长，产品结构适时调整 吴忠卷烟厂是宁夏唯一的烟厂，始建于1970年的小厂子，年产600余箱。在“五五”、“六五”期间，设备技术落后，产量徘徊在万箱左右。进入“七五”后，区公司根据卷烟工业的发展必须纳入专卖管理、实行全面质量管理的精神，首先狠抓了基建技改，“七五”期间技改投资975万元。这期间，改造了厂房，新建了综合办公楼，更新了卷烟设备，深化了内部配套改革；坚持全面质量管理，推行了承包经营责任制和工效挂钩办法，突出质量第一，实行质量否决；注重信息反馈，适时调整结构；坚持以销定产、以产促销、以质取胜的生产方针，严格执行产量和品种计划，以市场为导向，积极开发新产品。如，甲级乒坛、84mm白乒坛、81mm金驼、84嘴金驼和薄荷型绿盒金驼，丰富了市场供应。

“七五”期间是全区卷烟工业发展速度快、财政积累多、经济起飞的5年。卷烟产量从1985年的1.21万箱增至1990年的4.47万箱，增长269%，5年平均增速为29%（全国为4.9%）。地产卷烟在全区市场竞争的总趋势是，从1984、1985年的滞销，到1986、1987年的平销，发展到1988、1989年的全部畅销，其中甲级乒坛烟一直供不应求，81mm嘴金驼烟1987年被评为自治区优质产品。地产烟吸味已被全区烟民接受。

“七五”卷烟累计生产15.03万箱，较“六五”期间83741箱增长79%；累计完成工业产值1.2303亿元，较“六五”期间的4402万元增长179%；累计完成税利1.1013亿元，为“六五”期间2870.65万元的3.8倍；单箱消耗烟叶，1985年为56.3Kg，1990年为50.7Kg，降低5.6Kg，降幅9.9%；全员实物劳动生产率，1985年为49箱。1990年为79.3箱，提高30.3箱，提幅62%。更新的主要设备有YJ14/22一套，YJ13/23两套，23型接嘴机3台，三级质检设备37台（套）。初步改变了该厂技术装备落后的状况，对提高产品质量，增加嘴烟生产，提高经济效益，发挥了一定作用。

目前该厂占地面积5.23万平方米，建筑面积3.4万平方米，设计生产能力5万箱，现有固定资产（净值）1034万元，全厂职工578人，规模虽小，但已成为自治区上缴利税的大户之一。

卷烟销量持续增长，地产烟覆盖面逐步扩大 自治区对烟草实行专卖管理8年来，经历了接受、整顿、大发展的过程。1984至1987年集中处理了接收的滞销卷烟。随着机构升格和改革的深化，公司为销售工作制定了纵向抓承包，横向抓合同，严格计划管理，强化专卖监督，完善信息网络，提高服务水平的工作方针。经过全行业职工努力工作，开拓了农村市场，促进了地产烟的生产，加强了烟草专卖管理，推行了承包经营责任制，加强了基层班子建设，提高了服务水平，保持了卷烟销量的持续增长。1988年被总公司销售公司评为销售工作先进单位，1989年评为表扬单位，受到表彰。

宁夏地处西北，人口466万人，其中回族154万人，遍布全自治区。回族信仰伊斯兰教。传统习惯是不吸烟的，在回族聚居区卷烟市场很难开拓。加之宁夏属老少边穷地区，地广人稀。针对宁夏特点，区公司因地制宜，分民族、山区、川区、矿区、穷区对吸烟量、香型、吸味、档次等进行了调查。1988年在全区系统内建立了卷烟商情网络，配备了专、兼职信息员。通过信息反馈，了解区内外卷烟市场变化，及时调整库存结构和地产烟品种计划，使地产烟销量占全区总销量比重逐年增大。区公司重点开拓农村市场，1988年全国烟草系统农村卷烟销量评比中，宁夏名列第二。

区公司端正经营思想、灵活营销策略、扩大网点建设，注重引导消费，降低批发起点。做到把生意做活，活而不乱。在管理上，二三级批发企业每月进行库存商品排队，及时调整货源和库存结构，规定二三级企业的库存限额和周转天数，为年终评比条件，搞活了企业，繁荣了市场。几年来全区注重了网点建设，到1989年已有卷烟售点15213个，既方便了群众，又大大促进了卷烟销量的增长。

加强行业管理，落实承包责任制。1988年公司在全系统推行承包经营责任制，对卷烟商业企业实行利润、费用、销量、销售额、周转天数5大经济指标承包，并实行工资、奖金与效益挂钩的分配制度。公司还制定了《关于加快商品流转的若干规定（试行)》，销售处制定了《关于改革调拨、收款、分票、接运、保管、移库的规定》。经过近3年来专卖管理的加强，营销策略的改革，初步形成了完整、稳定、繁荣、统一的国营、集体、个体并存的卷烟市场，使卷烟销售工作迈上了一个新台阶。

认真贯彻专卖法规，烟草专卖制度得到确立和发展 1983年国务院发布《烟草专卖条例》以来，在区党委、区政府统一部署下，区局（公司）接收了吴忠烟厂，组建了10个三级批发公司（站），15个三级委托代批点，专卖制度得到确立和发展，烟草的产供销、人财物、内外贸纳入专卖管理轨道。经过几年卓有成效的工作，针对《条例》某些规定已不适应当前专卖管理和自治区的实际情况，1990年区局起草了《宁夏自治区烟草专卖管理暂行规定》，已报请区政府颁布实施。在专卖工作上，区局制定了《专卖管理人员廉政纪律》及在卷烟收购、扣留、入库等方面的管理制度。举办了行政诉讼法学习班；开展了向模范专卖干部刘富忠学习活动；取缔了银川市新华街非法烟市；配备了必要的办案、防卫设施；从多方面工作入手，逐步强化专卖管理工作。

坚持党的领导，加强了精神文明建设 全区烟草行业认真贯彻党的十一届三中全会以来的路线、方针和政策。坚持以经济建设为中心，坚持改革开放，加强各级领导班子建设。加强纪律监察和思想政治工作。大力发扬自力更生、艰苦奋斗精神，特别是在1989年春夏之交的政治风波中，全行业的党员、干部和职工在各级党组织领导下，坚守工作岗位，无一人上街参加游行。在政治上、思想上同党中央保持高度一致，经受了这场政治斗争的考验。几年来全行业涌现了一批坚持两个文明一起抓、两个文明双丰收的先进集体。吴忠烟厂党办在1989年全国烟草政治工作会议上，被评为先进集体。吴忠烟厂四车间荣获1988年全国烟草系统先进集体。1989年，吴忠烟厂、平罗县烟草公司、青铜峡市烟草公司、固原县烟草公司分别被当地党委、政府授予“双文明单位”、做出贡献的达标单位等光荣称号。全行业涌现出一些敢于开拓、艰苦创业、廉洁奉公、坚持原则的先进个人，永宁县烟草公司开票员王娟荣获1988年全国烟草系统劳动模范光荣称号。

（撰稿：宁夏回族自治区烟草公司　孟宪超）

附：宁夏烟草发展情况统计表

年度 指标名称	1984	1985	1986	1987	1988	1989	1990
卷烟产值(万元)	538	822	1351	1811	1969	3057	4115
卷烟产量(万箱)	1	1.21	2.01	2.52	2.5	3.53	4.47
卷烟销量(万箱)	4.73	4.9	5.6	7.1	8.2	9.5	9.3
税利合计(万元)	321	817	1312	1835	2408	4167	5239

新疆烟草

新疆维吾尔自治区烟草专卖局（区公司）成立于1986年，现下属机构有：新疆维吾尔自治区卷烟销售公司、新疆卷烟厂，乌鲁木齐、吐鲁番、伊犁、石河子、哈密分公司和玛纳斯、伊宁、霍城县公司。全系统有职工1452人，由维、汉、哈、蒙、回、锡伯、满、俄罗斯等8个民族组成。

区局（公司）成立适逢国家“七五”计划开始。5年来，区公司坚持改革开放方针，积极发展卷烟生产、开拓烟叶种植、搞活商品流通、加强专卖管理，取得了可喜成绩。实现了卷烟产值、产量、销售、税利连续5年持续稳定增长。累计工业产值（1980年不变价）4.26亿元，生产

卷烟53万箱，销售卷烟90.7万箱，实现税利4.77亿元。其中工业产值、产量、税利比“六五”时期分别增长101%、64%、182%，为自治区经济建设做出了积极贡献。烟叶种植经过试种也从无到有，取得了一定成绩。

卷烟工业稳步发展 新疆卷烟厂，坐落在兰新铁路的西端，乌鲁木齐至阿拉山口中段的奎屯市。烟厂建于1960年。建厂初期，基础薄弱、设备简陋、技术落后、发展缓慢。党的十一届三中全会以后，改革开放给烟厂注入了新的活力。特别是1986年以来，集中统一管理的行业优势得到了充分发挥，技术步伐加快，装备水平增强，品种结构有所调整，卷烟质量不断提高，企业面貌发生了深刻的变化。

近年来，烟厂培养造就了一支热爱烟草事业的职工队伍。迄今，全厂拥有大中专毕业生50余人，各类专业技术人员77人。烟厂职工牢固树立以质量求生存、求效益的观念，常年不懈地抓卷烟产品质量，积极推行全面质量管理，切实维护企业产品的信誉。在工艺配方上，集云、贵、鲁、豫、陕等地烟叶之所长，注重色、香、味内在重量的稳定，使各类产品形成独特的新疆风格。甲级烤烟型雪莲香烟创牌15年，以其香气馥郁丰满、吃味纯正适口的特点，1988年被自治区评为优质产品。近年来，烟厂生产的烤烟型、外香型和混合型产品，共7个牌号、18个品种。“天池”、“红山”等骨干产品，在全区市场上一直保持主导地位，有的产品还销往内地并出口苏联。新近研制的乙级全包装“香妃”烟试销以来，倍受消费者青睐。

近年来，烟厂的设备不断更新，先后购进包括英国、意大利卷接包机组在内的各种专用设备46台（套），为产品结构的调整和质量的提高创造了条件。目前生产卷烟均为甲乙级，优质产品的比重达72.5%。1991年计划生产12万箱，其中，嘴烟6.5万箱，预计实现税金1.15亿元。

目前卷烟厂正进行二期技改。工程项目总概算3514万元，包括引进3000公斤制丝线，卷接包车间土建工程及相应配套设施。土建面积14000平方米。该项工程预计1992年竣工投产，届时烟厂的生产面貌将有大的改观。

烟叶种植前景可观 新疆历史上盛产莫合烟（亦称黄花烟），烤烟种植长期处于空白，卷烟原料全部依靠内地调入。1987年公司着手制订烟叶种植发展规划，开始试种烤烟，取得了初步成功，为全区的烟草种植开辟了新的途径。

新疆地域辽阔，有着广阔的土地可供选择。尤其是天山北麓、准噶尔盆地南缘，沿乌—伊公路两侧地带，土质肥沃、气候适宜，光照充足，水源丰富，具有良好的烟叶种植条件，特别是具有发展优质香料烟的潜在优势。加速发展新疆烟叶生产，将可缓解卷烟工业原料依赖外省区供应的局面。

卷烟市场稳定繁荣 区局（公司）成立前的1985年，卷烟销量仅13.7万箱，随着全区经济建设的迅速发展，1990年销售已达21.95万箱，年递增9.4%。销售部门坚持专卖制度，努力搞活流通，积极拓宽销售渠道，捕捉市场信息，组织适销对路的产品，开拓农牧区市场，促进了卷烟购销业务，销售量呈现出稳步上升的趋势。

新疆的卷烟市场具有良好的发展势头。党中央、国务院制定的十年规划和“八五”计划中，“集中力量加强以塔里木为重点的西部油气资源的勘探和开发”的决策，预示着新疆经济将有一个大的飞跃，也必将为新疆烟草业的振兴提供一个良好的机遇。

新疆是我国通向欧洲的门户。随着中苏贸易的不断发展，烟草对苏贸易也开始起步。1991年3月，新疆已向苏联出口一批香烟。同年6月份，苏联哈萨克斯坦共和国派遣代表团对新疆的烟草业进行了考察，并就烟草贸易等问题举行了富有成效的谈判，草签了意向书，表明了全区卷烟外贸已出现转机。

精神文明成绩明显 区局（公司）成立以来，高度重视精神文明建设，充分发挥各级党组织的战斗堡垒作用，保证了治理整顿，深化改革各项工作的顺利进行。近几年，通过狠抓党风廉政建设，纠正行业不正之风，建立健全各项规章制度，组织干部学习马列主义基本原理和党的方针政策，认真开展“双基”教育、党风党纪教育、“四有”和职业道德教育以及寓教于乐的文体竞赛活动，提高了各级领导干部和广大职工的政治、业务素质，增强了党的凝聚力、战斗力及贯彻党的基本路线的自觉性和坚持走社会主义道路的自信心。在1989年春夏之交的政治风波中，全系统职工在各级党政部门的正确领导下，始终与党中央保持高度一致，没有一个人参与或支持非法活动，初步形成了一支素质较好的干部队伍、政治上可以信赖的职工队伍。在日常生产经营活动中，涌现出许多埋头苦干、任劳任怨、克勤克俭、廉洁奉公的先进人物和事迹。

全系统十分重视民族团结工作。平时注重马克思主义民族观的教育，经常开展兄弟民族之间的互帮互学活动。定期召开座谈会、联谊会，听取意见增强联系。各族职工都能自觉维护民族团结。

区局（公司）1990年被乌鲁木齐市沙依巴克区评为精神文明单位和民族团结、军民团结模范单位。

正在崛起的新疆烟草业　新疆是祖国西部的一块宝地，它以独特多姿的地理风貌，颇具特色的丰美物产，得天独厚的自然资源，富有魅力的民族习俗为世人称赞。十一届三中全会以来，新疆的各项事业蓬勃发展，经济和社会面貌发生了深刻变化。“八五”期间，随着亚欧第二座大陆桥的建成通车，塔里木、准噶尔以及吐、哈油田的大规模勘探开发，以及国家产业政策和布局的调整，将为新疆烟草事业的崛起创造优越的外部条件。新疆的烟草业定能推向一个新的发展阶段。

（撰稿：新疆维吾尔自治区烟草公司　田文敬）

附：新疆烟草发展情况统计表

年　度 项　目	1986	1987	1988	1989	1990
烟叶收购量（吨）	9.2	102.5	184.75	832	594.25
卷烟生产量（箱）	86597	98088	100422	120781	123448
卷烟销售量（箱）	153000	166974	174124	193556	219535
实现税利（万元）	5863.8	6799.9	9577.6	11818.3	13626.1

重庆烟草

西南重镇重庆在改革开放中，于1983年正式成立了中国烟草总公司重庆市公司。公司在治理整顿、深化改革和稳定政治经济形势中，认真贯彻党的十一届三中全会以来的各项方针政策，充分发挥党组织的政治核心作用，以提高经济效益为中心，带领广大职工坚持四项基本原则，加快自身改革步伐，使烟草行业持续、稳定地发展，出现了引人注目的变化。1983年至1990年间累计为国家提供税利15.71亿元。其中1988年至1990年就为国家提供税利7.95亿元。1990年与1982年相比，卷烟产量都为27万箱左右。1982年为国家提供9634万元税利，1990年为国家提供27880万元税利，相当于组建公司前的2.89倍。仅1982年至1987年，重庆市烟草公司每年为国家提供的财政收入以近3000万元的速度递增，年积累可建造一座重庆长江大桥。

重庆市烟草行业现有职工4331人，其中专业技术干部671人，工商企业24家。由于经济体制改革的全面展开，改变了束缚生产力发展的体制格局，市公司围绕提高经济效益，进行了由精简机构、提高办事效率到优化劳动组合的尝试。仅市公司就由原19个科室减少到11个，减少42%。管理人员由153人减少到85人。通过改革干部人事制度到全面推行厂长（经理）负责制，使职工人有岗，岗有责，责有标，标有考；基层领导做到了有职有权，保证了政令畅通，推动了工作，促进了生产。

依靠科技第一生产力，逐步实现从产量速度效益型向质量、品种、结构效益型转变。“七五”期间，全公司技术改革项目12项，总投资为11284万元。重庆卷烟厂新建生产用房36000平方米，引进国外先进的卷接包设备MK—95机两组，长城超9机3个，6000型横包机3台，还引进了5000Kg/H的制丝生产线等，增加了企业生产后续力量。为促进销售工作，全市二三级站新建仓库

60000平方米，增加去湿机、空调机100多台，增设门面200个。至1990年，全行业固定资产原值为12994万元，比1985年的2668万元增长3.87倍；自有流动资金达446万元，比1985年的17万元增长25.24倍。其中，工业企业为106万元，商业企业为340万元，分别比1985年的7万元、10万元增长14.14倍和34倍。“七五”期间与“六五”期间相比，卷烟生产累计数为1634365箱，增长12.7%；工业总产值累计完成130089万元，增长79.7%，平均每年递增7.37%；工业企业累计实现税利119523万元，增长110%，平均每年递增11%；商业企业共实现税利8797万元，平均每年递增17.5%；卷烟销售由1985年的437698箱上升到1990年的528536箱，年平均递增3.84%。随着市场需求的变化，通过加快产品结构调整的速度，嘴烟由“六五”期间为0发展至今已达13万箱，保证了虽然产量有所下降而经济效益保持持续增长的好势头。嘴“夔门”在1988年获首届中国食品博览会银质奖、重庆市优质产品称号；金“山城”1990年获重庆市优质产品称号，一直畅销不衰。

重庆部分地区曾生产过烟叶，因种种原因停产了。为缓解我市烟叶原料缺乏的矛盾，经中国烟草学会专家考察团实地考察后确认，重庆部分地区各项条件均适合优质烟叶生产。1987年烤烟生产开始复苏。经过种植、烘烤等现场培训，全市烟叶生产在良种化、区域化、规范化方面有一定进展。到1990年产量已由800担增至13932担，提供税金78万元，农民增加收入215万元。

为了保证国家财政收入和维护卷烟市场秩序、消费者的合法权益，市烟草专卖局在各级政府和有关部门的支持配合下强化了烟草专卖管理。仅1990年检查市场3300余人次，收审9人次，取缔无证经营1089户，上缴假冒烟1.6万条，查处案件4555起，罚款161．4万元。与有关部门联合举办假冒烟展览，接待群众20000人次，社会效果较好。1990年为探索烟草专卖管理新路子，成立了市、区、县两级同业公会，此举得到广大群众的支持，正在发挥积极作用。

自组建公司以来，党组织采取多种形式对广大职工进行了较为系统的马列主义、毛泽东思想教育，广泛而持久地开展了爱国主义、集体主义教育，振奋了职工的民族精神，坚定了跟共产党走社会主义道路的信心，涌现出省级劳动模范李传玉等先进人物，促进了思想政治工作更深入的开展。为尽快提高职工素质，还组织了职业道德教育，文化技术学习。1985年至1990年，全行业职工参加正规的政治培训800余人次，文化学习1500余人次，业务培训3000余人次，市公司技工校从无到有，现已初具规模，5年内培养学生200人。市公司在搞好思想政治工作、廉政建设的同时，狠抓了违纪案件的处理。共查处经济案件9起，已立案7起，受法纪处理3人，党纪处理3人，政纪处理3人。收缴赃款和各种物质折款151775元。在群众监督下，社会风气明显好转。如江津县公司德威批发部拒请吃喝24人次，拒收贿赂2225元，连续三年被县政府命名为“文明单位”。

近年来，全行业职工生活大改观，人均收入由“六五”1078元上升到2843元。“七五”期间共修建职工住宅96892平方米，是“六五”期间3600平方米的27倍。

重庆市烟草公司将继续坚持两个文明一齐抓的方针，认真贯彻执行专卖法，努力提高全行业职工队伍素质，做好两个转变，为实现我国社会主义现代化建设的第二步战略目标做出贡献。

（撰稿：重庆市烟草公司　阳时明　张旭　江道琴）

附：重庆烟草发展情况统计表

年度＼项目	烟叶收购量（担）	卷烟产量（箱）	卷烟销售量（箱）	实现税利（万元）
1985		340034	340226	15254
1986		360025	434094	18618
1987	800	367044	451431	22945
1988	6580	349557	440640	25976
1989	14939	283526	476537	25678
1990	13932	274213	436977	27880

武汉烟草

武汉市烟草专卖局（公司）组建上划于1986年8月，下属江岸、江汉、硚口、武昌、汉阳、洪山、青山等7个城区专卖管理处（批发部），新洲、黄陂、武昌、汉阳等4个郊县烟草专卖局（公司），一个直属仓库和一个综合贸易公司。现有职工845人，拥有固定资产2340万元。5年来，在党的改革开放和治理整顿方针的指导下，在上级部门和当地政府的领导和关怀下，经过全行业干部职工的共同努力，卷烟销量稳步上升，市场管理日趋完善，经济效益逐年递增，企业面貌日新月异，充分显示了国家烟草专卖体制的生命力。

武汉市烟草公司通过不断探索和改革，逐步形成了“三服从、三立足”为主导的营销路子，即：速度服从效益，效益服从政策，经营服从管理和立足汉烟，积极外采；立足市内，开拓农村；立足国营（供销），兼顾其他的经营策略。确立了以利润为中心，以卷烟销售为重点，以市场为导向，以销定购，扩销促购的指导思想，并注重市场调查和信息反馈工作，采取“联销计酬，拉开分配档次”的方法，进一步调动了广大职工的积极性，在近两年全国产大于销，市场呈结构性疲软的情况下，卷烟销售仍然稳步发展。截止1991年7月底，5年来共销售卷烟138.7万箱，实现利税8011万元，平均每年递增7.16%和58.49%。1985年利税仅204万元，1990年实现利税2047万元，是1985年的10倍。烟叶收购也逐年提高，从1988年到1990年，三年共收购烟叶241万斤。

烟草专卖管理逐步加强 武汉市烟草专卖局以打击非法，保护合法，维护国家和人民群众的利益为宗旨，以依靠政府，联合作战，突出重点，齐抓共管为手段，以提高卷烟销售垄断率，使烟草专卖向“一统天下”方向发展为目的，努力整顿卷烟市场，使地处九省通衢的武汉市，在管理卷烟市场上取得明显成效。据不完全统计，5年来共查处各种违章案件13589起，其中：3千元以上的大案209起；收缴各种卷烟1859646条；罚没款952万元。其主要做法：一是坚决取缔黑市交易，保护合法经营。通过集中力量，突击整顿，反复检查，综合治理的办法，先后取缔了江汉路、徐家棚、仁寿路等卷烟黑市场。1991年上半年，又借“打击走私香烟，整顿香烟市场”的东风，集中全局各专卖管理处的力量，在公安、工商等部门的配合下，整顿和取缔了保安街和江汉桥下的两处黑市贸易场所。二是加强堵追拦截，打击贩烟团伙。通过摸清贩烟团伙的活动规律，掌握他们的行动路线，昼夜伏击，布岗设防，几年来，共截获从广东及沿海贩运来的各种香烟20台车次，计94000多条。对减轻武汉卷烟市场的外来冲击，割断无证批发户的烟源起到了很大的作用。三是加强对个体户的管理。从1990年3月1日起，对个体经营户实行了划片定点供货的办法，即谁发证谁供货。任何单位不得随意跨区、县向个体户供货。对长期不在本辖区进货的个体户进行监督检查，不仅可以引导个体户守法经营，同时也提高了个体户进货的比重，为进一步加强市场管理走出了一条新路子。

企业管理水平不断提高 以制度为标，建立目标管理责任制，使企业的各项工作管理有目标，行动有规范，考核有依据，奖罚有标准。这是武汉市烟草专卖局（公司）在强化企业管理，推动改革深入的进程中探索出的新办法。经过不断总结和完善，现在全系统将每年的经济、行政工作指标划定为3个级别，18个项目，进行分级管理，层层落实，逐月考核，年终评比，奖惩兑现，责权利统一。对提高工作效率、经济效益和管理水平发挥了积极作用。

财务管理成效显著 对费用管理开支采取了直接费用以定率控制，间接费用实行定额管理，其他费用确定节约指标的办法进行管理；对资金管理，坚持了“两定、两控、一放”的原则，即定商品资金，定银行存款；控制商品资金按季下达，控制结算资金以商品资金确定比例；资金利息下放到各批发部，使资金周转天数稳中加快，奖金利息逐年减少。

劳动管理逐步规范 根据商业企业规模管理的要求，全市烟草系统逐步实施了点、面、线的职责规范，即制定了岗位职责、部门职责和各环节之间的联系规范，并通过定岗、定额（定责）落实职责要求，为进一步加强劳动管理，打破“大锅饭”，改革内部分配制度奠定了基础。

安全管理效果明显 按照总公司的要求，制定了安全目标管理办法，建立了11项安全工作制度，健全了以纵到底、横到边的安全管理网络，并把安全工作作为“工效挂钩”的辅助指标之一，对控制各类事故的发生和杜绝卷烟霉变损失起到了积极作用。

民主管理进展顺利 全心全意依靠广大职工群众，建立了职工代表大会制度，认真开展了“合理化建议”活动，发动群众参政议政，把各项工作置于群众的监督之下，保证了企业改革的顺利进行。

武汉市烟草专卖局（公司）在几年的发展中逐步认识到，烟草专卖部门既是商业企业，又是执法监督部门，担负着经济活动和市场管理的双重职责。因此，干部职工的政治信念，思想觉悟，政策水平，工作态度，劳动纪律的高低与好坏，对行业的发展和企业的兴衰起着至关重要的作用。为了加强企业的思想政治工作，不断提高职工的政治素质，他们一是突出社会主义教育的主题，经常地、反复地在党员和职工中进行坚持四项基本原则，反对资产阶级自由化的教育，通过广泛深入的“双基”教育和干部学哲学活动，增强抵制腐朽思想侵蚀能力，坚定走社会主义道路的信念；二是加强政治工作的领导，在行政干部中实行“一岗两制”，即担负经济工作和思想工作的双重职责，把管事、管人、管思想统一起来，改变了只靠少数政工干部做思想工作的局面；三是注重把理论灌输同有针对性地做好个别人的思想工作结合起来，力求解决实际问题。发动党团骨干人人做思想工作，大力开展谈心活动，解决极少数人中存在的各种错误倾向，化消极因素为积极因素；四是加强外部监督和内部制约机制，加强廉政建设，防止和纠正行业不正之风。广泛实行了“两公开一监督”，制定了十条经营纪律和八条专卖管理纪律，并且每年都组成联合工作组，至少要进行两次纪律大检查，对执行纪律好的单位和个人进行表彰，对违反纪律，以权谋私，以烟谋私，贪污受贿的腐败行为，坚决查处，从不姑息迁就，对加强自身建设，保持廉洁作风，发挥了积极作用。

（撰稿：武汉市烟草公司办公室）

附：武汉烟草发展情况统计表

指标 / 年度	烟叶收购量（万斤）	卷烟销售量（万箱）	利润（万元）	税金（万元）
1986		19.7	100	100
1987		25.9	600	200
1988	82	27	900	200
1989	70	25.8	1600	400
1990	89	26	1700	300
1991	64	25	1676	334
合计	305	149.4	6576	1434

沈阳烟草

沈阳市烟草公司从1984～1990年在改革洪流中开拓前进了7年。1984年成立之初，在极其艰苦的条件下，市烟草公司以《烟草专卖条例》为准绳，以深化企业改革为动力，一手抓管理，一手抓经营，团结奋斗，艰苦创业，强化管理，搞活流通，使沈阳烟草行业发生了前所未有的巨大变化。1990年与沈阳市烟草公司成立前的1983年比较：卷烟销售量从92881箱增加到198759箱，增长1.14倍，平均每年递增11.4%；卷烟销售值从8542万元增加到45297万元，增长4.3倍，平均每年递增26.9%；企业创税从134万元增加到3133万元，增长24.2倍，平均每年递增56.9%；固定资产原值从46万元增加到1695万元，增长35.7倍，平均每年递增76.3%；流动资金从78万元增加到766万元，增长8.8倍，平均每年递增38.6%。7年来，共为国家上缴税利8207万元，为国家建设做出了积极的贡献。

沈阳市烟草公司组建7年来，取得的主要成绩是：

深化企业改革，增强了企业活力 市烟草公司组建以来，一直把深化企业改革，挖掘内部潜力，增强企业活力，促进生产力发展等作为贯彻落实党的十一届三中全会以来的路线、方针、政策的重要工作来抓。通过改革劳动制度、干部制度、分配制度，在企业内部形成了岗位靠竞争、收入靠贡献的“小气候”，充分激发了企业活力，促进了生产力的发展。特别是1986年1至5月份，在企业销售滑坡、经济效益下降的困境中，在全国烟草商业企业中第一家试行承包经营责任制。承包后7个月实现税利不仅比承包前5个月增长1.5倍，而且比上年同期上升45.7%。近几年，在不断总结经验教训的基础上，又继续把完善承包责任制作为深化企业改革的重点，在承包中强化了目标机制、责任约束机制、职能约束机制。形成上下衔接、左右协调、管理严密的目标体系。从而使人人有风险、层层有压力，全面调动了广大职工的主动性、积极性和创造性，以小目标的完成保证了大目标的实现，企业活力得到增强。1987年实现税利915万元，比上年增长29.7%；1988年实现税利2537万元，比上年增长180%；1989年实现税利3300万元，比上年增长30.2%；1990年，在全国烟草商业企业税利总额比上年下降2.1%的情况下，经营税利创历史最高水平，实现3554万元，比上年增长7.7%。整个“七五”期间，企业实现利润9415万元，比“六五”期间增长4.9倍。

改善经营思想，开拓流通渠道 在卷烟经营中，市烟草公司摆正“专卖与改革”、“计划与搞活”、“局部与全局”的辩证关系，从1985年开始，打破销“省内烟为主、省外烟为辅”划地为牢的束缚，把销省内烟为主的封闭式流通体制改革为以销定进的开放式流通体制。做到了解放思想，更新观念；立足沈阳，面向全国；搞活流通，改善供应，促进购销两旺。特别是近年来，在市场疲软、销售滑坡、资金紧张、产大于销等困难面前，既不怨天尤人，也不消极等待，坚持把开拓流通渠道，组织适销货源，缓解供求矛盾，扩大卷烟销售作为一项重要措施来抓。市公司领导每年都多次带领业务人员走出去，先后到云南、贵州、广州等30多个地区抓货源。通过参加展销会、订货会及走访等形式开展业务洽谈活动，取得了经营的主动权。7年购进省外烟272个品种，641720箱。其中7.5%以上是畅销烟，不仅使卷烟经营出现了“柳暗花明”的蓬勃生机，而且给企业带来了巨大的经济效益，出现了卷烟销售量、销售值、经营利润同步增长的良好趋势。其中,经营利润从1984年的265万元增加到1990年的3133万元，增长10.8倍，年均递增50.9%。

加强宏观调控，增加地产烟销售量 由于正确处理了经营省内烟与省外烟、市场引导与商业引导、微观效益与宏观效益等关系，几年来，市烟草公司根据市场需要，组织省外烟满足多层次消费需要的同时，还千方百计地采取措施扩大省内烟的销售，努力提高行业整体经济效益。7年来共销售省内烟463412箱，其中销地产烟398004箱，占85.9%。特别是1990年上半年，地产烟销售急剧下降，为扩销促产、提高行业整体经济效益，市烟草公司把推销地产烟作为贯彻治理整顿方针、稳定大局的一项重要政治任务来抓，并采取了一些有效措施，使地产烟销售取得明显效果。全年销地产烟45450箱，比上年增长45.9%，超年度销售计划13.5%。

深挖企业潜力，双增双节见成效 市烟草公司组建以来，一直把双增双节作为挖掘内部潜力，加强企业管理，提高经济效益的一项重要工作来抓。年年制定切实可行的双增双节计划，集中力量抓好“四个结合”、“四个落实”。“四个结合”是：把双增双节同深化企业改革、完善承包责任制相结合；同搞活流通、扩销促产相结合；同完善内部经营机制、推进科学管理相结合；同优质服务、增加企业效益和社会效益相结合。做到了思想、任务、组织、责任“四个落实”。为扎实地抓好双增双节，市公司领导经常深入基层，有针对性地开展调查研究。还根据企业经营情况，经常开展经济活动定量定性分析。同时，有效地防止管理失控、经营失误等问题的发生，保证了企业各项经济活动协调、健康的发展，使双增双节成效显著。从1984年至1990年，共实现增收节支3106万元，连续7年仓储保管不霉一盒烟，商品装卸运输无事故。1990年，商流费用水平为1.06%，比全国烟草产业企业平均费用水平下降1.14个百分点，节支516万元；全部流动资金周转天数为32.7天，比全国烟草商业企业流动资金平均周转天数加快44.2天，加快周转速度1.35倍；企业全员劳动效率为254万元，比上年增长17.1%，比全国烟草商业企业全员劳动效率提高3.1倍；企业人均创利为26万元，比上年增长75%，比全国烟草商业企业人均创利提高19倍。

强化烟草专卖管理，促进沈阳烟草行业的健康发展 沈阳自1984年实行烟草专卖以来，市烟草公司大力整顿卷烟市场，在较短的时间内扭转了生产乱、市场乱、价格乱的局面，理顺了产供销的关系，不断加强经营与专卖的协调，使卷烟经营服从于专卖政策，使专卖管理为搞活经营，扩大销售服务，从而实现了管而不死，活而不乱，以管促销，购销两旺。

一是坚决取缔卷烟黑市，维护国家和消费者的利益。根据江明局长的指示，采取有力措施，坚决关闭了沈阳特价烟市场。市烟草公司与公安局、工商局联合发布《关于整顿卷烟市场取缔黑市交易的通告》，集中力量、集中时间、从严打击，取缔了在沈阳南塔及小东等地出现的卷烟黑市，维护了烟草专卖法规的严肃性；二是加强对委托批发的管理和整顿，严禁委托环节乱渠道进货。对5家违反进货渠道的委托单位，坚决吊销批发许可证，并加强宣传教育，使委托批发的遵纪守法面达到95%以上；三是整顿卷烟市场，打击违章违法活动。针对卷烟投机倒把活动，市烟草公司与公安、工商等部门密切配合、齐抓共管，从严从快从重地打击卷烟流通中的违章违法活动。7年来，共查处各种违章违法案件2111起。其中万元以上大案28起，罚没卷烟17.5万条，其中假冒烟1.3万条，收缴罚没款144万元；四是理顺流通渠道，促进便购多销。根据“布局合理、便购多销”的原则，发展有证委托批发150户，使平均194个零售网点中拥有一个批发点。按照“一证一点、定点经营”的要求，发展有证零售商店6906个、个体专业户22167户，做到了平均203个人中拥有一个零售点。还积极、合理地发展农村市场的批零网点，达到乡有批发、村有零售，形成渠道畅通、布局合理、便购多销、星罗棋布的销售网络。

精神文明建设取得明显效果 7年来，市烟草公司坚定不移的贯彻执行党的十一届三中全会以来的路线、方针和政策，坚持了“两手抓”的方针，使精神文明建设得到加强。

一是抓好形势教育。将形势教育与对内搞活、对外开放相结合；与治理整顿、深化改革相结合；与实现企业经营管理目标相结合；与解决职工思想中的“热点”、“难点”相结合；与培养企业精神相结合。从而增强了职工在困难中前进的信心和勇气，振奋了精神。二是加强思想政治工作，提高职工素质。市烟草公司始终把思想政治工作摆到重要位置，把思想政治工作同加强企业管理、提高职工素质结合起来，着重在职工中开展爱国主义、“四有”等教育，从而涌现了许多先进典型和模范事迹。烟库1988年被评为全国烟草系统的先进集体；计财处被地方评为“驻沈中央企业财会工作先进集体”，市公司被市财政局评为“遵纪守法户，信得过单位”。三是严格执行政策，加强廉政建设。市烟草公司认真贯彻执行党和国家的各项方针政策，经受了改革、开放的考验。几年来，各地烟厂以宣传费、好处费等名义单独汇给市烟草公司的有11.3万元，他们没分一分钱，全部入帐。几年来逐步形成了请吃不到、送礼不收、给钱不要、说情无效的良好风气。

回顾过去，虽然创业艰难，但砥砺斗志；展望未来，虽然困难较多，但前途光明。“八五”期间，将是烟草行业开拓前进上水平的新时期，也是振兴烟草行业非常关键的时期。市烟草公司将继续鼓足干劲、锐意进取，为振兴沈阳烟草不断做出新贡献。

（撰稿：沈阳市烟草公司　吴东胜）

大连烟草

大连市烟草专卖局、大连市烟草公司是1984年7月1日经市委、市政府批准组建的局级建制，于1985年实行计划单列。在国家局、烟草总公司和大连市政府的领导下，对大连市及市属的5个县（市）区烟草专卖局（烟草公司）实行统一领导；承担大连地区卷烟二级批发业务，安排城乡卷烟市场供应，满足消费者需求；按照烟草专卖政策，负责大连地区卷烟市场管理，支持合法经营，取缔违法活动；受中国烟草进出口公司委托领导中国烟草进出口公司大连办事处。市公司内设五处、二室、一委，所属四个销售经理部、一个烟草零售市场，并在大连经济技术开发区设烟草专卖公局（分公司）。全地区现有卷烟批发网点157个，零售网点17425个，基本形成了便购利销的城乡经营网络。

7年来，大连市烟草专卖局（烟草公司）立足本地市场，严格企业管理，注重两个效益，在深化改革开拓经营中不断发展。1984年组建时只有61人（当时县公司还未组建），负外债28.3万元，现在全局（公司）职工总数410人（其中市公司139人），固定资产总值1965万元，流动资金1050万元，7年累计实现税利14900.2万元。从1988年起进入全国烟草行业18个经济增长超过全国平均增长水平的单位之一，并连续几年被评为销售、商情、仓储和财务工作先进或受表扬单位。

深化改革　开拓经营　两个效益不断提高　大连是卷烟纯销区，全地区卷烟年销量在16万箱左右。7年来大连市烟草公司（专卖局）始终把狠抓货源保障供应、改革体制搞活流通、开拓市场扩大销售、调整结构增加效益作为经营工作的重点。

1985年开始，他们认真贯彻总公司关于“计划调拨与自由选购相结合”的方针和“外部管死、内部搞活”的部署，积极开辟进货渠道，先后与4家省内烟厂、80余家省外烟厂建立了购销合同，经营品种达200多个，卷烟品种适销率达70%以上。

1987年，该公司（专卖局）对卷烟流通体制进行了改革，一是各县（市）区烟草公司（三级批发）有权在全国范围内烟草系统的二级批发站进货；二是毗邻地区的委托批发单位可按传统渠道，按经济区组织进货；三是零售单位（含个体户）可凭《烟草专卖许可证》在大连地区内任何一个烟草系统批发部门进货。以后他们又抓了价格体制改革，在1988年全国放开13种名优卷烟价格之后，于1991年4月1日放开了全部卷烟价格，即批发价实行指导价，允许三级批发企业在规定的幅度内上下浮动，零售价实行市场调节。

为扩大卷烟销售，该公司努力开拓农村市场，使农村卷烟零售网点由1984年的3236个发展到11689个（平均248人一个网点），市属5个县（市）区卷烟年销量均超过1万大箱，人均消费卷烟6条以上。

在调整卷烟品种结构方面，该公司坚持产销联营。一方面积极引进适销品种，同时逐步建立相对稳固的适合大连消费者口味的卷烟货源供应基地。1988年他们与云南曲靖卷烟厂联合生产了“旅友”牌香烟，1990年与广西武鸣卷烟厂联合生产了“槐花牌”香烟，这2个牌号的香烟均由大连包销。1990年9月，他们主动提出开发辽宁混合型卷烟，与营口卷烟厂联合研制“金路”牌香烟，于1991年底批量投放市场。此外，他们还利用大连纯销区和对外开放窗口的优势，吸引众多的卷烟厂家赴大连举办各种形式的产品品吸、展销会，为繁荣、活跃大连地区卷烟市场起到积极的推动作用。

在经济效益迅速增长的同时，该公司始终注重突出社会效益。1985年是大连市解放40周年，他们在有关厂家的支持下，生产印有“庆祝大连解放40周年”字样的“金花”、“花雨”、“三箭”、“金金龙”等专项烟1300箱供应市场；1986年全国第二届大学生运动会在大连召开，他们又组织了以吉祥物“虎”为包装特色，并印有祝贺字样的“大重九”、“蝴蝶泉”、“力士”等专项烟1500

箱投入市场；同年9月26日，全国首家卷烟另售商场——大连烟草商场开业，该商场专设为社会服务的结婚喜庆烟柜和老干部特供烟柜，深受消费者欢迎；1989年大连市政府首次组织节日供应“双百”竞赛活动，该公司2个销售经理部和1名个人被评为先进集体和先进个人标兵；1990年和1991年均被政府授予节日供应“优秀组织单位”称号。

“严”字当头　求真务实　企业管理日臻完善　在企业管理方面，大连市烟草公司经历了一个由粗到细，从不自觉到自觉的过程。1987年，他们试行企业经营责任制。开始首轮4年的承包经营；以后，他们逐年完善承包方案，变干部任命制为聘任制，变基层经营单位的报帐制为独立核算，成立了专门的考核小组；1991年进入第二轮承包期后，他们试行引进群体承包机制，改经营者承包为经营单位群体承包，同时，加强岗位管理，设置了经济、会计、统计、档案4个系列的技术岗位任期目标，55名同志取得了专业技术职务评聘资格。在财务管理上，他们狠抓双增双节，全地区费用水平降到1.71%，资金周转控制在40天以内，商品索赔率达到80%以上。

加强安全工作，搞好卷烟防霉是企业管理的一项重要指标。7年来，该公司自建了3200平方米卷烟库房，拨款40余万元设置了了望塔，守卫室及有关安全设备，聘用10名专职保安人员看守库房，并投资27万元增设了烟库内保温隔热层，使夏季库温下降5～7度，组建以来，卷烟无一霉变。

企业管理水平的高低，最终要取决于其管理主体——人的素质。7年来，大连市烟草公司（专卖局）始终注意队伍整体素质的培养和提高。目前，全地区410名烟草职工中，除4人大学本科生、36名大学专科生、26名中专毕业生外，经在职自学取得大专学历的15人、高中学历的96人，参加地方脱产培训的79人，参加公司自办培训班的700余人次。

以我为主　多方面协作　专卖管理成效显著　从1984年8月1日发放“烟草专卖许可证”和“准购证”起，就宣告了大连地区的卷烟购销活动正式纳入法制管理轨道。此后，大连市烟草专卖局（公司）不断加强专卖管理力量，整顿卷烟市场，打击黑市交易。1985年春节前，该局（公司）邀请电视台记者参加市场检查，并连续3天做跟踪报道；同年3月，他们与工商、水产、卫生局等单位联合举办假冒商品展览会，5天之内参观人数达12000余人次；1986年，他们印发加强市场管理通告9次，组织焚烧假冒卷烟现场会3次，以后，每年检查市场和查处案件均达1000次以上；从1989年开始罚没款超过百万元，1990年达到274.3万元。

重教育　抓廉政　思想建设注重实效　组建初期，大连市烟草公司（专卖局）“家”穷底子薄，许多人担心开不出工资来，他们突出理想教育，艰苦创业，赢得了当年“开门红”。以后，他们注意抓典型引路，在省局第二届表彰会上介绍了市公司销售处和中山岗销售经理部的事迹，中央人民广播电台和《中国经济年鉴》也分别介绍了他们的经验；在理论学习方面他们从不自觉到自觉，从片断到原著，从粗浅通读到深入研讨，坚持了周三学习日和党员干部每季度写思想、工作汇报制度，干部理论素质不断提高；在廉政建设方面，他们制定了《廉政八条》和有关惩治腐败的制度，加强了防微杜渐教育，先后对8名违纪人员做了开除、记过等处分，对行业内部5个部门的违纪案件进行了严肃处理；在思想工作方面，他们通过树立企业精神，来增强企业凝聚力。确立了“居安思危，务实奋进”的企业精神。公司领导班子严于律己，为人表率，坚持民主生活会制度，自觉抓廉政建设，在1989年春夏之交的政治风波中，他们带领全体职工自觉与党中央保持一致，没有一人参与错误活动。改革开放以来，在商品经济的大潮中，这个领导班子经受住了考验；在他们的统领下，大连地区烟草行业取得了令人瞩目的成就，为今后持续、稳定、健康发展奠定了坚实、可靠的基础。

（撰搞：大连市烟草专卖局办公室）

附：大连市烟草发展情况统计表

类别＼数量＼项目＼年度	1984（下半年）		1985		1986		1987	
	销量（箱）	利税（万元）	销量（箱）	利税（万元）	销量（箱）	利税（万元）	销量（箱）	利税（万元）
大连地区	24538	82．8	83498	366．7	121430	632．5	146402	837．4
其中市公司	15793	48．5	42080	251．4	62519	418．9	72727	550．3

类别＼数量＼项目＼年度	1988		1989		1990		1991	
	销量（箱）	利税（万元）	销量（箱）	利税（万元）	销量（箱）	利税（万元）	销量（箱）	利税（万元）
大连地区	161571	2298．1	165421	2805．2	209571	3877．5	180000	4000
其中市公司	86083	1922．2	81958	2380．9	87312	3299．2	90000	3500

哈尔滨烟草

哈尔滨市烟草专卖局、烟草公司成立于 1983 年 6 月，1984 年上划到省烟草专卖局、烟草公司，1987 年 10 月经总公司批准实行商流计划单列。公司现有职工 265 人，下设处室 12 个，基层单位 9 个。市管县 5 个，松花江地区 7 个县（市）公司，共计 12 个县（市）公司。

8 年来，在国家局、总公司和省局、省公司的直接领导下，较好地发挥了烟草专卖的优势，企业生产经营发生了明显变化。始终坚持了以党的中央会议和总公司、省公司的工作会议精神为指针，以治理整顿和深化改革为主导，以抓好经济工作，提高企业素质和经济效益为中心，以强化管理，建立生产经营、工作、市场新秩序为重点，以坚持两个文明建设一起抓为保证，促进两烟生产经营的持续、稳定、协调发展。

烟叶生产不断发展 坚持科技兴烟，抓质量，上水平，促进烟叶生产有新的提高。全区烟叶县由过去的 3 个县发展到现在的 12 个县，种植面积 37800 亩发展到现在的 181700 亩。在烟叶生产上，从种植管理，到收购秩序、物资准备，都不断向科学化、规范化迈进。各地方党政大力支持，密切配合，烟农种烟积极性和水平不断提高。积极推广先进技术，加强宏观指导，制定优惠政策，提供有效服务。烟叶质量进一步提高，上等烟比重由 1986 年的 10.4%，提高到 1990 年的 12.3%。全区龙头县宾县多次受到总公司的表扬，并被评为全省烟叶生产先进县。

卷烟销售工作稳步增长 形成了国营、集体、个体共同发展的销售网络。公司在市内各区设了批发部，发挥了主渠道作用，并在全市发展零售网点 1000 余个。年销卷烟由 1983 年的 45866 箱，发展到 1990 年的 123356 箱，增长 2.7 倍，在经营上，正确认识烟草行业的历史转折时期，加强市场调查预测，积极主动把握机遇，打主动仗，合理组织购销活动。坚持了“畅销多进，平销少进，滞销不进”的原则，基本上做到了适销对路，货畅其流，结构合理，满足消费。既突出经济效益，又注重社会效益，使卷烟市场丰满活跃，不脱销，不断档。坚持了以销省内烟为主，销省外名优烟为辅的原则，不断开拓地产烟销售市场，使地产烟销量始终保持在 70% 以上。进一步端正经营思想，改进服务作风，扭转独家经营，官商作风，采取了召开定货会、选货会、补货会的形式，积极扩大销售。对农村市场采取了送货上门，不断拓宽销售渠道，积极占领农村阵地。

建立了“三员核对、三公开、三把关”，基本上做到日清日结。加强了职业道德建设，坚决纠正经营中的不正之风，认真解决了以权谋私，以烟谋私等问题，促进了卷烟销售的稳步增长。

进一步加强了专卖市场管理 充分发挥专卖优势，积极与公安、工商、民航、铁路等有关部门密切配合，认真加强卷烟市场的治理整顿。进行经常性的市场检查，重点打击了二道贩子，支持合法经营，打击非法经营，理顺流通秩序。充分利用各种宣传形式，大张旗鼓地宣传专卖法规，教育经营者依法经营，遵纪守法。不断加强专卖管理人员的自身建设，定期举办培训班，使专卖队伍的政策水平、法制观念进一步增强，手续制度不断完善，办案能力明显提高。几年来，共查处违章案件 8387 起，其中大要案 135 起，收缴罚没卷烟 298158 条，收缴罚没款 129.1 万元。

深化企业内部改革 加强企业管理，推行了经理任期目标责任制、干部任期制、聘用制、试用制。推行了承包经营责任制，制定了“六联”双向承包办法，推行了企业目标管理，使企业经营成果与职工切身利益紧密挂钩，体现了国家企业和职工个人三者利益关系。开展了“质量、品种、效益年”活动，双增双节活动和治理整顿“三站”活动，制定了 16 万字的企业管理规章制度，建立健全企业经营管理机制，促进了企业经营管理水平不断提高。年实现利润由 1983 年的 51.6 万元，发展到 1990 年的 1233 万元。8 年累计为国家上缴税利 2935 万元。企业固定资产，由 1983 年的 4 万元发展到现在的 1200 万元。企业得到了发展，职工生活得到了改善。

精神文明建设取得了可喜的成绩 党政工青同心协力，不断加强企业思想政治工作，成立了研究会，开展了研讨活动，不断扭转一手硬，一手软的倾向，调动了广大职工的积极性。在实践中总结发扬了“艰苦创业、求新务实、团结奋斗、进取奉献”的企业精神，开展了四有教育和四有职工达标活动及适合职工特点的丰富多彩的文体活动。进一步加强党的建设和领导干部的自身建设，提高各级领导班子防腐倡廉能力和工作水平，建立了两公开一监督制度，不断促进党风和行业风气的进一步好转，企业两个文明建设取得了明显成效。

公司先后被总公司评为全国烟草系统先进集体，被省政府评为六好企业，被省公司评为先进集体和专卖管理先进单位，连续三年被总公司评为安全工作先进单位。被市委授予文明单位标兵光荣称号。全区建成文明单位 12 个，其中省级 1 个，市级标兵 1 个，地市级 2 个，县级 8 个。

（撰稿：哈尔滨市烟草专卖局办公室）

附：哈尔滨烟草发展情况统计表

年度	烟叶收购（吨）	卷烟销售额（万元）	实现税利（万元）	卷烟销售量（箱）
1983		4427.8	51.6	39866
1984		7404.8	63	71030
1985		8636.7	196.7	81439
1986	5412.1	10182.4	303	88893
1987	5183.9	14816.7	488	103392
1988	6062.6	22048.5	828.5	121028
1989	12427.7	26271.7	1273	127187
1990	11997.7	25180	1233	115212

郑州烟草研究院

郑州烟草研究院是中国烟草总公司直属的综合性科研开发机构。其前身是轻工业部烟草工业科学研究所。始建于 1958 年。1985 年 6 月划归中国烟草总公司，更名中国烟草总公司郑州烟草研究所。1988 年 8 月在原基础上成立中国烟草总公司郑州烟草研究院（以下简称郑州院）。其学科范围覆盖烟草栽培至卷烟加工的全过程。主要从事烟草种植及初加工，卷烟工艺及产品开发，烟草化学及香精香料，卷烟设备、仪器仪表及自动控制等方面的基础研究和应用研究。目前全院职工250余人，其中高级工程师17人，工程师61人，其他技术人员104人，拥有色质谱联用仪等先进的大型精密仪器及检测装备。馆藏中外文烟草专业图书及相关学科图书2万多册，外文原版刊物30多种。下设5个专业研究室、3个中试车间及科研后勤部门。并受总公司委托代管中国烟草标准化质量监督检测中心和全国烟草科技情报中心。建院33年来共取得各类科技成果300余项，其中获国家级及部级奖励成果30余项。

烟草体制改革以来，特别是1985年科技体制改革以来，贯彻“科学技术必须面向经济建设”的方针，落实国家烟草局、总公司《关于郑州烟草研究院进一步推动改革的批复》和江明局长“指导、开路、攻关、服务”的指示，大力促进科技成果商品化，直接为经济建设服务，提出了“抓管理、抓秩序、抓效率、抓素质”和“出成果、出人才、出效益”的工作方针。充分发挥整体综合技术优势，紧密结合行业生产发展需要，调整研究方向，确定攻关课题。在由单纯科研型向科研生产经营型转变过程中，采取各种形式加速科技成果的推广应用，为促进行业的科技进步做出了贡献。”七五”期间新开课题178项，比改革前5年增长1.8倍；成果鉴定数增长1.2倍。“四技”和中试产值456万元，上缴国家税金354万元，比改革前5年分别增长5.6倍和9.3倍。1988年实现了事业费削减到位，取得了改革的突破性进展，连年获郑州市市级文明单位，先后荣获全国烟草系统先进集体、新型烟用滤材开发推广应用先进单位、河南省科委“黄河杯”奖和郑州市科委“绿城杯”奖等荣誉称号。

调整科研方向　到行业生产主战场选择研究课题　科技体制改革以来，郑州院认真贯彻中国烟草总公司提出的主攻方向和行业重大技术问题选择研究课题，取得许多成果：1986年开展了“中美合作改进中国烟叶质量试验研究”工作，通过引进国外先进的烟草栽培技术，在河南省宝丰、叶县、鲁山和贵州省遵义、绥阳、金沙进行优质烤烟试验，同时在湖北恩施、建始进行了白肋烟栽培调制试验。结合我国烟叶生产中存在的“营养不良，发育不全、成熟不够、烘烤不当”的主要问题，采用边试验、边示范、边总结、边推广的方法，取得了可喜成绩。1986至1988年3年间，河南、贵州两省共推广应用烟田面积173万亩，增加产值10246万元，增加税收3893万元，净增经济效益14000万元。在中外专家技术传授和试验研究实践中，培养了大批烟草科技人员和农村“土专家”。该项目获1989年度中国烟草总公司科技进步一等奖。烟草薄片制造技术，是郑州院近年来的一项重点研究课题。全国每年有10万吨的烟草下脚料，相当于200万担烟叶，如能合理应用，经济效益相当可观。近年来，在总公司的关心支持下，这项技术不断得到完善和提高，“辊压法制烟草薄片生产线”目前已成为行业重点推广项目。目前全国已有近百条烟草薄片生产线，1990年薄片生产量近3万吨，获经济效益数亿元。二氧化碳膨胀烟丝技术是郑州院的又一项重要科研成果。目前已完成小试和中试鉴定工作，进入工业性试验设备研制阶段。该项技术成果具有设备简单，操作方便，配套条件要求低，能耗少，自动化程度高等特点，膨胀率可达65%以上，这项成果填补了国内空白。

加强技术成果推广应用　促进行业技术进步　为逐步扭转科研与生产相脱节的问题，使科技成果尽快转化为生产力，近年来郑州院重视和加强科技成果的推广应用，对推动企业技术进步起到了较大作用。打叶复烤是烟草行业的一项重大技术改革，国外一些发达国家早在50年代就进行了这项研究，到60年代中期基本完成了由挂竿复烤向打叶复烤的过渡。郑州院根据行业状况和发展方向，率先提出了必须在我国实行打叶复烤的建议，从1983年起重新开始了对打叶复烤技术的研究和实验。该项目组1988年被评为全国烟草系统先进集体，为在我国实现打叶复烤起到了开路先锋作用。目前，由郑州院研究设计的打叶复烤技术和装备已被中国烟草总公司确定为重点推广项目，已有近20家复烤厂先后采用这项技术，正在改变我国烟叶复烤企业的技术面貌。在香精香料的研究开发方面，研制合成了氧化异佛尔酮等十余种过去主要依靠进口的香料单体，并能批量试生产。通过运用“云南烤烟致香成份的分析”项目取得的成果，研制出可产生云南烟叶特有的香气“云南烟叶香基”。经在东北地区试用，可减少配方中云南烟叶使用量的30—50%。此外还研制出8个系列近百种香精香料产品，销到67家烟厂。

开展“四技”服务　加速科技成果商品化　郑州院是以技术开发为主的综合性科研机构，为充分发挥技术优势，通过开展技术开发、技术转让、技术咨询、技术服务活动，积极组织力量参加技术市场竞争，一大批科技成果走出实验室，得到广泛推广应用，取得明显经济效益和社会效益。几年来，在卷烟产品研究开发中，先后研制出“821低焦油混合型卷烟”、“853”、“856”、“857”及“10mg/支低焦油”等卷烟系列产品，其中“856”、857”为总公司中标产品。“853”卷烟转让驻马店烟厂后，该牌号1989年产量达6万箱，创国内单牌号混合型卷烟年产量第一。为山东临清烟厂开发的“朋友”、“鲁宝”牌卷烟分获“潍坊国际风筝节”食品类金、银奖，“鲁宝”卷烟已出口东南亚。在烟用新滤材的开发应用方面，对聚丙稀丝束进行可用性试验研究，积累了大量实验数据和应用经验，为总公司制定决策提供了科学依据。在卷烟厂技术改造工艺设计方面，由郑州院承担工艺设计的呼和浩特和许昌卷烟厂技改项目已投产。这两个烟厂技改前后相比，总产值分别提高154.4%和63.9%。由于采用了新技术、新工艺、提高制丝质量，单箱耗烟叶由原来的56公斤降至49公斤。在卷烟设备和检测仪器的研制开发方面，先后研制成功YB—Ⅲ型烟草薄片成型机；BW—Ⅰ型白肋烟干燥机；YC87—Ⅱ型吸烟机；YC85—Ⅰ型烟支平均重量控制器；WYC—Ⅰ型烟支硬度测定仪等，为我国烟草工业技术装备的现代化、国产化做出了较大贡献。1985年以来，郑州院受总公司和其它单位委托，举办各种类型的技术培训班，目前已举办了以卷烟产品设计、香精香料、打叶复烤、烟叶分级为主要内容的技术培训班30多期，培训各类技术人员1500多人，受到行业生产企业的普遍欢迎。此外还为行业培养了9名硕士研究生。

深化改革　探索“技工贸”一体化的科技新路　近年来郑州院在运行机制、管理体制、人事干部制度改革等方面积极探索，取得了初步成效。1988年实现事业费削减到位后，继续深化改革，在科技项目上试行分值管理，科研生产工作推行目标管理责任制，财务实行内部银行核算。推动了全院科研生产经营工作的健康发展。为加快进入经济建设主战场，积极探索“技术贸”一体化的科技新路，同嘉兴卷烟厂在平等互惠的原则下，实行了厂院横向联合，取得明显效益，为科研与生产相结合开拓了新路。同时，还广泛地开展了国际间的技术合作与交流，已与20多个国家和地区建立了业务联系及合作关系，先后派出40多批70余人到国外进修、学习考察，同时邀请和接待十几个国家和地区近百名专家参观、讲学和技术交流。

（撰搞：郑州烟草研究院）

全国烟草科技情报中心

全国烟草科技情报中心是直属中国烟草总公司领导的科技情报机构，其前身是“轻工业部烟草工业科技情报站”。1986年4月由中国烟草总公司正式批准为“全国烟草科技情报站”。1989年3月更名为“全国烟草科技情报中心”。(以下简称情报中心)，由郑州烟草研究院代管。现有职工15人，其中技术人员14人，设有科技文献处理、情报刊物编辑加工、情报研究、行业科技情报网络管理和声像制作等业务部门。拥有国内外烟草科技期刊、各类烟草专题技术资料、专刊、样本、标准、图书等科技文献近5万册。

情报中心的主要任务是承担国内外烟草科技情报的搜集、整理加工、存贮、交流报导和为行业提供情报服务工作，为行业科研、生产发展服务和为烟草总公司领导决策服务。

1986年以来，情报中心在中国烟草总公司和郑州烟草研究院的领导、支持下，认真贯彻党的科技情报工作方针政策，积极进行情报体制改革，情报工作开辟了新局面。为烟草工农业生产、科研的发展和为领导机关决策服务做了大量工作，取得了较大成绩。5年来在完成《烟草科技》和《烟草信息》期刊的编辑出版发行任务的同时，还为行业编辑加工、翻译、提供了70多种700多万字的各类烟草科技情报资料，发行量达75万册，为促进行业生产发展起到了积极作用。《烟草科技》和《烟草信息》期刊分别获得1987年度和1990年度中国烟草总公司科技进步奖二等奖和三等奖。摄制了30多部科技、资料、宣传录像片。完成了总公司下达的6项情报研究和科研项目。加强了科技文献基础建设工作，扩大了文献资料的搜集范围，文献管理工作逐步走上了规范化、标准化。近年来开发应用了微机进行文献检索，初步建成“烟草英文期刊文献库”。积极主动为行业企事业单位做了大量的文献服务和咨询服务工作，代查代检复制了大量有参考价值的文献。协助总公司筹建和管理全国烟草科技情报网络，行业内三级科技情报网络已初步形成。“八五”期间，情报中心在人员、情报工作手段和情报业务工作等方面将有较大发展，并将努力扩大情报服务项目，提高情报服务的经济效益和社会效益。

（撰稿：郑州烟草研究院）

中国烟草标准化质量监督检测中心

中国烟草标准化质量监督检测中心（简称检测中心），是直属中国烟草总公司领导的全国烟草行业质量监督检测机构。前身为轻工部烟草工业科学研究所检测室。1985年归属于中国烟草总公司并改名为中国烟草标准化质量监督检测站，1989年初由总公司批准在原来基础上成立中国烟草标准化质量监督检测中心。目前是待验收的国家级检测机构，由郑州烟草研究院代管。

检测中心现有27人，其中技术人员22人，拥有现代化检测仪器和先进的检测方法，主要从事行业内卷烟制品的抽检、评优、仲裁及部分原辅材料的检测任务，每年为行业测试大量的样品，为行业严把质量关，促进行业产品质量的提高，同时为新产品开发提供科学的测试数据，为行业的质量监督起到重要作用。承担行业内卷烟的标准化工作，为国际标准TC126技术委员会技术归口单位。承担中国烟草总公司标准化委员会卷烟分会秘书处工作，组织制订检测方法和标准，并向行业内推广应用。作为检测中心还担负着行业内检测网的业务技术指导工作。几年来为二三级站培训了大批的检测人员，这些人员已经在烟草检测工作中发挥着骨干作用。同时检测中心对行业质检网的形成也做了大量工作。

“八五”期间，检测中心将努力提高检测技术水平，完善检测手段，不断扩大检测项目，以适应当前卷烟和原辅材料检测的需要，努力把检测中心建成科学性、公正性、权威性的检测机构。

（撰稿：郑州烟草研究院）

合肥经济技术学院

合肥经济技术学院是我国烟草行业第一所农、工、经多科类的普通高等学校，隶属国家烟草专卖局，担负着为全国烟草行业培养高级专门人才和烟草科学技术研究的重要任务。

在1982年烟草总公司成立之初，总公司领导考虑为改变我国烟草生产、技术落后现状和适应今后科技发展的需要，酝酿并决定建立一所高等学校，直接为烟草行业培养高级专门人才。经与安徽省政府商定，并经国家教委批准，这所院校于1985年底开始筹建，1989年5月正式建院，当年秋季面向全国招生。全国政协副主席、著名书法家赵朴初先生为学院题写了校名，国家烟草专卖局局长江明同志任学院名誉院长。

学院座落在安徽省合肥市南郊，占地300余亩，地势平坦开阔，环境幽静，交通方便。校园

建设工程分两期实施。一期工程已建成约6万平方米的校舍。主体建筑包括现代化的教学大楼、阶梯教学楼、第一实验楼、图书馆楼、电教楼、学术报告厅和行政办公楼；生活设施已建成了3幢学生宿舍楼、8幢教职工住宅楼、第一学生食堂、医院、浴室、锅炉房等；运动区已建成标准化田径运动场及篮、排球场等；为保证现阶段教学和科研工作的需要，现设有28个实验室和包括计算机中心、测试中心与电化教学中心在内的中心实验室，购进了一批较为先进的科研仪器设备；图书馆建筑面积为6500平方米，书库容量80万册，现有各类馆藏图书资料近30万册，中外文期刊千余种。同时建立了原料学系的田间试验站与校外实习基地。

根据我国烟草专卖体制的特点，为适应烟草行业发展的需要，学院现有原料学系、加工工艺系、机电工程系和经济贸易系，设置了作物学、植物保护、食品工程、工业分析、机械制造工艺及设备、生产过程自动化、企业管理和会计学等8个专业。学院面向全国招生，以本科生为主，兼招专科生（包括成人专科生），并根据行业内在职职工岗位培训需要，积极开展培训工作。学院现有在校学生740人，其中本科生620人，其余为成人大专班和专业证书班学生。全院现有教职员工446人，专业教师200余人，其中教授和副教授25人、讲师82人，初步形成既有学科带头人和教学骨干，又有后备力量的教师队伍。

学院建院两年来，在国家烟草专卖局的领导下，在有关部门和烟草行业各级公司关心支持下，经过全院教职工的奋发努力，各项工作全面展开，取得了明显的进步，教学科研取得了一批积极成果。已毕业的两届本、专科学生，普遍受到用人单位的欢迎；结合烟草行业生产实际，大力开展科研工作，有的科研课题已取得成果；已出版具有烟草行业特点的教材及教学参考资料40余种，在省级及省级以上报刊发表学术论文百余篇。

“八五”期间，学院将以党的十三届七中全会制定的国民经济和社会发展十年规划和“八五”计划建议、七届全国人大四次会议通过的国民经济和社会发展十年规划和“八五”计划纲要为指导，坚持贯彻执行党的路线、方针、政策，坚持社会主义办学方向，把德育放在学院一切工作的首位，把培养社会主义事业的建设者和接班人作为学院工作的根本任务，使学院在“八五”期间和今后十年内继续充实提高、稳步协调地发展。

“八五”期间，学院在现有基础上将得到较大的发展。学院将继续全面贯彻党的教育方针，进一步确立为烟草行业服务的指导思想，加快人才培养的步伐，为行业输送更多的合格人才。1995年在校学生达到2000人，其中本科生1260人，成人专科生240人，其它各类成人培训班学员、进修生共500人；同时积极创造条件，招收硕士研究生。在完成二期建设工程的同时，将根据烟草行业对人才的需求和学院的办学条件，做好新设专业的论证工作，为在“九五”期间创办新专业打好基础。

“八五”期间，努力完成学院第二期基本建设工程。总建筑面积约6万余平方米。计划建筑的主要项目有第二实验楼、实习工厂、培训中心、科学会堂、第二食堂、体育馆、游泳池、综合服务楼、印刷厂、附属中小学、幼儿园以及增建的教职工住宅和学生宿舍楼等。

“八五”期间，学院将大力加强师资队伍和管理队伍的建设，不断提高全院教职工的政治思想素质和教学、科研、管理水平，以教书育人、管理育人、服务育人为宗旨，大力倡导忠诚党的教育事业的献身精神。根据教学工作的需要，继续引进有关专业教师，充实教师队伍，改善教师队伍的结构，努力提高教学水平和教学质量；还将聘请全国烟草界著名的专家、学者担任兼职教师，并邀请外国专家来学院讲学；为全面提高教师的教学与科研水平，学院将积极开展对外交流与交往，逐步扩大与世界各主要产烟国有关院校、研究所和专业公司的学术交流，选派学有专长的教师出国进修或参加专业性学术会议。

“八五”期间，在抓好教学，提高教育质量，培养合格人才的同时，根据教师队伍的专业优势，学院将有重点地积极开展科学研究和科技开发，围绕烟草行业发展优质烟叶、技术改造、设备更新、产品配方及生产工艺技术改造等生产实际选定科研课题，使科研面向烟草行业实际，解决生产中的问题，推动烟草科技进步，努力为经济建设服务。还将进行必要的基础科学理论研究和应用基础技术研究，为发展烟草高科技奠定基础。

“八五”期间，继续贯彻全国烟草系统第二次教育工作会议精神，充分挖掘潜力，调动各方面积极性，多层次多形式地大力开展职工培训工作，为不断提高全行业广大干部、工人的技术业务水平面努力，实现党中央提出的把经济建设转移到依靠科技进步和提高劳动者素质轨道上来的战备思想，为完成国家局、总公司提出的全行业“八五”计划奋斗目标服务。

学院将遵循“面向现代化、面向世界、面向未来”的办学思想，按照党中央关于“教育必须为社会主义现代化服务，必须同生产劳动相结合，培养德、智、体全面发展的建设者和接班人”的教育方针，本着“勤勉、求实、开拓、奉献”的办学精神，坚持社会主义办学方向，加强党的建设。继续努力探索与我国烟草行业现代化建设和发展相适应的办学模式、教学内容和教学方法，搞好学院科学化管理，把学院办成全国烟草系统的具有鲜明特色的高级人才培养基地、科学中心和图书情报资料中心。

（撰稿：合肥经济技术学院朱小平　段家明）

19811990

CHINA TOBACCO ALMANAC

企业篇

北京卷烟厂

北京卷烟厂创建于1970年，是为填补首都卷烟工业的空白而兴建的。北京卷烟厂于1987年由北京市海淀区学院南路39号迁至北京市朝阳区管庄西里42号。新厂占地面积12万平方米，建筑面积9万平方米，现有职工1400人，其中大、中专以上文化程度的职工占职工总数的15%以上，中级以上专业技术职称的职工占专业技术人员的39%。历经20年的艰苦创业，企业职工逐步树立了“团结向上、自强争先”的精神信念，在科技进步和科学管理的推动下，使企业面貌发生了巨大变化，发展成为拥有固定资产1.6亿元，年设计生产能力20万大箱卷烟，年销售收入达4.5亿元的中国烟草行业骨干企业。北京卷烟厂现已发展成为中国500家最佳经济效益工业企业之一，北京50家最佳经济效益工业企业第一名。

一、科技进步和科学管理带来巨大经济效益

八十年代，北京卷烟厂主要生产四种类型卷烟：烤烟型、混合型、异香型、雪茄型。主要产品有“金建”、“长乐”、“中南海”、“牡丹”、“北京”、“珍宝”、“特制红中南海”、“香山”、“八达岭”、“天坛”等牌号卷烟共30余种规格。其中“金建”、“长乐”、“中南海”、“牡丹”牌卷烟被评为全国烟草行业优质产品；“金建”、“长乐”、“中南海”、“牡丹”、“北京”道牌卷烟被评为北京市优质产品。这些产品在卷烟市场上享有很高的知名度，深受广大消费者的喜爱。特别是“金建”、“长乐”、“中南海”等安全系列烟的问世，开辟了北京卷烟厂利用国内外科学技术开发具有中国特色的新混合型卷烟的历史。北京卷烟厂的卷烟产品不但行销国内，还远销到日本、美国、科威特、香港等国家和地区。1980年至1990年累计出口创汇1157万美元。从1981年到1990年的10年中累计生产卷烟115.8万大箱，其中嘴烟由14.4%上升为73.5%，累计实现税利12亿元。

二、新产品开发为企业蓬勃发展奠定基础

北京卷烟厂的成功发展是在改革大潮中，在不断开拓、创新、奋进中取得的。北京卷烟厂历来把科技进步和产品开发放在首要位置。具有国际水平的卷烟检测、实验仪器装备的新产品开发中心，具备了对国内外各种卷烟样品及烟叶样品的成份进行快速分析的能力，对各种新材料、新技术、新产品的研究、测试手段和方法。培养了一支有较强开发设计卷烟产品能力的科技队伍。企业遵循“生产一代、试制一代、科研一代、构思一代”的指导思想，共设计开发生产了4种类型、47个牌号的卷烟，为企业的蓬勃发展奠定了坚实的基础。建厂初期，先后开发设计出“北京”、“香山”、八达岭”、“友谊”和雪茄型“北京小方支”卷烟，从而结束了北京卷烟市场全部依靠外地烟厂和国外供货的历史。

吸烟有害人体健康已被国际上公认。如何既要满足吸烟者的嗜好、发展卷烟生产、为国家增加积累，同时又能保护吸烟者的健康，降低有害成份，这是烟草行业科研生产的一大课题。为解决好这一矛盾。北京卷烟厂从70年代末开始在中医研究院和西北植物研究所等科研单位的协助下，积极投入对疗效混合型卷烟的研制开发工作。通过反复研究、试制，在八十年代初终于应用本企业首创的中草药添加技术开发出具有特殊疗效作用的混合型系列卷烟，即“浓味金建”、“浓味长乐”、“浓味中南海”牌卷烟。经北京医学院、北京药物检验所等医药卫生单位多次临床理化及急性烟雾动物试验，证明具有独特的疗效性能。除具有满意的香气吃味外，还具有清痰止咳，改善因吸烟引起的气管炎、肺心病症及缓解烟气中焦油、尼古丁和一氧化碳对人体影响的效能。据北京朝阳国际红十字医院临床观察，总有效率达90%以上。北京卷烟厂首创的这项中草药添加技术，于1986年荣获中华人民共和国烟草科学技术进步奖，同年在美国、西德获得专利。

三、依靠科技进步拓展国内外市场

北京卷烟厂为了不断拓宽国内市场，同时为将本企业产品进一步打入国际市场，从1983年开

始，瞄准国际水平，采用经验、技艺、创造性、多学科联合研制等方法进行低焦油卷烟的研制工作。先后应用了激光预打孔技术、卷烟通气技术、复合滤嘴技术、膨胀烟丝技术等，研制出新一代的疗效低焦油混合型卷烟，即“淡味中南海”、“淡味金建”、“淡味长乐”、“柔和北京”等牌号卷烟，使焦油含量达15毫克/支以下，形成了自己的拳头产品。为使企业产品在占领国内市场的基础上，开拓国际市场，引导消费，转变消费方式发挥了重要作用。1985年3月在日本筑波国际科学博览会上，北京卷烟厂的产品“长乐”、“中南海”牌卷烟作为中国科技产品参加展销。仅几天时间，参展的300件产品销售一空，从而开拓了日本市场。日本《读卖新闻》、《朝日新闻》等多家报刊杂志纷纷发表专题报道，称“长乐”、“中南海”、“金建”牌卷烟是吸烟者的福音。北京卷烟厂疗效混合型系列卷烟在日本筑波国际科学博览会展销成功后，出口量日益增多，至今销路旺盛。出口品种由3个发展到9个。至1990年，累计出口卷烟2.2万大箱。

四、设备挖潜引进是腾飞的技术保证

北京卷烟厂在不断开发适销对路新产品的同时，大胆进行设备的更新改造。1970年建厂初期，北京卷烟厂仅有制丝、卷烟、包装等专用设备33台套。部分设备相当于我国40年代的水平。但是，企业充分挖掘内部潜力，对老设备进行了大胆改造。从1971年到1980年，技改项目达1200多项。如改造真空回潮机、将蒸汽同水分分开，解决了烟叶色泽水分不均、碎叶多的问题。研制成功卷烟缺支、短支、断支警报器，接装机计数器，解决了当时烟草行业的老大难问题。技术改造革新使老设备充分发挥了效率。

进入80年代，面对激烈竞争的国内外市场，北京卷烟厂领导班子意识到只有引进先进的技术装备，企业才能创造出优质高效的产品，才能提高竞争力，占稳国内市场，打入国际市场。于是从80年代初，北京卷烟厂开始技术引进。先后引进德国PROTOS—70、MK—95、SASIB—3000、SASIB—6000、日本MMC、U3和英国HLP—4等卷接包设备，有效地提高了产品质量和卷接包能力。

1987年，北京卷烟厂迁入新厂址后，进行了全面技术改造和引进，拥有现代化厂房和配套设施，装配德国PROTOS—70、英国MK—10、MK—95、超九，意大利SASIB6000、日本FR4等高速卷接包、制嘴机组，并全套引进日本SANJO、JIE自动化制丝生产线，共计65台套。引进设备已占全部专用设备的94%，为企业的腾飞创造了可靠的技术保证。

五、科学管理促使企业管理上台阶

党的十一届三中全会以来，北京卷烟厂坚持以改革统揽全局，以提高经济效益为中心，以技术开发为龙头，以强化管理为手段，努力把企业建设成现代化企业。进入八十年代，在推动科技进步的同时，不断加强企业科学管理。通过企业整顿和企业升级，不断完善企业各项规章制度和企业标准。1983年，在企业整顿中，经过自上而下、自下而上的反复自查和向先进单位学习，建立和完善了企业17类120种管理制度。通过学习，在思想上从“要我整顿”转变到“我要整顿”。全厂职工齐行动，擦洗机床，清理管道，粉刷墙壁，整理库房，取得了验收一次合格的可喜成绩。

1987年，北京卷烟厂向现代化、标准化、规范化企业迈进，强化现代化管理，成立了企业标准化委员会，负责各项管理制度的制定、修改、审议、发布工作。逐步修改下发了企业《技术标准》、《管理标准》、《工作标准》三大标准，比较完整地形成企业标准化体

系。在强化管理中实施方针目标管理和经济责任制，形成“横到底，纵到边”的管理考核体系，建立起企业良好的管理机制。各项基础工作的落实，推动了企业各项管理工作，保证了企业升级指标的实现。1989 年，北京卷烟厂通过了省市级企业验收，迈入北京市先进企业行列。

北京卷烟厂在管理上采用先进方法，全面导入 TQC 全面质量管理。在全厂树立“以产品求生存，以质量求发展”的质量意识，建立全面质量管理体系，制定《质量管理手册》，实行质量否决权。同时，加强企业现场管理、设备管理、计量管理和安全管理等，使企业各项管理工作迈上新台阶。1988 年，计量工作达到国家二级标准，荣获国家二级计量单位称号。1990 年，通过北京市全面质量管理国家二级标准验收，荣获北京市全面质量管理奖，并荣获中国烟草总公司设备管理先进单位称号和北京市档案管理先进单位称号。

六、加强思想政治工作　培养“四有”职工队伍

北京卷烟厂把培养和造就一支“四有”职工队伍放在突出的位置来抓。从 1983 年开始用 4 年时间对全厂青工脱产政治轮训，系统学习中国近代史、党史、有关法律和建设有中国特色社会主义理论等，使青工政治素质得到提高。为提高职工文化技术素质，10 年中从在职职工中培养大专毕业生 94 人，中专毕业生 12 人，进行各类专业技术培训人员达 600 多人次。从 1982 年开始，有 793 人进行了全面质量管理知识培训。为迅速掌握引进设备，先后派出国进行技术培训 35 人。为加强与同行的技术交流和本着服务于社会的宗旨，与 SASIB 公司联合办学，相继培训了全国 30 个厂家 33 名 6000 型包装机技术人员，为行业的发展做出努力。

北京卷烟厂在日常劳动工作中，努力培养职工“爱企业、做主人”的好风气，积极组织青年职工开展“四小发明”活动和 QC 小组活动，发挥职工的聪明才智，先后有三个 QC 小组荣获市质协 QC 小组成果一等奖；两个 QC 小组荣获全国卷烟工业优秀 QC 小组成果一等奖。厂工会积极组织职工开展合理化建议活动和劳动竞赛，设立合理化建议奖，鼓励职工献计献策，增强了主人翁责任感。积极开展寓教于乐活动，丰富职工业余文化生活。

北京卷烟厂一直把职工生活福利列入重要议事日程。10 年中，兴建家属宿舍 8 栋，解决了 550 多户职工住房和近百名职工住宿。厂区内建立了小花园，宿舍区内建立了儿童游乐场。在厂区、宿舍区普遍进行了绿化、植树、铺草坪，绿化面积达 1.4 万平方米，为职工创造了优美的工作生活环境。建立完善离退休制度，建立了离退休服务楼，专门为离退休职工开展服务。每年为职工进行一次体检，为保证职工身体健康起到了积极作用。

北京卷烟厂在充分发挥党委政治核心作用和坚持并完善厂长负责制落实的同时，充分发挥职工代表大会的作用。每年召开职工代表大会两次，对企业重大问题进行审议，确保企业改革和生产经营沿着建设有中国特色社会主义道路前进，取得了良好的经济效益和社会效益。

北京卷烟厂在八十年代依靠科学进步和科学管理取得了实现税利 12 亿元的良好经济效益。今后，北京卷烟厂将不断努力，使之成为中国卷烟企业的窗口。

（撰稿：北京卷烟厂　张林）

太原市烟草公司

太原市烟草公司的前身是太原市酒类专卖处，成立于1949年5月，属市税务局领导。1953年1月，专卖处与市百货公司经营的烟酒部合并，组成太原市烟酒专卖公司。1958年4月专卖公司撤销，并入市副食品杂货公司，成为该公司下属的烟酒批发部。1961年5月又将副食品杂货公司分为糖果糕点、烟酒专卖、干鲜果品、食盐等4个公司，其中将烟酒批发部改为太原市烟酒专卖公司。1965年3月专卖公司与副食品杂货公司合并，改名为太原市糖业烟酒公司。1983年8月1日又在烟酒批发部的基础上第三次重新组建了太原市烟草公司。

1983年8月25日，太原市人民政府批准成立太原市烟草专卖局，隶属于市二商业局，与市烟草公司一套机构，两块牌子，不另增编制。

1984年6月29日，根据国务院关于实行烟草专卖的通知和国务院颁布的《烟草专卖条例》，山西省人民政府委托山西省经济委员会和中国烟草总公司就山西省烟草公司上划交接事宜达成协议。山西省烟草公司和所属的四个市公司、其中包括太原市公司上划中国烟草总公司。上划后，地方公司实行总公司和地方政府双重领导，以总公司为主的体制，产供销、人财物由总公司集中统一管理，党的工作和思想政治工作仍归地方管理。

新组建的太原市烟草公司一班人带领全体职工积极开展工作，完善组织机构，建立健全各项规章制度，进行了《烟草专卖品零售许可证》的发放工作，规范了经营渠道，使烟草专卖向法制化管理的轨道迈出了可喜的一步。

1984年初，该公司将原有的3个城区卷烟批发小组，改建为3个卷烟批发部即南城区、北城区、河西区批发部。同年，太原市烟草公司作出了关于企业全面整顿工作的安排意见。企业整顿的主要内容有：整顿建设领导班子、党的基层组织、精神文明建设、完善经营责任制、提高服务质量、加强劳动纪律、劳动组织、加强财经纪律等8个方面。要求各级领导要解放思想，克服“左”的影响，克服守旧思想，打破铁饭碗、端掉大锅饭，充分调动企业和职工的积极性，提高经济效益，提高服务质量，正确处理国家、企业、个人之间的责权利关系。在此基础上，公司采取了划小核算单位，实行经济承包责任制，利润包干、奖金实行上不封顶，下不保本，打破平均主义等行之有效的办法，极大地调动了全体职工的积极性。他们还通过整顿卷烟市场，加强专卖管理，下伸批发网点，拆整卖零等方式来提高经营服务水平。这些措施，不仅提高了企业的经济效益，而且锻炼和提高了职工队伍的素质，使企业整顿真正见到了实效。

1985年至1990年，随着改革开放的不断发展，太原市烟草公司在国家局、总公司和山西省烟草公司以及当地政府的领导下，进行了“以增强企业活力为中心”的内部体制改革，修改和制定了一系列配套制度和规定，增加了企业的活力，提高了经济效益。在省公司的领导下，分别在干部管理、劳资管理、流通领域进行了实质性的改革，使企业管理不断完善，管理水平不断提高。在加强思想工作、推动精神文明建设方面，制定了详细的实施方案，成立了思想政治工作研究会，专门组织实施这方面的工作，取得了良好的效益。

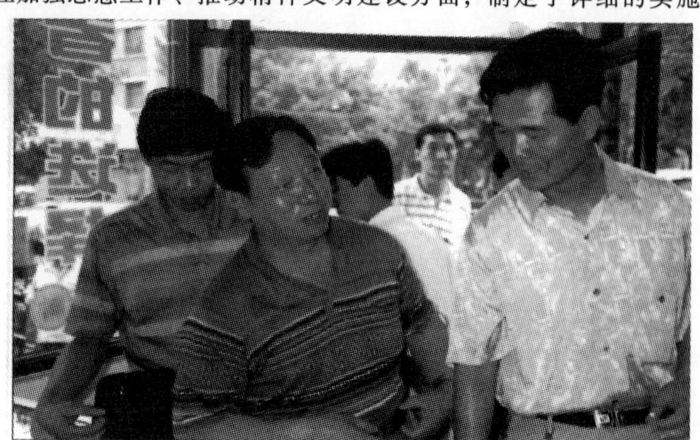

到1990年底，太原市烟草公司在各级领导的关怀、支持和帮助下，在全体职工的共同努力下，与云南、上海、河南等省市的30多家烟厂建立了密切的业务往来关系，年销售各类卷烟5~6万箱，年销售收入1.8亿元。公司组建以来，累计销售各类卷烟562635箱，实现利润2497万

元。到1990年底，公司拥有固定资产304.27万元，流动资金457.35万元，分别是组建初期的12.8倍和2.7倍，为国家做出了应有的贡献。

太原市烟草公司于1984年获太原市先进企业并荣立山西省劳动竞赛委员会二等功1次，同年又是出席山西省烟草公司的先进集体；1985年为太原市二商局的先进集体；1986年荣获太原市先进企业；1987年评为太原市先进集体；1988年、1989年分别荣获太原市先进企业和先进集体的光荣称号。

运城地区烟草分公司

运城地区烟草分公司地处山西省最南端，素有山西南大门之称。分公司成立于1984年9月，下辖13个县烟草公司和两个矿区公司。

1983年到1990年的8年，是运城烟草艰苦奋斗的8年。分县两级公司成立之始，都是背着沉重的包袱，带着分来的债务和人员，白手起家，开始烟草事业的艰苦创业之路。运城烟草职工没有被困难吓倒，他们靠着严格的制度、严格的管理以及职工们的勤劳和节俭，生产经营1984年初见成效，当年运城烟草实现税利236万元。

烟草是一种特殊消费品，它决定了行业的特殊性。国家对烟草制品实行“寓禁于征”的高税制。这是因为一方面烟草对人身体有害而不能放任发展，另一方面因长期的传统和习惯，又不可能一下把烟禁掉，损害广大烟民的利益。国家对烟草加强管理，以求规范发展。

1983年9月，国务院发布了《烟草专卖条例》，1984年9月国家烟草专卖局发布了《烟草专卖条例》施行细则。《条例》和《细则》的出台，确立和规范了烟草行业的行政管理和集中统一经营。为了使广大人民熟识这一法规，地区分公司多次组织了大规模宣传。从1983年到1990年，共出动宣传车130台次，人员600人次，发放宣传材料40多万份。这些宣传活动，对于提高广大消费者的法律意识，起到了很好的作用。

烟草行政主管部门的一项重要工作是打击不法烟贩和违法经营，防止国家财源流失。从1983年到1990年，运城地区烟草专卖队伍由26人发展70余人，共查处各类案件2000余起，罚没款1000余万元。为了提高广大专卖人员的执法水平，使得执法有据、执法有力、执法严厉，从1983年到1990年，地区专卖人员共参加由上级和本级烟草行政主管部门组织的执法培训40余次，累计参加培训人员1200人次。

80年代初，烟草行业处于由计划经济向商品经济过渡时期。烟草经营基本上是上级分配多少任务，下面完成多少。从1988年开始，地区烟草的发展步入了快车道。这一年，开始推行承包经营责任制，给烟草的发展注入了活力，企业的经济效益明显改观，实现利润以70%的速度递增。从1983年到1990年，全区行业累计实现利润850余万元，固定资产由1983年的82万元增加到1990年的526.5万元，增长了7倍多。这一成绩，是改革开放的结果，也是运城烟草全体干部职工努力拼搏的业绩。

烟叶种植是烟草发展的重要方面，运城地区从1984年在垣曲试种烟叶开始，逐渐扩大种植规模，效益连年增长。运城的气候、土壤条件比较适宜种植烟叶，特别是中条山腹地和峨嵋岭一带。1984年到1986年，地区烟叶种植处在摸索阶段，种植面积和收益都没有大的突破。随着改革力度的进一步加大，政府和农民都在寻找适宜农村经济发展的新路，而烟叶种植正是脱贫致富的好路子。1988年，在地方的关心支持下，地区烟叶种植面积达8200余亩，是1984年至1987年3年的总和，农民收益达195.8万元，极大地增强了农民种植烟叶的积极性。到1990年，地区烟叶种植面积达2.4万余亩，是1984年16.9亩的140多倍，烟农收入达800多万元，为地方财政创税收260多万元。

企业的发展，不仅靠政策和资金，更主要的是靠人才和市场。没有高素质的队伍和广阔的市场，绝对不会出现高效益的企业。1984年行业组建之始，大中专以上人员为零，到1990年，通过各种教育形式，已有18人获得大中专文凭。同时企业还注重日常职工教育，在平时利用各种机会教育培训职工，普遍提高了职工的素质。

运城烟草分公司生产经营及资金情况表

时间	销量（箱）	销售收入（万元）	销售成本（万元）	毛利（万元）	税后利润（万元）	所有者权益（万元）	固定资产（万元）
1984	55671	3848.15	3639.74	208.41	27.90	147.61	83
1985	71366	4869.64	4580.23	289.41	51.71	204.81	36.61
1986	89081	7426.52	7026.55	399.97	115.17	324.66	107.19
1987	84862	8099.37	7692.29	407.08	80.10	330.05	157.25
1988	145053	12726.04	12075.30	650.66	139.16	487.90	267.08
1989	149720	17663.78	16624.32	1036.46	190	802.70	483.68
1990	134410	17839.98	16753.48	1086.49	215	878	526.50

呼和浩特卷烟厂

一、企业概况

呼和浩特卷烟厂筹建于1964年，1966年正式投产。隶属内蒙古自治区烟草公司，是全民所有制中型企业。1981年至1990年是企业发展十分重要的10年。10期间，企业进行了“六五”和“七五”技术改造，特别是经过“七五”技改，企业的基础和综合实力明显增强。企业实现税金由1981年的5110.8万元到1990年增长至22457万元，占地方财政收入40%左右。1990年被国家统计局列为全国最大工业企业第311位。

烟厂占地面积22.1万平方米，1990年有固定资产5711万元，进口设备142台（套），制丝能力30万箱/年。主要产品有：烤烟型甲级84毫米硬翻盖“大青山”、84毫米全包装“大青山”、特制“钢花”；乙级烤烟型70毫米“青城”等牌号卷烟。

1990年职工总数1904人，其中具有大专以上文化程度的100人；蒙、回、满等少数民族286人；党员168人，团员328人；全厂设26个科室、7个车间和1个劳动服务公司。

二、生产经营业绩

1981 年至 1990 年主要经济指标完成情况

年份＼指标项目	总产值（万元）	总产量（箱）	税金（万元）	利润（万元）
1981	7018.5	111218	5110.8	376.8
1982	7648.3	128477	5588.1	311.7
1983	8775	130001	6376.2	304.5
1984	9449.2	140876	6842.8	837.4
1985	10272.6	147008	8339	482
1986	12999.1	175006	11052	428
1987	14858	193101	12726	422.8
1988	19431	230007	16511.9	330.3
1989	21829.6	240226	21629.4	65.8
1990	22204	235033	22457	－404
10 年总计	134485.3	1730953	116633.2	3155.3

以上数据表明，10 年来，呼和烟厂主要经济指标始终呈上升趋势。归纳起来，效益的不断提高主要得益于两个方面：一方面扩大规模。1981 年呼和烟厂产量是 111218 箱，1990 年增加到 235033 箱，增加了 111%。为适应生产规模不断扩大的需要，“六五”和“七五”进行了两期技改，职工人数由 1981 年的 919 名到 1990 年增加到 1904 名，生产能力得到迅速提高。另一方面调整了结构，1981 年呼和烟厂嘴烟产量 5617 箱，到 1990 年产量 76020 箱，嘴烟比例的增加使经济效益大幅度提高，10 年税金提高了 327%。

为此，企业曾多次荣获自治区和呼市人民政府以及国家烟草专卖局、内蒙古烟草专卖局的先进企业等荣誉称号。

三、技术改造成果

“六五”期间，企业根据当时国内卷烟工业技术水平状况，在郑州烟草研究所的帮助下，于 1981 年进行了技术改造。设备上增添了打叶机、热风润叶机、储叶柜、储丝柜、YG64 管型烘丝机、加料厨房和白肋烟烟叶处理流水线（包括叶片加料、干燥及流量定量控制）。该处理线由郑州烟草研究所自行设计制造，是我国第一条白肋烟处理线，也是国内制丝线最早的工艺改造试验。与此同时，接嘴机组由 2 台增加到 5 台。

通过“六五”技改，制丝能力由年产 10 万箱增加到 18 万箱，嘴烟生产能力由年产 3000 箱提高到 6000 箱；提高了质量，降低了消耗，实现了制丝生产连续化。

经中国烟草总公司批准，企业于 1986 年元月至 1988 年

12月进行了“七五”技术改造。改造的主要项目：

1. 叶片线：引进意大利COMAS公司SR/3S/4AC 1套打叶机组及购置国内配套设备；制丝线：引进英国LEGG公司主机及附属设备10台套，购置国内配套设备；制梗线：引进英国LEGG公司主机及附属设备14台套，购置国内配套设备；白肋烟制丝线：引进英国产白肋烟干燥机1台套，购置国内配套设备；引进英国LEGG公司自动烘丝机水份控制系统（CP）2套；引进和购置国内卷接包设备。

2. 扩建生产厂房15782平方米，新建职工宿舍16416平方米。

通过“七五”技术改造，企业制丝能力达30万箱，卷、接、包能力达到25万箱；企业技术水平、产品质量、劳动生产率均有较大幅度提高；原辅材料消耗、制造成本均有所下降；改变了产品结构，增加了适应市场需求的卷烟产品，提高了经济效益，改造后新增固定资产3653万元。

四、企业管理的几个重要步骤

为了提高企业的整体素质和经济效益，10年来，呼和烟厂采取了一系列措施，迈出了关键性的几步。

1982年在中央和自治区的统一部署下，进行了企业整顿，建立健全了各项规章制度，修订和完善经济责任制2127条；加强了企业经营、财务、计划、质量管理和经济核算；严格了劳动纪律，实行有奖有罚；开展了定岗定员工作；通过整顿加强了领导班子建设，企业的面貌有了较大改观。

在整顿的基础上，呼和烟厂把质量管理提高到一个新的高度来认识，健全了机构，充实了人员。1986年实行质量否决制度，并结合总公司发布的卷烟国标，制定了质量否决权考核办法，强化了质量责任制，提高了广大职工的质量意识。

1984年企业上划之后，为使企业管理再上新台阶，出台了改革方案，精简、充实、调整了职能部门；实行了经济承包责任制和浮动工资制，重新修订了奖金发放办法；进一步体现了多劳多得的分配原则。

在企业管理中，人员素质的不断提高是企业管理的基础性工作。10年来，呼和烟厂在这方面下了很大气力，1981年成立了职工教育委员会，1982年成立了教育科，1983年成立了职工学校，先后以脱产、半脱产、业余等形式举办各类干训班、职工文化补习班，技术培训班21期，有1000多人次接受了培训。1984年经内蒙古电大批准，并在其指导下，开办了全日制电大班，有11名职工毕业。职工素质的普遍提高，为深化企业管理奠定了良好的基础。

五、新产品开发的几个大的转变

为适应市场的需求，呼和烟厂不断调整经营思想，实现了产品风格、品牌、档次等方面的转变。

1. 实现了以烤烟型为主向多品味、多风格卷烟的转变。根据市场的不断变化，先后开发出了以“山丹”牌为代表的外香型卷烟，以“雁”牌为代表的雪茄型卷烟。1984年根据总公司关于大力开发混合型卷烟的指导思想，在科研部门的协助下，开发出了“昭君”和“绿宝”两个牌号的卷烟。

2. 实现了以无嘴烟为主向多品牌、大批量滤嘴烟的转变。1981年嘴烟年产量5617箱，仅占全年总产量的5%，且品牌单一。经过10年的开发，产量达到76020箱，占年产卷烟总量的32.34%，品牌有：“那达慕”、“山丹”、“特制钢花”、“昭君”、“绿宝”、“大青山”、“雁”牌。其中：“大青山”、“特制钢花”市场占有率极高，成为呼和烟厂的主导产品。

3. 实现了以低中档卷烟为主向高中档卷烟为主的转变。10年来，经过技术人员的不断努力，先后开发研制出了甲级81毫米“古画”、“山丹”等牌号卷烟，甲一级84毫米“大青山”、“那达慕”等牌号的卷烟，结束了呼和烟厂没有甲一级卷烟的历史。至1990年，甲一级牌号的卷烟占到年总产量的4.62%。

1988年“青城”牌卷烟被评为轻工部优质产品，“大青山”、“昭君”牌卷烟被评为自治区优质产品。

六、精神文明建设

10年来，呼和烟厂始终坚持把社会主义精神文明建设作为企业发展的大事来抓，用邓小平同志建设有中国特色社会主义理论武装和统一职工的思想，收到了明显的效果。

为了加强企业精神文明建设，呼和烟厂从职工思想教育工作入手，适时地组织职工学习党的路线、方针、政策。1982年在全厂开展了“五讲、四美、三热爱”活动。在此基础上，1984年进一步完善了实施方案。1986年制定了精神文明建设实施方案的考核办法，由此精神文明建设工作在企业扎实有序地开展起来。为配合思想教育工作的开展，充分利用广播、板报、墙报等形式在职工中就精神文明建设的内容，进行广泛的宣传。同时采取有奖有惩，抓两头带中间的方法，在青年职工中开展了针对性的教育工作，使相当一部分后进青年成为企业的骨干。

1986年在全厂进行了“一五”普法教育，举办了6期普法学习班和1期法制教育展览，有1200多名职工参加了学习和考试，95%的职工领取了普法合格证书。通过普法教育，职工的法律意识进一步增强，促进了精神文明建设工作的开展。此外还针对企业少数民族职工多这一特点，从1985年开始，在职工中开展了民族理论教育，提高了广大职工维护民族团结的自觉性。

为了加强企业精神文明建设,各级党组织把精神文明建设作为一项重要任务来抓,从党员做起,充分发挥党员的模范带头作用,从而保证了精神文明建设的各项内容落到实处。企业曾荣获自治区、呼市两个文明建设双丰收先进企业。1987年荣获全国烟草系统思想政治工作先进集体。

七、“三产”工作的开展

呼和烟厂“三产”工作起步于1971年，始称“呼和浩特卷烟厂知青服务队”，后于1986年更名为“呼和浩特卷烟厂劳动服务公司”。至1990年，服务公司不断发展扩大，下属三厂一部，即纸箱厂、烟末厂、修理厂、经销部，占地面积187平方米，职工总数245人，固定资产11.58万元。1981年至1990年，累计生产纸箱484万个，烟末239.98万公斤，修理各种车辆600多台，实现产值462万元，上缴税金122万元，实现利润150万元。

“三产”工作的开展，不仅使“三产”本身得到了发展，也为呼和烟厂经济效益的不断提高做出了贡献。

总之，1981年至1990年，是呼和烟厂发展史上拼搏奋斗、拓展进取、成效显著的10年，是为企业快速发展而奠定了坚实基础的10年。

（撰稿：呼和浩特卷烟厂　申耀刚）

沈阳卷烟厂

一、概　况

沈阳卷烟厂始建于1907年，是我国卷烟行业最早的厂家之一。在1981年—1990年的10年期间，经过“六五”、“七五”的技术改造和全国烟草行业的统一管理，企业有了长足的进步。截止到1990年底，沈阳卷烟厂有职工2486人，其中专业技术人员204人，占职工总数的8.2%。占地面积166777平方米，建筑面积88046平方米。固定资产9600万元，拥有从英国、德国和意大利等国家引进的制丝及卷接包专用设备，年生产卷烟能力30万箱（150亿支）。主要产品有“大生产”、“古瓷”、“辽叶”、“沈阳”等10余个牌号，其中有7个牌号分别获省部级以上优质产品称号。

二、加大技改力度　增强企业后劲

“六五”、“七五”期间，是沈阳卷烟厂发展较快的时期。10年间，在国家局和省局、公司的正确领导下，全厂职工团结奋斗、艰苦努力，克服了原辅材料价格上涨、缺口严重、市场竞争日趋激烈等诸多不利因素，使企业的生产经营取得了较大的成绩。这期间共生产卷烟2429558箱，实现销售收入224520万元，实现利税129610万元，为国家的经济建设做出了突出的贡献。

但是建国以来，沈阳卷烟厂的隶属关系曾多次变更，企业的技术改造始终没有被列为重要日程，致使企业设备陈旧，技术老化，生产工艺手段落后。卷烟产品在其品种、规格、质量和装潢等方面，都难以适应广大消费者对卷烟越来越高的要求。

党的十一届三中全会以后，随着我国改革开放的逐步深入，沈阳卷烟厂在中国烟草总公司和辽宁省烟草公司的领导下，在沈阳市政府及有关部门的大力支持下，根据行业规划的精神，有组织、有步骤地开始进行系统性综合性的技术改造工作。

一是对卷烟设备进行技术改造。"六五"期间企业先后投资500多万元，新建了混合型卷烟生产线，改造完善了制丝生产线。引进了意大利SASIB6000型横包机1组，英国MOLINS公司MK8卷接机3组，MK9N1组。"七五"期间企业从长远发展需要出发，投资6400多万元，进一步改造了制丝生产线及配套设施。先后引进了意大利COMAS公司的梗丝膨胀生产线，烘丝机1组及国产配套辅助设备，引进了英国LEGG公司切丝机，切梗机各1组，购置国内消化的白肋烟生产线和1条打叶线，切丝机、切梗机各1组。同时更新了部分卷接包设备，引进了英国MOLINS公司MK8卷接机8组，MK9—5卷接机2组，硬盒包装机1组，引进意大利SASIB6000型横包机1组，购置国内消化吸收的YJ14—23卷接机4组和AMF3000型横包机3组，引进美国二手设备MK8卷接机4组，GRANT卷接机5组，包装机、小盒亮纸机、条包机各5组，及YJ14—23卷接机3组，引进西德HAUNI公司KDF2滤嘴成型机1组。

在设备引进的同时，技术培训工作也加紧进行。企业派出由总工程师带队的10名技术人员，专程到意大利学习设备的技术性能、原理和操作，并从招收的高中毕业生中，选派17人到深圳卷烟厂进行为期一个月的操作技术培训。同时还在厂内组织了多种形式的培训班，先后为生产车间培训操作工人477人次。由于技术培训做得比较好，这些人都成为企业生产的骨干力量。

二是对厂房、办公楼及相关设施进行技术改造。由于沈阳卷烟厂的生产厂房是日伪时期的建筑，使用年代久，大部分建筑墙基风化腐蚀，梁木腐朽，厂房设施陈旧简陋，又受1975年海城地震的影响，生产厂房已被有关部门鉴定为危险建筑。"六五"末期，经中国烟草总公司批准，投资2371万元，易地翻建了16662平方米的生产厂房，新建了13000平方米的烟叶储备库。在此基础上，"七五"期间又投资759万元，易地翻建5535平方米的综合办公楼，新建4000平方米的综合仓库。

经过"六五"、"七五"技术改造，企业的技术装备水平和生产水平有了明显的提高，产品结构和产品质量有了明显的改善，而且厂区布局更加合理、厂容厂貌也焕然一新。生产能力达到30万箱，其中滤嘴烟生产能力18万箱，占总生产能力的60%，销售收入和实现税利也有较大的增长。

三、严格质量管理　注重产品改造开发

在技术改造的基础上，沈阳卷烟厂非常重视产品质量和产品开发的改造工作。他们把不断提高产品质量做为企业发展的必由之路，提出了以质量品种求生存、求发展、求信誉、求效益的观点，在全厂职工中，牢固树立"质量就是生命"的观念。同时，把产品的改造开发作为企业生存发展的关键。一方面立足近期提高效益，另一方面着眼于企业长远的发展，狠抓老产品改造和新产品开发，不断优化产品结构。

一是狠抓了老产品改造和新产品开发。对产品开发，沈

阳卷烟厂不断结合企业的实际情况，在走访市场、调查市场的基础上，坚持“开发一代、投放一代、研制一代、储备一代”的方针，先后改造开发了“古瓷”、“大生产”、“沈阳”、“辽叶”等10余个牌号。其中“古瓷”牌卷烟，以其装潢精美，吸食香气浓郁、醇厚等特点，1982年被评为国家轻工部优质产品，1988年在全国混合型卷烟评比中取得总分第一名，并获得国家优质产品银质奖。这一品牌烟在销往国内的同时，还远销罗马尼亚、捷克、日本、苏联、香港等国家和地区。“大生产”牌卷烟是伴随着南泥湾的歌声不断成长起来的，进入八十年代后，企业根据消费者吸食特点，对其进一步改造，使之从内在质量和外部装潢上都有了一个提高，年销量6万箱，1983年被评为国家轻工部优质产品，1988年获辽宁省优质产品证书。“沈阳”牌雪茄型卷烟，以其香气独特、劲头大、杂气和刺激性较小等特点，自1984年投产以来，年销量10万箱以上，1988年被中国烟草总公司定为全国卷烟畅销牌号。

二是狠抓了产品质量管理。检验部门坚持干部上岗，深入车间巡回检查，坚决实行质量否决权；建立健全检验记录，强化5个主要生产车间的自检、互检作用；定期安排技术人员给生产工人授课。通过以上几项工作的开展，使产品质量有较大幅度的提高。据二级站检测，沈阳卷烟厂产品质量抽检合格率为88%，市优以上产品质量抽检合格率达到95%，都超过了国家规定的80%的合格标准。

四、加强企业管理　深化内部改革

随着国家经济体制改革的不断深入，企业原有的生产模式，已不适应商品经济的要求。对此，沈阳卷烟厂领导班子深刻地认识到，企业要不断发展，必须转变观念，转变经营思想。他们从原来的单纯追求产量、产值和税金向追求企业的经济效益转变。重点狠抓了以下3个方面的工作。

1. 加强企业整顿。为了提高企业的管理水平、生产水平和技术水平，“六五”期间沈阳卷烟厂开展了企业整顿工作。成立了由书记、厂长挂帅的企业整顿领导小组，组建了厂企业整顿办公室。并按整顿内容，分别成立了由分管副厂长主抓，主管业务的科室参加的专题小组，重点抓了劳动纪律、劳动组织、财经纪律和基层党组织的整顿。通过整顿，厂风厂纪有了好转，劳动生产率有了提高，财务管理有了改善，党员精神面貌有了改变。

2. 开展双增双节活动。沈阳卷烟厂多年来，一直重视双增双节工作。特别是“六五”、“七五”期间，更注重向节约要效益，放手发动广大职工，从5个方面全厂开展挖掘潜力，增收节支活动，取得较大成绩。一是改进产品配方，增加技术含量；二是加强定额管理，减少生产过程损耗；三是减少物资占用资金，减少银行利息；四是加强烟叶管理，降低库耗；五是积极开展技术革新，提高设备有效作业率。通过以上工作的开展，为企业经济效益的不断提高，开辟了一条切实可行的途径。

3. 不断深化企业内部改革。根据企业发展的实际情况，“七五”期间，沈阳卷烟厂为深化企业内部改革，推进企业全面发展，首先，改革了企业的领导体制。认真贯彻3个条例，在党委保证监督的条件下，充分发挥工会和职代会积极参政议政、民主管理的优势。强化厂长负责制，使厂长敢于决策，保证了企业生产经营健康发展。其次，改革企业经营机制，实行多种形式的承包责任制。根据生产实际情况，先从供应和销售部门实行承包，给企业增加了活力。随后又对厂内28个部门实行了承包，从而确定了指标保证体系。第三，改革干部制度。为了适应商品生产和经营承包的需要，企业引入竞争机制，打破干部职务终身制。对行政干部实行层层聘任，进一步完善了干部管理体制。同时，根据烟草总公司的统一部署，成立了厂职称改革领导小组，对专业技术干部进行了职称评定、聘任工作。第四，改革了分配制度。从实际出发，按照职工贡献多少，技术高低，责任大小，劳动强度，任务完成情况等因素，确定职工的工资待遇。进一步体现了按劳分配原则。通过这些改革，使沈阳卷烟厂的企业管理水平有了一个质的飞跃。

五、坚持两手抓　不断提高企业精神文明建设水平

“六五”、“七五”期间，企业在搞好物质文明建设的同时，也注重企业的精神文明建设，以促进两个文明建设协调发展。

1. 抓好思想政治工作。为进一步搞好职工思想政治工作，企业在开展“两先一优”活动，坚持“三会一课”制度的同时，在思想政治工作上提出了“一岗两责”的工作方法，提倡人人做思想政治工作，通过谈心、走访、汇报思想、交流经验、开展批评和自我批评，达到消除隔阂、增进团结的目的。建立政治思想工作制度，使思想政治工作与企业经济工作密切结合，为企业发展创造了有利条件。

2. 发挥先进典型的模范作用。为激励全厂职工奋发向上的精神，不断增强企业凝聚力，企业十分重视先进典型的模范带头作用，每年通过召开职工代表大会对评选出来的先进职工，举行隆重的表彰仪式。对作出突出贡献的职工，除在精神上给予鼓励外，在物质上给予奖励，在工作中大力宣传。通过树立典型、宣传典型，激发全厂职工团结协作，忠于职守、拼搏向上的精神。

3. 关心职工生活。“六五”、“七五”期间，沈阳卷烟厂为改善职工的住房条件，先后新建了二库、北陵、黄河、南塔等职工宿舍25220平方米，为513户解决了住房困难；为改善职工医疗条件，企业先后给厂医务所增添了多种医疗器具，改善了医疗环境；为解决职工上下班交通困难，增设了通勤车接送职工；为解除职工的后顾之忧，改善了托儿所的环境。此外，结合企业的特点还开展了各种形式的文体活动，丰富了职工的业余文化生活。

通过加强思想政治工作，企业的精神文明建设水平不断提高，几年来，相继获得了省市精神文明建设先进单位，省市治安综合治理先进单位等光荣称号。

（撰稿：沈阳卷烟厂办公室　吴戈兵）

营口卷烟厂

一、概　况

营口卷烟厂座落在渤海之滨，辽河入海口的南岸，始建于1909年，是由原日本的“东亚烟草株式会社”和英国的“启东烟草股份有限公司”合并而成，1952年正式改名为国营营口卷烟厂。工厂职工2600多人，占地面积29万平方米，固定资产2.9亿元，年生产能力30万箱，具有制丝、卷烟、印刷、制箱、滤嘴成型、铝箔加工等服务与卷烟生产为一体的产、供、销体制合一的全国烟草行业大中型骨干企业，连续多年进入全国500家最大工业企业之列，始终保持营口地区利税第一大户。

二、不断开发适销产品　促进产品的效益含量

1981—1990年是营口卷烟厂面临诸多困难，同时又是面临竞争、勇于开拓的10年。党的十一届三中全会的召开，为营口卷烟厂的发展带来了新的动力，卷烟市场的竞争也拉开帷幕。这一时期，一些新烟厂由于其建厂时间短、起点高、包袱少，发展迅速，使营烟面临挑战。但营口卷烟厂没有固步自封，而是根据企业自身实际，努力寻求经济效益的提高，把开发适销产品，增加产品的效益含量作为企业的一项长期、主要工作来抓。

1981年工厂生产的卷烟牌号多达40个，产量24万箱，而嘴烟产量当年只有264箱，乙、丙、丁、戊级产品的比重很大，影响了产品的效益水平。根据这种情况，工厂投入相应的人、财、物力，积极研制开发生产一些产量大、销路好、效益高的产品。从1982年起，工厂逐步砍掉部分亏损牌号，到1990年剩20个牌号，减少了一半。经过几年的运行，逐步形成了自己的骨干牌号。如：“营口”、“力士”、“鞍山”、“红玫瑰”牌香烟始终保持良好的销售势头。10年内企业共开发改造卷烟产品34个，对营口卷烟厂在“六五”、“七五”的发展起到了很大的作用，其中部分产品深受东北地区消费者的欢迎。开发改造的老品牌“营口”牌香烟，被称为东北地区的小“中华”，

成为节日的必备品。部分产品以其良好的内、外在质量先后被评为市优、省优、部优产品。“力士”牌香烟1989年被评为省优产品，被中国烟草总公司评为1989年度畅销牌号，获首届中国食品博览会铜牌奖；“炮台”牌香烟被中国烟草总公司评为1986年度畅销牌号；“琴鸟”牌香烟被全国烟草行业评为卷烟优质产品；“营口”、“鞍山”、“琴鸟”、“民健”、“棒棰岛”、“麦饭石”7个牌号参加了1988年首届中国食品博览会名、优、特、新产品展览；“白羊”牌香烟被评中国包装技术博览会装潢设计委员会评为全国优秀包装装潢设计奖。10年内共有13个牌号、23次获得各种名优称号。“金花”、“力士”、“宝珠”、“美玉”牌香烟曾远销美国、日本、罗马尼亚、加拿大等国家及香港、澳门地区。

三、不断加强设备的技术改造　提高产品的技术含量

营口卷烟厂作为一个老企业，设备比较老化、陈旧、效率低下。1981—1990年企业部分烟机设备还是解放初期的产品，严重阻碍着卷烟生产的发展，而且直接制约着产品档次的提高。由于资金紧张等方面的因素，企业设备落后的包袱沉重。1981年前有制丝设备32台套，接装设备49台套，包装设备42台套。其中YJ21接装机8台、小包机4—5A型20台，条包机S2—153型9台，多包机（简易）8台，从中可以看出这样的设备很难适应卷烟产品不断提高的需求。1982年营口卷烟厂被列为省、市第一批重点整顿企业。借此之机，工厂积极筹措资金，在“六五”期间投资2000万人民币对设备进行更新改造。1983年新购进制丝设备21台套，卷接设备43台套、包装设备30台套，使设备能力增加了近一倍。在不断购进国产设备的同时，企业对原有烟机设备进行积极的改造。“六五”期间投入大修费用1000多万元，使老设备尽力发挥作用。同时，对卷烟生产所属的辅助部门的设备也进行了相应的配套投入，购进各种机床7台，引进日本凸版印刷机6台，购进北京产08胶印机1台，提高了机加工、印刷生产的能力，保证了零备件、卷烟商标的供应工作。设备的有效作业率的提高，使高档嘴烟的产量逐步增大，从1981年264箱增加到1985年的104359箱。设备对卷烟产品的技术含量的提高逐步体现出来，但由于企业设备的欠帐太多，2000万元的投入只能是杯水车薪，远远不能满足卷烟产品档次逐步提高的要求。

“七五”期间也是营口卷烟厂发展的重要时期。但由于资金紧张，虽被列为中国烟草总公司重点改造企业，但投资数额小，与兄弟厂家相比又拉开了距离。此时期，工厂根据改变产品结构，提高产品质量，降低原料费用，逐步更新老设备，以达到投资少、周期短、产量多、效益高的目标，采取各种措施积极争取中国烟草总公司的支持。5年间投入资金人民币近1亿元，引进了部分国外、国内先进设备，为营口卷烟厂的发展起到比较大的作用。

这期间引进了意大利萨西布公司SASIB6000型2台套；日本二手设备MMC卷接机组25台套、制丝线1条；英国莫林公司MK9—5型1台套及部分国产设备。“七五”期间共引进国外、国内卷接设备75台套，更新换代了部分落后的老设备，为卷烟产品的生产及产品质量的提高，卷烟材料消耗的降低起到很大的作用，使企业的产品结构、产品质量、产品档次都发生了新的变化。1989年嘴烟产量达到182102箱，占总产量的70%左右，卷烟耗烟叶平均52.2公斤/箱、盘纸4003米/箱、嘴棒9349支/箱，在同行业中部分指标保持较好水平。

四、以经济效益为中心　搞好企业内部管理

管理促进效益的提高，效益推动管理向更高水准迈进。营口卷烟厂在1981—1990年的10年内，在内部管理方面，主要抓了以下工作。

1. 以现场管理为龙头的全面质量管理进一步增强，制定了管理细则和实施细则。重点抓好定置管理和生产现场管理，抓了样板车间的试点、总结，并加以推广。现场管理工作多次受到省局（公司）的好评。发表的企业管理成果，1988年被国家局、总公司评为第一次全国烟草工业企业管理现代化成果一等奖。

2. 狠抓设备管理不放松。在设备档次不高，效率比较低的情况下，10年内不断加强设备维修、保养，尽力发挥设备的有效水平，提高操作人员的素质，增加设备的有效作业率。数年来坚持大、中、小修及班前班后保养制度，10年内投入技措大修费用2000万元人民币，缓解了设备比较落后，制约生产发展的问题。1988年度营口卷烟厂被市政府评为设备管理先进单位。

3. 安全管理是企业生产的保证。10年来企业始终贯彻安全就是效益的原则，坚持把安全第一、预防为主的目标有效地贯彻到生产全过程之中，做到抓规章制度措施落实，抓安全责任落实，抓预防为主、人员器材落实，有效地保证了生产的稳定发展。1989年安全管理工作被中国烟草总公司评为安全工作先进单位。

4. 不断加强财务管理、能源动力管理。企业强化了车间核算指标，制定了多种财务管理及考核办法，改革了车间分配办法，深挖企业内部潜力，坚持开展双增双节活动，使企业的财务管理、能源动力管理工作不断完善。企业多次获市节能先进单位；连续多年被评为市重合同、守信誉单位；1987年被评为特级信用单位；1988年在全国工业普查中被国务院全国工业普查小组评为国家级先进单位。

五、以人为本两个文明一起抓　取得丰硕成果

营口卷烟厂做为一个老企业不仅设备比较落后，而且人才也相对贫乏。10年来，企业把职工的思想教育、人才的培养当作大事来抓。该厂常年坚持对职工进行各种形式的教育，使职工的整体素质不断提高。企业在生产中，经常坚持在职工中开展学身边人、学典型、树典型工作，引导职工树立正确的人生观、价值观。广大职工表现出了良好的集体主义和主人翁责任感。10年内工厂涌现出一批优秀职工，其中发展党员96名、团员300多名。

职工关心工厂，工厂情系职工。在企业资金紧张，效益水平不高的情况下，10年内为职工解决住房351户、17550平方米；购买液化气罐2300个；自办脱产学习（3年）中专班一期40人；高中班二期73人；职高班四期162人；培养大专生467人；使职工队伍的文化素质有所改善。10年里职工的收入也有了明显的增加，由1981年的平均工资982元，到1990年的平均年工资2504元，使职工的生活有所改善。

通过这些实实在在的工作，使全厂职工树立起与企业同甘苦、共命运的主人翁责任感，爱厂敬业意识不断增强，推动了企业两个文明建设的健康发展。1986年，该厂进入省级文明单位行列；1987、1988年连续两年被评为市思想政治工作先进集体；1989年被评为辽宁省思想政治工作先进单位。

四平卷烟厂

吉林省四平卷烟厂自1976年重建，到1981年，已有一定规模，达到年产卷烟3万箱，并由原来的仅生产光烟发展到部分嘴烟。1981年2月开始试制粘胶过滤嘴，并于9月份通过技术鉴定。1981年省计委批准年产1000吨生产任务，但是，由于厂领导更换频繁，企业没有太大进步，尤其是1984年，企业一度陷入困境。

一、领导探索新途径　联营走向亏为盈

1984年底，四平卷烟厂组成新一届领导班子，厂长杨贵生、书记张维民和副厂长崔连元等立志重振四平烟厂，并积极探求新的途径。1984年秋，在吉林省烟草公司及四平市委、市政府的大力支持下，与昆明卷烟厂达成联营协议，成为四平烟厂历史上一个转折点。1986年春，国务委员张劲夫在全国烟草工作会议上，对四平烟厂搞联营之举给予高度评价，并建议烟草行业学习。

联营后，昆明卷烟厂一方面给四平卷烟厂在卷烟技术上提供指导，另一方面转让了两个当时在全国卷烟市场销势很好的“碧鸡”与“三七”牌号。由于有了市场销路很好的牌号并且得到先进科学的技术指导，犹如为四平卷烟厂注入了新鲜血液，1985年企业扭亏为盈，轻车上阵。

同时，在昆明卷烟厂的帮助下，四平卷烟厂积极开发卷烟新产品，1985—1986年，四平卷烟厂比较成功地开发出“新四平”、“君子兰”和“三连冠”等牌号卷烟。由于卷烟质量和档次都有

了很大提高，因此，市场销路很好。尤其“三连冠”牌香烟，由于选用云南上等烟叶作主料，具有云南卷烟风格，深受消费者喜爱，达到年销量上万箱，并于1987年获吉林省优秀新产品称号。联营使四平烟厂产销规模与经济实力有了很大增长，到1988年四平烟厂发展到卷烟产销量80119箱，销售收入6863万元。

二、加强企业管理　提高职工素质

在企业管理方面，四平烟厂借联营东风也取得较大进步。1987年，烟叶单耗52公斤，比全国同行业平均耗烟叶低3公斤。这一年，节约烟叶21万斤，荣立四平市扭亏增盈一等功，并获双增双节特等功。全面质量管理，经中国烟草总公司验收达到合格标准，并获得四级标准化合格证书，三级计量合格单位。在职工的理想、纪律和职业道德教育方面，企业提出“艰苦创业，团结协作，实干进取”的企业精神，不断强化职工的责任感。1988年，四平烟厂分别获得四平市政府颁发的“精神文明”和“清洁文明工厂”两块牌匾。

三、实施技术改造　增强企业竞争力

四平烟厂由于基础薄弱和设备落后，使企业在发展中受阻。因此，该厂自1985年起，加快技术改造的步伐。

1985年，四平烟厂先后4次出国考察，分别从美国、英国、意大利引进22台套具有国际八十年代水平的卷、接、包机组和嘴棒成型机、制丝等设备，这不仅增强了四平卷烟厂的生产能力，而且提高了产品质量，增强了烟厂竞争力。

为了扩大再生产和安装先进设备，自1987年起，四平烟厂又在四平平东新工业区重建厂房，共投资3000多万元。易地工程共建主厂房11703平方米；锅炉房1518平方米，安装10吨锅炉2台；综合库3623平方米；办公楼3155平方米。新厂区总占地6.5万平方米。主厂房都设有空调与除尘设备，具有一流的生产条件，生产能力达到15万箱。

在易地改造期间，四平卷烟厂不断对生产设备进一步填平补齐，意大利COMAS制丝线安装调试后，使四平烟厂的产品水平有了质的飞跃。四平烟厂除继续提高原“新四平”、“三连冠”、“君子兰”等几个卷烟牌号质量外，又开发出“五连冠”、“紫玫”、“吉平”、“国华”一系列卷烟新产品，其中“五连冠”、“吉平”等产品都在市场很快引起轰动。“三连冠”1989年被吉林省政府评为名牌产品之后，“五连冠”于1990年被评为吉林省名牌产品，“吉平”被指定为吉林市雾节专用产品。

为保证产品生产与新产品开发原料的稳定性，四平卷烟厂还积极开辟了自己的烟叶基地，先后投资500多万元，在吉林省的柳河、东辽、伊通、梨树建立了4个烟叶基地，又在云南的威信、河南的商丘、虞城建立了3个烟叶基地，保证了企业的原料来源，增强了企业后劲。

从1981年—1990年的10年间，四平卷烟厂的经济效益获得了逐年增长，产量规模由1981年的3万箱，到1990年已发展10.6万箱，产值和销售收入也由1532万元发展到1.27亿元。10年间，四平卷烟厂收入累计5.7716亿元，利税累计3.1106亿元，固定资产增值1800多万元。为国家烟草事业发展和地方经济发展作出了重要贡献，四平烟厂也成为吉林省的重点工业企业和省优企业，四平市的利税大户，全国500家大型企业之一。

哈尔滨卷烟厂

哈尔滨卷烟厂始建于1902年，1952年收归国有。现有员工2674人，固定资产4.2亿元，年产卷烟能力40万箱，是国家大二型企业，国家烟草专卖局10%的重点技术改造企业之一。

从1981年至1990年这10年当中，哈尔滨卷烟厂在党的十一届三中全会精神指引下，通过卓有成效的内部配套改革和技术改造，走上了一个新的发展时期。纵观这个发展时期，有这样几个特点：

一、乘改革开放东风　抓改造老厂换新颜

八十年代初期，党的十一届三中全会精神已深入人心，经济形势迅速好转。此时的哈烟厂也和全国一样，职工的精神面貌有了新的改观，有改革的愿望和要求，加之卷烟市场的急切需要，本应大干快上。但是，鉴于工厂的实际状况，如厂房系1922年建成已面临垂暮之年，部分承重梁柱变形，楼面侧墙有裂缝，地基下沉15cm，木质地板严重腐烂，已被市建筑学会定为危房，直接威胁着工厂的安全，无法立即提高生产能力；厂里的设备全部是二、三十年代的产品，严重影响卷烟质量和数量的提高。市场适销的滤嘴烟仅在一个面积560平方米的小车间进行生产，又无相应的制丝工艺流程，生产受到很大限制。1980年年产滤嘴烟只有6424箱，与市场需要量差距很大。

鉴于上述原因，1981年烟厂编制了“第六个五年技术改造规划”。主要内容是：国家投资84万元，建成一个年产5万箱（后达10万箱）滤嘴烟能力的车间和与其配套的制丝生产线、烟叶发酵、供汽、供水等设施。该设备面积14300平方米，正面为5层楼房，车间分上下两层。与此同时，更新引进部分设备，解决了生产上的一些困难。“六五”改造是烟厂技术改造的第一步，敲开了走向现代化的大门，跨进了划时代的征程。新车间的投产给工厂展示了方向，至1985年“六五”改造完成，滤嘴烟年产已达96，743箱，利润达529万元。但由于生产需要，仍保留着21350平方米的老厂房和许多二、三十年代的老设备，担负着50%以上的生产任务。当时国内有些烟厂已相继扩建了厂房，进口了设备，竞争在所难免。迎着烟草行业咄咄逼人的形势，哈烟厂领导深刻地觉察到：脱胎换骨的改造，是迫在眉睫的当务之急。为此，1985年9月，工厂领导就“七五”期间改造项目编制了“技术改造项目建议书”，上报中国烟草总公司和黑龙江省烟草公司。1986年3月，中国烟草总公司批准了“项目建议书”，并且指派了机械电子工业部第五设计研究院承担哈烟厂“七五”技术改造工程设计，兼制工厂技术改造总体方案，并且把哈烟厂列入全国40家重点改造的卷烟厂之一。新厂房选址在“六五”改造建成的新车间院内，占地6240平方米，是一座9层的现代化厂房。这样便于适应机械化、连续化生产的集中操纵，统一管理。这是哈烟厂生存、发展关键所在。全厂上下以敢于拼搏艰苦奋斗的顽强精神，苦干了5个年头，节省的资金全部投入“七五”改造。大家认为，为了明天的富裕必须有今天的清苦。但要彻底改造则需要大量资金，单纯依靠国家投资远远不够，必须同时求得地方财政的支持。为此，当时的厂长王玉林给哈尔滨市长宫本言提出了《振兴烟厂、致富哈尔滨》的报告，大胆提出“七五”改造计划，请求市政府的全力支持。很快市长亲自带领有关领导来烟厂现场办公，实地考察了烟厂领导班子和技术力量，批准了“七五”改造项目，得

到市政府给政策的资金6690万元，外汇额度265万美元，加上国家烟草总公司投资的3550万元，共计1.024亿元。为提高生产力，彻底改造旧设备，“七五”期间烟厂从国外引进先进设备63台套。其中从西德引进制丝生产线各类设备27台套；从捷克引进3000支/分卷接机组17台套；从法国引进较先进的Loga—27 00支/分卷烟机组两台套；从英国引进2000支/卷烟机组12台套；从意大利引进包装机3台套；从西德斯莫蒙德公司引进包装机组2台套，使生产设备有了极大的改善，装备由过去的落后局面上升到中游水平。同时还引进一些检测的先进设备，为烟厂产品提高内在质量检测提供了科学根据。从1988年3月26日主厂房破土动工，至1990年6月10日正式全面竣工试生产，仅用了800天时间，提前200天完成了“七五”改造的土建、装修、设备搬迁、调试、试生产等任务。从此，哈烟厂“七五”改造胜利完成，老厂旧貌换新颜。

二、深化配套改革　提高职工生产积极性

1982年前，卷烟行业多头管理，产销分割，造成产销不平衡，盲目追求产值、数量，生产产品不对路，成品大量积压，各地小烟厂纷纷上马，与哈烟厂争原料、争市场，使卷烟生产失控，市场混乱。

哈尔滨卷烟厂划归省烟草公司直接领导后，为帮助工厂尽快摆脱生产被动局面，黑龙江省烟草公司决定全面整顿哈烟厂。

在省烟草公司蹲点调查组的帮助下，工厂进行了整企工作。通过整企，厂领导班子端正了经营方向，解放思想，增强了经营意识，增强了市场观念和信息观念，根据市场变化情况，不断研究开发了一些适合消费者需要的新产品，生产形势出现了好转。

为改变旧的生产方式和管理手段，根据职工队伍素质和工厂具体情况，哈烟首先狠抓了基础工作的落实，进一步修定了各部门的岗位责任制和工艺技术操作大纲；制定了全面计划管理办法，全面质量管理办法，全面经济核算方法和全员培训规划；添置了试验、化验设备，使全厂各项基础工作逐步走向正规。在此基础上，推行了“按指数承包，计划提奖，费用包干，利润提成”的经济责任制，调动了全厂广大职工的生产积极性。其次，在整企期间，对全厂职工进行了“三史”、“三热爱”的教育，并进行了岗位练兵和技术培训活动。全厂职工精神面貌发生了很大变化，技术操作水平普遍有所提高。在东北三省“四大主机”技术操作表演赛上均获第一名。

随着工厂生产形势的逐步好转，“七五”期间工厂不断深化企业内部配套改革，进一步完善了各项经济责任制，改革取得了突破性的进展。

为进一步理顺党、政、工三者关系，此期间在领导体制上进行了重大改革，实行了厂长负责制，由厂长组阁；在厂长负责制的基础上，彻底实行了党、政分开，厂长名符其实地成为企业的法人代表，处于中心地位，起中心作用。围绕进一步完善厂长负责制，有10项改革陆续出台，制订和实行了厂长任期目标责任制的实施细则，明确了厂长任期内对国家、企业的责任，理顺了上下左右的关系，建立健全了日常工作制度。为使行政管理机构更加适应改革和生产发展的要求，减少层次，提高工作效率，方便基层生产，在机构改革中，把转变科室的职能作用列为重点来解决。根据生产需要，设置相应科室，同时对干部人事制度进行了一系列的探索和改革，打破选拔干部人才的旧框框，实行了干部公开招标制。1988年，通过定岗招标，报名投标，资格审查，施政演说，专业考试，出题答辩，综合评议，择优录取等步骤，有124人中标被录用，占投标人数的59.6%。在施政演说中收集到建设性意见1062条。干部招标，打破了干部与工人的界限，年龄与学历的界限。条件公开，机会均等，使大批人才脱颖而出。随后，将招标范围扩大，对两次出国培训人员也采取了公开招标的形式。在中标的出国人员中除领队外，其余全部人员都是一线工人，使每个职工都具备了出国培训的竞争机会，从而为企业每个职工的自我约束和自我发展提供了有利的条件。

不断地完善经济责任制，把厂长任期时对省公司承包的目标，进行层层分解，分别落实到车间、科室、班组，并逐级签订了承包合同。对生产车间实行了集体计件，定额补贴，病假工资自负，原辅材料节约或浪费对等奖罚的经济承包责任制。把产量、质量、消耗等费用指标与职工的工资、奖金挂钩，解决了在分配上的平均主义、“大锅饭”现象。对经营科室、部门，根据工作性质不同，采取了不同形式的经济责任制，使分配制度趋于合理，体现了多劳多得的分配原则，调

动了广大职工的生产积极性。

为进一步加强企业内部的经济核算，工厂实行了厂内银行制，变车间部门之间的材料供销关系为买卖关系。厂内银行对企业各经营环节的生产耗费、资金占用和车间、部门之间的往来进行计价结算；对资金占用进行监督、控制和必要的调节；对产量、质量、物资消耗、成木、开支、经营成果进行监督、分析。把车间、部门的利润与奖惩紧密挂钩，全厂实行统一结帐。

同时，将风险机制引入厂内，在干部实行风险抵押的基础上，实行了全员风险抵押。风险抵押的特点首先和承担任务挂钩，年末凡承包的部门，每少完成任务的1%，扣罚该部门风险抵押金总额的1%；其次和职工的表现挂钩，凡有违纪的职工，其风险抵押金不予返还；再次和经济效益挂钩，年末凡完成各项经济指标的，发给一次性风险补偿金。通过风险机制的引进，增强了职工的主人翁责任感，使职工与企业共享利益，共担风险。

三、两个文明建设一起抓

党的十一届三中全会以来，厂党委主要抓两级班子思想建设，以清除极左的思想，把党的工作重心转到社会主义四个现代化建设上来。同时，组织全厂党员、干部学习贯彻执行党的路线、方针、政策，在政治上和党中央保持一致。开展“实践是检验真理的唯一标准”的讨论，加深职工对唯物辩证法的认识，进一步克服形而上学的观点，冲破“两个凡是”的禁区，把思想政治工作与经济工作紧密结合，解决了政治工作与经济工作两层皮的问题。

与此同时，厂党委提出要对知识分子在政治上关心、生活上帮助、体贴，工作上要大胆使用，充分调动和发挥知识分子的积极性。许多知识分子渴望入党的心情非常迫切，厂党委关怀他们的政治生命，先后吸收10多名知识分子入党。对知识分子在工作上重用，在生活上解决了12套住房等困难，从而调动了知识分子在发展卷烟生产中的积极作用。

1982年前哈烟的主要产品是“哈尔滨”、“迎春”、“葡萄”老三样。这些几十年一贯制的畅销产品，一下子变成了滞销。后来虽然开发了“群猫”、“紫貂”、“飞龙鸟”新三样产品，由于体制等多方面的原因，还是没打开销售局面，使产品大量积压，工厂处于停产和亏损的边缘。1983年初，烟厂上划省烟草公司领导后，省公司经理王学孝带工作组到烟厂进行全面整顿。同时，省市委根据烟厂实际情况，将该厂作为整党试点单位，并作为省委副书记陈俊生整党的点。他指示：要“坚持标准、起好步”。本着上述指示精神，在开展整党工作中首先解决端正领导班子的经营思想问题，主要是工厂生产盲目追求产值和数量，产品商业包销对市场信息不灵，对变化了的市场，很少注意掌握。通过学习，提高了认识，端正了经营思想，使企业从生产型向经营型转化，逐步研制出适销对路的产品，工厂开始有了转机。在整党整企过程中，除在党内进行党的基础知识教育，使党员对党的宗旨、信仰和信念的认识提高和增强外，还在全厂职工中组织开展了“三史、三热爱”的教育，举办了中国近代史图片展览，组织参观了东北烈士馆等活动。同时，在整企工作中，加强了企业管理，建立和健全各种规章制度。通过整顿，全厂从党内到党外，职工的思想觉悟和政治素质都有新的提高，进一步密切了党群、干群关系，提高了党的威望，增强了党的战斗力，也激发了广大职工为实现“四个现代化”而努力工作的积极性，工厂出现发展生产的新气象。

1989年北京出现“六四”反革命暴乱事件，波及到全国各地，而哈烟厂职工在厂党委领导下，进行细致的思想政治工作，并充分发挥各级组织作用，尤其发挥党支部的战斗堡垒作用和党员先锋模范作用，全厂职工情绪稳定，没有一个人到社会上参加活动，生产工作正常，工厂各项工作井然有序。可以看出哈烟厂的职工队伍是经得起风浪考验的。

为充分发挥党支部战斗堡垒作用，厂党委开展了创建“标准化党支部”活动，制定和完善了“八项制度”、“三会一课”制度、班子建设制度、廉政建设制度、党员汇报制度、民主评议党员制度、党费缴纳制度、党员责任区活动制度和党员入党纪念日制度等，使党支部工作走上了制度化和规范化。与此同时，厂党委在党员中制定党员责任区活动方案，把全厂403名党员、28个党支部，划分为138个党员责任区。通过党员责任区的活动，促进党员的自身建设，增强党员的责任感和组织观念，更好地发挥党员先锋模范作用。

为进一步加强思想政治工作，工厂党委制定了“四制二会”的思想政治工作制度。即：定期职工思想分析制度、岗位思想政治工作制度、民主对话制度和帮教后进青年制度。定期召开思想政治工作研讨会和思想政治工作经验交流会。1982年在全厂开展了“四有”职工定向达标活动，以“有理想、有道德、有文化、有纪律”为核心，结合工作表现，劳动态度，完成各项承包指标等，逐项加以考核，凡达不到“四有”标准的，取消晋级、分房、评优等一切福利待遇，有效地调动了职工积极性，使全厂职工违纪率从1988年到1990年下降了37.1%，“四有”职工达标率稳定在92%以上，并涌现出不少省市劳模，工厂“十佳”标兵和“哈烟新人”等先进模范人物。

1988年工厂五届一次职代会提出了“改革开拓，创新务实，艰苦奋斗，团结拼搏”的企业精神和“质量第一、用户至上”的企业宗旨。这是企业政治风貌的体现，它凝聚着职工的理想和希望，精神和力量。通过企业精神的贯彻，振奋了职工的精神，鼓舞了干劲，提高了职工素质，充分调动了广大职工的积极性，工厂出现了前所未有的好形势，各项生产指标不断突破，工厂生产蒸蒸日上。

厂党委在抓精神文明建设同时，注意发挥群团的组织作用。工会起到了党联系群众的桥梁和纽带作用，通过职代会参加企业民主管理，已先后召开了六届职代会和五届会员代表大会。

发挥共青团的突击队和党的后备军的作用。共青团组织积极配合厂的中心工作，在开展“质量、品种、效益年”活动中，进行“哈烟在我心中，质量在我手中”的演讲；坚持不懈地进行走访用户及消费者的咨询活动，都收到较好的效果。广大团员和青年，在生产中起到了突击手和主力军的作用。

在精神文明建设上，工厂近两年来向高标准发展，为创造良好的生产和生活环境，投资近40万元，进一步完善了家属区的建设，使家属区达到了绿化、美化、香化、花园化。因此哈烟厂荣获1988年南岗区精神文明单位、1989年哈尔滨市精神文明单位、1990年哈尔滨市精神文明标兵单位、黑龙江省精神文明单位等20多项荣誉称号。

黑龙江省烟草科学研究所

一、基本概况

黑龙江省烟草科学研究所座落于牡丹江市。该所于1985年3月由中国烟草总公司批准成立，隶属于黑龙江省烟草公司。到1990年该所设有科研科、育种室、栽培室、植保室、土肥室、资料室等科研工作部门；还有学生科、教务科、专业课教研室、专业基础课教研室、基础课教研室等教学科室。职工46人，具有专业技术职称的人员44人，其中高级职称11人，中级职称10人。

该所成立以来，经过“七五”期间的科技攻关和引进、消化国内外先进技术，从黑龙江省生态实际出发，走开发创新的路子，使黑龙江烟叶生产发生了很大变化，摘掉了黑龙江省不能生产优质烟叶的帽子，成为全国5大烟叶产区之一。1989年，依托科研所又创办了黑龙江省烟草职工中等专业学校，形成了科研、教学、生产指导一体化的新型科研机构。

该所坚持以应用开发为主，实行科研教学相结合，面向生产搞科研，面向系统办教育，总结推广先进生产经验，参与全省烟叶生产指导和服务，承担全省优质烟基地技术开发建设任务，培养适用型人才，成为黑龙江省烟草行业的科研、教育、培训和技术推广中心，并取得显著成绩。

二、科研成果

该所成立后，按照“边组建边科研”的建所方针，走引进、消化的路子。省烟草公司经过考察论证，选择了烤烟技术居世界前列的、地区纬度和自然条件与黑龙江省相似的加拿大做为引进对象。从1986年到1988年，该所请加拿大德海烟草研究所程显华博士等专家进行为期3年的技术合作试验，获得成功，为黑龙江省烟叶生产、科学研究和建立黑龙江省烟叶生产技术规范等工作奠定了基础。3年间共开发了育苗、施肥、移栽、打顶、抑芽、花叶病综合防治、烤房结构及烘烤技术等8项新技术。并研究出双棚、离地床、营养钵育苗、营养土熏蒸消毒等一套较完整的“四新”育苗技术，从根本上解决了黑龙江省早春育苗温度不足的难题，为优质烤烟生产奠定了重要科学基础，并初步形成了《黑龙江省烤烟生产科技方案》，使黑龙江省烤烟生产在继承与发展的道路上迈出了新的一步。

1985—1990年间，该所共承担课题30项，其中获奖课题4项，《黑龙江省烤烟地膜覆盖栽培技术推广应用》和《烤烟品种区域试验》分获中国烟草总公司科技进步三等奖，《黑龙江省优质烤烟栽培技术开发推广研究》获黑龙江省科技进步二等奖。与此同时，科技人员撰写了30篇科技论文，分别发表在《烟草科技》《中国烟草》、《烟草科技情报资料》、《龙江烟草》等刊物上，其中国家级刊物9篇，省级刊物4篇，有9篇被评为优秀论文。

在进行研究的同时，该所特别重视成果转化，在生产上推出了一大批新技术，并取得了显著效果。(1) 更新了烟叶品种，实现了品种优良化，全省仅NC89就占种植面种75%。这些优良品种品质好，深受烟农、烟厂欢迎。为了加强管理，该所与省烟草原料公司共同建立了种子管理站，选择了种子基地，繁育了5个优良品种1.6万公斤，实现了种子自繁自育，做到了统一生产、统一收购、统一调拨，统一管理。(2) 以育苗技术为突破口的先进技术得到全面普及。在试验的基础上，该所推动了双棚纸筒育苗技术，应用塑料双棚，解决了龙江早春育苗热量不足的难题。施用双棚纸筒技术育苗，在寒冷的早春时节，夺得1000℃左右的有效积温，使烟苗仅用55天左右就达到了成苗标准。利用双棚、纸筒、离地床、专用肥　营养土熏蒸，科学掌握水分、温度、用料，培育了无病害、根系发达、具有一定茎高茎粗、地下与地上比例协调的壮苗。(3) 推广了地膜覆盖技术，早春提温、保墒促进烟叶成熟，使烟叶成熟抢在最佳期。(4) 推广了田间栽培技术，烟叶质量明显提高。主要从5个方面入手，一是推广大垄稀植；二是控制复叶数；三是控制病虫害；四是控制施肥比例；五是控制叶芽。(5) 推广了节能烤房和烘烤技术。

三、科教结合

自1989年9月1日，依托科研所，充分利用科研所的办公条件、仪器设备、人员和资金，办起黑龙江烟草职工中等专业学校，实行所校结合的新体制，使科研、教学优势互补，既出成果又出人才。

科教结合，科研人员参加教学，教学人员参与课题，使科研、教学双丰收。一是起到了科技传授推广的先导作用。通过试验—示范—总结—教学理论升华，把科研成果上升到理论教育。二是以校内带动校外，组织科教人员深入县市进行办班培训，校内设有学历教育的种植专业和企管专业4个班，在校生225人；校外先后深入到呼兰、绥化、尚志、宁安、东宁、密山、桦川、汤源、宾县等15个县（市）烟区，办班培训技术骨干1800多人，培训烟农5000多人次，传授先进技术，加快烟叶生产技术规范化进程。三是组织科教人员，编写适合龙江生态条件的地方性烟草种植专业教材，共计抽调11名专业技术人员编写了：分析化学、植物学、土壤学、肥料学、植物生理学、基础生物化学、气象学、田间试验与统计学等9门专业基础课教材，还编写了烤烟栽培学、烤烟调制与分级、烟草病害及防治、烟草育种学、烟叶化学分析、晾晒烟栽培与调制等7门专业课教材，共计16门105万字。四是组织师生开展科研课题，如先后组织近百名师生参加《黑龙江烟区热量资源开发与利用》科研课题，使学生在校期间就参加烟草科研工作，为参加工作后充分依靠科学技术推动烟叶生产奠定了基础。

四、队伍建设

该所特别重视人才培养，采取“走出去、请进来”的办法，先后派4名同志到加拿大、美国、津巴布韦等国家考察和学习；有6名同志到北京大学、北京农大等院校和科研院所学习“烟草基因工程”等新技术；请加拿大专家讲学3次，试验指导3年；请山东大学陈瑞泰、王志发教授、董汉松博士和北京大学生命研究中心潘乃遂教授、合肥经济学院方宇澄院长等10余名国内著名专家到所讲学5次。通过这些措施，有效地培养、提高了科研队伍业务水平。

在抓队伍建设的同时，还注意抓了科研网络建设。黑龙江烟草科研所，根据生态区域特点，在全省4个地区设立了林口、绥化、宾县、集贤、穆棱等5个烟草试验站，各站均有化验条件和科研试验条件，有技术骨干36人，他们集试验、推广、示范、系统、培训于一身，成为一支生机勃勃的活跃在第一线的科技尖兵。

五、坚持两手抓

该所在科教工作取得丰硕成果的同时，也十分重视精神文明建设，并做到了两手抓，两手硬。通过组织各种活动，学习身边的好典型，对职工进行“三观教育”，深入细致地开展思想政治工作，努力提高全体职工思想道德素质，注重加强党风廉政建设。有一名同志先后两次被评为市劳动模范。1986年经牡丹江市政府直属机关党委批准为系统文明单位。1990年，经牡丹江市精神文明办公室和财贸系统工委联合验收合格，授予牡丹江市级文明单位光荣称号。

（撰稿：辛钢）

上海卷烟厂

一、概　况

上海卷烟厂始建于1925年，原名“大英烟厂”，是英美烟公司在华的一个烟草加工制品厂。1952年4月由我国政府接管，改名为“国营上海烟草公司卷烟二厂”。社会主义改造时期，上海卷烟行业进行了大改组、大合并，“一厂”、“三厂”相继转产；1960年“四厂”又并入“二厂”，并易名为“上海卷烟厂”。从此，上海卷烟厂成为上海唯一的一家生产高、中档卷烟的门类齐全的大型烟厂，以其“天时、地利、人和”的有利条件，发挥了技术力量雄厚、对外交往多的优势，生产能力迅速提高。在当时烟草行业中，不仅是全国，而且是远东地区生产规模最大、名气最响的卷烟厂，对当代中国卷烟生产的发展产生了深远影响。但是，1979年之前，由于没有以经济建设为中心，加之上海卷烟厂设备陈旧、技术老化、管理滞后，生产受到很大限制。最突出的问题是无论企业的“硬件”还是“软件”，都已不能满足进一步提高卷烟质量的要求，不能适应合理调整产品结构的需要。因此，上海卷烟厂逐渐失去了往日的优势，原来烟草行业“排头兵”的地位，在市场经济中动摇了。直到党的十一届三中全会以后，改革开放才使这个“年逾花甲”的老厂又重新焕发了青春。

八十年代初，上海卷烟厂开始进行全面整顿，制定和健全了各类规章制度，编制了经济计划与各项经济指标，把经济责任、责职范围、工作标准、考核方法、奖惩措施相结合，形成了以经济责任制为中心的责任体系和内部分配体系。同时，抓劳动纪律，抓增收节支挖潜，建立新厂风、厂纪，使生产有了一定发展，并被评为“全国企业整顿先进单位”。1983年、1984年，上海卷烟厂两次调整领导班子，组成了一个革命化、年轻化、专业化、知识化的朝气蓬勃、坚强有力、能发挥整体功能的企业领导核心。在新班子领导下，不断深化企业内部改革，同时积极探索现代管理方法和进行大规模的技术改造。到八十年代末，上海卷烟厂在经历了大起大落后，终于又重振雄风。

1990年末，全厂在册职工5574人，男、女职工比例为4:5；有各类专业技术人员637人，占职工总数11.42%，比1980年增长69.41%；大专以上文化水平的职工272人，占职工总数4.88%。全厂占地面积39292平方米，建筑面积95959平方米。

二、弘扬“和、搏、一流”的企业精神，获取丰硕的技改成果

1985年，上海卷烟厂被国家计委列为“七五”期间重点改造的老企业，投资近亿元，要求在原来基础上建成具有国际水平的卷烟生产线，形成年产100万箱生产能力，同时经济效益以每年递增5%的速度，与技改同步发展。“七五”技改，对于上海卷烟厂的发展，既是一次难得的机会，又是一场严峻的考验，希望与困难并存。象这样老厂就地脱壳的大规模全面改造，面临着规模大，场地小；时间紧，任务重；基础差，跨度大；欠帐多，难度高等一系列困难。特别是要求经济效益随着技改发展同步增长，因此技改期间正常生产不能停，必须边改造、边生产。当初有些外国行家认为，象上海卷烟厂这样的改造，是没有成功希望的。

但是，为了企业的新生，为了走出一条老厂就地“脱壳改造”的路子，上海卷烟厂广大职工响亮地发出了“敢为天下先”的誓言。在经过了近2年的准备之后，1987年新春，技改正式上马。1987年至1990年，这3年成为上海卷烟厂发展历史上的“非常时期”。在这“非常时期”，厂领导坚持以争“团体冠军”为治厂的指导思想，就是把企业竞争看作运动场上的比赛，目标是争能够体现企业整体力量、整体水平、整体素质的“团体冠军”。为此，他们努力把企业内部各个成员、各个方面的力量凝聚起来，形成一个合力，形成一个企业的总体优势。同时，为了激励全厂职工以一种奋发向上、一往无前的精神状态和百折不挠的斗争意志去战胜困难。他们积极提倡和培植“和、搏、一流”的企业精神，团结全厂职工为了企业兴旺这一共同目标，同舟共济、肝胆相照、奋力拼搏、艰苦创业，人人以自己在本职岗位上所作的出色成绩，融汇到企业的整体效应中去。期间，厂党委对于在党政分开的条件下，如何加强和改进企业的思想政治工作做了一系列探索。他们把是否有利于生产发展作为检验思想政治工作好不好的标准，紧密围绕企业改革，紧密结合生产经营，紧密联系职工思想，研究和探索思想政治工作的科学化，提高思想政治工作的针对性和实效性。在厂党委主持下，成立了职工思想政治工作研究会，每年召开政工年会。工会、团委通过举办“爱我中华，兴我烟厂”的读书活动、遵纪守法实例展览、普法考试等形式，在职工中不断进行爱国主义、党的基本路线、理想、纪律、法制等基础性教育；各级党组织积极在知识分子、青年工人中培养和发展新党员。同时，职工业余教育蓬勃开展，青工政治补课、初高中文化补课、引进设备技术培训、电视大学机械、电子、马列主义理论等各种性质、各种形式的辅导班不断开办，大大提高了职工的思想、文化和技术素质。

经过3年多艰苦奋斗，上海卷烟厂不仅“七五”技改全面竣工，为老厂技术改造走出了一条路子，而且设备装备水平有了较大程度的提高，先后从意大利、英国、美国、联邦德国等国引进先进设备共计31组，具有七十、八十年代国际水平的卷烟生产线已初步建成。

三、强化基础管理　探索现代化管理方法

在技改过程中，该厂领导不断增强管理意识，从加强基础管理着手，积极探索现代化的科学管理方法。几年来，从工厂的实际出发，以方针目标管理为指导，逐步形成了“一一三三”管理模式。即：确立厂长在企业中的中心地位（一个中心），以方针目标管理为主线（一条主线），人才、技术、管理相互促进，共同开发（三方开发），完善思想政治工作、经济责任制和民主管理（三套保证体系）。按照这一管理模式，不仅理顺了“七五”技改中千丝万缕的关系，使千头万绪的工作在严格的管理下，得到了高度的控制和协调；而且信息工作、定额工作、标准化工作、微机开发等一系列基础管理也得到了加强，初步形成了基础工作管理体系。在深化方针目标的过程中，该厂还注重运用全面质量管理方法，以提高产品质量。几年来，全厂广泛开展TQC教育，实行TQC全员管理，形成生产全过程专群结合的检查网，完善检测器具，试行国际GB/T10300，加强质量信息的反馈与处理；把静态的管结果与动态的管因素结合起来，使企业的质量管理水平不断提高。

四、调整产品结构　提高产品质量　争取更高效益

由于设备更新，技术进步，管理科学，各项原定的经济指标全面实现，使“七五”期间成为上海卷烟厂发展历史上技术进步最快、经济效益提高最大、新品种发展最多的时期。

1990年卷烟产量达82.32万箱。在产量提高的同时，产品结构不断调整。不仅由过去生产的传统烤烟型卷烟为主，向发展混合型、薄荷型、雪茄型等多种类型卷烟转变，而且产品向高中档发展。1990年，滤嘴烟产量57.11万箱，占总产量的69.37%，比1985年增长137%；烟支规格由原来的70毫米无嘴烟、81毫米滤嘴烟，增加了84毫米、100毫米滤嘴烟；包装规格由20支装软包、50支听装，增加了20支装横式软包、20支装硬盒反盖和20支装铁盒，产品向系列化方向发展。名优烟产量1990年比1980年翻了三番多，提前实现了国家提出的名优烟翻番的目标。烟叶单耗1990年为49.12公斤/箱，比1985年下降8.72公斤/箱，以1990年产量计算，节约700万公斤烟叶，合5600万元资金。

在产量增长、消耗下降、品种结构调整的同时，质量稳步提高。产品抽查合格率由1987年的80%，提高到1990年的88，85%。1985年以来有“中华”、“高乐”、“牡丹”、“凤凰”、“红双喜”等7个产品被评为优质产品，其中“中华”牌卷烟以其香气浓郁、纯净，吸味醇和、舒适，包装庄重、有气派而深受市场欢迎，1988年获当时我国烟草行业唯一的“国家金质奖”；采用活性碳复合滤嘴的新产品“高乐”牌卷烟，1988年也荣获“国家银质奖”。1988年在全国放开价格的13种名优烟中，上海卷烟厂就占有3个。除了名优产品驰名中外，“前门”、“上海”、“飞马”等传统产品和新开发的“金中华”、“金牡丹”、“金得利”、“晨”牌等，也享誉市场。八十年代后期上海卷烟厂产品不仅在国内市场恢复了信誉，争得了地位，覆盖面越来越大，而且“中华”、“牡丹”、“凤凰”等优质烟远销日本、加拿大、香港、澳门、科威特、东欧等国家和地区。1990年出口卷烟创汇2841万美元，比1985年的950万美元增加了近3倍。

质量提高、品种结构合理调整的结果，是经济效益得到持续增长。“七五”期间，上海卷烟厂经济效益在全国年年名列前茅。1989年实现利税15.07亿元，1990年实现利税16.04亿元，连续2年在上海雄居第一；在全国经济效益最佳的500家企业中，1990年列为第28位，行业中列为第3位。1987年以来，尽管技改任务艰巨，但上海卷烟厂在实施技改的三年中，还是为国家提供了57亿税利，创汇14222万美元。且因技改过程边投入、边产出，1990年底当上级部门对工程进行验收时，该厂已连本带息还清了全部银行贷款。

随着企业经济效益的提高，职工经济收益也年年有所增长，福利待遇年年有所改善。八十年代，上海卷烟厂兴建职工住宅54181平方米，扩建更衣室100平方米，修建职工休息室200平方米。在技改工程中，还同步进行了对粉尘、噪声以及劳动环境的综合治理，水、电、汽、氯、风等公用设施得到较好改造，因此，职工的生产劳动环境与劳动保护条件都有了明显改善。

依据党的改革开放政策，上海卷烟厂在八十年代还积极发展国际经济合作和国内横向经济联合。10年来，不仅从国外引进先进设备，同菲律宾合作生产了“福”牌卷烟，而且还在中国烟草总公司的大力支持下，与美国菲里普·莫林斯公司友好合作，在国内首先引进了当今世界卷烟生产中一项先进的加工工艺—干冰膨胀烟丝加工技术和装置。这不仅填补了国内卷烟生产工艺中的空白，而且对于降低烟叶耗量、改进烟支吸味、提高产品竞争能力，都产生了积极影响。除了国际

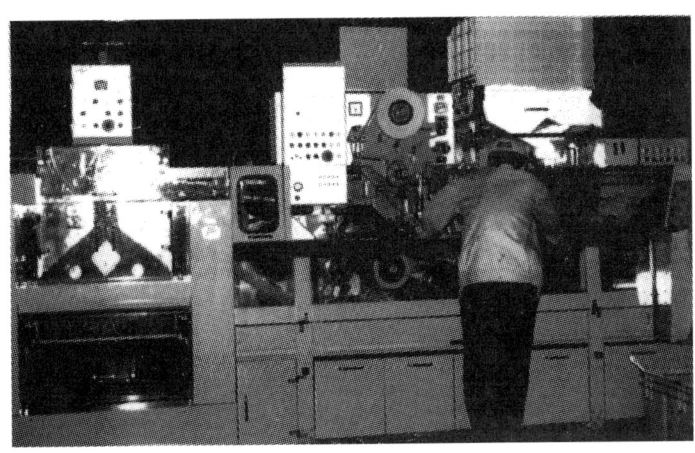

经济合作外，上海卷烟厂还以委托加工等形式同国内 17 家卷烟厂进行了横向经济联系。

上海卷烟厂以六十年老厂旧貌换新颜的突出成绩，荣获全国工交系统和全国烟草行业“经济效益先进单位”、“全国五一劳动奖状”、“全国思想政治工作优秀企业”、“上海市企业管理优秀奖”、“上海市文明单位”等。该厂厂长董浩林同志也被评为第四届全国优秀企业家。

（撰稿：上海烟草（集团）公司上海卷烟厂）

上海烟草工业印刷厂

一、概　况

上海烟草工业印刷厂始建于 1929 年（原名大英烟草公司华盛路印刷厂），是国内最早从事卷烟商标生产的专业印刷厂。该厂隶属于中国烟草总公司上海市公司，具有胶印、凹印、烫金、模切、制版、美工设计等多功能综合生产能力；工厂占地面积 20578 平方米，其中建筑面积 27496 平方米。1990 年末固定资产 4536 万元，有职工 1185 人，其中各类专业技术人员 184 人，占全厂职工人数的 15.5%，一线在岗技术工人 746 人，占全厂职工人数 63%。

党的十一届三中全会提出改革开放、把党的工作重点转向经济建设。1984 年烟草行业实行集中管理，该厂重新划入烟草公司。烟草事业的蓬勃发展，使得上海烟草工业印刷厂走上了腾飞之路。企业在中国烟草总公司、上海市烟草公司的大力帮助支持下，经过“六五”、“七五”大规模的技术改造，企业脱胎换骨，固定资产 10 年翻了三番多，烟标印刷的综合技术能力得到了大幅度提高。技术进步使得企业经济效益连年保持稳定增长，1990 年生产各类卷烟商标 157 万箱，实现利税总额 1639 万元，比 1981 年 513 万元，增长 319.49%，平均每年增长 13.78%，在上海市印刷行业中名列前茅。

二、走科技兴厂之路

“六五”、“七五”是上海烟草工业印刷厂坚持技术进步，不断发展的时期。八十年代初，该厂机器设备仍是三十年代建厂时留下的老设备，体积大、精度差，只能印制普通的商标。为了改变这种落后的状况，适应卷烟行业发展的需要，从 1984 年至 1990 年，该厂先后进行了四次大规模的技术改造，项目总投资 4467 万元，投资额是前 30 年投资总和的 29.78 倍。技术改造资金除一部分用于厂房改造外，绝大部分用于购置先进设备和技术的引进。按照烟草印刷的专业化生产要求，添置和引进了 40（套）八十年代国内外先进的印刷、制版设备，如具有世界一流水平、国内第一台瑞士 BOBST650 六色凹印裁切联合机组，海得堡、罗兰四色胶印机、英国电子分色机、德国电子雕刻机和日本数控连晒机、自动平压模切机等设备。在技术装备上，形成了国内堪称一流、多功能综合性卷烟包装印刷企业。

在设备更新改造的同时，加快科技进步，以技术进步推动产品向高档次迈进和扩大生产能力。该厂发展了平版印刷、凹版印刷和模切、烫金新工艺，积极推广使用新技术、新材料，不遗余力地及时开发新产品，实现了产品结构的转轨变型。从以胶版纸印刷为主的粗次加工，进入到以印刷铜版纸和白版卡纸为主，印刷各类高档、精细的软包、翻盖、条盒卷烟商标时期，基本上适应了卷烟行业发展的需要，赢得了市场竞争的主动权。产品热销，客户近悦远来，目前主要承担着包括上海卷烟厂在内的全国十几家烟厂的烟标印刷任务及部分画册、挂历、样本等社会印品，企业经济效益逐年提高。

“六五”、“七五”期间经济效益稳步增长表

	单位	1981 年	1990 年	年平均增长速度
印刷总产量	对开万印	80877	133630	5.74%
产值	万元	1709	8907	20.13%
销售收入	万元	1676	6270	15.79%
利税总额	万元	513	1639	13.78%

三、抓质量　促降耗

从八十年代初期推行全面质量管理以来，该厂始终奉行“质量是企业生命”的宗旨，坚持抓质量就是抓效益、抓发展的道理，强化全员质量意识，逐步建立健全了卷烟商标印刷的质量保证体系：(1) 建立了全面质量管理领导小组和质量管理科，从组织上保证了对产品质量的领导和管理。(2) 根据国标要求，制定了卷烟商标印刷的企业技术标准，建立了完整的烟标质量检验考评办法。(3) 加强对印刷工序质量管理点控制，形成了印刷质量检验“三检制”和质量检验信息传递网络。(4) 规范质量管理，健全了质量检验岗位责任制和 10 个方面共 22 个质量管理制度。(5) 坚持质量第一方针，实施“质量否决权制度”，与经济效益挂钩，加大质量考核力度。(6) 修订产品消耗定额，大力开展以优质降耗为目的的“红旗擂台赛”等质量竞赛活动，促进产品质量不断稳定和提高，纸张单耗逐年下降，主要经济技术指标达到了较为先进水平。仅 1990 年就节约各类纸张 247.7 万大张，价值 124.1 万元。

四、锐意改革　强化管理

为了适应市场经济发展的需要，10 年来，该厂紧紧围绕提高企业素质，促进企业发展这个中心环节，发挥“勤奋开拓、勇创一流”的企业精神，以改革为动力，深化企业内部管理，向管理要效益，促进了生产经营向科学、有序、高效方向发展。

一是改革企业经营机制，逐步建立以市场为导向，以产品为龙头，以效益为中心的科学经营管理模式，以“人无我有，人有我优，人优我廉”为经营指导思想，满足市场需求，初步实现了向社会主义市场经济转变。

二是推行目标管理。以厂长目标为年度综合计划的龙头，牢牢把握目标管理这条主线，明确责任，量化目标，狠抓落实，形成了工厂目标责任管理和经济责任制考核体系。

三是狠抓内部改革。采用划小核算单位，模拟分权制，推行车间、部门生产经营多种形式的承包责任制，在分配上打破大锅饭，实行以利计奖，多劳多得，充分调动各方面积极性和创造性，促进车间向管理要效益，不断提高产品质量，努力降低成本。

四是大力推行现代化管理方式，运用微机辅助生产管理。该厂自行开发了生产计划、成本定额、纸张、油墨消耗等 10 多项计算机管理软件，建成了厂计算机管理信息系统。

五是抓好基础管理，用管理水平的提高来夯实企业发展的基础。企业上等级是“七五”期间企业管理的重点工作。通过理顺管理条线，开展标准化管理，企业修订和完善了一整套内部管理制度和企业标准，重点加强了对设备、财务和物资管理，使该厂企业管理逐步纳入良性循环。1988 年获得上海市企业管理市级先进企业。1989 年获得上海市企业管理优秀奖。

五、坚持两手抓　注重精神文明建设

在物质文明建设发展的同时，上海烟草工业印刷厂十分重视精神文明建设，注重加强党风廉政建设。在党风廉政建设上做到建立制度、明确标准、接受监督、检查提高、不断完善。企业思想政治工作紧密联系实际，以提高人的素质为目的，培养和造就社会主义新人。1984 年该厂成立了思想政治工作研究会，并成为上海市纪委思想政治工作研究会成员之一。全厂建立了思想政治工作网络，形成党政工团齐抓共管。通过深入开展“振兴中华”读书活动、普法教育等多种形式，达到培养“四有”新人，提高两个素质的目标。从1986年起连年被评为局级文明单位。

1987年该厂制定了《上海烟草工业印刷厂“七五”期间社会主义精神文明建设的实施规划》，开展了新一轮精神文明建设工作。首先完成了厂标、厂歌、厂旗、企业精神的制定，确立了一个完整的上海烟印企业形象。以强化现场管理为主，推行定置管理，开展了“治理整顿，从严治厂”活动。1987年完成了“八大生活设施”的改善，1989年修建了景色优美的厂区花园，1990年新建“职工之家”。通过“七五”努力，使得厂风厂貌焕然一新，企业被评为上海市卫生先进单位，上海市绿化先进单位。

在改革开放的新形势下，该厂还十分注重企业文化，采取“寓教于乐”的方式，用丰富多彩的文娱活动来提高职工队伍的素质，陶冶职工的情操。1989年的“烟印职工艺术节”，1990年的“烟印之声”，抒发了烟印人的精神风貌，激发烟印人开创美好未来的信心，增强了企业的凝聚力和广大职工的同心力，为实现“八五”计划和企业的更大发展奠定基础。

（撰稿：上海烟草工业印刷厂）

上海烟草工业机械厂

一、概　况

上海烟草工业机械厂建于1952年，是中国烟草总公司的直属厂。1987年前曾由轻工业部管辖，地处上海市浦东陆家嘴地区。该厂前身是英美颐中烟草公司的浦东烟厂，创建于1902年，1952年4月由人民政府接管后独立建厂。

上海烟草工业机械厂是全国第一家烟草机械的专业生产厂，除生产烟草机械外，还生产食品、钟表、皮革、塑料等多种轻工机械和车床、铣床、镗床等普通机床。党的十一届三中全会以后，随着改革开放的不断深化，1981年至1990年企业生产飞跃发展，尤其是从1988年开始淘汰了全部老产品、实施“全面上新品”方针，坚持以技术进步求效益，抓产品质量求生存，企业由速度型向质量效益型转变。

至1990年，全厂占地面积63830平方米，建筑面积40862平方米。全厂职工人数从1981年的1390人发展到1990年1500人。其中专业技术人员247人，干部329人。厂里组织机构设置为生产、技术、行政、政工四个系统共27个职能科室、5个生产车间和2个辅助车间。全厂拥有各种设备714台，其中主要设备337台，金切设备240台，数控机床6台，进口机床15台。固定资产原值2542.3万元，净值1624.5万元。1981年产值为1587.7万元，1990年产值达4907.3万元。全员劳动生产率从1981年的11840元/人，发展到1990年的33543元/人。1990年生产烟草机械设备6种125台627吨，产品销售收入1967.2万元，利润686.1万元，利税总额907.9万元，企业主要经济技术指标居全国500家机械行业之中，列入国家轻工机械重点骨干企业。

二、经营业绩

上海烟草工业机械厂1981年至1987年主要生产五六十年代的各类烟草机械产品，由于质量好、制造能力相对强，广泛受到各烟厂的好评，生产的品种越来越多（见下表）。同时也生产制

1981 年～1990 年生产的产品种类

YA51 二辊压梗机	3WR 高压泵	YB13C 直包卷烟包装机
YJ21 过滤嘴装接机	3WRA 高压泵	YB13D 直包卷烟包装机
YJ21A 过滤嘴装接机	塑料薄膜分切机	YG64 烘丝机
YJ21C 过滤嘴装接机	YB21 横包机（6000 型）	YJ51 卷接联合机
YJ22 过滤嘴装接机	YB52 透明纸包装机（cpl）	YJ52A 卷接联合机
YF51 卸盘机	YB91 透明纸硬条盒机（T20）	YH38 振动运输机
YJ12 滚刀式切丝机	YA42 抽梗机	YH39A 振动运输机
YG34 润叶机	YC31 烟支含末量测定仪	XJ01 网球硫化机
YG35 润叶机	YC51 金属探测仪	XJ02 网球硫化机
YG61 烘丝机	YL11 开松上胶机	LD01 速冻隧道
YG65 烘丝机	YL21 滤棒成型机	YJ32 卸盘机（AC6）
YJ52 卷接联合机	YJ12 卷烟机	YB68 硬条盒机（3c—154）
YJ52C 卷接联合机	YB13B 直包卷烟包装机	YS14 滚刀式切丝机（RC4）
YH78 推盘车		

造市场需要、用户欢迎的其他轻工机械。例如 3WRA 高压泵受到食品、医药、化工等行业用户的青睐。1982 年、1983 年各类经济指标达到企业历史最高水平。1984 年市场突变，产品结构急需调整，企业生产经营受到影响，各类经济指标明显回落。1985 年，中国烟草总公司采用技贸结合的方式，先后引进意大利萨西勃公司 6000 型横包机组技术和英国莱格公司 RC4 滚刀式切丝机组技术，由上海烟机厂吸收消化生产。从 1988 年起该厂全面生产具有七十年代末八十年代初的产品，使整个产品的等级上了一个台阶，产品质量上了一个层次。生产经营情况年年上升，取得良好的经济效益（见下表）。同时，由于国外先进烟机设备有了国产机的生产，为行业大大节省了外汇，至 1990 年，仅此两个机种就节约外汇 1300 万美元。

各类经济指标（1981 年～1990 年）

年　份	产值（按 90 年不变价）	产　　量	销售收入（万元）	销售成本（万元）	销售税金（万元）	利润（万元）	全员劳动生产率（按 90 年不变价）	固定资产原值（万元）
1981 年	1587.7 万元	457 台/920.8 吨	1116.01	666.17	55.8	265.7	11840 元/人	1304
1982 年	1949.2 万元	413 台/994.3 吨	1209.7	662	60.5	368.8	14074 元/人	1364.6
1983 年	1895.2 万元	335 台/978.7 吨	1318.8	758	78.2	362.2	13253 元/人	1351.2
1984 年	1872.1 万元	420 台/1067.9 吨	1083.4	640	95.3	234.6	13147 元/人	1281
1985 年	1672.7 万元	528 台/1085.3 吨	1381.9	867	111	271.4	11897 元/人	1299.1
1986 年	1833.7 万元	390 台/986.5 吨	1454	970	103	240.1	13336 元/人	1412.2
1987 年	2111.2 万元	345 台/920.3 吨	1660.7	1055	119.7	350	15134 元/人	1554.6
1988 年	3277.4 万元	96 台/252.6 吨	1268.7	524.8	108.3	504.4	22999 元/人	1954.4
1989 年	4435.1 万元	120 台/531 吨	1935.4	755.6	287.6	669	31374 元/人	2223.3
1990 年	4907.3 万元	125 台/627.6 吨	1967	796	221.8	686.1	33543 元/人	2542.3

三、产品开发

上海烟草工业机械厂凭借较雄厚的技术力量和悠久的烟草机械制造史的优势，不断开发新产品、新品种和系列产品，以满足全国各烟厂的需求。

该厂在原4—5A型直包卷烟包装机的基础上，改进设计成YB13B直包卷烟包装机，深受用户的欢迎。1982年～1983年，根据市场需要在YB13B基础上，开发出100毫米长粗烟支和细烟支的产品，定为YB13C和YB13D，形成系列产品。在这一段时间内，同时又在YJ21过滤嘴装接机基础上，开发出不同烟支长度的YJ21A过滤嘴装接机和YJ21C过滤嘴装接机，形成系列产品。

1984年市场出现犹如娃娃头样的冰淇淋，受到广大顾客的喜爱。企业抓住时机，参与该机技术生产招标，并一举中标，成功地开发了LD01速冻隧道（即娃娃冰淇淋机）。

1984年～1985年，按照上级领导的要求和根据国际上卷接机发展的趋势，将YJ12卷烟机和YJ21过滤棒嘴装接机连接起来，开发连接部分，形成YJ51卷接联合机，这也是我国自行设计制造的早期卷接机组。

1984年该厂采用价值工程，在原测绘设计的3WR高压泵上进行了尝试，改进设计出3WRA高压泵，减少了零件，节约了材料，基本性能一点没变，降低了制造成本，为企业增加了效益。

1985年又设计开发出YG65烘丝机，这种设备不同于原YG61烘丝机和YG64烘丝机的设计，采用新的结构和传运方法，得到用户的认可和满意。

1986年开始吸收消化从意大利萨西勃公司引进的6000型横包机组制造技术，1987年吸收消化从英国莱格公司引进的RC4滚刀式切丝机技术。从此，上海烟草工业机械厂的技术水平又向前迈了一大步，产品上了一个档次，达到国际七十年代末八十年代初的水平。这两种产品的国产化研制成功，为该厂以后不断消化吸收制造更新更先进的国外烟草机械打下了扎实的基础。

四、产品质量

1980年上海烟草工业机械厂开始推行全面质量管理工作。在此后的10年间逐步建立了各项质量管理制度，尤其是通过1983年5项整顿，质量管理制度基本趋于完善，质量方面的组织机构不断得到加强。负责产品质量把关的检验科从原来的金切加工和装配检验为主已逐步配齐了木模、铸造、锻造、热处理、金切、铆焊、装配、工装、油漆、机床修理、外购外协等各道工序的检验，并设置了计量室和理化室，人员总数超过了60人。在这期间，通过几项技术改造，添置了不少检测设备，包括万工显、测长仪、立式光学计等仪器设备和全自动三座标、数显测高仪、粗糙度检查仪、弹簧测力机等多种检测设备，基本上满足制造七十年代末八十年代初产品的质量检验需要。

随着质量管理的不断深入和加强，产量质量有了明显提高。1981年YJ21过滤嘴装接机被评为轻工业部优质产品。1983年YB13B直包卷烟包装机荣获全国优秀包装机械产品的称号。1983年YB13B直包卷烟包装机同时被评为轻工业部和上海市优质产品。1985的3WRA高压泵被评为上海市优质产品。1986年YL21滤棒成型机被评为轻工业部优质产品。1987年YL11—YL21滤棒成型机组等荣获中国烟草总公司科技进步三等奖；YS14滚刀式切丝机荣获中国烟草总公司科技进步二等奖。1990年YB21横包机被评为上海市优质产品。

五、技术改造

上海烟草工业机械厂是国内历史最久的烟草机械专业制造厂。但该厂的技术改造落后于全国烟厂的改造发展。厂老、厂房陈旧，设备老化。虽然从1981年至1984年对部分设备进行了更新，但精度差的设备仍占较大比例。1985年设备新度系数仅达0.49，远远跟不上企业的发展需要。在中国烟草总公司等上级领导的关怀和支持下，上海烟草工业机械厂从1981年至1990年进行多次技术改造，特别是1985年以后，为消化吸收意大利横包机组而进行的900万技术改造项目，为加速消化吸收横包机400万技术改造项目和1989年“七五”技改项目的起动（2450万元），使该厂危房得到改建，部分旧厂房得到更新，尤其是设备更新加大了力度，添置了进口设备和数控机床，更新了一部分精度较差的机床，使金切加工精度大大提高，制造能力大大加强。同时也增添了不少检测设备和仪器，为引进消化技术奠定了可靠的基础。

六、企业管理

1980年，上海烟草工业机械厂在通过轻工业部整顿企业管理12项验收合格后，1981年至1982年以巩固和完善企业管理工作为主，突出加强教育培训工作、标准化工作、信息工作、计量工作、定额管理和经济责任制等6项基础工作。1983年至1984年，开展企业全面整顿5项工作，这是在12项整顿基础是从计划、技术、财务、物资、生产等各职能管理方面进行整顿，健全和规范企业规章制度，加强经济责任制的考核，完善各岗位责任制。该厂各有关部门从上级的要求和企业发展的需要角度进行了全面整顿，顺利地通过了上海市和轻工业部的验收。

1984年企业开始推行方针目标管理，厂长每年发布企业方针，各部门根据企业方针制订部门方针，并围绕企业方针提出部门在年内的主要目标，并对其层层分解使其细致和规范。

1988年开始着重抓企业升级工作。厂里制订了企业升级规划并布置实施；企业管理办公室负责总体组织和协调工作；有关部门均按要求开展工作。1989年，企业获得“上海市级先进企业”称号。企业升级工作在当时对加强管理意识，促进企业各项基础工作起到一定的作用。

七、精神文明建设

在党委的领导下，企业从1981年至1990年在精神文明建设方面，着重抓了以下几项工作：

（一）开展对青工的轮训工作

1. 从1983年9月至1984年底用近一年半的时间对全厂937名35岁以下的青工开展每期脱产两周的政治理论教育，从我国历史、党的历史、社会发展史到家庭美德开展思想伦理道德教育。

2. 从1985年至1987年用两年时间对全厂1400名职工开展了以“国情教育”为内容的全员轮训。

3.1988年至1989年，对全厂1347名职工开展了“一五”普法教育。

（二）建立了“政校”和“党校”，加强对党员和职工教育

为了加强对党员、职工的教育工作，由党委主要领导负责，宣传部门具体实施。建立了“上海烟草工业机械厂职工政治学校”和“上海烟草工业机械厂业余党校”，负责对职工、党员进行培训和教育。

（三）开展思想政治研讨工作

从1987年起厂建立了“上海烟草机械厂思想政治工作研讨会”，结合企业实际对职工思想上的热点问题，进行探讨工作。

（四）坚定不移地坚持四项基本原则

针对当时思想政治工作被淡化，党的领导被削弱，以及1989年“政治风波”的情况，该厂党政领导坚持通过“五一”、“七一”、“八一”、“十一”等歌会、征文、庆祝会、思研会等活动载体，坚持四项基本原则教育。

徐州卷烟厂

一、概　况

徐州地处黄淮平原南部，江苏省西北部，为苏鲁豫皖4省交界，素有“五省通衢”之称，国家大型企业徐州卷烟厂就座落在徐州市北部环城路上。

六十年代中期，徐州卷烟厂的产品质量、全员实物劳动生产率、成本、制造费用4项经济指

标在全行业名列前矛，被中国烟草工业公司推为学习的样板，从而在全国烟草系统开展了“学刘（淑兰）杨（秀今），赶徐（徐州烟厂）杭（杭州烟厂）”的比学赶帮活动。

10年动乱给徐烟带来重重灾难，使历史又向后倒退了10年，徐烟的生产水平仍停滞在原有的基础上。党的十一届三中全会以后，在党的一系列方针、政策指引下，徐烟积极清除极左思潮的干扰，抓管理、挖潜力，使生产得到了长足的发展。从1977年到1981年的5年间，产量、产值直线上升，分别由1977年的15万箱、7504万元增长到1981年的22万箱、10616万元，增长率分别为46.7%和41.47%。与此同时，该厂还抓紧开展了改造老厂房、更新生产设备和开发新产品等项工作。1981年，徐州卷烟厂把发展卷烟的目标放在了扩大滤嘴烟生产上，购进了2台滤嘴接装机和1台滤嘴包装机，在已有11710平方米的生产大楼的基础上，又投资兴建滤嘴车间生产楼。滤嘴车间生产大楼1981年6月基建计划报批，7月完成了旧厂房拆除工作，至年底5400平方米的滤嘴车间封顶，并于1982年1月18日投入使用，当年生产滤嘴烟7755箱。

1983年2月，徐州卷烟厂归属中国烟草总公司、江苏省烟草公司、徐州市烟草分公司领导后，实现了人财物、供产销、内外贸统一管理。全厂在徐州烟草分公司的直接领导下，不断深化改革，以提高企业经济效益为目标，以调整产品结构，满足市场需求，提高产品质量为中心，狠抓基础管理工作，狠抓技术改造和技术引进工作，经历了艰难曲折、开拓进取地走向辉煌的历程。

二、在克服困难中前进

1983年初，受全国卷烟价格上调和计划外烟厂竞价销售等因素的影响，徐州卷烟厂库存卷烟2.1万箱，超过了库存定额的2.5倍。到4月份，该厂由于产品积压处于停产状态，厂部虽组织了30余人的销售队伍分赴全国10余个省40多个市县推销产品，但见效不大。1984年，面对这一严峻形势，全厂抓改革，促整顿，不断完善经济责任制，层层制定承包方案，打破了“大锅饭”这一举措，调动了职工积极性。全厂下大力气搞“三抓”，抓产品质量不松手，抓产品开发不松劲，抓技术改造增后劲。厂里成立了科研所，研制了南方型“红旗”和84毫米“五叶松”、乙二级“五叶松”等新产品。成立了技术改造办公室，销售人员奔赴广东、浙江、上海和东北三省进行产品宣传。在省烟草公司的大力支持下，该厂多次在省内苏南市场召开徐产烟评吸会，使徐产烟逐步打进省内南方市场，这一年完成产量26万箱，其中嘴烟1.8万箱，完成产值15184.65万元，实现税利10084.31万元。

1985年徐州卷烟厂困难局面虽有好转，但面临的形势仍十分严峻。全厂干部职工围绕提高卷烟质量，积极试制生产适销对路的新产品和扩大卷烟销售范围做了大量工作。首先针对产品质量不稳定的情况，抓信息反馈、质量管理和以提高产品质量为重点的经济责任制的落实等项工作，制定了质量管理“六不投产”、“一不出厂”、“三不放过”制度，把住了产品质量关，促进了产品质量的提高。其次，努力在新产品开发上搞新的突破，向市场推出了“414”、“山河”、“爽爽”和系列包装的“红杉树”、“云龙”、“五叶松”等8个牌号20个规格的新产品。通过向市场增产适销对路的新老产品和嘴烟，开拓了产品市场，增大了卷烟销量。全年生产卷烟261006箱，完成产值15965.54万元，实现税金12088.99万元。

为了彻底改变生产在低谷徘徊的局面，1986年，徐州卷烟厂确立的一条开拓前进的路子：深化改革，走横向经济联合的道路。在省烟草公司的帮助下，当时选择了实力雄厚、名优产品较多的上海卷烟厂作为联合的目标，并于1986年1月12日签订了联合生产“大前门”卷烟4万箱的合同。这一举措，不仅搞活了生产，同时还搞活了卷烟销售。这一年引进8台MK8卷接机组和1台3000型横包机等设备投产，为全厂甲乙级烟、滤嘴烟比率的增长提供了保证。全年共完成卷烟301211箱，实现产值20341.53万元，税利达到16794.74万元。

三、调整结构　加速技改　提高质量

1987年，徐州卷烟厂的经营决策者们意识到：企业能否发展，能否在市场激烈的竞争中站住脚，关键在于产品能否得到广大消费者的承认和青睐；在于质量好、花色品种多；在于技术进步。为此，该厂及时地制定了以技术进步促进产品质量提高，增加花色品种，推动企业不断发展的战略方针。“六五”期间引进的英国莱格公司2000Kg/H制丝线，在1987年投产，提高了烟丝质量，使徐烟尝到了科技投入的甜头。这一年该厂如期完成全年任务，产值21784万元，税利16385万元。其中嘴烟产量增长较快，全年共生产滤嘴烟60003箱，占全省嘴烟产量的50%，比1986年同期提高66.2%。

1987年11月，根据中央指示精神，徐烟实行了厂长负责制，确定厂长在企业的中心地位，使企业充满了活力。

1988年是“七五”的第三年，这一年的11月份，徐州卷烟厂上报国家烟草专卖局的“七五”技术改造规划获准实施。这时，距“七五”结束还有两年的时间。历史记载下了徐州卷烟厂克服困难、勇渡难关、奋力拼搏、战果辉煌的这一时期。这几年徐州卷烟厂迈出三大步，产量、产值、税利分别以7%、20%和10%的速度递增。1989年以来，中国烟草总公司提出“限制产量，提高质量，调整结构，增加效益”的总体方针。徐烟的决策者们根据总公司提出的方针，从挖潜降耗入手，以技术改造为手段，大上快上嘴烟，增加花色品种，优化产品结构，扩大适销对路产品的产量，保持着效益逐年增长的好势头。嘴烟产量从1987年的6万箱，上升到1990年的17.8万箱。徐烟根据“改造老产品，开发新产品，巩固老销区，建立新市场”这一经营战略，在走访苏北、苏南销区的基础上，决定与苏南销区烟草公司搞联产联销，进一步打开了徐产烟销路。最早与苏州烟草分公司联产联销“虎丘”牌号卷烟，结果“虎丘”烟在苏州一上市，立即成了供不应求的抢手货。紧接着又与扬州、常州、镇江、连云港、无锡、盐城等烟草分公司搞联产联销，生产了“皇珠”、“红梅阁”、“金山寺”、“淮海”、“锡梅”、“珍鹿”等牌号的卷烟。这些产品初上市，就成了供不应求的“二名烟”。徐烟还采取短、平、快战术向市场推出了“特红旗”、“特云龙”、“唐人”、“义侠”、“彭祖”等牌号的卷烟。

“七五”技改项目是在这期间完成的，共投资1.2亿元人民币，新建主厂房1.7万平方米，引进了3000Kg/H制丝线，白肋烟处理线，烟丝膨胀线及法国LOGAII型卷接机组3台，引进意大利6000型横包机1台和国仿6000型横包机2台，引进美国MK9N卷接机组4组，新建并完善了2000M^2锅炉房工程，35KV变电所部分配套公用工程设施。技术改造和技术引进促进了技术进步，技术进步促进了生产的发展，保证了产品质量，增加了花色品种，适应了市场需求，提高了企业的竞争力，为徐州卷烟厂的发展奠定了坚实的基础。

四、加强精神文明建设

10多年来，徐州卷烟厂党委始终坚持“两个文明一起抓，两个成果一齐要”的方针，紧紧抓住党的自身建设不放松，把党建工作做为头等大事摆在党委的重要议事日程上。1990年，徐烟党委组织党员参加了全国首届“我爱中国共产党的知识竞赛”，并获得最佳组织奖。徐烟党委还十分注重思想政治工作的研究和交流，率先发起成立了徐州市大中型企业宣传干部联谊会、全国烟草系统部分企业思想政治工作研讨会。1990年成立了企业思想政治工作研讨会，编写了《四爱教育知识问答》一书，在全厂范围内对职工进行爱党、爱国、爱厂、爱社会主义教育，激发了全厂职工的工作热情。1990年，徐州卷烟厂获“江苏省先进企业”光荣称号。

（撰稿：徐州卷烟厂宣教处　班丽）

淮阴卷烟厂

一、概 况

淮阴卷烟厂是国家大型企业，1945年创建于苏北革命根据地，为新四军随军工厂。解放后历经“华新烟厂”、“新新烟厂”、“新华烟厂”等名称沿革，最终定名为淮阴卷烟厂。该厂现在江苏省淮阴市城区西南部京杭运河北岸，有职工2558人，固定资产4.3亿元，厂区占地面积119883平方米，年生产能力为40万箱，年计划产量为30万箱。淮阴卷烟厂生产的以“大运河”、“玫瑰”为代表的老牌卷烟曾多次荣获部、省优质产品称号。主要产品“华西村”牌卷烟现为国家级优等品，“罗曼蒂克”、“一品梅”等产品畅销大江南北，是消费者十分钟爱的江苏名烟。

1983年5月1日，淮阴市烟草专卖局、分公司成立，淮阴卷烟厂即隶属于淮阴市烟草专卖局、分公司；1989年11月，淮阴烟草专卖局、淮阴烟草分公司、淮阴卷烟厂实行“三合一”体制。

1986年，淮阴卷烟厂被国家计经委列为全国大中型骨干企业。国家经委和中国企业管理协会主办的《企业管理》杂志1987年第八期公布的资料表明：在1985年全国200家资金利税率和人均创税率最佳企业中，淮阴卷烟厂的资金利税率名列第3（728.42%），年人均利税率（11515元）名列第19。1989年，《新华日报》公布1988年江苏省产值、税利超亿元的10大企业中，淮阴卷烟厂上缴税利排名第3位，年创产值排名第6位；国家统计局工业统计司在“中国500家最大工业企业及行业500家评价”的权威统计报告中，淮阴卷烟厂位于第253位，500家最佳经济效益中的第24位。中共中央政治局常委乔石、江苏省委书记陈焕友、省长郑斯林、省人大主任沈达人等领导同志多次来厂视察，对淮阴卷烟厂在两个文明建设中取得的可喜进步给予了充分的肯定和赞扬。

二、生产经营出成果

1981年—1990年，淮阴卷烟厂在江苏省烟草行业中独领风骚，其发展大致经历了两个时期：“六五”期间（1981年—1985年）税利等主要经济指标以年均20%的幅度递增，年均上交税金1亿元；“七五”期间（1986—1990）税利等指标以10%的幅度递增，年均上交税金2亿元，约占淮阴市地方财政收入的1/3。其主要经济指标情况见下表：

淮阴卷烟厂经济发展情况统计表

项目 年份	总产量（万箱）	总产值（万元）	实现税利（万元）			
			总额	与上年比+%	税	利润
1982	23.7	13371.2	-9122		8472.9	649.1
1983	30.2	16584.6	10931.7	+19.8	10296.7	635
1984	35.1	20125.1	13479.0	+23.2	12884	595
1985	38.4	22510.2	10751.4	+39.1	17386.4	1367
1986	42	25871.5	21143.4	+12.8	20400.4	743
1987	43	27551	22296.9	5.5	22080.7	216.2
1988	38.9	26491.1	22129.3	-0.8	22986.1	-856.8
1989	34.4	25111.3	23758.2	+7.4	23795.5	37.3
1990	32.5	25860.4	24135.3	+1.6	24141.1	-5.8

三、技术进步上台阶

淮阴卷烟厂注重提高职工队伍的素质，促进技术进步工作。1983年，淮阴卷烟厂专门成立了教育科。每年都由教育科牵头有计划地对新聘用的中层干部、新招聘的大学生、转业干部、在职转岗的职工进行培训。自1985年以来，职工教育工作在完成“双补”以后，从实际出发，多形式、多渠道、多层次地开展以岗位培训为重点的技术业务培训。在引进先进技术和装备的同时，组织相应的培训，先后选送近60名同志到美国、法国、意大利等国考察培训；选送100多名优秀操作维修工人去国内同行业先进厂家进行培训；对600多名高级技工进行岗位达标培训；对各专业工种人员每年进行一次专业培训；TQC知识和价值工程知识培训面达70%以上。还采取“厂校挂钩”形式，与淮阴工专联合开办了两期机电一体化业余大专班。为了鼓励职工岗位成材，他们采取措施鼓励职工参加业余函授和高等教育自学考试，在一线开展了内部技术职称的评聘工作，并且与岗位、待遇直接挂钩，使460名同志获得技术职称。职工教育工作形成了培训、进修、使用、晋升一体化体系。

在狠抓职工素质培训的同时，淮阴卷烟厂加大技术改造工作。“七五”期间共投入6900万元用于大规模的技术改造工作。其中新上了1条科马斯制丝线，新建了主厂房1座，共投资3942万元。新引进了洛卡、6000型等卷接包机组。“七五”末又引进了B1、FK等具有国际先进水平的卷接包机组，投入了近3000万元。“七五”技术改造大大提高了淮阴卷烟厂的装备水平，提高了产品生产能力、产品水平和市场竞争能力。

四、精神文明建设开鲜花

1.加强党建工作和群团组织建设

党的十一届三中全会以后，淮阴卷烟厂实行厂长负责制，党委支持协助厂长正确行使生产经营的指挥权力，有效地发挥了领导班子的整体功能。在党建工作中，坚持围绕经济效益开展工作，建立健全各党支部的组织机构，坚持正常“三会一课”制度，坚持组织党团员活动，在实践中培养、发展有理想、有作为的技术人员、生产一线的工人和各部门的业务骨干入党。截至1990年底，该厂党员人数为413人。每年组织开展创先进党支部和争当学习优秀共产党员的活动。加强党的思想建设，以邓小平同志建设有中国特色的社会主义理论教育党员，结合生产经营的实际，加强对党员干部的教育，有针对性地开展党性教育，注重提高党员素质，建立民主评议党员等制度，开展“党员先锋杯竞赛”等活动，党员的先锋模范作用得以充分发挥。

淮阴卷烟厂注重发挥群团组织的纽带作用，开展了“争当金、银、铜”牌职工，开展“罗曼蒂克”杯劳动竞赛、“女工巧手奉献”活动，有针对性地组织形势报告分析会，组织各种智力竞赛和演讲活动，全厂建立健全了思想政治工作网络，形成了党政工团齐抓共管的局面。

2.运用多种形式开展政治教育

淮阴卷烟厂建立了党校、政校，通过短期培训班和开办讲座的形式，组织职工学习马克思主义基本理论，强化政治教育。创办了《淮阴烟草报》，每月两期，以此为阵地，大力宣传生产成果、好人好事。结合职业道德教育制定了《淮烟职工守则》；法制教育持之以恒，制定了《淮阴卷烟厂纪律条例》、《淮阴卷烟厂治安保卫条例实施细则》。淮阴卷烟厂还与市检察院结成双文明共建单位，定期请检察院同志为干部职工上法制教育课。还建立了政工例会、党支部书记例会、思想政治工作研究会等一系列制度，抓住群众关心的热点、难点问题，开展专题讨论研究，组织撰写论文。近年来有数十篇文章在省、市思想政治工作研究刊物上发表。

3.建立文化娱乐阵地，丰富职工文体生活

为了丰富职工的业余文化生活，工厂自1980年起建立了篮球场、乒乓球室、图书资料室、图书阅览室、棋牌室等，由工会负责牵头管理，专人负责，定期开放。经常组织职工开展篮球、足球、乒乓球、棋类比赛。组织职工唱厂歌，周末

组织舞会和节日联欢活动。在全厂广泛开展“升厂旗、唱厂歌、穿厂服、佩厂证”活动，把产品宣传、企业文化建设、企业形象宣传同职工的业余文体生活结合起来。

4. 加强廉政勤政建设

淮阴卷烟厂领导班子把“勤奋、廉洁、民主、团结、实干”作为一班人的行动准则，始终坚持民主集中制原则。在日常工作中，领导班子成员各司其职，并紧紧围绕企业整体目标承担责任。凡遇关系到企业整体利益的决策性问题，集体研究讨论决定，重大问题还及时提交职代会讨论，在充分发扬民主的基础上，做出决策。同时，始终抓住领导干部“双约束”不放，抓生产经营、技术进步、内部管理、市场开拓的同时，狠抓班子的廉政建设，制定了《关于在业务活动中接受礼品申报交公的若干规定》等廉政制度10多项。还专门建立了领导干部廉政自律档案，并把党风廉政建设和生产经营工作一起作为干部目标、管理和考核的内容。多年来，领导班子成员都能自觉地严格要求自己，在奖金、住房、用车等方面行得端、坐得正。

由于全厂职工的努力，1981年至1990年该厂获得市、省、国家烟草专卖局（总公司）各种奖24项。39名职工荣获先进生产者、长征突击手、先进工作者、劳模等称号。

（撰稿：蒋银、于洪伟）

杭州卷烟厂

一、概　况

杭州卷烟厂座落在美丽的西子湖畔，创建于1949年10月，原名利群烟厂，属军需工厂，当时仅有职工35名。1952年转为地方国营企业，1964年更名为杭州卷烟厂。

1981—1990年是杭州卷烟厂艰苦创业的10年，也是企业开拓前进的10年。通过实行内部改革，加强企业管理，加快技术进步，提高产品质量，调整产品结构，实行横向经济联合，提高职工素质等各方面工作的开展，经济效益有了显著的提高，使企业得到了很大的发展。从1981年至1990年，杭州卷烟厂年产量从32万箱，扩大到46万箱，固定资产从602万元增到10729万元，税利从1.2亿元发展到4.9亿元，全员劳动生产率从15.23元/人提高到19.53元/人。10年间，共生产卷烟418万箱，为国家创税利29亿元以上。

1983年至1985年，杭州卷烟厂成为全国烟草行业和浙江省工交、商业企业唯一连续3年被国家经委授予“全国工交、商业系统经济效益先进单位”的企业；1984年，被浙江省人民政府命名为“六好企业”；1986年，被浙江省人民政府命名为“省级先进企业”；1988年，成为烟草行业第一批“国家二级企业”；1989年，获得“全国烟草系统先进集体”的称号。

二、整顿改革　转变机制

党的十一届三中全会以来，随着国民经济调整方针的进一步贯彻落实，企业的全面整顿也逐步深化。1982年5月，在全国烟草工作会议上提出开展“学杭州烟厂，赶先进企业”的活动，对杭州卷烟厂起了很大的鞭策和推动作用。为此，杭州卷烟厂在前几年整顿的基础上，加快了步伐，加大了力度，研究制定了企业全面整顿的工作计划和创“六好”企业的规划，至1984年取得了较为明显的效果，并取得企业整顿验收合格证书。

1981年，杭州卷烟厂被列为杭州市经济责任制试点单位。在改革的形势下，该厂积极探索企业内部改革的路子，搞活经营，变生产型企业为生产经营型企业。

（一）在管理上，向下放权，落实责任。通过挖掘企业内部潜力，以责任制为核心加强生产管理，完善和强化了企业内部各种经济责任制和考核工作，建立了以质量考核责任制为核心的奖

励制度。进行了分配制度的改革，打破了“大锅饭”和平均主义，努力做到经济效益、经济责任和经济利益的统一，调动了全体职工的工作积极性。1986年11月，杭州卷烟厂率先在全省卷烟行业实行厂长负责制和厂长任期目标制。而后，又在少数车间部门实行了承包经营责任制的试点。

（二）在经营上，纵向延伸，横向开拓。人民生活水平的提高使卷烟的消费结构也发生了变化，杭州卷烟厂建立了销售信息网络，通过研究市场变化，不断调整产品结构，特别注重产品的适销对路，提高了企业的市场应变能力。从1981年至1990年，杭州卷烟厂根据市场变化，嘴烟和中高档名优烟的结构比例逐年扩大，使产品最大限度地满足消费需求。从1984年始，在互惠互利的前提下，杭州卷烟厂把技术优势与对方的原料优势相结合，先后与开封卷烟厂、合肥卷烟厂、芜湖卷烟厂、贵阳卷烟厂建立了卷烟生产技术转让关系。在巩固厂与厂联营的基础上，还开展了厂所、公司之间的联营，促进了产品结构的调整。

三、学创结合 推进技术进步

历年来，杭州卷烟厂在技术进步上走出了一条自力更生、不等不靠、学创结合的路子，坚持挖潜、革新，不断推进企业的技术进步。

一方面，企业立足已有设备和技术，依靠厂内技术力量进行群众性的技术革新和QC活动。八十年代初期，杭州卷烟厂基本上还是五十年代的老工艺老设备，由于资金缺乏，旧设备未能得到更新。杭州卷烟厂眼睛向内，针对生产中存在的问题，开展技术革新和小改小革活动，抓设备的填平补齐，解决了生产中的不少实际问题，对提高质量，降低消耗，减轻劳动强度都起了一定的作用。1987年杭州卷烟厂自行研制成功的膨胀烟丝机，平均膨胀率达到32.02%，每箱卷烟降低消耗1.14千克，该成果获中国烟草总公司1989年度科技进步二等奖，被确定为全国烟草行业推广应用技术，并转让专业机械厂开发生产。杭州卷烟厂职工发扬学创结合搞革新的优良传统，推动着企业的技术进步，1981年以来，有多项革新成果获奖；革新的制丝车间连续化生产线和GL209型醋酸纤维滤嘴成型机分别获轻工部科学技术重大成果二等奖和三等奖；垂直送丝装置、电脑控制轨道送丝系统、成品翻叠箱机、梗丝膨胀设备、薄荷加香工艺等革新项目在全国烟草行业属于首创。

另一方面，杭州卷烟厂从1984年开始，陆续从国外引进了一批卷烟设备，主要有卷接机组、包装机、烟丝膨胀设备等。在引进消化的过程中，该厂支持职工在学中干，干中学，边安装，边调试，边培训，边生产，使引进设备尽快产生效益。特别是“七五”期间，杭州卷烟厂被列为国家大型企业重点技术改造单位，国家投资6000万元资金用于企业的技术改造。由于项目实施起步迟，杭州卷烟厂抢时间，抓进度，仅用两年半的时间就完成了技改任务，被国家局评为“七五”技改先进单位。通过技术改造，企业的装备水平和工艺水平有了很大的提高，产品结构大幅度调整，动力设施基本配套，生产和劳动环境明显改善。

四、以市场为导向 调整产品结构

改革开放把企业推向了市场，市场经济的发展，也促进了卷烟市场的繁荣。但是，市场是瞬息万变的，企业必须研究市场，了解市场，从各种渠道接收市场信息，才能提高市场应变能力。

（一）根据市场变化，注重产品的适销对路。1981年，由于受原料供应不足的影响，中、高档卷烟货源严重不足，为缓解供求矛盾，当年11月底，对卷烟价格作了调整。由于受价格因素影响，1982年的卷烟消费结构发生了很大的变化，市场总销量下降，高档烟由畅变滞，中低档烟成了热门货。针对市场的这个变化，杭州卷烟厂迅速调整了品种结构，当年甲级烟的产量减少了35.4%，适销的乙级烟增加了28.6%，满足了市场的需求。1983年，由于嘴烟销量下降，商业部门要求企业减产，杭州卷烟厂通过市场摸底调查，认为“只要品种适销对路，嘴烟不会滞销”，比较客观正确地估计了嘴烟销售的发展趋势，结果不仅没有减产，反而增产嘴烟近4万箱，为企业增加利润258万元。

（二）加强市场预测，积极开发新产品，搞好产品的转型换代。杭州卷烟厂以市场为导向，按照“精心选料、精心发酵、精心配方、精心加工”的原则和少牌号、多规格、多品种的方针进行卷烟生产和新产品的开发，加快了产品开发的周期，适应了不同层次消费者的需求。1985年，

杭州卷烟厂开始生产84毫米滤嘴卷烟；1986年，又开发出100毫米滤嘴卷烟，并对“杭州”、“西湖”两种在市场上具有较大知名度的“龙头”产品进行了系列化开发。在1987年“双增双节”运动中，杭州卷烟厂把调整产品结构作为主要工作，积极开发适销对路的新产品，抓紧老产品的升级，还进行了低焦油安全型卷烟和疗效型卷烟的研究试制。据统计，1987年甲级烟比例大幅度上升，比1986年增长42%，84毫米的产量是1986年的三倍以上，对消化原材料提价因素，提高企业效益起到了重大的作用。到1990年，杭州卷烟厂的产品结构已形成了以烤烟型为主，外香型、混合型并举，多品种、多规格、系列化的格局。

五、严格厂纪　加强各项管理工作

（一）整顿劳动纪律，完善管理制度。随着企业生产规模的扩大，只有建立良好的生产秩序，才能保证生产的正常进行。1981年，该厂制订了一系列的劳动管理制度和实施细则，并开展了广泛的宣传教育，对典型的违纪问题进行处理，使生产车间脏、乱、差的现象得到了治理。1983年，根据企业全面整顿的要求，重新修订和完善了各项制度，并和经济责任制挂钩进行考核，进一步促进了劳动纪律制度化。1985年，该厂成立了工纠队，检查、督促、执行厂纪。

（二）加强质量管理。1. 对全厂职工进行经常系统的质量教育，增强质量意识，在职工中牢固树立“质量第一”的观念。2. 积极推行全面质量管理，明确全厂每一个人，每一个生产环节对质量的责任，建立起健全的质量保证体系。3. 建立和完善质量否决的经济责任制考核办法，实行厂部对车间，车间对机组、个人的质量一项否决制。4. 健全了质检机构，成立企业管理办公室，开展了普及全面质量管理知识的培训活动，建立了全厂QC小组管理网络。5. 加强了质检队伍，更新了质检设备，完善了质检制度。1988年成立了企业质量检验三级站，引进了一批先进的检测设备，提高了质量检验工作的水平和精确度。

（三）切切实实抓好设备管理。企业由于推进了技术进步，设备更新换代，精度越来越高，对设备的管理和维护保养的要求越来越严。杭州卷烟厂制订了加强设备管理的措施和考核办法，推行“紧固、调整、润滑、防蚀、清洁”的十字方针，实行提前进岗进行例保，定期定时进行周保，对设备进行周期性的检修，提高了设备的完好率和单机效率。

（四）强化现场管理。技术改造改善了企业生产的外部条件，生产现场管理工作越来越成为制约生产发展的一个薄弱环节。因此，杭州卷烟厂把强化现场管理的工作日益摆在了重要的位置上来抓。该厂制订了现场管理实施意见和考核办法，形成了较为正规的生产规范和工作规范，严格检查考核，做到了制度化、经常化。

六、开展多种活动　提高职工素质

为了适应生产的发展，杭州卷烟厂一直把提高职工素质放在重要的位置上，通过多年的摸索、总结，逐步形成了一套适合企业特点的、比较有效的职工培训方法，造就了一支有着高度纪律性，懂技术，精业务，讲奉献的职工队伍。1981年到1990年10年间，企业涌现出全国劳模1人，省级劳模2人，市级劳模3人，省级以上先进个人7人，局级以上先进个人39人，使企业的素质始终保持了良好的水平。

（一）开展厂风厂纪教育，加强思想政治工作，抓好精神文明建设。该厂的思想教育分层次、多渠道、多形式地开展。党内开展“双争”活动，团内开展“争优超百分竞赛”，职工中开展“四有职工”竞赛。根据各时期的中心工作，该厂开展了“五讲四美三热爱”、“反对自由化”等教育，还成立了青工政校，进行比较系统的思想品德教育和“一五”普法教育，提高了全体职工的政治思想觉悟。企业还经常开展“勤俭、创新、求实、求精”的八字厂风教育和“艰苦创业、点滴节约、挖潜革新、义务劳动”的四大精神教育，使企业多年来形成的优良传统得到了继承和发扬。

该厂还十分重视敬岗爱岗教育，在每个职工中树立“厂盛我荣，厂衰我耻”的观念。

（二）开展多种形式的培训活动，提高职工的文化素质和业务技术水平。该厂成立了职工业余联校，鼓励职工学习文化。参加学习的职工绝大部分获得了初、高中文凭，受到省职工教育委员会的通报表扬。同时，企业还适当选送部分管理人员参加脱产或半脱产的学习，据统计10年间共有57人获得了大中专文凭，提高了职工的文化素质。随着企业的发展，设备更新很快，职工的技术水平相对地落后了。企业根据“干什么，学什么，缺什么，补什么”的原则，能者为师，互教互学，走出去，请进来，开展各种形式的技术教育和业务培训，提高职工的操作水平和维修能力。

（三）大张旗鼓地开展技术练兵和劳动竞赛活动。杭州卷烟厂经常开展群众性的操作技术练兵活动，在全厂形成了求上进、比技术的良好风气。该厂在连续9年开展的“五好机台竞赛”、“操作比武运动会”、“红旗设备竞赛”、“文明班级竞赛”等各种形式的劳动竞赛活动，涌现出了一大批操作能手、文明班组、先进集体。为了促进同行间的交流，共同提高，该厂还多次与上海卷烟厂开展技术交流赛，参加卷烟专业操作技术表演，夺得多项名次。

芜湖卷烟厂

一、概　况

安徽省芜湖卷烟厂始建于1949年，原系私人开办的长江烟厂。建厂初期，该厂仅有一台手摇卷烟机，年产卷烟400箱，年产值仅有5万元。经过41年来的发展，特别是党的十一届三中全会以来，在“改革、开放、搞活”的方针指引下，一个不知名的小厂，一举跃进为全国最大的500家工业企业行列。

芜湖卷烟厂位于安徽省东南部，长江之滨，芜湖市境内，青弋江南岸，东靠皖赣铁路，西依芜南公路，是我国烟草行业中大型骨干企业。全厂占地28万平方米，有2条制丝线和3条卷接包生产流水线，固定资产10484万元，年生产卷烟能力60万箱。现有9个生产车间、1个卷烟材料厂、1个劳动服务公司，共有职工3186人。

1981年中国烟草总公司成立，芜湖卷烟厂归属安徽省烟草公司管理。之后又成立了芜湖烟草分公司、芜湖市烟草专卖局，对外三块牌子，在内一套班子。10年来，芜湖卷烟厂在中国烟草总公司、安徽省烟草公司和芜湖市人民政府的领导下，在竞争中生存，在开拓中前进，狠抓观念更新，注重搞活经营，加强内部改革，推行多种形式的承包责任制，不断增强企业素质，提高企业适应能力、应变能力和竞争能力，全厂职工敬业同心、求真务实、奋力拼搏，卷烟产量逐年增长，税利不断提高。1981年至1990年共生产卷烟476万箱，完成工业产值380404万元，实现税利310509万元。

二、深化内部改革　提高经济效益

党的十一届三中全会以后，我国的工作着重点转移到以经济建设为中心，企业进入了发展时期。1982年芜湖卷烟厂被列入芜湖市第一批企业整顿试点单位，各项工作纳入企业整顿轨道，进行综合治理。针对企业存在的管理乱、作风拖、基础弱、效益差等主要问题，拟定了《企业整顿总体方案》，进行全面整顿。在整顿和完善经济责任制中，制定出新的《超定额工资方案》，废除了沿用多年的综合奖，实行联产计酬，打破了分配上的平均主义和大锅饭。把全厂的主要经济指标分解为若干个小指标，落实到机台、职工，实行个人对机台包干，机台对班组包干，班组对车间包干，车间对厂部包干，厂部对省公司包干的承包经营责任制，把责、权、利紧密结合在一起，做到多劳多得，少劳少得，完不成定额与基本工资挂钩。新的方案对卷烟产量的增长和质量

的提高，起到了积极的促进作用。

1981年芜湖卷烟厂针对安徽卷烟产大于销，省内市场竞争激烈，并且高档烟叶紧缺的矛盾，与上海卷烟厂开辟了全国首例联营加工生产之路，为上海卷烟厂生产“上海”牌、“飞马”牌、“劳动”牌卷烟。全年联营加工6万箱，这不仅解决了市场销售和原料供应的难题，同时还学习了上海卷烟厂好的管理经验。两厂之间经常交流经验，开展操作技术比赛，促进了技术水平的提高。1982年至1990年芜湖卷烟厂先后还与宁波、阜阳、资阳、淮阴、杭州等烟厂进行了联营生产，9年联营加工卷烟共1063288箱，产值达9958万元。

1984年7月，在党的十二大精神指引下，为实现党在新的历史时期的总任务，按照党关于企业领导班子实现革命化、年轻化、知识化、专业化的要求，安徽省烟草公司对厂级领导班子作了调整，提拔了4人充实到厂级领导班子。调整前的厂领导7人，平均年龄50.3岁，高中以上文化4人；调整后的厂级领导7人，平均年龄43.3岁，高中以上文化6人。

1987年为适应企业转换经营机制，全厂职工做到以改革为动力，以市场为导向，以效益为目标，以质量为保证，以管理为依托，通过抓基础上水平，就干部制度进行改革。机构设置本着为生产服务，因事设置的原则，理顺科室之间的关系，将原25个科室进行调整，对干部实行聘用制，聘期为两年。对任期不能胜任本职工作或有重大失职的，厂长可随时解聘，能胜任的下届可以续聘。

在产品激烈的竞争中，芜湖卷烟厂针对烟草行业发展趋势，确定本厂发展的两个增长点，一是拓宽市场，扩大销售渠道，向市场要效益；二是狠抓内部管理，树立产品质量第一的思想，发动广大职工开展增产节约运动，努力做到不浪费一片烟叶、一支嘴棒、一张合皮。物资部门认真清仓查库，做到材料合理库存，减少资金积压，降低成本消耗。通过全厂职工的努力，企业取得了明显的经济效益。

三、加快技术改造　增强企业活力

芜湖卷烟厂技术改造在“六五”和“七五”期间发展较快。“六五”期间，由于市场需求扩大，产量逐年增长，原有厂房规模较小，难以适应生产的需要。1982年投资284万元进行技术改造，建造了南烟车间，建筑面积15544平方米。投资147万元建造了发酵室，建筑面积8321平方米。还建造了烟叶仓库、成品仓库等。长期以来，烟叶储存租用仓库堆放，费用较大，管理不便，且不安全。1982年购买了芜湖教育局农场，面积187亩，解决了烟叶的存放。新车间落成后，引进了英国的卷烟机和卷接机组，逐渐武装了新车间。1984年又引进了意大利生产的横包机，增强了包装力量。1986年经过中国烟草总公司批准，引进了英国生产的MK9－5卷接机组2台(套)。高速机组的引进，对提高产品质量，增加企业的市场能力，发挥了应有作用。

“七五”期间，芜湖卷烟厂把技术改造工作放在重要议事日程上，成立了技术开发办公室，全厂科技人员集中到技术开发办公室，研究确定技改的重点：一方面是加速引进先进设备高速机组，另一方面是掌握先进设备技能，提高设备有效作业率。1990年芜湖卷烟厂为加快技改步伐，增加企业活力，又扩建了八、九车间，建筑面积4697平方米，当年动工，当年竣工，当年引进英国MK9－5和超九卷接机组，当年获益。

四、调整产品结构　拓宽销售渠道

为满足市场需求，提高卷烟竞争能力，芜湖卷烟厂积极调整产品结构，坚持以市场为导向，开发适应市场的新产品，推进科技兴烟。各部门之间注重密切配合，协调并进，用设备保工艺、工艺保质量，质量保效益，效益保工厂的思想指导生产。1981年研制开发了滤嘴烟生产，当年产量达到1万箱，占年总产量的3.2%；1985年生产滤嘴烟6.3万箱，占年总产量12%；1990年生产滤嘴烟30.7万箱，占年总产量66%。八十年代初期，芜湖卷烟厂甲级烟产量只占到年总量的5.4%，乙丙级卷烟占到近95%。企业增加效益只有通过加班增产，但是，单箱税利低，经济效益差的问题仍难以解决。八十年代中期，芜湖卷烟厂清醒地认识到，全国卷烟产大于销，卷烟市场容量有限，增加效益不能在产量上做文章，应当立足于产品结构的调整，提高附加值，加大甲级烟生产，实现从产量速度效益型向质量品种结构效益型转变，坚持用老牌号保市场，新牌号创

市场，注重对老产品的改造和新产品的开发，提高产品技术含量，坚持配方改革，提高卷烟香气，增加烟味浓度，降低焦油含量。1985年至1990年甲级烟的产量逐年提高。甲级烟开发了“云岭”、“迎客松”、“姑苏”、“甜蜜”等牌号。“大江”牌、“迎客松”牌被总公司评为“畅销牌号”和“部优产品”称号，外香型“芜湖”被评为“国家名牌”产品。1990年在中国烟草总公司的领导和支持下，英美烟草香港公司对芜湖卷烟厂进行无偿技术援助，共同开发了混合型“都宝”牌卷烟，经过一年的研制、试产获得成功，投入市场后受到广大消费者的青睐，开创了我国生产混合型卷烟新途径，产品畅销全国十几个省市。

销售部门以找市场为突破口，全方位、深层次开展促销工作，利用“联产联销，定牌包销，利益同享，风险共担”的经销形式，扩大产品覆盖面和市场占有率。

五、加强精神文明　树立廉政新风

芜湖卷烟厂在改革发展的10年中，一方面抓物质文明建设，一方面注意精神文明建设，多年来把党的建设和思想政治工作，作为一项根本性的任务，坚持不懈的抓住不放。在党的十二大以后，随着党的工作重点转移，厂党委着重抓了党风的建设，召开党员座谈会，调查了解党员和非党员群众对党风问题的反映，不断加强党的组织建设、思想建设和作风建设。为使思想政治工作落到实处，全厂以卷烟生产销售和烟草行业体制改革为中心，发挥“艰苦创业、求真务实、团结奋斗、进取奉献”的企业精神，用共产主义思想激发职工献身现代化建设的巨大热情，把职工对远大理想的追求和主人翁思想的责任感落实到爱国家、爱企业、爱本职工作上来，为生产经营目标的实现提供了可靠的思想保证。

1984年芜湖卷烟厂紧紧围绕企业深化改革和创建文明单位，积极开展“五讲四美三热爱”活动，广大职工特别是青年职工参加学雷锋送温暖，为您服务等活动达1100人次，为职工家属和人民群众做好事上千件。全厂组建了55个“振兴中华”读书小组，全年举行读书演讲活动7次，两次组织职工听取老山前线芜湖籍官兵英模团和省劳动模范报告团的报告。

芜湖卷烟厂工会开展了以“振兴芜湖，建设芜湖”为基调，以增强职工主人翁意识为目标，大力培养企业精神，使全体职工牢固树立“厂兴我荣、厂衰我耻”的思想。在企业进行改革开放中，烟厂党委一手抓经济建设，一手抓党的廉政建设，对党员坚持开展党的路线、方针、政策教育，为贯彻党的十二大提出5年内实现党风根本好转的号召。厂纪委制定了《关于实现党风明显好转的措施》，加强党的建设和领导干部自身建设。

10年来的改革与发展给芜湖卷烟厂注入了新的活力。在上级领导亲切关怀和支持下，全厂职工齐心协力，努力奋斗，年年迈大步，工厂从中型企业跃进为烟草行业大型企业行列。1984年至1986年连续三年被评为“全国烟草行业先进单位”；1986年至1988年连续三年荣获“安徽省劳动竞赛最佳经济效益单位”；1988年再次获“全国烟草行业先进单位”，1986年3月评为“全国计划生育先进单位”，1990年被授予“安徽省先进企业”称号。

（撰稿：芜湖卷烟厂办公室　陈年朋）

亳州卷烟厂

一、概　况

亳州卷烟厂位于黄淮平原的皖西北历史文化名城亳州市。

亳州卷烟厂现为国家中型企业，是安徽省烟草公司下辖的8家卷烟厂之一，具有全国先进的制丝、卷接、包装生产线，有3000多平方米的全空调现代化厂房，年生产能力15万箱，工艺先

进，技术精良。该厂固定资产1亿多元，自有流动资金4000多万元。厂区占地面积14.8万平方米。主要产品有“芍花”系列，“皇藏峪”系列、“墨兰”、“港归”、“千童”、“画眉鸟”、“雁南飞”等10几个品种，产品畅销安徽、河北、河南、江苏、浙江、上海、北京等全国各地，年销售收入2亿多元，年创利税近亿元，是亳州市的重点骨干企业和经济支柱，多次名列“安徽工业50强”、“安徽省百家最佳经济效益企业”金榜。

二、坚持改革　企业面貌日新月异

亳州卷烟厂从始建至今，已跨过了40多年的奋斗历程。建厂初期，亳州卷烟厂发展缓慢。党的十一届三中全会以后，亳州卷烟厂开始走上健康发展的道路。1981年至1990年，亳州卷烟厂进行了两次迁址、4次技术改造，生产技术达到了国内先进水平，迈入发展快轨道。同时，在管理体制、人事制度、劳动用工制度等方面进行了一系列的改革，从而转换了企业的经营机制，适应了市场经济的发展，为亳州卷烟厂的腾飞打下了坚实的基础。他们的主要做法是：

（一）实施三项制度改革，促进企业全面健康的发展。

国有企业要增强活力，首先要打破传统观念的束缚，深化企业内部改革。改革的重点是干部人事、劳动用工、内部分配三项制度。三项制度改革是企业转换经营机制和走向市场的关键。传统的三项制度是埋没人才，消磨意志的不合理体制，干多干少一个样，干好干坏一个样，严重地挫伤了干部职工的积极性。实践证明，它既不利于调动职工的积极性和主动性，也不利于企业的发展和经济效益持续稳定的增长。亳州卷烟厂在干部人事制度改革方面，以“干部能上能下、能官能民，职工能出能进，工资能多能少”为目标，针对机关人浮于事的现状，进行了大刀阔斧地改革整顿，撤销合并了3个科室，将15名科室人员充实到一线生产车间。按照干部标准，大胆提拔思想好、素质好、懂技术、会管理的同志充实到中层领导班子，使他们的聪明才智得到充分发挥。在劳动用工制度上，逐渐加大了合同制工人的比重，并按照国家的统一部署，积极稳妥地推进全面合同制用工办法。他们还实行了先培训后上岗的用工制度，无论是新招的合同制职工、转业复员军人，还是毕业分配的大中专毕业生，一律实行上岗前的培训。在内部分配上拉大分配差距，向一线倾斜，向“苦、脏、累”和技术岗位倾斜，做到了赏罚分明。干部职工随着职务、岗位的变动，执行不同的工资和奖金标准。三项制度的改革激发了职工当家作主和发挥聪明才智的热情，充分调动了职工主人翁的积极性。

（二）加强制度建设，提高管理水平。

亳州卷烟厂在加强内部建设方面，注重了制度建设，以制度促管理，向管理要效益，先后制定并严格执行了《财务管理制度》、《物资材料采购使用管理规定》、《加强反内盗活动的有关规定》、《机关各项管理制度的规定》等，计137条，并全部经过了厂职代会审议通过。制度健全，严格执行，使企业的管理逐步走上了科学化、制度化的轨道。

过去，亳州卷烟厂财务管理是政出多门，审批不严，给一些人钻了空子。《财务管理规定》了“一支笔”审批制度，实行一切费用开支预先申报制度，严格执行差旅费、邮电费、加班费、招待费、汽车维修费等报销规定，使各种非生产费用显著下降。

在提高管理水平，练好内功方面，亳州卷烟厂重点进行了加强全方位经营目标管理和节约挖潜、节能降耗工作，使管理贯穿于生产经营的全过程，有力地促进了经济效益持续稳定、快速有效地发展。

（三）抓技改、打基础、上档次。

纵观亳州卷烟厂近几年的发展历程，生产的过程，也就是科技进步的历程。1980年以来，该厂成功地进行了两次迁址，4次技术改造，使亳州卷烟厂成为一座具有现代化水准的高起点企业。不仅拥有了先进的制丝生产线，而且在卷、接、包各个工序也均达到国内先进水平。

技改的成功，使亳州卷烟厂脱胎换骨，摆脱了设备陈旧的束缚，焕发了生机，为企业上档次、创名牌、搞联营奠定了坚实的物质基础。

创造名牌是企业生存和发展的根本途径。基于此种认识，亳州卷烟厂党委明确提出：“大创名牌，大抓管理”的发展方针。首先，加大了创名牌工作的宣传力度，使全厂每个职工都认识到企业无名牌企业无前途。只有创出了名牌，才能增加产品的附加值，提高产品的技术含量，保证

经济效益的提高。1981年至1990年10年间共研制10多个品牌，其中“芍花”牌卷烟和“皇藏峪”系列卷烟等产品，投放市场后十分畅销，深受广大消费者欢迎。由于全厂职工艰苦奋斗和持之以恒的努力，“芍花”牌香烟两次荣获国家金奖和银奖。创名牌工作给企业带来了前所未有的兴旺局面。

亳州卷烟厂发展的历程表明，是党的改革开放政策给企业带来了强大的生命力。没有党的好政策，就没有亳州卷烟厂今天的兴旺局面。只有沿着改革开放的道路走下去，亳州卷烟厂明天一定更美好！

滁州卷烟厂

一、概　　况

滁州卷烟厂原名准上烟厂，始建于1949年，原址在凤阳县楼西街，1950年迁至滁县。1981年隶属安徽省烟草公司。该厂占地10万平方米，固定资产原值7100万元，年生产能力达20万箱。滁州卷烟厂是皖东地区第一税利大户，也是历史最久的的省级先进企业之一。1989年跻身“全国最大工业企业500强”。

“七五”期间，滁州卷烟厂进行了大规模的技术改造。一是厂房易地重建；二是先后从法、英、德、意等国引进了先进的制丝和部分卷接、包装设备。与此同时，通过狠抓新产品开发，重视人才培养和加强企业管理，取得了较大成就。1981年至1990年：固定资产由232.8万元增加到7139万元，增长了约31倍；年产量从8.3万箱增加到18.6万箱，增长2.2倍；工业总产值从4230.6万元增加到15460万元，增长3.6倍多；税利从2650.4万元增长到13953万元，增长5倍多；职工人数由464人上升到1358人；占地面积由1.75万平方米增加到10.3万平方米。八十年代，是滁州卷烟厂大发展的10年，这主要得益于党的十一届三中全会以来的正确路线、方针和政策。

二、加快基建和技改步伐

滁州卷烟厂，原生产车间百分之六十仍是五十年代建造的砖木结构，生产条件简陋，设备安装拥挤，工艺布局不合理，直接影响产品质量的提高。八十年代中期，在总公司、省公司及地方政府的关怀下，经总公司批准，进行厂房易地重建和设备的更新改造。1985年10月，主厂房在滁州市清流路破土动工，1989年初建成并投入生产。

“七五”期间，该厂共投入4000多万元进行大规模基建技改。先后引进法国生产的4H/H真空回潮机；英国生产的RC4切丝机及国内仿制配套设备；西德生产的制丝大部分关键设备，形成3000千克/小时含有梗丝膨胀线的制丝生产线；卷接设备全部更换为YJ14/23机组；包装设备部分从意大利引进SAssiBO—6000型横包机。设备的更新，提高了卷烟产品的内在质量，降低了烟叶消耗。经过改造后，该厂从根本上改变了长期以来工艺和设备的落后面貌。1989年2月，中国烟草总公司在滁州卷烟厂召开了进口制丝线安装调试现场会，工程安装质量和调试的成功，得到了总公司有关部门的好评。从此，一个初具规模的现代化卷烟企业出现在皖东大地。

三、依靠科技进步　狠抓新产品开发

八十年代以前，滁州卷烟厂由于设备落后，生产的卷烟都是平装烟。1983年，开始引进部分滤嘴烟生产设备，后又购进YJ14/23卷接机。“七五”期间，又引进国外先进的制丝、包装设备。由于这些先进设备的投产，生产工效、卷烟产量和产品的内在质量，都得到很大提高，其中，技术进步因素在经济增长中的比例达到60%以上。

进入八十年代中期，该厂在分析国内卷烟市场后，决心加强科技力量，加大传统产品的更新改造和新产品开发的力度。1985年，他们研制开发的“红三环”牌乙级淡味混合型滤嘴烟，投入市场后，得到消费者认可，成为畅销产品，远销十几个省市；1986年，为适应消费市场需求和提高企业知名度，科研人员经反复筛选，研制成功了该厂第一代甲级烤烟型滤嘴烟“醉翁亭”。在以“红三环”为龙头的产品开发上，该厂不仅加强对产品内在质量的研制和管理，使部分卷烟的吸味、色泽、香气达到甚至超过部颁标准。同时，在包装装潢上也力求图案更为简洁明快。由于产品畅销，产量迅速上升，产品结构也从原先的丙丁级为主上升为以乙级为主，使该厂在产品结构和经济效益跃上一个新台阶。1981年丙丁级烟比重为63.6%，利润为68万元；1986年乙级烟比重为51.7%，利润为236万元。在首届中国食品博览会上，“醉翁亭”、“红三环”双获银奖。1989年，“醉翁亭”被评为全省卷烟优质产品，是总公司定点生产的175个甲级烤烟牌号之一。“红三环”于1990年被评为全国卷烟优质产品。

四、深化企业改革　加强内部管理

八十年代初，企业根据干部“四化”的要求，调整了厂领导班子；建立健全岗位责任制和经济责任制。1984年7月，职能科室从13个精简为10个，工作人员减少10%，打破干部与工人界限，不拘一格用人才，一律实行聘任制。同年7月，经省烟草公司和滁县地区企业整顿领导小组检查验收为合格企业。为提高企业管理的现代化水平，1984年，该厂从美国进口1台微型电子计算机，首次用于企业管理。1984年至1986年，该厂参加了全国第二次工业普查，由于工作质量好，获得国务院工业普查领导小组授予的“全国工业普查国家级先进单位”荣誉称号。1987年，全厂开展“增产节约、增收节支”的“双增双节”活动，经过“算细帐、找差距、补漏洞、挖潜力”，收益600多万元。同年，该厂经中国烟草总公司验收定为全面质量管理达标合格企业，取得了合格证书。1989年，该厂进入全国最大工业企业500强。1990年12月，企业管理工作荣获省政府颁发的“1989年省级先进企业证书”。

五、重视人才培养　提高全员素质

企业的发展，关键在科技进步，科技进步的关键又在人才。八十年代，滁州卷烟厂派出7人到国外考察、培训；吸收大中专毕业生25人；1984年安排47名烟草技校毕业生进厂工作；1985年，连续举办4期青工脱产政治轮训班，共轮训青工339人。同年分2批对车间230名职工进行了TQC普及教育，426名职工参加安全知识考核；1986年，该厂创办职业高中班，共招收学员54名，经过3年学习后，安排在本厂工作。“七五”期间，该厂对企业中级工进行培训考核，184名中级工达标，合格率达100%；该厂还打破了论资排辈的旧观念，任人唯贤，大胆而有序地选拔了一批懂技术、懂管理的年轻工人充实管理队伍，为企业的发展注入了新鲜血液。该厂的QC小组于1989年和1990年，在省公司的第一、第二届QC成果发布会上共获得一等奖3项、二等奖3项。

六、加强精神文明建设

滁州卷烟厂不仅重视教育和科技工作，而且十分重视对职工的思想教育，主要体现在：一是以开展活动为载体的思想教育。1984年9月，厂史编写组编印出第一部《滁州卷烟厂发展简史》，让职工牢记滁州卷烟厂的历史，缅怀前辈业绩，激励后来职工更好地前进。1985至1986年，全厂按上级要求进行整党。经过学习和对照检查，全厂93名党员，除一名暂缓登记外，其余基本符合党员条件，按期进行了登记。1990年12月起，全厂开展历时一年的“321”活动，即开展以“忆三史、续两谱、评功臣”（“忆三史”即企业发展史、家庭变化史、个人成长史；“续两谱”即工厂创业谱、个人奉献谱；“评功臣”即评选企业功臣）为内容的思想政治教育活动。活动后期，建立了厂史馆，它起着“激励今人，昭示后人”的作用。二是用先进典型带动广大职工。八十年代，该厂先后有3人获得国家级“先进工作者”称号；12人获省烟草系统“先进个人”称号；13人获省级其他的荣誉称号；市级先进个人层出不穷。1988年5月，厂党委作出“全厂向劳动模范、先进人物学习的决定”，号召广大职工“学先进、赶先进、超先进”。1989年9月，建国、建厂40周年之际，该厂表彰了40名为本厂艰苦创业与发展作出突出贡献的职工。通过这些活动，激发全厂职工你追我赶、奋发向上的拼搏精神。

厦门卷烟厂

1954 年厦门卷烟厂诞生于公私合营的锣鼓声中。当时，该厂只是租用民房，设备又“老”又“土”的手工作坊式工厂，规模很少，员工只有 155 人，产量 3000 箱，产值 90 万元，税利 68 万元。

当历史的巨人以回天之力启动改革开放的枢钮时，厦门卷烟厂进入一个崭新的发展时期，产量大幅度增长，技术水平迅速提高，企业发生了深刻的变化。

一、加强技术改造　提高设备水平

1980 年旧厂搬迁到厦门文灶新区，标志着厦门卷烟厂的技术改造拉开序幕。正是在这一年，厦门卷烟厂发挥经济特区的“窗口”作用，首开烟草行业对外开放之先河，和美国雷诺士（国际）烟草公司合作来料加工“骆驼”牌香烟，美方提供先进的卷接包设备、滤嘴成型设备和成套的检测仪器设备，并负责设备的安装调试和技术培训。通过合作，厦门卷烟厂既提高了技术装备水平，又学到了国外先进的管理技术和方法。“六五”期间，厦门卷烟厂充分利用“开放搞活”的政策，发挥特区优势，投资 2500 多万元进行旧制丝线改造、新制丝线建设和国外先进卷接包机组的引进，实现设备的更新换代，提高了技术水平和生产能力。经过“六五”技术改造，厦门卷烟厂已具备年产卷烟 22 万箱、其中嘴烟 5 万箱的生产能力。从此，该厂从一个卷烟行业技术较差、发展缓慢的企业逐步跟上全国卷烟发展的步伐，从一个小型企业跃升为中型企业，荣获国家经委和省政府“引进技术改造老企业”的单项奖。“七五”期间，厦门卷烟厂对技术改造提出更高的要求，制定“总体设计、分段实施、科学论证、注重效益”十六字方针，进一步加大技术改造力度。厦门卷烟厂积极筹措资金，投资 1 亿多元新建一幢 18000 平方米的现代化主生产车间，建成 1 条综合加工能力 5000kg/h 的制丝生产线，从英国、法国、西德引进 18 台（套）MK—8、LOGA—2 卷接机和 B—1、FOCKE 包装机，淘汰了落后的国产设备。“七五”技改完成后，形成普烟、嘴烟两条线及进口设备为主导的生产装备体系，取得明显的经济效益。1990 年产量突破 30 万箱，其中嘴烟达 11.26 万箱，是“六五”末的 3 倍多；产值达 2.66 亿元，税利 2.63 亿元，实现了产量、产值、税利的同步增长，分别比 1985 年增长 31%、71%、81%。此外，烟叶单箱消耗比“六五”末下降 2 公斤，产品的优质品率达到 97.57%。十几年来，厦门卷烟厂始终把技术改造作为发展生产、提高产品技术含量和档次的重要手段。1990 年厦门卷烟厂被省政府评为“福建省科学技术进步先进企业”。

二、调整产品结构　满足市场需要

1979 年以前厦门卷烟厂只能生产普烟，而且主要生产乙级以下产品。1980 年和美国雷诺士（国际）烟草公司合作后才开始生产少量嘴烟，告别过去 26 年只生产光嘴烟的历史。1980 年产量 10.46 万箱，其中嘴烟 1348 箱，占 1.3%。随着“六五”、“七五”的技术改造，嘴烟的比例逐年上升，1985 年嘴烟比例占 16.2%，1990 年嘴烟比例占 37.5%。同时，产品等级也发生了明显的变化，丙级以下卷烟产量逐年减少，乙级以上卷烟产量逐年增加，1985 年乙级以上卷烟产量占总产量 84%，且品种较为集中。1989 年厦门卷烟厂成为福建省烟草行业中首家停止丙级以下等级产品生产的企业。厦门卷烟厂也由单一生产烤烟型产品，发展到既能生产烤烟型，又能生产混合型和外香型。1981—1990 年 10 年间，该厂共生产了 27 个牌号，其中混合型 5 个，外香型 7 个，满足了八十年代卷烟市场的需要。

三、坚持以市场为导向开发新产品

1981 年以来，厦门卷烟厂坚持以市场为导向和创优保优的方针开发新产品。八十年代初，受进口烟的影响，不少消费者喜欢抽混合型卷烟，该厂及时根据市场需要组织人员研制混合型卷

烟，先后开发出“鼓浪屿”、“金五福”等5个混合型牌号，很快为消费者所接受。1988年“鼓浪屿”和“金五福”分别被评为“省优质产品”和“全国首届食品博览会银奖”。由于厦门卷烟厂在创优保优上下苦功夫，稳定产品质量，“友谊”牌香烟1983年获得“轻工业部优质产品”称号及“省优质产品”称号；1989年获得省烟草公司授予的“年超10万大箱”奖；1990年被中国烟草总公司评为“1990年度全国畅销牌号”。十几年来，“友谊”牌香烟享誉大江南北，畅销不衰。开发的“沉香”、“鹭岛”、“五福”等其它产品也曾多次获得市优、省优、行优称号。

四、紧持质量第一　加强内部管理

产品质量是企业生存和发展的生命线，只有坚持质量第一，加强管理，才能使产品经受住激烈市场竞争的考验。厦门卷烟厂历来重视产品质量和质量管理，不断采用先进的管理方法和手段。1986年企业开始推行全面质量管理，对新产品开发、原辅材料供应、生产组织、设备管理、教育培训、后勤服务等方面都提出明确的工作质量要求，先后颁布了18项质量管理制度。同时，开展全厂性的TQC教育，分期分批对全厂管理人员和车间工人进行TQC教育培训，受教育面达100%，有效地保证了全面质量管理的深入实施。全面质量管理的推行取得明显成效，1986年末华东地区和省烟草公司对该厂产品的质量抽检合格率达100%，优质品率达83%。除此之外，厦门卷烟厂在健全标准化制度、完善技术标准方面做了大量的工作，结合1987年颁布的《卷烟国家标准》，制定了切实可行的《卷烟工艺规程》和高于国家标准的《内控质量标准》，从而提高了产品质量的保证水平。

为了适应企业发展的需要，厦门卷烟厂加强内部管理工作，发挥管理的监督、协调、指导、控制、服务的综合作用，坚持“两手抓”，一手抓加强完善企业管理的基础工作，一手抓现代化管理方法、手段的推广应用，使企业的管理水平不断得到提高。1982年企业初步建立岗位责任制和经济责任制；1987年企业又制订《工作责任制》，进一步明确各科室部门及车间的责、权、利和相互协调关系。与此同时，逐步完善企业内部经济责任制，采取一酬多挂的经济责任制形式，并实行质量否决制。在推行现代化管理方法、手段方面，企业推行方针目标管理，每月、半年、全年对方针目标执行的情况进行检查；推广系统工程在“七五”技改工程中的应用；推广价值工程、ABC分类法在物资采购、备件储存、设备管理等方面的应用；把微机应用于仓库、设备、工资、财务等方面管理和卷烟外观质量分析。通过开展现代化管理工作，企业提高了自身的管理素质。自1988年开始，企业每年召开一次现代化成果发布会，已有14项成果在全国、省、市发布并获奖。为了全面规范各项工作、提高企业管理水平，厦门卷烟厂先后制订颁发各类管理制度共14大类123项，成为企业管理工作的准绳和依法治厂的有力武器。

五、重视职工技术培训　提高职工素质

厦门卷烟厂重视职工的技术培训和技术练兵活动，以提高职工素质和技术水平。1987年厦门卷烟厂成立教育培训中心，为职工接受各种培训提供条件。1981—1990年该厂举办了基础知识培训、岗位培训、适应性培训、学历培训等各种灵活多样的短期专业培训，参加人数累计达8000多人次。此外，还开展多种形式的岗位练兵和技术比赛，如红旗机台赛、班组竞赛、专业对口赛、青工达标赛等，在企业内部创造一种“学技术、练本领、争取岗位成才”的氛围，推动企业技术的进步。1983年该厂获得烟草总公司组织的全国卷烟行业操作技术闽赣赛区全部4个项目第一，

有5名选手获得总公司表彰。在全国第二届烟草操作比赛中，该厂选手又获多项名次，其中1名选手获全国“技术能手”称号。

厦门卷烟厂为保证优质原料供应、满足生产需要，先后和福建省的罗源、宁化、清流等县及陕西省的富平县建设烟叶基地。厦门卷烟厂无偿提供资金，扶持基地生产，协助基地管理，并派出技术人员下基地办培训班，提供技术指导。厦门卷烟厂也因此在烟叶供应和烟叶质量上得到丰厚的回报。

六、坚持办好主业　拓展多种经营

除了办好主业外，厦门卷烟厂广开渠道，积极拓展多种经营。1989年5月该厂投资50万元成立了“厦门卷烟厂劳动服务公司”，主营厂内劳务服务。1990年厦门卷烟厂劳动服务公司设立“碧宫酒店”和“悦宾商场”，增加了经营项目。1991年劳动服务公司的营业额达1300万元，利润100万元，上交税金65万元。如今该公司已发展成为集加工业、商业、服务业、娱乐业等多种行业的外向型企业，公司实力明显增强。

七、注重精神文明建设

厦门卷烟厂在发展生产的同时，注重精神文明建设，坚持“两个文明”一起抓。企业党、工、团发挥各自的优势，围绕企业的中心工作积极开展形式多样的活动，如：革命传统教育、思想道德教育、民主管理、“三爱”教育（爱企业、爱产品、爱岗位），培养职工树立“厂兴我荣，厂衰我耻”的观念，引导职工创建企业精神文明。1987、1988年连续两年厦门卷烟厂被评为省级“精神文明建设先进单位”；1987年以来连续3次蝉联省级“文明单位”；1988年又被国家烟草专卖局、中国烟草总公司授予“全国烟草系统先进单位”称号。

随着企业经济效益的逐年提高，职工的收入和福利待遇明显改善。1980年职工年人均收入800元，到1990年人均收入达4030元，比1980年增长4倍。，1981年至1990年企业共投资1000多万元购买和自建15幢职工宿舍，解决了708户职工住房问题，职工的住房困难得到基本缓解。此外，企业还兴建900平方米的职工浴室，新建职工食堂和托儿所，为职工办理人身安全保险，等等。

八十年代是一个充满机遇和挑战的年代，厦门卷烟厂紧紧地抓住机遇，迎接挑战，加快技术进步，深化企业改革，加强企业管理，完善经济责任制，开展现代化管理活动，从而使企业经济效益迈上新台阶。1990年卷烟产量30万箱，产值2.66亿元，工业税利2.63亿元，分别比1980年增长了2倍、3.5倍、5.7倍，并多次被列为“中国500家最大工业企业”。荣誉只能说明过去，未来还靠我们去开拓。可以相信，厦门卷烟厂将继续乘风破浪，发挥优势，再登高峰，再创业绩，为我国烟草事业和厦门经济特区建设增添光彩！

龙岩卷烟厂

一、概　　况

龙岩卷烟厂创建于1951年11月，由当时的三友、南方两家私营手工卷烟作坊合并而成。建厂初期仅有职工36人，年产卷烟460箱，产值13.66万元，税收7.06万元。党的十一届三中全会后，通过不断深化企业改革，加快企业技术改造，引进国外先进设备，企业经济效益连年递增。1990年，生产卷烟30.86万箱，创产值5.43亿元，税收2.64亿元，成为闽西财政的重要支柱。1981年—1990年间，累计生产卷烟216.6万箱，创产值19.4亿元，税利13.3亿元。1981年末有职工699人，1990年职工队伍壮大至1700多人。

二、主要生产经营业绩、荣誉

1985年，被福建省人民政府授予“福建省企业管理优秀单位”，被中国烟草总公司授予“全国卷烟工业经济效益先进单位”。

1987年被中国烟草总公司授予“全国烟草系统设备管理优秀单位”，被中共福建省委授予省“思想政治工作优秀企业”。

1988年列入国家二级企业，居中国500家最佳经济效益企业烟草行业第36位。

1989年居中国500家最大工业企业第257位，烟草行业第36位，荣获中国烟草总公司“第二届设备管理优秀单位。

1990年居中国500家最大工业企业按销售额排序第256位，中国烟草加工业按税利总额排序前50名企业排列第36位，在全国250家资金利税率最佳企业中名列烟草加工业榜首，被中国烟草总公司授予“全国烟草系统安全工作先进单位”。

三、技术改造

八十年代初，市场对卷烟产品有了更高的需求，中高档嘴烟、混合型卷烟的需求量日益增加。而福建卷烟工业的嘴烟生产却极其落后，1980年全省嘴烟产量仅1.5万箱，只占总产量的7.5%。要跟上全国卷烟行业的发展形势，大力发展嘴烟生产势在必行。

龙岩卷烟厂经反复研究讨论，认为技术引进是关键，因此，“六五”、“七五”开始技改。1983年3月厂内成立技改领导小组，确定引进年产5万箱嘴烟的卷接包机组、烘丝机及配套设备。“六五”期间技改总投资1423.7万元，引进了MK95及配套AMF3000型包装机组2台、JTM3000kg/h烘丝机1台、PM4/TO3嘴棒成型机1台、PM5/TO5成型机1台、理化检测设备10台套。

引进设备发挥了巨大的经济效益，1985年4月试车，到1986年10月，企业已还清了技改总投资的全部贷款本息。2台MK95投产后，每年可为企业生产嘴烟3万箱，创产值4500多万元，税利3500多万元。JTM3000kg/h烘丝机投产后，水份控制精度提高，烟丝填充能力增强，全年可节约烟丝17万公斤，降低成本42.5万元。两台成型机一年可节省购嘴棒的外汇900万元，年成本降低250万元。先进设备的引进，有力地促进了龙岩烟厂的产品开发研制工作，先后生产出90毫米“富健”、“古田”、“健牌”；84毫米“富健”、“福建”、“乘风”、“银球”、“采茶灯”等新牌号卷烟。

“六五”技改工程引进的先进卷、接、包设备，对制丝工艺技术的提高提出了新的课题。面对滤嘴烟市场的日益扩大和企业提高产品质量的迫切需要，龙岩烟厂提出了“七五”期间企业发展的总体思路：实现技术改造、人才培养和管理水平同步提高发展，采取“边投入、边产出、边还贷，再增加投入、产出的良性循环”的策略。

“七五”技改实际使用资金总额12328.30万元，分4期先后完工。一期工程：进口2套MK95卷接机组和4套AMF3000型包装机组，新建1座建筑面积为13393平方米的嘴烟生产车间；新建1条3000公斤制丝生产线，主机从德国HAUNI公司进口，辅助设备和公共设施由国产配套，为嘴烟生产所必须的公共工程配套改造，包括压空、真空、除尘、空调等。

二期工程：进口5套翻新MK8卷接机组和2台翻新AMF3000型包装机组；增添8台YJ14/YJ23（国产MK8）和2台YB21（国产仿SASIB6000型）包装机组。

三期工程：进口4台英国莫林斯“长城”牌超九卷接机组和3台意大利SASIB6000型和1台YB21（国产仿SASIB6000型）包装机组。

四期工程：引进1台SUPER9卷接机组和1台B1包装机组。

“七五”期间，累计新增工业总值40056万元，新增效益37844万元。1990年与1985年相比，产量、产值、税利、劳动生产率分别递增42%、90%、120%、33%。

四、企业管理

1983年12月，新任厂长邱胜华推行“厂长负责制”实施方针目标管理、全面质量管理等现代化管理方式。厂里制订了企业方针目标，并将各项目标层层分解，落实到各职能部门、车间、班组、机台和个人，将方针目标管理与经济责任制有机地结合起来，挂钩考核，从而形成有效的目标管理，准确的目标考核和保证体系。

1986年，企业开展了升级活动，制订了《企业升级规划及分年度应达到的标准》和《“七五”规划》，提出“以提高经济效益为中心，以技术改造为杠杆，调整产品结构，提高产品质量”的企业发展总方针目标。

企业以方针目标为纲，建立了经济责任制和现场管理两个保证体系，经济责任制与定量目标值考核相结合，特别是质量否决权和消耗指标、安全、工艺、设备、产量等关键性指标，逐月考核落实。

1989年，根据总公司颁布的《卷烟工艺企业现场管理检查考核办法》，开展了现场管理检查考核，迅速改变了生产现场“脏、乱、差”的局面。1990年在生产现场推行站立工作法，全面实行上下班打卡考勤制度。

五、产品质量和新产品开发

1982年，企业被列为龙岩地区推广TQC企业之一，由于传统质量管理观念未能从根本上得到改变，TQC未能贯彻实施，只注重产量，不注重质量，导致1983年6000多箱卷烟屯积库存，受潮霉变。为了改变这一局面，结合企业整顿，以全面质量管理为中心，全厂大张旗鼓地开展质量宣传教育和讨论，举办了“假如我是消费者”、残次品及群众来信展览会等一系列活动。经过努力，1983年下半年，产品质量迅速回升，“乘风”牌卷烟在华东协作区第10次质量评比鉴定会上名列第一。此后，全面质量管理在全厂全面推广普及。1984年至1990年，将全面质量管理工作的开展划分成几个阶段：至1984年底为TQC工作的初期、QC骨干启蒙教育阶段。1985—1986年为质量检验培训、人员配备及部门产品创优阶段。1987—1990年为TQC制度的健全、完善及质量保证体系的建立，全厂普及推广教育，产品大面积创优阶段。

1982年9月成立全面质量管理领导小组，1985年成立全面质量管理办公室，1986年，被列入全国大中型企业推行TQC试点单位。1990年，成立了质量监督检测站（三级站）和质量管理科。

1983年至1990年间，企业的产品研制工作侧重于运用先进工艺，对老产品的外观、内在质量进行改造、更新，并开展新品种新牌号的创研工作。主要开发的产品有：“富健”系列由原“福建”牌更名，具有福建烤烟“浓、醇、厚”之独特风格，曾获“部优”、“省优”等十几个荣誉称号，被中国烟草总公司列为“中国39种名烟”之一；“古田”1971年投产，1985年以来，相继生产90毫米和84毫米滤嘴产品，以闽西上等烤烟为主要原料，1987年获“省优”，1990年年产高达8872箱；“乘风”，1959年投产，1985年增加84毫米产品，以闽西优质中等烤烟为主要原料，香味充足、纯净，曾获“部优”、“省优”等十多个荣誉称号，被中国烟草总公司评为全国“畅销牌号”卷烟。

六、多种经营

龙岩卷烟厂1984年8月成立劳动服务公司。当时公司仅有资金5000元，营业面积40平方米，仓库60平方米，遵循为企业生产服务，为全厂职工生活提供方便的宗旨。公司成立至1990年，累计完成营业额3000万元，税利200多万元，安置下岗富余人员、职工子女、城镇待业人员就业1000多人次。

富健贸易公司（原为富健大厦）创建于1989年1月，以新落成的6层建筑物为基础，注册资金35万元，初期设有业务部、客房部、商场部、餐厅部，从业人员23人。富健贸易公司以服务社会，繁荣市场为经营宗旨，消化了一批本厂优化组合下岗人员，安排部分职工子女就业，改善职工福利条件，服务企业生产及职工生活。创建以后，累计实现营业额1600多万元，纯利润50余万元。

七、精神文明建设

1981—1990年10年间是龙岩卷烟厂处在改革开放最活跃的时期。

1982年，厂党委将整顿厂风、厂容、治理“脏、乱、差”与开展“全民文明礼貌月”活动结合起来，使全厂卫生状况及生产现场得以改观。

1984年—1985年上半年，厂党委组织全厂职工认真学习《中共中央关于经济体制改革的决定》，举办了5期系统教育学习班。

1985年7月至1986年8月，厂党委根据上级党委的部署进行全面整党。整党期间建立了“三会一课”制度。通过整党，基本达到了统一思想、整顿作风、加强纪律、纯洁组织的目的。

1987年，厂党委根据企业生产经营方针目标，把工作重点放在提高人的素质上。组织近200名党员、干部认真学习《坚持四项基本原则，反对资产阶级自由化》和邓小平同志《建设有中国特色的社会主义》两本书，开展了“新时期共产党员如何发挥先锋模范作用”的大讨论。

1988年，全厂深入学习党的十三大文件精神和《企业法》。1989年，根据中共中央关于建立民主评议党员制度的精神，全厂开展民主评议党员工作，不断提高党员的政治素质。

1990年，全厂广泛深入地开展社会主义教育活动及学雷锋活动，制订了《切实加强企业党组织建设的实施意见》。

在精神文明建设方面，企业注重“软件”和“硬件”的投入，加强职工思想道德建设和党风廉政建设，深化企业思想政治工作，提高职工素质，不断兴建职工“安居工程”，提高职工福利，解除职工后顾之忧。1984年企业成立“五讲四美三热爱”办公室，1987年改为“精神文明建设办公室”。1986年成立了职工思想政治工作研究会，1990年该政研会被国家烟草专卖局授予“全国烟草系统政治工作先进集体”。从1980年开始，企业先后投入数千万元兴建职工宿舍11幢，计310套，建筑总面积16124平方米，安排职工330户。1990年12月，开始兴建了职工待业保险及合同制工人养老保险制，并为每个职工提供简易人身保险，1988年，全厂1200多名职工全部参加劳动保险；1981年再次扩办了托幼班，1983年投资9万多元，新建幼儿园三层楼房1座，1985年入园儿童达147人，保教人员14人；为提高职工业务技术素质，“六五”后期至1990年，企业智力投资款项达200多万元，1990年，成立了省烟草技工学校龙岩分校。

（撰稿：龙岩卷烟厂办公室）

南昌卷烟厂

南昌卷烟厂位于江西省南昌市蓼洲街11号。南昌卷烟厂于1950年底由金星、南方、大众3家私营烟厂公私合营后创办的。至1990年底，在册正式职工已达1949人。

1980年至1984年，是南昌卷烟厂长足发展的时期，1980年卷烟产量156103箱，1984年则达到232063箱，年产值为13519.76万元。卷烟一级品率为76.67%，实现税利8993.1万元，全员劳动生产率达到1801.9元，主要经济指标均超历史最好水平。

在这期间，该厂加强了技术改造和设备引进工作。扩建了生产车间和综合大楼，兴建了空调楼、仓储楼、发酵室、10吨锅炉房等生产设施。

职工住宅条件也得到了改善，1979年起在朝阳洲征地50亩建成了住宅区。并先后在都司前、里洲等地建筑和购买住宅2300平方米，兴建了设施条件较好的幼儿园。同时，成立了劳动服务公司，创办包装材料厂、印刷厂、冰室等部门，解决了职工家属和子女就业难问题。

1982年，南昌卷烟厂进行了企业整顿，使企业向科学化、标准化管理方面迈了一大步。到1984年底，全厂除还清银行所有贷款和外单位贷款外，节存资金400多万元。

1984年，江西省烟草公司正式成立，从1985年1月起，南昌卷烟厂划归江西省烟草公司领导。

1985年至1990年，国家正处在经济体制改革时期，南昌卷烟厂作为南昌市124家实行厂长负责制试点单位之一，首先试行厂长负责制。

实行经济体制改革后，南昌卷烟厂旧的经营机制受到了很大的冲击，特别是卷烟原辅材料价格的几度上涨，造成成本上升，企业效益倒挂。1988年挂帐1363万元，至1990年，累计挂帐1.17亿元，企业背上了沉重的包袱。

1981年前，南昌卷烟厂的卷烟设备共计42台套，到1985年，卷烟机增加到58台，条包机27台，过滤嘴装接机5台，过滤嘴包装机3台。随着生产规模的不断扩大，设备也不断地更新，至1990年，卷烟设备发展到423台套，拥有从英国进口的mk—95机组和意大利引进的SASIB—6000型机组等先进设备，固定资产3000万元。

八十年代初，南昌卷烟厂原辅材料由国内和省内厂方供应。1985年以后，随着对外开放，对内搞活政策的实行，卷烟原辅材料的价格变化极大，进货渠道增多。因此，烟叶的供应除每年由国家从河南、云南、贵州等地调拨外，1988年后，为了增加卷烟产量，还经常购买计划外烟叶，如从印度、津巴布韦等国进口部分烟叶，但价格昂贵。1989年以来，江西烟草公司注重发展本省烟叶基地，先后在江西省赣南地区的石城、峡江等县开发烟叶基地。1990年，本省烟叶产量已达30余万担，缓解了南昌卷烟厂烟叶供应的矛盾。

1981—1990年，南昌卷烟厂共生产甲、乙、丙、丁、戊5个等级共31个牌号的卷烟。其中，甲级“井冈山”、“天乐”、“南昌”牌，乙级“壮丽”、“庐山”、“滕王阁”牌卷烟，八十年代初在市场享有相当高的声誉，是供不应求的畅销产品。1989年，甲级“万寿宫”、“鸳鸯喜”等牌号的卷烟也曾占领省内大部分市场。

南昌卷烟厂1981—1990年的10年中，共向国家上交利税近10个亿，1988年被国务院评估机构评为全国500家大中型企业之一。在全国147家卷烟生产企业中，名列第45位。1990年上交利税1.8亿元，居江西省30个重点企业之首位，是江西省经济的支柱企业。

1988年，在国家烟草专卖局和省市政府的关心支持下，江西省烟草公司着手对设备老化的南昌卷烟厂进行大规模技术改造，一期工程投资9800万元，在南昌市潮阳洲建造占地160亩的新厂，被列为江西省“七五”计划重点工程。1990年，在原一期工程的基础上，又投资5935万元(其中外汇672万美元)，进行二期技改工程，引进了一批八十年代世界先进的设备。技术改造完成投产后，形成了年产30万箱，其中过滤嘴烟10万箱的生产能力，为南昌卷烟厂的产品质量和企业效益奠定了坚实的基础。

（撰稿：南昌卷烟厂宣传科　周犇）

青岛卷烟厂

一、概　况

青岛卷烟厂建于1924年，原为“大英烟草股份有限公司青岛分公司”，是英国资本家在中国建立的“大英烟草股份有限公司”分支机构，1934年更名为“英商颐中烟草股份有限公司”。1952年1月，青岛市人民政府接管该厂，改名为“国营青岛颐中烟草公司”。1953年改名“国营青岛卷烟厂”。1960年青岛第二卷烟厂并入该厂。1982年山东省政府决定将隶属于省一轻厅、商业厅、供销社分别管理的烟草行业集中组建“山东省烟草公司”，同年“山东省烟草公司青岛分公司”、“青岛烟草专卖局”成立，青岛烟草分公司下设销售经理部，把产、供、销融为一体。从此，青岛地区烟草行业由单纯生产型企业转变为生产经营型企业。此时，青岛烟草专卖局、青岛烟草分公司与青岛卷烟厂三块牌子、一套班子，生产有了新的发展。经过“六五”、“七五”10年努力，至1990年青岛卷烟厂职工总数4118人，固定资产净值9075万元，从1952年至1990年共为国家积累资金55亿元，成为全国500家最大工业企业和最佳经济效益的企业之一、国家二级企业，设备管理评为国优。

青岛卷烟厂生产、经营情况一览表

单位：人、箱、万元、千克

分类/项目/年度	生				产				经	营	
	卷烟产量	工业总产值	利税	嘴烟产量	占总产量百分数	烟叶单耗	职工人数	全员劳动生产率	销售总量	销售总额	销售利润
1981年	492985	26537	18000000	42717	8.66	56.3	4137	7.68	433651	25183	68.80
1982年	536249	33908	21000000	33664	6.28	57.4	4162	9.99	433655	32737	624.1
1983年	513136	30693	20292222	14266	2.78	58.3	4189	9.47	507832	37841	585.8
1984年	456099	30310	21364444	33746	7.40	59.4	4038	9.32	491012	42614	749.3
1985年	518140	35034	30470000	39471	7.62	58.2	4018	8.85	555211	53541	1026
1986年	552697	37964	33074444	43358	7.84	57	4021	9.45	587334	55258	1059
1987年	558360	42321	36294444	84320	15.10	55.4	4095	10.52	596826	60238	1063
1988年	570061	44942	41650000	96573	16.94	55.2	4024	11.08	612465	70043	1046
1989年	586393	49574	46200000	135245	23.06	55.2	4110	12.47	627939	82292	1165
1990年	619389	53841	49329999	176632	28.52	55.2	4118	13.12	645876	88542	1544

二、企业整顿与企业改革

党的十一届三中全会后，在调整、改革、整顿、提高的方针指引下，青岛卷烟厂首先恢复了党委领导下的厂长责任制和科长、主任、轮班长、班组长的编制，开展了企业整顿工作。1981年，该厂经过细致的调查研究，复查处理了解放以来历次政治运动中遗留下来的163起各类案件，使600余名受牵连的职工和家属得到了妥善安排；同时，选拔一批懂技术、会管理、有事业心和有实干精神的同志到领导岗位上，建立起一种既有民主又有集中的领导体制。当年，恢复了产品质量标准、工艺操作规程、设备管理制度、质量检验方法；整顿了生产秩序和劳动纪律，初步试行了经济责任制；建立健全了一系列企业管理制度，并开展了以提高经济效益为目标的增产节约、增收节支活动。1982年，青岛卷烟厂被国家经委确定为全国500个重点整顿的大型企业之一。山东省烟草公司青岛分公司成立后，全面推行了经济责任制，层层制定包干合同，按照责、权、利相结合的原则落实到每一个岗位、每一个职工，逐步建立岗位经济责任制。1983年青岛卷烟厂与车间签订了经济责任制包干合同，每月对车间各项指标进行考核，根据指标完成情况计发奖金。1984年，充实调整了厂级领导班子。同时，根据《山东省工业企业整顿五项工作验收标准实施细则》的规定，进行了人事制度改革，破除了干部职务终身制，提拔29名中层干部全部实行合同制和任期制。在奖金分配、承包责任制等方面共制定规章制度721条，完善了各部门、各工种的岗位职责。这年，该厂企业整顿工作通过省烟草公司的验收，获总评956分的好成绩（满分1000分）。1985年青岛卷烟厂初步进行了工资改革，3635人上调了工资，占全厂职工总数的90.4%，人均月增资12.83元。解决了曾在“大英烟草公司”做工的退休工人“历史遗留问题”，使1145名退休职工领到了储蓄金（即“红薄子线”），发放金额58.6万元。1986年实行了厂长负责制和任期目标责任制，坚持了“从严治厂、以优取胜”的方针，使卷烟生产的产量、产值、利税三项指标都创历史最好水平。

1987年确立了厂长在企业中的法人地位，建立了相应的配套改革制度：1. 改革干部管理制度，实行领导干部聘任制和任期制，厂长聘任中层行政干部，党委任命中层党群干部，任期2年；2. 为从组织上保证厂长负责制的贯彻执行，在管理和组织机构上建立了“一三七”式的管理体制（厂长、三总师、七部）；3. 改革分配制度，实行浮动工资与月产量挂钩，质量、消耗、安全、文明生产与奖金挂钩的制度；4. 成立了工厂委员会，加强企业的民主化管理。1988年至1990年青岛卷烟厂面对卷烟原辅材料涨价、物资供应短缺、供电不足、资金不足、销售市场竞争激烈等困难，在深化企业改革、配套完善承包经营责任制工作中引入竞争机制。对干部的管理实行考核和民主评议，打破干部工人界限，实行优化组合、择优聘任。在承包合同中确立“千斤重担大家挑，人人肩上有指标”，从厂长到每个员工把指标层层分解，形成责、权、利相统一的承包体系。该厂先后被评为“山东省质量管理奖”单位、全国烟草行业设备管理优秀单位和安全生产先进单位。

三、设备更新与技术改造

为增加高档卷烟生产，1981年青岛卷烟厂建起12000平方米的滤嘴烟车间，扩建了制丝和包装车间厂房，增添了热风润叶机、贮叶柜、贮丝柜、蒸梗机、滚刀切丝机、烤炉、包装机、透明纸包装机、过滤嘴接装机、卷烟机、印刷机以及各种机床200多台，使连续化、自动化生产水平提高了一大步。1983年该厂安排基建、技改项目29项，投资656.3万元，其中用于生产经营360.8万元。完成一车间改造一期工程和全厂凝结水回收系统等主要技改项目。1984年到1985年，国家对该厂技术引进和设备改造投资940万元，1984年更新1台卧式打叶机，安装1台20吨锅炉。1985年完成英国AMF英格公司2000千克烘丝机，意大机横包机组以及2台日本MMC卷接机组的安装调试并投产使用。1986年青岛卷烟厂全部完成“六五”技改结转项目，按“七五”规划的年度计划完成了配电室的改建、旧厂房的拆除以及部分引进和仿制设备的选型签约工作。在设备更新、改造方面：1. 完善了制丝生产线；2. 更新了接丝和喂丝风送设备；3. 引进4台MMC卷接机组和1台SASIB硬条盒包装机；4. 滤嘴烟车间引进的制丝生产线投产。1987年该厂技改投资1800万元，接转1986年的632万元共2432万元，开始新建厂房施工。1988年新建主厂房竣工后开始对引进设备的开箱验收、安装和就位。1989年青岛卷烟厂新建主厂房竣工验收。该工程系1985年国家计委列入技术改造的重大项目之一，是青岛市确定的1989年竣工的6个重点工程之一，总投资7250万元，包括25000平方米主厂房和从联邦德国、英国、日本、意大利引进的设备。年底前已安装引进设备42台、关键设备30台、仿制设备26台，完善了两台300万大卡的制冷机和冷却水系统，1990年正式投产。至此，青岛卷烟厂顺利完成了“七五”技改工程，该工程是该厂历史上最大的技改工程。在2.7万平方米新厂房于1989年土建竣工的基础上，8月完成了285台（套）设备的安装和调试，10月试生产。11月滤嘴烟分厂28台（套）卷接包设备全部搬进新厂房，当月开始批量生产，年底新的制丝、卷烟、包装车间已基本形成生产能力。引进的5000kg/h制丝生产线，采用了先进的梗丝膨胀技术，梗丝膨胀率达44%，增强了烟支的填充能力，降低了烟叶单耗，提高了卷烟质量和卷接机的有效作业率。与此同时，投资800万元改造的7700平方米的印刷车间主体工程和投资1250万元新建的3万平方米烟叶储存库工程一、二、三号库均于1990年竣工并通过了验收。

四、提高产品质量与新产品开发

1981年，青岛卷烟厂继续加强质量标准，严格工艺操作规程，“大前门”、“金鹿”、“红金”牌卷烟被评为全国优质产品。1982年该厂一类品达到89.89%，二类品10.11%。1983年卷烟提价后，市场竞争日趋激烈。为保证“前门”、“红金”、“兰金鹿”三个牌号的“名牌”质量，该厂加大发酵烟用量，月发酵量达140万千克。在加工制作上，由于严格执行工艺操作规程和工艺纪律，使8个牌号的卷烟全部达到一类品标准。1984年该厂成立全面质量管理委员会，抓紧开展TQC活动，举办学习班，培训业务骨干，充实了质检力量，逐步建立了质量管理和质量信息反馈网络。同时针对卷烟产品品味不足等问题，增加发酵烟配量，进行加香加料的技术研究。在此基础上，开发了混合型香烟“双马”、“金星”，异香型香烟“白金鹿”等牌号。在包装设计上，“双马”牌香烟获全国轻工业产品装潢优秀作品奖；“白金鹿”获山东省烟草公司优秀包装产品二等奖。1985年至1986年，青岛卷烟厂从产品结构上增加甲级烟、嘴烟的产量，并从工艺规范上严格把关，检验人员每天深入车间第一线，制定了质量否决权考核制度。当年该厂被评为省公司贯彻工艺规范先进厂。“双马”、“大前门”牌香烟被评为青岛市百万市民“信得过”产品，外销“双马”烟打入台湾市场，“大前门、“兰金鹿”、“青岛”3个牌号被评为全国畅销牌号香烟。1987年该厂“彩波”牌香烟又获山东省优秀新产品一等奖，“双马”烟出口创汇55万美元。1988年青岛卷烟厂荣获山东省先进企业称号，被青岛市命名为国家二级计量企业并获青岛市质量管理奖。“双马”牌卷烟被评为部优和省优产品，“彩波”牌被评为省优和市优产品，“双马”、“前门”、“宏图”、“白金鹿”等产品牌号在首届全国食品博览会上分别被授予金、银奖。印刷制版、卷烟YJ14型、动力科节能、滚刀切丝及制丝车间大修等5个QC小组荣获1988年山东省烟草系统优秀QC小组称号。1989年两次召开质量会议和一次QC成果大会，该厂产品质量稳步上升，二级站抽查合格率94%，获山东省质量管理奖。1990年“双马”烟被烟草总公司确定为全国30个名优产品翻番牌号之一，青岛卷烟厂把“双马”烟的生产做为全优工程来抓，采取了定领导、定机台、定工人、定检查人员、定原材料供应的五定措施，把质量指标列为承包合同中的主要指标，保证了产品优质。

五、双增双节活动

1981年烟叶市场供应紧张，青岛卷烟厂烟叶供应缺口50万担，而且低次烟叶多，造成名牌产品生产困难。该厂通过调整产品结构，扩大嘴烟生产，开展增产节约、增收节支运动，辅以改进工艺、与兄弟烟厂原料调配等措施渡过难关。1982年烟叶单箱耗用由原57公斤以上降低到56.27公斤，节电10万余度，节水8000余吨，成为青岛市万元产值耗能下降的7个先进单位之一。1983年和1984年，由于原料消耗大、费用开支高，该厂生产的“前门”烟、“红金”烟和“马兰”牌香烟均出现亏损，单箱亏损分别为1.48元、4.7元和2.1元，单箱耗用烟叶达59.22公斤。再加以烟叶供应短缺40%，省外上等烟叶脱供，直接影响了拳头产品的生产。1985年面对烟叶资源仍然紧张、辅助材料奇缺且质量低劣等困难，青岛卷烟厂加强了企业管理，严格工艺标准，采取降低物化劳动消耗等措施，使单箱耗用烟叶降至58.15公斤，节约资金250万元，单箱耗电和盘纸消耗也分别降至15度/箱和3650米/箱。1986年由于旱灾影响，烤烟大幅度减产，进一步造成烟叶供应紧张。该厂大力开展“双增双节”运动，在降低烟叶耗用上，采取保证烟丝水分、减少糙碎、堵住工艺上的跑冒滴漏、严格控制烟支重量、努力降低库耗等措施，使单箱耗用烟叶降至56.95公斤，比1985年降低1.2公斤。单箱用煤降低1.5公斤，单箱耗用盘纸降低9米。1987年青岛卷烟厂“双增双节”成果显著，单箱耗用烟叶55.2公斤，平均降低2.2公斤，节约烟叶100余万千克，折合人民币400多万元。节约烤烟差价320万元，提高烟叶利用率，节约资金7万元，各种材料和费用节约资金20余万元。是年，烟叶供应出现全国范围内的紧张，而且等级比例失调，盘纸和丝束供应也出现170吨和200吨的缺口。1988年该厂在增产节约方面再接再励，单箱耗电15.7度，比上年同期下降1.2度，单箱耗烟叶55.2公斤、嘴棒单耗为9431支，比上年同期节约285支。

六、加强思想政治工作　促进精神文明建设

1981年青岛卷烟厂党委坚持四项基本原则的教育，开展实践是检验真理的唯一标准的讨论。在加强思想政治工作方面，克服了“十次谈心不如发一次奖金”的倾向，把经济办法、行政手段、思想工作结合起来，通过理想教育、落实政策、先模效应等方法提高了广大职工的觉悟，加强了企业的凝聚力。1982年全厂评出劳动模范6名，模范党员7名，各类先进人物320名，先进党总支、党支部3个，29个先进班组和35个先进机台。1983年至1984年该厂党委进一步开展了群众性思想政治工作，走访、谈心、学雷锋、学张海迪，全厂成立20个学雷锋小组，24个振兴中华读书小组，把思想政治工作做到全厂每一个角落。1984年被评为青岛市思想政治工作先进单位。1985年青岛卷烟厂通过整党把思想政治工作逐步转移到提高企业素质、增强企业活力、提高经济效益为中心的轨道上来，采取了：1. 坚持对青工的政治轮训和系统教育；2. 发挥群众工作网和思想政治工作宣传网的作用；3. 把创建文明岗位、文明班组、文明车间活动持久地开展下去；4. 同生产经营紧密结合，开展各种劳动竞赛；5. 建立职工之家，开展健康有益、丰富多采的文体活动；6. 加强新形势下纠正不正之风的教育；7. 健全职工代表大会制度等措施。1986年该厂被山东省烟草公司评为先进企业，被青岛市评为文明单位标兵和思想政治工作优秀企业。1987年该厂举办知识竞赛20多次，演讲会10余次，电视电化教育5场次，报纸、电台选用和播发该厂稿件

29篇。在青岛市首届“百灵鸟”普通话大奖赛中获第二名。1988年青岛卷烟厂先后召开2次两个文明建设工作会议和思想政治工作研究会，共组织不同层次、不同规模的学习400余次，举办各种形式的演讲会、报告会和知识竞赛30余次，办黑板报200余期。在党员中，通过查处党内违纪案件进行党性、党风、党纪教育，严肃了党纪，提高了党员的政治觉悟。1989年青岛卷烟厂党委开展党员奉献月活动和身边“四五”活动，号召党员在大是大非面前站稳立场。从1981年至1990年，青岛卷烟厂工会连续10年坚持组织了一年一次的职工运动会和大合唱比赛，并定期举行跳绳、象棋、乒乓球、篮球、美术书法、交谊舞大赛等文体活动，促进了精神文明建设。

（撰稿：刘钊　刘德栋）

济南卷烟厂

一、概　况

济南卷烟厂始建于1928年，至今已有68年的历史。新中国成立前，济南卷烟厂是一个小厂。建厂初期日产卷烟仅2—3箱，有工人80人。日本帝国主义统治时，成为东亚烟草公司济南工场。当时有卷烟机7部，切丝机两台，工人140余人，日生产卷烟30箱。这是在旧社会卷烟生产发展的最大规模。在国民党政府时期，生产每况愈下，至1948年因无法维持生产而停工。1948年9月24日济南解放，烟厂得到新生，生产得到恢复，同年11月1日开工生产，日产10箱卷烟。1949年济南卷烟厂有职工332人，生产卷烟11032箱。

新中国成立后，卷烟生产有了较大发展。1949年国家投资47万元建立黄台新厂。至1958年发展成为全市唯一的卷烟工业，年生产卷烟4.32万箱，有职工1028人。从1956年起开始生产乙级烟，第一个牌号是“大明湖”牌。1959年开始生产甲级“大鸡”牌等新产品。1975年开始生产滤嘴“沂蒙”牌卷烟，当年仅生产1.1箱。1978年济南卷烟厂生产卷烟229152箱，其中：滤嘴烟199.4箱，实现工业总产值10463万元，实现利税6548万元，其中利润84万元，职工人数为1378人。

党的十一届三中全会以后，拨乱反正，确立了正确的思想路线和政治路线，实现了党的工作重点的转移，以生产为中心，大力发展生产力。济南卷烟厂在1978年取消革命委员会，恢复党委领导下的厂长负责制。1980年10月，济南卷烟厂与济南东郊公社集资兴办联营厂生产卷烟，定名济南卷烟厂东郊分厂，于1981年底建成投产。设计规模5万箱，建筑面积8492平方米，该厂于1982年7月并入济南卷烟厂，成为一个生产车间。

1981—1990年的10年间，济南卷烟厂在党的正确路线指引下，坚持两个文明一起抓，发生了巨大变化，取得了辉煌业绩。

二、坚持改革　增强企业活力

从1978年起济南卷烟厂实行经济责任制，1985年实行承包责任制，调动了职工的生产积极性。1987年3月20日，孙其泽成为济南卷烟厂历史上第一个实行厂长负责制的厂长，是济南卷烟厂的法人代表，从此确立了厂长在企业的中心地位。1988年又根据生产经营实际，党政职能分开。在提倡精简、效能的原则指导下，进行了机构改革。全厂行政部门设6个部，1个室，由分管厂级领导任部长（主任）。主要生产车间改为分厂，党的机构定为一部一委，党支部一般不设专职支部书记。从1987年起，实行行政中层以上干部聘任制，后又实行专业技术职务聘任，机修车间试行招标聘任。1989年实行全员责任目标承包。1990年，修订了“最终产品分类计件与八项指标挂钩责任制”，推行了“中层以上干部任期目标承包责任制”。改革的不断深入，推动了生产的发展。

三、上新创优经济效益明显提高

10年间，济南卷烟厂通过上新创优，扩大了产品影响，增强了产品的市场竞争能力，提高了企业的知名度。1985年8月与国际乐富门公司合作，由该公司无偿提供总额为250万美元的技术协助和机器设备，并与济南烟厂共同研制开发出具有国际标准的“将军”牌烤烟型高级卷烟。1987年2月21日“将军”烟生产线剪彩，中国烟草总公司马尔赤，山东省、市领导姜春云、翟永勃，乐富门公司代表诺克斯等参加了“将军”烟开产仪式，这是济南卷烟厂历史上光彩的一页。“将军”牌卷烟气味纯正，香气醇郁，包装高雅，制作精良，以优秀的品质博得了国内外消费者的好评。投放市场后，当年创牌，当年叫响，当年产量2026箱，售价人民币25元/条，是当时全国最高的价格，主要供卖外汇。1988年调整外汇券价格为35元/条，1990年产量达到13222箱。为了加快新产品开发，1990年调整了新产品开发机构，成立了新产品开发科研中心，列出开发科研课题，努力调动技术人员和生产车间的积极性，取得了新产品开发三方面进展。一是开发出“天元”牌、硬盒“大鸡”牌两个新牌号和4个系列产品，包括出口“天元”牌药物型卷烟，10支装塑盒“将军”烟，5支装“将军”、“大鸡”牌旅游烟。新产品投放市场后，受到消费者欢迎。特别是“天元”牌，原料立足省内，包装升档次，经济效益好，受到省公司表扬。二是提高烟草薄片使用价值的研究取得成效。通过对配料进行反复改进，提高了烟草薄片的色泽，改善了香气，使原来只能使用于丙、丁级的薄片改进在乙级烟中使用，提高了使用价值，促进了节约降耗。三是在烟用香精、香料的研究上，同国际BBA公司、中国烟草院、山东食品发酵所等单位合作，进行工艺实验，并取得了满意效果，为烟用香精、香料国产化打下了基础。

1985年，山东省烟草公司对全省的卷烟牌号进行了整顿。济南卷烟厂允许保留生产的卷烟牌号有：甲级烟：“大鸡”、“福寿”、“齐鲁”；乙级烟：“琥珀”、“红专”、“金鹤”、“富丽”；丙级烟：“古瓶”、“零九”、“泉城”；丁级烟：“金菊”、“玉菊”、“珍珠泉”；戊级烟：“鹊山”。1990年，济南卷烟厂主要生产的卷烟牌号及规格为：甲级烟：84“将军”、84硬盒“九州”、84听装“大鸡”、84精装“大鸡”、84软包“大鸡”、84“白大鸡”、100“齐鲁”、84“金大鸡”、100“金大鸡”、100嘴“09”；乙级烟：100嘴“红宝”、84嘴“琥珀”、84嘴“天元”、70“琥珀”、70“大鸡”、70“福寿”；丙级烟：“泉城”；丁级烟：“玉菊”。

1988年，“将军”牌卷烟与传统名牌产品甲级滤嘴“大鸡”烟同被列入全国优先发展的39种名优卷烟产品之中。在中国首届食品博览会上，济南卷烟厂有5个产品获奖，“将军”牌评为金奖，“大鸡”牌、“琥珀”牌评为银奖，“红宝”牌、“灵岩”牌评为铜奖。在主要生产的15个牌号中，已有10个牌号获市级以上20项优质名牌称号。其中：“将军”牌卷烟评为中国烟草总公司优质产品，省、市优质产品；“将军”牌、“红宝”牌、“灵岩”牌评为1987年山东省优秀新产品一等奖；甲级混合型“大鸡”牌、乙级“红宝”牌评为1988年省优质产品。1988年，又开发了甲级“九州”牌、乙级“万家乐”牌和铁听装“大鸡”牌等新产品。甲级滤嘴“大鸡”牌、乙级“琥珀”牌1981年、1983年和1986年连续被评为省优质产品；丙级“泉城”牌、丁级“玉菊”牌1986年被中国烟草总公司评为畅销牌号。

四、加强企业管理　扩大企业规模

自1978年以来，济南卷烟厂就开始认真落实企业升级规划，“抓管理、上等级”，在企业标准化、计量工作、定额工作、规章制度、基础教育、设备管理、两个文明建设等11个方面做出了突出成绩。经检查验收，1987年达到省级先进企业标准，其中，有4项指标达到了国家二级先进企业标准。特别是全面质量管理的QC小组活动，1988年发表成果8个，直接经济效益达数十万元，被省政府命名为省级先进企业。1988年，厂里提出“争创国二”的目标。从完善管理的基础工作入手，立足治本，强化管理，升级工作取得成效。在升级中，加强了对升级工作的领导，强化职工的升级意识，健全了升级的保证体系，进一步提高了企业素质。通过认真推进标准化，完善规章制度，完善定额管理、计划管理，加速班组建设和开展班组升级竞赛活动等，保证了10项经济考核指标全部达到了国家二级企业的标准。1989年8月被批准为国家二级先进企业。

五、加快技术进步　增添企业发展后劲

自1984年起，济南卷烟厂先后进行了两次较大规模的技术改造，一次是1985年投资1382万元进行了“950”技术改造；另一次是1986年投资310万元（不包括国际乐富门公司提供的150万美元的设备和备件），进行“乐富门”技术改造项目，建成了“将军”烟生产线。济南卷烟厂在“六五”、“七五”期间还引进了一批先进卷烟设备，如：1982年引进日本U2L小包机1组，带玻璃纸包装、车速为130包/分；1984年引进意大利SASIB横包机2组，带透明纸包装、车速300支/分；1987年引进英国MK8卷接机1组，于翌年6月安装；1988年引进日本OPT—5卷接机1组，车速5000支/分；1989年引进MK9—5卷接机2组；1990年又引进MK9—5卷接机2组，引进FOCKE硬盒包装机1组，车速400包/分。截至1990年9月，济南卷烟厂已拥有主要卷烟设备395台（套），其中，引进设备94台（套），占32.2%。“七五”期间，济南卷烟厂作为国家第一批重点技术改造的大型企业，5年共投资10690万元，引进中速卷接机19组，高速卷接机5组。此外，还从国外引进13台（套）理化检测仪器，建立了中心理化实验室，为发展卷烟生产和卷烟现代化检测、低焦油和配方新工艺提供方便。1988年研制了低焦油卷烟。从1989年开始，进行“七五”迁建技改项目工程，这是济南卷烟厂有史以来规模最大、投资最多、历时最长的技术改造。1987年济南市批准投资1836万元迁建工程立项，1989年7月国家计委批准投资5500万元的技改项目，土建面积为18800平方米。“七五”技改工程竣工后，济南卷烟厂将成为生产卷烟50万箱，其中，滤嘴烟20万箱，产值、利税均超过4亿元的新型厂家。

六、加强思想政治工作　提高职工政治素质

10年间，济南卷烟厂党委、行政紧紧围绕生产经营做好企业政治工作：一是通过开展党的路线教育、四项基本原则、形势政策教育、青工系统教育、技术文化教育等，提高了职工素质，培育“四有”职工队伍；二是通过开展党员大讨论，民主评议党员等活动，提高了党员觉悟，较好地发挥了党员的先进模范作用；三是通过理想纪律教育、民主法制教育和“五讲四美三热爱”活动的开展，增强了职工特别是青年职工的主人翁责任感；四是通过认真贯彻三个《条例》和《企业法》，更好地发挥职代会的作用，提高了职工参政议政能力，推进民主管理，挖掘企业潜力，调动了职工积极性。1987年8月26日，济南市发生特大水灾，济南卷烟厂的干部职工临危不惧，坚持生产，奋力抢险，保住了价值584万元的2753箱卷烟免受水湿，并从水湿物资中抢救出价值100多万元的国家财产。1989年在制止动乱和平息反革命暴乱中，在党的领导下，广大党员、干部工人坚决与党中央保持一致，理直气壮地坚持四项基本原则，坚持改革开放，旗帜鲜明地制止动乱和暴乱，又一次经受住政治上的考验。在济南市发生上街游行、中断交通、谣言四起的情况下，职工严守岗位，坚持生产经营，认真做好治安保卫工作，并迅速组织职工学习党的十三届四中全会文件，收听收看北京反革命暴乱真相，使大家擦亮了眼睛，提高了认识，统一了思想，并认真搞好“清理、清查”工作，进一步提高了职工认真贯彻党的“一个中心、两个基本点”的基本路线的自觉性，推动了“治理、整顿、深化改革”方针的顺利执行。此外，工会、团委还开展技术练兵比武活动。1990年成立了山东省烟草系统第一家企业报《济南烟草报》，丰富了职工生活，增强了职工凝聚力。

七、提高企业效益　改善职工生活

随着生产的发展，企业经济效益的增长，职工生活得到相应的提高。首先，职工收入明显增加，月平均收入已由1981年的78.5元增加到1990年的216.4元，增长1.76倍。再是职工住房条件有明显改善。从1978年起，共建宿舍47873平方米，平均每个职工15.9平方米。新建了职工食

堂、托儿所、煤气站等，努力改善职工生活条件。职工看病就医、子弟上学、节假日生活改善、离退休职工等都得到妥善安排。工会、总务科、老干部科、退委会、家委会热情帮助职工解除后顾之忧。厂宿舍区安装了公用天线和闭路电视系统。过去职工不曾想过的事，现在都变成了现成。

1988年，济南卷烟厂已是一个年生产能力为50万箱、有2930名职工、固定资产6382万元、占地面积12.24万平方米的卷烟重点企业，是全国烟草行业第一批16家大型企业之一。根据1988年上半年全国资料统计，在全国146家烟厂中，济南卷烟厂卷烟产量占第11位，产值占第19位，利税占第14位，利润占第11位。1990年，济南卷烟厂有职工3300人，生产卷烟511664.1箱，比上年增长4.6%，其中，甲级烟136552.5箱，滤嘴烟161685.7箱，分别比上年增长21%和22.4%；卷烟工业总产值40092.91万元，比上年增长11.44%，卷烟质量二级站抽检合格率为95.12%，三级站抽检合格率为99.02%；实现利税42048.44万元，比上年增长8.49%。1990年共销售卷烟594437箱，比上年增长8.55%，其中，省外销73368.8箱，济南地区销售204634箱。省外主要销河南、北京、河北等地。销售额达82966.1万元，比上年增长14.2%。商业利润共1104.1万元。1990年济南卷烟厂上交国家财政33804.23万元，比上年增长10.8%，其中产品税32104.15万元，实现工业利润2818.44万元（含政策性退税因素）。济南卷烟厂实现利税和上交国家财政收入列济南市各企业之首。

卷烟创汇也取得了好成绩，“将军”牌卷烟是山东省卷烟创汇的主要产品。1990年为了扩大出口，采取提高内在质量，改进大箱包装，按期交货，尽力满足客商要求等措施，主要销香港、东南亚等地，部分转口台湾省。1990年“将军”牌卷烟生产13221.8箱，比上年增长21.45%，其中创汇烟34756件，合6951.2箱，创汇额679万美元，比上年增长14.3%，创汇列省内卷烟产品首位。

1981年—1990年，济南卷烟厂卷烟产量增长了0.58倍，产值增长了1.43倍，利税增长了2.55倍。10年间共为国家积累资金22.3亿元，平均每个职工贡献74.3万元。

在党的基本路线指引下，在两个文明建设中，济南卷烟厂始终坚持“以优质求得信誉，以上新求得效益，以高效求得发展”的经营方针，继续发扬“艰苦创业，上新创优，为国争光，为厂争荣”的企业精神和“求实、好学、团结、守纪”的企业作风，动员全体职工，团结一心，勇往直前，以主人翁的态度努力做好工作，努力实现既定目标，为国家、企业多做贡献，夺取两个文明建设的新胜利。

滕州卷烟厂

滕州卷烟厂是鲁南烟草集团的核心企业，是山东省烟草行业的中型企业。滕州卷烟厂始建于1951年。1980年以后，随着我国烟草行业经济改革的不断深入，在省烟草公司和地方党委政府的关怀支持下，企业发生了深刻的变化。截至1990年底，企业占地面积219.3万平方米，拥有固定职工1452人，最高年产量达33万箱。10年间，累计实现利税9.8亿元，比前30年的利税总额还要多。企业曾多次被省委、省政府、省烟草公司和驻地党委政府授予“先进企业”称号。

一、生产装备达到国内同行业中等水平

滕州卷烟厂根据党的改革开放政策，从实际出发，认真学习先进企业的经验，积极进行技术改造。“七五”期间，在国家局、省公司的支持下，先后投资4000余万元进行了设备技术改造，建成了仿西德虹尼公司5000Kg/H制丝线1条，购置了6000型横包机两组，LOgA2卷接机两组，YJ14/23卷接机12组。到1990年底，企业各种生产工艺设备共129台套，设计年生产能力达到40

万箱。滕州卷烟厂虽然技改工作起点较低，起步较晚，但通过“七五”技改，生产工艺装备水平有了很大提高，增强了企业发展后劲。

二、新技术　新工艺　新材料得到推广应用

在大力实施技术改造的基础上，滕州卷烟厂狠抓了新技术、新工艺、新材料在卷烟生产中的推广应用。“七五”期末，该厂新上了烟草薄片生产线，组建了薄片制丝生产车间，依靠自己的力量，土法上马，利用废弃的烟末、梗签等原料压制薄片，制作烟丝投入生产使用，既减少了污染浪费，又节约了原料。经过反复攻关，较好地解决了薄片配方、薄片丝色泽及卷曲度方面的技术难题。1990年生产薄片烟丝1000吨左右，相当于万亩耕地一年所产烟叶的数量。这些薄片逐渐在卷烟生产中推行了分等级掺兑使用，为企业节省了宝贵的资金。在些期间，组建了嘴棒成型车间，使用国产丙纶丝束代替进口醋酸丝束生产嘴棒，并率先在丙纤嘴棒生产的加胶环节上开展科研，较好地解决了丙纤嘴棒偏软的技术难题，从而使国产丙纤棒的使用率达到80%以上，在全国处于领先水平。仅此一项，每年即可为企业节约资金500万元，不仅为国家节省了外汇，而且较好地解决了职工子女就业及富余职工的安置困难。

三、职工队伍技术素质得到提高

为了有效地解决先进的设备与低水平操作之间的矛盾，为了企业的长远发展，滕州卷烟厂重点抓了职工队伍的技术培训。“六五”期间，滕州卷烟厂成立了职工教育管理委员会，举办了滕州市唯一的一所企业办的电视中专班和中级技术培训班，有215名职工通过各类形式的学习，取得了大、中专毕业文凭。“七五”期间，经枣庄市政府职教办批准，滕州卷烟厂建立了职工教育学校，选调10名专业技术干部担任专职教师，选聘厂外教师4名，从而把职工教育纳入了正规化、经常化的轨道。职工学校先后举办了职工普级教育班，专业技术应知应会培训班，班组长、中层干部培训班多期，受教育职工达1600人次，有183人获得专业技术职称，其中中级以上职称25人。“七五”期间，滕州卷烟厂还先后举办了两期50人参加的QC培训班，召开3次QC成果发布会，发表了28项成果。其中，获市级优秀成果奖2项，山东省烟草公司奖4项，省级奖1项。同时，滕州卷烟厂还派出14名工人去张家口卷烟厂学习MK8操作技术，4人在昆明烟机厂参加了RC4切丝机技术培训班，并取得了英国莫林公司结业证书。14人去常德烟机厂学习YJ14卷烟机操作技术。通过各类培训，改善了职工队伍的知识结构，造就了一批技术骨干，提高了职工队伍素质。10年间滕州卷烟厂多次被枣庄市人民政府授予“职工教育先进单位”称号。

四、卷烟产品开发成果显著

滕州卷烟厂10年来共生产5个类别、31个品种卷烟，包括烤烟型、混合型、听装、硬盒装、精装、简装、长支嘴烟、短支嘴烟产品，累计完成产量313万箱，完成工业总产值15.2亿元。

滕州卷烟厂主要获奖产品有：

（一）普滕

丁级烤烟型，创产于1952年冬，至1990年已有38年的产销史。1983年产量达13万箱。1980年轻工业部授予“优质产品”称号，1987年，中国烟草总公司授予“畅销牌号”称号。

（二）白莲

乙级烤烟型，吸味醇和，包装鲜亮，具有很强的地方色彩，很受鲁南地区消费者喜爱。1986年被省经委授予“山东省优质产品”称号，1988年被中国烟草总公司授予“全国烤烟型卷烟优质产品”称号。

（三）红波

乙级烤烟型，1982年产量高达10.9万箱，占当年全厂总产量的36%，远销江苏、福建、浙江等省。产品香气足、吃味正。1989年被山东省经委评为优秀产品。

（四）金鼎

甲、乙级烤烟型系列产品，创产于1981年，吃味纯正、浓馥、醇厚，选用优质烟叶精制，是

滕州卷烟厂的主导牌号。1988年荣获山东省“优质产品”称号。

（五）孔府

乙级烤烟型，1984年创牌，同年在江苏、扬州市评吸鉴定会上被誉为“小中华”的美称。1985年以后形成了甲级、乙級、接嘴、无嘴孔府系列产品。

（撰稿：鲁南烟草集团　周慎厚）

潍坊烟草分公司

一、概　况

潍坊烟草分公司成立于1982年10月，是一个对潍坊烟草行业人财物、产供销、内外贸统一管理的业务职能部门和经济实体，主要担负着烤烟生产指导、烟叶购销、烟叶复烤和卷烟经营任务。到1990年底，全系统干部职工有4328人，其中专业技术人员达1000余人；拥有诸城、安丘、临朐、昌乐、青州、寿光、高密、昌邑、五莲、市区10个县（市、区）烟草公司，6个烟叶复烤厂和142个烟叶收购站。1990年，全系统实现利税50568.9万元，比1985年增长40.6%；实现利润4371万元。1982年至1990年获得各种荣誉共计20多个。

二、烤烟生产

潍坊是全国烤烟重点产区之一。潍坊种植烤烟历史悠久，早在三、四十年代，被誉为“青州烟”的潍坊烤烟，以色、香、味俱佳而驰名中外。潍坊烟草分公司成立以来，潍坊烤烟生产步入了新的发展时期，烤烟生产作为潍坊的传统产业优势得到了进一步发展。全市年种植烤烟70万亩左右；年产烟叶11万吨上下；亩产值由1983年的276元上升到1990年的470元，增长41.3%；每个植烟户年平均收入在1000元以上；每年出口烟叶2万吨左右，占全国出口总量的40%以上，吨烟价格由1987年的2000美元左右提高到1990年的3500美元左右。烟叶质量不断提高，上中等烟比例由1982年的65%提高到1990年的87%。潍坊烤烟深受外商好评和青睐。西德大陆烟草公司副总裁史蒂芬先生在对潍坊烟叶质量进行科学考察后评价说：“潍坊烤烟好于加拿大，可与巴西、津巴布韦的烤烟相媲美，完全可以取代在国际上负有盛名的南朝鲜烤烟”。1990年，潍坊烤烟在国内率先打入采购世界一流烟叶、生产“万宝路”牌卷烟的世界头号跨国公司——美国菲利浦·莫利斯公司，一次出口烟叶900吨。该公司高级采购经理鲍肯特说：“潍坊市诸城的烤烟是我在中国见到的质量是最好的。质量无可挑剔，在中国能产出这样好的烟叶，使我感到非常惊讶”。潍坊烟叶行销国内各地，远销欧美和东南亚等20多个国家和地区。1984年—1990年，潍坊市连续7年被评为全国烤烟生产先进市。1990年7月，全国烤烟生产现场观摩会议在潍坊召开，烟田长势及大田管理水平博得了到会代表及专家教授的高度赞扬。

良种化、区域化、规范化

“三化”生产不断普及深化。潍坊在推行“三化”生产上，起步比较早，发展比较平衡，逐步走上了优质适产的轨道。在品种上，实行繁育、供种、催芽、播种四统一，全面推广种植了G140、G28、NC82、NC89等优良品种，扭转了品种多、乱、杂的局面，彻底淘汰了潘元黄等高产劣质品种。在区域化种植上，实现了由不适宜区、次适宜区到适宜区、最适宜区的转化，大力实行成方连片种植，全市80%的烟田实现了区域化布局、集约化生产。在规范化种植上，发挥市、县、乡三级政府和科技人员、村干部、示范带头户组成的科技推广网络的作用，每500亩烟田配备一名技术员，实行现场指导与开辟示范田相结合的办法，全面落实冬耕深翻、测土施肥、营养袋育苗、四无一平顶、合理留叶、成熟采收、病虫害综合防治和科学烘烤等生产技术措施，完全达到了规范化生产要求。

系列化服务不断强化。一是搞好技术服务。市、县公司都建立了科技开发服务中心和设备较齐全的土壤化验检测中心；烟叶收购站建立了科技推广站；村村建立了科技服务组。每年都抓住冬春农闲时机，采取多种形式，将科学技术和有关政策规定，直接向全市45万户烟农宣传。仅在1990年，层层举办各类培训班335期；印发技术“明白纸”150万份；举办广播电视讲座338次。为了壮大技术队伍，提高技术人员的素质，每年春季拿出一定时间大搞技术培训，每年培训系统内部技术人员400多人次。到1990年，全系统有高级农艺师38名，助理农艺师139名，技术员170名。二是搞好物资服务。分公司成立了生产物资办公室，各县都抽出一名科长专抓这项工作。坚持两条腿走路，主动配合生资、燃料等部门，催拨调运计划内物资；组织专门队伍，千方百计疏通进货渠道，拓宽货源，积极购进计划外物资，并无偿为烟农垫资代存，减轻了烟农负担，保证了生产需要。三是搞好跟踪服务。起垄时，主动配合地方政府，组织农机具，发放油料，统一标准要求，统一起垄。育苗环节上，现场指导烟农严格按技术要求，配好营养土，装好营养袋；免费提供优良品种，由烟站统一催芽后，送到烟农手中，并指导烟农正确点播，科学管理。施肥上，由烟草部门送肥到地头，组织专业人员严格按配比要求，统一划施。大田管理上，及时指导烟农进行科学管理。烘烤环节，服务上门，大力推行“两拖一低”的烘烤新工艺。

坚持“欲取先予”的原则，积极扶持烤烟生产。分公司先后出台了一系列扶持奖励政策，包括：超产奖励政策、先进乡镇奖励政策、优质烟示范田奖励政策、营养袋育苗扶持政策，小烤房群建设扶持政策及优质烟、主料烟开发扶持政策等等。例如：每建一座标准小烤房，分公司扶持400元。1990年，全市共建标准式小烤房500个群10926座，共下拨扶持款580万元。此外，从建立高产稳产烟田、增强烤烟生产发展后劲出发，加大烟田投入。1987年至1990年，每年都拨专款，兴建水利，配套灌溉设施，全市烟草系统共向烟田水利建设投入5000万元。

借鉴吸引国外先进生产技术和经验。一是抓住关键，对症引进，高点起步。针对过去全市烤烟品种低劣、营养不良、发育不全、成熟不够、香气不足的问题，在有关部门的配合下，注意高点起步，迅速赶超世界一流烤烟生产水平。先后在几年间，引进了美国的G140、G70、NC82、NC89、K326、K394等优良品种，这些品种具有烟叶内在品质好，厚薄适中，高香气，高浓度，高尼古丁，低焦油的特点。同时，还积极与具有世界先进水平的西德大陆、英国乐富门、美国环球和菲利浦·莫利斯等烟草公司合作，每年聘请5—6名烟草专家来潍坊工作，有力地推动了全市烤烟生产水平的提高。二是虚心学习。一方面配备技术人员跟班学习，另一方面，主动邀请国外专家授课。一般每年举办两次讲座，请专家从育苗到烘烤进行系统地技术传授。几年来，培养了大批技术骨干力量，为吸收消化、推广应用先进技术奠定了基础。三是开发生产主料烟。1982年，诸城烟草公司同德国大陆公司合作，开发生产主料烟一举成功，填补了中国不能生产主料烟的空白。该项目获国家经贸部科技成果一等奖。四是建立基地。1985年以来，先后建立了主料烟基地、中英合资基地和优质烟基地，面积达30万亩。这些基地在国外专家的指导和烟草系统广大技术人员的积极努力下，集国内外先进技术于一体，实行良种良法配套，从根本上解决了潍坊烤烟长期存在的营养不良，发育不全，成熟不够的问题。同时，运用基地经验指导面上生产。建立了优质烟综合技术开发应用示范基地，面积达20万亩，有力地带动了全市烤烟生产的发展，烟叶质量显著提高，为全国推行“三化”生产措施，提供了可靠经验。五是在技术上不断开拓创新。在加快对外国技术吸收利用的过程中，每年都要有针对性地搞好试验，取得经验，应用于大田。从1983年开始，研究83增抗剂、叶面营养液和硼、锌等微量元素对提高烟叶产、质量起了良好作用。试验结果表明，烟株喷施83增抗剂，叶面营养液和微量元素可以有效地预防花叶病，增加产量，提高烟叶质量，为进一步提高烤烟产、质量开辟了一条新途径。

积极进行收购工作的改革。为使收购工作顺利开展，从1985年起，潍坊在全国率先推行了约时定点、轮流交售、一证一卡制度。这项制度作为一条经验在全国推广。由于以主料烟为代表的优质烟生产的发展和国际市场的需要，原我国十五级制的收购标准已不能适应，并在某种程度上制约了生产的发展和质量的提高。为此，根据专家关于烟叶收购要以质论价的建议，积极倡导和参与研究收购标准的改革。我国制定出的四十级制收购标准，在潍坊市验证并率先推行。实践证明，推行四十级制收购标准，充分体现了优质优价政策，经济效益明显提高。为改变烟叶收购人工过磅计量、人工计算汇总、劳动强度大、管理水平低的落后局面，从1985年开始与山东大学合作，联合开发研制烟叶收购专用计算机，并先后在诸城、安丘、昌乐、临朐、青州5大产烟县进行微机收购试验，取得了较好效果。

三、烟叶复烤

随着潍坊烤烟生产的振兴和发展，潍坊的烟叶复烤业进入了兴旺时期。1986年以前，全系统只有潍坊、青州、临朐三家烟叶复烤厂。1987年至1990年的几年间，新增加了诸城、安丘、昌乐三家烟叶复烤厂。到1990年，全市5大产烟县（市），都有了各自的烟叶复烤厂。潍坊烟叶复烤厂拥有4台复烤机，其它复烤厂每家拥有片烟复烤机和挂杆复烤机各1台；采用的复烤设备大多属国内一流设备，质量控制和监测系统达到了国际水平。1987年至1990年，年复烤量4万吨左右。1985年以来，复烤烟叶质量稳定提高，深受国内外用户好评；碎烟率、电耗、煤耗、人工耗等各种消耗指标不断降低。被评为全国烟叶复烤先进单位的诸城烟叶复烤厂，1990年，复烤把烟4180吨，碎烟率0.8%，成品水份合格率99.1%；潍坊烟叶复烤厂，吨烟耗煤由1985年的112公斤降到了1990年的79.8公斤；吨烟耗电由1985年的15.5度降到了1990年的14.7度。

在出口烟复烤上，加强同外商的合作，严格按客户要求进行复烤加工，复烤水平不断提高。1990年，诸城复烤厂给美国菲利浦·莫里斯公司加工的出口片烟，质量无可挑剔。实地验货的外商称赞说：如此复烤加工水平，在国际上也是少有的。

四、卷烟经营

潍坊烟草分公司的成立，使卷烟经营走上了新的发展道路。1986年—1990年，年销售卷烟21万箱以上。实现利润由1986年的464万元上升到1990年的1021万元。

卷烟经营方式。卷烟批发由烟草公司统一经营。货源由国家统一调拨分配，属省外和省内区外购进者，由总公司或省公司直接安排调拨，发运至二级（地、市）批发单位，然后再统一分配到三级（县）批发单位。由益都卷烟厂购货者，则由市级批发单位在益都设立调拨组和储备库，代表市公司在产地直接办理调拨发运手续，各零售单位直接从三级批发单位进化。一般在季前一个月召开一次全省卷烟产销平衡会议，各卷烟厂和分公司参加，由卷烟厂提出卷烟生产计划，销售单位提出要货计划，然后由省公司统一平衡后，下达计划到各单位执行。省公司计划下达后，由分公司再召开一次产销平衡会，卷烟厂和县公司参加，具体落实发货时间及品种、牌号等。卷烟零售业务，严格执行《烟草专卖条例》，允许集体单位和个体户经营卷烟，经营卷烟者必须取得当地专卖局发给的“烟草专卖许可证”和工商行政管理部门发给的“营业执照”方可经营。

积极扩大购销业务。一是分公司和县（市、区）公司设立了下伸批发网点。全市142个烟叶收购站大部分都兼营卷烟批发业务。二是加强市场预测，搞好信息开发，根据市场需要组织进货。在省内外建立信息点150多个，聘请近100名信息员。1988年，13种名牌烟敞开供应后，原来一度滞销的硬“双马”、硬“青州”、硬“大鸡”、“将军”等二等名牌成为抢手货，于是积极组织进货，满足了市场需要，提高了经济效益。三是抓好春节、元旦、五一、国庆节等重大节日的供应烟。1990年从上海、北京、厦门、云南等地购进各种节日供应的名烟3635箱，占年购进总量的16.8%。四是加强专卖管理，整顿卷烟市场，为卷烟销售创造良好环境。

卷烟储存。1983年，全系统原有卷烟仓库面积5066平方米。1990年，全系统卷烟仓库共有8120平方米，拥有空调器、去湿机等主要设备248台，储存卷烟能力36540箱。所建库房都进行特殊的防潮处理。如库房地基高，墙壁厚；门窗采用双层，或用棉帐密封；地面和墙壁涂刷沥清等。卷烟养护严把三关：一是入库验收关；二是在库养护关；三是出库关。为了提高仓库保管员的素质，加强业务培训，1983年到1985年共举办培训班三期，参加学习的50多人次。

五、企业管理

为提高企业经济效益，促进企业健康稳步向前发展，潍坊烟草分公司坚持立足实际，以改革总揽全局，把加强企业管理作为企业的一项长期任务常抓不懈，努力探索和实践以改革促管理、管理与改革有机结合的路子。

认真搞好企业整顿。1984年，按照上级指示精神，在全系统大力开展企业整顿活动。通过整顿，全系统上下各单位建立健全了各项规章制度，全面推行了目标管理和考核办法，企业走上了制度化、规范化和科学化的管理轨道。

推行承包责任制。从1988年1月开始，在全系统推行经济承包责任制。全系统上下层层签订承包合同。承包制，把企业的生产任务和工作的有关规定要求，具体落实到每个生产单位、部门以及每个职工，把生产者个人的经济利益同企业经营成果和工作成绩挂钩。承包制的实行，调动了干部职工的积极性，企业活力大大增强，经济效益显著提高。

深入开展“双增双节”活动。在加强企业管理中，把开展“增产节约、增收节支”活动作为一个重点突出抓好。活动中，制定方案，狠抓落实，做到有组织、有计划、有部署、有检查，实现年年抓、年年都有新成绩的工作目标。

六、精神文明建设

潍坊烟草系统各级党组织认真贯彻落实上级精神文明建设指示精神，充分发挥工会、共青团和政工职能部门的作用，使精神文明建设开展得生动活泼、富有成效。1983年—1990年，潍坊烟草分公司年年被评为潍坊市精神文明建设先进单位和思想政治工作先进单位。

培育新人。为提高职工的思想政治素质和文化素质，大力加强职业道德教育、艰苦奋斗教育和革命人生观教育，积极开展“五讲四美三热爱”活动、学雷锋、学劳模活动和职工读书活动。

弘扬先进。年年评先进、树先进、表彰先进。对好人好事进行广泛宣传。1990年10月，由聂文贡、王耀东主编的弘扬全市烟草系统先进单位和模范人物的报告文学集《金色事业的开拓者》出版发行。

积极开展文化体育活动。1983年—1990年，潍坊烟草系统共举办了18届职工运动会和7届职工书法、摄影美术作品展。潍坊国际风筝会自1983年举办以来，潍坊烟草分公司每年都组织参赛，并多次取得好成绩，其中潍坊烟叶复烤厂扎制的“潍坊在腾飞”风筝荣获第七届潍坊国际风筝会金牌奖。

新郑卷烟厂

党的十一届三中全会以后，新郑卷烟厂进入新的发展时期，其主要标志是：企业规模进一步扩大，技改步伐加快，产品意识增强，企业管理进一步完善，经济效益逐年提高。1981年至1990年共实现税利34.4亿元，为国家作出了较大贡献。在隶属关系上，新郑卷烟厂先属开封地区管辖，1983年地区撤销，行政管理归郑州市一轻局，财政管理归省财政厅，党务归郑州市委领导。1984年河南省烟草公司正式接收新郑烟厂为直属企业，1989年被中国烟草总公司评为第二批卷烟工业国家二级企业。

一、进行技术改造　增强企业活力

1980年以前，新郑烟厂几乎没有进行大的技改，多是自力更生，小改小革。但进入“六五”

以后，技术改造逐步展开。1981年第二条辊压法烟草薄片投入使用。研制成功烟叶发酵温湿度控制自动记录与自动显示装置和烟支机械计数器，并经科研部门鉴定，在全行业推广使用。1984年12月，新郑烟厂被国家经委列为“七五”期间全国烟草行业技术改造14个重点企业之一。1987年8月18日中国烟草总公司向国家计委上报了中烟计（1987）111号《关于报送新郑烟厂“七五”技术改造项目设计任务书请予审批的报告》，国家计委计轻（1987）2230号文同意新郑烟厂“七五”技术改造项目设计任务书。项目总投资6540万元，其中贷款5056万元（含外汇150万美元），企业自筹1234万元。建设内容：购进昆船叶丝线和引进COMAS梗丝膨胀线各1条，购进国产YJ14/YJ23卷接机组12台（套），以及公用工程和土建工程等。该技改项目从1987年启动到1990年竣工，卷烟生产能力达到43.5万箱，其中嘴烟23.5万箱，无嘴烟20万箱；与技改前的1985年相比，单耗烟叶由56.29公斤降至52.7公斤，税利由2.4亿元增长到4亿元，净增1.4亿元。“七五”技改完成以后，新郑烟厂制丝装备水平上了一个大台阶，跻身行业先进水平，为以后调整结构，提高质量提供了良好的“硬件”保障。

二、新产品开发硕果累累

从1980年开始，新郑烟厂先后研制甲混合型“少林”、甲滤嘴“喜梅”、乙级“剑鱼”、丙级“金星”、丁级“八哥”。1984年研制成功甲级“芒果”，1986年试制成功符合国际口味的混合型甲“福星”，100毫米“芒果”和81毫米“芒果”，逐步形成了以“芒果”为龙头的系列产品群体。到1989年新郑烟厂产品覆盖面达到顶峰，畅销全国29个省市自治区，仅“芒果”系列产品就占总销量的77%，“喜梅”占20%以上。从1979年至1990年在国内卷烟市场竞争十分激烈的情况下，持续实现库无积压，淡季不淡，产销两旺。产品获得一系列荣誉，甲“喜梅”为省优质工业品、省旅游产品优秀奖、总公司优质产品；“福星”烟为省优质产品；“芒果”为省工业优质产品，省旅游优质产品、国产旅游外汇烟、全国畅销牌号、新产品开发奖、全国食品博览会银奖等。

三、产品销售保持良好态势

1979年实行扩大企业自主权，标志着产品销售由过去的高度计划经营逐步向企业自主经营过渡。新郑烟厂围绕市场和消费者需求，开发适销对路产品，同时通过多种座谈会、评吸会、订货会以及走访用户、走访市场等途径，加强工商联系，了解市场行情，搜集市场信息，宣传产品，树立企业形象，不断扩大市场覆盖面和提高市场占有率。1983年实行厂站联营工商合一体制，与河南省副食品公司驻厂调拨站联合办公，工商产销一条龙，较好地解决了生产、调拨、储运三大环节问题。1984年经河南省烟草公司批准，厂站进行了合并，进一步完善了内部管理机制，逐步与市场经济发展接轨。1981年至1990年10年间，共向省外销售卷烟235万箱，占合计总量的57%，约占河南省卷烟外销量的四分之一，畅销除台湾省以外的全国各省市自治区，以“芒果”和“喜梅”为代表的产品，享誉大江南北，长城内外，1988年前后出现供不应求的局面，在南方一些地区称新郑卷烟厂是“芒果烟厂”。

四、精神文明建设不断加强

10年间新郑卷烟厂召开了三次党代会，企业党组织力量不断加强。到1990年，全厂共有党员508人，其中党员干部110人，设有14个党支部。企业党委根据上级党组织要求，结合企业实际，加强党支部建设和党员教育，充分发挥党支部的战斗堡垒作用和共产党员先锋模范作用。从1990年开始在各党支部开展“党员责任区”活动，收到较好效果。

10年间共召开团代会四届，到1990年有共青团员650名、团总支3个、支部10个、专职团干5名。组织上隶属于共青团新郑县委员会，也与团郑州市委和团河南省委进行工作联系。

10年间共召开了5届职代会，会议的内容主要是听取审议厂长工作报告和企业一些重大问题。

文娱活动蓬勃展开。到1990年底，新郑烟厂已建成比较齐全的文娱设施，包括篮球场、工人俱乐部、门球场、电视转播塔、职工之家、图书阅览室等。组建体工大队，下设男篮、女篮、男女乒乓球队和男女羽毛球队。还设有气功指导站、老年门球队、钓鱼协会、业务文艺队等，由厂团委和工会牵动组织，各基层党支部、团支部和工会配合，每年搞一次“新烟之春”文娱晚会，一年一届“芒果”杯运动会，丰富了职工业余文化生活。

1981—1990年主要财务指标完成情况（万元）

年　　度	销售收入	产品税	城建税	利润总额	专项收入
1981	17827.6	11104		676.2	684.9
1982	19880	12542.1		825	4028.6
1983	29637.4	15070.7		1103.5	6046.6
1984	32205.6	16999		2138	4773
1985	35377	20722	1036	1980	
1986	39780	22028	1154	1532	
1987	43030	24657	1233	1052	
1988	54510	31051	1551	-639	488
1989	63566	35287	1766	-550	1093
1990	69863	41384	2011	-1419	

郑州卷烟厂

郑州卷烟厂前身为私营的利民烟厂。1948年后，利民、民丰、新华等小烟厂合并定为现名。经过40多年发展，特别是党的十一届三中全会以后，烟草行业组建统一领导、垂直管理、垄断经营的专卖管理体制以来，生产规模逐步扩大，现已发展成为具有卷烟生产、滤嘴成型、烟草薄片制造、商标印刷、部分卷烟辅料生产的一个综合性现代化企业，是国家大型二类企业，年生产卷烟能力60万箱。至1990年底，有职工3462名，固定资产原值7961.6万元，净值6095万元，拥有主要生产设备286台（套）。

一、卷烟生产与销售

郑州卷烟厂1981年—1990年间生产的卷烟牌号：

——烤烟型：黄金叶、彩蝶、金杯、少林、散花、中州、一品红、香云、大前门、海狮、白熊、AAA、三门峡、多美、中岳庙；

——混合型：万利宝、健利宝、珊瑚；

——疗效型：健利宝；

——薄荷型：企鹅、芬芳；

——雪茄型：百事吉、邙山。

1981—1990年累计生产卷烟486万箱，年平均增长2.24%，10年间卷烟总体保持产销平衡。

卷烟产品结构：名优烟比重大幅度提高，滤嘴烟比重由1981年的11.79%上升到1990年的36.54%。其中，甲一级卷烟有：散花、中州、万利宝；甲二级卷烟有：彩蝶、金杯、少林、健利宝、三门峡、珊瑚；乙级卷烟有：健利宝、芬芳、百事吉、大前门、海狮、白熊、AAA、三门峡、多美、舒口、中岳庙。

产品的技术含量和内在质量不断提高，平均每支卷烟的焦油含量已由80年代初期的28—30毫克下降到1990年的20—22毫克左右，优质产品产值率由1981年的21%提高到1990年的87.6%。

卷烟平均单箱耗用烟叶量由1981年的56.76公斤下降到1990年的53.9公斤。

二、效益指标

1981—1990年，累计实现销售收入42.56亿元，税利24.81亿元，为国家的财政积累和现代化建设做出了巨大的贡献。

1981年的税金总额为1.8亿元，1990年的税金总额达到了3.1亿元。

1981年工业总产值占郑州市一轻系统总产值68%，占全市总产值的7.8%，上交税利占河南省财政收入的十七分之一。

人均税利由1981年的7.13万元增长到1990年的8.56万元，产值利税率由1981年的38.64%提高到1990年的47.5%。

三、技术改造

1983年5月4日，10万大箱嘴烟精装大楼投入正常生产。

1986年初开始进行“七五”技术改造，总投资5500万元。

——主厂房：包括土建工程建筑面积17009平方米。公用工程：6000kg/h制丝生产线1条；6000型包装机组两组；风力送丝系统6组；贮丝柜14台（套）；除尘系统13组；电梯两台。

——综合动力站房：土建工程建筑面积1034平方米。公用工程：150万千卡/时的溴化锂制冷机3组、2V35—20/8空气压缩机4组、W300真空泵4组及1600RVA变配电室。

——发醇房：土建工程（建筑面积6025平方米），小型空调46组，电梯两台。

——生活辅楼及消防水池、水塔、水泵房。

——完善三级检测站，引进英国检测仪1台套。

四、体制改革和企业管理

郑州卷烟厂管理体制经历了烟草制品生产以及市场流通由分散管理到集中管理，由自由发展到垄断经营、依法治烟的历史过程。

——1981年前归属郑州市一轻局管理。

——1981年—1987年归属郑州市烟草专卖局管理。

——1987年后，归属河南省烟草专卖局管理。

在企业管理方面：

1981年开始实施“六定六保”经济责任制：厂对车间实行“六定”，即定产量、定质量（等级率）、定机台、定人员、定成本、定文明安全生产，车间对厂实行同样内容的“六保”。

1982年修订完善“六定六保”经济责任制，实行“五定三包”，五定即定人员、定设备、定质量、定产量、定安全文明生产；三包即包产量、包质量、包成本。

1983年开始企业管理全面整顿，建立了企业规章制度及岗位责任共有30万字。

1986年开始推行成本目标管理，建立成本分级分口管理责任制，实行了厂部、分厂、车间、班组、机台和个人全员承担成本目标控制。

1986年开始推行企业内部经济责任制，建立了“计件工资制”的内部经济责任制体系，到1990年逐年完善和深化，打破了“平均主义的等级工资制”。

1981年继续完善和推行1979年开始实施的全面质量管理工作，建立健全了全厂质量工作管理网的三个体系，即：由专职检查员和工人组成的产品质量管理体系，质量工作的保证体系，质量信息反馈体系，并有32个QC小组展开了活动。

1981年10月份开始开展每人节约100元的活动，制定了节约10项指标和7项措施，当年全厂总共节约 80.7 万元。

1990 年，企业现场管理以 87.2 分获全省同行业第一名，以 83.2 分获中南 6 省协作区第二名，得到省公司、总公司的通报表彰。

五、产品质量和新产品开发

为了加强质量的监督和检验工作，1984 年成立郑州卷烟质量检测站（三级站），设常规、烟气、物测、原辅材料等 6 个室，设立原材料进厂、制丝、卷制、包装入库等 7 个质量控制点。1990 年经河南省烟草专卖局（公司）和郑州市技术监督局、总公司二级站联合验收，以总分 93 分获河南省第一名。

检测站建立后，原辅材料检测种类达 10 种，合格率 90.37%，出厂产品检测率 100%。

由于质量工作的加强，1981—1990 年，产品合格品率始终稳定在 98%以上。

——黄金叶牌号香烟，曾荣获中国轻工业部 1983 年全国轻工业优质产品；中国烟草总公司 1986 年度畅销牌号；第二届国际技术展览会中国包装十年成果展览会十年成果金奖；河南省人民政府 1983 年、1988 年省优质产品，列入省 1983 年、1988 年质量奖优质产品名册。

——彩蝶牌号香烟，曾荣获中国烟草总公司 1987 年度全国烟草行业卷烟优质产品奖和 1989 年度畅销牌号奖；河南省人民政府 1981 年、1987 年省优质产品奖；河南省烟草公司 1987 年装潢特等奖，1988 年装潢一等奖，产品开发二等奖；1988 年首届中国食品博览会特优新产品金奖；中国包装十年成果展览会硬盒包装银奖；1988 年最受消费者喜爱的河南产品。

——邙山牌号香烟，曾荣获中国烟草总公司 1985 年“配方新颖，风格独特，国内首创，经济效益较好”评语，1986 年度畅销牌号；河南省 1981 年一轻系统新产品二等奖，1982 年、1987 年省优质产品，1988 年省质量奖、优秀产品名册。

——万利宝牌香烟，荣获中国烟草总公司 1987 年度产品开发奖；散花、多美牌号香烟荣获 1984 年度河南省旅游产品优秀奖。

六、科技与教育

1981 年成立职工教育委员会，建立了职工业余学校，开办了电大文理 5 期 5 个班，学历后再教育 1 个班，中等教育 3 期 4 个班，卷烟技术轮训班 30 期。

共实现“合理化建议”和“改革”项目 1000 余项；其中属于技术革新方面的 600 余项；工具改革方面的 200 余项；新设备、新技术 100 余项。

七、多种经营和福利事业

1985 年成立独立核算、自负盈亏的集体企业——郑州卷烟厂劳动服务公司，主要生产、加工卷烟滤嘴棒、烟标印刷、铝箔复合纸、烟草薄片。该公司 1990 年被评为郑州市百强企业，河南省行业 20 强。

1981—1990 年共建成家属楼 21 幢 994 户，共计 63104.4 平方米。

改善了卫生所的医疗设施，年均对职工独生子女体检 3000 余人次，搞好各种预防接种 6000 余人次，门诊 10 万余人次，保证了广大职工的身体健康。

10 年间绿化面积达 2000 平方米，栽种树木 1000 棵，露地花卉 2000 株，盆栽花卉万余盆，使厂区面貌得到很大改观。

八、精神文明建设

企业精神文明建设不断深入：1981—1990 年郑州卷烟厂共荣获市级先进单位称号 14 个；省级先进单位称号 8 个；国家级先进单位称号 3 个。评选出厂级标兵 190 个，荣获市级劳模称号的有 3 人，省级劳模称号的有 3 人。

修建完善各种基础娱乐设施，1980 年，面积 2700 平方米的郑烟俱乐部正式投入使用。

开展职工体育运动会，如游泳、射击、台球、篮球、足球、象棋、围棋等比赛，寓教于乐，广大干部职工素质得到了提高，社会主义、集体主义精神得到了弘扬，形成了艰苦创业、闲时求知、遵守纪律、重视质量、钻研业务、比学赶帮、争创一流的厂风。

抓好典型，注意发展和培养车间、部门的先进典型，坚持以树身边人、身边事为主，发挥先进典型的示范引路作用，使职工学有榜样，赶有目标。

（撰稿：陈清棠）

许昌卷烟厂

一、概　况

许昌卷烟厂始建于1949年2月。建厂之初，是一个不足200人的作坊式卷烟企业。到1990年末，许昌卷烟厂拥有2580名职工，固定资产1.04亿元，占地面积16万平方米，卷烟生产线2条，各类卷接包设备134台（套），年生产能力40万箱，属国有大二型卷烟企业。生产牌号分甲、乙、丙三个等级，“许昌”、“中原”两大系列、近20个花色品种，其中甲级“中原”为河南唯一的国优卷烟；甲级“许昌”为行优产品，丙级“许昌”为部优产品，“红艺”、“远方”为省优产品。1990年，许昌卷烟厂生产卷烟35万箱，实现产值5.91亿元，实现销售收入5.52亿元，实现税利3.02亿元，名列河南卷烟企业第3位。1981年到1990年的10年间，许昌卷烟厂累计实现税利19亿元，为国家和地方建设作出了突出贡献。

二、企业改革走向深入

从1981年到1990年的10年间，企业经历了扩大自主权、内部整顿、推行厂长负责制等一系列重大体制改革，在管理上开展了以不断深化经济责任制为主要内容的改革。随着改革的不断深入，企业的竞争激励机制逐步得到了加强，各种形式的内部承包责任制在生产经营中发挥了积极作用，为企业从计划经济向市场经济过渡奠定了基础。改革的深入也促进了企业管理的不断完善和提高。10年间，企业始终坚持以质量管理为中心，完善各项管理制度，严格规范操作行为，在全厂范围内推行全面质量管理活动，先后建立了160多个QC小组，发布成果140余项，有10个QC小组获得省级和国家级优秀成果奖。1986年，在全省同行业首家获得“河南省质量管理奖”。经过7年多的努力，创出了河南省独一无二的国优名牌。

三、加快技术改造步伐

1980年，许昌卷烟厂的技术装备尚停留在建国初期的水平，主要卷烟设备是清一色的“新中国”卷烟机。之后的10年间，许昌卷烟厂经过“六五”、“七五”两个时期的技术改造，技术装备跨上一个大台阶。“六五”期间，该厂配备了当时较为先进的YJ11和YJ13型卷烟机，全部淘汰了“新中国”卷烟机，生产能力和技术水平有了较大提高。“七五”期间，该厂安装了全国首条5000公斤/小时国产化烟草制丝生产线。1985年5月，引进第一批MK8、MK9等卷接设备，使设备结构有了较大程度的改善。到1990年末，该厂已拥有MK8/PA7卷接机组8套、MK9/PA8卷接机组6套、3000型包装机组7套、6000型包装机组2套，技术装备水平居全省领先地位。尤其是建成了自动化程度较高的集制丝、卷接包为一体的卷烟生产线，为90年代初创造历史上的辉煌时期奠定了雄厚的设备技术基础。同时，该厂还大力开展了工艺技术改进，积极研究新工艺、新配方，打破了过去那种烤烟型卷烟一统天下的旧格局，形成了以烤烟型为主、集烤烟型、混合型、疗效型为一体的新格局。这种格局在当时的企业发展中一度产生了积极作用，取得了良好的社会效益。其中新研制的混合型“双狮”和新混合型“858”双双获得河南科技进步二等奖，混合型“远方”为后来出口创汇打下了基础。

四、优化结构　增加效益

在努力发展科技、提高技术装备水平的同时，许昌烟厂把优化产品结构作为提高经济效益的重要途径之一，下大力气开发研制适销对路的新产品，尤其是注重开发培育科技含量高的名优产品。该厂先后研制出甲级“许昌”、“中原”，混合型“双狮”、“858”等新牌号，其中甲级“许昌”和“中原”经过不断改进生产工艺、提高产品质量和长期的市场培育，逐步形成两大骨干牌号，构成了许烟产品格局的“骨架”，对许昌卷烟厂的发展产生了深远影响。特别是“中原”牌卷烟，先后于1985、1987、1990三个年头摘取省优、部优、国优桂冠，1990年产销量达15.4万箱，占全年总产量的43.8%，为后来许昌烟厂出现的“三年辉煌”时期发挥了主力军作用。10年间，该厂根据市场需求不断调整产品结构，加大嘴烟产量，限制无嘴烟生产，不仅提高了产品的附加值，而且有效地降低了烟耗，取得了可观的经济效益。1990年，许昌卷烟厂的总产量仅比1980年增长1.14%，然而在档次和结构上都有跨越性的提高。据统计，1990年生产甲级烟16.7万箱，占总产量的47.5%，相当于1980年的130倍；嘴烟产量18.7万箱，占总产量的53.3%，相当于1980年的47倍，乙、丙、丁级烟在总产量中所占比重有大幅度降低。在经济效益上，1990年利税总额是1980年的2.52倍，单箱税利是1980年的2.53倍。

五、实施人才兴厂战略

为了与日益发展的科学技术相适应，许昌卷烟厂积极实施“纳天下贤士，兴许烟经济”的人才发展战略，多管齐下培养各类人才，全面提高职工素质。从1982年开始，该厂经过多方努力，在本厂开办广播电视大学，先后培养了3期53名学员；从1985年开始，该厂分期选送优秀职工到高等学校进修，先后有34名在职职工拿到大专毕业（或结业）证书；该厂还积极鼓励在职职工参加函大、职工自学考试等形式的自修。从1981到1990的10年间，全厂约有50余名职工通过自学，获得了国家认可的毕业文凭。许昌卷烟厂还非常重视职工的岗位技术培训。“七五”期间，先后举办了11期全面质量管理培训班，培训率达到100%，领取合格证率达90%以上。各种类型的技术培训基本达到不间断进行，使职工经常获得新的技术业务知识。1989年以后，该厂每年举办一届全员技术业务大比武运动会，比武的范围几乎扩展到全厂所有的工种及岗位，出现了许多感人的学技术、争第一的场面，涌现出许多技术能手、业务标兵，有20余名职工在全省乃至全国的比武场上相继夺魁，为企业争得了荣誉。全员技术业务大比武活动把职工技术比武、劳动竞赛推向空前的规模，同时也促进了“五小”活动的开展，涌现出16位省、市级“五小”活动先进个人。从1989年开始，许昌卷烟厂主动和全国各大专院校联系，大批引进优秀大中专毕业生，到1990年，共引进大学生129名。通过一系列的努力，该厂职工文化结构发生了根本性改变。1990年末，许昌卷烟厂已拥有大、中专学历的职工334名，占职工总数的12.4%，比“七五”初的1986年翻了一番，并拥有27名工人技师和234名高级技工。

六、加强精神文明建设

10年来，许昌卷烟厂始终紧密围绕经济建设这一中心工作，加强企业党组织建设和思想政治工作，用马列主义、毛泽东思想和邓小平建设有中国特色社会主义理论武装广大职工，确保党的路线、方针、政策在企业的贯彻执行，确保许烟人艰苦奋斗的优良本色。实行厂长负责制后，该厂依据《企业法》、《全民所有制工业企业党组织工作条例》和《工会法》等有关法规，密切党政工关系，分工协作，依法行使管理企业的权力，合“二心”为一心，把企业领导班子建设成为带领广大职工团结战斗的坚强核心。

厂党委坚持不懈地狠抓支部建议，开展“争先创优”活动，涌现出46个（次）先进党支部和近800人（次）的优秀党员，并创建出一个市级先进党支部。为加强改革开放进程中企业思想政治工作的探讨，1984年，成立了“许昌卷烟厂职工思想政治工作研究会”，组织了3次较大规模的思想政治工作研究活动，撰写出50余篇研究论文，10余篇在市以上学术会议或刊物上发表。厂政研会多次被评为市级先进政研会，1990年获得省级先进政研会称号。为了加强宣传思想工作，1988年，厂里投资110万元建成闭路电视网络，坚持自办新闻节目，及时向职工宣传企业的新动向。1989年，企业创办了《中原烟报》，以图文并茂的形式宣传企业成就，推广先进经验，弘扬良风美德。该厂还组织专人开展对外宣传工作，每年向市以上新闻单位发表稿件不少于200篇，较好地塑造了企业的外部形象。1989年至1990年，该厂连续被评为全市新闻工作先进单位。该厂还十分重视职工文体活动，每年举行一届大型职工运动会，推出一台大型职工文艺汇演，还举办经常性的知识竞赛、演讲会等活动，既丰富了广大职工的文化知识，活跃了文化生活，又使职工们在活动中受到良好的集体主义和主人翁意识教育。在思想政治工作中，厂党委大力倡导良风美德，每年评一次“五好家庭”、“好婆媳”、“好邻里”，在职工中建立良好的亲人般的关系；开展经常的法制教育、廉洁自律教育，树立“十大爱岗敬业标兵”、“廉洁自律楷模”，净化企业空气，营造良好的干事创业环境。多年来，许昌卷烟厂一直被评为许昌市双文明单位，河南省经济效益显著单位。

（撰稿：许昌卷烟厂办公室　刘工成）

许昌烟草工业机械厂

一、概　况

许昌烟草工业机械厂，是中国烟草总公司直属大型企业。该厂自1965年创建以来，致力于各种烟草加工设备的开发和制造，并逐步形成了以卷接高速机组制造为主，兼营其它烟机产品的国家骨干企业。这些年来，已有近30种烟机产品装备国内外烟厂。

目前，该企业拥有职工1700余人，其中各类专业技术人员386人。厂内设有自己的烟草机械设计研究所，汇集了从事烟草机械设计开发的优秀人才。企业各种金切设备齐全，拥有加工中心4台，高精度数控铣床、数控车床多台。设备综合新度系数达70%以上。完善的检测手段如计量、理化、热工、电气和电子元件筛选室、电气系统模拟室等保证了产品质量。500平方米的计算机中心站，下设4个微机站，实现了NOVE微机局域网络，开发了CAPP、CAPM，运行多年并日趋完善。零件组成编码、工艺过程编码、生产计划管理、财务管理、库房管理、人事管理、设备管理、销售管理、质量管理、机加车间生产管理均采用了微机。

自八十年代初期以来，在国家烟草专卖局的统一领导下，许昌烟草工业机械厂大步迈开了开展国际合作、引进国外先进技术的步伐。1985年成功地消化吸收了英国莫林斯公司MK8卷接机组，并向其它烟机企业转让，为当时国内卷烟企业设备升级换代提供了有力保证。

二、不断追求技术进步　新产品开发成绩卓越

自进入八十年代，许昌烟草工业机械厂根据市场需要，充分利用技术优势，组织技术力量，积极开发新产品。1981年先后研制成功了YA36立式打叶机、YJ22型接装机、YJ13型卷烟机，并一次鉴定成功，分别获国家优秀新产品奖和河南省重大科技成果奖。其中YJ22型接装机能适应今后卷、接、包联合的发展方向，具备了与高速卷烟机对接成机组的条件，是一种具有发展前途的新产品，它基本满足了全国烟厂的需求。尤其是YJ13型卷烟机被列为我国自己研制的第三代新型卷烟机。这一阶段，国内卷接机组基本是许昌烟机厂独家经营，产品供不应求，部分产品出口到非洲、南亚等国家。

改革开放以后，我国卷烟工业水平迅速提高。为满足国内卷烟企业的装备需求，1983年，经轻工业部批准，在该厂成立了全国唯一的烟草机械设计研究所。同年，首次引进消化吸收了莫林斯卷接技术，成功转化了中速卷烟机组MK8（YJ14型），使我国烟草卷接装备水平与国际水平相比缩短了近30年，在当时是我国生产的最先进机型，并被中国烟草总公司定为“七五”期间卷烟工业更新换代的主导产品，是完成烟支卷制成型的专用设备，为我国卷烟产品上档次、上水平、

上质量提供了技术保证。1985——1990年，为了抢占市场制高点，尽快缩短与国际水平的差距，消化吸收了英国莫林斯的“超九”（YJ15型）卷烟机技术和意大利的“康马斯”真空回潮机（YG19型）技术。其中“超九”卷烟机具有八十年代末国际先进水平的高速卷接机组，逐步实现了“七五”期间以高速卷烟机组占领市场的战略决策。这一阶段的重点是技术引进阶段，并围绕技术引进，开展技术改造，做了大量的技术准备工作。特别是中速卷烟机组MK8和高速卷烟机组“超九”，不但满足了国内部分烟草企业设备更新换代的要求，而且两种机组作为替代进口产品，为我国节约了大量外汇。MK8机组实现出口，为我国的卷烟行业又上一个新台阶奠定了坚实的基础。

三、企业管理水平不断提高　初步建立起现代企业制度

10年来，许昌烟草工业机械厂能够全心全意依靠工人阶级，把技术进步、人才培训、质量管理、强化思想政治工作，作为推动企业发展的强大动力，促进企业向现代化企业迈进。

1. 建立充满活力的干部队伍，实现了以干部聘任制为主的干部制度改革。1983年，实行了厂长责任制后，打破了过去干部终身制，实行了干部聘任制，厂长重新调配机构，并聘任部门负责人，任期2年。厂长任期内对全厂中层干部实行考核，及时淘汰不称职干部，建立起能者上，庸者让，无功便是过的竞争机制，使干部队伍充满活力。

2. 抓人才培训，提高职工队伍整体素质。对专业技术人员进行学历后的继续教育，保证每年有20天的脱产学习时间，学习现代管理和科技新知识，及时掌握学科前沿的发展动向，不断进行知识更新，适应烟草行业，特别是烟机制造高新技术的发展需要。对技术工人要进行“一专多能”的培训，重点放在操作水平上。培训中，要充分发挥车间或科室等基层部门的积极性，开展“以师带徒”、“岗位练兵”、“技术比武”等活动，结合生产实际，以考促练，以练备考，考练结合。经过培训，工人队伍的整体素质有了明显提高，从而促进了产品质量和经济效益的提高。

3. 建立起灵活的劳动用工制度，实行全员劳动合同制。首先在分配上打破“铁饭碗”，调动起职工积极性，明确提出分配上向有贡献者倾斜，使企业内部形成了竞争上岗、双向选择的新机制。

四、狠抓产品质量　促进经济效益逐年提高

企业坚持技术开发与质量创优并重的经营方针。在实现产品结构重新调整以来，许昌烟草工业机械厂先后有2种主导产品被评为部优产品，有4个产品获河南省重大科技成果奖。1983年，该厂的YJ22型滤嘴接装机、YA36立式打叶机、YJ13型卷烟机三种新产品获得国家经委颁发的优秀新产品“金龙奖”，同年荣获轻工部“经济效益好的先进单位”称号。在1987年，中国烟草总公司质量检查团来厂对25台YJ14型卷烟机进行验收，全部合格，质量在全国同行业评比中名列第一。1990年，许昌烟草工业机械厂被国家列入全国50家质量效益型企业和100家国营大中型企业提高经济效益先进单位。

随着产品的更新换代，对产品的质量要求也越来越高。因此，企业坚定不移地走“质量效益型”道路，把生产经营转轨变型的基点放在企业内部的素质建设上。厂部把提高生产现场的管理水平作为保证产品质量的重要手段。并建立健全了从产品开发设计、生产制造、检验把关到售后服务的质量保证体系。

搞好售后服务，确保用户满意。售后服务直接影响本厂信誉。过硬的产品质量，使许昌烟草工业机械厂产品一直保持了较高的市场占有率，所以经济效益逐年提高。1990年实现销售收入4258.6万元，比1989年增长36%。被国务院生产委员会、全国工商联列为“全国百家国营企业提高经济效益先进单位”，厂长邹祥信应邀参加李鹏总理在中南海召开的部分大中型国营企业厂长经理座谈会。

五、精神文明建设

围绕企业的中心工作，许昌烟草工业机械厂党委结合厂情，有针对性地开展政治思想工作，较好地发挥了各党支部的战斗堡垒作用。他们注重把多种形式的寓教于乐活动与“双基”教育、

政治思想研讨会相结合，提高了职工素质，使全厂上下同心同德，使生产出现了蒸蒸日上的好局面。1990年国家烟草专卖局党组授予许昌烟草工业机械厂为“全国烟草系统政治思想工作先进单位”。

在开展职业道德建设过程中，厂党委十分重视教育的实际效果，实现物质文明与精神文明的最佳结合。开展“我爱我岗”演讲比赛活动，使职工自觉树立主人翁责任感和敬业爱岗精神。结合部分职工质量意识差的实际，进行了以产品质量为中心内容的责任意识教育。结合企业生产经营实际，开展职业道德教育，把生产经营成果作为检验职业道德建设的效果。

（撰稿：许昌烟草工业机械厂办公室　邢益红）

许昌烤烟厂

一、概　况

许昌烤烟厂始建于1917年，1952年重建，1956年扩建，现有职工2600多人。厂区占地面积600多亩，固定资产6790万元，有30万担把烟复烤生产线两条，60万担打叶复烤生产线1条，年处理原烟能力120万担；国家大型烟叶储备库1座，一般库房8栋，仓储能力1.2万吨；铁路专用线1条，贯通南北两厂，与京广线上的许昌火车站接轨，铁路专用站台两个，可供整列火车装卸；是中国烟草总公司批准的制造烤烟机、烤烟机械设备的定点厂，属国家大二型企业；在全省、全国烟草行业是历史最久、规模最大、生产能力最强、复烤技术最先进的烟叶复烤厂之一。1981年至1990年，该厂在上级领导的关怀、支持下，认真贯彻执行党的方针、政策，沿着改革开放、开拓创新的道路，团结奋进、努力拼搏，自力更生，艰苦奋斗，在坚持以烟为主的同时，积极开发新产品，发展多种经营，从原来只具有挂杆烟叶复烤纯加工能力的单一型企业，转变为挂杆烟叶复烤、片烟复烤、打叶复烤、烤烟机械制造、出口烟包装纸箱生产、饮料生产等项目的综合型企业；同时该厂紧紧围绕企业生产经营和职工思想实际，运用多种形式开展思想政治工作，确保企业的社会主义经营方向和各项改革措施的落实，有力地调动了职工的生产积极性，被河南省委命名为“优秀思想政治工作企业”，企业的物质文明建设和精神文明建设取得了双丰收。

二、十年改革　十年辉煌

1981年　八十年代以前，许昌烤烟以颜色金黄、色泽鲜明、吃味好、劲头适中、燃烧性强驰名中外而占有优势。1981年，一些重点产烟县和地区相继建立烟叶复烤厂，许昌烤烟厂加工复烤业务逐年减少，由过去的全年烤烟变为季节性烤烟。该厂在面临“吃不饱”的情况下，积极挖掘潜力，“找米下锅”，首先与登封等10多个县、地区签订合同，加工复烤一部分超计划烟叶。同时，将1968年建成因达不到技术指标而搁置12年之久的打叶复烤机，重新改造成挂杆复烤机，增加复烤生产能力。当年共烤烟73133吨，发酵25049吨，发电31.72万千瓦小时，创产值30278万元，利润200万元。

1982年　随着河南烟草种植业大发展，许多地县纷纷到该厂要求帮助安装烤烟机。由于该厂的技术设备和几十年的经验已经成熟，因而在完成上级下达的生产任务的同时，为西华、新蔡、商水、上蔡、宜阳等地制造了烤烟机全套设备，并到现场安装、试车、培训人员、传授技术，当年创产值125万元，为企业发展多种经营开拓出一条新路子。10月，根据国家水电部、省电业局通知精神，该厂决定1、2号发电机停止运行。该厂以剩余下来的一批专业技术人员为骨干成立了“锅炉安装队”，开展安装维修锅炉、水电工程及拆迁业务。12月该厂采取造纸法研制烟草薄片获得成功。经技术鉴定，许昌地区科委下发（82）14号文件，认为该项目达到目标标准，同意批量生产。该项目荣获许昌地区科研成果一等奖。

该厂当年的精神文明建设也取得显著成绩：1月，该厂团委组织举办青年集体婚礼，1月28日，被团省委命名为“破旧俗，树新风先进单位”。4月，该厂被许昌市委、市政府授予“文明工厂”称号。10月，河南省总工会召开双先会，该厂文艺宣传队被评为先进单位。当年，该厂投资3万多元新建职工病房楼1幢，改善了职工的医疗条件，使医疗工作不断走向正规化、制度化。

1983年 该厂复烤烟叶62160吨，发酵24475吨，实现产值25531万元，利润125万元。

3月，该厂被评为河南省计划生育先进单位，光荣出席省计划生育先进经验交流会，河南省委、省政府奖授锦旗一面。8月，该厂受命武汉军区、河南省军区进行防空演习，取得圆满成功。

1984年 这年2月，按照中央关于干部实行“革命化、年轻化、知识化、专业化”的要求，该厂领导班子进行了新老交替。吴全德同志任党委书记，刘兆炎同志任厂长。10月，在河南省委召开的重点企业党委书记座谈会上，该厂被定为全国3000个大中型企业之一。12月，根据企业整顿的五项重点工作要求，该厂对领导班子、办事机构、经营管理、劳动纪律及经济责任制等进行了系统整顿，经省、市综合企业整顿验收团验收，认为该厂的企业整顿工作达到了要求，生产指挥系统焕发了生机，颁发了合格证书。当年，该厂举行了首届技术选拔赛和技术比武活动，全厂9个工种660多人参加了选拔，167人参加了厂级技术考核和比武，27人被命名为“技术能手”。为加强质量管理，该厂设立了全面质量委员会，把质量管理列入首要位置。同时制订了全面质量管理方案，对工艺规程、检验制度、质量标准进一步修订完善，设置了17种原始记录和日报表，制订了质量目标，举办了两期质量管理学习班。

1985年 这年是河南省直接经营烟叶出口业务的第一年，国际烟草市场也出现了变化，过去传统的把烟销售量减少，片烟需求量增加。该厂抓住机遇，征得中国烟草总公司和省、市烟草公司同意批准，发挥自己的技术和设备优势，开拓出人工抽梗片烟复烤的新路子，并积极主动和外地重点烟区“横向联合”，分别与上海、太原烟草公司签订协议，加工白肋烟、烟草薄片等高档烟叶和一些难度大、有特殊需求的烟叶。国内外客商慕名纷纷前来参观、洽谈业务。

这年，经国家烟草专卖局批准，该厂为全国第一家对外设计制造安装烤烟机和配套设备定点厂。当年，该厂在福建龙岩永定县召开烤烟机械表演会上，受到全国5省22个单位与会代表一致赞许。会议期间，15个厂家与该厂签订制造安装烤烟机合同。在这一形势下，该厂设立机械生产办公室，以锅炉水电安装队为骨干成立新的安装公司，为全国各地制造安装烤烟机，当年为省内外制造安装7台。

当年，该厂开展了工业普查基础整顿工作，整顿清理了总产值和净产值计算问题，制订各项管理制度56条，各级责任制19条，经河南省工业普查团验收合格。

1986年 1986年1月经河南省烟草公司批准，该厂正式实行厂长负责制，企业法人代表刘兆炎。2月中国烟草总公司在武汉召开全国出口烟基地市县座谈会，通过争取，会上分配给该厂3000吨片烟复烤任务，但仍有2400吨出口经营任务不能落实，不少厂家犹豫不决。参加会议的刘兆炎毅然要回了这一任务。会后，该厂决定依靠自己的技术优势，制造片烟复烤机。4月，召开设计论证会，并组建七、八车间，负责抽、烤片烟业务；8月初，片烟复烤机试车成功，设计能力2.5—3吨/时，烤烟质量完全达到出口标准。日本、西德、美国等许多外国代表团来厂看样订货，给予高度评价。9月23日，美国澳斯汀烟草公司范士一行来厂验收烟叶。10月29—31日，由中国烟草总公司主持，对该厂的片烟复烤生产线进行技术鉴定，认为：该生产线设计合理，主机设计正确，可以推广使用。当年，该生产线复烤出口片烟920吨，创汇184万美元，荣获许昌市科技进步一等奖。许昌市人民政府向研制者刘兆炎、尚林山、李杰、李长明、董少阳颁发了证书。当年，该厂被定为出口烟基地。

这年，该厂为加强企业管理，6月成立厂务委员会，参与厂里的重大决策；成立全面质量管理办公室，完善《安全生产管理制度》；建立生产总调度室，对全厂生产统一调度指挥，对生产工具、库房、劳动力统一调配，确保生产任务的完成。12月份，河南省计量局批准该厂为计量工作三级合格企业。

当年，该厂创办了职工子弟学校，投资10余万元，建一栋1000平方米的教学楼，购置了收音机、扩音机等现代化教学用具，9月1日正式开学。

1987年 1987年2月，该厂厂长刘兆炎作为中国烟草总公司技术考察团成员对津巴布韦和美国的烟草种植、烤烟设备进行了考察，国外的先进经验、技术对该厂很有借鉴作用。3月，该厂与上海烟草公司进行横向经济联合，本着互惠互利的原则，进行烟叶配方、打叶试验。3月14日，该厂为适应烟叶出口需要，同中国烟草总公司签订了共同筹建系统内纸箱生产线协议书。5月，经河南省烟草公司批复，该厂投资295万元，引进香港永昌有限公司自动化年产98万只纸箱的全套生产线，当年生产纸箱3090个，质量达到国家出口纸箱标准，不但满足本厂需要，还销往云南、贵州、四川、安徽、福建、河南、黑龙江、辽宁等10多个省市。8月，国家烟草专卖局局长江明来厂视察，对该厂近几年的改革给予肯定。

该厂为提高企业管理水平，当年开展了全厂性的班组升级赛，被评为许昌市“班组升级赛先进单位”；在第一次举行的“QC”成果发布会，评出厂级成果5项；实行安全承包现任制，从指导思想、承包目标、各级责任、考核标准、奖惩办法作了严格规定；成立了安全科，专门履行安全生产的检查、监督工作；12月，经河南省计量局批准，该厂升为计量工作二级企业。

当年6月21日—26日，该厂党委副书记孙明轩同志出席了在延安召开的全国烟草系统第二次政治工作会议，在会上做了题为《搞好保证监督，确保厂长负责制的顺利实行》的发言，并当选为中国烟草职工思想政治工作研究会理事。

1988年 该厂为适应国际卷烟对烟叶需求的变化，决定发展打叶复烤技术。3月，该厂技术设计研究所所长贾新义、副所长张水旺作为中国烟草总公司采购团成员，对巴西的打叶复烤设备进行技术考察；6月，该厂自行设计、制造、安装一模拟打叶复烤生产线，经多次试验，取得大量技术参数，据此立项申报建打叶复烤生产线。

当年，该厂广泛开展了质量管理活动，制订《QC管理制度》、《各级人员质量责任制》，完善把、片烟复烤工艺、质量标准，举办厂QC学习班，发展QC小组50个，上报QC成果26项。由于质量管理活动的开展，该厂产品质量博得用户好评。福建三明、广西钟山、江西烟草公司当年与该厂签订了9条供货合同。当年该厂出口片烟840吨，把烟35吨，获利润215万元，为省内外安装烤机24台，获利润148.9万元。

当年，该厂全面推行安全工作责任制，拿出奖金总额的30%作为安全承包经费，按考核得分进行分配。这年该厂被许昌市评为“安全生产先进单位”。

1989年 1989年4月，该厂同河南省瑞莱星公司签订协议，并经许昌市工商局、计量局、卫生防疫站批准，在该厂设立河南省瑞莱星公司许昌饮料厂。当年从河北省廊坊市饮料厂购进SPⅢ型全自动生产线2条，年生产能力2000吨。7月投产后，生产“瑞莱星”、“津美乐”、“搏力源”、“健康乐”4大系列13个品种饮料。当年赞助参加全国第二届青少年运动会河南代表团“搏力源”口服液5000支。8月1日被河南省体委定为“搏力源”饮料生产厂家。

8月至12月，全国人大常委会法制委员会主任邬福照率领的考察团、中国烟草总公司副总经理马尔赤、河南省省长程维高等领导来厂视察。

10月，该厂自行设计、制造、安装的3万吨打叶复烤生产线建成试产。10月16日，中国烟草总公司邀请英国英太白烟草公司技术人员在该厂举行有全国各大烤烟厂领导、技术人员参加学习的打叶复烤技术讲座，全面向全国展示了3万吨打叶复烤生产线。当年，该厂被中国烟草总公司定为优质烟叶出口基地。

2月，该厂成立标准化委员会，作为企业立法的最高权利机构。3月，设立标准化室，开始制订厂标准，5月20日发布，6月5日正式实施。期间共制订、发布、实施企业标准88类768条。河南烟草公司受中国烟草总公司委托，会同河南省技术监督局、许昌市标准计量局，对该厂标准工作进行考评，认定该厂标准化工作达到国家二级水平。12月，该厂能源管理升为省级水平。

当年2月，该厂荣获“全国烟草系统工会工作先进集体”称号。3月，获“许昌市职工民主管理优秀企业”称号。5月1日，该厂厂报正式创刊。当年，该厂成立职工医院，增加了医务人员，添置了B超、心电图机、脑电图机等医疗器械，设置病床30张。

在这年春夏之交的政治风波中，该厂党委带领全厂两千多名职工坚持四项基本原则，坚信共产党领导，立场坚定、旗帜鲜明的反对动乱，坚守工作岗位，不仅没有一人参与、声援动乱，还创造了比往年同期增长89.18%的经济效益，以实际行动同党中央保持了一致。

1990 年　1 月，国家计委副主任盛树仁来厂视察。4 月，河南省副省长刘源来厂视察，肯定了该厂多种经营的做法。

4 月 6 日，该厂生产的饮料“搏力源”获第十一届亚运会中国体育代表团专用饮料和全国运动营养银奖，国家体委在人民大会堂为该厂颁发了证书和银杯奖。当年赞助北京亚运会“搏力源”饮料 350 箱 2500 瓶，价值 10500 元。为拓宽饮料市场，该厂当年 10 月在连云港经济技术开发区投资兴建饮料厂，12 月试生产成功。

8 月，美国环球烟草公司、德定烟草公司、英国英太白烟草公司来该厂看烟定货。

11 月 13 日，中国烟草总公司委托河南省烟草公司对该厂自行设计、制造、安装的 3 万吨打叶复烤生产线进行技术性能检测，作出以下结论：许昌烤烟厂这条 3 万吨打叶复烤生产线，把卧式与立式两种形式的打叶机线合成一体作为全机，其打叶复烤质量与效果是好的，为在我国推行打叶复烤工艺开创了一条可取的新路子。验收委员会建议中国烟草总公司采取有力措施积极推广应用，使这条具有中国特色的打叶复烤生产线不断完善、提高，为促进中国烟草打叶复烤事业的发展做出应有的贡献。

当年，该厂厂长刘兆炎获河南省“五一”劳动奖章，被中华全国总工会、国家计委授予“全国合理化建议和技术改进积极分子”。

当年，该厂分别被评为许昌市“劳动竞赛先进单位”、“安全竞赛先进单位”、“技术选拔赛先进单位”。

当年，该厂分别被评为全国、河南省、许昌市“河南省民主管理优秀企业”、“优秀思想政治工作企业”。

（撰稿：许昌烤烟厂办公室　张越峰）

武汉卷烟厂

一、概　况

武汉卷烟厂创办于 1926 年，前身是南洋兄弟烟草公司汉口制造厂（简称汉口南洋烟厂）。解放后，武汉地区 30 余家中小烟厂先后并入南洋烟厂。汉口南洋烟厂 1964 年更名为汉口卷烟厂，1968 年正式定名为武汉卷烟厂。1985 年前，武汉卷烟厂隶属于武汉市一轻工业局。1985 年下半年后直属中国烟草总公司，由湖北省烟草公司代管，一直是中国烟草行业重点骨干企业。

1981—1990 年 10 年间，武汉卷烟厂生产经营得到长足的发展。该厂 10 年生产卷烟 541 万箱（最高年产量达 60.5 万箱），较前一个 10 年净增近 150 万箱，增幅为 37.9%，实现销售收入 50.69 亿元，是前一个 10 年的 2.9 倍，实现税利 30.2 亿元，其中利润 6900 多万元，分别是前一个 10 年的 2.75 倍和 1.98 倍。1990 年末，武汉卷烟厂有职工3700人，其中工程技术人员114名、管理人员287名，拥有固定资产14684万元，是1980年末的8.7倍，位居国家统计局公布的1990年度全国500家最大经营规模工业企业第125位（按销售额排序），在全国烟草工业企业名列第15位，在湖北省50家最大经营规模工业企业名列第6位，湖北省50家经济效益最佳企业名列第一。这期间，武汉卷烟厂多次被湖北省、武汉市和中国烟草总公司、湖北省烟草公司授予湖北省“先进集体”、“经济效益先进单位”，武汉市“先进单位”、“提高经济效益先进单位”，“全国卷烟工业经济效益先进单位”、全国烟草系统“设备管理先进单位”、“档案管理国家二级企业”，湖北省“省级先进企业”等光荣称号。

二、研制开发精品名牌产品

武汉卷烟厂注重产品开发，向精品名牌要效益。经过多年精心研究开发，武汉卷烟产品形成了独有的“吸味醇和，香气浓馥”的特色，被消费者称为“汉烟”。八十年代，武汉卷烟厂生产的卷烟有“红双喜”、“长城”、“黄鹤楼”、“金松”、“珍珠”、“百宝”、“红金龙”、“白金龙”、“长江”、“大桥”、“辉煌”、“游泳”、“大公鸡”等20多个牌号。汉烟系列产品高中低档俱全，适应不同层次、不同口味的消费者的需要。1985年以前，“永光”、“游泳”和“白金龙”先后评为“全国轻工业优质产品”；84′S“白金龙”、84′S“红双喜”、84′S“红金龙”、84′S“白金龙”和“永光”、“游泳”还被评为湖北省优质产品；“大公鸡”为武汉市优质产品。1988年84′S混合型“百宝”牌卷烟被中国烟草总公司评为全国优质产品，1989年84′S烤烟型“红双喜”牌卷烟分别被中国烟草总公司和湖北省评为优质产品，84′S“红双喜”并成为1990年全国畅销产品。混合型“金松”牌、“珍珠”牌卷烟和烤烟型“红双喜”牌卷烟先后出口到苏联、罗马尼亚、香港、澳门和东南亚等国家和地区。

三、加强技术改造　增强企业活力

武汉卷烟厂靠科技增效益，以质量求发展，积极进行技术改造。八十年代初，武汉卷烟厂进行了首期易地改造工程，投资2400万元在汉阳十里铺兴建新厂房，添置更换部分卷烟装备，使工厂生产能力大为增强。但由于总体改造规划仍以生产无嘴烟为主，未能充分预见到卷烟市场的发展趋势，致使企业生产经营一度出现严重的滑坡。1986年，武汉卷烟厂克服企业效益不佳，自我积累不足的困难，得到行业主管局和地方政府的支持，投入1.37亿元进行技术改造，建造了封闭式的中央空调主厂房，重点引进了具有国际先进水平的制丝能力为5000kg/h的意大利Comas制丝线1条，引进法国Protos卷接机组、意大利GD包装机各2套，并辅以Mk8、YJ14、YJ13、Sasib等卷接、包装设备，使卷烟装备大部达到七十年代末和八十年代初先进水平，为企业调整产品结构，提高产品质量，降低材料消耗，提高经济效益打下了坚实的基础。在加大硬件投入的同时，武汉卷烟厂十分注重软件投入，一方面对职工进行全面培训，陆续从高校招收大专以上毕业生100多名充实到生产经营的关键岗位；另一方面广泛应用烟草新技术、新工艺、新材料，采用国际上先进的烟梗膨胀、烟草薄片加工、烟丝、滤棒风送等新工艺技术，推广使用丙纤滤棒，增加了产品的科技含量。

四、强化企业管理　促进企业经营

武汉卷烟厂坚持苦练企业基本功，向强化管理要效益。鉴于10年动乱以后企业管理基础薄弱，生产管理秩序混乱的实际，武汉卷烟厂坚持不懈地狠抓“三基”即管理基础工作、基层建设、企业基本功，强化“四纪”即劳动纪律、工艺纪律、财经纪律和组织纪律，并以加强现场管理为突破口，狠抓企业整顿，以承包制为主全面推行企业内部经济责任制，使企业生产效率和管理水平有了提高，产品质量有了好转。结合企业整顿，武汉卷烟厂内部改革也日渐深入。八十年代初工厂实行民主选举厂长、车间主任和班组长。1985年实行厂长负责制，实现了企业领导体制的重大变革。随着1985年下半年烟厂上划中国烟草总公司，武汉卷烟厂先后几次调整了内部机构，立足于任人唯贤和打破“大锅饭”开展了干部人事制度和劳动用工制度的改革，并在企业实行经济效益（税利）与工资总额挂钩的同时，进行企业内部工资分配制度改革，使职工收入与个人劳动成果挂钩。加强企业管理，深化内部改革促进了企业生产经营。

五、调整产品结构　坚持精神文明建设

武汉卷烟厂不断调整产品结构，优化结构。1980年，该厂卷烟总产量48.5万箱，其中嘴烟、甲级烟产量分别为11218箱和2631箱，实现税利1.48亿元；1986年卷烟总产量59.8万箱，嘴烟、甲级烟产量分别为12.7万箱、4.7万箱，实现税利3.03亿元；而1990年卷烟总产量49.2万箱，其中嘴烟和甲级烟分别增至29.2万箱和9.1万箱，实现税利增加到4.37亿元。10年来该厂产品结构调整的步伐是比较快的，取得的效果也是比较显著的。

武汉卷烟厂坚持两个文明一起抓，以精神文明建设促进物质文明发展。武汉卷烟厂一贯注重企业党的建设，坚持党员干部政治理论学习制度，发挥党员的先锋模范作用，涌现出了一大批先进模范。该厂八十年代形成了党政工团齐抓共管思想政治工作的新格局，并创办了厂报、厂广播电台，经常开展歌舞、球类、棋类比赛，逐步树立起文明向上的企业文化，先后获得了“五讲四美三热爱”先进单位、“思想政治工作先进单位”等多种荣誉称号。

（撰稿：武汉烟草（集团）有限公司办公室　刘建清）

襄樊卷烟厂

一、概　况

襄樊卷烟厂具有50年专业生产史。1984年被中国烟草总公司确定为全国12家重点烟厂之一。八十年代，该厂有干部、职工2500余名，高、中级专业技术人员占10%，拥有两个分厂，6个主要生产车间，以及滤嘴成型、包装箱制造和机修动力等配套车间，23个职能科室；共有各类专用设备187台（套），其中3条制丝生产线，100余台（套）卷接包设备，年产卷烟能力达40万箱，可生产烤烟、雪茄、可可、薄荷、混合5种香型和滤嘴烟、平烟、长支烟、细支坤烟等不同规格型号30多个牌号的卷烟。1990年，经过“七五”技改的襄樊卷烟厂装备水平大大提高，技术实力不断增强，加速了产品质量升级和产品结构提高。

1981—1990年，襄樊卷烟厂年产量平均以2.08%的速度递增。该时期共生产卷烟470万箱，特别是1987年生产卷烟37.04万箱，达到历史最高水平。10年内，该厂实现工业总产值573675万元，实现销售收入618509万元，实现利税总额250358万元，各项经济指标均比七十年代增长10倍以上。

襄樊卷烟厂的高速发展，为国家作出了较大贡献，年均税额占襄樊市税收总额的30%以上，是湖北省的纳税大户。1981年以来，企业多次被省政府评为“双文明先进单位”、“经济效益先进单位”和“企业管理先进单位”；被襄樊市政府评为先进单位；1985年，被国家烟草专卖局评为“全国卷烟工业经济效益先进单位”。

二、调整产品结构　适应市场需求

“七五”期间，襄樊卷烟厂面对瞬息万变的市场形势，积极开发适销对路的新产品，坚持以市场为导向，增加滤嘴烟、横包烟、全包烟的生产，缩小无嘴烟和平装烟的生产，大力优化产品结构。1990年生产滤嘴烟11.6万箱，比1984年的4000箱，翻了39番，企业基本上实现了产销平衡，效益大增。整个八十年代，襄樊卷烟厂贴近市场，掌握信息，按照生产一代、试制一代、研究一代的方针，致力于新产品的开发和老产品的改造，其中“襄阳”、“金蝶”、“白鹤”、“丹江”等老品牌更新换代，焕发了新的生命力；“五景隆中”、“中日友好”、“中南海”和药物疗效烟“金

方拾”等25个新产品相继问世。同时，注重新工艺、新材料、新技术的运用，研制出硬盒翻盖包装、10支硬盒包装、20支铁盒包装和50支听装产品。产品投放市场后，深受欢迎，畅销北京、东北、河北、河南、四川、江西、上海等19个省市，产生了良好的社会效益和经济效益。特别是“五景隆中”卷烟自1985年进入人民大会堂展销后，至今盛销不衰。药物疗效型“金方拾”卷烟具有止咳、平喘、利痰之功能，并对呼吸道患者有一定疗效，产品供不应求。

三、坚持质量“三高”　狠抓质量升级

市场的竞争，实质上是产品质量的竞争。襄樊卷烟厂始终奉行“质量是企业生命”的宗旨，强化质量意识，坚持产品“三高”目标，即高起点、高水平、高质量；在工艺技术上，吸收先进的工艺技术，实行配方改革和装潢改造；在生产管理上，强化生产全过程的质量监控和检测，实行质量否决权；推行等级品率奖惩制度，把质量优劣与经济利益挂钩，使质量管理实现“产品负责到户，信息反馈到车间，质量奖惩到机台”。在贯彻质量保证体系的同时，企业坚持技术进步，加强质量的科学管理，于1987年引进英、美、德、日等国的先进检测设备8台（套），从而使该厂的产品质量达到一流水平。在历次的总公司检测站、省二级监测站市场抽检中，合格率均为100%，列全省榜首。“白鹤”卷烟分别于1984年和1987年被中国烟草总公司评为“部优”产品，1987年被授予全国畅销产品称号；“襄阳”、“金蝶”卷烟分别于1986年和1989年评为“省优”产品，同时授予湖北省畅销产品称号；“五景隆中”、“中南海”、“中日友好”分别于1984年和1985年获全国旅游产品金奖，博览会银奖。

四、加速“七五”技改　蓄积企业后劲

在“控制总量、提高质量、调整结构、增加效益”的方针指导下，为使企业持续、稳定、协调发展，经中国烟草总公司和湖北省烟草公司批准，“七五”期间，襄樊卷烟厂共投资13356万元进行技术改造工作，整个技术改造工程历时5年。1986年设备引进工作全面展开，基本建设破土动工，1990年下半年投产使用。这次技改新建一幢面积为23400平方米的生产楼房，先后从英、德、法、意等国引进的制丝、卷接包设备96台（套）。技改后的襄樊卷烟厂具备年产50万箱卷烟和24万箱高档滤嘴卷烟的生产能力，跨入了现代化企业的行列。

根据企业的实际，襄樊卷烟厂采取分步技改的办法，“七五”技改重点建设现代化的制丝车间，引进国际上先进的制丝线1条，淘汰原有的制丝线。其中从法国马莱公司进口两台（套）真空回潮机，从英国莱格公司引进1台（套）卧式打叶机和3台RC4切丝机，从西德虹尼公司购进1条制梗生产线。新的制丝生产线投产使用，提高了制丝质量和工艺技术水平。氟里昂烟丝膨化技术的运用，为降低卷烟焦油含量和烟丝耗用发挥了关键作用。卷接包设备和技术通过“七五”技改后也初见成效，其装备水平由三、四十年代水平提高到六、七十年代水平，部分设备如：GDX1横包机组、萨西布6000横包机组、MK95卷接机组已达到八十年代水平，为襄樊卷烟厂调整产品结构，增加滤嘴卷烟和横包卷烟产量，提高卷接包水平起到重要的作用。

五、坚持改革严格管理　不断理顺运行机制

党的十一届三中全会以来，襄樊卷烟厂在拨乱反正的同时，大刀阔斧地进行内部配套改革，先后建立了以推行经济承包为内容的不同形式经济责任制，对全厂8个车间、31个工序、23个科室制订出有565条指标、45468款考核内容的全方位经济责任制。在此基础上，对生产车间实行任务承包，对职能科室实行目标责任制，对可以单独考核工作量的工种、工序、机台（组），实行全额计件承包，促进了生产经营活动的开展。八十年代末，该厂进行三项制度改革偿试，在企业内部建立健全了竞争机制、激励机制、约束机制和监督考核机制，给企业增添了新的生机和活力。在整个改革过程中，十分注重以改革促管理，把改革与管理有机的结合起来，坚持从严治厂，建立了劳动管理、生产现场管理、定置管理、门卫管理机制，以及各项专业管理等11项管理制度，做到处处有章可循，事事有法可依。各项专业管理水平的不断提高，使该厂的专业管理达到“一创、二达标、三保持”，计划管理、财务管理、安全管理、设备管理、质量管理均创全省先进，计量管理达到国家二级标准，企业管理连续多年保持先进企业称号。

六、注重思想政治工作　加强精神文明建设

“七五”期间，襄樊卷烟厂精神文明建设紧紧围绕新时期思想政治工作的特点进行，做到“一突出、三加强”，一是突出政治，把思想政治工作贯穿整个生产经营中；二是加强党的基本路线、基本理论、基本方针的学习，联系实际，加快企业的改革步伐，推动生产经营发展；三是加强职工队伍教育，努力提高素质，坚持不懈地开展党风党纪教育、爱国主义教育、政策法规教育、职业道德教育、“二五”普法教育和岗位培训、专业技术教育，以及开展社会主义劳动竞赛，培养出一支爱岗敬业、无私奉献、业务熟悉、技术过硬的“四有”队伍；四是加强领导班子建设和勤政廉政建设，充分发挥党组织的战斗堡垒作用和党员的先锋模范作用，建立了领导班子成员党风责任制和党员干部考核制度、“三会一课”制度，保证了党的方针、路线、政策全面落实，精神文明建设工作结出丰硕成果。“七五”期间，该厂的卷烟车间荣获全国烟草行业先进集体称号，一人荣获全国“五一”奖章，一人荣获全国烟草行业劳模称号，一人荣获全国总工会先进，3人荣获全国新长征突击手，5人被评为省劳模，30人获市劳模，151名党员被评为优秀党员。

七、拓展生产经营领域　大力兴办第三产业

襄樊卷烟厂在以烟草工业为主的同时，积极发展第三产业，开展多种经营。1984年，襄樊卷烟厂投资10万余元，开办劳动服务公司。公司拥有职工80余名，下设一个商店，3个商品销售门市部和烟厂招待所，经营范围为五金、百货、纺织、日杂、副食、土产、建材和饮食住宿。1990年，企业将薄片生产、纸箱制造和废品回收划归服务公司经营，开辟了新的创效门路。八十年代末，公司拥有固定资产50万元，流动资金35万元，是创办初期的8.5倍。

（撰稿：张建刚）

利川卷烟厂

利川卷烟厂始建于1970年，隶属于中国烟草总公司。经20儿年的发展，现已发展成为集“农工贸”于一体的中型卷烟生产企业。

党的十一届三中全会以后，利川卷烟厂在改革开放春风的沐浴下，茁壮成长。1981至1990年的10年间，在各级政府的关怀、支持下，在全厂干部职工的共同努力下，生产规模逐年扩大，生产经营逐年增长，各方面均取得了显著成绩。

截至1990年，该厂固定资产原值已达7096万元，职工2000余人，各种工程技术人员100多人，厂区占地面积16万平方米，拥有制丝生产线、卷接机、SASIB6000型横包机等各种专用设备614台套。为产销自备各种运输车30余辆，并采用了微机控制烟叶发酵，微机财务管理，微机计量管理，闭路电视监视等现代化手段，已形成了年产40万标箱生产能力的中型卷烟生产企业。

一、技术改造成绩显著

八十年代初期，利川卷烟厂卷烟生产技术落后，设备陈旧，只相当于国际四十年代的水平。为了适应生产的发展，提高生产的效益，该厂加快了技术改造步伐，特别是“七五”期间，随着科技进步和改革的进一步深入，企业花大力气投入资金进行技术改造。

1986年引进了帝国制丝生产线，1986年又引进MK8卷接机及意大利的SASOB6000型横包机，国产YJ22卷接机等多种专用设备。这些设备的引进，使企业生产能力大大提高，生产规模也随之扩大，并取得了很好的生产效益。

二、内部管理日趋完善

利川卷烟厂10年间先后有5个厂长上任，但每位厂长上任后均注重加强管理，使各种机构逐渐健全，各种制度逐渐完善。这样给烟厂生产经营创造了一个良好的内部环境。经10年的努力，内部管理已有条不紊。在加强内部管理的同时，该厂还加大专卖的力度。从1983年国务院颁布《烟草专卖条例》之日起就设立了专卖办，加强市场管理，使卷烟市场秩序井然，为卷烟销售创造了一个良好的外部环境。

三、经济效益持续增长

利川卷烟厂产品质量大大提高，产品数量逐年增加，产值、产量每年以23%的速度递增，成就巨大。1983年该厂正式纳入国家计划内烟厂，1984年上划中国烟草总公司，成为所属定点生产卷烟的中型企业。尤其是“七五”期间，经济增长更为迅猛，上交利税1.95亿元，占利川市“七五”期间财政收入的74%。到1990年固定资产原值由1981年的320万元增加到1990年的7096万元；工业产值由1959.59万元，增加到2.20亿元；上缴利税由1981年的1241.82万元，增加到4834万元；销售收入由1981年的1869.17万元，增加到2.21亿元。

四、产品开发向“高”、“精”发展

进入八十年代以来，随着产品结构的调整，利川卷烟厂加大了产品开发力度，增强了产品的科技含量。主要产品有“同根”、“利斯乐”、“幸福”、“昆明湖”、“利雅”、“腾龙洞”、“楚乐”、“瀛台”、“325”、“维纳斯”、“编钟”、“玉皇阁”、“楚鹰”等20多个牌号，产品畅销全国22个省、市、自治区。“幸福”牌卷烟被中国烟草总公司定为全国甲级烟定点生产牌号；“瀛台”为中南海特制香烟，“昆明湖”为北京烟草贸易中心联营产品。“玉皇阁”被国家选为1988年南斯拉夫博览会展品。1989年利川卷烟厂被湖北省人民政府授予“全面提高经济效益先进单位”，居行业百强和湖北省最大规模工业企业第16位。

五、精神文明和党风廉政建设取得积极成果

在利川卷烟厂经济建设取得良好成绩的同时，思想政治建设又取得长足进展。各届领导均十分注重路线教育，始终坚持四项基本原则，教育职工与党中央的基本路线保持一致。在发展经济之时，不忘先抓政治建设。10年间，精神文明建设与党风廉政建设取得了积极成果。厂里时时注重思想政治教育。因而在1989年动乱期间，该厂生产仍然保持良好态势，无一人出现政治问题。与此同时，还加强爱岗敬业的职业道德教育，加强企业文化建设，组织了多次文艺调演。

建始雪茄烟厂

建始雪茄烟厂的前身是湖北省建始县城关卷烟厂，属县城关镇的街道加工厂，成立于1974年12月29日。最初主要是生产手制雪茄烟。1980年10月，当时的县革委会为充分利用县内的烟叶资源优势，决定将城关卷烟厂归口县轻工业局领导，更名为“建始雪茄烟厂”，时年产值33万元。

1980年2月，县人民政府决定将该烟厂由镇办改为县办，隶属县工交办公室。这一年产值为150万元。

1983年5月，国务院批准将建始雪茄烟厂列入湖北省首批11家计划内卷烟生产厂，更名为湖北省建始县雪茄烟厂。1984年，组建烟草行业，该厂上划，隶属湖北省烟草公司，更名为“湖北省烟草公司建始雪茄烟厂”。

该厂上划管理后，厂房占地面积迅速扩大，仅半年时间一幢6000平方米的厂房拔地而起，实行了机械化制丝，并先后开发出“鄂、郕、寿、宝”系列雪茄产品投入市场，年产值由540万元一跃达1200万元。随后又投入300万元在郑州科研所的帮助下，按照白肋烟加工的特点设计出了国内第1台“高温高湿网式烤叶机”，建成白肋烟打叶、烤烟打叶和梗丝处理三条线。实行“三打三分”、光电控制、电子自动加料。高起点的技术改造使深山中的建始雪茄烟厂跃进为全省同类厂家的先进行列。

靠生产雪茄烟起家的建始烟厂具有雪茄烟产品的国内市场优势，但由于有限的雪茄烟消费束缚了建烟的发展。1985年建始烟厂提出“适应市场、黑（雪茄型）白（混合型）不分，逐步过渡，以白为主”的经营目标。在省公司的支持下，建烟全力以赴组织研制混合型卷烟。1986年建烟第1个混合型卷烟“香蜜”投放上海、北京等地市场，大获成功。当年建始烟厂作为全国7家烟厂之一被特邀出席国家烟草总公司召开的全国混合型卷烟生产研讨会。

不久，“香蜜”、“登极”、“丹露”、“玉城”便成为建烟这一时期的畅销产品，年产值由2800万元一下翻到4800万元，实现了空前的飞跃。

然而，市场等待建烟的并不都是成功的花环。1988年，由于市场原辅材料涨价，全国银根紧缩，企业资金困难，建始烟厂无论从生产规模，应变能力到技术装备、员工素质远远不能适应瞬息万变的市场。这一年底全厂卷烟产品严重积压，企业负债沉重。正在此危难之际，新的厂领导班组建后，推行内抓管理、外抓市场的经营方针，实施技术改造工程、产品开发工程、内部管理工程齐头并进，企业素质明显提高。到八十年代末，完成了厂房易地翻修工程，新产品“苗家”也同时投放市场，成为国内同类产品中的佼佼者。“苗家”的成功使企业知名度、产品竞争力、市场覆盖率、企业经济效益都大幅度提高。与此同时，产品销售市场由原来的几个省份几十个网点扩大到26个省（市、自治区）的400多个网点，产值突破1个亿达到12000万元。建始雪茄烟厂驶上了高速发展的快车道，为“八五”的更快发展和两个文明建设打下了良好的基础。

常德卷烟厂

一、概　况

常德卷烟厂创建于1951年。进入八十年代，常德烟厂的企业员工由1981年的1572人发展到1990年的4742人；企业固定资产原值由1981年的1415万元发展到1990年的20999万元；企业卷烟年产量由1981年的31万箱发展到1990年的72万箱；工业总产值由1981年的1.663亿元发展到1990年的6.73亿元。常德卷烟厂已成为湖南省最大的卷烟企业、利税首户；1988年，定为国家大型一档企业。1990年，国务院发展研究中心、中国企业评价中心、国家统计局工交统计司联合发布按利税总额排序的全国500家大中型工业企业，该厂位居第28位，实现利税6.8亿元。

常德卷烟厂是国家二级先进企业，纳入考核的各项指标全部达到或优于国家二级标准，基础管理工作进入了全国烟草系统先进行业。“七五”期间，该厂先后引进1条40万箱制丝生产线，38台套卷接包机组，其中包括具有国际八十年代先进水平的翻盖硬盒包装机组。生产条件、装备水平达到了全行业领先地位。先后有8个牌号卷烟获得部优和省优称号。部优产品有“金芙蓉”、“银象”、“博士”；“金芙蓉”还被中国烟草总公司列为全国15个甲级名优畅销牌号。产品销售全国20多个省，直接出口新加坡、泰国以及香港、台湾等东南亚国家和地区。

二、抓技术改造　强硬件基础

常德卷烟厂“六五”、“七五”期间，已进行了大规模的技术改造，先后进行54个技术改造项目，累计完成技改资金近6亿元。

“六五”期间，主要进行的技改项目有：引进卷接包机、锅炉房改造、国仿MK8卷接机；引进KDF2成型机、制丝关键件设备、RC4切丝机。还引进英国莱格公司5000kg/h制丝线1条，KPF成型机1台，RC4切线机1台，5台MK8，1台3000型，1台6000型，2台MK9—5，购置国仿MK8 7台套，新建锅炉房，并购置了2台山东济南产10吨蒸锅炉。共投入技改资金8000多万元。

“七五”期间，常德卷烟厂进入了全面的技术改造，先后引进LOgA—2卷接机、科研检测仪器、电力增容、打叶复烤、102工程配套技术改造，引进卷接包及购置商品出口烟用房、烟囱改造、发酵技术改造，国产卷接包项目，工业闭路电视项目，车间空调，膨化烟丝，与香港万厦有限公司及香港正本集团公司签署了2个补偿贸易项目，引进设备12台（套），总投资1500万美元，出口卷烟4.8万箱。

三、抓烟叶培植　促产品开发

1985年，常德卷烟厂为调动当地烟农种烟的积极性，一是在烤烟种植上给予技术扶持，抽出部分技术骨干常驻烤烟生产县进行技术指导。二是承担各县雇请种烟技术人员197人的经费开支。三是在烟叶收购上扶持烟农，对低次烟叶实行按总量不超过35%限额收购，这一举措，深受烟农拥护。1986年，由常德烟草分公司对烤烟生产、收购实行“一条鞭”管理，按“宜烟则烟”的原则，调整种烟面积，实行计划种植，推行种植区域化。常德卷烟厂在扶持烟叶生产的同时，还促进了产品的不断开发。1981年至1990年的10年间，随着人们生活水平的提高，烟民消费结构不断变化，常烟将开发新产品作为经济效益的增长点，执行了新产品开发“面向市场、面向客户、面向烟民”的方针，并围绕以提高产品质量和经济效益为中心，以培育名牌产品，实施名牌战略为目标，以深化卷烟配方改革和改进提高包装装潢设计水平为重点，培养了一批部优、省优产品，如“金芙蓉”、“银象”、“洞庭”、“博士”、“君健”、“索溪峪”、“桃花源”等，畅销产量率达到94.6%。

四、抓内部改革　上管理水平

常德卷烟厂在党的十一届三中全会改革开放方针政策指引下，把握全国烟草行业实行国家专营的机遇，10年改革历程，“六五”打基础，“七五”求发展。打基础是从整顿和强化企业管理入手，求发展是从改革管理和转换经营体制入手。1981年至1990年，企业完成了一系列的整顿、改革与管理活动，并取得好的成效。企业的质量、消耗、效益指标先后登上了两个新的台阶。1981年至1990年，企业先后推行、改革和完善了有关管理办法，即1981年起不断完善了1979年以来的经济责任制考核办法，1985年起推行了全厂员工的奖金系数分配办法，1986年又全方位地推行和逐步完善了企业目标管理方法，以及技改工程安装承包办法等一系列管理和改革措施，并于1989年总结出常德卷烟厂企业管理的“四以三结合”管理模式。（即以企业升级为龙头，以目标管理为主导，以调整产品结构，提高产品质量和降耗为重点，以全面推行内部经济责任制为手段；把完善基础管理、专业管理和适当强化综合管理结合起来，把推进技术进步和提高管理水平结合起来，把管事和管人结合起来)，使企业管理形成一个统一的有机整体。

五、抓主业发展　促多种经营

“六五”、“七五”的10年间，常德卷烟厂职工创造了辉煌的业绩，可用“企业上规模，经济效益增”10个字概括。1981年产量为31万箱，1990年达72万箱，产量增长1.32倍，资产总额1981年为5552万元，其中固定资产1425万元，1990年末资产总额为30449万元，其中固定资产13960万元，资产总额和固定资产分别增长4.5倍、8.8倍，由一个中型卷烟厂上升为国家大型一档企业。经济效益增长表现在销售收入和税利年年持续增长，1981年销售收入1.67亿元，1990年为11.68亿元，增长6倍；1981年实现税利1.18亿元，1990年为6.84亿元，增长4.8倍，据国家统计局公布的1988年我国独立核算工业企业税利总额前100名排位该厂位居26名。

常德卷烟厂在不断拓展主业市场的同时，亦使多种经营的发展态势看好。1984年厂部组建了独立核算、自负盈亏的厂劳动服务公司，在国家优惠政策和厂部扶持下，公司的经营规模逐步扩大。公司开办的香精香料厂和添加剂厂较好地安置了待业子女和残疾子女就业问题；公司开办的木器制作厂、综合经营部、废品收回加工部既为厂安置了富余人员，又收到了较好效益。工厂还对外合资兴办了“金芙蓉”化纤公司。10年间，常烟兴办第三产业得到了长足的发展。截至1990年末，常烟多种经营投资近3000万元，从业人员达到450多人，开展多种经营的收益除各类开支外，还略有盈余，仅劳服公司就拥有集体资金400多万元。

六、抓文明建设　凝职工合力

历史的车轮驶入20世纪80年代，常德卷烟厂在精神文明建设方面，先后荣获“常德市花园式工厂”、“湖南省双文明建设先进单位”、“全国先进基层组织”等省市级以上荣誉160多项。常德卷烟厂用精神文明、企业文化培育了“四有”职工队伍，增强了企业的合力。一是保证了社会主义企业的发展方向。广泛进行10年改革形势教育，坚定不移地贯彻执行“调整、改革、整顿、提高”的方针，坚持四项基本原则不动摇；二是企业文化建设蓬勃开展。企业相继建起了俱乐部、图书室、广播站、闭路电视、乐队、球队、五彩石文学社、青年兴趣社联谊会。与省市新闻单位和兄弟厂家联合举办了“金芙蓉杯”歌手大奖赛，“芙蓉杯”羽毛球赛、“桃花源杯”杂文竞赛；创作了《啊！金芙蓉》、《常德卷烟厂之歌》等厂歌；办起了《烟厂报》，编辑了《五彩石》文学集、政研论文集、经验集，精神生活富有特色，文化娱乐讲究实效；三是在提高人的素质上下功夫。厂部、党委非常重视全体员工的思想政治教育工作，采取办脱产培训班、读书会、专题座谈会形式，全方位对职工进行思想政治教育；四是为广大职工排忧解难。10年中继续建起了33栋职工住宅，1030户职工住进新居。先后投资修建了职工食堂、职工医院、子弟学校、幼儿园、电影院。1989年还修建了容纳1200名单身职工的公寓大院，建立了液化汽站。根据政策为企业发展作出贡献的1400名临时工转为全民合同制工人；五是创造了一个文明、健康、优美的内部环境。经过10年的改造和扩建，常德烟厂的厂区内条条水泥路面干净，行行风景树郁郁葱葱，花坛四季芬芳，盆景错落有致，进入工厂就象来到公园一般令人清心。

(撰稿：石小波)

广州卷烟一厂

1981年—1990年，是广州卷烟一厂“六五”、“七五”技改时期，也是广州卷烟一厂发展的新时期。自1981年国家决定实行烟草专卖制度，于1983年广东省烟草公司成立。从此，广州卷烟一厂的产供销，人财物，内外贸都归广东省烟草公司集中统一管理，广州烟草也步入了一个新的发展时期。1983—1990年，是广州卷烟一厂在卷烟产品的产量、质量、技术改造和经济效益等方面实现质的飞跃的7年，工厂在各个方面都有了很大的发展。10年间，广州卷烟一厂先后在技改方面投入资金达15848万元。并于1982年进行了整个厂房、仓库的大搬迁，使厂房面积和厂容厂貌大为改观。搬迁后的广州卷烟一厂对技术设备进行了较大规模的更新换代，引进了大批具有国际上八十年代初水平的先进设备，同时还对制丝车间的全线以及工艺流程，进行了全面技术改造，使工厂的生产能力和技术水平大幅度提高。到1990年末，产量已近30万大箱，为1980年产量的1.5倍；年产值达6.6亿元，是1979年的6.5倍，年上交税利达3.8亿元，是1979年的6倍；在产品结构方面，1979年嘴烟产量为1000大箱，到1990年，已全部实现卷烟生产滤嘴化；在产品类型上，也从原来单一的烤烟型发展到混合型、外香型卷烟等多种类型。

一、加强基础建设和技术设备更新

1981年1月24日，广州卷烟一厂与英国加莱赫有限公司签订了来料加工合同，合同期为7年，加工高级混合型"幸福临"香烟；设备、原材料由加莱赫公司提供。加莱赫公司提供的卷烟包装生产设备在当时国际上来说是落后淘汰设备了，但来到中国，卷烟能力达2000支/分的水平，已是相当先进的了。广州卷烟一厂通过首次与国外公司合作，不仅推动了企业的经营生产，更重要的是在合作过程中能学习、吸取国外的先进技术，培养了一批管理人才和技术人才，为工厂的发展积累了经验，同时也为国家创造了外汇收入。

1982年，由当时轻工业部上海食品工业设计院设计的位于广州市郊赤岗的新厂房、仓库及各种配套设施建成投产。新厂区占地面积达7万平方米。迁入新厂后，广州卷烟一厂的生产能力达到了年产25万大箱的规模。制丝车间实现连续化生产，每天能同时生产两个品种，改变了过去生产品种单调的老问题。高级卷烟实现专业生产安排，增加了贮叶、贮丝、贮梗丝等设备，卷烟机从25台增至46台，还增加了9台YJ21型800—1500的滤嘴接装机。设备大幅度的更新和增加，直接提高了企业产量，扩大了生产规模。1982年，企业年产量突破了20万大箱，比1981年产量增加2000大箱。而到1983年，企业产量取得了大幅上升，年产量达23.6万箱，是1948年建厂投产以来的最高年产量。在产值方面，1983年和1982年与1981年相比，每年都有近50000万元的递增；同时，企业的经济效益取得了显著的增长，1983年利税总额突破1亿元大关。

广州卷烟一厂经过"六五"时期的基础建设和技术设备的更新，为企业的后期发展奠定了坚实的基础。

二、加速技术改造　促进技术进步

"七五"期间，广州卷烟一厂作为国家卷烟大型企业被烟草总公司列为"七五"重点技改骨干企业。根据总公司要求和企业实际情况，工厂制定了技改总目标：通过更新改造，逐步改变技术落后、原材料消耗高的局面，生产技术逐步实现高速化、现代化，达到国际八十年代初水平；单箱耗叶量下降到45公斤以下，其他各项原料消耗普遍降低，生产能力达到35万箱水平。同时加快技术改造，加强设备管理，使产品具有较强的竞争力。为此，在1986年至1989年间，工厂引进了一些世界上较为先进的技术设备，逐步淘汰了一批效率低、性能差、质量无保证的设备。先后引进了两台"沙士伯"包装机、两台具有八十年代国际先进水平的"普鲁托斯"8000型高速卷烟机；购进了4台国产MK8卷烟机，5台国产嘴棒成型机，使工厂拥有嘴棒成型机共达8台，嘴棒自给率亦由原来50%提高到75%；小型中央空压站正式投入使用，供应整个厂的卷接包设备的压缩空气，保证了设备的正常运转。

为了保证烟丝的质与量，在1988年6月工厂与意大利"科马斯"公司签订了购买制丝线主要设备的合同。科马斯制丝线主要设备包括：1、真空回潮机；2、打叶机组；3、白肋烟烘干机；4、制梗丝线；5、烘丝机。整条科马斯生产线每小时可连续生产5000公斤含13%水份的合格烟丝。科马斯制丝线设备不但可以生产烤烟卷烟，也能生产美式混合型卷烟。该生产线具有较高的回透率，可由国产设备75%的回透率提高到100%，减少烟叶的破碎率，提高了烟丝的填充力。经过工厂技术工作人员一年多的努力，1989年12月20日工厂科马斯设备通过了验收。

在引进科马斯生产线的同时，工厂还引进了西德KTC_{45}型切丝机4台，每小时能切丝4500公斤。这样工厂的生产能力得到了迅速提高。到1990年、工厂的年产量已达295697大箱。

经过“七五”期间的技术改造，技术进步已发挥出明显的效益，工厂的各项经济技术指标均已达到国内先进水平。自1986年至1990年，工厂销售额每年都递增近1亿元，利税也不断提高，从1.7亿元上升到3.8亿元。企业的利润、劳动生产率、产品质量、设备有效作业率等都有较大幅度的提高。

1988年，广州卷烟一厂被国家定为重点支持的技术改造大中型骨干企业。1990年，企业相继被评为省级先进企业和国家二级企业。

三、改进完善产品的研制与开发

“六五”、“七五”时期，广州卷烟一厂随着设备、技术的不断改进、完善，在产品研制和开发上也出现了较大的变化。“六五”期末，即1985年，工厂根据当时企业生产能力达到一定的水平而社会经济发展不断好转的环境下，一年内先后推出烤烟型“美宝”和混合型“金龙凤”、“礼宾”、“富丽华”4个牌号卷烟。为满足不同阶层消费者的需要，工厂还设有专门的产品研制机构和完善的信息体系，根据消费者的需要，及时研制新产品，改造老产品。1986年，工厂推出了浓烤烟型“（黄）广州”牌香烟。1989年又推出新产品“红龙凤”（混合型）和薄荷型“（绿）广州”。

随着经济的稳定发展，特别是十一届三中全会后，社会需求变化很大，人们对高档的商品需求明显增长。工厂为了适应市场要求，调整了产品结构，停止了一些低档产品的生产，增加高档产品的产量，到1990年，全部卷烟产品都实现滤嘴化。全部卷烟产品采用铝箔纸内包装，品种规格多样化，其中烤烟型占产量的70%，混合型占产量的28%，同时，还进行了疗效烟的试制工作。并且对个别牌号口味的风格进行了调整，使它更受消费者欢迎。在产品的设计上逐渐遵循“生产一代、储备一代、研制一代”的方针进行，从而逐步形成了一个产品结构较合理，类型品种规格较齐全的产品体系。

四、建立健全质量体系　提高产品质量

八十年代后期，随着工厂进行大规模的技术改造和引进具有国际先进水平的生产设备，企业对产品的质量要求越来越高，促进了企业检测手段的提高和质量检测设备的更新换代。首先，工厂建立了全面质量管理体系，实行质量否决权的质量管理考核制度。1990年工厂又建立了三级质量监督检测站，并配备有一批先进检测仪器和设施完善的质检化验室。其次，1981年至1990年，工厂先后从英国、法国、德国等国家购置检测设备共11台套，购进国产检测设备共67台套。科学的管理和硬件设备都为生产优质产品提供了可靠的保证。几年来，产品市场合格率都达到国家标准。1990年10月，广州卷烟一厂获“广东省质量管理奖”证书。同年还获得了烟草总公司颁发的“卷烟工艺规范达标”验收合格证书。而“广州”系列产品在1981年至1990年先后6次获得行业（部级）、省级颁发的“优质产品”证书；其中“椰树”牌卷烟共获7次。

企业从1985年开始开展QC小组活动，首先工艺质量科和一车间成立了QC小组。1986年卷接包材料攻关小组成立。1987年注册登记QC小组有29个，活动课题29项，取得成果19项，1988年注册登记QC小组活动23个，发布QC成果19个。1989年注册登记QC小组活动24个，发表QC成果21个。1990年注册登记QC小组活动32个，发布QC成果16个。1985年至1990年的QC成果中先后有近10个获得省烟草公司，省经委颁发的成果奖。

QC成果取得良好的经济效益，不仅为企业创造了经济效益和社会效益，同时也为不断推动企业的发展起到了一定的作用。

1981—1990年，广州卷烟一厂的经济效益是随着工厂卷烟技术的进步、设备装备的更新、产品结构的合理调整而逐步提高的。特别是1982年迁到赤岗新厂区和国家实行烟草专卖体制后，外部环境和内部环境有了根本的改善，生产规模不断扩大，技术和管理不断进步，并逐步成为在全国有一定影响力的卷烟大型企业。

（撰稿：广州卷烟一厂）

广州卷烟二厂

广州卷烟二厂创建于1949年5月19日，原名南洋兄弟烟草股份有限公司广州制造厂，1966年易名广州卷烟二厂。1990年，工厂有职工1792人，年产卷烟31.76万大箱，主要品牌有“双喜”、“羊城”、“星湖”、“白云”、“南海”等10多个。

过去，企业生产设备简陋、工艺技术落后、生产效率低、产品结构单调、经济效益较差。建厂初期年产量只有1.4万箱卷烟，税利仅459万元。1981—1990年10年改革，使广州卷烟二厂旧貌换新颜。工厂在中国烟草总公司和省烟草公司的领导下，依靠“团结、开拓、求实、效率”的企业精神，坚持“质量第一，信誉第一”的办厂宗旨，不断深化企业内部改革，推行现代化管理方法，全面进行技术改造、更新和配套，企业素质和经济效益不断提高。1990年实现税利5.4亿元，为改革开放初期的1980年9385万元的5.75倍，为建厂当年的118倍，连续多年排名为广东省工业企业最佳经济效益第一名。

一、企业生产稳定发展　经济效益显著提高

七十年代后期至八十年代初，企业生产尽管有了一定的发展，但由于设备落后，观念陈旧，管理水平低，生产一直处于被动状态，多数情况下，是靠拼设备、拼体力过日子，严重影响职工的生产积极性，导致职工出勤率下降，生产呈现恶性循环的局面。企业要腾飞，就必须改变生产呈现恶性循环的局面。1983年，省烟草公司成立后，调整了工厂的领导班子。新班子在省烟草公司的领导和协助下，对工厂进行了全面的改革、整顿，并紧紧围绕提高经济效益这个中心工作，重点抓调整和建设中层领导班子，建立和健全经济责任制，加强企业管理基础工作，全面进行技术改造，积极生产市场适销对路的品牌等环节。通过这一系列的改革，企业发生了翻天覆地的变化：中层领导班子的调整，打破框框，选拔了一批年富力强、朝气蓬勃的中青年干部上来，为二厂的振兴起了很大的作用；经济责任制的贯彻和先进管理方法的推行，强化了企业的基础管理工作，建立了一整套奖罚严明的规章制度，促进了企业素质的提高；全面技术改造提高了产品质量，彻底改善了车间的劳动环境，把产品档次和企业的现代化程度不断推向新水平；不断优化产品结构，使企业的产品在市场上深受消费者喜爱，产品适销对路，经济效益显著提高，各项主要经济指标年年刷新历史记录。10年来，工厂在产量略有增加，人员逐年减少的情况下，税利却平均以每年18%左右的速度递增，形成了良性循环的良好局面。

1981年～1990年主要经济指标完成情况

年度	总产量（万箱）	总产值（万元）	全员实物劳动生产率（箱/人）	税　利（万元）
1981	27.25	21001	176.2	12608
1982	27.3	21764	170.3	14466
1983	28.98	23995	176.9	16699
1984	30.23	25647	183.3	18279
1985	30.6	26968	177.2	21491
1986	30.36	29738	165.5	23788
1987	30.71	32613	165.6	25223
1988	31.24	34468	167.8	34926
1989	32.73	37228	176.7	48776
1990	31.76	38184	176.2	54097

二、重视质量管理　确保产品适销对路

由于改革开放，八十年代国民经济迅速发展，人民生活水平不断提高，卷烟市场也从“卖方市场”变为“买方市场”，产品竞争十分激烈，企业能否生存和发展关键在于产品是否适销对路。为了保持产品的竞争力，该厂十分重视质量管理，注重运用市场信息，不断优化产品结构，使企业的声誉和效益不断提高。

（一）健全质量保证体系，稳定和提高产品质量。1985 年企业整顿后，质量管理工作在防、检结合的基础上逐步向全面质量管理过渡，通过 TQC 教育、QC 小组活动，建立质量责任制，实行质量否决权等工作，推行从市场调查—产品设计开发—生产制造—售后服务的全面、全过程、全员的系统管理，从思想、工作、组织和生产过程不断完善质量保证体系，以“质量第一”的宗旨贯穿的全过程，从而确保了产品质量稳定提高。此期间，“双喜”、“羊城”、“白云”、“星湖”、“南海”、“金兰”、“飞鹰”牌卷烟均被评为广东省优质产品。1988 年被评为广东省质量管理先进企业；1990 年获得广东省烟草公司颁发的质量品种效益显著特别奖。

（二）注意市场信息，搞好产品开发。卷烟是一种嗜好品，它的销售状况直接受消费者的爱好和购买力水平所制约。面对多变的市场形势，广州卷烟二厂意识到，要持久地占领市场，必须注重做好产品的更新换代工作。该厂在 1985 年就确立了“生产一代，储备一代、研制一代”的产品开发策略，大力开发研制新的拳头产品。在产品开发中，他们十分注重及时收集消费者对产品质量的意见和市场信息，从产品的口味、装潢、规格等方面进行反复试验研制，因而，新品牌投放市场后深受消费者喜爱。如 1986 年经改造后恢复生产的混合型“羊城”牌卷烟，因其在配方和工艺上的改进，降低了焦油含量，提高了安全性，产品质量和品质风格不断接近国外同类产品水平，达到国内同类产品的先进水平，受到广大消费者的欢迎。1986 年获广东省优秀新产品二等奖，1988 年被评为全国卷烟行业优质产品、广东省优质产品。1988 年研制开发的低焦油特醇混合型“羊城”牌卷烟也以其独特的风格，上乘的质量赢得了市场，实现产销两旺，1989 年获广东省优秀新产品奖，1990 年被评为广东省优质产品。

（三）不断优化产品结构，适应市场需求。优化产品结构是提高经济效益的有效途径。在全国卷烟市场产大于销、产品竞争激烈的形势下，该厂根据市场的变化及产品发展趋势，结合企业的实际，1985 年确定了产品发展方向是高（大力增产高档卷烟，特别是过滤嘴卷烟）、新（改进装潢，做到新颖美观，有时代感）、齐（规格齐，产品系列化）、优（发展优质名牌产品），遵循这一发展方向，几年来，该厂不靠增加产量来提高经济效益，而是有效地利用企业资源与社会资源，在调整产品结构，提高产品档次，增产适销对路产品上下功夫，在竞争中求发展，取得了较好的经济效益。1990 年，该厂通过运用线性规划对产品结构进行优化，使传统名牌产品“双喜”牌过滤嘴卷烟保持较大的比例，全年产量达 120207 大箱，占总产量的比重从 1981 年的 4.2%提高到 37.8%。同时，根据国际潮流的新要求，大力发展混合型卷烟，逐步实现生产主体从烤烟型向混合型转变，1990 年共生产混合型卷烟 87790 箱，比开始恢复研制生产混合型卷烟的 1986 年增产 474 倍，混合型卷烟的迅猛发展给该工厂带来了可喜的经济效益：1990 年共创税利 17208 万元，占全年税利总额的 31.9%，其中“羊城”系列卷烟创税利 14287 万元，成为该厂一大经济支柱。

三、积极进行技术改造　不断增强企业发展后劲

技术改造是改变生产落后状况，提高企业经济效益的重要途径，是增强老企业生产发展后劲的关键。广州卷烟二厂是一个老企业，卷烟生产设备陈旧简陋、工艺落后、消耗高、效率低、劳动强度大、烟尘污染严重。要彻底改变这一落后面貌，必须依靠技术进步。1983 年底新的领导班子上任后，就提出了“加快改革步伐，搞好更新、改造和配套，办科学、文明、优质、高效的新烟厂”的办厂指导思想，根据这一指导思想，结合企业的实际，该厂着重从以下几方面对企业进行全面的技术改造：

（一）从制丝技术改造入手，为优化产品结构打基础。制丝生产是整个卷烟生产全过程的龙头和关键，制丝的工艺技术关系到产品的质量和档次。在引进制丝设备时，该厂针对工厂占地

少、需边技改边生产等特点，坚持“实事求是，量力而行”的原则，有计划、有步骤地择优引进，整个制丝生产线是分别从澳地利、西德、英国、美国等公司引进其精华组成的。有澳地利真空回潮机；西德 HAUNI 立式打叶机；英国 RC4 切丝（梗）机；美国 G－13C 膨胀烟丝系统等。良好的设备配置使制丝基本实现了连续化、自动化、科学化生产，达到了投入少、产出大、见效快、促进产品更新换代的目的。

（二）*更新卷接包技术，提高生产效率*。卷接包技术对卷烟的内外观质量保证和生产效率的提高至关重要。该厂在前期改造时，针对资金投入有限，技术素质还较低的情况，重点引进当时适用的、经整修的 MK8 卷接机组和 AMF379 横包机组，使企业的技术装备和技术素质很快得到提高，产品结构迅速得到优化。有了前期的经验及技术基础，后期改造则选择高技术、高效率的设备，如引进每分钟 8000 支的德国 PROTOS 卷接机组；每分钟 400 包的意大利 GD 包装机组；每分钟 400 米的德国 KDF2 滤嘴成型机组及滤棒输送系统；还有中央空气抽压系统、中央除尘系统、中央恒温恒湿系统等；从根本上改变了企业的落后面貌，提高了生产效率，改善了生产环境，减轻了工人的劳动强度，降低了噪音、粉尘 高温对工人的影响，从而大大激发了广大员工的劳动热情。卷接包生产的技术进步，对提高产品质量，优化产品结构提供了保证，增强了企业的技术素质和发展后劲。

（三）*注重采用现代化的检测手段，为开发新产品和确保产品质量创造了条件*。优良的产品离不开先进的检测手段，广州卷烟二厂在这方面投入了足够的资金，建立起产品检测站、化学检验室、物理检测室和烟气分析室。并分别从国外引进先进的检测仪器，有英国 SM302 型吸烟机、CTS500、CTS400 烟支测试台、滤嘴棒压降仪、美国 IA450 型近红外自动分析仪、5890 气相色谱仪、德国红外快速水份分析仪、电子分析天平等。另外，各生产车间还配置了各种仪器，用于在制品和产成品的在线动态质量监测控制，形成企业产品质量监控网络，从而保证产品质量。检测手段的现代化，提供了既快又准的科学数据，为加速产品的更新换代，保证产品质量，提高产品档次创造了条件。

10 年努力，结出了丰硕成果。如今的广州卷烟二厂已是生产设备先进、技术力量雄厚、产品质量上乘，是广东省生产规模最大，经济效益最好的卷烟厂。1990 年，该厂获得了“七五”期间国家级企业技术进步奖和广东省技术进步先进单位称号。

四、技术与管理同步提高　开创企业管理新局面

技术是企业生产发展的前提，而管理则是最大限度发挥技术为生产服务、创造高效益的保证。为了使技术与管理同步提高，促进企业管理上水平，广州卷烟二厂通过推行现代化管理方法，不断开创企业管理的新局面。

（一）*以企业整顿为契机，完善企业基础管理工作*。1981 年，工厂根据上级要求，开展了以优质、高产、低消耗、增盈利为主要内容的企业整顿。通过整顿，建立了经济责任制，健全了组织机构和各项规章制度，加强了班组建设和劳动管理，企业基础管理工作得到了进一步的加强。

（二）*以企业升级为目标，促企业管理上台阶*。1988 年，该厂有计划、有步骤地开展“抓管理，上等级，提高企业素质”的企业升级工作。在这项工作中，他们按质量、消耗、效益三大定量指标和定性管理工作的要求，认真落实各项管理措施，建立了一个以技术标准为主体，包括管理标准和工作标准在内的标准化体系。企业两年上了两个台阶：1988 年被评为省级先进企业，1989 年晋升为国家二级企业。

（三）*推行现代化管理，不断提高企业素质*。为了切实加强企业内部管理，该厂通过企业升级工作，以“严爱相济”的管理思想，推动企业管理上水平，已先后采用全面计划管理、全面质量管理、全员设备管理、全面经济核算、方针目标管理、标准化管理、计量管理等现代化管理方法，建立了计算机管理系统，并已逐步应用到生产、经营管理工作中，加快了现代化管理的步伐，企业素质不断提高。1989 年晋升国家计量一级企业，1990 年通过了档案管理国家二级企业评审。

五、重视精神文明建设　不断增强企业凝聚力

广州卷烟二厂在生产发展的同时，十分重视从政治上、物质上和文化生活上关心职工，物质

文明、精神文明两手抓，两手都过硬，收到了很好的效果。

（一）*政治上关心，抓好职工精神文明建设。*不断加强职工思想教育，是团结全厂职工，充分调动职工的积极因素，完成各项工作任务的保证。几年来，该厂以“团结、开拓、求实、效率”为企业精神，以“质量第一、信誉第一”为办厂宗旨，以共产主义思想道德信念为核心，坚持对广大职工进行多种形式的职业道德教育、四项基本原则教育、民主与法制教育、爱国主义和革命传统教育，组织群众性的“振兴中华”读书活动，开展劳动竞赛，调动了广大职工的积极性，提高了职工的职业道德水平，形成了四个显著特点：一是人心安定，企业凝聚力不断增强；二是群体意识浓，形成了职工关心企业、关心集体的向心力；三是奋发向上进取心强，1981年以来有大批职工加入了共青团和中国共产党；四是遵纪守法观念强，近年来没有发生重大的刑事案件。

（二）*生活上关怀，增强企业凝聚力。*一手抓生产，一手抓生活，积极采取措施，办好职工集体福利事业，为职工解除后顾之忧，是广州卷烟二厂10年来不变的宗旨。该厂在发展生产，提高经济效益的同时，扎扎实实地为职工办了不少实事，如兴建职工宿舍，改建职工餐厅，扩大医疗室和增加医疗设备，改善幼儿园环境，建立离退休职工之家等。通过为职工排忧解难，使企业开始进入“企业关心职工，职工热爱企业”的良性循环，有力地推动了企业各项工作的开展。

（三）*丰富职工文化生活，保持职工身心健康。*寓教于乐是调动职工积极性的重要形式，该厂通过开展“双喜杯”百花赛活动、卡拉OK歌咏比赛、各类体育竞赛，成立书法美术摄影协会，举办书法、美术、摄影展览等多种形式的活动，把企业文化建设同精神文明建设结合起来，寓教育于活动之中，陶冶了职工性情，增强了职工身心健康，职工的竞争意识、集体观念、团结拼搏精神得到加强，整体素质不断提高，有力地推动了企业文化建设和精神文明建设。

10年改革，使广州卷烟二厂这家老企业焕发了青春，发生了深刻的变化，取得了显著的经济效益。随着改革开放的深入发展，在烟草总公司和广东省烟草公司的正确领导下，广州卷烟二厂将在开拓中继续发展、壮大。

（撰稿：广州卷烟二厂）

南宁卷烟厂

一、概　况

南宁卷烟厂筹建于1974年，位于广西壮族自治区南宁市北湖南路8号，是直属广西烟草公司的中型一类企业。厂区面积为64298平方米，建筑面积5.63万平方米，拥有职工1625人，其中各类技术人员149名，固定资产3484万元，拥有国际八十年代先进水平的制丝、卷接包设备和各种分析、检测仪器50余台（套），年生产能力达20万箱。

该厂主要生产的卷烟牌号有“刘三姐”、“金花茶”、“杜鹃”等。“刘三姐”牌香烟是以闻名中外的壮乡歌仙——刘三姐命名的。该产品工艺配方精湛，烟色金黄、吸味醇正、余味芬芳，深受广大消费者青睐，1989年被评为广西消费者喜爱的十佳产品之一。产品畅销全国十几个省的60多个县市。

二、生产经营业绩

经过“六五”、“七五”10年的建设，南宁卷烟厂的企业面貌日新月异，生产经营业绩频传。主要表现在以下4个方面：

1．生产能力增强，产量由低到高。按卷烟机两班制综合生产能力计，该厂的生产能力由1980年的73530箱提高至1990年的20万箱，产量由1980年的71357箱升至1990年的184560箱，年均递增9.96%。

2. 市场观念不断增强，创出企业名牌产品。该厂以市场为导向，以满足消费者需求为企业经营策略，实施“创名优工程”，调整产品结构，认真研制开发出适销对路的新品牌——“刘三姐”牌香烟，并成为企业的支柱产品。

3. 管理水平显著提高。经过企业整顿和企业升级达标活动的推动，以全面质量管理为核心的各项规章逐渐完善，产品质量不断提高，产品销售量和销售区域不断扩大。

4. 经济效益显著增长，企业知名度提高。主要经济指标在经历了 1982 年至 1984 年的 3 年低谷徘徊后，产量不断提高。1990 年产量 184560 箱，较 1989 年的 158386 箱增加了 26174 箱，较 1980 年的 71357 箱增加 113203 箱，分别增长 16.53%和 158.64%；工业总产值 1990 年为 17380 万元，比 1980 年的 3391 万元和 1989 年的 15409 万元分别增长 412.53%和 12.79%；1990 年上交税金 18890 万元，比 1980 年的 1910.2 万元增加 16979.8 万元。10 年上交税金 69952 万元，为同期技改投资 6357 万元的 11 倍；1990 年成品质量抽检合格率达 100%。主要原辅材料消耗指标大幅度下降，1990 年单箱耗烟叶 48.6 千克，较 1980 年的 58.4 千克下降 9.8 千克；单耗盘纸从 1986 年的 4149.2 米下降至 1990 年的 3799.2 米，降低了 350 米；单耗嘴棒 1987 年为 11486.7 支，1990 年降为 10000.9 支，下降了 1485.8 支。原辅材料消耗的下降，降低了成本，增加了经济效益。1986 年该厂首次荣获“自治区经济效益先进单位”，1988 年成为南宁市首家产值、税收超亿元大关的企业，名列国家 500 家大规模工业企业第 454 位，1989 年则上升至第 348 位。1990 年再创历史最好水平，全年产量达 18.5 万箱，产值 3.17 亿元，实现利税 1.9 亿元，在全国 500 家大规模工业企业中排名又升至第 344 位，在全国 500 家经济效益工业企业烟草加工业中排名第 38 倍，广西 50 家最大经营规模工业企业排名第 3 位，广西 50 家最佳经营效益工业企业第 1 位。企业的知名度随之大大提高，从一个名不见经传的小厂，一跃成为在全国同行业中颇有名气的国有中型企业。

三、技术改造与技术引进

南宁卷烟厂最初的设备十分简陋，投产初期仅有 2 台 YJ11（综合式）卷烟机，2 台 YS—11 旋转式切丝机，1 台 45A 小包机，2 台条包机，大部分工序仍需要手工来完成。但是该厂的群众性技术革新一直久盛不衰，每年都有 10 个以上的项目获得成功。该厂筹建时没得到国家的投资，仅靠地方小额贷款分期建设，使发展受到了限制。从 1975 年至 1984 年期间，该厂筹建、试产、生产和改建期间，为了改变各种设备的紧缺和落后的状况，1977 年 4 月由南宁市计委、市工交办抽调技术人员进行“烟机会战”，自制卷接机和简易包装机，并对锅炉、打叶机、烘丝机等“三大件”进行了改造。此时该厂的设备全部为国产机，与国外水平相比落后约 40—50 年。

1984 年，在广西区烟草公司和各有关部门的大力支持下，该厂对 1984—1985 年签订的几项国内外设备合同进一步修订和完善。“六五”期间该厂引进 1 台西德虹尼公司 KLK—G 蒸汽烘丝机及配套 QB475 红外水份仪；引进英国莫林斯公司 MK8R/PA7RO 翻新卷接机组 1 台，英国菲尔纶纳公司 SM—320 型吸烟机等理化检测仪器 8 件（台）；意大利 6000 型横包机组 1 台，引进关键件 YJ14/YJ23 卷接机组 2 台，以及国产配套设备振槽、空压机组、气相色谱仪等，总投资 486 万元。

“七五”期间，南宁卷烟厂被列为中国烟草总公司 50 家重点改造企业之一。该厂借助这股“东风”，从制丝到卷接包设备都进行了系统的技术改造，使各项配套设施进一步完善，为企业新的腾飞打下坚实的物质基础。

“七五”期间该厂新建三层楼的生产车间 1.2 万平方米；引进意大利 6000 型横包机组 1 台（国内组装），法国/西德 LOGA 卷接机组 2 组和英国产“系统—4”测定仪 1 套，英国旧机（二手机）4 套，西德虹尼公司 3000 公斤/时制丝生产线主机和关键件及国内组装部分配套辅联设备共 311 台（套），投资 360 万元，更新卷接包设备 12 台套。以上共投资 5870 万余元。

四、烟叶生产

广西绝大部分地区属烟草种植最适宜区。特别是隆林、西林和田林等桂西各县，地处云贵高原东南缘，有生产云贵烟叶的生态环境，一直被定为自治区的优质烟叶基地县。

烟叶是卷烟工业最重要的原材料。南宁卷烟厂从 1980 年开始，就把烟叶生产作为第一生产车间来抓，通过厂县挂钩的形式建立烟叶基地，并与烟叶生产县签订购销合同，全部收购基地县的烟叶。

根据产品配方所需的品种，从1980年到1990年该厂以进行生产扶持、补贴、提供农药等形式，先后向隆林、西林、田林、平南、南丹、富川、浦北、灵山、靖西、德保等烟叶基地县投入数千万元，扶持烟叶生产。并派技术员下乡办各种学习班，建立扶持点等办法，推动烟叶生产。

五、企业管理

南宁卷烟厂正式投产后不久，具有历史意义的党的十一届三中全会召开，在邓小平建设有中国特色社会主义理论的指导下，随着全国、全行业改革开放的不断深化，企业管理逐步走上正轨。该厂建厂至今，企业管理工作大体经历了三个阶段：

第一阶段是70个代末，基本属于改建制的阶段。此时，初步建立了工艺技术、质量检验和岗位操作等基础管理制度。1980年11月，经市一轻局企业整顿工作验收团验收达到良好线，获得市政府颁发的合格证，1981年复查验收通过。

第二阶段是1982年至1987年。1982年中央决定对国营工业企业进行全面整顿，该厂被列为市工交重点整顿企业之一，市委、市政府派调查组来厂蹲点，协助开展工作。此次整顿工作以全面质量管理为中心，以推行经济责任制为突破口，建立健全以厂长分工责任制为中心的各项规章制度。1985年5月获得市标准计量局颁发的标准合格证，6月获得市政府颁发的5项工作整顿合格证。1986年获得三级计量合格证；并建立了质量信息网络；微机应用也于1986年通过市级评审。

第三阶段是从1988年开始的企业达标升级活动。在前面全面整顿的基础上，该厂在产品质量、物质消耗、经济效益、安全生产及基础管理、现场管理等方面做了大量工作，1988年经部级全面质量管理达标验收合格，1989年又获得区级计量二级合格证。1990年该厂各项考核指标均已达到自治区先进企业的要求。

六、新产品开发和产品质量

南宁卷烟厂的产品经历了一个从低档次向高档次，从单一化向多样化、系列化发展的过程。从1981年到1990年，甲级烟的比例由2.31%提高至31.7%，滤嘴烟的比例由2.67%提高至79.6%。10年来该厂先后生产的牌号有20个，共有甲、乙、丙、丁、戊5个等级，烤烟型、异香型、疗效型、混合型，薄荷型5个型号。

1986年，该厂认真总结了当地消费者的吸烟口味及习惯，优选叶组配方、结合传统配方，经过反复试验，正式推出了一种香醇味纯的甲级烤烟型卷烟——“刘三姐”，深受广大消费者的青睐，一举成为该厂的拳头产品，并被党的十三大选为会议用烟。

该厂在进行产品开发时，十分注重产品的质量问题。在原料上把好质量关，以地产烟叶为主，优选云、贵优质烟叶，科学配方。在卷烟工艺上按照轻工部的部颁标准和烟草总公司的《生产工艺规程》进行操作，建立健全各种质量管理制度，制定了各种企业内控标准，建成了一个完整的质量检测网络。并通过引进国内外多台（套）先进检测仪器设备，加强了质量检测的准确性、科学性；1990年9月成立了南宁卷烟厂产品质量检测三级站。1990年引进的西德虹尼制丝线，应用了先进的梗丝、烟丝膨胀工艺技术，产品质量有了显著提高，产品质量抽检合格率达100%。该厂还积极进行科研活动，探索提高产品质量的有效手段。1985年该厂与广西卫生学校合作，用山梨酸取代苯甲酸及其纳盐作防腐剂的试验取得成功，为国内首创。该技术在生产上普遍使用后，有力地提高了产品质量。

七、广开门路　多种经营

南宁卷烟厂的多种经营从1984年正式开始。在此之前曾开办了一个厂属劳动服务公司，进行生产废品回收，开办商店为职工提供一些日常用品，以服务为主。1984年，为了解决工厂待业人员的就业问题和安排富余职工，该厂决定在劳动服务公司的基础上成立集体所有制性质的综合贸易公司——“恒利综合贸易公司”，下设综合商店和劳务技术服务队，除经营本厂产品、糖果、饮料、土特产外，兼营日用百货、五金交电、生产设备、建筑材料和原材料代销代购等业务。公司实行独立核算，自负盈亏。随着公司的不断发展壮大，还建立了一些分支机构：利民饮料厂、翠华饭店、妙然理发店等。1988年恒利公司实行经济承包责任制，采取包死上缴管理费，超基数利润分成的办法，进一步促进了职工的积极性，公司得到了新的发展。自公司创建以来，不但为国家创造了数百万元的税收，也为企业提供了相当数额的利润，增加了职工收入，解决了近百名职工的就业问题。

八、精神文明建设

南宁卷烟厂历来重视职工思想政治工作和企业的精神文明建设，由党政工团齐抓共管、分工负责，搞好精神文明建设。一、利用广播、墙报、板报、期刊等形式，及时落实党和国家的各项方针、路线和政策。成立了业余党校、业余团校，创办了《TQC情报》(后改为《南烟信息》)，创办了《南烟简报》，宣传企业的各种大政方针和好人好事；二、党组织、团组织、工会努力搞好自身建设，加强干部队伍的廉政建设和班子建设，发挥党员队伍的先锋模范带头作用，工人阶级的主力军作用，团员青年的生力军作用，荣获市先进基层党组织，市党风和廉政建设先进单位，市红旗团组织。三、加强职工的文化和技术培训，成立了厂教育委员会，开展各种文化娱乐体育运动活动，丰富职工业余生活。厂职工体育运动会自1980年举办以来，至今已举办了5届，还参加了区公司和市里组织的各种体育比赛，成绩斐然，荣获城区群众文化工作先进单位称号。四、开展社会主义劳动竞赛。每年工会都结合生产实际开展各种主题的劳动竞赛，有力地推动了生产任务的完成，并涌现出一大批先进集体和先进个人。同时还开展创建文明工厂活动，并于1990年被评为南宁市文明单位。五、建设花园式工厂、创造舒适工作、生活环境。该厂历来重视绿化卫生工作，大力种植花草树木，被评为南宁市园庭绿化先进单位。

多年来该厂荣获全区思想政治工作优秀单位，南宁市社会主义精神文明建设先进单位，全国烟草系统政治工作先进单位，自治区职工思想政治工作优秀企业，区烟草系统、南宁市先进企业，市文明单位等各种光荣称号30余次。

柳州卷烟厂

一、概　况

柳州卷烟厂是广西烟草行业中唯一的一家全国卷烟工业大型企业，也是广西卷烟工业中历史最悠久、生产规模最大的卷烟生产厂家。该厂位于广西的交通枢钮、工业重镇——柳州市，其前身是私营新华烟厂（创建于1946年）和国营新新烟厂（建于1950年），1955年改制成为公私合营性质的柳州卷烟厂。40多年来，经过柳烟职工的艰苦创业，拼搏进取，到1990年末，柳烟已发展成为占地面积16万平方米，建筑总面积14.43万平方米。拥有职工2548人，固定资产原值8897万元，各种卷烟专用设备300多台，年生产能力40万大箱卷烟的大型工业企业。

八十年代中后期，柳州卷烟厂经济效益每年均以高于20%的幅度递增。1988年，该厂在原材料价格暴涨等不利因素困扰下，发挥企业整体实力，全体职工群策群力，共渡难关，全年创税收突破两亿元大关，成为全广西第一家年创税利两亿元的企业。自1985年起，柳烟连续6年创税利名列广西工业企业之首，成为广西利税第一大户。该厂上交国家的税利，占了柳州市年财政总收入的1/5，占广西财政总收入的1/15。在1989年中国500家最大经营规模工业企业中该厂位于第219位，500家最佳经济效益的第47位。

二、锐意改革　积极进取

八十年代初期，柳烟已具有了相当的生产规模，到1981年底止，已拥有各种专用设备300多台，职工 2386 人，年产量 29 万多大箱，年产值 1.4887 亿元，年创利税 1.032 亿元，跨入了柳州市亿元产值企业行列。

然而，在柳烟刚刚准备再攀高峰的时候，全国性的卷烟市场滞销使柳烟生产走入了历史上的低谷时期。1982 年至 1983 年，由于卷烟产品滞销，导致该厂产品严重积压，卷烟产量由 1982 年的 30 万大箱，急剧降至 1983 年的 21.86 万大箱，产值由 1982 年的 1.4332 亿元，降至 1983 年的 8603 万元，企业出现了严重亏损的局面。

1984 年，中共中央颁布了《关于城市经济体制改革的决定》。在改革开放的新形势下，柳烟领导班子认真吸取了 1982 年和 1983 年的教训，针对厂内薄弱环节，制定了“抓管理、上等级、增加适销对路产品，充实企业后劲，提高产品质量，加速技术改造”的分阶段治厂方针，起用了一大批年富力强、学有专长的中青年干部到各级领导岗位上来。积极推行经济承包责任制，对外，烟厂向柳州市委和自治区烟草公司承包；对内，各车间向厂部承包，将工厂的各种经济技术指标，最大限度地分解落实到车间、班组、机台、个人，形成了“人人头上有指标，千斤重担众人挑”的局面，有效地调动了全厂职工的劳动积极性。1985 年，柳烟开始上划自治区烟草公司直接管理；同年，国家把柳烟列为“上缴税利总额与工资总额挂钩浮动”试点单位。这些改革措施，无疑给柳烟注入了新的生机和活力，为柳烟持续 6 年的大发展打下了坚实的基础。

三、大搞技术改革　调整产品结构

改革开放这股东风，把柳烟吹进了社会主义市场经济竞争的激流之中。市场需要高中档的优质滤嘴卷烟，而该厂原有的老式设备只适应生产中低档的滤嘴烟和平装烟。该厂 1982 年至 1983 年卷烟滞销就吃了这方面的亏，柳烟领导班子越来越感到，企业要生存、要发展，技术改造势在必行。

根据烟草企业高税微利的特点，国家对烟草企业技改实行了“以税还贷”的特殊政策。1984 年底，柳烟领导班子在中国烟草总公司和自治区、市领导及有关部门的大力支持下，大胆地作出了投资 6300 万元，分三期进行大规模技术改造的决定。从 1985 年起到 1990 年底止，柳烟先后引进了国外具有八十年代先进水平的 1 条英国狄更生制丝生产线（该制丝生产线计有打叶、膨胀、真空、烘丝、切丝、切梗等 18 台主机 92 道工序），14 台（套）包括 MK9—5、MK8 和西德 LOGA 机在内的卷接联合机组，5 台（套）包括 3000 型、意大利 SASIB6000 型在内的包装联合机组，配套新建了 1 幢 1.457 万平方米的现代化新厂房，同时还增加了一些国产卷烟专用设备，并根据需要依靠自己的力量对原有的设备进行改造，大大提高了生产能力。另外，为解决雨季成品运输困难的问题，还自行设计安装了产品走廊。大规模的技术改造，使柳烟在当时的设备技术力量方面，不仅在广西卷烟行业中首屈一指，在中南 5 省（区）也名列前矛。这样该厂形成了以生产高中档滤嘴卷烟为主，平装烟为辅的新的生产格局。滤嘴卷烟产量在总产量中的比重由 1984 年仅占 20.63%，到了 1990 年已占总产量的 76.9%，产品结构上的可喜变化，大大增强了柳产卷烟在市场上的竞争能力。

四、率先联营联销　重视产品开发

1985 年，横向经济联合这个新生事物在全国刚刚出现，柳州卷烟厂领导班子敏锐地意识到开展横向经济联合大有可为。经多方努力，柳烟和上海市烟草公司卷烟经营部于 1985 年首先建立起联营“大金狮”香烟的关系，由柳烟负责生产，上海烟草公司包销，产销双方互惠互利。联营几年来，生意越做越大，“大金狮”销量由 1985 年刚进入上海市场时的 4300 大箱，猛增到 1988 年的 4 万多大箱，销售量 4 年间增长了 9 倍。首战告捷后，柳烟又进一步采取了紧密型联合（联营产品）和松散型联合（联销产品）双管齐下的策略，先后和上海市、浙江省、武汉市等烟草公司分别联营了“丽都”、“君得利”、“吉美”等牌号卷烟，和黑龙江省烟草公司联销“田七花”牌香烟，使联营联销产品由原来的 1 个牌号发展到 5 个，产销量由 1985 年的 4300 大箱发展到 1989 年的 13.8 万大箱以上。联营联销产品所创税利，1985 年仅 340 万元，1989 年发展到 1.1 亿元，占当时全厂税利总额的 45%以上。

为使联营联销这朵改革之花常开不败，该厂还专门成立了联营办公室，对联营联销产品从来料、加工到成品入库处处严格把关，有效地保证了联营联销产品的质量。“大金狮”、“田七花”、“丽都”等卷烟，1987年、1988年先后评为自治区优秀产品，并在上海及东北市场十分畅销，其中仅“田七花”1个品种，年创税利就达5000多万元，成为当时广西产销量最大、创税利最多的卷烟品种。

柳烟在搞好联营联销的同时，还注重加强科研工作，不断开发新产品，以迎合市场需求，增强柳产卷烟的竞争力。该厂工艺科配方组经不断研制尝试，自1984年以来，先后成功地开发了“甲天下”系统产品，包括烤烟型和混合型，共3种规格，等级为甲二级。目前，“甲天下”已成为该厂的当家品种；“大金狮”乙级混合型香烟，主要销售到上海市场；“君利利”乙级烤烟型香烟，主要销售到浙江省和广西区内；新开发产品还有“红运”、“珍果”、“金羽”、“瑶山春”、“民乐”等。在注重开发新产品的同时，该厂还积极恢复传统名牌产品生产。“大英雄”、“红蝠星”这两个传统名牌产品经改进配方，精心研制，于1984年恢复生产后，受到消费者的好评。

五、加强企业内部管理

企业要不断发展，管理工作至关重要。改革开放以来，柳烟领导班子坚持以“抓管理、出效益”为指导思想，针对过去在管理方面暴露出的问题和存在的薄弱环节，狠抓了基础补课工作。

积极推行全面质量管理。该厂从建立健全全面质量管理机构入手，抓好TQC知识的普及教育、抓好标准化工作、加强定额管理、健全信息网络、大力加强班组建设、抓好计量上等级等多方面工作来加强完善全面质量管理。1987年投资11万元，用3个月时间建成了厂中心化验室，并投入使用，使该厂的质量检测手段实现了科学化，为产品的良好质量提供了保证；另外，贯彻“新国标”，实行“质量否决权”制度，奖优罚劣，促进产品质量稳步提高，也是柳烟加强全面质量管理的一个重要举措。

由于抓了上述工作，柳烟的全面质量管理取得了长足进步。1988年，柳烟顺利通过了中国烟草总公司组织的全面质量管理复查验收，取得了部级验收合格证书。同时，全厂职工牢固树立了“质量第一”的思想，使柳烟产品质量稳步提高。1986年至1989年，柳烟连续送自治区二级质量检测站抽检的全部产品，合格率达100%。1987年至1990年的几年中，该厂的“田七花”、“大金狮”、“甲天下”、“丽都”等牌号香烟先后多次被评为“自治区优质食品”；1988年底，84毫米“甲天下”香烟还荣获了首届中国食品博览会银奖；“红灯”和“田七花”香烟也分别获自治区和总公司的畅销产品称号。良好的产品质量，使柳产卷烟销路大开，销售覆盖面由1984年的14个省扩大到1990年的25个省、市、自治区。

在注重抓好质量管理，提高产品质量的同时，柳烟还对劳资管理、现场管理、设备管理、财务管理、档案管理以及综合治理等方面工作，加大了管理力度，使该厂在劳动生产率、生产秩序和现场面貌、设备的完好率和使用率以及防火、安全等多个方面工作得到了很大改观。1990年四季度该厂晋升为国家二级档案管理企业。

柳烟还注重深入开展“双增双节”活动，厂里每年都制定有具体的“双增双节”措施和计划，并将考核与奖金挂钩。主要做法是：开展清仓查库；提高资金使用效率，降低生产消耗；开展“十小节约”活动，修旧利废；开展各种形式的“优质、高产、低消耗”的劳动竞赛等。由于“双增双节”工作常抓不懈，在原材料价格大幅度暴涨的情况下，柳烟连续6年实现增产增收，1984年至1990年每年都荣获柳州市“双增双节”杯竞赛奖；其中1988年、1989年获得了市“双增双节”银杯奖；1986年、1987年、1990年获得了市“双增双节”金杯奖。

六、坚持“两个文明”一起抓

在物质文明建设发展的同时，柳烟十分重视抓好精神文明建设。厂长和党委书记都把精神文明建设列入自己的任期目标责任制中。改革开放几年来，柳烟结合争做“四有”职工的教育，采取职工演讲比赛、知识竞赛、劳动竞赛等各种生动活泼的形式对职工进行形势法纪教育，理想前途、职业道德规范教育，职工文化教育以及技术培训和青工政治轮训。并对干部进行道德、理想、形势、改革和党风廉政建设教育，对中层干部进行述职考核。通过这些教育和培训，提高了职工的思想政治觉悟和技术文化素质，提高了广大职工的主人翁责任感，也提高了他们对10年改革开放的思想认识和承受能力。1988年，该厂获柳州市“优秀思想政治工作企业”的光荣称号，1989年又获自治区“优秀思想政治工作企业”称号。

改革开放使柳烟各项工作都取得了很大发展，1984年至1990年，该厂生产持续7年大发展，实现了经济腾飞，下面这组数字，是对柳烟多年改革开放工作成绩的最好总结，是最具有说服力的。

年份	销售收入（亿元）	比上年增长率（%）	税金（亿元）	比上年增长率（%）
1984	1.5802	68.64	0.8559	68.48
1985	1.8747	18.63	1.0703	25.05
1986	2.3788	26.88	1.3231	23.62
1987	3.0859	29.72	1.6994	28.44
1988	3.7287	20.83	2.01	18.28
1989	4.4956	20.56	2.3937	19.09
1990	5.1806	15.24	2.6172	9.24

钟山卷烟厂

钟山卷烟厂位于广西壮族自治区钟山县城西路30号。该厂的前身是钟山县灯泡厂,1974年10月改为地方国营钟山卷烟厂。1975年4月购进卷烟机2台安装试产,5月1日第一批卷烟“映山红”试制成功,9月正式投产,当年生产香烟642箱,产值25万元,实现利润2万元。1977年,卷烟生产正式列入国家计划,全年生产香烟6842箱,工业总产值276.52万元,实现利润13万元。

1981年，钟山卷烟厂职工人数152人，年生产能力达1.4万箱，当年生产14026.8箱，销售利润57.6万元，全员劳动生产率55291元。1982年在职职工210人，年生产能力达2万箱，当年生产19531.6箱，销售量为17081.9箱。1983年上半年，钟山卷烟厂开始实行生产承包责任制，实行计件工资。在“依靠技术进步，实行技术改造，向技术进步要产量质量和经济效益”的思想指导下，大搞技术革新和技术改造，使产量和质量都得到较大提高。当年生产卷烟38601箱，工业总产值1863.37万元（按1980年不变价计算，下同），比上年增长117.20%；全员劳动生产率达77640元，比上年增长90.5%；产品合格率98.7%。同年“钟山”牌过滤嘴香烟获广西壮族自治区名牌产品称号。1984年，钟山卷烟厂进一步开展QC小组活动，产品质量有了很大的提高，当年研制生产的“富裕”、“象鼻山”、“独秀峰”、“奇丽”和“桂林”等牌号新品种卷烟投放市场后，取得较好销路。全年卷烟产量65000箱，工业总产值2968.93万元，产品销售收入4814.78万元，利税总额2817.45万元，以上4项分别比1983年增长68.39%、59.33%、71.14%和76.43%。该厂荣获1984年广西卷烟开发新产品奖和中国烟草总公司援予的“1984年度全国卷烟工业经济效益先进单位”称号。

1985年，钟山卷烟厂坚持以改革为动力，以提高经济效益为中心，进一步建立健全组织机构，实行体制改革与质量保证体制相结合，实行经济责任制与完善质量管理考核办法相结合，使企业管理工作由传统的管理方法逐步向现代化管理推进。实行“六定”即定人、定机、定任务、定质量、定消耗、定设备完好率。同时，以“质量就是工厂的生命”作为指导思想，运用现代管理科学，促进产品质量的稳定提高。当年生产卷烟8万箱，工业总产值5270.70万元，比上年增长77.53%，人均产值、利税分别突破10万元大关。1986年，钟山卷烟厂开始实施《钟山卷烟厂“七五”技改工程设备更新改造，国内配套项目初步设计》项目工程，从1986年开始立项至1988

年底，多方筹措资金，从德国引进 LOGA－1 卷接机组 3 组和 3000 公斤/时制丝线 1 条，从意大利引进 6000 型横包机组和关键件各 1 台（套），总投资 667.18 万美元。1989 年投入生产使用，各项配套工程设施纳入生产运行，改变了原来工艺设备陈旧，质量波动大，物资消耗高的落后面貌。1989 年，卷烟产量 134881 箱，工业总产值 12736.16 万元，分别比上年增长 38.81%和 44.49%，工业税金为 10292.03 万元，首次突破亿元大关，比上年增长 57.92%；产品销售收入 18803.50 万元，比上年增长 58.12%。开发研制的“万事兴”、“草海”、“娇丽” 3 个新牌号，使甲乙级和滤嘴烟比上年增加 42.90%。

1990 年，钟山卷烟厂在“发展混合型、改造烤烟型、稳定雪茄型、开发疗效型”战略思想指导下，推行配方改革，调整产品结构，增强应变能力。以改造烤烟型为重点，在稳定提高卷烟香气和吸味的基础上，力求选料合理、成本低、质量好、效益高。先后推出“功勋”、“步步高”、“奋飞”、“奇丽”和“金钟山”等卷烟新牌号 9 个，初步形成批量生产，在适应市场需求变化方面，增强了企业的应变能力。新产品批量投产后创税利 377 万元。当年，甲乙级烟占总产量的 91.90%，滤嘴烟产量占总产量的 56%，平均单箱税金达 796.22 元。

钟山卷烟厂在短短的十多年中，由一个不景气的小灯泡厂发展成为一个初具规模的卷烟厂，经历了艰苦的创业和勇于开拓的发展道路，以钟烟人自强的精神，相信钟山卷烟厂将会有美好的明天。

四川卷烟厂

四川卷烟厂是中国烟草总公司四川省公司的直属企业，始建于 1971 年。该厂地处四川中部的资阳县城内，占地面积 7.64 万平方米，建筑面积 8.76 万平方米，拥有固定资产 7608 万元，年生产卷烟达到 30 万箱以上，职工人数 1636 人；年生产总值已突破 1.7 亿元，销售收入达到 1.86 亿元，从而一跃跨入全国 500 家最佳经济效益工业企业的先进行列。其主要产品有“巫山”、“并蒂莲”、“攀枝花”、“川贝”、“青城”，其中 84 毫米“并蒂莲”是四川省优质产品，84 毫米“攀枝花”和 84 毫米“青城”是四川省卷烟行业优秀产品。产品除供应四川各地外，部分销往江苏、北京等 10 多个省市。

四川卷烟厂之所以在“六五”、“七五”期间有如此大的发展，其经验主要是：

四川卷烟厂历来重视人才的开发，自建厂以来，培养了大批高级专业人才，为企业的发展创造了条件。

工厂始终坚持“质量第一，信誉至上”的宗旨，注重产品的研制和开发。近年来，先后开发了横包、立包、全包和软包等系列包装的各等级、各型卷烟 20 余种。工厂以产品创优为中心，实行全面质量管理，生产工艺技术先进合理，产品质量监督检测装备齐全，手段先进，设有烟气分析、常规化验、物理检测等项目。

工厂建立和完善了质量管理体系，有雄厚的技术力量和先进的测试设备的三级检测中心站，每天将各类测试数据及时反馈到有关生产岗位和生产指挥中心，用以指导生产和保证产品质量；工厂特别注重产品制造过程中的质量管理工作，每一个生产过程都有专职检验员严格把关。

工厂特别注重新产品的开发，1985 年以来，陆续推出的“并蒂莲”系列产品，深受消费者的欢迎。北京中南海服务部、人民大会堂服务部分别将“并蒂莲”和“青城”作为各自的参观纪念品。

工厂在狠抓基础管理的同时，注重运用现代化的管理手段。1987 年，工厂安装了 NY－87 卷烟机检测系统和 IBM 烟机检测系统，对全厂的各类统计采用微机辅助管理和进口备件微机辅助管理。

10 年中，工厂狠抓内部管理，注重技术进步，先后成功的进行了“六五”、“七五”技术改造，机械化程度大大提高。特别是进入“七五”以来，工厂年产值分别超亿元；1988 年始，年实现税利突破 1 亿元。

"六五"期间累计完成工业总产值 26916.5 万元,生产卷烟 588517 箱,实现税金 16606.84 万元。

"七五"期间累计完成工业总产值 57111.45 万元，生产卷烟 910948 箱，实现税金 44826.01 万元，实现税金年平均递增 16.27%。

1989 年，四川卷烟厂被四川省人民政府授予"四川省先进企业"称号，全面质量管理达标升级验收合格单位；安全工作获"四川省烟草系统总分第一名"；在科技成果的应用开发方面，工厂"切丝机摇柄的安全装置"获中国烟草总公司 1989 年度"全国安全工作单项奖"，工厂还被内江市人民政府授予"企业明珠"称号。

西昌卷烟厂

西昌卷烟厂始建于 1985 年，是四川省烟草公司的直属企业。西昌卷烟厂自建厂以来，一直得到四川省委、省政府和中国烟草总公司的关怀和支持，并在凉山彝族自治州人民政府和四川省烟草公司的直接领导下，经过"七五"技术改造，于 1990 年形成年产 10 万箱卷烟的综合能力。此时，西昌卷烟厂拥有职工 792 人，厂区占地面积 206.67 亩，固定资产 8000 万元。该厂自 1986 年正式投产至 1990 年底 5 年间累计生产卷烟 32 万箱，实现产值 4.67 亿元（90 年不变价），创税 2.67 亿元。西昌卷烟厂在 5 年的建设和生产经营活动中，所创税利以 77.5% 的速度递增，每年上交的税金占凉山全州财政收入的 30% 左右，为增加地方财政收入，促进少数民族地区的经济腾飞作出了较大的贡献。西昌卷烟厂以其良好的经济效益和社会效益发展成为四川烟草行业的骨干企业和凉山州的经济支柱，并跻身于 1990 年全国 500 家最大经营规模企业第 189 位，四川省 100 户最佳综合经济效益第 2 名，四川省 100 户最大经营规模企业第 41 名。

西昌卷烟厂在短短几年中之所以取得如此令人瞩目的成绩，发展成为地区财政收入大户，其主要经验是：

一、扶持烟叶生产　保证优质卷烟原料

西昌卷烟厂所在的凉山州气候、土壤非常适合优质烤烟生长。凉山所产烟叶，与云南烟叶在主要化学成份上同属一个类型，香气吃味等内在质量与其相近，使用价值相近，是烤烟型卷烟制品中的调味原料；烟叶外观桔黄、金黄，光泽鲜明纯净，组织疏松，属云贵香型，可以与云贵烟媲美。经"七五"发展，凉山州已成为四川省优质烤烟基地。西昌卷烟厂一直将烤烟生产作为"第一车间"来抓，加大烤烟生产的资金投入，重视对烟农的扶持及科学技术的指导，并严把烟叶收购关，严格执行烤烟收购标准，为生产优质卷烟提供了质优量足的原料。

二、加强质量管理　调整产品结构

西昌卷烟厂以全面质量管理为中心，建立了质量管理委员会和厂级、车间、班组三级全面质量管理监督网络，形成在厂长直接领导下，上下结合自检、互检、专检相结合的质量保证体系和网络群体，执行"TQC 三检制度"。同时，加强工艺基础管理，修订贯彻"西昌卷烟厂工艺规程"，在全厂严格执行"国标"，提高职工的工艺意识，加强各工序点的质量控制。西昌卷烟厂建厂几年来，主要产品有"凉 LIANGYAN"、"攀西"、"邛海"、"华昌"、"索玛"、"白马"、"达吉"、"青龙"、"牧童"等 9 个牌号的卷烟。色香味属云南清香型，风味独特，吸味清香醇正，甘甜爽口。省委领导何郝炬曾挥毫赞叹西昌卷烟的独

特品质："得天独厚凉生烟，裂谷增辉道攀西"。其中甲级烤烟型84毫米嘴"攀西"已成为代表性产品，并于1989年获"凉山州优质产品"称号。乙级烤烟70毫米"索玛"同获此荣。1990年3月，"攀西"被评为"四川省优质产品"。同年，"攀西"在亚运会购物中心博得广泛赞扬，饮誉京城。11月，西昌卷烟厂研制开发的新产品甲级烤烟型84毫米嘴"凉 LIANGYAN"，经中国烟草总公司综合考评为"1990年度全国卷烟配方改革中标牌号"。开发新产品，让老产品升级换代，是西昌卷烟厂几年来的重点工作，为改善四川省卷烟产品结构，争创名优卷烟，增加有效供给发挥了积极作用。

三、开拓销售市场　促进经营活动

西昌卷烟厂在加强质量管理，争创名优产品的同时，努力开拓销售市场，极大地促进了生产经营活动。西昌卷烟厂是四川省烟草系统首批厂站合一的单位，从建厂起就坚持"立足本州，站稳省内，开拓省外市场"的销售策略，并在各销区建立销售信息网络，每年厂领导都亲自深入销区市场，掌握市场动态，听取建议。在宣传工作中，突出拳头产品和新产品的销售，扩大影响、站稳市场。至1990年底，卷烟销势良好，特别是嘴烟供不应求，销售网点除遍布全川外，已逐步辐射到华北、东北、西北、华东等全国三分之一的省区，形成了比较稳固并有相当潜力的市场基础。

四、引进先进设备　提高产品质量

西昌卷烟厂是新建厂，技术设备起步较高，一开始就注意选用国际上比较先进的设备。如建厂初期，引进了高速卷接机"MK9—5"3台，"Supre9"2台。高速卷烟包装机"赛西普6000型"2组。这些先进的设备对提高产品质量，降低消耗，改善产品结构，提高产品技术含量，促进企业健康发展，发挥了积极作用。1990年12月，西昌卷烟厂又投资4000万元进行的300kg/h制丝生产线技改工程破土动工。这项以增产名优产品为中心的技改项目，得到了省委、省政府领导的高度重视。省委副书记宋宝瑞同志在技改工程评审会上曾指出：四川烟草工业创名牌，创优质，希望在西昌卷烟厂。这项技改工程正式投产后，年生产能力将达到20万箱，税利将在1990年基础上翻一番。

在生产管理过程中，西昌卷烟厂推行设备管理专责制。各车间专门配备了一名设备副主任，对车间设备维护、保修工作负责。厂部设置设备科，对全厂设备管理负责。分管厂长对全厂设备管理负领导责任。分级考核分级负责，保持车间设备良好的工作状态，为生产发展提供保证。

五、提高职工素质　完善各项管理工作

西昌卷烟厂十分重视对职工的政治素质和技术素质的培训和提高。不仅自办培训班组织工人学习技术，先后选派159人到玉溪卷烟厂学习配方、工艺、进口设备操作和企业管理。还多次组织职工参加总公司、省公司举办的技术培训和到各先进烟厂学习经验。同时，聘请技术专家到厂指导。短短几年中，西昌卷烟厂已有三分之二以上的技术工人和管理人员通过各类专业学校、技校培训，使其成为熟悉卷烟生产的管理干部、技术人员和操作工人。

西昌卷烟厂在加强生产管理的同时，不断完善各项基础管理工作。一是积极推行目标管理，建立健全了目标管理体系，完善了对目标管理的分解，制订考核制度，把每个人的工作与工厂的效益紧密联系起来，强化了职工为工厂总体目标负责的责任心和积极性。二是完善分配制度，坚持"单箱计件"并辅以"质量否决权"的分配办法，即由厂部根据产量、质量对车间进行二次分配。此外，实行了厂长与副厂长，副厂长与车间主任，车间主任与班、机台长签订的责任制，层层落实考核管理体制。三是推行严格的现场管理，强化劳动纪律，规范生产现场。四是狠抓"节能降耗"工作，认真进行计量和考核，落实原辅材料消耗的定额管理，开展群众性的节能降耗活动。

六、抓好精神文明建设

西昌卷烟厂十分重视加强职工思想政治工作，努力抓好企业的精神文明建设，建立和不断完善以党委为政治核心，党、政、工、团齐抓共管的政工体系，妥善处理好厂长在生产经营中的中心作用与党委在思想政治工作中的核心作用的关系。建立、健全了企业的基层党、团和工会组

织，使“齐抓共管”落在实处。加强宣传教育工作，定期出版《西烟》专刊和墙报专栏，加大职工政治、文化、技术的培训力度。关心职工生活福利，解决职工住房，绿化厂区，建成了花园式工厂。新建综合服务楼俱乐部、新办职工幼儿园、安装地面卫星接收站，改善职工生活福利设施，解决职工后顾之忧。重视企业文化建设，进一步增进了职工“爱厂、爱岗、敬业、尽职”的主人翁意识，推动了企业精神文明建设。

（撰稿：西昌卷烟厂办公室　刘富猛　吴朝明）

重庆卷烟厂

一、概　况

重庆卷烟厂位于长江与嘉陵江交汇处的长江南岸，依山傍水，雄伟的主厂房与闻名遐尔的水上门户朝天门港隔江相望。

重庆卷烟厂是一家老字号企业，始建于1938年，前身系南洋兄弟烟草公司重庆制造厂，1968年正式更名为重庆卷烟厂。1990年有职工2906人，其中固定工1590人，合同工479人，临时工268人，大集体工人534人。具有大专以上文化程度的105人，具有专业技术职称的150人，其中中级技术职称29人，高级技术职称2人。厂区占地面积17万多平方米，建筑面积15万多平方米。固定资产原值1.05亿元，净值9342万元。改革开放以来，该厂抓住机遇，迅猛发展，特别是“七五”期间，对企业进行了全面治理整顿，使企业管理逐步步入正规化基础上，先后新建了国内同行业一流的3.6万平方米的大型现代化联合厂房；从英国、法国、德国和意大利等国家引进了先进的制丝、卷接、包装设备，使改造后的企业设备达到国际八十年代先进水平。通过大规模的技术改造，“七五”中期，企业发展呈现出前所未有的良好局面，年卷烟综合生产能力达50万箱，实际生产36万箱，税利高达2.6亿元，被誉为重庆市的税利首户，占重庆市财政收入的十分之一左右，在全国烟草行业也名列前20多位。“六五”—“七五”期间（即1981—1990年），该厂累计生产卷烟3084131箱，实现产值354323万元，创利润886万元。1990年较1981年税利增长3.6倍，固定资产净值增长11倍，甲级烟比例提高38.5个百分点，为国家和地方经济建设作出了巨大贡献。

二、飞速发展的十年

1981—1990年，该厂在党的十一届三中全会精神指引下，励精图治，振奋精神，积极投入改革的洪流，加快发展步伐，企业发生了深刻变化。八十年代初期的3年，对企业进行了全面治理整顿，建立健全了各项规章制度，逐步用科学的管理方法取代传统的管理方法，使企业发展走上了正轨，为后来生产经营的发展奠定了基础。由于管理的规范化、制度化、科学化，该厂生产得到迅速发展，经济效益逐年增长。1985年卷烟产量完成34万箱，上缴税利1.52亿元，5年间产量

增加了11万箱，效益翻了近一番。随着社会主义经济建设的发展，八十年代中期，由于设备陈旧落后，不适应生产经营发展的矛盾日益突出。当时该厂主要设备仅相当于国外三十年代及国内六十年代水平，已远远落后于国内同规模的兄弟烟厂，特别是制丝线工艺水平极为低下，产品质量检测依靠目测和手感，完成任务也靠“三拼”，工人劳动条件十分恶劣。为适应行业日益激烈的竞争，为国家作出更大贡献，“七五”期间，该厂一方面充分利用老字号企业技术力量雄厚、基础较好等优势，另一方面抓住机遇，提高设备装备水平，对制丝线、卷接包设备及生产辅助设施进行了全面改造。在抓技术改造的同时，注重职工素质培训工作，加快新产品开发步伐，生产适销对路产品，企业发展蒸蒸日上，1988年生产经营达到历史最好水平。但“七五”期末，由于内部管理不善，产品质量不稳定、市场疲软等原因，致使产品滞销，且严重积压，库存高达5万箱，企业出现亏损1800多万元，生产经营发展陷入十分困难的局面。“六五”—“七五”期间总的来说，通过强化基础管理，推行技术进步，加大技术改造力度，企业发展后劲和综合实力得到显著提高。

（一）推进技术进步，突出抓好技术改造，大大增强了企业发展后劲

“六五”—“七五”期间，特别是“七五”期间，该厂把技术改造工作摆在了突出位置，总投入1.5亿元左右。“六五”时期主要启动了新建国内一流的3.6万平方米的大型现代化联合厂房，于1987年底竣工，1988年投入使用，其综合生产能力达50万箱，其中嘴烟35万箱。“七五”期间，该厂对制丝线、卷接包设备及生产配套系统进行了全面改造。主要引进了1条由西德虹尼公司和法国玛莱公司制造的5000Kg/h制丝线主机，并改造原有的1条国产3000Kg/h制丝线作过渡，与之相匹配的引进了英国莫林斯公司2组MK9—5、3组超9和意大利赛西布公司的4组6000型横包机；购买了国内消化的MK8、PA6和6000型横包机设备等160多台套。与此同时，全面改造了水、电、气生产辅助配套系统，以及新建天门2万平方米和印坝子1万平方米的烟叶库房。“七五”期末，该厂设备装备水平和生产辅助系统配置达到年产卷烟综合能力40万箱，其中卷接包生产能力达50万箱水平，大大增强了企业发展后劲。

（二）新产品开发卓有成效

为生产适销对路产品，确保实现地方税收任务和为企业创造更好效益，在此期间，该厂加快了新产品开发步伐，大胆采用了国内外先进工艺配方技术，先后推出了84毫米嘴“山城”、硬盒“重庆”、“金穗”、“夔门”和“金穗”等牌香烟也曾一度具有较好市场和效益，其中“夔门”牌香烟1988年还荣获重庆市名牌优质产品奖，1990年获首届中国食品博览会银奖。

（三）强化基础管理，狠抓提质降耗，促进企业综合管理水平上台阶

企业要发展，管理必须先行。八十年代初，企业进行了全面整顿，建立健全了各项规章制度，并在实践中改进和完善，逐步实现依法治厂，以制度管人，使企业管理逐步步入正轨。1988年以来，该厂连续被区、市工商局评为“重合同、守信用”企业。同时在狠抓提质降耗基础上，在抓质量工作方面，一是加强职工质量意识的宣传教育；二是实施质量管理责任制，将产品质量与职工利益紧密挂钩；三是建立质量管理体系，实施全面质量管理，在全厂范围内广泛建立TQC活动小组。通过这一系列措施，不仅促进了产品质量的提高，而且质量管理水平也上了一个台阶。1988年被中国烟草总公司评为全面质量管理达标企业。在抓降耗工作方面，一是加速技术改造，二是加强计量和统计等基础管理工作，从而促进产品消耗逐年下降。通过加强各项基础管理，使企业综合管理水平得以显著提高。

（四）深化企业改革，转换企业经营机制，调动职工积极性

为适应日益发展的社会主义化大生产需要，该厂积极探索发展的路子。随着生产经营的发展，原有的超定额计件工资制度已日益暴露出弊端。为充分调动职工积极性，该厂重点对分配制度进行了改革，实行工效挂钩和工龄效益津贴分配办法，让职工利益与企业效益紧密相联。在人事方面搞好职工职称的评定评聘工作，做到能者上、庸者下，激励职工奋发向上。另外针对工商脱节严重制约企业发展的状况，在地方政府和行业主管局的大力支持下，1988年企业由纯生产型变为生产经营型，“三站合一”。工商的统筹管理促进了企业效益的增长，从而提高了职工的积极性。

（五）改善职工生活，加强精神文明建设

企业在抓生产经营工作的同时，注重职工收入和福利待遇的提高，“七五”末较“六五”初职工人均收入增长4倍。在此期间，新建了成套房483套，改造了托儿所和医务室、食堂等。职工生活水平和生活条件都得到很大改善。

在生产经营中，始终坚持“两手都要抓、两手都要硬”的思想，做到精神文明建设与经济建设同步协调发展。为适应“七五”期大规模技术改造的需要，企业加快了人才培养和开发，把职工文化建设和思想道德建设工作纳入了重要议事日程，在职工中广泛开展学习新技术、钻研新技术、掌握新技术的热潮。同时教育激励广大职工树立爱岗、敬业精神，立足本岗位，向多能型发展，做一个“一专多能”的能者。努力抓好双增双节，做到文明安全生产，确保了生产经营工作健康有序的开展，从而促进了经济建设的发展。

重庆卷烟厂1981—1990年主要经济技术效益指标完成情况表

年限＼项目	产值	产量	甲级	销售收入	税金	利润	固定资产原值（万元）	固定资产净值（万元）
1981	18256	234552	3583	12091	7673	453	1046.59	827.59
1982	21471	274342	2265	16423	8999	327		
1983	21058	290129	151	16542	9388	38		
1984	25785	310709	283	19712	11374	300		
1985	31455	340034	1080	24775	15254	4.5		
1986	38134	360025	7388	29820	18618	95		
1987	46308	367044	27139	37139	22954	431		
1988	48859	349557	51469	42919	25976	381		
1989	50307	283526	93169	45204	25672	690		
1990	52690	274213	110011	49123	27883	－1834	10516.84	9342.70

（撰稿：重庆卷烟厂办公室）

贵阳卷烟厂

一、概　况

贵阳卷烟厂位于贵州省省会贵阳市的西南面，是国家经贸委等六部委审定的大型一档工业企业。其前身始建于1938年，至今已有59年历史。

贵阳卷烟厂是1988年元月由贵阳卷烟一厂、二厂合并组建的。在党的十一届三中全会精神鼓舞下，两厂在1982年后，进行了一轮技术改造，各建起了一栋主厂房，并开始引进进口设备进行生产。1987年时，贵阳卷烟一厂已发展成为年产卷烟43万箱，年实现税利2.8亿元的中型企业。贵阳卷烟二厂年产量已达

到了29万箱，年实现税利1.85亿元。

1989年，中国企业评价的专家们惊奇地发现，在人们视为经济文化不发达的贵州，竟然跃出一个名列全国500家最大工业企业第57位，最大税利额第22位的企业。同年12月，新闻媒介报道：贵州一家企业为北京第十一届亚洲运动会赞助1000万元，成为全国赞助亚运会最大的企业之一。这个企业就是贵阳卷烟厂。如今，贵阳卷烟厂业已跨入全国最大工业企业50强之列，1990年位居全国500家最大工业企业第41位，税利额居全国烟草行业第4位，全国第18位。

二、两厂合一　规模优势得到发挥

贵阳卷烟厂新的发展时期是从1988年开始的。1987年底，贵州省人民政府果断决策，贵阳卷烟一厂和贵阳卷烟二厂合并，组成贵阳卷烟厂。1988年元月，贵阳卷烟厂宣告成立。两厂合并集中了人、财、物的优势，规模经济优势得到发挥，生产迅速发展，销售收入、实现税金逐年上升。销售收入从合并前1987年的7.4亿元上升到1990年的16亿元，税利额从1987年的4.6亿元上升到1990年的10.5亿元。为国家建设积累了大量资金。企业也从两个中型企业发展为大型骨干企业，成为名副其实的共和国“国家队”。

两厂合并后为贵阳卷烟生产的发展开辟了广阔的前景。昔日两个厂生产52个牌号产品，小批量的生产，被少牌号、高价值、大批量的卷烟大工业生产所代替。到1990年，贵阳卷烟厂只生产10余个牌号的产品，仅全国名烟“黄果树”的产量就达14万箱。产品结构不断改善，名优嘴烟产量大幅度增长。1987年，嘴烟产量只有10.9万箱，占总产量的15.3%，到1990年嘴烟产量已达39.2万箱，占总产量的47.7%，比1987年增长了2.6倍。1987年只有一个“黄果树”牌卷烟为行业优质产品，年产量只有2.6万箱，到1990年行优产品除“黄果树”外，又增加了“遵义”、“贵烟”、“花溪”3个品种，年产量增加到27万箱，是1987年的10.4倍；全包装烟1987年产量仅3.5万箱，1990年达27.9万箱，比1987年增长6.8倍；翻盖烟从无到有，还开发了10支装，20支装扁纸盒等新品种，形成了以名优嘴烟为龙头，以甲级为主体的产品结构。

三、进行技术改造　企业活力大增

“七五”期间，贵阳卷烟厂共投资2.26亿元进行技术改造。到1990年底完成投资1.94亿元。此期间，引进了科马斯制丝线，普洛托斯卷接机，GD包装机等国外先进的卷烟设备，建起了两台20吨锅炉及备品备件库等设施。主厂房实现了集中真空、空压、除尘和空调，为大工业化生产创造了条件。同时，职工生产环境和工作效率也得到了改善和提高。贵阳卷烟厂已成为一座现代化的卷烟生产基地。

随着技术进步，效益也不断增长，年销售额以年均30%的速度增长，从1987年的7.4亿元上升到1990年10.5亿元。

单箱税利由1987年的647元/箱上升到1990年的1092元/箱，增长了69%。

四、关心职工生活　加强精神文明建设

企业的发展也给职工带来了实惠，人均年收入从1987年的1278元，上升到1990年的2993元，增长了1.34倍。投入新建和改造职工住房的资金达2797万元，新建和改造职工住房面积5.5万平方米，职工住房条件得到改善，职工人均住房面积从1987年的10平方米上升到1990年的14平方米。1990年付给职工的伙食补贴达到了100多万元。职工子女入托难等问题也得到了解决，还建起了省内第一家企业敬老院。

贵烟人在创造物质文明的同时也创造了丰富多彩的企业文化。早在两厂合并之初，他们就把“团结奋进、共创大业”的口号作为企业的精神，灌输到每一个职工的思想和行动中。女职工肖

朝芬家遭火灾，全厂职工及时伸出友爱之手，捐助7000多元钱，帮助她重建家园。

1990年举世瞩目的第十一届亚运会在北京举行，贵烟人在财力并不雄厚的情况下，本着为国争光的精神，向亚运会赞助1000万元。当“贵阳卷烟厂”5个鲜红的大字频频出现在亚运会各赛场时，贵烟人无不为自己也为亚运会作出了贡献而感到自豪和骄傲。

厂领导知道，塑造一个良好的企业形象离不开企业自身具有的团结、和谐、充满人情味的氛围。厂领导一直把为职工办实事办好事，解除职工后顾之忧作为工作重点来抓，因此贵阳卷烟厂自成立以来，一直把住房建设放在为职工谋福利的首位来考虑。还明确规定，在同等条件下，优先保证一线工人的住房分配。在经费困难的情况下，仍增开交通车解决职工上下班乘车难的问题。为使职工吃得好，每月发给职工伙食津贴，与此同时还扩大了托儿所的规模，改善了职工子女入托难的状况。

在这些具体的事务中，贵阳卷烟厂形成了一个充满感情色彩的文化氛围。

丰富多彩的文体活动的开展，更增强了企业的凝聚力。贵烟组织了文工团、健美队、象棋围棋队；成立了集邮协会。歌咏比赛、各种知识竞赛、摄影比赛等经常举行。这些活动的开展极大地丰富了职工的业余文化生活。

贵阳卷烟厂将在贵州经济建设中发挥越来越重要的作用。

玉溪卷烟厂

一、抓住机遇　促进企业快速发展

玉溪卷烟厂建于1958年，是在原玉溪复烤厂的基础上扩建而成的。建厂时有职工526人，国家投资180万元，当年试生产卷烟407箱。1959年正式投产，生产卷烟5.37万箱，实现工业总产值2627.9万元。当时，主要生产设备是由上海华美烟厂搬来的30台卷烟机。在政府和有关单位、部门的支持下，生产规模逐年发展。然而由于某些客观的、历史的原因，在改革开放以前的发展比较缓慢。党的十一届三中全会以后，给企业的发展带来了机遇，玉溪卷烟厂抓住时机，抢先大胆改革，实行单箱含量包干制，调动了职工积极性；推行科技进步，大胆引用国际先进技术，提高了生产经营水平；推行以工补农，扶持烟叶生产，提高了原料质量。这三大措施和人才开发方针的实施，使企业综合实力得到迅速提高，增强了企业的市场竞争能力。

1981年以来，该厂生产的各个牌号的卷烟均获得省级以上优质产品称号。其中主要产品“红塔山”10年内三次被评为省优产品，一次行优（部优）产品，1985年被认定为全国名牌产品，1988年获得国家优质产品银质奖。“玉溪”、“恭贺新禧”、“阿诗玛”、“红梅”等牌号也是国内家喻户晓的名牌卷烟，畅销全国各地及部分国家和地区。1980年，卷烟产量34.38万箱，是建厂时的6.4倍；实现税利11844万元，是建厂时的217倍。1990年产量113万箱，是1980年的3.29倍，是建厂时的21倍；实现税利341693万元，是1980年的28倍。

1981年到1990年的10年间，玉溪卷烟厂共生产卷烟736.52万箱，是建厂到1980年总产量的2.22倍。实现税利114.49亿元，为前22年总数的10.4倍。1990年年末固定资产原值37360万元，是1980年的31.5倍。通过改革，玉溪卷烟厂不仅使自己从一个年产不足30万箱的小厂变为年产百万箱的全国最大的卷烟企业，而且创出了“红塔山”这个能与国际名牌卷烟相抗衡的名牌产品，顶住了外烟入侵我国市场的势头，树立了我国烟草行业的良好形象，缩短了我国与国际水平间的距离，为我国的烟草业的发展做出了巨大贡献。

二、推行科技进步　使企业添上腾飞之翼

1980年，玉溪卷烟厂通过企业内部改革，打破了分配上的大锅饭，实行单箱工资含量包干

制，较好地处理了国家、企业和个人三者之间的关系，调动了职工的劳动积极性，解放了企业的生产力，企业的生产发展出现喜人的势头。实践使他们认识到人的主观能动性始终要受客观条件的制约，改革一下子将职工的内在潜力调动起来，推动了生产的快速发展。但是这样的速度是不可能持久的，因为生产工具是生产力发展的客观条件，而玉溪卷烟厂当时所使用的生产设备是国际上早已淘汰的三、四十年代的卷烟装备，既跟不上国际烟草行业的发展步伐，也满足不了国内市场的发展要求。要保持企业的发展速度，只有紧紧抓住党和国家推行对外开放，对内搞活政策的大好时机，更新生产设备，扩大生产规模。

1981 年，随着闭锁的国门逐渐打开，玉溪卷烟厂的领导在考察了西方发达国家，并认真研究了我国烟草行业状况和未来的发展态势后，认准了要借发达国家的先进技术和管理方法来发展自己，以跟上世界烟草行业的发展步伐，缩短彼此间的差距。因此，决定先从英国引进 1 台卷烟机。进口机与国产机比较，先进与落后，优势与劣势就明显的体现出来。同样的牌子，两种机器生产出来就是两个样子，推上市场后，一种畅销，一种滞销，并且所消耗的能源及原辅材料在两种机器上的相差也十分突出。先进设备从技术上，经济上都充分体现了优胜劣汰的强烈对比。这就更激发了玉溪卷烟厂加快实施技术改造的决心，从而制定了“全面改造，择优引进，成龙配套，务求效益”的技术改造方针。他们逐步加大技术引进上的投资，先后从英国、德国、意大利、日本和荷兰等国家引进了制丝、卷接、包装、滤嘴成型等卷烟专用设备 100 余台（套），占总生产能力的 90%。在引进设备的同时，玉溪卷烟厂还加强了对进口设备的消化吸收和零件国产化的工作。比如引进的两条制丝生产线，只进口主机，辅连设备采用国产的或由本厂制造。这样一方面可以节约外汇，用较少的外汇办更多的事；另一方面可以培养和煅练自己的技术人员，使技术人员能更加深入地了解进口设备的性能和特点，从而保证更好地操作和保养进口设备。外国专家来安装调试机器时，玉溪卷烟厂总是精心挑选基础好、技术过硬、接受能力强的人员协助外国专家工作，边调试边学习，从而迅速掌握了进口设备的性能特点。几年下来，玉溪卷烟厂的技术人员测绘制作了两万多张配件图纸，80% 的机械零件基本可以在国内加工。在管理和用好设备的同时，还对进口设备的不合理部件进行大胆改进，共改进了 470 多项，其中制丝线的 5 项工艺流程及设备改进还被德国生产厂家吸收到新产品的设计中。超 9 型卷接机组的切纸电加热线装置被英国生产厂家接受，在新设备的生产中也按玉溪卷烟厂的改进来进行设计。由于玉溪卷烟厂及早对生产设备进行高科技改造，到 1990 年，产量突破了 113 万箱。这样，仅用了 10 年时间就将一个中下水平的小厂变成全国同行最先进的卷烟企业，缩短了我国烟草业与国际先进水平的差距。

三、创建优质原料基地　为企业发展创造良好的原料基础

在工厂的技术改造取得显著成绩的同时，玉溪卷烟厂的领导们又考虑生产及其产品无时不受到烟叶原料的数量与质量牵制。为了使卷烟生产的发展有可靠的原料保证，玉溪卷烟厂的领导经过多番调查和仔细分析后，提出了与玉溪地区烟草专卖局、玉溪烟草分公司、玉溪卷烟厂“三合一”体制的改革方案。1986 年，这一方案得到了云南省政府的批准，形成了烟叶生产、卷烟加工及产品销售一体化的现代生产经营格局。玉溪卷烟厂以此为依托，将工厂取得的技术改造经验用于农村的烟叶生产，向农业大胆投放资金，创建优质原料基地，扶持烟农改善生产条件，逐步推广科学规范化种烟技术，大幅度提高了烤烟的产量和质量。

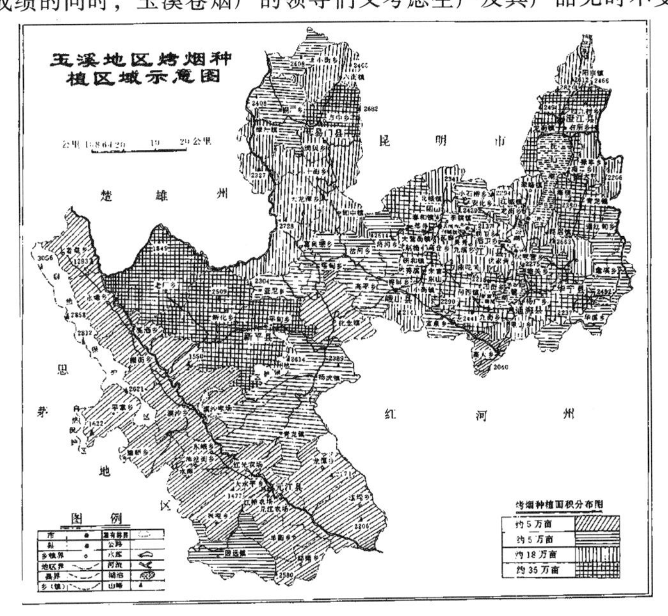

在扶持烟农、推行科技种烟上，玉溪卷烟厂大体经过了摸索试验、全面推广和配套发展这样三个阶段。

在摸索试验阶段期间，玉溪卷烟厂委托通海县科委、通海县烟草公司、云南农大等单位承担优质烟试验课题。烟厂提供试验经费 40.28 万元，在通海和玉溪的一些乡镇选择农户试种优质烟，试种面积为 1769.91 亩，主要进行栽培技术规范、合理施肥、优良品种、封顶打杈、烤房改进等试验。经过广大科技人员和农户的努力，试验的结果比较理想，烟叶产量和质量都有很大的突破。试验田平均亩产烟叶 179.5 公斤，比当年全区平均亩产高出 47.5 公斤，每亩增值 122.75 元，中、上等烟叶达 91.80%，比全区平均数高出 17.9%。这一试验为推广科学种烟，挖掘烤烟生产潜力提供了重要依据。随后便在全区大范围内推广，并在技术上有了新的突破。进一步推广单垄稀植、营养袋假植良苗、抗旱早栽等。同时加强了培训烟农的工作，印发了《田（地）优质烟栽培技术规范》、《营养袋育苗操作规程》、《封顶打杈成熟采叶和病虫害防治》等小册子，做到每 1—2 户有一册。同时制定了对烟农的“奖励、扶持、补贴、保险”等政策，对村社干部及烟农辅导员落实规范化措施情况实行单项定包奖，充分调动了各级人员抓烤烟的积极性。在推广科技种烟工作基本落实后，玉溪卷烟厂又加大农业投资，解决烤烟生产的配套服务，改变客观环境，提高烤烟生产条件。这主要体现在兴建水利工程和开通烟区公路上，先后在全区范围内光建水利工程 1544 项，修通公路 1709.1 公里，修建桥梁 38 座。这些工程改变了烤烟生产的客观环境，开辟了山区种植优质烤烟的局面。1990 年种植烤烟 46.67 万亩，比 1981 年增加 30.77 万亩；收购烟叶 4753 万公斤，比 1981 年增加 2116 万公斤，其中上等烟比例占 29.77%，比 1981 年上升 23.37%。优质烤烟基地的建成，为名牌卷烟生产奠定了坚实的原料基础。

四、提高职工素质　增强企业实力

玉溪卷烟厂的领导认识到提高生产力不能忽视人员素质这一重要因素，并将提高职工素质作为一项重要工作来抓。在培训职工上解放思想，放开手脚，推行多渠道多层次的职工培训方法。他们与中国人民大学、云南大学、云南工学院等高等学校联合，构成与实际需要相结合的人才培训网络，做到企业需要什么知识就开设什么培训项目，需要什么人才就培养什么人才。培训方法采用代培、电大、刊大、函大及请高校到厂办学等，系统、正规化地培养高层次的技术和管理人才。先后开办了“行政管理”、“应用物理”、“机械制造工艺及设备”等大专班，培养出具有大专

水平的职工142人、中专水平299人，选送79名专业人员到省内高校跟班深造。另一方面是开设各种岗位培训和各种普及性、应急性的短期专业培训班，以提高广大职工的业务素质。1984年以前，全厂只有大专以上学历的职工40人，中专98人，50%以上的职工是初中以下文化水平。通过几年的努力，到1990年，各类技术人员已发展到1000余人，约占职工总数的1/4，具有大专以上文化的职工达600余人。职工文化层次迅速提高，对企业的生产经营起到了积极的促进作用，增强了企业的竞争力，为企业未来的发展打下了坚实的人才基础。

（撰稿：玉溪红塔烟草（集团）有限责任公司　陈立明）

昆明卷烟厂

一、概　况

地处云南省昆明市北郊的昆明卷烟厂，创建于1942年，其前身是官办的云南纸烟厂，属当时的云南省企业局管理；1947年划归云南企业股份有限公司经营。解放前的云南纸烟厂由于当时的历史条件，设备简陋，技术力量薄弱，虽也曾兴旺一时，有过年产7000多箱卷烟的历史纪录，但生产一直不稳定。解放前夕，终因外烟大量倾销、私营烟厂纷起竞争而濒临倒闭，1949年卷烟产量仅千余箱。

新中国成立后，云南纸烟厂由人民政府接管，获得了新生。1963年，云南纸烟厂更名为昆明卷烟厂。

二、开放政策使昆烟欣欣向荣

遭受“文化革命”严重破坏的昆明卷烟厂，从1972年起开始出现转机。烟厂扩建厂房，增添生产设备，1975年又从美国和联邦德国引进了滤嘴烟卷接机和联合包装机各1套，使卷烟产量逐年有了增长，质量有了提高，新开发的84毫米“茶花”牌卷烟投放市场后，深受消费者的欢迎，并首次出口香港。

党的十一届三中全会确立的改革开放政策，给昆明卷烟厂注入了新的活力。根据省政府的决定，这个厂又投资1亿多元，新建厂房，扩大生产规模，并由云南省直接从国外引进具有八十年代世界先进水平的英国MK9—5卷接机以及其它先进设备，同时在国内添置配套设施，将生产能力扩大到40万箱(其中滤嘴烟10万箱)。到1982年，实际生产卷烟41万箱，其中滤嘴烟3.5万箱。

1982年，云南省烟草公司正式成立以后，更加快了该省烟草行业技术改造的步伐。1983年昆明卷烟厂从英国引进了消耗低、效益高、年产40万箱卷烟的制丝生产线，这是我国引进的第一条制丝线。1984年和1985年，又引进了卷接机和包装机组，以扩大滤嘴烟产量的比重。到1987年，卷烟产量增至68.5万箱，其中滤嘴烟21.9万箱。

三、抓原料基地建设　抓技术进步　抓企业管理

1982年以后，昆明卷烟厂继续深化改革，着重抓了烟叶原料基地建设，技术进步和强化企业管理。在烟叶原料基地的建设方面，该厂建立了以昆明为主、保山为辅的原料基地，从种植技术、物质条件、资金投入等方面为烟农尽量提供良好的服务，卓有成效地提高了烟叶品质和上中等烟比例。这样，不但产生了较好的社会效益，增加了农民的经济收入，而且基本解决了该厂多年来原料数量不足，质量不稳的突出矛盾，为企业改进品种结构，提高产品质量，增加经济效益，奠定了稳固的原料基础。

在狠抓技术进步方面，该厂把科学技术作为第一生产力来抓。从1987年以来，这个厂又投资3亿多元，根据"制定规划，分期实施，持之以恒，步步落实"精神，开展了规模空前的技术改造，重点引进国际上最新的先进设备。目前，这个厂已拥有国际上最先进的卷烟生产设备100多台（套），还拥有先进的烟气分析仪，气相色谱仪，滤棒检测仪等专用检测设备，使质量检测手段日臻完善。科学技术的进步，将使昆烟成为我国卷烟企业中装备达到第一流水平的工厂。

在强化企业管理方面，通过"打基础，练内功，强化生产现场管理，促进专业管理，推行现代化管理"等一系列措施，有效地提高了企业职工素质和企业管理水平，为推进企业内部改革，完善企业内部经营管理机制，搞活企业和加速企业实现现代化管理的进程，提供了新的动力和保证。

管理进步和技术进步这两个轮子，推动着昆明卷烟厂向"建设成代表我们国家水平的大型现代化卷烟企业"的目标奋进。1990年，这个厂共生产卷烟90万箱，实现利税17.5亿元，产品质量抽检合格率达100%，名优烟产品率达89.76%。产品质量、物资消耗、经济效益等11项经济技术指标都达到或超过国家二级企业标准，经过验收，已批准为国家二级企业。

截止1990年昆明卷烟厂生产《云烟》、《红山茶》、《茶花》、《大重九》、《三七》、《田七》、《皓》、《鸿大运》、《春城》9个牌号的卷烟。这些产品内在质量优良，包装新颖别致，市场信誉卓著，曾多次荣获全国优秀新产品奖，首届中国食品博览会金奖、银奖。其中，1958年创牌的《云烟》和1957年创牌的《红山茶》被列为国宴专用烟；《大重九》被列为国家重要外事活动用烟；《三七》为中国出口日本数量最大的卷烟牌号。

昆明卷烟厂正继续沿着开拓进取团结拼搏的道路前进。他们将一如既往，生产更多更好的适销对路的优质卷烟，来满足广大消费者的需要；创造出更佳的经济效益和社会效益，在实现祖国社会主义现代化的宏伟蓝图上，留下昆烟人光荣的一笔。

红河卷烟厂

红河卷烟厂座落于祖国边陲——云南省弥勒县城西北侧吉山路。

1985年，红河州委、州政府的领导们，为了加强红河地区的经济发展，充分利用当地盛产优质烟叶的优势，决定筹建红河卷烟厂。州领导雷厉风行，说干就干，当年决策，当年建设。经过两年的艰苦奋斗，创业者们在十分困难的条件下，红河卷烟厂于1987年建成并试产成功。1988年红河卷烟厂获得国家烟草专卖局颁发的卷烟生产许可证。1989年1月，红河卷烟厂划归云南省烟草公司垂直

领导。

红河卷烟厂尽管是当时国内卷烟生产企业中最年轻的企业之一，但他们在厂区规划或厂房设施方面，力争为烟厂发展打下良好基础。因此，在建设期间，一次完成生产、生活建筑面积近5万平方米。在卷烟设备方面，购制了多种卷、接、包设备135台套。在此期间，建筑及设备总投资3120万元。

截至1990年底，全厂在册职工497人，其中技术人员44人。固定资产亦增长至3335万元。

1987年试产以后，红河卷烟厂由于领导和工人们同心协力，想方设法开发新产品，尽量满足消费者的需要。至1990年，该厂生产的卷烟牌号有"锡都"、"吉祥鸟"、"铁马"、"野草"、"金沙江"和乙级"红河"等8个品种。

建厂初期，尽管由于原料缺乏，设备及生产工艺落后，加之技术力量薄弱，原辅材料涨价，全厂产量仍逐年增长。1988年生产卷烟2.3万箱，1989年4.22万箱，1990年7.33万箱。

大理卷烟厂

一、十年巨变

大理卷烟厂的前身是下关雪茄烟厂，1988年更名为现厂名。

1981—1990年的10年，在历史的长河中，只是短暂的一瞬，然而大理卷烟厂在改革开放的10年间却发生了巨大的变化。1980年，下关雪茄烟厂仅是年产3788.6箱雪茄烟、卷烟，职工人数188人，税利64.7万元的集体所有制小厂。1981年，通过地方拨款和自筹资金，在大理市东郊征用土地新建厂区；1983年列入全国146家计划内烟厂之一。当年11月搬迁新厂，原厂址改作烟叶仓库和职工宿舍，接着新建和扩建了基础设施。从1985年起，下关雪茄烟厂凭借大理地区生产优质烟叶原料的优势，全部转产生产烤烟型卷烟。1986年7月，开始了"七五"技改一期工程。在此期间，按照"边生产、边技改"的原则，共完成技改投资1290万元，新建了37682平方米的现代化主、辅厂房等设施。同时投资7500万元引进了国内外先进卷烟设备，还改造了原有的旧设备，使该厂卷烟生产实现了现代化。1987年，首批在下关雪茄烟厂实行了"厂长负责制"。1988年4月，按照所有权与经营权合理分离和"包死基数、确保上缴、超收多留、欠收自补"的原则，与大理烟草分公司和大理州财政局签订了为期3年的经营承包合同，生产经营有了突破性的发展。1988年8月，国家烟草专卖局局长、中国烟草总公司经理江明同志到大理视察，听取了州党委、州政府的汇报，看到大理卷烟的发展有原料优势和市场优势，符合中央有关改革精神，符合发展地方民族经济的要求，认为发展大理卷烟条件具备、潜力很大，当即亲笔题书了"大理卷烟厂"的厂名。同年10月国家烟草专卖局正式发文，批准"下关雪茄烟厂"更名为"大理卷烟厂"。这一历史性的转折，加速了大理卷烟的发展。1990年，大理卷烟厂已发展为占地面积163836平方米，职工人数1481人的现代化中型企业；建成生产用房69719平方米，生活及公用设施用房32469平方米，生产使用设备180余台（套），其中卷烟专用设施113台（套），形成年固定资产净值7604.89万元。厂内设有6个车间、4个工段、25个科室、1个车队，产品有"三塔"、"美登"、"云喜"等8个牌号，年卷烟生产能力30万箱。1990年生产卷烟23.7万箱（其中甲级烟4万箱，滤嘴烟8万箱），工业总产值18757万元，上缴税金21045万元，实现利润276万元，产量、产值、税金、利润分别比1980年增加62.6倍、139.2倍、368.3倍、34.3倍。10年来共生产卷烟104.9万箱，累计完成工业总产值74003.78万元，上缴税金68412.5万元，实现利润1965.7万元，为发挥大理州资源优势、发展民族经济作出了突出的贡献（附表）。

大理卷烟厂生产经营十年情况一览表

年度	年末固定资产净值（万元）	年平均职工人数（人）	工业总产值(不变价,万元)	卷烟产量（箱）				雪茄烟产量（箱）	销售额（万元）	税金（万元）	利润（万元）
				总量	甲级	滤嘴	乙级				
1981	130.8	368	719	11374			10520	854	698.4	282.1	91.6
1982	168.8	499	1611	20156			11072	297	1424.4	686.2	166.8
1983	332.98	427	2485	28194		360	5834	4679	1435.5	710.2	102.8
1984	853.3	1133	2764	53898	2961	1664	19676	797	3388.4	1846.8	146.7
1985	1497.3	1255	6353	93669	13176	2405	56914		7670.6	4772.3	54.6
1986	1055.45	1215	7410.36	110840	123	5054	91428		10577.58	6641.0	17.1
1987	1333.68	1269	8606.83	133783		12202	97719		12069.39	7423.9	93.1
1988	2129.79	1231	11415.31	167070	3543	27047	132038		17649.38	10735	500
1989	2739	1275	13881.86	192582	15990	48238	134195		24200.38	14270	517
1990	7604.89	1481	18757.42	237065	40158	80770	152223		35994.91	21045	276
合计	17846.09		74003.78	1048631	75951	177740	711619	6645	115108.94	68412.5	1965.7

二、依靠科技进步　加强企业管理　提高产品质量

大理卷烟厂10年来之所以取得巨大成绩，根本在于依靠科技进步，加强企业管理，不断提高产品质量。该厂针对企业基础薄弱、职工素质和管理水平较低的现状，1988年提出了“抓管理、上等级、全面提高企业素质”的方针，大量引入技术人才和大中专毕业生，认真抓提高劳动者素质的职工教育，较好地发挥先进设备的作用；与此同时，推行方针目标管理，充实完善管理制度和标准，以合同形式层层承包，全面落实经济责任制，将提高质量、降低消耗、提高设备利用率、安全文明生产等方面工作与工资奖金挂钩；试行了企业全员风险抵押承包，使企业与职工形成一个整体；加强老产品的改革研究和新产品的开发研究，通过努力，主产品“三塔”甲级过滤嘴香烟荣获了1989年云南省优质产品称号，并被列为旅游外汇专供烟，党的十三大和第十一届亚运会专供烟。研制出特制“三塔”过滤嘴香烟和甲级混合型“腾达”、乙级烤烟型卷烟“素馨”。“素馨”卷烟在云南省1990年新产品投标评比中荣获同级第一名。艰苦的努力，赢得了消费者的信赖，几年来产品销往省内及北京、河北、辽宁、内蒙、山西、广东、上海、江苏等20多个省（市）自治区，呈供不应求之势。

在改革的激流中，大理卷烟厂正在崛起。获得了全面质量管理和国家三级计量合格证；1989年，跃入了中国500家最大工业企业之列；1990年，跃居为全国500家最大工业企业第323名，在同行业50家最大工业企业中评选居第41名、最佳经济效益50家中居第35名，在云南省50家最大工业企业中居第9名、最佳经济效益中居第6名，同时还被列入1990年中国固定资产净增长最快的10家企业之一。

（供稿：杨大光）

曲靖卷烟厂

一、概　况

曲靖卷烟厂始建于1966年，原为云南省曲靖地区烟叶复烤厂，1972年开始试制卷烟。截止1990年底，全厂占地面积600余亩，职工3263人，各种主要卷烟设备（包括进口和国产）约120台（套），拥有固定资产净值12984万元，有两条卷烟生产线，年综合卷烟生产能力60万箱。1990年生产卷烟58.68万箱，实现工业总产值4.94亿元。通过全体干部职工的团结奋斗，企业“两个文明”建设取得了丰硕成果，1985年评为“云南省文明工厂”，1989年晋升为“国有二级企业”。

二、新产品开发和老产品改造

曲靖卷烟厂1972年开始试制卷烟。产品工作开始由生产科、技术科、工艺技术科及调度室兼管，1985年12月成立产品开发室。截止1990年，先后开发了“石林”、“吉庆”、“五朵金花”、“云宝”（混合型）、“旅友”、“丰登”、“源源”、“联友”、“珠江源”、“神丹”（药物型）、“慧中”、“晨曦”等产品。与此同时，在开发上述新产品的过程中，逐步形成了曲靖卷烟厂的工艺配方、产品设计和产品开发方面的基本技术力量，并在新产品的设计和试制、老产品的改造、钢印式样的设计、定型和标准的制订等方面做出了一定的成绩。

1987年，曲靖卷烟厂开始试制乙级混合型“云宝”牌卷烟，1988年4月正式投入生产。投放市场后，销区反映较好，但因生产条件限制尚未形成大批量生产。然而，这个牌号的问世，打破了多年来一直生产烤烟型的局面，为以后进一步对混合型卷烟的研究开发，打下了良好的基础。

在老产品的改造方面，做了大量的工作，对各牌号卷烟不断进行内在质量和外观装潢的改进，受到消费者的好评。“石林”烟1987年被评为“云南省优质产品”；1988年获“中国食品博览会金奖”；1988年“五朵金花”系列产品被评为“省优产品”；1989年“吉庆”牌卷烟被评为“省优产品”。1989年3月，“石林”、“吉庆”获“云南省香烟包装优秀奖”，“福牌”、“佳美”、“云宝”牌卷烟获“省烟草系统优秀包装奖”。同年10月8日，中国商品包装大奖赛在深圳揭晓，特制“五朵金花”获“优秀包装奖”，并予翌年初参加了“香港第三届世界印刷包装展”及日本东京举行的“90东京国际包装展”展出。

1988年8月，中国烟草总公司下达了关于卷烟产品配方改革招标的通知，在全国36个大中型骨干烟厂招标，总公司组织有关专家和技术人员对全国上报的45个投标牌号的卷烟作评吸鉴定。经过对叶组配方、理化指标、消费者意见等各项指标的评定筛选后，正式确定11家烟厂的12个牌号在配方改革中中标，曲靖卷烟厂所投的“晨曦”（甲级）、“慧中”（乙级）双双中标，为厂配方改革和配方技术的提高积累了一些经验。

三、改革历程与企业管理

在1980—1990年的10年中，曲靖卷烟厂在以经济建设为中心，改革、开放、搞活方针的指引下，进行了三个阶段的改革：

1980—1985年为改革的初级阶段。这个阶段主要抓基础管理，建立和完善经济责任制，采取小指标分解考核，实行联产计酬工资等，开始打破了“大锅饭”，调动了全厂职工的积极性。

1985—1988年为全面改革阶段。在领导体制上实行厂长负责制，在经济上实行承包为主要内容的经济责任制。单箱卷烟工资含量包干，是这个阶段经济责任制的核心。引进国外的先进技术和设备。提出了“以提高产品质量为中心，落实经济责任制为动力，降低消耗增加盈利为目的，争创名牌产品为目标”的办厂宗旨。

1988—1990年是向现代化管理迈进的阶段。1988年全厂建立了程控通讯系统，运用微机进行统计、编制会计报表、发放工资、烟叶发酵自控；在新车间安装了工业闭路电视，防火防盗监控系统，运用数理统计方法等，逐步推行了现代化管理方法。

四、扩建和技术改造

1981年，云南省政府把曲靖卷烟厂列为省的重点扩建单位，年产量由15万箱扩大为30万箱。1986年扩建工程结束，全厂新增建筑面积48839平方米。添置国产切丝机11台，烘丝机1台，卷烟机26台，包装机13台，10吨锅炉2台，总投资1878.74万元。

1982年，曲靖卷烟厂投资34万元，聘请昆明冶金设计院、航空航天工业部二院与厂合作，研制了两套微型计算机自控烟叶发酵装置，于1984年投入使用。1985年，经省经委批准，曲靖卷烟厂贷款150万元，与昆明冶金研究所、空军第三研究所合作，研制两套微型计算机管理网络，其中一套用于监控四车间生产，另一套用于生产车间和职能科室的全面质量管理。

1983年7月，省政府同意曲靖卷烟厂利用地方外汇，投资136.2万美元，从英国引进MK8/PATRO翻新卷接机5台，全新MK8卷接机1台，PM－4滤嘴成型机1台；从荷兰引进AMF3－79/3000型翻新横包机3台。为使引进设备配套生产，1983年起，省计委同意曲靖卷烟厂贷款270万美元，引进西德3000kg/h制丝生产线1条，于1986年6月正式投入运行。

1985年，经省经委批准，曲靖卷烟厂贷款415万元，引进英国莫林斯公司MK9－5/PA8－5卷接机7台，意大利萨西伯公司AMF－3－279/6000型横包机6台。1986年上半年设备陆续到厂，工厂自己安装，外商协助调试，下半年投入生产。引进设备提高了工厂的生产效率和产品质量，促进了全厂生产规模的发展。

1987年，省计委、经委根据省政府“九五”规划，批准烟厂再行扩建，投资2930万元（含外汇400万美元），从西德豪尼公司引进5000公斤/小时制丝生产线的主机，辅机由昆明船舶公司生产，于1991年5月1日投入制丝生产，使年生产能力达到50万箱。

1988—1990年曲靖卷烟厂继续进行技术改造，购进长城卷接机2台，萨西伯6000型包装机2台，Log机2台，X2硬壳翻盖包装机1台，YJ－14卷接机组9台套，3000型包装机3台，YJ－23接嘴机11台（与翻新MO－8配套），透明小包机9台。通过以上系列技术改建，曲靖卷烟厂自1980年以来，卷烟产量平均每年以21.86%的幅度增长，1980年开始突破10万箱，1983年突破20万箱，1987年突破40万箱，1988年突破50万箱，1990年达到58万箱。1983年，工业总产值开始超亿元，1986年突破2亿元，1988年突破3亿元，1990年达到4.9亿元。上缴税金1984年突破1亿元，1987年突破2亿元，1989年突破5亿元，1990年达到6.6亿元。全员实物劳动生产率1981年为108.65箱，1990年为189.6箱。单箱耗叶由1980年的57.23公斤降到1990年50.5公斤。

曲靖卷烟厂自1980年生产卷烟至1990年10年间，共生产卷烟361.588万箱，创产值237691.34万元，创税利254437.88万元。1988年在全国500家最大工业企业中，曲靖卷烟厂名列121位，全国烟草行业第10位，云南省第3位。在全国税利总额前50家工业企业中名列第39位，云南省第3位。1988年7月升为“省一级先进企业”，1989年晋升为“国家二级企业”。

五、产品质量

1980年，曲靖卷烟厂开始实行车间质量记分和质量考核，1981年，成立了全面质量管理领导小组，制订了《卷烟工艺规程》。1982年开始全面质量管理，并实行质量分与车间奖金挂钩。1984年把质量分纳入车间奖金分配考核，把质量管理层层落实到车间、班组、机台和个人，从而消灭了三类品。1986年为进一步加强全面质量管理，以质量求生存、求发展、求效益，厂成立了“全面质量管理办公室”，负责组织、督促、协调质量检验和质量审核工作。1987年7月成立三级监测站，接着成立了27个QC小组，质检员和自检员达77人。三级站有工作人员8人，检测设备29台套，有计量器4919台（件）。全厂从原料进厂、产品开发、设计、直至成品出厂、售后服务，都形成完整的质量管理体系。并先后制定了《卷烟工艺规程》、《各工序工艺标准》、《甲级烟加工工艺要求》、《烟草薄片制造工艺》、《原辅材料使用标准》、《曲靖卷烟厂质量责任制》、《曲靖卷烟厂质量检验办法》、《曲靖卷烟厂质量审核制度》、《曲靖卷烟厂创优保优、新产品开发奖惩规定》、《质量档案管理程序》等质量管理方面的规定。

随着质量检验的正常开展，检验规章制度的贯彻执行，重视消费者来信来访和产品质量的信息反馈，质量检验基本发挥了“四监督”的作用，即自我监督（原、辅材料进厂监督、卷烟产品设计监督、卷烟工艺监督、产品检验监督）、国家监督、用户监督、社会监督，为厂产品质量的稳定提高奠定了坚实的基础，从而提高了产品质量，取得了较好的经济效益。

六、精神文明建设

自党的十二届六中全会作出关于精神文明建设的决议以来，曲靖卷烟厂在抓好生产发展的同时，认真抓好全厂的精神文明建设。1982 年，在开展文明礼貌月活动中，厂里成立了文明礼貌月活动评比领导小组，1983 年调整为“五讲、四美、三热爱”活动领导小组，由党委书记任组长。随着改革的不断深入，根据厂长对两个文明建设全面负责的精神，1987 年将“五、四、三”活动领导小组改为精神文明建设领导小组。1988 年又被改为精神文明评审领导小组，由厂长担任组长，党委书记和宣传科长任副组长，调整充实了评审领导小组的成员，负责抓好全厂精神文明建设工作。由宣传科具体负责精神文明建设日常工作的检查考核。全厂各车间、科室也相继调整和健全了领导小组，做到层层有领导，一级抓一级，有了组织保证。

1984 年末，曲靖卷烟厂以思想政治工作为重点，把做文明市民、文明职工、创建文明单位作为开展精神文明的主要内容来抓，拟订并多次修改了创建文明车间、科室的考核评比细则，对精神文明建设的活动制度，生产任务完成情况、经济效益高低、班子团结协调状况、文体活动、治安综合治理等方面的奖惩考核措施都做了规定，使精神文明建设制度化、规范化，做到 8 个结合：一是精神文明建设与思想政治工作相结合；二是与经济责任制相结合；三是与加强对青工的普法教育、婚姻恋爱、家庭教育相结合；四是与学习科学技术相结合；五是与开展各种形式的文娱体育活动相结合；六是与廉政建设和抓好党风党纪教育相结合；七是与解决职工后顾之忧相结合；八是与建设优美环境、综合治理相结合。每月由宣传科组织抽检一次，半年评比一次。由于党政工团齐抓共管，精神文明建设的措施落到了实处，取得了显著的成绩。1984 年 - 1987 年，曲靖卷烟厂连续 4 年被曲靖市委、市政府授予“文明工厂”称号，1985 年 7 月，被云南省委、省政府授予“文明工厂”称号。

楚雄烟草企业

一、概　况

楚雄州烟草企业由楚雄州烟草专卖局、云南烟草楚雄州分公司、楚雄卷烟厂组建而成。1980 年 1 月 5 日，经外贸部、国家计委、国家进出口管理委员会、国家供销合作总社批准在楚雄州建立出口烤烟生产基地。2 月 28 日楚雄州烟草出口供应公司正式成立，同时成立楚雄州烟草科学研究所。楚雄卷烟厂和楚雄州烟草科学研究所都隶属楚雄州烟草出口供应公司管理。1981 年 6 月，经省经委同意，昆明、楚雄两卷烟厂实行经济联合，楚雄卷烟厂改名为昆明烟厂楚雄分厂，隶属关系不变，分别实行独立核算。1982 年，云南省烟草公司成立，在楚雄州烟草出口供应公司的基础上，成立云南省烟草公司楚雄分公司，楚雄卷烟厂同时被划为云南省烟草公司直属厂，楚雄分公司和楚雄卷烟厂由云南省烟草公司和楚雄州政府双重领导。1983 年 5 月，经国务院批准，楚雄卷烟厂正式列为国家计划内烟厂。同年 12 月，根据国务院颁布的《烟草专卖条例》和省政府云政

(1983) 156号文件精神，成立了楚雄州烟草专卖局，专卖局与烟草公司一套班子，对全州烟草专卖工作实行全面统一管理。1984年5月，成立楚雄烟草分公司卷烟批发站，为分公司所属独立核算单位。1985年9月，分公司卷烟批发站改名为楚雄卷烟经理部，划归楚雄卷烟厂管理。1986年楚雄烟草分公司南华烟叶仓库更名为烟叶复烤厂。同年12月，楚雄卷烟厂和楚雄烟草分公司及其所属单位、部门的人、财、物全部上划云南省烟草公司管理。

二、烤烟生产

党的十一届三中全会以后，农村广泛推行联产承包责任制，农业生产迅速发展。楚雄州烤烟生产在州、县党委、政府的领导下，得到迅猛发展，1981、1982年两年持续增产，1982年全州烟叶种植面积达18.96万亩，总产69.25万担。1983年由于烤烟连年丰收，出现产大于销的现象，省里采取了限产政策，加之当年干旱、低温、洪涝等灾害频繁，全州种烟面积下降到13.11万亩，总产下降到30.91万担，是1979年以来的最低年产量。1984年，州政府提出“总结经验、重整旗鼓、力争烤烟大增产”的号召，使烤烟1984、1985两年又连续获得大增产。1985年种植面积达41.4万亩、总产91.75万担，上、中等烟比率达到65%。1986年烤烟生产又受折腾，由于出现低次等烟叶积压的情况，州委决定青二、青三、上四、上五千个等级的烟叶不收购，群众反映强烈。虽然到收购后期对这些烟叶全额收购，但严重挫伤烟农积极性，致使1986、1987两年烤烟生产出现了较大滑坡。1988年在总结经验教训的基础上，狠抓了稳定改革、落实科技措施，平价供应烟农化肥等工作，重新调动了烟农栽烟的积极性，使全州烤烟又上一个新台阶，种植面积38.79万亩，收购烟叶123.6万担，全州农民人均增加收入50元，产量首次突破百万担大关。1989年由于在收购过程中执行国标过严，农民认为是压级压价，怨气较大，导致收购量降为88.39万担。1990年政府为保住烤烟生产不再出现滑坡，采取了一些措施，政策上增加了价外补贴和优质烟的扶持金，认真整顿了收购秩序，但因上年严重损害了群众利益，导致烟农种烟情绪低落，收购量下降为69.45万担。

三、卷烟生产

1981年楚雄卷烟厂购置了新的卷烟设备，改进了烟叶发酵和卷烟制作工艺，认真贯彻“稳定产量、狠抓质量、降低消耗、增加盈利”的工作方针，当年生产卷烟达76086箱，工业总产值达5271.2万元，实现税利3848.31万元。1982年省经委和省计委批准楚雄卷烟厂扩建和技术改造方案，投资702万元，通过填平补缺，生产能力从5万箱提高到10.2万箱（其中滤嘴烟1万箱）。扩建和技术改造于1983年底顺利完成，当年卷烟产量就达到14041箱，产值7576万元，税利达4874万元。1984年楚雄卷烟厂加快了设备更新和技术改造的步伐，积极发展滤嘴烟生产，狠抓产品质量，嘴“玉笛”牌卷烟获州优质产品称号，嘴“蝴蝶泉”、精“蝴蝶泉”获省优质产品称号，产量、产值、税利持续快速增长。1985年7月至8月，由于出现产品滞销积压，楚雄烟厂限产整顿40天，同年成型车间建成投产，年产嘴棒12.3亿支，基本满足生产要求，当年生产卷烟18.1万箱，产值达11063万元，利税合计达7824.43万元。1986年，楚雄卷烟厂甲级烤烟型100毫米嘴“蝴蝶泉”、乙级烤烟型84毫米嘴“金版纳”和70毫米无嘴“金版纳”先后投产，产量、产值、利税持续增长。1988年3月2日，楚雄卷烟厂从西德霍尼公司引进的5000公斤/小时制丝线在楚雄新线一次试车成功。同年5月3日，经厂党政领导研究决定，甲、乙级卷烟生产及厂部指挥机关逐步向楚雄搬迁，原南华厂址改为烟厂的原料基地和光嘴烟生产基地。9月20日，楚雄卷

烟厂在楚雄举行新线落成典礼大会，标志着“边搬迁、边生产”的滚动式大搬迁已胜利完成，做到了搬迁不影响生产，当年完成产量40.4万箱，产值3.58亿元，税收3.25亿元。新线的建成投产，标志着楚雄卷烟厂进入了一个快速发展的阶段。到1990年，全厂拥有主要设备146台（套）。其中进口设备44台（套），加上原有老生产线，生产能力达60万箱，当年卷烟产量达570803箱，产值上升到55156万元，产量、产值比1980年分别增长10.89倍和13.17倍，同时还创出了“蝴蝶泉”、“桂花”、“雄宝”等几个省优、部优产品，卷烟产量和经济效益年年都上新台阶，卷烟工业在楚雄州的国民经济结构中，成为最大的支柱产业。

四、卷烟销售

楚产卷烟自批量生产以来，每年绝大多数的产品都要调往省外销售，一直保持畅销势头。1982年全国许多烟厂超计划生产，市场供过于求，楚雄卷烟外销遇到一定困难。为此，厂里组成了联合调查组分赴各地听取客户意见，采取了灵活的供货方式，同时调整配方和产品结构，提高质量，使“银兔”、“蝴蝶泉”、“马樱花”等品种先后成为云南省优质产品，带动其他牌号，在四川、河北、山西等省市场出现了脱销。1985年由于卷烟产品结构与市场的需求脱节，同时未能按时发货，导致当年省外卷烟调拨量减少。针对这一情况，厂内加快了进口设备的引进工作，改进制造工艺，并根据市场需要研制出“雄宝”、“中国民航”、“金版纳”等新产品，增加了甲级烟、嘴烟及省外市场适销牌号卷烟的生产。在销售中，还根据各地市场的具体情况，采取减收或免收运费、送货上门等办法，增加了产品竞争力，扩大了省外销售市场，在1986年至1990年的4年中，卷烟产量大幅度增加，销售形势也越来越好，基本做到当年生产当年销完，没有库存积压，使楚雄卷烟一直保持着畅销势头，销区遍及全国26个省、市、自治区的300多个地县。

五、党组织建设和精神文明建设

楚雄州烟草企业自组建以来，就注重加强企业的精神文明建设，注重以健康、文明的娱乐方式丰富职工的业余文化生活。1981年8月8日，当时的昆明卷烟厂楚雄分厂下发了《昆明卷烟厂分厂关于企业管理的若干规定（试行草案)》，对职工文明准则、厂内文明生活准则等作了明文规定，并下发执行。同年职工电影院改造完工投入使用。1982年10月，烟厂被评为全省计划生育先进单位。1983年2月，《楚雄烟草报》的前身《半月通讯》创刊并在厂内发行，成为楚烟宣传工作的一个主阵地，同年9月12日，女职工何萍被中华全国妇女联合会授予全国“三八”红旗手称号。同年，投资26.3万元的新职工俱乐部竣工投入使用。1985年楚雄卷烟厂团委被评为“青年工作先进集体”。1986年3月至7月，楚雄卷烟厂党委在全厂161名党员中开展了整党工作，有力地增强了党支部的战斗堡垒和党员的先锋模范作用。1987年1月，楚雄卷烟厂党委制定了《关于加强社会主义精神文明建设的具体实施办法》，明确提出了加强精神文明建设的10条方针，使企业精神文明建设走上了经常化、制度化的正轨。同年4月，职工郭再昌被省人民政府授予省劳动模范荣誉称号，同时还被共青团云南省委命名为“新长征突击手”。1988年，厂内彝族女职工杨兰珍当选为第七届全国人民代表大会代表，出席了第七届全国人民代表大会。这年楚雄卷烟厂也顺利通过二级企业验收，荣升云南省二级先进企业。1989年6月，楚雄卷烟厂成立职工思想政治工作研究会，并举行了第一次理事会。同年8月，楚雄卷烟厂晋升为云南省一级先进企业，职工安尔惠同志被省人民政府授予“云南省劳动模范”光荣称号。1990年楚雄卷烟厂党委对车间和有关部门配备了专职党支部书记和副书记，进一步加强了党的基层组织建设。同年4月，楚雄卷烟厂被命名为州级社会主义精神文明建设先进单位，党委书记赵德超同志被国家烟草专卖局党组评为“全国烟草系统优秀政工干部”。

（撰稿：楚雄卷烟厂办公室）

云南省烟草科学研究所

云南省烟草科学研究所成立于1955年，原属云南省农业厅、云南省农业科学院，1990年划归云南省烟草公司。现有职工106人，其中专业技术人员66人，具有高中级职称的31人。所内设有烟草育种、栽培、植保、烘烤研究室和化验分析室、高新技术室、办公室、科研教育管理科、科研基地管理科等。

云南省烟草科学研究所长期以来认真贯彻执行党的“经济建设必须依靠科学技术，科技工作必须面向经济建设，努力攀登科学技术高峰”的科技方针，坚持科研与生产结合，为生产服务的方向，面向云南烟草生产，针对云南烟草农业发展中的科学技术问题，实行以应用研究为主，科研、开发、推广并重，相应开展应用基础和新技术应用研究工作。采取所内所外结合，室内室外结合，试验、示范推广结合，领导、专业技术人员、烟农结合，科农工贸联合攻关的方法，在出成果、出人才、攀登科技高峰方面做出了显著成绩：

一、科技成果：1979—1990年共有21项科技成果获奖，其中获国家科技进步三等奖1项，部省级科技进步奖18项。

二、论文论著：1980—1990年，先后编写了《烟草病害防治手册》、《烤烟优质适产栽培技术》、《云南省烤烟品种及良种繁育》等烟草专著，分别由云南民族出版社、云南人民出版社等出版发行，其中《烟草病害防治手册》获西北西南片区优秀科技读物三等奖。

1980年—1990年在省级以上刊物发表论文125篇，编印各种烟草栽培技术小册子122.2万册，下发基层科技人员和烟农，对普及科学技术，提高烟农素质取得较好的促进和推动作用。

三、长期以来在农村设立科技基点，取得显著成绩。八十年代初在全国各地建立烤烟新品种试验示范点、良种繁育基点共11个，解决了云南省烤烟品种多、杂、乱及品种混杂退化的问题，使云南省在全国率先实现了烤烟良种化和统一供种，获国家科技进步三等奖。

1985年会同玉溪地市烟草公司在玉溪市赵桅乡试种主料烟650.23亩，研究提出一套以单垄稀植及合理施肥为主的主料烟栽培技术获得成功，载植株数每亩1100—1200株，中等肥力田块施纯氮9—11公斤，$N:P_2O_5:K_2O$为1:2.2:3，产量范围150—185公斤，上等烟比20%以上，中等烟比80%以上。此项技术1986年开始纳入全省综示区推广，到1987年综示区面积683000亩，平均亩产155.4公斤，上等烟比35.49%，并较好地发挥了辐射作用，推动了全省烤烟生产的发展，1989年获云南省科技进步三等奖。

1988—1990年针对云南省地烟山地烟发展中的问题，采取了从改善生产条件入手，治水改土，依靠科技进步，提高生产者素质的综合治理措施，在全省建立开发基点11个，试验示范面积33929亩，平均亩产145.8公斤，上等烟比33.4%，总结出地烟山地烟的综合配套技术措施及管理经验，在大面积推广，取得显著的经济效益，获云南省烟草公司科技进步二等奖，云南省科技进步三等奖，云南省星火科技三等奖。

四、人才培养：经常为省内外有关单位举办烟草专业技术培训班。该所多次到四川、贵州、广西、陕西等省讲授烤烟专业技术课；多次到云南省农业大学、云南省农函大师资培训班、烟草良种繁殖技术培训班和文山、保山、曲靖、昭通、红河、昆明、玉溪等地讲授烤烟栽培、烘烤技术课，还与云南省农业大学合作培养研究生3名。该所还多次接受省内外农业大专院校师生来所学习、考察，在人才培养上做了一定工作。

五、精神文明建设：坚持党的基本路线，坚持两手抓两手都要硬的方针，坚持民主集中制，重大问题集体讨论决定，充分发挥党支部的战斗堡垒作用，把思想政治工作溶化在各项工作中，调动职工的积极性。

1. 坚持周六政治学习制：根据上级党委的精神，结合本所实际制定当年政治学习计划，周六学习。方法采取集中学、分组学、自学、请外单位或所领导、政工人员讲辅导课相结合的方法。

2. 经常组织全所职工学习中央、省委、省政府、烟草专卖局的有关文件，领会其精神实质，了解国内外形势，进一步提高执行党和国家及行业内各项政策的正确性。

云南省烟草科学研究所10年来的工作得到各级领导的肯定和表彰，曾获云南省社会主义建设先进单位，云南省科技体制改革先进单位，云南省增收致富先进单位，云南省农业科学院文明单位。有两人分别被评为云南省劳动模范，云南省农业劳动模范，有5人被评为云南省农科院、玉溪地直机关优秀党员；雷永和同志被评为国家级有突出贡献的科技管理专家。

（撰稿：云南省烟草科学研究所科研教育管理科）

延安卷烟厂

延安卷烟厂位于陕西省延安市北郊兰家坪，始建于1970年，先后经过3次搬迁，两次技术改造，逐步发展成为具有年产卷烟20万箱生产能力的国家中型企业。1983年该厂纳入延安地区级预算管理，并晋升为县级企业。1986年元月1日起上划归中国烟草总公司管理。

党的十一届三中全会以后，经济体制改革的春风吹遍了神州大地，延安卷烟厂在改革浪潮的冲击下，认真贯彻改革开放的政策，不断强化和改进企业管理，加大技术改造的力度，培养技术骨干，调整产品结构，积极开发新产品，狠抓产品质量的提高，以优取胜，使企业的生产经营在竞争中得到迅猛发展。从1981年到1990年的10年间，是延安卷烟厂快速发展的鼎盛时期。通过这10年的发展，使延安卷烟厂成为现代化的中型企业，并为以后的腾飞起到承前启后的重要作用。

一、狠抓技术改造　提高企业竞争能力

1981年到1990年，正值国家“六五”、“七五”计划的重要发展时期。延安卷烟厂抓住这一有利的发展机遇，经过技术改造后，发展成为现代化的中型企业。

延安卷烟厂原厂址位置偏避，占地面积小，严重阻碍企业的发展。根据中央“调整、改革、整顿、提高”的方针，该厂报经陕西省计委，经委批准，于同年4月起在原延安无线电厂旧址进行扩建。这次扩建为延安卷烟厂的进一步发展奠定了坚实的基础。1982年7月，扩建工程竣工，延安卷烟厂迁到新址。扩建后的延安卷烟厂，企业规模得到了扩大，新厂区占地面积146000平方米，建筑面积49000平方米，其中生产车间建筑面积25666平方米，非生产用建筑面积23387平方米，职工住宅面积16332平方米。新增设备79台（套），其中卷烟专用设备51台（套）。企业拥有固定资产496.6万元，接收了原无线电厂职工100多人，企业职工发展到830人，初步形成年生产卷烟10万箱的能力。当年在边生产边建设的情况下，生产卷烟61583箱，实现工业总产值2535.4万元，利润总额58.6万元，全面完成了年初计划的各项任务。到“六五”最后一年，企业职工发展到1150人，拥有固定资产1570万元，流动资金2100万元，动力机械总能力3352千瓦，主要生产设备250余台，当年生产卷烟107380箱，实现工业总产资5054.3万元。

进入“七五”以后，为适应市场需要，提高企业在市场中的竞争能力，延安卷烟厂经中国烟草总公司和陕西省经委的批准，于1987年开始进行大规模的技术改造，投资7000万元，先后引进了意大利科马斯公司生产的制丝线；引进英国、意大利和我国具有八十年代国际先进水平的制丝、卷、接、包配套设备269台（套），修建了主厂房及配套的发酵室、醇化室、锅炉房等现代化厂房，技改工程于1990年8月竣工，投入生产，被陕西省人民政府授予“陕西省‘七五’技改先进单位”荣誉称号。新的生产线投入运行后，使烟厂具备了年产卷烟30万箱的能力。厂区占地面积17.5万平方米，建筑面积7.4万平方米，各类设备403台（套），职工人数1600多名，固定资产3050.6万元，流动资金5205.4万元，年税利积累超亿元，成为陕西省47个重点企业之一。

10月12日，厂部制订《关于制止质量事故发生的八条规定》。

10月16日，厂部颁发《旬阳县卷烟厂岗位责任制实施细则》。

是年，完成产量7119箱，品种13个，合格率86%，产值242.65万元，利税总额57.26万元，税金120.97万元，人均利税3818元，全员劳动生产率47.46箱·16267元/人。

1983年

5月29日，一车间率先制订并推行车间内部承包责任制。

7月31日，汉江、旬河发生百年不遇的特大暴雨，烟厂损失严重，锅炉房百余米地基坡体滑塌，全厂停产，造成直接经济损失18万余元。

9月7日，锅炉房搬迁点火试运。

11月15日，厂部推行《经济责任计酬办法》。

11月20日，厂部遵照国务院关于“计划外烟厂限期整顿”的指示，全面安排进行整顿。12月4日，镇坪烟厂关闭后，其“新中国”牌卷烟机2台，YB—70型小包机1台，总值7万元，调入旬阳县卷烟厂。

当年，该厂出席陕西省行业技术表演赛的代表，获得切丝机操作能手第二、第三名，卷烟机能手第二名。

是年，完成产量13931箱，品种12个，合格率88%，产值471.51万元，利税总额156.38万元，税金163.11万元，人均利税5567元，全员劳动生产率50.66箱·17145元/人。

1984年

3月24日，县委决定：旬阳县卷烟厂升格为区级。

4月4日，中共旬阳县委、县政府决定：周本文任旬阳县卷烟厂厂长。

4月10日，旬阳县卷烟厂更名为“陕西省旬阳雪茄烟厂”，并列为国家计划烟厂。

4月下旬，该厂参加在北京召开的“全国第十六届旅游产品展销会”，并获得展销先进单位奖。

6月下旬，厂部颁发《制丝车间计件工资试行办法》、《卷烟车间经济责任制计酬办法》。

7月22日，厂部颁发《包装车间经济责任制试行办法》、《四车间经济责任制试行办法》。

8月13日，暴风雨袭击旬阳县城关地区，厂烟叶、辅助材料、成品库、建筑物等遭到损失达30多万元。

9月2日，经县企业整顿领导小组对厂现场检查验收，总得分968分，验收合格。

9月18日，经县政府决定，成立“陕西省旬阳雪茄烟厂第二期技改扩建指挥部”。

10月5日，厂邀请来自省内外卷烟销售单位的代表举行“产销业务座谈会”，签订1.2万箱卷烟销售《合同》，总额400余万元。

是年，完成产量30244箱，品种14个，产品合格率90%，产值967.58万元，利税总额376.48万元，税金376.38万元，人均利税7382元，全员劳动生产率58.38箱·18972元/人。

1985年

1月，厂部颁发《厂规暂行规定》和《生产车间经济责任制（试行办法)》。

5月15日，厂第二次职工代表大会举行，听取和审议《厂工作报告》、《1984年财务收支完成情况和“八五”财务计划的报告》；审定《职工代表大会实施细则》和审议《经济责任制执行情况报告》。

9月，厂颁发《旬阳雪茄烟厂治安管理实施细则》，并成立“工业普查领导小组”。

11月2日，通过企业管理基础整顿，推行“全面质量管理”。

12月21日，旬阳雪茄烟厂由县办大集体企业，转为全民所有制地方国营企业。

12月31日，旬阳雪茄烟厂在两个文明建设中被评为地区先进集体，受到地委、行署表彰奖励。

是年，完成产量44399箱，品种14个，合格率99%，产值1319.84万元，利税总额514.94万元，税金 493.47 万元，人均利税 9883 元，全员劳动生产率 85.2 箱·25332 元/人。

1986 年

1月1日，“工农”牌雪茄型卷烟更名为“农工”牌，并注册。

1月4日日，省烟草公司副经理李致祥来厂视察工作，重点讨论“七五”技改规划问题。2月1日，李致祥副经理再次来厂，会同县政府领导具体研究旬阳雪茄烟厂上划有关问题，并确定从1986年1月1日起，旬阳雪茄烟厂改变隶属关系，移交给中国烟草总公司陕西省公司。

2月19日，厂部召开1985年度先进集体和先进个人表彰大会，生产科、设备科、供应公司和一车间被评为先进集体，吉高田等27人被评为先进个人，分别受到表彰奖励。

4月9日，为加快第三期技改，成立技改领导小组和基建办公室。

5月6日，旬阳县人民政府决定县运输公司全部土地和建筑物有偿转让给旬阳雪茄烟厂，实施技改工程。

7月13日，厂党委制订《端正党风，纠正不正之风的规定》。

8月29日，经县委整党指导小组全面检查验收，厂历时6个月整党工作基本合格，55名党员参加整党，有53名党员评为合格党员。

9月1日，成立“旬阳雪茄烟厂企业管理委员会”。

9月9日，连续几天大风暴雨，造成烟厂经济损的40余万元。

9月11日，陕西省人民政府批复：同意旬阳雪茄烟厂恢复为“全民所有制企业”。

9月15日，陕西省经委批复：同意旬阳雪茄烟厂《七五技术改造方案》，改造后年综合生产能力为7.5万箱，项目总投资控制在961万元以内，土建面积控制在11062平方米以内。

9月17日，调运回第一台仿制的 mK8 型卷烟机，开始嘴烟试制工作。

10月3日，中共陕西省烟草公司委员会、陕西省烟草专卖局决定：王兴臣任安康地区烟草分公司副经理，兼旬阳雪茄烟厂党委书记。

10月底，第二次全国工业普查结束，厂被评为地区级先进集体，被陕西省政府授予铜奖杯。

12月16日，厂“七五”技改工程扩建设计经陕西省经委批复同意：1、生产规模制丝能力为10万箱，卷接包设备7.5万箱，改造后年综合生产能力达到7.5万箱，视今后市场销售情况逐步填平补齐，形成10万箱生产能力；2、增加6.5T锅炉1台，厂房按两台设计，增添真空回潮机、烘丝机各1台；3、土建面积控制在10539平方米以内，其中生活设计面积1500平方米；4、总投资调整到1148万元，要求1988年建成投产。

是年，完成产量55225箱，品种14个，合格率99%，产值1626.53万元，利税总额664.2万元，税金660.73万元，人均利税10391元，全员劳动生产率86箱·25422元/人。

1987 年

2月12日，旬阳县县委、县政府授予旬阳雪茄烟厂1986年度“优秀产品先进单位”称号。

2月25日，厂部决定：对1986年度评出的生产科等12个先进集体和54名先进个人予以表彰。

3月，旬阳雪茄烟厂被省公司评为“陕西省烟草系统创文明先进单位”，供应、销售科被评为先进集体，王兴臣、王先杰被评为先进个人。“秦南”牌雪茄烟荣获1986年度“省优质旅游产品”称号。

4月2日，厂被省烟草专卖局、公司评为“双文明建设先进单位”，包装车间为“双文明建设先进集体”，王兴臣、王先杰、王海平、鲁绪爱4人评为“文明建设先进个人”。

5月3日，厂注册“博士”牌号商标转让给湖南常德卷烟厂。

5月10日，厂三期技术改造工程破土动工。

5月21日，十级以上大风暴雨袭击旬阳县城关地区，给烟厂造成15万元的损失。

6月31日，上级决定将镇坪县委党校房地产有偿转让给旬阳雪茄烟厂做烟叶库区。

8月27日，厂第三次职工、会员代表会召开。大会听取和审议《厂长工作报告》、《财务工作报告》和《工会工作及财务报告》；修订《职工代表大会条例》、《厂长工作条例》和评议干部、奖

二、加强队伍建设　提高职工素质

随着改革开放的深化，企业面临的任务更加艰巨，能否使自己在强手如林的市场竞争中立于不败之地，关键是建立一个适应新形势发展需要的领导班子。1983年，延安卷烟厂在延安地委、行署的关怀下，从企业的发展需要出发，按照四化要求，对厂领导班子进行了充实调整。新的领导班子由6人组成，大专以上文化程度的有3人，中专1人，高中2人；其中有工程师2人，助理工程师1人。到1986年，厂领导班子调整充实为8人，有大专以上文化程度的5人，中专学历的2人，高中1人；有技术职称的工程师3人，助工二人，平均年龄45岁。经过调整充实，提高了厂级领导班子的整体素质及工作能力，并逐步向知识化、年轻化迈进，从而使延安卷烟厂更能适应改革开放和生产发展的需要。

延安卷烟厂在搞好领导班子建设的同时，坚持对职工进行文化课补习，举办“全面质量管理知识讲座”，“十八种现代管理应知应会”和“党的知识讲座学习班”。举行职工业务培训，百科知识抢答赛等有益活动。对财务人员、设备技术人员进行培训考核，开展技术比武、上岗考试以及评选文明车间、班组、科室、机台和个人的竞赛，组织“两个文明建设宣讲组”，在职工中进行广泛的宣传。这一系列活动的开展，大大地提高干部、职工队伍的素质。

三、改善经营管理　进一步深化改革

随着改革开放的进一步深化，延安卷烟厂依照改革开放的精神，深挖企业内部潜力，逐步清除不利于企业发展的各种消极因素，进一步为企业的腾飞打下坚实的基础。他们从企业的实际出发，以提高经济效益为中心，在人事任免、机构设置、工资制度、分配制度、生产经营、招工用工等方面进行了一系列改革，全面推行了经济责任制，先后实行了优质优价计价工资制，百分计奖和利润承包等多种形式的经济责任制。1986年4月，对上述经济责任制进行了修订，推行了“目标成本联系质量否决经济责任制”，解决了1985年套改工资后，奖金减少，重新出现“大锅饭”的矛盾，降低了成本，提高了产品质量，充分调动了广大职工的工作积极性和创造性，从而提高了企业的管理水平和竞争能力。

四、健全职能机构　加强企业管理

企业管理水平与经营的优劣，与职能机构的作用有密切的关系。1983年，为加强企业纪检监察工作，促进党的廉政建设，烟厂成立了由5人组成的“中共延安卷烟厂纪律检查委员会”，全面负责全厂纪检工作，对促进企业廉政建设起到了积极作用。1987年成立了审计科，负责对全厂内部实行审计监督。同时为了促进企业不断发展，上等达标，进入先进企业行业，1986年延安卷烟厂经地区计量局考核合格定为三级计量单位，在此基础上正式成立了计量科。1988年11月省计量局委托地区计量局验收通过烟厂为二级计量合格企业。另外，为了有效地加强企业资金管理，使生产、流通、交换各环节合理使用资金，加速资金周转，严格执行资金计划，促进增收节支。1985年，厂财务科成立了厂内结算中心，即厂内银行，这是在新形势下，为了适应现代化管理而采取的新方法，把企业当做市场，将企业各部门推向市场，初步形成了模拟市场核算的新机制。如合理组织财务活动，正确处理财务关系，增收节支，认真贯彻财金纪律，有计划地组织分配和运用资金，对促进企业的发展起到了积极作用。

延安卷烟厂在实践的基础上，随着企业的不断发展，制定和完善了一系列规章制度，并于1988年8月编印了“延安卷烟厂规章制度汇编”，“延安卷烟厂经济责任制”和“延安卷烟厂质量管理制度汇编”。这些规章对企业生产、供应销售、安全仓储等环节的管理进行了详尽的阐述，使企业的各项经营活动做到了有章可循，有据可查，有效地促进了企业全方位的管理。

五、老产品改造与新产品开发取得显著成效

从1983年起，延安卷烟厂在整顿的基础上，为提高企业现代化程度和竞争能力，不断开发新产品，改造老产品。他们先后开发改造试制出16个牌号的新产品，并多次获奖，深受广大消费者的欢迎。其中：特制甲级“延安”牌和甲级“宝塔山”牌香烟，1987年同时荣获陕西省轻工厅颁

发的“陕西省优质旅游产品奖”和延安地区行署颁发的“新产品开发一等奖”。1988年，甲二级“延安”牌香烟先后荣获陕西省轻工厅颁发的“陕西省优质旅游产品奖”、陕西省人民政府颁发的“陕西省优质产品奖”和中国首届食品博览会审定委员会颁发的“首届中国食品博览会名优特铜奖”，成为烟厂一时畅销不衰的拳头产品。同年，乙级烤烟型“中央大礼堂”牌香烟荣获陕西省经济委员会颁发的“陕西省优秀新产品奖”，产品成为北京人民大会堂专卖烟之一；甲级“宝塔山”牌滤嘴香烟荣获全国旅游产品研究评比会颁发的“金奖”，“骏马”牌荣获“优秀奖”。1989年，“骏马”牌香烟又再次荣获“陕西省优质产品奖”。这些新产品的试制成功，为企业赢得了良好的信誉，为企业的产品进入市场，占领市场创造了有利条件。

六、经济效益和社会效益双提高

延安卷烟厂在“六五”、“七五”时期，进入了一个快速发展时期，各项工作出现了新的生机，开拓出一个新的局面，企业的经济效益有了显著的提高，创造了建厂史上的鼎盛时期。在1984年全国200家人均利税最佳企业排序中，延安卷烟厂列120位。人均年积累达1.95万元，在全国147个卷烟厂中列第51位。经过二次扩建改造后，延安卷烟厂的生产得到迅猛的发展，在1984年至1986年3年间，企业每年税利以1000万元的速度增加，上交税利占到全区财政收入的40%以上。1986年至1988年每年税利以2000万元的速度猛增，到1988年实现了产值、销售收入、税利积累三过亿，成为延安地区经济发展的重点企业和被陕西省人民政府命名为“省级先进企业”。1983年延安卷烟厂被延安地区评为“文明工厂”。1984年，陕西省总工会授于延安卷烟厂工会“职工之家”荣誉称号。1987年延安卷烟厂被陕西省委评为党风建设先进集体。1988年延安地区行署又授于烟厂“文明单位”荣誉称号。1987、1988年，烟厂先后顺利通过省级和部级全面质量管理验收，1989年获陕西省全面质量管理奖，企业被列入全国500家最佳效益企业。延安卷烟厂在这10年的快速发展中，为延安地区的经济建设做出了重要贡献，成为延安地区财政的重要支柱和经济发展的主导产业。

西安市烟草分公司

1986年

1986年以前，西安市的烟草工作由市糖业烟酒公司管理。

4月1日，陕西省人民政府批转陕西省烟草专卖局、中国烟草总公司陕西省公司《关于地市、县烟草机构设置及人员编制的报告》。

11月28日，中国烟草总公司陕西省公司会同西安市第二商业局协商决定：由西安市糖业烟酒公司负责筹组陕西省烟草公司西安市分公司。

12月30日，陕西省烟草公司西安市分公司组建工作基本完成。西安市糖业烟酒公司经理仝先明召开职工大会宣布：童吉祥等78人调到新组建的陕西省烟草公司西安市分公司工作。

金分配实施办法和班组建设工作条例等。

10月11日，厂研制开发出新产品甲级混合型“宏华”、乙级烤烟型“九节狸”等4个牌号卷烟。产品经过试销，已被国家工商部门列入批量生产品种。

12月22日，厂党委表彰1987年度一、五支部为先进支部和周本文、王兴臣、王国文等16名党员为优秀党员。

是年，完成产量70056箱，品种15个，合格率99%，产值2103.32万元，利税总额707.24万元，税金684.20万元，人均利税10222元，全员劳动生产率101箱·30395元/人。

1988年

1月4日，厂党委、厂部通报表彰生产科等4个单位、7个机台为1987年度先进集体，赵德学等70人为先进个人。

2月28日，经陕西省烟草公司企业升级评审小组评审验收，旬阳雪茄烟厂获“陕西省烟草系统工业基础管理达标企业”。

3月22日，“中共旬阳雪茄烟厂纪律检查委员会”成立。

4月4日，中共陕西省委书记张勃兴一行来厂视察工作。

4月6日，陕西省烟草专卖局（公司）党组决定：周本文任陕西省烟草公司安康分公司副经理，兼旬阳雪茄烟厂厂长。

8月4日，“旬阳雪茄烟厂劳动服务公司”成立。

8月23日，厂第三届二次职工代表大会召开，通过8个法规文件。

9月23日，“旬阳雪茄烟厂西安办事处”成立。

10月11日，为适应商品销售形势，便于卷烟产品流通，改革流通体制，安康烟草分公司与旬阳雪茄烟厂达成《协议》，实行厂商产销联营，并在旬阳雪茄烟厂设立“安康烟草分公司调拨站”，于1989年1月1日对外办公。

10月14日，省经委批文同意厂“七五”技改新增项目，提前完成10万大箱综合生产能力，增拨投资款100万元。

12月31日，“九节狸”滤嘴烟被评为陕西省1988年度优秀新产品。

旬阳县人民政府授予旬阳雪茄烟厂为1988年度“重合同守信誉单位”称号。

是年，完成产量75886箱，品种17个，合格率95.1%，产值2650.80万元，利税总额1243.5万元，税金1219.00万元，人均利税16579元，全员劳动生产率101箱·35345元/人。

1989年

1月8日，旬阳雪茄烟厂与旬阳县农用机械厂合并。

2月26日，“厂全面质量管理办公室”成立。

3月9日，旬阳雪茄烟厂荣获安康地区烟草统计工作评比第三名。

3月15日，旬阳雪茄烟厂获经济体制改革先进单位。

4月上旬，安康地区行政公署决定建设经济大县，倾斜发展旬阳雪茄烟厂。

4月13日，厂部表彰总务科等3个先进集体和118名先进个人。

同日，厂包装车间及周本文、吴新友、李忠民3人，被省烟草公司评为1988年度先进集体和先进个人，受到表彰奖励。

5月30日，陕西省烟草专卖局（公司）通知，旬阳雪茄烟厂定为正县级企业。

5月30日，省烟草专卖局党委决定：周本文任旬阳雪茄烟厂厂长（正县级），赵德学任副厂长（副县级），程先胜任总工程师（副县级），王兴臣任党委书记（正县级）。

5月30日，烟叶科QC小组成果“改进加潮喷孔设备、降低能源、烟叶消耗”获安康地区第五次成果发表第三名。

6月1日，厂三期技术改造主要工程交付试运。

6月21日，《旬阳雪茄烟厂技术工人管理试行规定》颁布实施。

7月27日，厂委托安康地区经济协商委员会正式邀请中国烟草专家李正祥来安康利用“绞股蓝”资源研制新型卷烟产品——“祝尔慷”牌卷烟。

8月24日，厂党委制发《关于“惩治腐败，加强党风和廉政建设”决定》。

9月2日，陕西省省长侯宗宾及其一行来厂视察。

9月29日，中共旬阳县委、县政府召开表彰大会，烟厂周本文等12人获县劳模光荣称号。

10月14日，厂首届QC小组成果发表会召开，计发表成果8项，评审出4个QC成果获一、二、三名次，，7个QC小组获得优秀小组称号，37名个人获厂TQC基础知识先进个人，分别受到表彰奖励。

11月6日，厂召开第四次职工代表、工会会员代表大会。大会审议《厂长工作报告》、《财务工作情况报告》、《工会工作报告》和《违纪职工处罚、辞退实施细则》修改说明。

11月21日，经中国烟草总公司批准“祥鹤”牌卷烟投入正式生产试销。

12月6日，“宏华”牌滤嘴烟被评为“1989年度陕西省优秀新产品”。

12月7日，烟厂刘店铺烟叶库发生火灾，总计损失40余万元。

12月22日，职工为“12·7”火灾造成损失，开展自动捐款1170人次，捐款19000元及其它物资。

12月31日，厂401QC小组获陕西省行业第三届QC成果发表会“优秀质量管理小组”称号。

旬阳雪茄烟厂荣获1989年度省、地“双增双节”先进集体，四车间王华锋获“双增双节”能手，受到表彰。

是日，县政府授予旬阳雪茄烟厂为“重合同，守信用”企业。

是年，旬阳雪茄烟厂《制度汇编》和《工作标准》两本书出版，全厂管理开始走向制度化、程序化、标准化、现代化。

是年，完成产量100013箱，品种20个，合格率82.3%，产值4423万元，利税3019.70万元，税金3072.00万元，人均利税31270元，全员劳动生产率102箱·45127元/人。

1990

1月3日，厂党委、厂部召开上年“12·7”火灾事故抢险先进集体和先进个人表彰大会。

1月21日，安康地区防火现场会在旬阳雪茄烟厂召开，对造成“12·7”火灾主要责任人进行处理。

2月12日，厂部召开1989年度先进集体和先进个人表彰大会。会上，对19个先进集体，81名先进个人，31名优秀党员进行表彰奖励。

3月5日，召开旬阳雪茄烟厂四届三次职代会，讨论通过“旬阳雪茄烟厂职工升级方案”。

4月14日，我国著名营养学家于若木教授在参加紫阳“饮茶节”期间为“祝尔慷”牌卷烟题词。

4月24日，为精减机构，提高工作效率，将全厂机构合并为4部6科。

5月29日，厂部决定对参加省烟草系统技术比武获奖的10人给予表彰奖励；对荣获“陕西省卷烟技术操作标兵”魏时新奖励工资1级，现金900元；卷烟“能手”段红社、廖大强分别给予物质奖励。

6月3日，成立“旬阳雪茄烟厂结算中心”，施行《费用管理暂行办法》。

8月5日，“祝尔慷”牌卷烟在西安通过省级技术鉴定。

9月1日，“祝尔慷”卷烟被列为第十一届亚运会指定产品。

9月8日，由徐山林副省长撰写片名的《科技新花——祝尔慷》科技电视片和观众见面。

10月24日，成立“卷烟产品质量监督检测站”。

10月29日，省烟草专卖局（公司）有关领导和县档案局组成考评小组，对厂档案管理工作经过评审验收后，评为“省级先进单位”。

11月15日，厂“七五”技改（称第三期技改）工程验收会议召开，会议同意总体验收交付生产。

11月20日，厂三级检测站通过省级检查验收达标。

11月23日，“祝尔慷”牌卷烟在泰国曼谷展出，获“中国实用新技术成果展览会金奖”。

12 月 11 日，厂部发布《旬阳雪茄烟厂经济合同管理办法》。

12 月 27 日，全国政协副主席马文瑞为“祝尔慷”牌卷烟题词：“祝尔慷香烟配方独特，对吸食者健康无害”。

是年，完成产量 92568 箱，合格率 85%，产值 5573.70 万元，利税 2353 万元，税金 2318.50 万元，人均税利 25587 元，全员劳动生产率 101.6 箱·40463 元/人。

兰州卷烟厂

一、企业概况

兰州卷烟厂始建于 1937 年，原名为华陇烟草股份有限公司，系官商合办手工作坊。1949 年 10 月被中国人民解放军第一野战军政治部作价收购，更名为共和企业公司烟草公司。1952 年元月兼并天水胜利烟厂，更名为兰州共和卷烟厂。1956 年烟厂由军队移交地方，更名为兰州卷烟厂。“文化大革命”结束后，经过企业整顿和技术改造，企业得以稳步发展，到 1981 年企业有职工 948 人，完成产量 11．48 万箱，产值 5239 万元，利润 460 万元，税金 3247 万元。1984 年 9 月兰州卷烟厂划归甘肃省烟草公司领导。经过“七五”技术改造，企业现已成为年产 25 万箱卷烟生产能力的国家中型一类企业，经济效益连续稳步增长。目前有职工 1200 人，党员 221 人，中级以上专业技术人员 14 人，初级以上专业技术人员 90 人。厂区占地面积 37．4 亩，库区占地面积 65．1 亩，总建筑面积 58862 平方米。专业设备 58 台（套）。主要产品有“莫高”、“海洋”、“壹佰年”、“金城”4 大品牌系列卷烟，产品畅销甘肃和西北地区，其中“海洋”牌系列香烟获甘肃省优质名牌产品称号。

二、企业经营业绩

1981 年—1990 年卷烟生产主要经济指标表

年份	完成产量（箱）	产值（万元）	利润（万元）	税金（万元）
1981	114862.20	5239	460.30	3247.97
1982	124024	6342	170.40	4126.30
1983	122963.80	6276.09	213.12	4311.28
1984	75352.40	3959.69	258.06	2732.85
1985	113548	7188	165	5124.55
1986	133727	8719	240.9	7529.20
1987	141698	9470	131	8724
1988	156572	10567	169	10282
1989	130558	10058	95.45	10314.31
1990	150100	12055	－836	12179

三、技术改造

1984 年—1985 年进行的“六五”技术改造中，引进意大利萨西姆横包机 1 组，英国莫林公司莫林斯 8 卷接机两组，购进 YB66 型条包机 8 台，更新 YB64 型条包机，还购进 YJB 型条包机 4 台，更新 3 台老标准卷烟机。用 4 台滚刀式切丝机更新五刀切丝机。在甲级烟车间新增 84 小包条包机 1 组，使闲置的滤嘴成型机和 84 接嘴机投入生产。

1985 年，甲级烟车间竣工，安装滤嘴烟接装机 8 台，滤嘴烟包装机 2 台，滤嘴烟条包机 3 台，使嘴烟的产量有所提高。此期间共有主要卷接包设备 45 台（套），其中：打叶机打叶设备 1 组，YC17 真空回潮机 1 台，YS11 和 YS12 型切丝机各 3 台，YA54 压梗机 1 台，自制烘丝机 1 台，卷烟机 36 台，其中：新中国式 11 台，Y1 型 21 台，YJ3 型 4 台。接嘴机（YJ 床 1 型）5 台，4－5 型小包装机 14 台，YB64 型条包机 14 台。

1986 年 3 月，兰州卷烟厂“七五”技术改造项目立项，1987 年 3 月完成设计，同年 9 月破土动工，1989 年底竣工投产，设计能力年产量 20 万箱。“七五”技术改造项目共投资 4410 万元（中央财政贷款 2990 万元，地方财政贷款 1420 万元，余为自筹资金），重点是制丝生产线改造和卷接包装生产车间的改扩建，共 9 项工程，实现厂房改造、设备更新、辅助设施配套。新建厂房 6345 平方米，发酵室 2532 平方米，锅炉房 1932 平方米，综合材料库 5447 平方米。先后从国内外引进先进设备 33 台（套），采用国内先进工艺，使卷烟生产从制丝加工到卷接包以及配套设施实现自动化连续作业，标志着兰州卷烟厂的设备、工艺、技术等达到二十世纪八十年代国内外先进水平。

1988 年，为使“七五”技术改造早见效益，报请甘肃省经济委员会批准立项实施新增 5 万箱接嘴烟的技术改造，对甲级烟车间、制丝线和卷接包设备进行填平补齐和相应的配套完善。1990 年投产后接嘴烟的生产能力由 5 万箱增至 10 万箱，全部卷烟生产能力增至 25 万箱。至此，除各项经济指标稳步增长外，产品结构发生了重大变化。1990 年，生产卷烟 15 万箱，接嘴烟占 40%，是改造前的 10 倍。同时，各项技术、经济指标较改造前的 1985 年大幅度上升。

“七五”技术改造的制丝生产线的投入运行后，使卷烟生产向连续化、自动化推进，设备配套要求自动化程度的高技术设备和相应的水电气的设施，原计划都从国外引进，但由于投资和外汇所限，在设备选型和匹配时，重点从西德虹尼公司引进了制丝生产线的梗丝膨胀关键设备，从英国、意大利引进了卷接包设备 5 台（件）。切丝机选用了昆明第二通用机械厂生产的 RC4 型切丝机的辅助配套设备。原定从法国马来公司引进的真空回潮机，改用国产 24 包老式回潮机。同时购置昆明船舶公司生产的日产 3000 公斤全线制丝生产线。

四、产品质量和新产品开发

兰州卷烟厂的产品到“六五”末的 1985 年，其产品结构由生产乙、丙级烟为主改变为生产甲、乙级烟为主，甲、乙级烟生产的产量达到 76%。

“七五”期间，随着社会的发展，卷烟产品结构发生了重大变化，烟草科研的重点转向研究适销对路的产品上。烟厂先后开发出甲级硬盒“海洋”、硬盒“飞天”、接嘴“兰州”、细支“玫瑰”、乙级接嘴“金城”等 4 个级别 10 个牌号，并先后投入生产。1986 年接嘴烟由 81 毫米改为 84 毫米；1989 年，特制烟投入生产。1990 年甲乙两个级别的烟已占到 86%。

1980 年，该厂成立全面质量管理领导小组统管质量工作。结合开展群众性的质量管理教育和质量小组活动，用排列图、控制图表等方式对“兰州”、“燎原”、“岷山”等牌号的卷烟在配叶、切把打叶等工序中影响质量的主要原因进行 48 次分析，虽然得出“从长期看抓设备改进，从当前看抓操作”的经验，但是，由于兰州温度低，空气干燥；本地无原料，调进原料质量低是影响兰州卷烟质量的关键因素并未有效解决，“海洋”、“兰州”等甲、乙级烟的质量还是不稳。1982 年 11 月《甘肃日报》以《兰州牌烟质量下降》为题，刊登群众来信，批评生产企业。企业以此为动力，进行质量整顿，纠正“兰州”、“燎原”烟“烟丝色泽暗，烟支空头多，包装差别多”等质量问题。1983 年，一类品提高到 24.6%，消灭了三类品，质量综合指标达到同行业同等级水平。

1985 年和 1986 年，过滤嘴“海洋”和“兰州”牌香烟先后被评为甘肃省优质产品。其后，由于放松了生产过程中的质量管理，生产中赶急图快，违反工艺操作规程，致使卷烟质量下降，1987 年产品三次抽检均不合格。

1989 初，企业针对产品质量不稳和质量管理中的问题，重新完善和制定《产品质量三检制》和有关全面质量管理的制度，使产品的生产技术设备、原辅材料采购、生产工序控制、产品检验、售后服务等过程中的质量管理有人管、有人抓，产品质量稳定回升。这年后半年，产品合格率达80%以上；1990年，经中国烟草标准化质量检测中心多次抽检评吸，“海洋”牌烟的内在质量综合得分为89.37分，恢复了“海洋”烟的声誉。其后经过技术改造，卷烟生产的自动化程度进一步提高，产品质量稳定。

五、抓紧企业内部改革

在兰州卷烟厂通过“六五”和“七五”两期技术改造使企业实力大增，成为甘肃省创税大户，甘肃百家经济效益最佳工业企业首户，几度被甘肃省、国家烟草专卖局评为先进企业。

1986年为加强民主管理，充分发挥工人的主人翁作用，在四大车间推行了承包责任制。1987年，改革内部工资分配制度，按劳动繁简、技术高低、责任大小，将现行工资改为“岗位职务工资，死定活拿”；同时，根据内部不同情况，实行多种形式的承包制，生产车间在岗位工资的基础上又实行超定额计件工资制，多劳多得。辅助生产车间实行利润承包、超利润分成、欠额自补的方法。民主评议干部、实行干部聘任制，克服了干部能上不能下的终身制。1988年，甘肃省烟草公司对兰州烟草生产经营体制进行改革，把兰州卷烟厂、兰州烟草分公司、兰州烟草专卖局合并，融生产、经营、专卖于一体，实行厂站合一的经营新体制。新体制运行过程中，有着节省资金、加快资金回转的好处，不仅解决了困扰企业发展的产销矛盾，又能腾出手来抓市场开拓和产品质量的提高。这一机制，促进了兰州卷烟厂经济效益的迅猛增长。同年，生产卷烟16.66万箱，产值、利税双突破亿元，分别达到10567万元和10451万元，实现了技术改造和生产两不误的目标。同时实行全额计件工资，以内部银行为中心，层层承包，分类核算生产车间利润承包，独立核算；业务科室实行指标与经济效益挂钩承包。1990年，技术改造工程发挥效益，全年生产卷烟15.010万箱。虽然因各种原辅材料涨价造成企业亏损，但实现税金仍比上年有较大的增长，达到12179万元。

（撰稿：兰州卷烟厂办公室　李贵碧、赵希奎）

乐都卷烟厂

一、十年概况

乐都卷烟厂筹建于1977年，1981年正式投产，是青藏高原上唯一的一家国家计划内卷烟工业企业，地处青海省乐都县水磨营。至1990年底，全厂职工360余人，占地面积48478平方米，建筑面积13138平方米，主要设备有114台（套），其中卷烟专用设备41台（套），固定资产820万元。该厂先后共生产了“经济”、“北方”、“西海”、“鸟岛”、“塔尔寺”、“日月山”、“湟光”、“杜鹃花”、“青海湖”、“江河源”等牌号的卷烟10多种。1981年至1990年乘改革开放的春风，给烟厂带来了生机，尤其是1986年管理体制上划后，在中国烟草总公司和省烟草公司的直接领导下，对企业进行了全面的整顿，理顺了产销关系，调整了产品结构，重视了产品质量，提高了产品信誉，产量、销量逐年稳步增长。累计10年间共生产卷烟159011箱，实现工业总产值10782万元(80年不变价)；销售卷烟157309箱，完成销售收入12279万元；上缴税利6159万元，是建厂投资300万元的20.5倍。特别是1984年至1990年，产量平均每年递增21.9%，工业总产值平均每年递增54.4%，产品销量平均每年递增48.4%，上缴税利平均每年递增55.3%。1990年上缴税利1426万元，被青海省委、省政府授予“上缴利税贡献大户”的称号，名列全省第5位。

二、深化改革求发展

逐步深化内部改革，以改革求发展，以管理出效益。10年间乐都卷烟厂根据国家烟草专卖局和省烟草专卖局的总体部署，积极推行了一系列的改革措施，增强了活力，增添了后劲。一是实行了干部聘任制，打破了干部工人的身份界限，每年年终厂职代会对管理干部按“德、能、绩、勤”打分评议，按评议结果和工作需要进行合理调整，坚持干部能上能下，打破了使用干部论资排辈的陈规陋习。在企业内部分配上，实行了经济承包责任制，充分体现“按劳分配”的原则，逐步对原有的等级工资制度进行改革，为以后实行岗位技能工资制奠定了基础。二是加强基础管理，逐步使企业步入规范化和科学化的管理轨道，组织制定了《乐都卷烟厂管理标准》和《乐都卷烟厂工作标准》，逐步做到了“工作有标准，办事有程序，消耗有定额，业绩有考核，好坏有奖罚，经营有方向，管理有目标”的一整套企业内部配套改革措施，在全厂逐步形成一种全方位、多层次的目标管理网络体系。并根据企业发展的实际需要，逐年修订、完善各项规章制度。三是加强领导班子建设，把年轻有为、工作成绩突出的同志大胆提拔到领导岗位上，逐步实现了干部队伍的“四化”，提高了企业的决策能力和管理水平。四是努力降低物耗，严格考核标准，切实把降耗与职工的效益工资挂钩，并加强仓储人员的工作责任心，努力降低库耗。五是加强设备管理，保证生产正常运行和生产任务的完成，总结学习设备管理方面的先进经验，逐步完善设备管理、操作、维修和保养工作制度，使设备的有效作业率逐年提高。六是抓好安全工作，认真贯彻执行“预防为主，防消结合”的安全工作方针，把安全工作放在一切工作的首位，常抓不懈，勤检查，早发现，消除一切不安全隐患，确保国家财产和人身安全。从 1981 年到 1990 年这 10 年中，烟厂未发生重、特大事故，一般事故也控制在规定范围之内，火灾事故为零，曾多次受到国家烟草专卖局的表扬。

三、坚持质量第一　信誉至上的宗旨

切实提高产品质量，让消费者满意。质量是企业的生命，该厂经过多年的市场考验，一直以“质量第一，信誉至上”为宗旨，特别重视产品质量和消费者利益。具体做法是：第一，教育职工提高全员质量意识，树立用户就是上帝的观念，正确认识质量、品种、效益的辩证关系。第二，实行质量否决权，把质量指标和经济责任制挂钩，严格按照工艺规程组织生产，不合格的原辅料和半成品不能进入下道工序，不合格的产成品不能入库或销售。第三，每季召开质量分析会，对全厂质量抽检、评审及消费者意见等情况进行通报，发生质量问题坚持原因查不清不放过，不采取整改措施不放过，职工不接受教育不放过的原则。第四，建立信息联络制度，及时反馈销售情况、消费者意见及合理化建议。第五，重视用户来信来访和跟踪服务工作。每年组织产供销人员不定期的走访基层销售网点，征求消费者对产品质量的意见，进行质量跟踪服务，发现问题，及时解决。第六，充分发挥卷烟评吸、评审委员会的作用，定期组织评吸，抽检卷烟内在质量和外观质量，仲裁有关质量问题的争议。

四、进行技改　增强企业发展后劲

大力进行技术改造，增强企业发展后劲。乐都卷烟厂是在县办工业的基础上发展起来的。建厂初期，由于资金不足，设计简单，设备落后，工艺布局不合理，直接影响了企业的长远发展。为使烟厂在日益竞争激烈的市场中求得生存与发展，他们充分发挥科学技术是第一生产力的作用，把技术进步当作增强企业活力，提高经济效益的一件大事来抓。特别是“七五”期间，企业根据中国烟草总公司“七五”期间发展规划要求，制定了长远规划，进行了以提高产品质量、改善产品结构、增加经济效益为中心的“七五”技术改造规划。此期间共投资 450 万元，对制丝线进行了局部改造，增添了部分较先进的卷接包设备，修建了精装车间和机修车间各 1 幢，新建了 1 所烟草质量监督检测三级站，用先进的仪器检测代替了落后的手工检测，并经西北烟草质量监督检测站验收合格。由于技改目标的实现，发挥了良好的作用，生产工艺技术有了明显的提高，技术装备水平得到了改善，使烟厂摆脱了技术装备落后，生产工艺不合理的困境，为企业增添了活力。

该厂经过“七五”技术改造，经济效益逐年提高。1990 年生产卷烟 23164 箱，较 1985 年的 15276 箱增长 51.64%，产值（不变价）770 万元上升到 3182 万元，增长 3.13 倍；上缴税金由 397 万元上升到 1556 万元，增长 2.92 倍；滤嘴烟由 1985 年的空白发展到 1990 年的 9034 箱；烟叶单箱消耗由1985年的61.7公斤至1990年下降到51．34公斤，单箱下降10.36公斤，全员劳动生产率由2873元/人上升到48966元/人。

调整产品结构，积极研制开发新产品，改造老产品。建厂初期，该厂由于产品结构不合理，质量不稳定，曾一度出现产品滞销的局面。经过不断的努力，初步改变了卷烟产品结构不合理、装潢陈旧、品种单一的状况，形成了品种、等级、规格比较齐全的局面。甲级烟和滤嘴烟的产量不断上升，减少和停止了滞销牌号的生产。1990年，甲级烟的产量占总产量的20.9%，滤嘴烟产量占总产量的34%，甲乙级烟的产量占总产量的71%。在新产品开发上，该厂主要采用：一是注重老产品的改造，在产品原配方的基础上，根据市场销售和消费者的意见、嗜好，合理调整配方，满足了消费者的需要。二是注重开发质量好、成本低、用料合理、效益高的产品。“七五”期间研制开发的雪茄型“江河源”曾荣获“青海省科技进步四等奖”。

五、加强提高职工素质

加强职工队伍的教育与培训，提高企业的整体素质是企业发展的重要前提。1981年到1990年期间，该厂对职工的教育与培训工作不断加强，逐步建立了比较完整的教育工作体系，开展了各级管理干部的岗位培训和多形式、多渠道的工人技术培训工作。一是广泛开展劳动竞赛和岗位技术练兵比武等活动，鼓励职工学技术、练本领，岗位成材。二是尽可能的创造条件，使职工得到学文化、学知道、学技术的机会，提高职工的文化水平和技术能力。三是对中层以上的管理干部进行系统全面的企业管理知识教育，逐步提高整体管理水平。四是在派人去外地学习培训的同时，请外地师傅来厂传授技艺，帮助解决企业在日常工作中面临的实际问题，带动职工学技术。由于教育与培训工作的不断加强，职工队伍的文化结构与技术水平状况得到了明显的改善。整体素质不断提高，有力的捉进了企业发展和技术进步。

六、精神文明建设取得明显效果

乐都卷烟厂自建厂以来，在抓好物质文明建设的同时，特别重视社会主义精神文明建设。一是加强领导班子思想建设，在工作中坚持把思想教育作为基础，把增强团结，加强组织纪律性作为工作重点，坚持每半年一次党的民主生活会制度，领导班子学习制度以及对领导干部的民主评议和监督、考核制度等。不断提高领导干部的理论水平、政策水平、专业知识水平和决策水平。二是加强思想政治工作，发挥职工的主人翁作用。党政工团协调一致，把思想政治工作与经济工作有机地结合起来，组织职工学习党的路线、方针、政策，并且充分发挥党员干部的模范带头作用，充分发挥打铁先要本身硬，身教重于言教的作用，教育和引导职工树立正确的人生观、价值观，树立主人翁思想，识大体，顾大局，做贡献。三是加强廉政建设，在党员干部中深入开展社会主义理想、道德、纪律教育，制定各种廉政制度，弘扬勤政廉政，艰苦奋斗，乐于奉献的优良作风，树立了良好的职业道德和行业风气。

（撰稿：青海省乐都卷烟厂办公室）

吴忠卷烟厂

一、概　况

吴忠卷烟厂创建于1970年，是宁夏回族自治区唯一的烟草工业企业。

吴忠卷烟厂像许多优秀企业一样，历经坎坷后逐步发展壮大。建厂初期，该厂设备落后，生产水平低下，人工抽梗选叶，大锅炒烟丝，手工包装。全厂40余名职工，年产烟686箱，产值38

万元，利税13万元，是一个手工作坊式的小企业。

经过20年艰苦奋斗，特别是在党的改革开放方针的指引下，从1981年至1990年的10年间，吴忠卷烟厂有了突飞猛进的发展。1990年时有职工530人，其中技术人员18人，具有大中专学历的31人，工人平均技术级别达5.8级。烟厂拥有固定资产1034万元，厂区占地面积5.13万平方米，建筑面积3.4万平方米，生产车间5个，卷烟专用设备47台（套）。1986年该厂上划中国烟草总公司管理。

二、深化企业改革　促进企业发展

党的十一届三中全会以后，乘改革开放的东风，吴忠卷烟厂步入一个新的发展时期。80年代初，在吴忠市委、市政府的支持下，投资500万元，烟厂进行了一次技术改造，增添了一批较先进的设备，卷烟生产从制丝到包装基本实现了机械化生产，年生产能力达到5万箱。10年内，卷烟产量、产值和税利以年平均11.8%、21%和12.4%的速度增长。卷烟产量由1981年的2.1万箱增长到1990年的4.5万箱，其中甲级烟由1981年的110箱增长到1990年的7500箱；产值由1070万元增长到4131万元，利税由683万元增长到3809万元。

在进行技术改造的同时，吴忠卷烟厂努力开发新产品，认真提高产品质量。10年内，卷烟品种、规格、等级、牌号有了很大发展。这期间，该厂拥有9个规格、7个等级、10个牌号的卷烟。“金铊”、“乒坛”等牌号卷烟被评为自治区著名商标，从而形成以名牌产品为龙头，以适销对路产品为骨干，风格独特，高、中、低档烟产品齐全，品种规格多样的卷烟体系。建厂以来，该厂始终以抓产品产量为企业生存发展的柱石，注重运用全面质量管理办法，开展TQC教育，强化质量意识，健全质量管理制度，建立质量管理机构和三级检测站，逐步完善检测手段。同时，新增检测仪器、仪表等设备27台（套），初步形成一条由原料检测、生产控制、信息反馈、售后服务、产品鉴定和每月召开评吸会、质量分析等环节组成的质量保证体系，有效地保证了产品质量的稳步提高，产品合格率达98.8%。

三、加强基础管理工作　注重精神文明建设

吴忠卷烟厂在抓生产经营的同时，不断深化内部改革，加强基础管理工作，完善经营责任制。科室实行百分计酬制度，车间实行单箱、工资含量包干和计件计酬工资制度，使考核和奖惩落到实处，充分调动了干部、职工生产积极性，促进企业生产经营活动有条不紊地发展。

在精神文明建设方面，吴忠卷烟厂充分发挥职工民主管理企业的权力，积极开展“厂兴我荣，厂衰我耻，艰苦创业，振兴烟厂”的活动，使职工树立主人翁责任感。10年间，吴忠卷烟厂4次被评为自治区烟草系统先进单位；1987年荣获自治区安全生产先进集体称号；1988年被自治区授予“先进职工之家”；这年，四车间被国家烟草专卖局授予“全国烟草系统政治思想工作先进集体”称号。

（撰稿：吴忠卷烟厂办公室　党清平）

新疆卷烟厂

一、概　况

新疆卷烟厂是新疆唯一的一家卷烟生产厂家，隶属于新疆维吾尔自治区烟草专卖局、自治区烟草公司。它创建于1960年，当时只有23名军垦战士，经历过新疆生产建设兵团农七师卷烟厂——奎屯市国营新疆卷烟厂——新疆卷烟厂的历史沿革。1986年上划国家烟草专卖局（中国烟草

总公司)。经过20年的艰苦创业,新疆卷烟厂如今已发展成为现代化的卷烟企业,成为奎屯市的经济支柱,新疆维吾尔自治区的利税大户,占地面积322600平方米,其中生产区126333.63平方米,烟叶储备库155465平方米,生活区40801.63平方米;现有员工1016人,其中有技术职称者149人,大中专毕业生119人;拥有固定资产1.5亿元,配置有包括英国、意大利、德国及国产先进的烟草专用设备37台(套),设有理化检验测试条件完好的烟草质量监督三级检测站,具备20万箱卷烟的生产能力。

新疆卷烟厂运用先进的工艺技术生产有9个牌号16个品种的产品,具有独特新疆风格的卷烟产品深受地方广大消费者的喜爱,特别是区优产品"雪莲"系列香烟,香气馥郁丰满,吃味醇和舒适,倍受消费者青睐,产品行销区内外及周边国家。经过10多年研制开发成功的"天山"牌莫合卷烟,填补了我国烟草行业的一项空白,获得全国烟草系统第七次QC成果发布一等奖,目前已申请专利;新研制成功的"昆仑"、"雪莲"精品烤烟型卷烟,既有传统烤烟型卷烟香气醇正芬芳的特点,又具有现代风格,结束了新疆无高档烟的历史。

连续多年来,新疆卷烟厂被列入"中国500家最大工业企业"、"新疆工业行业十强企业"、"行业50家最佳效益工业企业"、"中国500家最佳经济效益工业企业"、"新疆工业百强企业"、"中国新疆最大工业企业"、"中国新疆最佳经济效益工业企业"行列,连续三年保持了"自治区级精神文明先进单位"的荣誉称号。

二、十年发展的回顾

1981年以来,新疆卷烟厂全体职工在党的十一届三中全会确定的"一个中心,两个基本点"的基本路线指引下,厂内抓管理,外拓市场,深化改革,提高效益,累计为国家上缴税金5.7亿元,实现了从小型烟草加工企业向中型烟草加工企业的转变。

(一)生产和销售同步增长,速度和效益一起提高

1981—1990年的10年间,共生产卷烟780595箱,而建厂投产后的1961—1980年20年间,产量共计311945箱,后10年比前20年产量增加2.5倍;1981—1990年产品销售收入总计92804万元,1961—1980年产品销售收入总计15296万元,后10年比前20年增加6.1倍;实现税利1981—1990年10年间是57390万元,1961—1980年20年间是8544.75万元,后10年是前20年的6.7倍,固定资产原值由1961年的3万元增长到1990年的2836万元;工业总产值(不变价)由1961年的5万元增长到1990年的11305万元。

1. 抓岗位练兵,抓技术培训,增强企业后劲,使企业生产呈现出朝气蓬勃的局面。

1983年首次全国烟草系统卷烟操作技术表演赛中,新疆卷烟厂的选手在西北赛区获得包装第一、五名、接嘴第二、三名、卷烟第四名、切丝第六名、团体总分第二名的好成绩。新疆卷烟厂以此为起点,展开了大范围、有计划地岗位练兵和不脱产的技术培训活动。全厂抽出全国比赛的获奖者,专用一个机台采取代培、跟班作业的方式负责挡车工的培训,并举行了两届有一定规模的厂内卷烟操作技术比赛,这大大提高了职工学技术的积极性,在职工中掀起了"比、学、赶、帮、超"的热潮。技术大比武、大练兵后带来的劳动竞赛形式保留下来,普遍提高了职工的技术素质,提高了设备的有效作业率,保证了设备的完好率,降低了消耗。

2. 调整产品结构,进行配方改革,加快产品技术开发。

由于卷烟原辅材料大幅度涨价,并且开始执行全国统一的行业税率,1982年定额流动资金平均余额比1981年增长1倍,利息支出比1981年增长5倍。这造成新疆卷烟厂在卷烟无库存的情况下,1982年的帐面上出现了亏损。为了尽快扭亏增盈,该厂加大了产品结构调整的步伐,提高

嘴烟、精装烟、甲、乙级烟的比例，降低无嘴烟、粗支烟和丙级烟的比例，提高产值，增加税利，起到了明显的效果。

1990年生产卷烟123448箱，其中甲级烟27483箱，占22.3%；嘴烟55160箱，占44.7%，分别比上年增长76.1%、120%，完成现价工业总产值比上年增长21.1%，销售税金比上年增长15%，第一次不靠增加产量增加收入，而是通过调整结构实现效益增长，开始了从速度效益型向结构效益型的转变。

在新产品开发方面，新疆卷烟厂不断推陈出新，在保证拳头产品的品质不动摇的前提下，进行了多规格、多类型、多款式的开发、研制。1983年试制成功细长支“丝路”卷烟；1985年试制的新甲级烟“新疆好”卷烟，为自治区成立30周年大庆献礼。同年对传统包装进行了听装、盒装、套装等大胆改革；1987年“西域”“鹿宝”卷烟投放市场。改革配方是提高产品质量和扭转企业被动局面、降低消耗、减少成本的有效途径。1990年新疆卷烟厂对卷烟配方进行了改革，吸收消化新技术，采用请专家来厂帮助设计配方改进工艺，并在商标设计上走出了一条新路。

（二）全面整顿工作使企业迈上现代化生产的快车道

从1984年开始，新疆卷烟厂根据《中共中央关于经济体制改革的决定》精神，配合省级企业达标定级工作，开始了全面的企业整顿。建立健全岗位责任制，推行经济责任制，实行经济效益与奖金挂钩的奖惩办法；制定了一系列管理条例，抓各项管理制度的落实；制订了定员定额标准，加强全厂各项基础工作，以计划为龙头，算了再干，减少了工作的盲目性，企业整顿验收基本合格。

1. 引入竞争机制，搬掉干部“铁交椅”，打破职工“大锅饭”，实行优化组合。为了提高劳动生产率，达到“发展生产力，解放生产力”的目的，新疆卷烟厂把竞争机制引入企业人事劳动管理中，实行厂长责任制，对中层干部实行聘任制，大胆用人，突破干部工人界限，择优选聘一批年富力强、敢于负责的年青人走上领导岗位，推动了劳动优化组合，促进了承包经营责任制的层层落实；在工人中实行岗位经济责任制，把职工的责、权、利紧紧结合起来。

2. 抓好基础管理工作，促进经济效益的稳步提高。科学的管理是企业取得好效益的关键。在整顿中企业针对一些薄弱环节，调整了机构，对车间和某些科室加强了领导力量，狠抓了基础管理工作。健全和落实了财务管理制度，严格各项资金的管理，加速资金周转，降低成本；对原料、物资、成品库房进行了全部清理，制订了进、出库的验收手续；加强对车间的定额核算，使成本大大降低。

3. 推行全面质量管理，增强全员质量意识，以质量开拓市场，巩固市场。随着生产的迅速发展和企业整顿工作的不断深入，新疆卷烟厂把产品质量放到了一个更加突出的地位，提出：提高企业管理水平，必须以推行全面质量管理、增强全员质量意识为龙头，进一步加强各项基础管理工作。为把这项工作落到实处，新疆卷烟厂召开由车间、科室领导、工艺技术人员、质量检验人员及其他技术骨干参加的质量专题会议，厂主要领导抓质量工作，把“质量第一”教育和全面质量管理知识教育紧密结合起来，开展多层次、全方位的质量管理教育，并且联系本厂实际，使“质量第一”教育做到经常化、具体化和多样化。对新进厂的人员，在进行厂规厂纪、安全生产教育的同时，还要进行质量意识、工艺操作规程的教育。同时，健全和完善质量管理责任制，建立质量保证体系，加强在制品现场质量管理，把单纯的工艺管理变为对人、机、料等的工序质量控制，形成生产过程中的质量控制保证体系，建成了国家西北地区第二家三级质量监督检测站，并顺利地通过了西北地区烟草系统组织的考核验收。正是由于狠抓了产品质量，新疆卷烟厂的产品在新疆的市场占有率不断扩大，其拳头产品“雪莲”牌卷烟也因质量过硬而奠定了“新疆名牌产品”的地位。

（三）“六五”打基础，“七五”定规模

党的十一届三中全会确定了党的工作中心从“以阶段斗争为纲”向“以经济建设为中心”的战略转移。在“大力发展轻工业”的方针指引下，自治区轻工厅、财政厅向新疆卷烟厂先后三次投资贷款约155万元进行技术改造，使新疆卷烟厂固定资产原值迅速增长，尤以1985年7月动工的技术改造成就显著。此次技术改造预计投资330.2万元，其中土建171万元，设备158.2万元，完成了1000平方米发酵室、原料库房、6吨/时锅炉及卷烟设备、制丝生产线等改造，为“七五”

技改奠定了基础。

“七五”期间，新疆卷烟厂划归行业内部统一管理后，这为该厂进一步扩大再生产和技术改造创造了条件。此后经过两次改造扩建，第一期改造于1986年5月开始，总投资750万元，主要对卷烟车间进行改造，于1988年完成；第二期在1987年进行，总投资1096万元，主要是改造老制丝车间。整个工程花3年时间进行完毕。“七五”期间，共生产卷烟52万箱，利税总额4.1亿元，比“六五”增产卷烟20万箱，增加积累2.6亿元。新疆卷烟厂的生产格局已基本形成。

三、精神文明建设为企业发展提供精神动力和智力支持

“六五”、“七五”10年，是新疆卷烟厂坚持党的四项基本原则，坚持改革开放，进行现代化建设的10年。在抓物质文明建设的同时，精神文明建设也同步展开，为物质文明建设提供了强大的精神动力和智力支持。全厂干部职工认真学习党的十一届三中全会、十三届四中、五中全会精神，旗帜鲜明地反对资产阶级自由化，在思想上和政治上始终坚定不移地同党中央保持了高度一致，有效地抵制了1989年的动乱和反革命暴乱引起的错误思潮，排除了一切干扰，在生产经营方面年年上一个台阶，创造了较高的物质文明。

（一）新疆卷烟厂党委始终把思想政治工作放在一个重要的地位。在这10年内，尽管烟厂生产任务重，资金短缺，设备落后，但是在资产阶级自由化思潮泛滥的时候，更是突出发挥思想政治工作的威力。在1989年的非常时期，新疆卷烟厂在党员中，开展各种学习，把党的路线、方针、政策传达到每一个党员，使大家认清形势，明辨是非，统一思想，积极发挥党支部的战斗堡垒作用和党员的先锋模范作用；在群众中，开展各类活动，组织大家讨论中央文件，澄清是非，提高认识，党、政、工、青、妇齐抓共管，坚定走以经济效益为中心的路子。1990年，新疆卷烟厂成立了奎屯市首家思想政治工作研究会，办起厂史展览，在全厂开展学雷锋、学先进、学劳模的活动。同时，尽可能地解决职工生活中的实际问题，

（二）加强廉政建设，纠正行业不正之风。新疆卷烟厂一直把反对腐败，加强廉政建设当作推进改革开放，实现四化大业，维护安定团结政治局面的重要保证。先后制定了《厂级领导干部保持廉洁的八条规定》、《关于外来人员就餐住宿的暂行规定》、《关于小车管理制度》、《关于样品烟管理制度》等规定并公布于众，把领导干部的行动置于全体职工监督之下。1987年，新疆卷烟厂公开对党员、干部进行民主评议，征求职工对体改方案的意见，企业民主管理工作生动活泼，使该厂建成了一支技术上、思想上、行动上过硬的职工干部群体。

（撰稿：新疆卷烟厂办公室　王凌）

CHINA TOBACCO ALMANAC

1981●1990

中国烟草年鉴

法规篇

·综合·

烟草专卖条例

（1983年9月23日国务院发布）

第一章　总则

第一条　为了对全国范围的烟草行业实行高度集中的统一管理，建立国家专卖制度，有计划地发展生产，提高质量，改善供应，调节消费，增加积累，特制定本条例。

第二条　烟草专卖的范围，包括：

（一）卷烟、雪茄烟、烟丝、烤烟、名晾（晒）烟；

（二）卷烟盘纸、过滤嘴；

（三）卷烟专用机械。

第三条　设立国家烟草专卖局，对烟草专卖进行全面的行政管理。

设立中国烟草总公司，统一领导、全面经营管理烟草行业的产供销、人财物、内外贸业务。

省级、县级人民政府，设立烟草专卖的行政管理、业务经营机构，其工作分别受上一级烟草专卖局、烟草公司和当地人民政府双重领导，以上一级烟草专卖局、烟草公司为主。

第二章　烟草种植和收购

第四条　烤烟、名晾（晒）烟实行计划种植、计划收购。国家计划委员会下达计划；任何地区或部门，未经计划下达部门批准，不得擅自变更。

第五条　烤烟、名晾（晒）烟由烟草公司按照国家计划负责安排生产布局，并负责良种推广、科学种植、采摘烘烤、分级检验等生产技术工作。

前款工作，农业部门应密切配合进行。

第六条　烤烟、名晾（晒）烟由烟草公司统一收购、复烤，其他任何单位或个人不得收购、经营。

第七条　烤烟、名晾（晒）烟的收购实行合同制。烟草公司或其委托代购单位应当根据国家计划同生产者协商签订生产、收购合同；生产者按照合同生产，烟草公司或其他委托代购单位按照合同要求和国家规定的质量等级标准、收购价格统一组织收购。生产者不得自行上市出售。

无计划、无合同、盲目发展的烤烟、名晾（晒）烟，由烟草公司按浮动价格统一收购。

第三章　卷烟、雪茄烟、烟丝的生产和销售

第八条　卷烟、雪茄烟实行计划生产，国家计划委员会下达指令性计划，各级人民政府和烟草公司应当保证计划的实施，未经计划下达部门批准不得擅自变更。

第九条　卷烟、雪茄烟由烟草公司所属烟厂统一生产，其他任何单位或个人不得生产。

对违反前款规定者，吊销营业执照，强行查封，取消银行帐户，没收制烟设备；情节严重者，由司法机关依法惩处。

第十条　禁止以营利为目的生产手工卷烟；禁止销售手工卷烟。对违反前款规定者，除没收生产工具、原料、产品外，并给予经济制裁；情节严重者，由司法机关依法惩处。

第十一条　卷烟、雪茄烟必须严格按照国家规定的质量标准进行生产，不符合质量标准的产品不得出厂。

第十二条　烟草行业的专业科研机构，由烟草总公司归口管理。烟草行业的科研工作，由烟草总公司统筹安排规划。

烟草总公司应当组织科技力量，努力提高烟叶和烟草制品质量，降低焦油和其他有害成份含量，以维护消费者健康。

第十三条 卷烟、雪茄烟的国内市场由烟草总公司统一安排。卷烟、雪茄烟的收购、分配、调拨、批发业务由烟草公司及其委托单位统一经营，其他任何部门、单位或个人都不得经营该项业务。生产企业不得自行销售。

第十四条 经营卷烟、雪茄烟零售业务和经营烟丝产销业务的单位和个人，都必须向当地工商行政管理部门申请领取营业执照，接受当地烟草专卖局和工商行政管理部门管理。没有领取专卖许可证的和营业执照的单位或个人，不得经营卷烟、雪茄烟零售业务或烟丝产销业务。

第四章 价格、商标和运输

第十五条 烤烟、名晾（晒）烟的收购价格，由国家物价局会同烟草总公司制定。卷烟、雪茄烟的出厂价格、调拨价格、批发价格、零售价格，由烟草总公司统一制定。

前款价格，未经制定部门批准，不得擅自变动，也不得变相提价或降价。

经营零售业务的单位或个人，不遵守国家规定价格者，给予经济制裁，直至吊销专卖许可证。

第十六条 卷烟、雪茄烟必须使用注册商标；没有注册商标的产品，不得在市场上销售。

第十七条 烤烟、名晾（晒）烟、卷烟、雪茄烟的运输，必须持有烟草公司证明，方可办理托运手续。

第五章 卷烟盘纸、过滤嘴、卷烟专用机械的生产和分配

第十八条 卷烟盘纸、过滤嘴、卷烟专用机械实行定点计划生产。烟草总公司应当会同企业主管部门择优选定生产企业，并发给生产许可证。生产企业的主管部门应当按照烟草总公司提出的计划组织生产。

第十九条 卷烟盘纸、过滤嘴、卷烟专用机械由烟草总公司向生产企业签订收购合同，统一收购、统一分配；烟厂不得自行购买，生产企业不得自行销售。

第六章 进出口贸易和对外经济合作

第二十条 烟草行业引进技术，进口配套物资、专用机械，进出口烟叶、卷烟、雪茄烟，都由烟草总公司统一经营管理。

旅游部门代售、寄售少量国外卷烟，必须向烟草总公司报送计划，经审核同意后办理手续。

除烟草总公司及其委托代理部门外，其它任何部门或单位都不得经营上述进出口业务。

第二十一条 烟草行业开展对外来料加工、补偿贸易、合作生产、合资经营业务，都由烟草总公司按照国家规定办理报批手续，统一组织实施。

第七章 奖励和处罚

第二十二条 各级工商行政、税务、公安等有关部门，都应当配合烟草专卖局加强烟草专卖管理工作。对违反本条例规定者，视其情节轻重，分别给予批评教育、经济制裁，直至由司法机关依法惩处。

第二十三条 对检举、揭发违反本条例行为的有功单位或个人，由烟草专卖局给予表彰或奖励。

第八章 附 则

第二十四条 本条例的施行细则由国家烟草专卖局制定。

第二十五条 本条例自一九八三年十一月一日起施行。

过去有关法规同本条例相抵触的规定，一律停止执行；国家烟草专卖局应当以本条例为准，负责进行清理，并报请原发布机关宣布废止或加以修订。

《烟草专卖条例》施行细则

(1984 年 9 月 10 日　国家烟草专卖局发布)

第一章　总　　则

第一条　根据国务院发布的《烟草专卖条例》(以下简称《专卖条例》)第二十四条规定，特制定本施行细则。

第二条　各级烟草专卖局的职权：

(一)国家烟草专卖局的职权是：

1. 领导和管理地方各级烟草专卖局，在全国范围内全面行使烟草专卖的行政管理权力；

2. 根据国家有关方针、政策和《专卖条例》、《烟草专卖条例施行细则》(以下简称《施行细则》)，制定有关烟草专卖的规章制度，并组织贯彻执行；

3. 承办国务院和国务院有关部门交办的有关烟草专卖工作。

(二)省级(包括省、自治区、直辖市)、县级(包括省辖市、县(市)、自治县和旗，下同)烟草专卖局的的职权是：

1. 在上一级烟草专卖局和当地人民政府的领导下(以上一级烟草专卖局为主)，在本地区行使烟草专卖行政管理权力；

2. 贯彻执行《专卖条例》和《施行细则》，以及国家烟草专卖局制定的有关烟草专卖政策、规章制度，省级烟草专卖局可结合本省具体情况报经上级批准，作必要的补充。

第三条　中国烟草总公司(以下简称烟草总公司)是全国性的社会主义全民所有制企业，是具有法人资格的经济实体，负责统一管理、全面经营烟草行业的产供销、人财物、内外贸业务。

烟草总公司通过所属各省、自治区、直辖市烟草公司领导和管理烟草行业的生产、经营企业。

烟草总公司直接领导和管理全国性的烟草科研、教育机构。

第四条　烟草专卖范围包括烟草专卖品、烟草专卖管理品两大类。

(一)下列产品为烟草专卖品，其产供销、内外贸以及价格、储运等业务均由烟草总公司统一管理和经营。

1. 卷　烟；

2. 雪茄烟；

3. 烟丝；指以烟叶为原料制成供销售的烟丝、烟片；

4. 烤烟：指经烘烤的烟叶，包括烟叶生产者的初烤烟和经过复烤的复烤烟；

5. 名晾(晒)烟：指用于生产卷烟、雪茄烟和出口的著名优质晾(晒)烟(品种目录附后)。

(二)下列产品为烟草专卖管理品，由烟草总公司会同主管部门择优定点生产，烟草总公司负责分配。

1. 卷烟盘纸：指用以生产机制卷烟和雪茄烟的盘纸；

2. 过滤嘴：指用于装接卷烟的过滤嘴棒；

3. 烟草专用机械：指专供加工卷烟、雪茄烟、烟丝的切丝机、卷烟机、过滤嘴接装机、包装机、真空回潮机、打叶机、烘丝机。

第二章　烟草的种植、收购、分配和调拨

第五条　烤烟、名晾(晒)烟，由烟草总公司按照国家计划安排生产。各级烟草公司应当会同有关部门加强对烟叶生产的具体指导。

(一)烟田布局：各地应当在做好农业区域化的基础上，选择适宜种植烟草的地区，结合管

理和技术水平，安排种植计划。

（二）烟草种子：烟草公司应当加强烟草种子的管理，建立良种繁育体系。设立全国和省级烟草种子审定委员会负责良种的审定工作。烟草良种必须先经省级审定委员会评选，报全国审定委员会批准后方可在指定地区推广，实现良种区域化。

（三）烟叶生产：烟草公司必须在烟叶育苗前，按照国家计划与烟叶生产者通过协商签订经济合同。

烟叶生产者应当按照合同规定的品种、种植面积、产量、质量等进行生产。

第六条 烤烟和名晾（晒）烟，由烟草公司统一收购、复烤。其他任何部门、单位、个人都不得收购。

（一）烟草公司（或其委托代购单位）应当按照经济合同和国家规定的分级标准、价格收购烟叶。

收购现场要摆出分级标准样品，对样收购，不得压级压价和提级提价。

（二）烟叶生产者必须按照国家标准进行分级，并按约定时间分批交售烟叶。

第七条 基层烟叶收购站应当在当地人民政府和烟草公司领导下，吸收有关部门和烟叶生产者代表组成烟叶民主评级委员会（或小组），负责监督收购工作。交售烟叶者如对定级有异议，由评级委员会（或小组）审定。

第八条 级外烟、霉烟、熄火烟和使用剧毒农药生产的烟叶，一律不予收购。

第九条 全国的烤烟、名晾（晒）烟，由烟草总公司根据国家下达的卷烟、雪茄烟生产计划和出口任务，统一平衡，并下达省际间的调拨计划和出口计划。

省内使用的烤烟、名晾（晒）烟的分配、调拨和供应计划，由省级烟草公司下达。

以上分配、调拨计划，都应当签订经济合同，以保证计划的落实。

第三章　卷烟、雪茄烟、烟丝的生产、调拨和销售

第十条 卷烟、雪茄烟由烟草总公根据国家计划统一安排、组织生产。其他任何部门、企业、个人都不得在国家计划外生产。

烟丝实行以销定产，省级烟草公司应当对生产烟丝的企业加强管理。企业根据市场销售和原料情况组织生产，并报省级烟草公司备案。

（一）烟草总公司根据国家下达的卷烟、雪茄烟年度生产计划，结合市场需要、原料供应和生产条件，综合平衡，下达季度计划（包括产值、产量、品种、等级），逐级落实到生产企业。

（二）省级烟草公司和生产企业，必须严肃认真执行上级下达的计划，不得任意超产和欠产。

第十一条 生产卷烟、雪茄烟必须坚持“质量第一”的方针，严格按照国家标准和烟草总公司统一制订的工艺规范进行生产，从投料到产品出厂都要严格检查。出厂后在规定期限内如发现属生产造成的质量不合格产品，生产企业应当承担责任。

第十二条 各级烟草公司和生产企业必须高度重视科研工作，努力提高烟叶和烟草制品的质量，降低烟气中的焦油和其它有害成份的含量。

烟草总公司负责组织科技力量进行重点技术攻关，鉴定和推广全国性的重点科研成果。

第十三条 卷烟、雪茄烟的调拨、批发业务，由烟草总公司统一管理、组织经营；烟丝由生产企业自行安排销售。

卷烟、雪茄烟的调拨，按下列规定进行：

（一）卷烟：按照国家计划进行调拨。年度调拨计划由国家计划委员会下达，季度（或半年）的具体等级调拨计划，由烟草总公司下达控制指标，省级烟草公司负责衔接并组织实施。

各级烟草公司在保证完成上级下达的调拨计划的前提下，可以进行余缺调剂。

收取外汇的特需卷烟，由烟草总公司下达专项调拨计划。

（二）雪茄烟：原则上以省为单位地产地销。部分面向全国的产品可以在烟草公司系统内有组织地进行调剂交流。

第十四条 卷烟、雪茄烟的购销、调拨，实行经济合同制，具体落实和保证计划的实现。签约一方因故不能履行合同时，必须在合同规定期限前三十天通知对方，经协商同意并报上级主管

部门批准后，方可变更合同。

第四章　价格、商标和运输

第十五条　烤烟、名晾（晒）烟的收购价格（包括超计划或无计划交售的烤烟、名晾（晒）烟浮动价格），由国家物价局会同烟草总公司制定。

第十六条　烤烟、名晾（晒）烟的省际之间的调拨价格，由烟草总公司制定；省内调拨和供应价格，由省级烟草公司制定，报烟草总公司备案。

第十七条　卷烟、雪茄烟的出厂、调拨、批发和零售价格，由省级烟草公司审核后报烟草总公司审批。

烟丝的出厂、调拨、批发和零售价格，由省级烟草公司审批，报烟草总公司备案。

以上价格，非经审批单位批准，其他任何部门、单位和个人不得自行变更。

第十八条　进口、寄售外国卷烟、雪茄烟及其它烟草制品（包括免税的），其进口价和零售价由烟草总公司统一审批。未经批准，不得随意调整。

第十九条　对有吸食价值的残损卷烟、雪茄烟和长期滞销积压的卷烟、雪茄烟，为减少损失，在按规定办理报批手续后，可作一次性削价处理。

已经霉坏变质的卷烟、雪茄烟，一律禁止出售。

第二十条　卷烟、雪茄烟和有包装的烟丝，都必须使用注册商标。各种商标（包括跨省、省内几个企业共同使用的商标和中外合资企业的商标）都必须由省级烟草公司上报烟草总公司审核同意后，分别向工商行政管理部门办理商标注册手续。

第二十一条　向省外调出卷烟、雪茄烟、烤烟和名晾（晒）烟（包括整车、集装箱、零担、快件）一律凭省级烟草公司根据烟草总公司的调拨计划、文件或合同签发的准运证明办理托运手续。无准运证明的，交通运输部门拒绝承运。

邮寄卷烟、雪茄烟以十条为限；烟丝、烤烟、名晾（晒）烟，以十市斤为限。超限额者，邮局有权拒绝邮寄。

第二十二条　省内运输，一律凭省级、县级烟草公司的证明办理托运手续。

第五章　卷烟、盘纸、过滤嘴、烟草专用机械的生产和分配

第二十三条　卷烟盘纸、过滤嘴、烟草专用机械的定点生产企业都必须领取烟草专卖生产许可证。无烟草专卖生产许可证的非定点企业不得生产。

第二十四条　烟草行业的企业必须根据生产和建设需要，按时提出年度卷烟盘纸、过滤嘴和烟草专用机械的申请计划，经省级烟草公司审查汇总后报总公司审批，由烟草总公司向定点生产企业主管部门提出需要计划，组织需要企业与其签订订货合同并按合同收购。

卷烟盘纸、过滤嘴和烟草专用机械的定点生产企业，必须根据所签订的订货合同，进行生产和供应，不得自行销售。

第二十五条　凡试制（包括仿制）烟草专用机械新产品的单位，应当通过主管部门向烟草总公司提报试制计划，经审核同意后进行试制。非定点企业试制的新产品，需经鉴定合格后，方可办理定点手续。

第六章　进出口贸易和对外经济技术合作

第二十六条　烟草总公司根据国家有关方针、政策和规定统一经营、管理全国烟草行业的进出口贸易，按照国家批准的计划，负责办理全国烟叶、卷烟、雪茄烟、卷烟盘纸、滤嘴棒（包括制造滤嘴棒用的丝束）、铝箔纸、烟草专用机械和仪器（包括零配件）以及烟草行业生产技术等进出口贸易业务，对外联系洽谈，签订合同或协议并组织执行。

第二十七条　在国外和港澳地区寄售的卷烟、雪茄烟由烟草总公司统一经营。

第二十八条　以各种形式同外资合作生产的卷烟、雪茄烟，除协议规定由外商负责出口的以外，其余均按第二十六条办理。

第二十九条　烟草总公司根据与外商签订的合同下达的出口产品生产计划，有关烟草公司和

生产企业必须保证按时、按质、按量完成。因特殊原因不能完成时，应当提前六十天报请烟草总公司调整计划。未经批准，不得自行变更。

出口产品外汇留成和分成办法，由烟草总公司商同有关部门另行规定。

第三十条 全国烟草行业生产企业需用进口物资（包括用地方外汇进口部分）必须提出申请计划，经省级烟草公司审核按时汇总上报，由烟草总公司统一办理报批和进口手续，并负责分配调拨。

第三十一条 经营寄售外国卷烟、雪茄烟的单位必须向烟草总公司提报计划，由烟草总公司审核并组织统一对外洽谈，其中纳税部分由烟草总公司与外商签订合同组织进口并负责供货；免税经营单位可根据烟草总公司和外商签订的协议，与外商签订具体合同直接进货。

第三十二条 寄售、代售外国卷烟、雪茄烟一律收外汇，并执行国家外汇管理规定。

第三十三条 烟草总公司负责管理全国烟草行业对外经济技术合作业务，按照国家规定的程序，统一办理技术引进项目（包括成套设备引进）和对外经济技术合作项目报批手续，负责组织对外洽谈签订合同。

第三十四条 除烟草总公司授权有关省级烟草公司或委托其它公司代理外，其他任何单位和部门无权经营第二十六条规定的各项业务。

第七章　烟草专卖许可证的制定、申请和发放

第三十五条 凡经营烟草专卖品、烟草专卖管理品产销业务的企业、单位、个体经营户都必须按规定填写申请书，领取烟草专卖许可证，并按有关规定缴纳管理费。

各种烟草专卖许可证、申请书和有关表证，由国家烟草专卖局统一制定，分级审核、发放。

第三十六条 国家烟草专卖局向下列企业发放烟草专卖许可证：

（一）经国家批准的卷烟厂、雪茄烟厂（包括中外合作生产、合资经营企业）和省级烟草公司确定的烟叶复烤厂。

（二）由烟草总公司会同主管部门商定的生产卷烟盘纸、过滤嘴、烟草专用机械的定点企业。

上述企业申请领取烟草专卖生产许可证，需经省级烟草专卖局审核。

第三十七条 省级烟草专卖局向下列企业发放烟草专卖许可证：

（一）烟草公司系统的批发企业。

（二）烟草公司委托经营卷烟、雪茄烟、烟丝批发业务的国营商业和供销合作社。

（三）专营或兼营进口卷烟、雪茄烟零售业务的国营、联营企业。

（四）经省级烟草公司确定的烟丝厂。

第三十八条 县级烟草专卖局向下列企业和个人发放烟草专卖许可证：

（一）已领取经营卷烟、雪茄烟、烟丝零售营业执照的企业、个体经营户。

（二）新开业经营卷烟、雪茄烟、烟丝零售业务和已领取经营其它商品营业执照又要求增加卷烟、雪茄烟、烟丝零售业务的企业或个体经营户。

上述（二）款所列企业或个体经营户必须先申请领取烟草专卖零售许可证，再向工商行政管理部门申请核发营业执照或变更登记。

领有烟草专卖零售许可证的企业和个体经营户，应当同时向发证部门领取烟草专卖品准购证，凭准购证到指定地区的若干批发单位购进烟草专卖品。

凡跨区进货的（包括省际或省内毗邻地区），其准购证经双方协商，可由一方或双方烟草专卖局发放。

第三十九条 烟草专卖许可证、准购证的更换和挂失处理：

（一）各种烟草专卖许可证的有效期限为五年。

（二）准购证每年换发一次，旧证由县级烟草专卖局收回备查，另发新证，并收取工本费。

（三）烟草专卖许可证和准购证应妥善保管；遗失者应当立即向当地烟草专卖局申报挂失，重新申请领取新证，并照章缴纳管理费。

第八章　奖励和处罚

第四十条 各级烟草专卖局应加强同工商行政、物价、税务、银行、交通运输、邮电、公

安、海关等有关部门的联系，相互配合，共同做好烟草专卖的管理、检查和监督工作。

第四十一条 担任烟草专卖检查工作的人员，必须持有省级以上烟草专卖局发放的烟草专卖《检查证》。

烟草专卖检查人员的主要职责是：

（一）认真宣传烟草专卖的各项政策和规定；

（二）在规定的地区内，对有关单位、个人进行烟草专卖监督、检查（其中包括询问案情、清查可疑物品及往来帐目凭证等项），对违章案件及时查清，认真处理，并将情况向上级和有关部门汇报。

第四十二条 违反《专卖条例》第六、七条的规定，在城乡集市或其它场合私自收购或出售烤烟、名晾（晒）烟者，根据情节轻重给予批评教育，处以总值10%以下罚款和没收全部烟叶的处罚。

第四十三条 违反《专卖条例》第九条的规定，非法生产、销售卷烟或雪茄烟的计划外烟厂，除没收制烟设备、产品及非法所得并处以一万元以下罚款外，分别由有关部门吊销营业执照，取消银行帐户。

第四十四条 违反《专卖条例》第十条规定的，按下列规定予以制裁：

（一）对以营利为目的，以烟叶或烟末为原料生产手工卷烟、雪茄烟或其它烟制品者，除没收其生产工具、原料、产品和全部非法收入外，并处以三千元以下罚款。

（二）对销售手工卷烟、雪茄烟（包括无商标的卷烟、雪茄烟）和未经国家批准的烟厂生产的卷烟、雪茄烟者，除收缴全部产品和非法所得外，并处以一千元以下罚款。

第四十五条 违反《专卖条例》第十三条的规定，擅自经营卷烟、雪茄烟批发业务者（包括卷烟厂自销），除责令停止批发，没收全部非法所得外，并处以相当批发金额10%以下的罚款。

烟草公司系统各企业为无烟草专卖批发许可证者提供卷烟、雪茄烟零售业务或烟丝产销业务者，除没收全部非法所得外，并处以相当批发金额20%以下罚款。

第四十六条 违反《专卖条例》第十四条的规定，无证经营卷烟、雪茄烟零售业务或烟丝产销业务者，除没收全部非法所得外，并处以全部商品销售额5%以下的罚款。

第四十七条 违反《专卖条例》第十五条的规定，擅自提价、降价竞销或采取各种形式的补贴、折扣等变相降价的单位或个人，除没收全部非法所得外，并处以商品总值20%以下的罚款。

第四十八条 违反《专卖条例》第十六条规定，按照《商标法》有关规定处理。

第四十九条 违反《专卖条例》第十七条规定，无准运证明，擅自托运烤烟、名晾（晒）烟、卷烟、雪茄烟、烟丝者，处以相当于调拨价10%以下的罚款。

第五十条 违反《专卖条例》第十八条、第十九条的规定，擅自经营卷烟盘纸，过滤嘴和烟草专用机械产销业务者，国家烟草专卖局有权没收其全部产品。

第五十一条 凡伪造烟草专卖许可证、准购证者，按《中华人民共和国治安管理处罚条例》第六条规定处罚。

第五十二条 各级烟草专卖局依本章有关规定进行的处罚，应当以书面形式通知被处罚的单位或个人。被处罚者如对处罚不服，可以在收到通知之日起十五天以内要求上一级烟草专卖局复议。对上一级烟草专卖局的复议决定必须执行。

第五十三条 罚款和没收物品变价款按有关规定上交国库。

第五十四条 按照《专卖条例》第二十三条规定，对检举揭发违章行为的有功单位和个人给予表彰或奖励，其中对检举和协助办案有功人员除给予精神鼓励外，可根据其贡献大小按有关规定发给一定奖金。

第五十五条 领有烟草专卖许可证的企业和个人，有下列情况之一，经教育不改者，原发证的烟草专卖局可随时注销其许可证：

（一）烟草专卖品、烟草专卖管理品的生产企业：

1. 产品粗制滥造，质量不符合国家标准；

2. 擅自修改产品定型图纸、技术文件，降低产品质量；

3. 违反《专卖条例》和《施行细则》的规定，自行出售其产品。

（二）批发、零售企业或个体经营户：

1. 违反专卖政策，批发出售烟草专卖品给投机倒把者；

2. 擅自转让烟草专卖许可证、准购证。

第五十六条 违反《专卖条例》和《施行细则》规定，情节严重，构成犯罪者，移交司法部门依法惩处。

第九章 附 则

第五十七条 本《施行细则》适用于全国（包括经济特区、沿海港口城市和民族自治地区）的烟草行业。

第五十八条 本《施行细则》自发布之日起施行。其解释权和修改权归国家烟草专卖局。

附件：

名晾（晒）烟目录

名晾（晒）烟包括：

四川省什邡、棉竹、彭县、新都、广汉、眉山、犍为、垫江、丰都、石柱、忠县、宣汉、万源、巴中、剑阁、蓬安等县的毛柳烟，万县、达县的白肋烟；

湖北省黄岗、均县的晒黄烟，建始、恩施、来凤、鹤丰、宣恩、咸丰、巴东、五峰、长阳的白肋烟；

广东省始兴、南雄的晒黄烟，清远、新会、高鹤、廉江、新兴、惠东、高州的晒红烟；

广西自治区武鸣的晒烟；

江西省广丰、广昌的晒红（黄）烟；

浙江省桐乡、遂昌的晒红烟，新昌、嵊县的香料烟、晒黄烟，兰溪、苍南的晒黄烟；

湖南省凤凰的晒红烟；

吉林省延边的晒红烟；

黑龙江省的亚不力晒烟，林口的刁翎晒烟，穆棱晒烟；

山东省兖州、栖霞的晒烟。

·运输管理·

铁道部、交通部、中国民用航空局、国家烟草专卖局关于加强烟草专卖品运输管理的通知

（1990年5月9日　国烟专〔1990〕第12号）

各省、自治区、直辖市、重庆市烟草专卖局，交通厅（局）、交通部直属和双重领导港航单位，铁道部各铁路局，民航各管理局、航空公司、机场：

为贯彻中央和国务院关于治理整顿的方针，加强烟草专卖品的运输管理，根据四月二十四日国务院第58次常务会议原则通过的《中华人民共和国烟草专卖法（草案）》的有关规定，现特作如下通知：

一、运输卷烟，雪茄烟、烟丝、烟草种子、烟叶、卷烟纸、滤嘴棒、烟用丝束、烟草专用机械，必须持有省级以上烟草专卖局开具的准运证。铁路、交通、民航等运输部门，对无准运证托运的不予办理。

二、省际间运输烟用丝束、滤嘴棒及查没收购的走私卷烟，必须凭国家烟草专卖局开具的准运证，方可办理运输手续。否则，追究托运人的责任。

三、全国使用统一规格样式的烟草准运证及专用图章。凡使用烟草准运证复印件的，一律视为无效，按无证运输处理。

四、凡货证相符，证随货行的，各有关部门应予办理相关手续，检验放行。

五、各铁路、交通、民航和烟草专卖部门要认真执行上述规定，密切配合，保护合法运输，制止和打击无证运输烟草专卖品的非法活动。

六、本通知自下发之日起执行，原制定的有关规定凡与本通知相抵触的，以本通知为准。

国家烟草专卖局关于印发《烟草准运证使用管理办法》的通知

（1990年3月1日　国烟专〔1990〕第4号

各省、自治区、直辖市及重庆市烟草专卖局和烟草公司：

鉴于烟草准运证管理全国没有 统一的规定，为搞好流通环节的治理整顿，加强烟草专卖品及烟草专卖管理品的运输管理，国家烟草专卖局制定了《烟草准运证使用管理办法》，现印发给你们，请遵照执行。

全国统一规格样式的烟草准运证及专用图章于六月一日起启用。

附件

烟草准运证使用管理办法

（1990年3月1日国家烟草专卖局发布）

第一条 为了更好地贯彻执行《烟草专卖条例》及其《施行细则》，加强烟草运输环节的专卖管理，特制定本办法。

第二条 各级烟草专卖局应严格依照本办法保护烟草专卖品和烟草专卖管理品的合法运输，对违章违法运输烟草专卖品和烟草专卖管理品的活动，进行检查和处理，不受非法干预。

第三条 各级烟草专卖局要在工商、公安、铁路、交通、民航、海关等有关部门密切配合下，负责查处违反本办法的案件。

第四条 运输烟草专卖品及烟草专卖管理品，必须持有烟草专卖局开具的准运证。

第五条 烟草专卖品及烟草专卖管理品准运证的开具权限，属国家烟草专卖局和省级烟草专卖局或指定的地、市级烟草专卖局。

第六条 烟草专卖局开具准运证，必须对合同进行审查，并经主管领导批准，由专人办理并存根备查。

第七条 中国烟草总公司直属各专业公司在办理分配和调拨烟草专卖品和烟草专卖管理品的运输时，应持有国家烟草专卖局开具的准运证。

第八条 国家烟草专卖局开具的烟草专卖品及烟草专卖管理品的准运证，在全国范围内有效。

第九条 省际间的运输，除持有中国烟草总公司主管业务部门的监章合同外，必须同时持有调出省的省级烟草专卖局开具的准运证；无监章合同的，应持有调入调出双方省级烟草专卖局开具的准运证；烟用丝束、滤嘴棒的运输，必须持有国家烟草专卖局开具的准运证。

第十条 省内以及毗邻地区的运输管理，由省级烟草专卖局确定或由省际毗邻地区双方省级烟草专卖局商定。

第十一条 开具烟草准运证，必须注明有效期限，最长不超过45天。因特殊原因超过期限的，应重新办理准运证。

第十二条 凡货证相符，证随货行的，各级烟草专卖局应予检验放行。

第十三条 对无烟草准运证运输的，按《烟草专卖条例施行细则》第四十九条处理，并追究单位领导和当事者的责任。

第十四条 使用烟草准运证复印件的，一律视为无效，按无证运输处理。

第十五条 各级烟草专卖局应积极与当地铁路运输部门进行协调，对经铁路运输到站的烟草专卖品、烟草专卖管理品在检查准运证及合同后，开具准许提货证明。办理此项手续一般为24小时，特殊情况不得超过48小时。

第十六条 烟草专卖品及烟草专卖管理品进出口的调拨运输必须持有省级以上烟草专卖局开具的准运证，无准运证的除没收其非法所得外，并处其经营总额10%以上50%以下的罚款。

第十七条 查没收购走私卷烟的运输，一律使用国家烟草专卖局开具的准运证。无准运证的，没收其全部货物，并处以货物总值50%以上的罚款。

第十八条 全国使用统一规格样式的烟草准运证及专用图章。

第十九条 凡符合本办法的合法运输，各级烟草专卖局应予保护和放行，不得无故扣留，否则造成的损失由扣留方承担。国家烟草专卖局视其情节轻重给予制裁。

第二十条　本办法自印发之日起在全国各地烟草专卖局内部执行。原各省制定的有关管理规定凡与本办法抵触的，以本办法为准。

第二十一条　本办法的修改、解释权属国家烟草专卖局。

国家烟草专卖局关于旅客异地携带卷烟实行限量的通知

（1990 年 3 月 1 日　国烟专〔1990〕第 6 号）

各省、自治区、直辖市及重庆市烟草专卖局，国家烟草专卖局驻南方特派员办事处：

近一个时期以来，一些人利用乘车、船、飞机之便，大量携带卷烟进行倒买倒卖，违反了烟草专卖政策，损害了国家和消费者的利益。为维护国家烟草专卖制度，保障旅客的正确合理需要，现通知如下：

一、旅客异地携带国产烟以十条（2000 支）为限，外国烟以五条（1000 支）为限。二者合计不得超过十条。

二、凡因特殊需要的超限量携带者，应持有县以上烟草专卖局开具的证明。

三、请各级烟草专卖局与铁路、交通、民航、公安、工商等部门密切配合，加强管理，对违反上述规定者，按专卖政策有关规定处理。

·许可证管理·

国家烟草专卖局关于烟草专卖许可证收费不交纳税金的通知

（1990 年 8 月 27 日　国烟专办便字〔1990〕第 03 号）

各省、自治区、直辖市烟草专卖局，重庆市烟草专卖局：

据部分地区反映，有些税务、审计部门要求烟草专卖局按所收烟草专卖许可证费的数额交纳城建税及教育附加费。根据财政部 1986 年制定的国家预算收支科目 195 款中其它收入第一项即规费收入的规定，烟草专卖许可证收费为规费收入，属国家预算收入。国家预算收入是不征收任何税金的。希望各省级烟草专卖局按财政部有关规定处理上述问题。

·烟叶管理·

中华人民共和国国家标准烤烟

UDC663．97．051
GB2635—86
代替 GB2635—81

Fluecured tobacco

本标准适用于初烤和复烤而未经过发酵的烤烟。以文字标准为主，辅以实物样品。

1．　分组与分级

1.1　分组　根据烤烟生长的部位及颜色，分为中下部黄色、上部黄色、青黄色三个组，见表 1。

表 1

组别	部位特征				颜色
	脉相	叶形	叶面	厚宽	
中下部黄色	较细至较粗，遮盖至微露，近叶尖处稍弯曲	叶形较宽，尖部较钝	较皱至皱缩	薄至适中	烤烟一般具有深浅不同的黄色
上部黄色	较粗至粗，较显露至突起	叶形较窄或稍宽，叶尖部较锐	稍皱折至平坦	稍厚至厚	
青黄色	—				除青筋以外所有浮青、青黄色、青块

注：部分划分遇特殊情况，以脉相、叶形为依据。

1．2　分级　根据叶片的成熟度、油分、厚宽、叶片结构、颜色、光泽、叶片长度、杂色、残伤、破损外观品级条件划分级别。分为中下部黄色六个级，上部黄色五个级，青黄色三个级，一个末级，共十五个级。

2．　技术要求

2．1　品质规定见表 2。

表 2

组别	级别	代号	成熟度	身分			色泽		叶片长度 cm >	杂色与残伤		
				油分	厚宽	叶片结构	颜色	光泽		杂色允许程度	允许占总叶面积%	其中残伤允许占叶面%
中下部黄色	中黄 1	ZH1	成熟	多	适中	疏	金黄、桔黄	强	40	轻微杂色	7	5
	中黄 2	ZH2	成熟	较多	适中	疏	正黄、金黄	较强	40	轻微杂色	10	7
	中黄 3	ZH3	成熟	有	尚适中	稍松	淡黄、正黄	较强	35	稍带小花片	20	15
	中黄 4	ZH4	尚熟	稍有	稍薄	稍松	一淡黄	中等	35	小花片	25	20
	中黄 5	ZH5	尚熟、过熟	稍有	薄	松	一淡黄	弱	30	较多小花片或稍带大花片	35	30
	中黄 6	ZH6	尚熟、过熟	—	薄	松	—	—	25	较多大花片	50	35

组别	级别	代号	成熟度	身分			色泽		叶片长度 cm >	杂色与残伤		
				油分	厚宽	叶片结构	颜色	光泽		杂色允许程度	允许占总叶面积%	其中残伤允许占叶面%
上部黄色	上黄1	SH1	成熟	较多	稍厚	稍疏	桔黄、深黄	较强	40	轻微杂色	10	7
	上黄2	SH2	成熟	有	较厚	稍密	—深黄	中等	35	稍带小杂片	20	15
	上黄3	SH3	尚熟	稍有	较厚	稍密	—红黄	中等	35	小花片	30	20
	上黄4	SH4	尚熟	稍有	厚	密	—棕黄	弱	30	较多小花片或稍带大花片	40	25
	上黄5	SH5	尚熟	—	厚	密	—	—	25	较多大花片	55	35
青黄色	青黄1	QH1	未熟	有	尚适中—稍厚	稍松、稍密	黄带浮青	较强	35	稍带小花片	20	15
	青黄2	QH2	未熟	稍有	稍薄—稍厚	稍松、稍密	稍多青少	中等	30	小花片	25	20
	青黄3	QH3	未熟	—	薄—厚	松、密	青黄	弱	25	较多小花片或稍带大花片	30	25
	末级	MJ	—	—	青多黄少、褐片、灰片、严重花片							

注：①凡颜色前有“—”者，其色为等级的低限色；其余有“—”者均视为无具体要求。

②上部淡黄色烟叶限于上黄3以下定级。

③在破损烟叶上的杂色与残伤的百分比按实际烟叶面积计算。

④脚叶只能在中黄4级以下定级；顶叶在上黄2级以下定级，青黄1级限于腰叶、上二棚、下二棚部位的烟叶。

⑤黄片青筋的叶片暂允许在中黄3和上黄2以上各级定级。

2．2　品级因素掌握原则

2．2．1　破损以把内烟叶应有完整的总面积为基数，破损率按下式计算。

$$把烟叶破损率（\%）=\frac{把内各破损叶片总面积}{把内烟叶应有的完整的总面积}\times 100$$

每片烟叶完整度应在50%以上。中黄1、2级，上黄1级破损率不得超过5%，以下各级至中黄5级、上黄4级、青黄2级不得超过10%，余下各级不得超过15%，末级不得超过25%。

2．2．2　面积较大的烤红、潮红和面积较大、程度较轻的挂灰，不按杂色百分比处理，应根据其影响品质程度定级；大面积中度挂灰，限于中黄5级和上黄4级以下定级；程度较严重的挂灰，限于中黄6级、上黄5级以下定级。

2．3　几种烟叶的处理原则

2．3．1　褪色烟叶，限于在中黄4级，上黄3级以下定级。

注：本标准凡“××级以上各级”或“××级以下各级”都包括××级在内

2．3．2　受蚜虫损害的烟叶，按其影响品质程度适当定级。

2．3．3　熄火烟叶，指阴燃持续时间少于2s者，属不列级。

2．3．4　不符合标准的级外烟叶，青片、霜冻烟叶、碎烟叶、轻微霉变烟叶属不列级。

2．4　纯度允差、水分及自然砂土率的规定见表3。

表 3

<table>
<tr><th rowspan="2">级　别</th><th rowspan="2">纯度允差①
%
不超过</th><th colspan="2">水　分%</th><th colspan="2">自然砂土率不超过
%</th></tr>
<tr><th>初烤烟</th><th>复烤烟</th><th>初烤烟</th><th>复烤烟</th></tr>
<tr><td>中黄 1
中黄 2
上黄 1</td><td>10</td><td rowspan="4">16～18②</td><td rowspan="4">11～13</td><td rowspan="4">1.1

2.0③</td><td rowspan="4">1.0</td></tr>
<tr><td>中黄 3
中黄 4
上黄 2
上黄 3
青黄 1</td><td>15</td></tr>
<tr><td>上黄 4
上黄 5</td><td>20</td></tr>
<tr><td>青黄 2
青黄 3
中黄 5
中黄 6</td><td>20</td></tr>
<tr><td>末级</td><td>20</td><td>10—18</td><td>—</td><td>2．0</td><td>—</td></tr>
</table>

注：①表中规定的纯度允差指上、下一级。

②2～3 季度水分为 16～17%。

③底脚叶各等级单独出售、单独成包者，自然砂土率按原规定放宽 1%。

2．5　扎把以自然把为主（允许扎平摊把）。把头周长 100～120mm；扎把材料（烟绕）须用同级烤烟，“烟绕”宽度不超过 50mm；烟把必须扎牢，不可将把头顶端包住。烟把内不得有秸皮、烟杈、烟芽，把头内不得有碎片、短梗等杂质。

2．6　烤烟成熟度、油分、厚宽、叶片结构、颜色、光泽、叶片长度都达到某级时，才定为某级。破损、杂色、残伤为控制指标，不得超过规定百分比。

2．7　对外出口烤烟以本标准为基础，如有特殊要求，可按达成的协议处理。

3.　检验方法

3．1　按 GB2636－86《烤烟检验方法》进行检验。

4.　验收规则

4．1　分级交售、采购定级、工商交接均按本标准执行。

4．2　现场检验时，取样数量，每批（指同一地区，同一级别的烤烟）在 100 件以内者取 10%～20%的样件；超出 100 件的部分取 5%～10%的样件，必要时酌情增加取样比例。每件自中心向四周检验 5～7 处，约 3～5kg，未成件的烟叶可全部检验，或按部位各取 6～9 处，在 3～5kg 或 30～50 把内进行检验。

现场检验中任何一方对检验结果有不同意见时，按 GB2636－86《烤烟检验方法》的要求，送上一级主管标准部门进行检验。检验结果如仍有异议，可再行复验，并以复验结果为准。

4．3　实物样品的制定和执行

4．3．1　实物样品分基本样品及仿制样品两种，均为代表性样品。基本样品根据文字标准进行制定，经有关部门审查，并经全国平衡后报国家标准局批准执行。基本样品每三年更新一次。仿制样品由各省、市、自治区有关部门共同仿制或委托基层单位仿制送省有关部门审定，经省标准局批准执行。仿制样品每年更新一次。

4．3．2　实物样品的制定

4．3．2．1　实物样品分别以各级烟叶的中等质量的叶片为主进行制定。包括各级以内数量大致相等的较好和较差的叶片。每把 20～25 片。

4．3．2．2　制样时，可以用无残伤和破损的叶片。

4．3．2．3　加封时，注明级别、把内叶数、日期并加盖批准单位印章。

4．3．3　实物样品的执行

4.3.3.1 执行时，应以实物样品的总质量水平作对照。

4.3.3.2 对仿制样品有争执时，应以基本样品为依据。

5. 包装、标志、运输、保管

5.1 包装

5.1.1 每包烤烟必须是同一产区，同一等级。烟包内不得混有任何杂物、碎烟、水分超限或霉烂变质烟叶。每包自然碎烟不得超过3%。

5.1.2 包烟用的材料必须牢回、干燥、清洁、无异味。

5.1.3 烟包内烟把向两侧紧靠，排列整齐，循序相压，包体端正。捆包三横三竖，缝包不少于40针。

5.1.4 每包净重分60、50kg两种。桶装每桶重200kg。成包体积60kg为40×65×85cm；50kg为40×60×80cm。

5.2 烟包标志

5.2.1 标志必须字迹清晰，包内要放标志卡片。

5.2.2 在烟包正面或烟桶的桶身应注明：

a. 产地（省、县）；

b. 级别（大写）；

c. 重量（净重、皮重）；

d. 产品年、月；

e. 采购单位或复烤厂名称。

5.2.3 在烟包的四周（或烟桶盖两面）应注明级别、代号。

5.2.4 特殊情况的烟叶应在烟包的级别、代号后面加上专用符号。

5.2.4.1 自然砂土率超限的底脚叶，加上"D"符号。

5.3 运输

5.3.1 运输时烟包上面必须有遮盖物，包严、盖牢，避免日晒和受潮，并不得与有异味和有毒物品混运。装过有异味毒品的车辆不得装运烟叶。

5.3.2 装卸时小心轻放，不得摔包、钩包。

5.4 保管

5.4.1 存放时堆垛高度：初烤烟的中黄1、2级与上黄1级不超过4个烟包，中黄3、4级与上黄2、3级不超过5个烟包，其他各级不超过6人烟包；复烤烟不超过7个烟包。

5.4.2 烟包存放地点必须干燥通风，不得靠近火炉和油仓，不得与有异味和有毒的物品混储一处。烟包需置于距地面300mm以上的垫物上，距房墙应在300mm以上。储存期间，须防止霉变、虫蛀。

5.4.3 露天堆放时，上面和四周必须有防雨遮盖物，四周封严。垛底需距离地面300mm以上。垫木端与烟包齐，以防雨水顺垫木浸入。必须经常加强检查，确保商品安全。

附件：

有关名词术语的解释

（补充件）

A.1 成熟度

指烟叶生长发育达到成熟的程度。依据其成熟程度分为：过熟、成熟、尚熟、未熟。

A.2 身分

指烟叶细胞干物质的充实程度即单位叶面积重量。包括油分、厚度、叶片结构。

a．油分　指烟叶中有利烟质的液体或半液体物质在外观上的反映。依据弹性的强弱，划分油分档次为：多、较多、有、稍有。

b．厚度　指叶片的厚薄程度。分为：厚、较厚、稍厚、适中、尚适中、稍薄、薄。

c．叶片结构　指细胞发育及其排列的疏密程度。以孔隙度分为：疏、稍疏、稍松、松、稍密、密。

A．3　色泽

指颜色的饱和程度即浓淡和光泽的强弱在烟叶外观上的综合反映。

A．3．1　颜色

指烟叶经过烤制后所呈现深浅的不同的色泽。分黄烟与青黄两种。黄烟，依黄色深浅为依据，由浅到深。分：淡黄、正黄、金黄、桔黄、深黄、红黄、棕黄；青黄烟，依含青度为依据。分：

a．黄带浮青　指黄色烟叶表面浮现的青色，浮表部分在八成黄以上。

b．黄多青少　黄色程度六成至八成。

c．青黄　黄色程度在三成以上，六成以下。

d．青多黄少　黄色程度在一成以上，三成以下。

A．3．2　光泽

指叶面色彩饱满的程度，对视觉反射的强弱分为：强、较强、中等、弱。

A．4　叶片长度

从主脉底端至叶尖的距离，用厘米表示。

A．5　杂色

指烟叶表面存在着与基本色不同的颜色斑块，包括轻度阴片、蒸片及局部挂灰、烤红、潮红等。按其程度分：

a．轻微杂色　对全叶光泽鲜明程度影响不明显。

b．稍带小花片　指烟叶表面具有不同颜色的小花块，对全叶光泽鲜明程度影响不显著。

c．小花片　指烟叶表面具有不同颜色的小花块，对全叶光泽鲜明程度稍有影响，烟叶基本色尚不受影响。

d．较多小花片或稍带大花片　指烟叶表面出现较多的小花块或稍带积聚成片的大花块，对全叶光泽鲜明程度有显著影响，烟叶基本色受影响。

e．较多大花片　指烟叶表面花片面积较大，基本色严重影响，光泽弱而暗。

A．6　破损

由于虫咬、雹伤、机械破损等因素的影响，使烟叶缺少一部分而失去完整性，每片烟叶完整度在50%以上者属破损，在50%以下者属于碎烟。

A．7　残伤

指烟叶受损害部分。透过叶背使组织受损伤或失去加工成丝的强度和坚实性，如病斑、枯焦等，但不包括霉变烟叶。

A．8　挂灰

指烟叶表面呈现局部或全部浅灰色或灰褐色，依其程度分：

a．轻度挂灰　指叶片隐约可见疏散状挂灰，其边缘不明显，基本色影响不明显。

b．中度挂灰　指叶面挂灰积聚成片，但尚显基本色。

c．较严重挂灰　指叶面挂灰积聚成浓厚灰褐色，基本色严重受影响。

d．灰片　指挂灰严重，分布到全叶，基本色绝大部分受遮盖，而未透过叶背者。

A．9　褐片

指叶面呈较严重褐色而不显黄者。

A．10　褪色烟

指失去正常应有的色泽，表现为叶面灰黄发白，背面灰白色，色泽暗淡。

A．11　纯度允差

指农民在烟叶分级中产生的误差。

中国烟草总公司关于印发《烟叶供需合同暂行办法》的通知

（1984年7月2日）

现将《烟叶供需合同暂行办法》印发给你们，请转发至基层烟叶经营单位和卷烟厂，从一九八四年七月新烟上市起试行。

在试行中有什么问题，请注意及时总结，并报送总公司统一研究，以便今后进一步修订和完善。

附件：

烟叶供需合同暂行办法

第一章　总　　则

第一条　为了贯彻《烟草专卖条例》，严肃执行国家计划，有计划地组织烟叶调拨供应，以保证工业生产，提高经济效益，根据《经济合同法》和国家有关规定，特制定本办法。

第二条　本办法适用于烟草系统内取得法人资格的企业之间的烟叶供需合同。烟叶供需合同是供需单位之间执行调拨计划中划分责任，行使权利义务及处理问题的依据。

第三条　中国烟草总公司（下称总公司）根据国家计划和资源情况，安排省际之间分品种、等级、数量的烟叶调拨计划。合同的签订必须以计划指标或总公司开出的烟叶调拨通知单为依据。违反计划（或调拨通知单）的合同无效。各省（区）内烟叶调拨供应亦按本办法签订供需合同。

第四条　合同采取书面形式，由单位出具证明的代表或经办人签字（盖章），并加盖单位公章或合同专用章。合同一经签订即具有法律约束力，必须严格执行。

第五条　合同的主要条款包括：烟叶品种（烤、晾、晒烟）、小等级、数量、价格、交货时间、地点、发运、验收、运输方式、货款结算、违约责任及双方同意的其他事项。

第六条　合同中烟叶的价格按物价主管部门或总公司核定的价格执行。产品质量规格按国家规定的标准执行。

第二章　合同的签订与变更

第七条　供需合同由调出单位（下称甲方）与调入单位（含国家储备烟的代保管单位、下称乙方）签订。各省、自治区、直辖市烟草公司（下称省级公司）在合同签订之前要加强计划管理，衔接好分地区和分厂的调出调入计划。

第八条　合同的变更或解除必须符合经济合同法第二十七条的规定，具体事项按下列规定处理：

（一）局部地区因灾减产致使合同无法执行者，由省级公司（或指定分公司）商得乙方同意可变更调出地区和单位；大面积因灾减产致使合同无法执行者，由省级公司报请总公司批准后通知乙方按比例调减或作其他变更。单方面自行变更或解除合同者按违约处理。

（二）由于调拨计划的修改与调整，合同应当做相应的变更。

（三）甲、乙双方因烟叶、卷烟生产、等级结构发生变化，按合同规定的等级执行有困难时，省级公司之间可进行协商调整，但必须经甲乙双方同意，报总公司备查。

（四）经甲乙双方协商同意，合同可以提前或推迟执行，但提前或推迟的时间不得超过三个月。

变更或解除合同应当采取书面（包括文书、电报）形式。

（五）甲方或乙方机构变更时，应将合同移交给新的机构继续执行，并书面通知对方。

第三章　发　　运

第九条　烟叶调拨一般实行送货制，由甲方负责编报运输计划和办理托运手续，按照乙方指定的车站、码头交货。特殊情况下可实行提货，由甲乙双方协商办理。

第十条　甲方应当将运输部门每月批准的运输计划及时告知乙方，以便做好接货准备。

第十一条　如需要追加运输计划或改变运输路线、运输工具等，可由双方协商解决。

第十二条　发运时甲方必须按照合同规定的等级、数量做到批次整齐，包装完整牢固，件数、重量准确，唛头清楚。在装车（船）后，按实装件数、重量、等级、机烤、土复烤或原烟，填写“发货明细表”，做到单货相符，票证齐全，单货同行。并在发货后 24 小时内拍电报，告知发货日期、车号、船名、等级、件数等，以便乙方及时接货。

第十三条　甲方应当充分合理利用运输工具，原则做到一车一级。在执行合同终了时，对不足整车的可在大等级范围内配装。除上等烟外，超欠装数量在半车之内者，应视在合同内交货。

第十四条　装车（船）前应当认真检查车船状况，要求车体完整，门窗齐全，不漏、不破。对装过煤炭、沥青的必须打扫干净，严禁使用有污染、有毒、有异味的车（船）装运烟叶。

第十五条　甲方在发运前应当严格检查烟叶质量情况，如发现烟叶有水份过大、包装破烂、水渍、霉烂、变质、虫蛀、污染等问题，应予整理后再行发运。

第十六条　因运输部门的停装、停发事故，影响双方不能按合同规定期限交接时，不作为误期论，但甲方应负责向承运部门交涉处理。

第四章　交接与验收

第十七条　烟叶运到车站、码头后，乙方应当会同站（港）人员认真检查有无异状、漏雨、水湿、污染情况。卸货时按一车一船分单验收。如发现货单不符、短件丢失、破损、被盗、污染、受湿、霉烂变质等事故，应当会同承运部门查清原因，做好商务记录，及时追查处理。凡属交接前发生的，责任属于承运部门的，乙方应当向到站（港）提出赔偿要求，并在规定时间内追赔结案；责任属于甲方的，应当将实际情况电告甲方。甲方如有异议，应当在 5 天内回电说明情况，必要时可在接到电报 15 天内派人到乙方研究处理。逾期不复电，又不派人验看，则视为无异议，乙方可按实际验收情况处理。

第十八条　乙方对调入的烟叶可采取全部过磅或部分抽查过磅的办法核实重量。经部分抽查发现重量有问题时，应当全部过磅，不能以部分抽查数据作为结算依据。

全部过磅后，以每一批次为计算单位，其净重与原发重量相比，短少或益余数量不超过 1% 的（云南、贵州、福建及储备烟按 1．5%计算），按原发重量结算益亏，超过上述百分率部分，通过二次结算向甲方找补差额。

第十九条　乙方按照到货数量，在每个等级中以把为单位抽查验收。验收数量在 100 包以内者抽查 10%，每增加 100 包增抽 2 至 5 包。在抽验数量中有 80%符合原验等级的，即作为合格，按原验等级结算。合格率低于 80%的部分如纯属低于原级者，按降级处理；如有高有低，高低相抵后纯低部分如不超过抽验数量的 20%仍作为合格。超过部分都作降级处理。

发现整包混级时，应当按实际情况结算。

为了便于乙方验收，甲方省级公司应当将收购标准样品复制一份寄送乙方省级公司。

第二十条　验收手续应当在卸货终了 15 天内办理完毕。如因到货的数量大而且集中，不能如期验收完毕时，可电告甲方延长 5 天。逾期没有提出不同意见，即视为交接完毕。

第二十一条　验收中如有不同意见，甲、乙双方应本着实事求是精神协商处理。如仍有争议，可由双方省级公司调解，直至上报总公司仲裁。

第二十二条 烟叶包装规格由甲方确定或甲乙双方协商确定；包装麻袋实行回空，其办法暂由甲乙双方省级公司协商确定或者沿用旧制。

第五章 责 任 划 分

第二十三条 根据送货制的原则，在烟叶运到乙方车站（码头）前的一切责任由甲方和承运部门负责，货到后由于乙方没有及时卸货和进仓，因而导致延期罚款和事故损失由乙方负担。

第二十四条 因甲方发送单证不全，乙方无法向承运部门索取商务记录，办理索赔，所遭致的损失由甲方负担；如甲方单证完全，因乙方未能及时办理索赔所遭致的损失由乙方负担。

第二十五条 乙方验收时发现烟叶有水渍、霉烂、变质、虫蛀、污染、等级混杂和错装、错发等问题，应当先接收，后交涉处理。所有损失和支出费用，责任属于甲方的，由甲方负担，责任属于承运部门的，应由乙方负责向承运单位交涉处理。

第六章 货 款 结 算

第二十六条 烟叶调拨货款结算，以托收承付方式办理。甲方在发运后，根据实际发运的数量等级计算货款。未发运前，不得提前办理托收手续。

第二十七条 乙方接到银行承付通知后，在银行规定承付日期内办理结算。除下列情况外，一律不得拒付货款。

1. 甲方未按合同数量和核定的调拨价格结算，自行增加的部分拒付。
2. 甲方计算的货款金额有技术性错误，多计部分拒付，少计部分照补。

乙方拒付货款时，必须将拒付理由电告甲方，甲方接到拒付通知后，须在10天内提出答复，逾期即按乙方意见办理。如乙方逾期承付货款或所拒付货款的理由经查明责任仍在乙方者，除按应付货款负担逾期承付货款的利息外，并按银行规定交付罚金。

第二十八条 下列情况应当办理二次结算，找补差额，不计利息。

1. 重量减少或益余部分；
2. 等级规格不符、经双方协商需要变更原验等级的；
3. 发生霉烂变质、虫蛀、污染的；
4. 商品标志不清，等级混杂，由甲乙双方重新进行检验，按实际等级重新计价的；
5. 单货数量不符，经双方查明多发或少发的。

第七章 违 约 处 理

第二十九条 甲乙双方或一方有违约行为的，必须向对方支付违约金。如违约金不足以抵补因违约而造成的损失时，还应支付赔偿金。赔偿金由总公司按实际损失裁定。

第三十条 甲方不能按合同交货的，应当向乙方偿付违约金。违约金为不能交货部分货款总值的3%。由于甲方不交货而将产品自销的，除按违约处理外，应当按规定没收其自销多得的收入，上缴中央财政。

第三十一条 乙方中途退货，应当向甲方偿付违约金。违约金为退货部分货款总值的3%。乙方逾期付款的，应当按照中国人民银行有关延期付款的规定，向甲方偿付逾期付款的违约金。乙方违反合同规定拒绝接货的，应当承担由此造成的损失和运输部分的罚款。

第三十二条 由于上级领导机关或业务主管机关的过错，以致不能履行或不能完全履行合同的，上级领导机关或业务主管机关应当承担违约责任。但应当先由违约方向对方偿付违约金、赔偿金，再由应当负责的上级领导机关或业务主管机关负责处理。

第三十三条 按合同规定应当偿付的违约金、赔偿金等，应当在明确责任后十天内按中国人民银行规定的结算办法付清，否则按逾期付款处理。但任何一方不得自行用扣发货物或扣付货款来充抵。

第三十四条 违约金、赔偿金的支付，没有实行利改税的企业，应当分别在企业基金、利益留成或盈亏包干分成中支付；实行利改税的企业，应当在缴纳所得税后国家核定的企业留利中支付。

以上支付不得计入成本（费用）和营业外支出，不得挤占应当上缴财政的收入。

第三十五条 违约金和赔偿金收入，应当用于弥补未能履行合同而蒙受的经济损失。

第三十六条 执行供需合同如发生纠纷，甲乙双方应当及时协商解决。协商不成时，任何一方均可请上级公司调解或者向有关方面申请仲裁，也可以直接向人民法院起诉。

第八章 附 则

第三十七条 本办法自一九八四年七月一日起执行，修改和解释权属于总公司。烟草系统内过去的有关规定与本办法有抵触者，均按本办法执行。

中国烟草总公司关于印发《国家储备烟叶管理暂行办法》（修订稿）的通知

（1986年4月30日）

各有关省、自治区、直辖市烟草公司、计划单列市烟草公司：

为搞好储备烟的管理，总公司于一九八三年制定并印发了《国家储备烤烟管理暂行办法》。随着烟叶产销形势的发展和调拨管理办法的改革，原来管理办法有些已不适应。为此，于今年三月在宁波召开的烟叶调拨座谈会上就修订国家储备烟管理办法进行了讨论，并通过了《国家储备烟叶管理暂行办法》修订稿。现印发给你们，望认真贯彻执行。

附件：

国家储备烟叶管理暂行办法

（修订稿）

第一章 总 则

第一条 国家储备烟叶（下称储备烟）目的是为保证烟叶陈醇、提高烟叶质量、稳定卷烟配方和调节农业丰歉。为用好储备资金，加强储备管理、保证卷烟原料供应，提高经济效益，特制定本办法。

第二条 储备烟所有权属于国家，由中国烟草总公司（下称总公司）统一管理。

第三条 在国家统一计划安排下，烟叶要有适当的储备，储备计划由总公司下达年度指令性指标，各省、自治区、直辖市烟草公司（下称省级公司）落实承储单位，组织进行。

第四条 储备烟叶只限于上、中等各等级，全部为机烤烟和麻布包装。

第五条 储备烟与储备库配套管理。储备库首先保证存放储备烟的需要。没有储备库或储备库尚未竣工的地区，储备设施由承储单位自行解决。

第六条 储备烟分产区储存和销区储存。产区储存是指产地收购的烟叶，由当地经营单位承担；销区储存部分是指外地调进的烟叶，主要由使用单位承担。

第二章 入 库

第七条 产区储备从当年收购烟叶中落实资源。

第八条 销区储备由承储单位按正常进货渠道落实货源，不得因储备烟而减少正常生产所需合理的周转库存量。

第九条 承储单位对入库烟叶清点验收，对数量、等级质量、水份、包装规格严格检查。

第十条 储备烟要单独入库，不得同业务烟和周转库存混合存放。储备烟要尽可能利用库房保管，少量货物存放，要计划分区域、以示区别。

第三章　仓　库　管　理

第十一条　承储单位负责储备烟的安全保管和储备库的养护工作。由于保管不善而造成的经济损失和法律责任（人力不可抗拒的灾害除外），由承储单位负责。

第十二条　各承储单位要结合本地实际情况，制定烟叶出入库检验、安全保管和定期检查等制度，制定岗位责任制，落实到人。其基本内容为：

1．认识储备烟保管工作的重要意义，增强有关人员的责任感；

2．贯彻“防治结合、以防为主”的方针，注意防霉变、防雨湿、防虫蛀，做好保管工作；

3．加强组织纪律，提高警惕，树立安全第一的思想。注意防火、防盗、防汛、防雷，确保商品安全；

4．定期或不定期检查，发现问题及时处理并及时报告上级管理部门；

5．安全保管和保卫的组织、制度、器材、设备要健全和落实。

第四章　调　拨　出　库

第十三条　储备烟一般储备一年，特殊情况下可储存两年。

第十四条　储备烟由总公司统一调拨分配，凭总公司调拨单调出。未经总公司批准不得擅自动用。

第十五条　销区储备烟和产区储备烟本省自用的部分，可视生产需要在翌年七月一日以后陆续出库。同时根据储备计划以当年调进或收购的新烟以进顶出，补充库存，于年底前入库完毕。如上半年生产急需，少量动用，需报总公司批准。

第十六条　储备烟调拨交接按总公司发布的《烟叶供需合同暂行办法》规定办理。

第五章　财　务　管　理

第十七条　储备烟单独核算，由承储单位统负盈亏。条件较好而储备库已投入使用的地方，储备烟可试行独立核算，自负盈亏。

第十八条　储备资金由承储单位或省级公司根据储备计划向当地银行申请贷款，专款专用，不得挪用。

第十九条　储备资金贷款所发生的利息，务于季后十五日内由省公司汇总报总公司，由总公司凭承储单位或省级公司的付息凭证按季向财政部报销，然后返还付息单位。储备烟超过了计划数量或突破了控制的资金定额，其超过或突破的部分不予报销利息。

第二十条　储备烟调拨、供应价格按总公司的规定执行。另由承储单位收取定额保管费用，包干使用计入供应价，由使用单位负担。其收费标准由总公司规定。

第二十一条　储备烟调出后，承储单位及时办理结算，归还贷款。

第二十二条　各省级公司和承储单位要认真执行总公司制定的有关财务管理与会计核算制度，定期清查盘点，严格财经纪律。

第六章　附　　则

第二十三条　有关业务报表和财务报表，按下列规定填报：

1．承储单位按月于月末后五日内向省公司填报《国家储备烟叶库存月报表》（烟叶表4），省公司审核汇总后于月末后十日内报总公司；

2．承储单位按季、年填报《国家储备烟叶经营情况表》（烟会储02表）和《国家储备烟叶购、销、存情况表》（烟会储04表），按年填报《国家储备烟叶费用明细表》（烟会储03表），由省公司审核汇总报总公司。

第二十四条　本办法解释权和修改权属总公司。

第二十五条　本办法自发布之日起执行，总公司原发布的《国家烤烟储备管理暂行办法》同时废止。

·烟草制品管理·

中国烟草总公司关于贯彻国家标准《卷烟》的通知

（1986年7月31日）

各省、自治区、直辖市烟草公司，计划单列市烟草公司，各卷烟厂：

国家标准局已批准中华人民共和国国家标准《卷烟》于1986年8月1日实施，希望各级烟草公司、各卷烟厂、雪茄烟厂坚决贯彻执行。

提高产品质量是“七五”期间一项重大战略任务。各级领导要牢固树立质量第一思想，要真正从单纯生产型转变为生产经营型，把经营思想转移到以提高产品质量，重视市场供求变化，获取经济效益为中心的轨道上来，对存在的质量问题采取多种措施，进行综合治理。力争在一、两年内把我国卷烟的产品质量提高到一个新水平。

没有高标准，就没有高质量的产品。采用国家标准，促进加强企业管理，提高生产技术，提高产品质量，是发展生产，增加效益的正确途径，我们必须进一步加深对贯彻执行国家标准《卷烟》重大意义的认识，加强对国标贯彻工作的领导，广泛宣传，做到人人皆知。抓好技术力量培训和组织，抓好设备维护保养，制订或修订好各项有关的规章制度，做好考核工作，踏踏实实贯彻国家标准《卷烟》。考虑到标准中个别规定还不具备执行条件，并且在贯彻实施国标以后，需要对质量考核作相应规定。为此制订了国家标准《卷烟》的有关规定。这个规定只是临时性过渡措施。对国家标准《卷烟》，各级烟草公司，各企业一定要积极创造条件，认真贯彻执行。

各省级公司要加快省二级检测站的建设，几年来总公司和各省公司已投入不少资金，配置仪器和设施。目前更要加快建设速度，充实检测手段，已建成的要进一步完善，并建立正常的工作秩序。个别建站速度较慢的、检测条件尚不具备的省，可以暂时组织省内有条件的企业与省级二级站共同承担省级二级站的检测工作。

附件：

关于执行国家标准《卷烟》的有关规定

中华人民共和国国家标准《卷烟》（GB5606～5610－85）已经颁布，并于一九八六年八月一日起正式执行。经研究，对相应的检测次数、考核与统计等作如下规定：

一、卷烟成品质量检测次数

（一）内在质量评吸鉴定。生产企业每牌每周或每旬不少于一次，省级二级站（组织评吸）每牌每月不少于一次。

（二）外在质量检测。生产企业每日每牌不少于一次，省级二级站每牌每月不少于一次。

（三）焦油与糖碱比指标。生产企业与省二级站每牌每月不少于一次。

（四）企业半成品检测项目与统计，要依据国标和卷烟工艺规范，由省公司组织企业制订。

（五）每月抽检成品取样，由省二级站（或委托省公司所属单位）在仓库取样。

二、质量考核及质量月报表

（一）省级二级站负责执行质量检测任务，今后企业产品质量以省级二级站检测结果为准。

（二）省级二级站向省公司提供月份质量检测情况，由省公司向总公司生产管理部提供质量月报。

（三）为加强质量管理，企业卷烟成品检测必须坚持执行。企业卷烟成品检测结果每月向省公司报送。

（四）目前暂用“卷烟质量抽检合格率”做为对企业的质量考核指标。以“卷烟质量总得分”做为参考考核指标。

（五）卷烟质量抽检合格率按下式计算：

$$\text{卷烟质量抽检合格率}=\frac{\text{报告期抽检合格品次数}}{\text{报告期抽检总次数}}\times 100\%$$

1．式中“次数”是指卷烟成品检测次数。

2．如果报告期间某牌号卷烟内在质量、焦油及糖碱比只检测一次，而该牌别卷烟外在质量检测10次，那么该牌别检测总次数即视为10次。卷烟内在质量、焦油与糖碱比的一次检测结果，可视为10次检测中每一次的检测结果。

3．每牌每次检测都要做出是否“合格品”的判定，不依各次检测平均得分判定是否“合格品”。

三、对国家标准《卷烟的说明》

（一）GB5607－85中的硬度指标，目前暂填满分，待仪器配备后按国标规定执行。

（二）小盒标明焦油量及类型一项，1986年底前暂不考核，1987年1月1日起按国标规定执行。

（三）鉴于有的地方检测焦油力量不足，在1986年底前凡进行测定的按国标规定执行；未进行测定者，按高焦油计分。1987年1月1日起按国标执行。

（四）小盒标注焦油量的方法。按国标规定结合本产品实测结果选定在小盒的侧面标注高、中、低，不标注具体焦油量。

（五）原部颁标准规定的烤烟型戊级卷烟国标中已无该级别，目前暂按原部颁标准执行。

目前存在的丁戊级雪茄卷烟，原无标准，请各省公司、企业参照国家标准《卷烟》制订企业标准。总公司将考虑制订统一的丁、戊级雪茄型卷烟标准。

（六）卷烟成品取样数量：鉴于国标中规定取样数量不足，GB5610－85中2、1、1、1、2条，随 机抽样改为五小箱，2、1、1、1、3条改为每小箱内随机抽取一条，共计五条均作为检验样烟。

（七）卷烟包装（GB5609－85）。

1．鉴于国内所引进包装机硬条盒设备尚不能打印生产日期，目前检测时可不扣分，企业要积极创造条件，争取尽快按国标执行。

2．所有烟支或小盒包装纸上必须印有生产月份。

（八）各项检测及统计计分时，数字保留到小数点后二位，国标已有规定者除外。

（九）“卷烟包装外观质量明细图解”（中国烟草总公司郑州烟草研究所），可供贯彻执行国家标准《卷烟》参考。

四、有关统计规定

（一）自1986年8月份起生产统计的“卷烟合格率”指标改为“卷烟成品率”，其计算公式不变，按规定时间报送总公司计统处。

（二）自1986年8月份起，质量统计的卷烟等级品率指标改为卷烟质量抽检合格率（计算公式见规定第二部分的第五条），按原规定时间分别上报生产处、计统处。表式附后。原卷烟等级品率停止报送，总公司准备制订优等品和一等品的考核办法。

附：

统计表及说明。统计表只发到省公司。（略）

国家烟草专卖局、国家工商行政管理局、国家物价局关于加强卷烟市场管理的通知

（1986年6月13日　国烟专〔1986〕29号）

各省、自治区、直辖市、计划单列市烟草专卖局、工商行政管理局、物价局：

自一九八三年国务院发布《烟草专卖条例》以来，各地烟草专卖、工商行政管理、物价管理等部门加强了烟草市场管理，收到了一定成效。但是，近一个时期，一些地方卷烟市场比较混乱，一些单位和个人高价倒卖名牌紧俏卷烟的活动十分猖獗；不执行国家规定的卷烟价格，擅自提高畅销烟价格或降价竞销、搭配出售的现象比较突出；非法制售手工卷烟、冒牌卷烟和白包烟的活动还很严重；少数应关闭的计划外烟厂仍在生产、销售卷烟。这些活动严重地扰乱了卷烟市场，破坏了国家计划，损害了国家和消费者利益。根据国务院关于进一步加强烟草专卖管理体制的指示精神，为维护卷烟市场的正常秩序，制止违法活动，特作以下通知：

一、严厉打击高价倒卖名牌紧缺卷烟的违法活动。对以不正当手段串换、套购名牌紧缺卷烟，或内外勾结为违法经营单位、个人提供批量货源进行高价倒卖的，要从严查处。

二、凡调运国家调拨计划内的卷烟，须持盖有烟草总公司监章的合同和准运证明；凡调运（省际间）国家调拨计划外的卷烟，须持国家烟草专卖局或省级专卖局的准运证明。对无准运证明运销卷烟的，一律查扣，并作严肃处理。严禁通过邮寄手段和各种运输工具非法贩运卷烟。

三、经销卷烟的单位和个人，必须持有烟草专卖许可证和营业执照。卷烟必须使用注册商标，并按规定标明“注册商标”字样或者㊟ ®标记。销售卷烟一律要严格执行国家规定的价格，并实行明码标价。不得擅自提价出售或降价竞销，不得搞硬性搭配。由于客观原因需要削价处理的，必须按规定办理报批手续。

四、对非法制售手工卷烟、冒牌卷烟、白包烟的活动，各地要组织力量进行查处，坚决取缔，并追查商标标识、原料和卷烟机械的来源。

五、对计划外烟厂，要采取坚决措施，限期关闭。

各地烟草专卖、工商行政管理、物价等部门要相互支持，密切配合，切实加强卷烟市场的管理，整顿好卷烟市场。对违法活动，要按照《烟草专卖条例》及《施行细则》和工商行政管理、物价管理的有关规定，给予经济制裁，直至吊销烟草专卖许可证和营业执照。对单位的违法活动，除经济上予以制裁外，应视其情节，追究单位领导人和当事人责任；情节严重构成犯罪的，要移交政法机关依法惩处。工商行政管理、物价部门查处案件没收的物品，交烟草专卖部门按有关规定处理。

本通知望各地认真贯彻，立即对卷烟市场进行一次整顿，认真查处违法倒卖卷烟的大案，并将执行情况及时上报。

国家烟草专卖局关于对查没收购走私卷烟处理的通知

（1989年10月20日　国烟专〔1989〕19号）

各省、自治区、直辖市并重庆市烟草专卖局、烟草公司，哈尔滨、沈阳、大连、武汉市烟草专卖局、烟草公司：

为贯彻国务院召开的东南沿海四省打击走私会议精神，经国务院办公厅同意，我局对处理查

没走私卷烟作如下通知。

卷烟是一种特殊消费品，在我国实行专卖制度。国家对进口外国卷烟实行高关税政策，以限制其消费量。但由于国内外差价悬殊，有暴利可图，因此，已成为目前走私的重点商品之一，非坚决打击不可。各级烟草专卖局必须按照当地打击走私办公室的统一部署，积极参与打私活动，并抓好卷烟市场管理，重点查处走私卷烟的贩运者、窝藏点和黑市交易市场。对查没的走私卷烟应按下列办法处理：

一、根据《烟草专卖条例》及其施行细则的规定，凡质量符合标准的，必须由当地烟草公司统一收购后进行处理，非烟草部门不得经营和擅自处理。凡假冒牌走私烟，应与缉私部门协商公开销毁。国家烟草专卖局禁止以各种形式出售（包括处理）假冒牌走私卷烟。

二、对处理的走私卷烟必须加注明显标志。整箱包装，要由省级烟草专卖局加贴“处理走私卷烟”签封；条包和小盒，由指定的零售单位加贴“处理走私卷烟”字条或加盖“处理走私卷烟”印记。

三、查没收购的走私卷烟，首先在查没的省内由省级烟草专卖局指定的国营零售单位出售处理。如果收购的数量大，省内消化确有困难，可报经国家烟草专卖局批准，调往除京、津、沪以外的省级烟草公司，分配给指定的若干国营零售单位出售处理。

四、省际间的调拨，由国家烟草专卖局发给准运证明。调出方的省级烟草专卖局和烟草公司，要在准运证、发货票上加注“处理走私卷烟”字样。

五、经专卖局批准的零售单位，应设立专柜公开处理走私卷烟，直接卖给消费者，不准转手倒卖。

六、处理走私烟各环节的价格均不得高于寄售烟的价格，以人民币结算，不准收取外币。

上述通知，请各地认真执行，各级烟草专卖局要进行检查监督。

中国烟草总公司关于卷烟、雪茄烟商标管理的若干规定

（1988 年 4 月 8 日）

第一章　商标标识的要求

第一条　图案和名称必须符合《商标法》的有关规定。

第二条　根据国家烟草专卖局（85）国烟专字第 26 号、34 号及卷烟国家标准的规定，对卷烟、雪茄烟商标的文字使用做如下规定：

一、卷烟、雪茄烟包装正面必须用汉字标明商标名称（字大醒目）、商品名称和企业名称。联营产品和监制产品应以汉字标明生产企业和监制单位名称。出口产品如有特殊要求，应事先经中国烟草总公司审核。

二、卷烟、雪茄烟必须使用注册商标，并标注“注册商标”字样或㊟®标记。

三、依据卷烟国家标准，卷烟商标必须标明烟支数、类型和焦油含量。

四、硬条包装图案、用色应与小盒包装一致，一名多景商标、条包图案应与其中一景相同，且包装正面应以汉字标明商标名称、商品名称。否则另行注册。

五、软条包装、条包封签应以汉字注明商标名称、商品名称和企业名称。

六、标注企业名称时，应直称企业名称，不冠“中国烟草总公司”字样。

第三条　根据销往地区政府的法律规定，可在出口产品包装上注有关吸烟与健康的警句，内销产品包装不予标注。

第四条　商标所有权属中国烟草总公司的牌号，应标注“中国烟草总公司出品”字样，同时要在封签上注明生产厂名称。

第二章　商标申请和审查

第五条　烟草制品是国家实行专卖的商品，烟草制品的商标必须严格管理。根据《商标法实

施细则》的规定，申请注册卷烟、雪茄烟商标，必须经中国烟草总公司批准。未经注册的卷烟、雪茄烟不得生产和销售。

第六条 申请注册卷烟、雪茄烟商标的企业，必须先向所在省级烟草公司提出申请，经省级烟草公司审查同意后，向中国烟草总公司申报。

第七条 中国烟草总公司依据本办法，对申报材料进行审查。凡申请注册卷烟、雪茄烟商标，必须同时申请注销与申请注册数量相同的已注册的卷烟或雪茄烟商标。

第八条 申请注册的商标，经国家工商行政管理局核准注册，发给《注册证》后，申请单位应及时将《注册证》的复印件和正式商标叁张寄送中国烟草总公司生产管理部备案。

第三章 商标管理

第九条 根据《商标法》规定，商标一经注册，其商标图案的用色不许随意变更，同时，不得随意增添任何纪念、旅游等方面的文字或图案。改变商标的图案和用色须重新办理注册。

第十条 根据《商标法》的规定，注册商标三年以上没有使用者，其注册商标所有人应自动申请注销。

第十一条 根据国家工商行政管理局（85）工商标字第35号文的规定，一个商标只能用于同一质量等级的卷烟产品；卷烟与雪茄烟商标不得通用。

第十二条 对于使用同一商标而烟支规格及包装形式改变时，可不重新办理商标注册。

第十三条 企业应建立商标档案，有关资料应妥善保存。

第四章 附 则

第十四条 本规定自发布之日起执行。

第十五条 本规定解释权属中国烟草总公司。

中国烟草总公司
关于卷烟、雪茄烟产品申报审批管理办法

（1988年4月8日）

第一章 总 则

第一条 为使卷烟、雪茄烟产品申报、审批工作程序化、规范化，特制定管理办法。

第二条 凡新规格、新装潢的卷烟、雪茄烟产品均属本办法管理范围。

第三条 甲、乙级卷烟由商标所有权单位申报，经所在地省级烟草公司初审，报中国烟草总公司审批；丙级以下（包括丙级）卷烟和各等级雪茄烟，由省级烟草公司审批，并报中国烟草总公司备案。

第二章 产品审批程序

第四条 省级烟草公司对申报产品的审查内容：商标是否注册、烟叶和香料配方、工艺技术标准、质量指标、经济效益等情况；产品设计是否符合有关规定：产品设计程序及生产的可行性。

第五条 中国烟草总公司依据省级烟草公司生产技术部门的初审意见，对申报产品进行复审。生产企业向中国烟草总公司申报产品时，应必备该产品的以下资料：

一、产品设计任务书（设计依据、可行性报告、产品技术标准、试制报告等文字材料）一份。

二、省二级检测站的检测数据（见附件）。

三、样品烟壹条（评吸鉴定用）。

第六条 有下列情况之一，不予审批

一、未经所在地省级烟草公司初审。

二、申报材料不完备。

三、无商标注册证。

四、在卷烟、雪茄烟配方中加入违反《食品卫生法》所规定的添加剂。

五、不符合中国烟草总公司的有关规定。

第三章 其 它

第七条 关于卷烟配方使用烟叶标准原则上按（84）中烟生字第031号文执行。

第八条 疗效烟暂无产品标准，申报疗效型卷烟产品时应呈报省级以上（含省级）医疗卫生部门的试验鉴定报告和有关材料。

第九条 甲级卷烟仍按定点定牌号生产的原则执行。

第四章 附 则

第十条 本办法自发布之日起执行。

第十一条 本办法解释权属中国烟草总公司生产管理部。

附表一：

糖碱比焦油含量测定表

等　　级	
类　　型	
规　　格	
总　　糖（%）	
总　烟　碱（%）	
糖　碱　比	
烟气中焦油含量（毫克/支）	
焦油含量档次	

省烟草公司质量监督检测站意见

（盖章）

19　　年　　月　　日

附表二：

各级部门审批意见表

企业申报意见
（盖章）一九　年　月　日
省级烟草公司审核意见（生产技术部门）
（盖章）一九　年　月　日
总公司生产管理部审批意见
（盖章）一九　年　月　日

·进出口管理·

国家烟草专卖局关于进一步加强进口卷烟管理的通知

（1989年11月14日　国烟专〔1989〕28号）

各省、自治区、直辖市及重庆市烟草专卖局、烟草公司：

根据国函〔1989〕60号文件关于各级“烟草专卖局要加强对进口香烟的进口和销售环节的管理，整顿进口香烟销售市场”的要求，经研究，现对外国卷烟的进口渠道及销售办法通知如下：

一、按照《烟草专卖条例》及其《施行细则》的规定和对外经济贸易部《关于开展进口商品寄售业务有关问题的规定》的精神，进口卷烟由中国烟草总公司下属的中国烟草进出口公司及其分公司和受委托的海南省、厦门市烟草公司、中深烟草贸易中心统一经营（海南省、厦门市烟草公司和中深烟草贸易中心的销售经营活动只限于本地区）。

二、按国家有关规定，对进口卷烟实行许可证制度。中国烟草进出口公司根据需要，提出年度进口计划，经国家烟草专卖局审批后，报国家计委、经贸部批准，并由中国烟草进出口公司统一办理进口许可证，海关凭进口许可证放行。无进口许可证即按走私卷烟处理。

三、进口卷烟在国内的运输，由各省级烟草专卖局根据国家批准的进口计划和经贸部核发的进口许可证，发给进口卷烟准运证。无省级烟草专卖局的准运证，视为贩私处理。

四、国家烟草专卖局已在境内外发布公告，凡由中国烟草总公司进口的寄售卷烟，一律在包装上印有“由中国烟草总公司专卖”字样。凡无“由中国烟草总公司专卖”字样的进口卷烟，一律按走私处理。

五、进口卷烟的国内批发销售业务，由中国烟草总公司下属的中国卷烟销售公司负责统一安排。各省、自治区、直辖市、计划单列市烟草公司的销售部门在中国卷烟销售公司业务指导下，负责本省（区、市）进口卷烟的批发和销售任务，并严格执行国家的价格政策。经营进口卷烟的零售单位，须是领有省级烟草专卖局发给特种许可证的国营商店及旅游宾馆（饭店）、友谊商店、旅游服务商店。零售部门在当地烟草公司进货，并执行国家规定的价格政策。进口卷烟，除国家或国家烟草专卖局特许外，一律卖外汇。

六、有关收购处理走私卷烟事宜，各级烟草部门必须严格执行国烟专〔1989〕19号文件的规定。

各级烟草专卖局要严格执行上述规定，与当地公安　工商、物价、税务等有关部门紧密配合，共同做好对进口卷烟的专卖管理工作。

本通知如与过去规定有抵触，以本通知为准。

国家烟草专卖局对《关于进一步加强进口卷烟管理的通知》有关内容的解释

（1989年12月20日　国烟专便字〔1989〕第3号）

各省、自治区、直辖市及重庆市烟草专卖局、烟草公司：

国烟专〔1989〕第28号文第一条关于“中深烟草贸易中心销售经营活动只限于本地区”的规定，不包括受国家烟草专卖局及中国烟草进出口公司委托代理经营进口寄售卷烟和代办面向全国的转运业务。特此说明。

·烟机、物资管理·

烟草机械产品售后服务管理办法
（试行）

（1990年5月11日　中烟机〔1990〕第6号）

第一章　总　　则

第一条　为使烟草机械（以下简称烟机）产品能够更好地发挥社会经济效益，满足烟草工业生产的需要，加强烟机产品售后服务管理，特制订本办法。

第二条　烟机产品售后服务工作包括：安装调试、交车验收、备品配件供应、技术培训、技术服务、访问用户和用户信息反馈处理等。

第三条　本办法适用于所有属于中国烟草总公司批准购销的烟机产品的生产和使用单位。

第四条　烟机产品售后服务工作必须坚持“质量第一、用户至上”的原则。烟机产品交车验收以后实行三包（包修、包换、包退），为用户提供优质服务。

第五条　烟机生产企业要把为用户提供优质服务和对国家负责作为企业经营活动的方针。要加强领导，建立健全售后服务机构，充实售后服务人员，不断总结经验，提高为用户服务的自觉性，使售后服务工作科学化、正规化、制度化。

第六条　售后服务工作是烟机生产企业内所有部门的共同任务，要分工负责，密切协同，加强调查研究，不断提高服务质量，为企业建立信誉，争取和保持荣誉。

第七条　烟机生产企业必须将售后服务工作纳入计划，计划年度结束后，必须在次年一月向中国烟草机械公司呈报烟机产品售后服务工作总结和《烟机产品交车验收情况报表》（见附表）。

第八条　中国烟草机械公司将对各烟机生产企业售后服务工作实行检查督促，根据完成情况进行必要的奖惩。

第二章　安　装　调　试

第九条　烟机产品的安装是使用单位的工作。烟机生产企业有指导用户进行安装和负责调试的义务。根据用户要求，经供需双方协商可以签订安装调试合同（安装按规定收费，调试不收费），双方都必须认真履行合同。

第十条　安装调试合同要明确规定，烟机生产企业和使用单位双方的责任，安装调试所必须具备的条件，安装调试的要求和交车验收的时间等。

第十一条　烟机产品到货后，使用单位必须按期（单机一个月，机组三个月，制丝线半年）准备好烟机产品调试的条件（场地、能源、原辅材料和必要的人员等），并及时通知生产企业进行调试。逾期不具备调试条件的，使用单位必须无条件地支付生产企业产品质量保证金（制丝设备为合同产品总价10%，卷接包设备为合同产品总价15%）。

第十二条　烟机生产企业接到用户要求安装调试的通知后，应在一个月内立即派人前往用户了解情况，凡具备安装调试条件的应立即进行安装调试。烟机产品经过调试必须按期（单机一个月，机组三个月，制丝线半年）交车验收，逾期不能交车验收的，生产企业应赔偿用户损失（合同产品总价的1—5%）。

第十三条　烟机生产企业必须组织得力的安装调试队伍。安装调试人员必须了解本单位烟机产品性能、熟悉安装调度技术、作风正派、认真负责、热心为用户服务。必须制定安装调试人员手册，加强对安装调试人员的管理，不断提高其思想业务技术素质。

第十四条　烟机产品到货后，使用单位必须妥善保管。进入安装以前，一般由用户进行开箱检查。首先检查包装情况，发现破损应立即通知生产企业来人共同查对。然后根据装箱清单进行检查，出厂随带的附件、备件、工具及技术资料必须齐全。发现缺件及时通知生产企业补齐。对由于包装不良在运输过程中造成破损及物件丢失时，由发运的生产企业负责。

第十五条 烟机产品由主机厂对用户全面负责。由于制造不良而造成的质量问题，不论是自制件或配套件，均由主机厂对用户负责，配套厂对主机厂负责。

第三章 交 车 验 收

第十六条 烟机产品必须按交验车规范进行交车验收。所有烟机产品都必须制订交验车规范，经中国烟草机械公司审定后批转执行。交验车规范必须包括使用条件和烟机产品主要技术指标。

第十七条 烟机产品交车验收时必须由生产企业和使用单位双方代表参加，必须做好使用条件记录及试车记录，填写交车验收凭证，双方代表签字并加盖公章后报中国烟草机械公司备案。

第十八条 在符合规定的使用条件下，烟机产品主要技术指标达不到标准的，可以允许重新调试。由于产品本身质量问题，在规定时间内经过重新调试仍达不到标准的，允许更换或者退货。

第四章 备品配件供应

第十九条 烟机产品备品配件供应以满足用户需求为宗旨。为保证烟机产品正常运行，满足维修的需要，必须有足够的备品配件供应用户。烟机生产企业在安排主机生产的同时必须安排备件生产，在供应主机的同时，必须为用户提供随机（免费供应）备件和一年半两班制（用户订货）备件。

第二十条 烟机生产企业要加强同配件联营公司的联系，为配件联营公司发展烟机配件生产提供必要的支持和帮助。在配件联营公司尚不能满足烟机市场需要的情况下，烟机生产企业要积极组织配件生产，以满足用户的需求。

第二十一条 对限期淘汰的烟机产品的配件，在规定时间内，要确保用户维修的需要。对特殊的烟机产品配件，用户需要长期供货的，应当建立长期供货关系。对进口关健配件，应尽可能加速国产化的进程，积极组织研制和生产。对性能落后或结构不合理的零部件，要及时予以更换或改进，以提高烟机产品的质量和性能。

第五章 技术培训

第二十二条 烟机生产企业要有计划地举办技术培训班或技术讲座，向用户介绍产品设计原理、结构特点、安装调试、操作和维修保养方面的知识，为用户培训操作和维修保养人员。

第二十三条 搞好技术培训工作，关键是要组织工程技术人员编写出高质量的培训教材，选派有经验的技术骨干担任培训教员。有条件的单位要建立培训中心，使技术培训工作正规化、系统化。

第二十四条 技术培训要理论联系实际，在学习理论的同时，可以采取跟班学习装配的办法。进行技术培训一定要加强考核，使培训工作收到一定的效果。

第六章 技术服务

第二十五条 烟机生产企业要定期组织技术服务队为用户巡回上门检查维修。有条件的地方，可以通过设立维修服务中心，特约维修站等，为用户提供灵活多样迅速周到的技术服务。

第二十六条 烟机生产企业必须向用户提供下列随机技术资料：

1．产品使用说明书（其中须包括传动系统图、润滑图、电气原理图、电气接线图和易损件图册等）；

2．产品装箱单；

3．产品出厂合格证；

4．一年半两班制备件目录；

5．产品部装示意图和零件明细表。

第七章　访　问　用　户

第二十七条　烟机生产企业每年都要有计划有领导地进行对用户访问或者请用户进行座谈，用各种形式掌握市场信息，听取用户的意见和要求，并认真处理、及时解决用户提出的问题。

第二十八条　生产企业要主动帮助用户进行技术改造，尤其是本企业的老用户，更应关心他们的技术改造。从设备选型、制订技术改造方案，到提供新型设备，都应主动关心和帮助。

第八章　信息反馈

第二十九条　烟机生产企业要做好用户信息收集和反馈。可以定期发出质量反馈单，证询用户意见。针对用户对产品设计、制造、配套、性能、规格、运输、包装、调试、备件、使用、维修和服务等方面的意见，制订有效的改进措施。

第三十条　烟机生产企业必须设立用户档案和产品档案，对出访、上门维修、巡回检查、安装调试及来函来电来访，进行详细记录，连同质量反馈意见，随时整理归档，作为今后改进产品质量的依据。

第九章　附　则

第三十一条　本办法自颁发之日起施行。

第三十二条　本办法解释权属中国烟草机械公司。

第三十三条　本办法颁发之后，烟草机械工业其他设备零配件生产企业可以参照执行。

附表：

烟机产品交车验收情况报表

填报单位：　　　　　　　　　　　　　　　　　　　　日期：　年　月　日

序号	产品名称	产品型号	出厂日期	出厂编号	用户名称	交付使用情况

·行政处罚·

国家烟草专卖局烟草专卖管理机关查处违章案件程序（暂行）

（1988年5月20日）

第一章 总 则

第一条 为了严格执行《烟草专卖条例》及其《施行细则》，加强烟草专卖管理，维护国家烟草专卖制度，提高办案质量，特制定本程序。

第二条 各级烟草专卖局应依照国家法律法规和政策规定查处烟草违章、违法案件，必须保护和支持合法经营，制止、打击违章、违法活动，维护社会主义经济秩序。

第三条 各级烟草专卖局对在烟草生产经营活动中有违章、违法行为的单位和个人有权依法进行检查和处理，任何单位及个人不得干预。

第四条 各级烟草专卖局要坚持宣传党和国家的有关法律、法规、政策和规定，遵循以教育为主、处罚为辅的原则，依靠各级党政领导，与有关部门密切配合，按照规定协同办案。

第五条 查处违章、违法案件要重证据，重调查研究，不经信口供。结案处理要以事实为根据，以法律为准绳，做到事实清楚，证据确凿，定性准确，处理恰当，手续完备。

第二章 管 辖

第六条 各级烟草专卖局负责检查处理本辖区所发生的违章案件。

第七条 情况复杂的大案要案，必要时由国家烟草专卖局组织有关省（区、市）联合检查处理。

第八条 涉及两个地区以上的案件，原则上由先查获地的烟草专卖局处理。如发生管辖争议，由争议双方协商解决；协商解决不了的，报告共同的上级烟草专卖局指定管辖。如发现其主要违章、违法活动发生在乙地，甲地烟草专卖局可将案件及有关材料移交乙地烟草专卖局立案查处。甲地烟草专卖局要积极配合。

第九条 上级烟草专卖局有权指定下级烟草专卖局查处案件。

凡涉及中国烟草总公司及直属公司的案件，由国家烟草专卖局处理。

第三章 立 案

第十条 根据国家的有关法律、政策规定，任何单位及个人在烟草生产经营活动中，有下列情形之一的，均应立案查处：

（一）经初步审查，掌握了一定的违章、违法事实，可给予处罚的；

（二）根据检举、揭发人提供的当事者的违章、违法事实和证据，需要给予处罚的；

（三）掌握了违章、违法活动线索，且有重大嫌疑需要调查的；

（四）上级领导机关交办的案件；

（五）有关部门和外地烟草专卖局移交的案件；

（六）对正在实施的违法活动，或者在违章、违法活动后即时被发觉的，可立即查处。但事后要补办手续。

第十一条 对违章事实清楚，案情简单，处罚金额在二百无以下的，可直接填写（违章案件处理书》，进行处理。

第十二条 呈报期间：

（一）非法经营额在五万元以上的，或者非法牟利数额在五千元以上的案件，情节严重及在本辖区有重大影响的案件，必须在立案后五日内，报省级烟草专卖局备案。

（二）非法经营额在十万元以上，或者非法获利在二万元以上的案件或情节特别严重的案件为大案、要案。对大案、要案必须在立案后五日内由立案单位报省级烟草专避同时报国家烟草专卖局备案。

第十三条 已经立案的案件，必须彻底查清处理，不得随意终止、撤销。需要终止和撤销的，要写出说明材料或撤销报告，经原批准立案单位批准。

第四章 检 查

第十四条 执行烟草专卖检查的各级烟草专卖局工作人员，须佩戴国家烟草专卖局制发的标志并持有省级以上烟草专卖局核发的检查证。

第十五条 检查人员应在规定地区内，对有关单位和个人进行烟草专卖监督、检查、询问。

第十六条 违章人员交付的家存、寄存的违法财物，烟草专卖局可派两名以上人员会同必要的见证人，造册登记，并签字盖章。

第十七条 对违章单位和个人的财物需要暂时冻结、留存或查封时，应填写《冻结（查封）通知书》，由县级烟草专卖局批准，按有关规定办理。

第十八条 冻结（查封）违章单位和个人的财物应从严掌握。冻结（查封）期限不得超过二个月，需要延长期限的，必须另办手续。

第十九条 扣留财物时，必须有两名以上检查人员进行，与案件当事人点清，开具《暂扣收据》，由承办人和被扣人分别签名或盖章。如当事人拒绝签名的，应在扣留单上注明理由，并由两名以上检查人员签名或盖章。

第二十条 抗拒检查、殴打检查人员的交由司法机关依法处理。

第五章 调 查 取 证

第二十一条 审理案件应由两名以上人员负责进行。

第二十二条 询问当事人时，要认真做好笔录。《询问笔录》允许当事人修改、补充，经核对无误后，由当事人签名或盖章。如当事人拒绝签名或盖章，应注明情由。

第十三条 收集证据。包括：

（一）物证；

（二）书证；

（三）证人证言；

（四）询问笔录；

（五）鉴定结论；

（六）视听资料；

（七）勘验笔录。

以上证据必须经过查证属实，才能作为认定违章事实的依据。

第二十四条 在向案件有关证人取证时，应个别进行，并对证人讲明不得提供伪证或隐匿证据，证人的证言材料应由证人签名或盖章。

第二十五条 需要从有关单位的业务档案中取证时，应凭县级以上烟草专卖局的介绍信进行。对与案件有关的原始证据不能交出的，可按原件复印、复制、拍照，其证据须注明出处，并加盖原单位公章。

第六章 案 件 处 理

第二十六条 凡立案调查的违章案件，经取证认定，事实清楚，证据确凿的，均应及时处理。

第二十七条 处理案件要做到定性准确，处罚适当。

第二十八条 处罚金额（不包括没收非法所得部分）在三千元以上的，应报地（市）级烟草专卖局审批；二万无以上的应报省级烟草专卖局审批。

处罚金额超过五万元，应在批准后十日内报国家烟草专卖局备案。

第二十九条 对计划外烟厂产品和手工卷烟，各级烟草专卖局可作没收处理，不须事先呈报上级烟草专卖局。但对案情严重，金额较大的，应报上级烟草专卖局备案。

第三十条 案件经过规定程序批准后，即可定案处理。

第三十一条 定案处理的案件，要填写《案件处理审批表》，按规定的权限审查批准后，由办理案件的烟草专卖局做出处理决定书，在十日内送达被处罚的单位或个人。

处理决定书主送当事者，抄送有关单位，同时抄报上级烟草专卖局存查。

第三十二条 被处理的单位或个人，如对处理决定不服，可在接到处理决定书之日起十五日内向下达处理决定书的上级烟草专卖局提出书面申诉书，逾期则处理决定发生效力。案件处理机关在接到申诉书后，应认真进行审查，在一个月内做出复议决定送达申诉单位或个人。该复议决定为终审决定，一经送达，即发生效力。下级烟草专卖局对上级烟草专卖局复议决定要遵照执行，不得借故推托或顶着不办，其它单位和个人不得阻挠。

第三十三条 上级烟草专卖局对下级烟草专卖局已经发生效力的处理决定和复议决定，如果发现确有错误，有权调卷审查或指令下级专卖局纠正。

第三十四条 违反烟草专卖法规，同时又违反其他有关法律、法规的案件，应根据其主要性质，与有关部门协商处理。

第三十五条 案件涉及管辖区外的违章单位或个人，当地烟草专卖局无法处理的，应通知其所在地区的同级烟草专卖局协助处理，其所在地烟草专卖局应积极配合查处，不得推诿责任。

第七章 结 案 归 档

第三十六条 所有立案查处的案件，在案件处理完毕后，都必须将所有材料清理存档。

第三十七条 对大案、要案结案十日内必须写出案件报告和综合材料，报国家烟草专卖局存查。

第三十八条 罚没物品（包括罚没款）的保管、处理，应严格执行财政部“关于罚没财物管理办法”的规定，不得擅自处理。

第三十九条 借阅、调用、移交档案材料，应办理批准或移交手续。

第四十条 上级烟草专卖局有权调阅下级烟草专卖局处理违章、违法案件的案卷。

第八章 办 案 纪 律

第四十一条 凡符合立案标准的案件，必须立案；按规定应上报的案件，应在指定期间内上报。否则，要追查工作人员和直接责任领导者的责任。

第四十二条 办案人员遇到下列情况之一者，应当回避：

（一）与案有牵连的；

（二）近亲属与案件当事人有利害关系的；

（三）与案件当事人有其它关系可能影响公正处理的。

第四十三条 办案人员必须严格遵守保密纪律，对泄密者要给予纪律处分。

第四十四条 办案人员必须严格执行党和国家的政策、法律规定，坚持实事求是，严禁逼、供、信，防止错案发生。一旦发现错案要主动纠正。

第四十五条 办案人员要秉公执法，廉洁奉公，对以权谋私、贪污受贿、徇私舞弊的，要严肃处理。

第九章 附 则

第四十六条 本程序自印发之日起在各级烟草专卖局内部执行。

第四十七条 本程序的修改、解释权归国家烟草专卖局。

财政部、国家烟草专卖局
关于烟草专卖罚没收入上缴问题的联合通知

（1986年11月24日）

各省、自治区、直辖市财政厅（局）、烟草专卖局，各计划单列市财政局、烟草专卖局：

为全面贯彻实施《烟草专卖条例》，进一步搞好烟草专卖工作，加强对罚没收入的管理，特对各级烟草专卖局的罚没收入上激问题作如下通知：

一、各极烟草专卖局依法查处案件的罚没款及没收物资变价款一律作为国家罚没收入，及时足额上缴国库，不得拖延或坐支截留。

二、根据《烟草专卖条例》的有关规定及各地烟草专卖局行政隶属关系的具体情况，其罚没收入全部作为地方预算收入上缴地方财政。所需办案费用补助也由同级地方财政专项核拨。

三、“办案费用补助”开支范围和领拨程序，仍暂按财政部（82）财预字第91号文件的有关规定执行。

四、各级烟草专卖局要严格执行财务制度，遵守财经纪律，接受财政机关的监督。

五、本通知下达前，尚未缴库的烟草专卖罚没收入，立即进行清理，按本通知规定迅速缴库。并向同级财政机关报帐，结清旧账。

国家烟草专卖局烟草专卖管理收入暂行管理办法

（1985年5月6日）

为更好地开展烟草专卖工作，加强对烟草专卖管理收入的管理，严格遵守财经纪律，特制定本办法。

一、烟草专卖管理收入是用于烟草专卖的专项收入，必须加强管理，专款专用。

二、烟草专卖管理收入的来源是收取的发放烟草专卖许可证规费，由各级烟草专卖局按规定的发放权限及（84）国烟专发024号文件规定的收费标准负责征收。未经批准，任何单位或个人均不得擅自提高或降低收费标准。

三、烟草专卖管理收入采取“以收低支，先收后支，定期清算，结余上交”的管理办法。自一九八四年一月一日起，每五年为一结算期，由国家烟草专卖局（以下简称总局）与财政部统一结算。

一九八四年一月一日以前的烟草专卖管理收入结余，计入1984—1988结算期内，不再另行结算。

四、全国烟草专卖许可证规费收入的20%（不包括总局征收部分），由总局集中使用，各省级专卖局按期将应上交部分汇缴总局，不得拖欠或隐瞒不报。

上交方式：各省级专卖局每半年汇集省内本期全部应交款项，上交总局。

上交时间：本年度七月三十日前与次年一月三十日前汇交完毕。

汇寄地点：单位：中国烟草总公司。

开户银行：北京市人民银行南樱桃园分理处

帐号：5001—23

五、留归省、直辖市、自治区的专卖管理收入，只能用于烟草专卖业务支出，不得挪作它用。其开支范围，按（84）国烟专发024号文件规定执行。

各省级专卖局根据具体情况自行规定本地区各级专卖局交留办法。

六、各省级专卖局应按规定表式汇总填报本地区烟草专卖财务报表，并负责规定本地区各级专卖局财务报表的填报工作。

省级专卖局报送报表的时间与上交款项的时间相同。

附表：

烟草专卖管理费收支明细表

编制单位　　　　　　年　月　日　　　　　　　　　　　　　　　　单位　元

项目		行次	发证数量	金额	其中：		备注
					省局	地县局	
甲		乙	1	2	3	4	
期初余额		1					
专卖管理收入	合计	2					
	烟丝厂	3					
	烟草公司批发	4					
	委托代批	5					
	特种零售	6					
	国营集体零售	7					
	个体长期零售	8					
	个体临时零售	9					
专卖管理支出	合计	10	×				
	应上交总局	11	×				
	证册印刷费	12	×				
	专业资料费	13	×				
	专业宣传费	14	×				
	培训费	15	×				
		16	×				
		17	×				
		18	×				
		19	×				
		20	×				
期末余额							

专卖局长：　　　　　　　　　　　　　　　制表：

编表说明：

一、本表是反映专卖管理财务收支明细情况的汇总报表，由省级局每半年上报总局（一式两份）。省以下各级局单位报表的格式及送时间，由省级局自行规定。

二、发证数量，指全省发放专卖许可证的总数量。

三、专卖管理收入指按发放专卖许可证的实际数量和规定的收费标准计算的本期收入。各地区收费经批准与规定批准不同者，应在备注栏说明。

四、专卖管理支出“应上交总局”项，指按规定应上交国家烟草专卖局的专卖许可证规费收入，不论省内各级局的交留比例如何确定，均应按本期全部收入的20%计算填列在本项目内。

五、本表数字关系：2栏＝3栏＋4栏　1行＝本表上期第20行　2行＝3行至9行之和 10行＝11行至19行之和　11行＝2行×20%　20行＝1行＋2行－10行

1 9 8 1 • 1 9 9 0

CHINA
TOBACCO
ALMANAC

中国烟草年鉴

组织人事篇

国家烟草专卖局、中国烟草总公司机构沿革及领导人名录

1981年4月，轻工业部根据赵紫阳、万里同志关于烟草要实行专营、要进行集中统一管理的指示，向国务院提出成立中国烟草总公司，直属国务院领导，或由国务院委托经委管理的报告。1981年5月，国务院以“国发［1981］85号”文批转轻工业部关于实行烟草专营的报告，决定对烟草行业实行国家专营，成立中国烟草总公司。

在总公司成立以前，设立了筹备工作组，由国家计委顾秀莲、商业部高修、轻工业部宋季文、供销总社郭月斋4同志组成。工作组议定的事项暂由各部门按分工组织执行。经过半年的筹备工作，中国烟草总公司于1982年1月1日正式成立。

为加强烟草制品的专卖管理，1983年1月，国务院同意设立轻工业部烟草专卖局，与中国烟草总公司（相当于国务院直属局级）一套机构，两块牌子。1984年1月6日，国务院以“［84］国函字10号”文同意将轻工业部烟草专卖局改为国家烟草专卖局，与中国烟草总公司一套机构、两块牌子。1985年12月30日，国务院以“国发［1985］144号”文同意将国家烟草专卖局改为国务院直属局。

根据“国发［1981］85号”文件精神，中国烟草总公司成立后，委托轻工业部代管。1984年7月，轻工业部党组研究决定，同意建立中共中国烟草总公司分党组。1985年11月25日，中共中央组织部以“组任字［1985］82号”文发出通知，同意中国烟草总公司成立党组。1986年6月，中共中央组织部以“组任字［1986］75号”文同意成立中共国家烟草专卖局党组。党组组成人员和中国烟草总公司党组成员为同一班人。

中国烟草总公司成立以后，内部机构设置和人员编制情况：1984年以前，总公司编制为175人。其中，干部160人，工人15人。机构设置为9处1室；1984年底，经贸部以“［84］外经贸管体字253号”文批准成立中国烟草进出口公司。1985年3月，轻工业部以“［85］轻党字27号”文同意总公司内部机构改设为7部2室，同时辖中国卷烟销售公司、中国烟草物资公司两个直属公司，均为副司局级。此时总公司编制为190人，其中，干部175人，工人15人。直属公司为企业编制，不占总公司名额。

尔后，又于1985年10月成立了中国烟叶生产购销公司，同时撤销烟叶生产供应部；1987年3月成立了中国烟草机械设备公司。该两公司同为副司局级，企业编制。

另外，总公司党组纪检组（正局级）于1985年4月成立；总公司机关党委于1986年初成立；中国烟草学会于1985年初成立。

截止1990年，总公司的二级机构为6部、2室、5个直属公司，以及总公司党组纪检组、机关党委和烟草学会，共有人员364人。

中国烟草总公司筹备期间，行政领导人曾有二次变动。

1981年6月，轻工业部党组决定，由南屏同志牵头，曹凤泉同志参加，负责中国烟草总公司筹备组的具体筹备工作。

1981年10月，轻工业部党组决定，李益三任中国烟草总公司经理，殷成章任第一副经理，南屏任第二副经理，曹凤泉为负责人。

自1982年1月1日中国烟草总公司正式成立和1984年4月国家烟草专卖局正式成立至1990年，这一时期的主要领导人（见表一、二、三、四）：

(表一)

姓　名	职　务	级别	任职起止时间	任职文号	免职文号	备注
李益三	经　理	副部	1982.3—1986.9	[82]轻党字第10号	[86]国任字88号	
江　明	经　理	副部	1986.9—	[86]国任字88号		
马尔赤	副经理	正局	1983.9—	[83]轻党字第125号		
江　明	副经理	正局	1984.7—1986.10	[84]轻党字第58号		
陆　胜	副经理	正局	1982.11—1985.11	[82]轻党字第51号	[88]轻人字第148号	
金茂先	副经理	正局	1983.9—	[83]轻党字第125号		
袁行思	副经理	正局	1985.11—1987.2	[85]轻党字第97号	[87]轻党字第8号	
刘治光	副经理	正局	1987.2—	[87]轻党字第8号		
关政林	副经理	正局	1987.2—	[87]轻党字第8号		
南　屏	顾　问	正局	1983.9—1986.12	[83]轻党字第125号		

(表二)

姓　名	职　务	级别	任职起止时间	任 职 文 号	免职文号	备注
李益三	局　长	副部	1984.4—1986.10	[84]轻党字第35号	[86]国任字88号	
江　明	局　长	副部	1986.10—	[86]国任字第88号		
马尔赤	副局长	正局	1984.9—	[84]轻党字第67号	国任字[1989]8号	
江　明	副局长	正局	1984.9—1986.10	[84]轻党字第67号		
金茂先	副局长	正局	1984.9	[84]轻党字第67号		
刘治光	副局长	正局	1987.2—	[87]轻党字第8号		
关政林	副局长	正局	1987.2	[87]轻党字第8号		

(表三)

姓　名	职　务	级别	任职起止时间	任 职 文 号	免职文号	备注
李益三	分党组书记	副部	1984.7—1985.11	[84]轻党字第59号		
马尔赤	分党组成员	正局	1984.7—1985.11	[84]轻党字第59号		
江　明	分党组成员	正局	1984.7—1985.11	[84]轻党字第59号		
金茂先	分党组成员	正局	1984.7—1985.11	[84]轻党字第59号		
刘治光	分党组成员	副局	1984.7—1985.11	[84]轻党字第59号		
关政林	分党组成员	副局	1984.7—1985.11	[84]轻党字第59号		
党铁山	分党组成员	副局	1985.9—1985.11	[85]轻党字第126号		

(表四)

姓　名	职　务	级别	任职起止时间	任 职 文 号	免职文号	备注
李益三	党组书记	副部	1985.11—1986.10	[85]轻党字第126号	组任字[1986]86号	
江　明	党组书记	副部	1986.10—	组任字[1986]86号		
马尔赤	党组成员	正局	1985.12—	[85]轻党字第126号	国任字[1989]8号	
江　明	党组成员	正局	1985.12—1986.10	[85]轻党字第126号		
金茂先	党组成员	正局	1985.12—	[85]轻党字第126号		
袁行思	党组成员	正局	1985.12—1987.2	[85]轻党字第126号	[87]轻党字第8号	
刘治光	党组成员	正局	1987.2—	[87]轻党字第8号		
关政林	党组成员	正局	1987.2—	[87]轻党字第8号		
党铁山	党组成员	副局 正局	1985.12—1987.2 1987.2—	[85]轻党字第126号 [87]轻党字第19号		

北京市烟草专卖局
中国烟草总公司北京市公司

一、筹建经过

1985年11月9日，根据国务院“国发［1983］151号”《关于发布〈烟草专卖条例〉的通知》精神，北京市政府决定组建北京市烟草专卖局、北京市烟草公司。

1985年11月14日，北京市经委、北京市财贸办公室下发《关于组建、上划北京市烟草公司会议纪要》，文中明确：为尽快搞好组建上划工作，根据中国烟草总公司的意见，决定成立组建、上划筹备小组，由陆峻岳任组长，刘金玉、张锡山任副组长，即日开展工作。

二、组建上划和隶属关系

1.1985年12月31日，北京市经委李润五、市政府财办刘如明与中国烟草总公司南屏共同签署了《关于北京市烟草公司上划交接协议书》。同日，北京市人民政府办公厅以“京政办发［1985］148号”文，决定北京市烟草专卖局、北京市烟草公司从1986年1月1日正式成立，上划并开展工作。实行中国烟草总公司和北京市人民政府双重领导，以国家烟草专卖局、总公司为主的管理体制。其产供销、人财物由总公司集中统一管理。党的关系和思想政治工作由中共北京市委财贸部（后改为商贸部）管理。

2.上划后的全称为：北京市烟草专卖局（以下简称市局），中国烟草总公司北京市公司（以下简称市公司），实行一套机构，两块牌子。其业务工作由市政府财贸办公室（现商业委员会）协调管理。

三、机构规格的变化

1985年12月31日，北京市人民政府办公厅以“京政办发［1985］148号”文，将市局（公司）确定为副局级。

1988年9月9日，国家烟草专卖局、中国烟草总公司以“国烟专［1988］56号”文，将市局（公司）定为正局级。

四、内部机构设置和人员编制

（一）机构设置

1.1986年4月19日，中国烟草总公司以“中烟综计劳字［1986］第13号”文，批准市局（公司）行政机构四处二室。即：行政办公室、专卖办公室、财务审计物价处、综合计划基本建设处和政治处，同时成立销售公司（对内为销售处）。

2.1987年8月19日，中国烟草总公司以“中烟政［1987］50号”文，批准设立安全保卫处。

3.1987年12月5日，中国烟草总公司以“中烟政［1987］82号”文，批准设立审计处。

4.1987年12月11日，市局（公司）党组以“京烟司字［1987］第25号”文，决定成立工业处；以“京烟司字［1987］第27号”文，将原财务审计物价处，更改为财务物价处，将原综合计划基本建设处更改为计划基建处。

5.1988年12月6日，经请示国家烟草专卖局并征得市委商贸部同意，党组研究决定，撤销政治处，成立人事教育劳资处、监察处和法制处。

（二）人员编制

1986年4月19日，中国烟草总公司以“中烟综计劳字［1986］第13号”文，批准市局（公司）人员编制为55人。

1987年7月25日，中国烟草总公司以“中烟计统字［1987］第11号”文，批准增专职统计人员3人。

1987年8月11日,国家烟草专卖局以“国烟专[1987]13号”文,批准增专卖管理人员5人。

1987年12月5日,中国烟草总公司以“中烟政[1987]82号”文,批准增审计处人员编制3人。

截止1988年12月31日，上级共批准市局（公司）机关编制为66人。

五、党组、纪检组和机关党总支的成立

（一）党组成立

1.1986年4月5日，中共中国烟草总公司党组以“中烟党［1986］24号”文，批准成立中共中国烟草总公司北京市公司党组。

2.1986年11月5日，中共国家烟草专卖局党组以“国烟党［1986］3号”文通知“决定成立各省市烟草专卖局党组，党组成员和烟草公司党组成员为同一班人”。据此，中共北京市烟草专卖局党组成立，与市烟草公司党组为同一班人。

（二）纪律检查组成立

1986年4月19日，中国烟草总公司以“中烟综计劳字［1986］第13号”文，批准成立中共北京市烟草公司纪检组。

（三）机关党总支委员会成立

1987年11月23日，中共北京市国家机关委员会以“京国机党字［1987］23号”文，批准成立中共北京市烟草公司机关总支委员会。

六、领导成员历次变动情况

（一）党组成员历次变动情况（见表一）

（二）行政领导成员历次变动情况（见表二）

1986年4月——1990年12月　　（表一）

姓　名	职　务	级别	任职起止时间	任 职 文 号	免职文号	备注
陆峻岳	书　记	副局	1986.4.5—1990.12.31	国烟专[86]21号 中烟党[1986]24号		
陈俊甫	副书记	副局	1987.3.26—1989.5.27	中烟党[1987]31号	国烟党[1989]25号	
刘金玉	成　员	正处	1986.4.5—1989.5.27	国烟专[86]21号 中烟党[1986]24号	国烟党[1989]25号	
张锡山	成　员	正处	1986.4.5—1989.5.27	国烟专[86]21号 中烟党[1986]24号	国烟党[1989]25号	
李世元	成　员		1986.6.20—1986.12.8	中烟党[1986]51号	[86]京烟司党字 第20号	
曹宝兴	成　员		1989.5.27—1990.12.31	国烟党[89]25号		

1986年4月——1990年12月　　（表二）

姓　名	职　务	级别	任职起止时间	任 职 文 号	免职文号	备注
陆峻岳	局长、经理	副局	1986.4.5—1990.12.31	中烟党[1986]24号		
陈俊甫	副局长、副经理	副局	1987.3.26—1989.5.27	中烟党[1987]31号	国烟党[1989]25号	
刘金玉	副局长、副经理	正处	1986.4.5—1989.5.27	中烟党[1986]24号	国烟党[1989]25号	
张锡山	副局长、副经理	正处	1986.4.5—1989.5.27	中烟党[1986]24号	国烟党[1989]25号	
曹宝兴	副局长	副局	1989.5.27—1990.12.31	国烟党[1989]25号		

天津市烟草专卖局
中国烟草总公司天津市公司

一、筹建经过

1.1985年10月，天津市人民政府根据国务院“国发［1983］151号”和国务院办公厅“国办发［1984］69号”、“国办函字［1985］35号”文件，关于烟草行业实行集中统一管理的有关规定，发出《关于天津市烟草行业上划问题的通知》，同意组建天津市烟草专卖局和天津市烟草公司。组建上划的筹备工作由天津市副市长郝田役和中国烟草总公司副总经理南屏负责，具体交接工作由天津市烟酒公司及天津市上划筹备工作小组办理。其负责人是天津市烟酒公司经理刘光启和天津市烟草上划筹备领导小组组长傅增风。

2.1985年11月15日，国家烟草专卖局、中国烟草总公司以“中烟政字［1985］第29号”文，正式批准成立天津市烟草专卖局，中国烟草总公司天津市公司，实行一套机构，两块牌子。于1986年1月1日对外开展工作，归口天津市经济委员会管理。

二、组建上划和隶属关系

1985年10月29日，天津市副市长聂璧初与中国烟草总公司副总经理南屏共同签署了《关于天津市烟草行业上划交接协议书》。

根据《上划协议书》和中共天津市委“津党厅［1986］11号文件通知，天津市烟草专卖局（以下简称市局）、中国烟草总公司天津市公司（以下简称市公司）及其所属单位，自协议书签订之日起，上划中国烟草总公司。实行总公司和天津市人民政府双重领导，以总公司为主的管理体制。其产供销、人财物由总公司集中统一管理；党的关系和思想政治工作归口中共天津市委工交部。

三、机构规格的变化

1986年1月17日，中共天津市委办公厅以“津党厅［1986］11号”文，将市局（公司）确定为县（团）级。在阅读文件、参加会议方面享受局级待遇。

1988年5月5日，国家烟草专卖局以“国烟专［1988］5号”文和中共天津市委以“津党［1988］4号”文，将市局（公司）升格为副局级。

四、机构设置和人员编制

（一）机构设置

1.1985年12月16日，中国烟草总公司以“中烟政字［1985］第58号”文，批准市局（公司）内设：销售部、储运部、计财劳资部、烟叶供应部、生产部、政治工作部、专卖办公室和经理办公室。

2.1987年8月4日，中国烟草总公司以“中烟政［1987］42号”文，批准市局（公司）内设机构调整为：经理办公室、专卖办公室、销售部、计财劳资部、审计室、储运部、政治工作部、物资供应部（对外为物资供应公司）和二级检测站。

（二）人员编制

1985年12月16日，中国烟草总公司以“中烟政字［1985］第58号”文，批准市局（公司）人员编制93人。1988年以“国烟政63号”文，批准监察处增加编制3人

截止1988年12月31日，上级批准市局（公司）人员编制96人。

五、党委、纪委和机关党支部的成立

（一）党委成立

1985年12月16日，中共中国烟草总公司党组以“中烟党［1985］56号”文，批准成立中共中国烟草总公司天津市公司委员会。

（二）纪律检查委员会成立

1986年5月15日，中共中国烟草总公司党组以“中烟党［1986］35号”文，批准成立中共中国烟草总公司天津市公司纪律检查委员会，由王锡珍任书记。

（三）机关党支部成立

1986年2月1日，中共中国烟草总公司天津市公司委员会第三次会议，决定成立市公司机关支部委员会。

六、领导成员历次变动情况

（一）党委成员历次变动情况（见表一）

（二）行政领导成员历次变动情况（见表二）

1985年12月——1990年12月 （表一）

姓　名	职　务	级别	任职起止时间	任 职 文 号	免职文号	备注
傅增凤	书　记	正处	1985.12.16—1989.11.9	中烟党[1985]56号	国烟党[89]64号	
王锡珍	副书记	副处	1985.12.16—1990.12.31	中烟党[1985]56号		
马焕德	委　员	副处	1985.12.16—1988.4.29	中烟党[1985]56号	中烟党[1988]30号	离休
孙国林	委　员	副处	1986.12.16—1990.12.31	中烟党[1986]56号		
丁健民	委　员	副处	1986.2.21—1989.2.24	中烟党[1986]15号	国烟党[1989]07号	
李长泗	委　员	副处	1986.5.15—1990.12.31	中烟党[1986]33号		

1985年12月——1990年12月 （表二）

姓　名	职　务	级别	任职起止时间	任 职 文 号	免职文号	备注
傅增凤	局长、经理	正处	1985.12.16—1989.11.9	中烟党[1985]56号	国烟党[89]64号	
马焕德	副局长、副经理	副处	1985.12.16—1988.4.29	中烟党[1985]56号	中烟党[1988]30号	离休
孙国林	副局长、副经理	副处	1986.12.16—1988.12.31	中烟党[1986]56号		
丁健民	副局长、副经理	副处	1986.2.21—1989.2.24	中烟党[1986]15号	国烟党[1989]07号	
李长泗	副经理	副处	1986.5.15—1988.12.31	中烟党[1986]33号		
方恩馀	局长、经理	副局	1989.11.9—1990.12.31	国烟党[89]64号		
王锡珍	副局长	正处	1989.11.9—1990.12.31	国烟党[89]64号		
李长泗	副经理	正处	1989.11.9—1990.12.31	国烟党[89]64号		
孙国林	副经理	正处	1989.11.9—1990.12.31	国烟党[89]64号		

河北省烟草专卖局
中国烟草总公司河北省公司

一、筹建经过

1.1981年5月，国务院“国发［1981］85号”文《批转轻工业部关于实行烟草专营报告的通知》，决定对全国烟草行业实行专营。据此，1982年9月，河北省人民政府以“冀政［1982］189号”文，批转省一轻局等部门关于成立河北省烟草公司的报告，决定由省一轻局、商业局、供销社、财政局联合组建河北省烟草公司。1982年11月成立河北省烟草公司临时领导小组。由齐战奎任组长，王建国、邢纪忠主持日常工作，王永修、王承基为成员。当月，河北省烟草公司正式成立，并开展工作。归省轻工厅领导。

2.1984年3月，河北省人民政府办公厅以“冀政办［1984］26号”文，决定成立河北省烟草专卖局，与省烟草公司合署办公，全面实施烟草专卖行政管理职能。

二、组建上划和隶属关系

1. 根据国务院“国发［1981］85号”和“国发［1983］151号”文件规定，河北省人民政府和中国烟草总公司于1985年1月协商达成《关于河北省烟草公司上划交接协议书》。决定河北省烟草公司自1985年1月5日起，划归中国烟草总公司（河北省烟草专卖局同时上划国家烟草专卖局），实行国家烟草专卖局（总公司）与河北省人民政府双重领导，以国家烟草专卖局（总公司）为主的领导体制。其产供销、人财物由国家局（总公司）集中统一管理。党的关系和思想政治工作，仍由地方管理。

2. 上划后全称为：河北省烟草专卖局（以下简称省局）、中国烟草总公司河北省公司（以下简称省公司），实行一套机构，两块牌子。其业务工作归口河北省计划经济委员会协调管理。

三、机构规格的变化

1982年11月河北省烟草公司成立和1983年3月河北省烟草专卖局成立，省局（公司）规格没有正式确定，1986年7月河北省编制委员会以“冀编［1986］117号”文决定将河北省烟草专卖局（公司）定为副厅（局）级单位。

四、内部机构设置和人员编制

（一）机构设置

1.1982年11月河北省烟草公司成立后，河北省编委以“冀编［1982］88号”文，批准设立行政事务科、生产计划技术科、人事劳资科、财务科、销售科、供应科、办公室七个临时行政机构。

2.1986年11月，中国烟草总公司以“中烟党［1986］36号”文，批准省局（公司）行政机构设八处二室。即：办公室、政治工作处、劳动工资处、审计处、生产技术处、原料供应处、计划处、财务物价处、专卖办公室和销售处。

3.1987年9月，根据中国烟草总公司“中烟党［1987］56号”文，省局（公司）党组决定设立安全处。12月省局（公司）党组决定将原料供应处分设为烟叶处和物资供应处。

（二）人员编制

1982年11月，河北省编委以“冀编［1982］88号”文，批准省公司临时定编40人。

1986年10月，中国烟草总公司以“中烟政［1986］29号”文，批准省局（公司）机关定编90

人（含原编制40人）。

截止1988年12月31日，上级正式批准省局（公司）机关编制90人。

五、党组、纪检组和机关党总支的成立

（一）党组成立

1.1984年1月，河北省一轻局机关党委批准成立中共河北省烟草公司临时支部委员会。

1986年6月7日，中共国家烟草专卖局、中国烟草总公司党组以“中烟党［1986］48号”文，决定成立中共河北省烟草专卖局、中国烟草总公司河北省公司分党组。

（二）纪检组成立

1986年8月，中共河北省烟草专卖局（公司）分党组，根据中国烟草总公司长沙纪检工作会议要求，决定成立中共河北省烟草专卖局（公司）分党组纪检组，纪检组长暂缺。

（三）机关党支部成立

1986年8月，省局（公司）分党组报经省计经委同意，成立中共河北省烟草专卖局（公司）支部委员会，由黄文成兼任书记。

六、领导成员历次变动情况

（一）临时党支部和党组成员历次变动情况（见表一）

（二）行政领导成员历次变动情况（见表二）

1984年1月——1990年12月　（表一）

姓名	职务	级别	任职起止时间	任职文号	免职文号	备注
史来俊	临时党支部书记		1984.1—1984.10	省委[84]干字8号	自行免职	调离
孙雪龙	分党组书记	副厅	1986.6.7—1990.12.31	中烟党[1986]48号		
邢纪忠	分党组成员	正处	1986.6.7—1990.12.31	中烟党[1986]48号		
黄文成	分党组成员	正处	1986.6.7—1990.12.31	中烟党[1986]48号		
王彤	分党组成员	正处	1987.12—1990.12.31	冀计经干[87]27号		

1984年1月——1990年12月　（表二）

姓名	职务	级别	任职起止时间	任职文号	免职文号	备注
史来俊	经理		1984.1—1984.10	冀[84]组干字8号		调离
孙雪龙	局长 经理	副厅	1986.6.7—1990.12.31	中烟党[1986]48号		
王建国	副经理	正处	1984.1—1986.6	冀[84]组干字8号		自行免职
邢纪忠	副局长 副经理	正处	1984.1—1990.12.31	冀[84]组干字8号任副经理 中烟党[1986]48号任 副局长、副经理	国烟党[1988]2号 免副局长	84年10月—86年6月主持全面工作
黄文成	副局长 副经理	正处	1984.11—1990.12.31	冀轻党[84]23号任副经理 中烟党[1986]48号任二职	国烟党[1988]2号 免副局长	
王彤	副局长	正处	1988.4.28—1990.12.31	国烟党[1988]2号		

山西省烟草专卖局
中国烟草总公司山西省公司

一、筹建经过

1. 根据1981年5月国务院“国发［1981］85号”《批转轻工业部关于实行烟草专营报告的通知》精神，1982年4月13日，山西省人民政府第十一次常委会议决定，成立山西省烟草公司，隶属于山西省轻工业厅。山西省轻工业厅党组决定由刘志英具体负责筹备组建山西省烟草公司。1982年7月1日，山西省烟草公司挂牌对外营业。

2. 为了全面实行烟草专卖的行政管理，1983年7月11日，山西省人民政府以“晋政函［1983］14号”文，决定设立山西省烟草专卖局，与省烟草公司合署办公。

二、组建上划和隶属关系

1. 根据国务院“国发［1983］151号”文和国家经委“经体［84］740号”文《关于各地烟草公司上划问题的通知》，山西省副省长王西和中国烟草总公司副总经理江明，于1984年6月29日，共同签署了《关于山西省烟草公司上划交接协议书》。决定自协议书签订之日起，山西省烟草公司及其所属企业、事业单位上划总公司。实行总公司和地方政府双重领导，以总公司为主的管理体制。其产供销、人财物由总公司集中统一管理，党的关系和思想政治工作由地方党委管理。

2. 上划后全称：山西省烟草专卖局（以下简称省局），中国烟草总公司山西省公司（以下简称省公司），实行一套机构，两块牌子。业务工作归口省经委协调管理。

三、机构规格的变化

1982年4月13日，山西省人民政府第十一次常务会议确定省公司的规格为县（团）级。

1984年11月9日，中国烟草总公司党组以“中烟党字［1984］第002号”文，将省局（公司）确定为副厅级。

四、内部机构设置和人员编制

（一）机构设置

1.1983年3月2日，省轻工业厅党组以“晋轻党字［1983］第3号”文，批准省公司内设一室七科。即：办公室、人事劳资科、生产技术科、财务科、业务科、计统物价科、储运科、物资基建科。

2.1984年4月5日，省轻工业厅党组以“［84］晋轻党字第10号”文，批准省公司设立政治部，下设办公室、组织科、宣传科。

3.1984年11月9日，中国烟草总公司以“中烟人字［84］第014号”文，批准省公司内设二室三部五处。即：办公室、专卖办公室、政治部、烟叶经理部、销售经理部、生产技术处、计划基建处、财务物价处、劳动工资处、物资供应处。

4.1986年1月1日，根据中国烟草总公司“［85］中烟审计字第2号”文《关于设立烟草行业系统审计机构的通知》，省公司决定并设立审计处。

5.1987年7月，根据中国烟草总公司“中烟计［1987］102号”文件精神，省局（公司）设立安全保卫处。

6.1987年7月，省局（公司）根据工作需要决定设立原料处。

7.1988 年 6 月 15 日，省局（公司）党组以“［88］晋烟党字第 13 号”文，决定设立质量监督检测站。

8.1988 年 9 月，中国烟草总公司以“中烟政［1988］第 48 号”文和山西省经委以“晋经计字［88］362 号”文，批准成立卷烟销售公司。

（二）人员编制

1984 年 11 月 9 日，中国烟草总公司以“中烟人字［1984］第 014 号”文，批准省公司机关人员编制 80 人。

五、党委（党组）、纪委和机关党委的成立

（一）党委、党组成立

1.1983 年 10 月 29 日，中共山西省轻工业厅党组以“［83］晋轻党组字第 82 号”文，批准成立中共山西省烟草公司委员会。

2.1986 年 5 月 15 日，中共国家烟草专卖局、中国烟草总公司党组以“中烟党［1986］36 号”文，批准成立中共山西省烟草专卖局（公司）党组。两个党组为同一班人。

（二）纪律检查委员会和纪律检查组成立

1.1986 年 1 月 6 日，中共山西省轻工业厅党组以“晋轻党字［1986］第 1 号”文，批准成立中共山西省烟草公司纪律检查委员会，由张希圣兼任书记。

2.1986 年 12 月 1 日，中共中国烟草总公司党组以“中烟党［1986］120 号”文，批准成立中共山西省烟草专卖局（公司）党组纪律检查组，由毛恩堂任组长。

（三）机关党委成立

1986 年 7 月 11 日，中共山西省委省直机关委员会以“省直干字［1986］23 号”文，批准成立中共山西省烟草专卖局（公司）直属机关委员会。1987 年 6 月 16 日，省直机关党委以“省直干字［87］44 号”文，批准成立省局（公司）机关党委。

六、领导成员历次变动情况

（一）党委、党组成员历次变动情况（见表一、二）

（二）行政领导成员历次变动情况（见表三、四）

1983 年 7 月——1986 年 5 月（党委成员）　　（表一）

姓　名	职　务	级别	任职起止时间	任 职 文 号	免职文号	备注
刘志英	书　记		1983.7.14—1986.5.15	[83]晋轻党组字 53 号		
张希圣	副书记		1983.7.14—1986.5.15	[83]晋轻党组字 53 号	中烟党[86]36 号	改任调研员
王斌文	委　员		1983.10.29—1985.9.3	[83]晋轻党组字 82 号		病　故
宋振华	委　员		1985.11.16—1986.5.15	[85]晋轻党组字 27 号		改任党组成员
李飞飞	委　员		1985.11.16—1986.5.15	[85]晋轻党组字 27 号		调烟厂任职
杨甫弼	委　员		1985.11.16—1986.5.15	[85]晋轻党组字 27 号		改任党组成员

1986 年 5 月——1990 年 12 月（党组成员）　　（表二）

姓　名	职　务	级别	任职起止时间	任 职 文 号	免职文号	备注
张仁德	书　记	副厅	1986.5.15—1990.12.31	中烟党[1986]36 号		
曲世堂	成　员	正处	1986.5.15—1990.12.31	中烟党[1986]36 号		
杨甫弼	成　员	正处	1986.5.15—1990.12.31	中烟党[1986]36 号		
毛恩堂	成　员	正处	1988.10.5—1990.12.31	中烟党[1988]31 号		
宋振华	成　员	副处	1986.5.15—1990.12.31	中烟党[1986]36 号		

1983年1月——1990年12月(领导成员)　　(表三)

姓　名	职　务	级别	任职起止时间	任 职 文 号	免职文号	备注
刘志英	经　理	副厅	1983.1.12—1986.5.15	[83]晋轻党组字第2号		离休
王斌文	副经理		1983.1.12—1986.9.3	[83]晋轻人字第09号		病故
杨甫弼	副经理		1983.4.26—1986.5.15	[83]晋轻人字第09号		
李飞飞	副经理		1984.6.23—1986.5.15	[84]晋轻人字第21号	中烟党[86]36号	

1986年5月——1990年12月(领导成员)　　(表四)

姓　名	职　务	级别	任职起止时间	任 职 文 号	免职文号	备注
张仁德	局长、经理	副厅	1986.5.15—1990.12.31	中烟党[1986]36号		
曲世堂	副局长 副经理	正处	1986.5.15—1990.12.31 1986.5.15—1988.10.5	中烟党[1986]36号	国烟党[1988]31号	任专职 副局长
杨甫弼	副局长 副经理	正处	1986.5.15—1990.10.5 1986.5.15—1990.12.31	中烟党[1986]36号	国烟党[1988]31号	免　去 副局长
毛恩堂	副经理	正处	1988.10.5—1990.12.31	中烟党[1986]31号		

内蒙古自治区烟草专卖局、中国烟草总公司内蒙古自治区公司

一、筹建经过

1.1983年7月中旬，根据中国烟草总公司要求，内蒙古自治区轻工厅派员前去总公司协商成立自治区烟草公司事宜。1983年7月下旬，内蒙古自治区经济委员会召开轻工厅、商业厅负责人会议，听取轻工厅关于组建内蒙古自治区烟草公司情况和中国烟草总公司有关意见的汇报后，决定由轻工厅牵头，从轻工厅、商业厅抽人组成自治区烟草公司筹建组，由于万祥任组长，刘贵、曾一心任副组长，具体负责筹建事宜。1983年8月3日，内蒙古自治区人民政府办公厅以“内政办字［1983］14号”文，批复同意组建自治区烟草公司，从1984年1月1日起对外办公，由轻工厅代管。

2.1984年1月6日，内蒙古自治区人民政府以“内政发［1984］4号”文件，批准成立自治区烟草专卖局，与自治区烟草公司合署办公。

二、组建上划和隶属关系

1. 根据国务院“国发［1983］151号”和国务院办公厅“国办发［1984］69号”文件精神，于1984年9月26日，由内蒙古自治区人民政府刘作会、中国烟草总公司南屏签署了《关于内蒙古自治区烟草公司上划协议书》。决定内蒙古自治区烟草公司从协议书签字之日起划归中国烟草总公司，实行中国烟草总公司和自治区人民政府双重领导，以国家烟草专卖局、总公司为主的管理体制。

其产供销、人财物、内外贸由总公司集中统一管理;党的关系和思想政治工作仍由地方管理。

2. 上划后的全称为：内蒙古自治区烟草专卖局（以下简称区局）、中国烟草总公司内蒙古自治区公司（以下简称区公司），实行一套机构，两块牌子。其业务工作归口自治区经济委员会协调管理。

三、机构规格的变化

1984 年 1 月 6 日自治区政府办公厅以“内政办字［1984］4 号”文，将自治区烟草公司定为县（团）级。

1984 年 9 月 26 日，区公司上划时，经自治区人民政府和中国烟草总公司商定，将区局（公司）定为副厅级。

四、内部机构设置和人员编制

（一）机构设置

1.1984 年 1 月 6 日，内蒙古自治区人民政府以“内政发［1984］4 号”文批准，区公司内设八个科室。即：专卖管理科、劳动人事科、计划基建科、生产技术科、原料供应科、财务物价科、销售经营科及办公室。

2.1984 年 11 月 9 日，中国烟草总公司以“［84］中烟人字第 015 号”文批准，区公司内设六处二室。即：人事劳资处、生产技术处、计划基建处、财务物价处、原料物资处、销售处（对外为经销公司）、办公室和专卖办公室。

3.1985 年 6 月 11 日，中国烟草总公司以“［85］中烟人字第 10 号”文批准，撤销人事劳资处，设立政治处、劳动工资处和审计处。

4.1987 年 8 月 18 日，中国烟草总公司以“中烟政［1987］49 号”文批准，将公司政治处与劳资处合并为人事劳资处。

5.1988 年 3 月 29 日，中国烟草总公司以“中烟政［1988］27 号”文批准，撤销区公司原料物资处，成立原料物资公司。

6. 根据内蒙古“科协［1987］学字第 10 号”文件要求，经区局、区公司 1988 年 8 月 3 日党组会议研究决定，成立内蒙古自治区烟草学会。

（二）人员编制

1984 年 1 月 6 日，自治区政府以“内政发［1984］4 号”文批准，区局（公司）机关人员编制为 50 人。

1988 年区局（公司）党组以“［88］中烟蒙党字第 18 号”文，向中国烟草总公司政治部报批增加编制 25 人（尚未批复）。

截止 1988 年 12 月 31 日，区局（公司）机关实有人数为 73 人。

五、党委（党组）、纪检组和机关党委成立

（一）党委、党组成立

1.1985 年 5 月 10 日，中共中国烟草总公司党组以“中烟党［1985］第 20 号”文批准，成立中共中国烟草总公司内蒙古自治区公司党委。

2.1987 年 7 月 8 日，中共国家烟草专卖局、中国烟草总公司党组以“中烟党［1987］49 号”文批准，将中共中国烟草总公司内蒙古自治区公司、内蒙古自治区烟草专卖局委员会改为党组。区局（公司）党组为同一班人。

（二）纪律检查组成立

1987 年 7 月 8 日，中共国家烟草专卖局、中国烟草总公司党组以“中烟党［1987］50 号”文批准，成立中共中国烟草总公司内蒙古自治区公司、内蒙古自治区烟草专卖局党组纪律检查组，由师丁任纪检组长。

（三）机关党委成立

1987 年 8 月 27 日，内蒙古直属机关党委以“内直党组字［1987］30 号”文批准，成立中共中

国烟草总公司内蒙古自治区公司机关委员会。

六、领导成员历次变动情况

（一）党委、党组成员历次变动情况（见表一、二）

（二）行政领导成员历次变动情况（见表三）

1985年5月——1987年7月(党委成员)　　（表一）

姓　名	职　务	级别	任职起止时间	任 职 文 号	免职文号	备注
丁万祥	书　记	副厅	1985.5.10—1987.7.8	中烟党[1985]20号		改任党组书记
师　丁	副书记	正处	1985.5.10—1987.7.8	中烟党[1985]20号	中烟党[1987]49号	改　任党纪检组　长
刘　贵	委　员	正处	1985.5.10—1987.7.8	中烟党[1985]20号		改任党组成员
苑伯经	委　员	正处	1985.5.10—1987.7.8	中烟党[1985]20号	中烟党[1987]49号	
姜兴叶	委　员	正处	1985.12.31—1987.7.8	中烟党[1985]20号		改任党组成员
高　易	委　员	正处	1985.12.31—1987.7.8	中烟党[1985]20号		改任党组成员

1987年7月——1988年12月(党组成员)　　（表二）

姓　名	职　务	级别	任职起止时间	任 职 文 号	免职文号	备注
丁万祥	书　记	副厅	1987.7.8—1988.12.31	中烟党[1987]49号		
刘　贵	成　员	正处	1987.7.8—1988.12.31	中烟党[1987]49号		
姜兴叶	成　员	正处	1987.7.8—1988.12.31	中烟党[1987]49号		
高　易	成　员	正处	1987.7.8—1988.12.31	中烟党[1987]49号		

1984年—1990年12月　　（表三）

姓　名	职　务	级别	任职起止时间	任 职 文 号	免职文号	备注
丁万祥	经　理	正处	1984.3.8—1985.5.10	内组干字[1984]58号任经理		
	局　长 经　理	副厅	1985.5.10—1990.3.13	中烟党[1985]20号任二职	国烟党[90]26号	1985年5月升副厅
刘　贵	副经理	副处	1984.3.8—1985.5.10	内组干字[1984]58号任副经理		
	副局长 副经理	正处	1985.5.10—1988.9.3	中烟党[1985]20号任二职		1985年5月升正处
	副经理	正处	1988.9.3—1990.12.31		国烟党[1988]19号	继任副经理
师　丁	副经理	副处	1984.3—1985.5.10	内组干字[1984]58号	中烟党[1985]20号	改任副书记
姜兴叶	副局长 副经理	正处	1985.12.31—1988.9.3	中烟党[1985]61号任二职		
	副局长	正处	1988.93—1990.12.31	国烟党[1988]19号		任专职副局长
高　易	副局长 副经理	正处	1985.12.31—1988.9.3	中烟党[1985]61号任二职		
	副经理	正处	1988.9.3—1990.12.31		国烟党[1988]19号	继任副经理
张　毅	经理	副厅	1990.3.13—1990.12.31	国烟党[90]26号		

辽宁省烟草专卖局
中国烟草总公司辽宁省公司

一、筹建经过

1.1982年10月和1983年1月，中国烟草总公司总经理李益三和总公司人事处处长刘治光先后两次赴辽宁省，与副省长陈素芝、省经委副主任辛焕文、省一轻局局长杨云之等协商组建辽宁省烟草公司事宜。据此，由省一轻局负责省烟草公司的筹建工作，一轻局办公室主任王一民为筹建工作负责人。

2.1983年5月21日，辽宁省人民政府下发了“辽政发［1983］142号”《关于成立辽宁省烟草公司的通知》。1983年7月22日，辽宁省人民政府下发了“辽政发［1983］190号”《关于设立辽宁省烟草专卖局的通知》。至此，辽宁省烟草专卖局、省烟草公司正式成立并开展工作。归口省经委，暂由一轻局代管。

二、组建上划和隶属关系

1. 根据国务院“国发［1981］85号”和“国发［1983］151号”文，于1984年9月24日，辽宁省人民政府顾问谈立人与中国烟草总公司副总经理马尔赤签署了《关于辽宁省烟草公司上划事宜的协议书》，决定辽宁省烟草公司自协议签字之日起上划中国烟草总公司。实行由总公司和地方政府双重领导，以总公司为主的管理体制。其产供销、人财物、内外贸由总公司统一管理。党的关系和思想政治工作仍归地方管理。

2. 上划后全称为：辽宁省烟草专卖局（以下简称省局）、中国烟草总公司辽宁省公司（以下简称省公司），实行一套机构，两块牌子。其业务工作归口辽宁省经委协调管理。

三、机构规格的变化

1983年5月21日，辽宁省人民政府在“辽政发［1983］142号”文，确定省公司为副厅（局）级单位。

1984年9月24日，辽宁省人民政府与中国烟草总公司签订的《关于辽宁省烟草公司上划事宜的协议书》中，商定省公司为厅级建制。1984年10月5日，辽宁省人民政府办公厅以“辽政办发［1984］90号”文，决定将省局（公司）升格为正厅（局）级单位。

四、内部机构设置和人员编制

（一）机构设置

1.1983年5月21日，省政府以“辽政发［1983］142号”文，批准省公司内设：办公室、人事劳资处、烟叶处、卷烟销售处、科教处、生产计划处、财务物价处、物资储运供应处等八个处室。

2.1983年10月，省局（公司）决定内设机构有：办公室、专卖管理处、人事劳资处、生产计划处、财务物价处、烟叶处、物资供应处、卷烟销售处。

3.1984年4月，省局（公司）经报告省编委，成立了辽宁省卷烟销售经理部，与卷烟销售处实行一套机构，两块牌子。将人事劳资处分设为人事处、劳资教育处；将生产计划处分设为生产技术处、计划处。

4.1986年1月，根据中国烟草总公司部署，省局（公司）成立审计处。1986年2月，省局

(公司)成立烟叶生产供应公司，撤销烟叶处；原辽宁省卷烟销售经理部改为辽宁省卷烟销售公司，撤销销售处和辽宁省卷烟销售经理部。1986 年 7 月，根据中国烟草总公司的部署，成立省烟草学会。

6.1987 年 6 月 9 日，省局（公司）党组决定将基层工作处并入生产技术处。

7.1987 年 9 月 21 日，省局（公司）党组以“中烟辽党发［1987］35 号”文，决定成立基层工作处，集体经济办公室。

8.1988 年 8 月，根据国家烟草专卖局“国烟专字［1988］22 号”文通知，于 1988 年 7 月，专卖管理处改为专卖办公室。

（二）人员编制

1983 年 5 月 21 日，辽宁省政府以“辽政发［1983］142 号”文，批准省公司列企业编制 80 人。

1986 年 4 月 28 日，省局（公司）向总公司报批人员编制 94 人（含原编 80 人）。总公司劳动工资处在报件上批复同意。

1986 年 1 月，根据中国烟草总公司部署，省局（公司）设立纪检组、审计处，增加编制 7 人。

1987 年 3 月 3 日，中国烟草总公司以“中烟计［1987］16 号”文，批准省局（公司）机关编制 103 人（含原来编制）。

截止 1988 年 12 月 31 日，上级共批准省局（公司）机关编制 103 人。

五、党组、纪检组和机关党委的成立

1.1984 年 3 月 24 日，中共辽宁省经济工作部以“辽委经干发［1984］84 号”文通知，批准成立中共辽宁省烟草公司分党组。

2.1985 年 12 月 7 日，中国烟草总公司以“中烟党字［1985］第 50 号”文通知，批准成立中共中国烟草总公司辽宁省公司党组。

3.1986 年 9 月 23 日，根据国家烟草专卖局党组“国烟党［1986］3 号”文《关于成立烟草专卖局党委（党组）的通知》精神，经中共辽宁省委组织部同意，成立中共辽宁省烟草专卖局党组，与省公司党组为同一班人。

（二）纪检组成立

1986 年 1 月 10 日，根据中国烟草总公司党组“中烟党纪字［86］04 号”文件指示和省经委的部署，成立中共中国烟草总公司辽宁省公司党组纪律检查组，陆景欣任纪检组长。

（三）机关党委成立

1.1983 年 10 月，辽宁省人民政府直属机关党委以“省直发［1983］86 号”文，批准成立中共辽宁省烟草公司机关临时支部委员会。

2.1984 年 8 月，辽宁省人民政府直属机关党委以“省直发［1984］86 号”文，批准成立中共辽宁省烟草公司机关委员会。

六、领导成员历次变动情况

（一）党组领导成员历次变动情况（见表一）

（二）行政领导成员历次变动情况（见表二）

1984 年 4 月——1990 年 12 月　　（表一）

姓　名	职　务	级别	任职起止时间	任 职 文 号	免职文号	备注
曲洪发	书　记	副厅 正厅	1984.3.24—1985.12.7 1985.12.7—1988.4.28	辽委经干发[1984]64 号 中烟党字[1985]第 50 号	中烟党字[1988]第 25 号	85 年 12 月升正厅，离休
刘启昆	书　记	正厅	1988.4.28—1990.12.31	中烟党字[1988]第 25 号		
白清旭	副书记	副厅	1984.3.24—1990.12.31	辽委经干发[1984]84 号 中烟党字[1985]第 50 号 中烟党字[1988]第 25 号		
王一民	成　员	正处 副厅	1984.3.24—1990.12.31	辽委经干发[1984]84 号 中烟党字[1985]第 50 号 中烟党字[1988]第 25 号		85 年 12 月升副厅级
梁允琛	成　员	正处 副厅	1984.3.24—1985.12.6	辽委经干发[1984]84 号	中烟党字[1985]第 50 号	督 导 员
康福祥	成　员	正处 副厅	1984.3.24—1990.12.31	辽委经干发[1984]84 号 中烟党字[1985]第 50 号 中烟党字[1988]第 25 号		85 年 12 月升副厅级
陆景欣	成　员	副厅	1986.6.20—1990.12.25	中烟党字[1986]第 53 号 中烟党字[1988]第 25 号	国烟党[1990]第 102 号	退休
宋相国	成　员	副厅	1988.4.28—1990.12.31	中烟党字[1988]第 25 号		

1983 年 7 月——1990 年 12 月　　（表二）

姓　名	职　务	级别	任职起止时间	任 职 文 号	免职文号	备注
曲洪发	局　长 经　理	副厅 正厅	1983.7.29—1988.4.28	辽组干发[1983]124 号 中烟党字[1985]第 50 号	中烟党字[1988]第 25 号	离　休
刘启昆	局　长 经　理	正厅	1988.4.28—1990.12.31	中烟党字[1988]第 25 号		
白清旭	副局长 副经理	正处 副厅	1983.7.29—1988.12.31 1985.12.7—1988.4.28	辽组干发[1983]124 号 中烟党字[1985]第 50 号 中烟党字[1988]第 25 号	中烟党字[1988]25 号	免副局长职务
王一民	副局长 副经理	正处 副厅	1983.7.27—1988.12.31 1985.12.7—1988.4.26	辽工发[1983]81 号 中烟党字[1985]第 50 号	中烟党字[1988]第 25 号	免副局长职务
梁允琛	副局长 副经理 督导员	正处 副厅	1983.7.27—1985.12.7 1985.12.7—1988.4.28	辽工发[1983]81 号 中烟党字[1985]第 50 号	中烟党字[1988]第 25 号	离　休
康福祥	副局长 副经理	正处 副厅	1983.7.27—1988.12.31 1985.12.7—1988.4.28	辽工发[1983]31 号 中烟党字[1985]第 50 号	中烟党字[1988]第 25 号	免副局长职务
陆景欣	副局长	副厅	1988.4.28—1990.12.25	中烟党字[1988]第 25 号	国烟党[1990]第 102 号	退　休
宋相国	副经理	副厅	1988.4.28—1990.12.31	中烟党字[1988]第 25 号		

吉林省烟草专卖局
中国烟草总公司吉林省公司

一、筹建经过

1.吉林省经委为加强对全省烟草行业的集中管理，根据国务院“国发［1981］85号”文《批转轻工业部关于实行烟草专营报告的通知》，于1981年3月，决定筹建吉林省烟草公司，并成立筹备组。由省经委陈俊杰任组长，蒋承志任副组长，开始筹建工作。

2.1983年3月，吉林省经委对省组建省烟草公司的工作机构进行调整，由蒋承志任组长，邵官军任副组长，并明确在吉林省第一轻工业局（后为省轻工业厅）的具体领导下，继续开展筹备工作。

3.1983年4月5日，吉林省第一轻工业局以“［83］吉一轻人字第12号”文，向吉林省人民政府正式提出组建吉林省烟草公司的请示报告。省人民政府于1983年5月26日，以“吉政发［1983］121号”文，批转同意建立吉林省烟草公司，同时建立吉林省烟草专卖局，为一套机构。于1983年7月1日对外办公，归口吉林省轻工业厅领导。

二、组建上划和隶属关系

1.1984年9月7日，根据国务院“国发［1981］85号”文和国务院办公厅“国办发［1984］69号”文件精神，吉林省人民政府赵修与中国烟草总公司马尔赤共同签署了《关于吉林省烟草公司上划交接协议书》。1984年9月15日，吉林省人民政府以“吉政办发［1984］80号”文，决定吉林省烟草公司于1984年1月1日起上划中国烟草总公司。实行总公司和省政府双重领导，以总公司为主的领导体制。其产供销、人财物、内外贸由总公司统一集中管理，党的关系和思想政治工作以地方领导为主。

2.上划后全称为：吉林省烟草专卖局（以下简称省局）、中国烟草总公司吉林省公司（以下简称省公司），实行一套机构，两块牌子。

三、机构规格的变化

1.1983年5月26日，吉林省人民政府以“吉政发［1983］121号”文，将省烟草专卖局（公司）确定为县（团）级。

2.1984年9月15日，吉林省人民政府办公厅以“吉政办发［1984］80号”文，决定省局（公司），升为副厅级。

四、内部机构设置和人员编制

1.1983年5月26日，吉林省人民政府以“吉政发［1983］121号”文，批准省局（公司）设六个科室。即：办公室、人事劳资科、生产技术科、供销科、计划财务科、专卖科。

2.1984年9月19日，经请示总公司上划工作组和省编制委员会同意，省局（公司）以“［84］吉烟办字第82号”文，决定内部机构设置为：办公室、人事劳资处、计划基建处、财务物价处、生产处、科技教育处、销售储运处（对外为卷烟经销公司）、烟叶物资处（对外为烟叶物资公司）。

3.1985年12月31日，省局（公司）以“［85］中烟吉办168号”文，决定成立审计处。

4.1987年2月11日，省局（公司）党组以“［87］中烟吉党字9号”文，决定成立政治工作办公室。

5.1987年2月22日，省局（公司）党组以“［87］中烟吉党字10号”文，决定成立企业管理处。

6.1987年5月18日，省局（公司）以“［87］中烟吉人字77号”文，决定建立省烟草质量监督检测站。

（二）人员编制

1983年5月26日，吉林省人民政府以“吉政发［1983］121号”文通知，确定省公司编制为45人。

1984年3月5日，吉林省编制委员会以“吉编事字［1984］18号”文，批准省局（公司）以“［87］吉烟专43号”文，向吉林省编制委员会报批人员编制，于1987年10月15日批准编制为95人，比原编制增加50人。

截止1988年12月31日，上级批准省局（公司）机关编制人数为95人。

五、党组、纪检组和机关党委的成立

（一）党组成立

1.1984年11月14日，中国烟草总公司以“中烟党字［1984］006号”文，批准成立中共中国烟草总公司吉林省公司党组。

2.1986年11月5日，中共国家烟草专卖局党组以“国烟党［1986］3号”文通知，决定成立各省市烟草专卖局党组，其成员和烟草公司党组成员为同一班人。据此，中共吉林省烟草专卖局党组成立。

（二）纪律检查组成立

1987年1月13日，中共中国烟草总公司党组以“中烟党［87］4号”文，批准成立中共吉林省烟草专卖局、中国烟草总公司吉林省公司党组纪律检查组。

（三）机关党委成立

1985年3月11日，经吉林省轻工业厅机关党委批准，成立省局（公司）机关党委。

六、领导成员历次变动情况

（一）党组领导成员历次变动情况（见表一）

（二）行政领导成员历次变动情况（见表二）

1984年11月——1990年12月 （表一）

姓　名	职　务	级别	任职起止时间	任 职 文 号	免职文号	备注
毕静寰	书记	副厅	1984.11.24—1986.10.15	[84]中烟字第005号	中烟党[1986]97号	调出
许际坤	书记	副厅	1986.10.15—1990.12.31	中烟党[1986]97号		
王永顺	成员	正处	1984.11.24—1988.12.20	[84]中烟党字第600号	中烟党[1988]36号	离休
邵官军	成员	正处	1984.11.24—1990.12.31	[84]中烟党字第006号		
董伟光	成员	正处	1986.7.27—1988.12.31	[83]中烟党字第15号		
张晓川	成员	正处	1988.12.30—1990.12.31	中烟党[1988]86号		

1984年11月——1990年12月　　（表二）

姓　名	职　务	级别	任职起止时间	任 职 文 号	免职文号	备注
毕静寰	局长 经理	副厅	1983.7.1—1986.10.15	吉经政干[1983]61号 [84]中烟字第005号	中烟党[1986]97号	调出
许际坤	局长 经理	副厅	1986.10.15—1990.12.31	中烟党[1986]97号		
王永顺	副局长 副经理	正处 副厅	1983.7.1—1988.12.20	吉经政干[1983]61号 [84]中烟党字第005号	中烟党[1988]36号	离休
邵官军	副局长 副经理	正处	1983.7.1—1988.12.31 1983.7.1—1990.12.30	吉经政干[1983]61号 [84]中烟党字第005号	中烟党[1988]36号	免去 副局长
董伟光	副局长 副经理	正处	1985.7.27—1990.12.30 1988.12.20—1988.12.31	[83]中烟党字第15号	中烟党[1988]86号	免去 副经理
张晓川	副经理	正处	1988.12.20—1990.12.31	中烟党[1988]86号		

黑龙江省烟草专卖局
中国烟草总公司黑龙江省公司

一、筹建经过

1.1981年5月，国务院以“国发［1981］85号”文决定对烟草行业实行国家专卖。1982年4月，中国烟草总公司总经理李益三赴哈尔滨，同省委、省政府领导商定组建黑龙江省烟草公司事宜。1982年7月12日，黑龙江省人民政府办公厅以“黑政办发［1982］105号”文通知，决定成立黑龙江省烟草公司，归口省轻工厅代管。1983年4月18日，省烟草公司归口省经委管理。

2.1982年12月3日，省政府以“黑政发［1982］235号”文，批转省烟草公司《关于组建地、市、县烟草专营机构的报告》，从1983年1月起实行全省烟草行业统一专营的体制。1983年11月28日，黑龙江省政府办公厅以“黑政办发［1983］160号”文，发出《关于进一步建立健全烟草专卖机构的通知》，到1983年12月31日，全省完成组建烟草专卖的行政管理和业务经营机构。

3.1983年4月4日，黑龙江省人民政府办公厅以“黑政办发［1982］45号”文，批准设立黑龙江省烟草专卖局，与省烟草公司合署办公。

二、组建上划和隶属关系

1. 根据国务院“国发［1983］151号”文件精神，黑龙江省政府由副省长安振东与中国烟草总公司总经理李益三，于1984年4月9日共同签署了《关于黑龙江省烟草公司上划交接协议书》。决定自1984年1月1日起，黑龙江省烟草公司上划中国烟草总公司。实行总公司和地方政府双重领导，以总公司为主的管理体制。其产供销、人财物、内外贸由总公司集中统一管理；党的关系和思想政治工作由地方负责。

2. 上划后全称为：黑龙江省烟草专卖局（以下简称省局）、中国烟草总公司黑龙江省公司（以下简称省公司），实行一套机构，两块牌子。其业务工作由省计经委协调管理。

三、机构规格的变化

1.1982年7月12日，黑龙江省人民政府办公厅“黑政办发［1982］105号”文，确定省公司为副厅（局）级单位。

1986年8月27日，国家烟草专卖局征得黑龙江省人民政府同意，以“国烟专［86］39号”文，将省局（公司）定为正厅（局）级。

四、内部机构设置和人员编制

（一）机构设置

1.1982年7月12日，省政府办公厅以“黑政办发［1982］105号”文，批准省公司内设办公室、烟叶处、卷烟生产技术处、卷烟销售处、计财物价处、储运基建物资供应处和人事处。

2.1982年12月3日黑龙江省以“黑政发［1982］235号”文，增设基层工作处，撤销卷烟销售处、烟叶处，分别同烟草专营站、烟叶经营站合署办公。

3.1983年4月4日，省政府办公厅以“黑政办发［1983］45号”文，增设专卖处。

4.1985年1月18日总公司党组以“中烟党［1985］第001号”文，批准设立省公司政治部，下设政治部办公室，撤销基层工作处。

5.1988年4月，省局（公司）党组决定将原设置的5个处室调整为9个处室。即办公室、专卖办、计划处、财务物价处、审计处、政治部办公室、人事劳资处、保卫处，将生产处、科技处、基建物资处组建为卷烟工业公司，撤销企业管理办公室。

（二）人员编制

1.1982年7月12日，省政府办公厅以“黑政办发［1982］105号”文，确定省公司机关编制为85人。

2.1988年4月20日，总公司以“中烟政便［1988］第01号”函，批准省局（公司）在原编制85人的基础上，增加为125人。截止到1988年12月31日，省局（公司）机关编制为125人。

五、党组、纪检组和机关党委的成立

（一）党组成立

1.1983年2月23日，中共黑龙江省委组织部以“黑组干［1983］35号”文，批准成立中共黑龙江省烟草公司党组。

2.1986年8月20日，中共国家烟草专卖局党组以“国烟党［1986］3号”文，批准成立中共黑龙江省烟草专卖局党组，与省公司党组为同一班人。

（二）纪律检查组成立

1.1983年8月25日，中共黑龙江省委组织部以“黑组干［1983］370号”文，批准成立中共黑龙江省烟草公司纪律检查组。杨国椿兼纪检组组长。1985年7月27日，中共中国烟草总公司党组以“中烟党［1985］36号”文，任命武树林为纪检组长（正处级）；1987年7月18日，中共国家烟草专卖局、中国烟草总公司党组以“中烟党［1987］54号”文，任命武树林为纪检组长（副厅级）。1988年7月29日，中共国家烟草专卖局、中国烟草总公司党组以“国烟党［1988］11号文，任命苍海为纪检组长（副局级）。1988年9月6日，武树林离职休养。

（三）机关党委成立

1983年4月25日，中共黑龙江省人民政府直属机关委员会以“黑政机发［1983］28号”文，批准成立中共黑龙江省烟草公司直属机关委员会。

六、领导成员历次变动情况

（一）党组领导成员历次变动情况（见表一、二）

（二）行政领导成员历次变动情况（见表三、四）

1983 年 2 月——1987 年 6 月（表一）

姓　名	职　务	级别	任职起止时间	任 职 文 号	免职文号	备注
王学孝	书　记	副厅	1983.2.23—1987.6.2	黑组干[83]35 号		
杨国椿	成　员	副厅	1983.2.23—1987.1.13	黑组干[83]35 号		
魏介奇	成　员	正处	1984.4.30—1987.6.2	黑组干[84]296 号		
张　发	成　员	正处	1983.2.23—1987.6.2	黑组干[83]35 号		
徐会文	成　员	正处	1983.2.23—1984.4.10	黑组干[83]35 号	黑组干[84]296 号	离休
刘文清	成　员	正处	1985.1.18—1987.6.2	中烟党[85]001 号		
赵　兴	成　员	正处	1985.1.18—1987.6.2	中烟党[85]001 号	中烟党[87]45 号	

1987 年 6 月——1990 年 12 月（表二）

姓　名	职　务	级别	任职起止时间	任 职 文 号	免职文号	备注
王学孝	书记	正厅	1987.6.2—1990.12.31	中烟党[87]45 号		
魏介奇	成员	副厅	1987.6.2—1990.12.31	中烟党[87]45 号		
刘文清	成员	副厅	1987.6.2—1990.12.31	中烟党[87]45 号		
梁　彪	成员	副厅	1987.6.2—1990.12.31	中烟党[87]45 号		

1982 年 7 月——1987 年 6 月（表三）

姓　名	职　务	级别	任职起止时间	任 职 文 号	免职文号	备注
王学孝	经　理	副厅	1982.7.30—1987.6.2	黑发干[82]116 号		
杨国椿	副经理	副厅	1982.7.30—1987.1.13	黑发干[82]116 号	中烟党[87]45 号	离职休养
张　发	副经理	正处	1982.8—1987.6.2	未查出文号	中烟党[87]45 号	改任巡视员
徐会文	副经理	正处	1982.8—1984.4.30	未查出文号	黑组干[84]296 号	离　休
魏介奇	副经理	正处	1984.4.30—1987.6.2	黑组干[84]296 号		
刘文清	副经理	正处	1985.1.18—1987.6.2	中烟党[85]001 号		
赵　兴	副经理	正处	1985.1.18—1987.6.2	中烟党[86]001 号	中烟党[87]45 号	改任中层干部 省烟草原料公司经理

1987 年 6 月——1990 年 12 月（表四）

姓　名	职　务	级别	任职起止时间	任 职 文 号	免职文号	备注
王学孝	经理 局长	正厅	1987.6.2—1990.12.31	中烟党[87]45 号		
魏介奇	副经理 副局长	副厅	1987.6.2—1990.12.31 1987.6.2—1988.4.28	中烟党[87]45 号	中烟党[88]第 27 号	免去副局长
刘文清	副经理 副局长	副厅	1987.6.2—1988.4.28 1988.4.28—1990.12.31	中烟党[87]45 号	中烟党[88]第 27 号	免去副经理
梁　彪	副经理 副局长	副厅	1987.6.2—1990.12.31 1987.6.2—1988.4.28	中烟党[87]45 号	中烟党[88]第 27 号	免去副局长
张　发	巡视员	副厅	1987.6.2—1987.12	中烟党[87]45 号		任巡视员后调 总公司工作

上海市烟草专卖局
中国烟草总公司上海市公司

一、筹建经过

1. 根据国务院“国发［1981］第85号”文件精神，上海市经济委员会1982年8月7日以“沪经［82］284号”文，就上海市烟草公司筹建事宜专题请示人民政府，同月18日，市政府以“沪府［82］75号”文，批复同意筹建上海市烟草公司。

2.1983年8月4日，市政府以“沪府［83］320号”文，批准成立市烟草公司筹建组。市轻工业局副局长王文鸾为筹建组组长，上海卷烟厂厂长唐龙标和市烟糖公司副经理赵永光为筹建组副组长，负责筹建工作。

二、组建上划和隶属关系

1.1984年1月13日，根据国务院“国发［1983］151号”文件精神，市经委以“沪经综［84］第009号”文，报请市政府，要求在批准成立上海市烟草公司同时，亦批准成立上海市烟草专卖局，一套机构两块牌子。委托市轻工业局代管。

1984年2月9日，市政府以“沪府［84］7号”文，批复同意成立上海市烟草公司、上海市烟草专卖局，一套机构两块牌子。

2.1984年10月25日，上海市人民政府以“沪府［1984］92号”文，同意上海市烟草公司上划中国烟草总公司。根据1984年10月29日市政府、烟草总公司协议书，实行总公司和上海市双重领导，以总公司为主的管理体制。其产供销、人财物、内外贸由总公司集中统一管理。党的关系和思想政治工作仍由地方负责管理。

上划后的全称为：上海市烟草专卖局（以下简称市局）、中国烟草总公司上海市公司（以下简称市公司），仍实行一套机构，两块牌子。其业务工作由市经委协调管理。

3.1988年6月13日，市工业党委、经委以“［88］第84号”文批复，同意市公司党委改由工业党委领导，市公司及专卖局的地方行政工作改由市经委代管。

三、机构规格的变化

1.1985年2月中共上海市委以“沪委组［85］发字81号”文，明确市局、公司按副局级发给文件和参加会议。

2.1985年10月19日，总公司以“中烟党字［85］45号”文，明确市公司为副局级。

3.1986年10月14日，国家烟草专卖局、总公司以“中烟党［1986］96号”函，发至上海市委、市政府，就拟将上海市烟草专卖局、市公司定为正厅局级征求意见。1987年1月12日上海市委以“沪委办［87］13号”文，同意市公司按局级单位发给文件和参加会议。

四、内部机构设置和人员编制

（一）机构设置

1.1984年2月，市局（公司）决定内部机构设置为2室1委8部1科。即：办公室、专卖办公室、纪律检查委员会、组织部、宣传部、生产技术部、综合计划部、基建部、物资部、人事教育部、销售经理部、保卫科。

2.1984年11月27日，根据中国烟草总公司“［84］中烟计字第81号”文《关于成立中国烟草进出口公司分支机构的通知》精神，上海市对外经贸委、上海市经委以“沪经计［84］第675号”文，批准成立上海烟草进出口分公司。

3.1985年6月5日，市局（公司）以“中烟沪［85］干字第22号”文，决定成立统战部。

4.1986年3月24日，总公司以“中烟政［86］5号”文批复成立上海烟草职工中等专业学校。

5.1986年6月30日，中国烟草总公司以“中烟党［1986］56号”文，批准市局（公司）设立：组织部、宣传部、纪律检查委员会、综合计划部、生产技术部、销售部、物资部、人事教育部、会计部、基本建设部、专卖办公室、办公室、上海市烟草储运公司。

6.1986年10月6日，根据中国烟草总公司“中烟技［1986］14号”文，市局（公司）以“中烟沪［86］组字372号”文，决定成立二级质量监督检测站。

7.1987年10月26日，市公司党委以“中烟沪［87］组字第460号”文，决定将内部机构调整为：组织处、宣传处、老干部处、纪律检查委员会、办公室、专卖办公室、基建技改处、技术处、计划处、财务物价处、劳动工资处、审计处、行政处、保卫处、物资部、销售经理部、联营办公室、经打办公室、教育培训中心、上海烟草职工中等专业学校和二级质量监督检测站。

8.1988年11月19日，市公司以“中烟沪［88］经字第486号”文通知，撤销公司“经打”机构。

（二）人员编制

截止1988年12月31日，总公司没有核定市局（公司）机关人员编制，机关实有人员328名，其中干部268人，工人60人。

五、党委和机关总支、党委的成立

（一）成立党委

1984年1月17日，中共上海市轻工业局委员会根据中共上海市委工业工作委员会批复，以“沪轻委干［1984］004号”文，通知成立中共上海市烟草专卖局、中国烟草总公司上海市公司委员会。1987年7月30日，机构升格后，中共国家烟草专卖局（总公司）党组以“中烟党［1987］58号”文，批准成立中共上海市烟草专卖局（公司）委员会，两块牌子，一套班子。

（二）成立机关党总支、党委

1.1985年3月12日，市局（公司）党委以“中烟沪［85］干字第106号”文，决定成立中共中国烟草总公司上海市公司机关总支委员会。

2.1988年8月2日，市局（公司）党委以“中烟沪［88］党字第330号”文，决定将市局、市公司机关党总支委员会改为机关党委。

六、领导成员历次变动情况

（一）党委领导成员历次变动情况（见表一、二）

（二）行政领导成员历次变动情况（见表三、四）

1984年1月——1987年7月(党委委员)　　（表一）

姓　名	职　务	级别	任职起止时间	任 职 文 号	免职文号	备注
杨光华	副书记	正处	1983.12.26—1987.7.18	沪工委干[83]第208号	中烟党[1987]58号	改任巡视员
顾钧凯	副书记	正处	1984.4.9—1987.7.18	沪经委干[84]106号	中烟党[1987]58号	兼经委书记 改任委员
王文骞	委　员	副局	1985.4.29—1987.7.18	中烟党字[85]第18号		
唐龙标	委　员	正处	1983.12.26—1987.7.18	沪工委干[83]第208号		
徐惠珍	委　员		1983.12.26—1987.2.12	沪工委干[83]第208号		

1987年7月——1990年12月(党委委员)　　(表二)

姓　名	职　务	级别	任职起止时间	任 职 文 号	免职文号	备注
王文鸾	书　记	正局	1987.7.18—1990.12.31	中烟党[1987]58号		
徐景瑜	副书记	副局	1987.7.18—1990.12.31	中烟党[1987]58号		
唐龙标	委　员	副局	1987.7.18—1990.12.31	中烟党[1987]58号		
沈江彪	委　员	副局	1987.7.18—1990.12.31	中烟党[1987]58号		
江兰生	委　员	副局	1987.7.18—1990.12.31	中烟党[1987]58号		
顾钧凯	委　员	副局	1987.7.18—1990.12.31	中烟党[1987]58号		任纪委书记

1984年1月——1987年7月　　(表三)

姓　名	职　务	级别	任职起止时间	任 职 文 号	免职文号	备注
王文鸾	局　长 经　理	副局	1985.4.29—1987.7.18	[85]中烟人字第18号	中烟党[1987]58号	改任党委书记
唐龙标	副局长 副经理	正处	1984.1.17—1985.7.19 1985.7.19—1987.7.18	沪经委干[84]004号任副经理 中烟党[1985]33号兼副局长		
沈江彪	副局长 副经理	正处	1984.1.17—1985.7.19 1985.7.19—1987.7.18	沪经委干[84]102号任副经理 中烟党[1985]33号兼副局长		
刘崇阳	副经理	正处	1984.4.9—1985.3	沪经委干[84]106号		借调南洋烟草公司

1987年7月——1990年12月　　(表四)

姓　名	职　务	级别	任职起止时间	任 职 文 号	免职文号	备注
唐龙标	副局长 副经理	副局	1987.7.18—1990.12.31	中烟党[1987]58号		
沈江彪	副局长 副经理	副局	1987.7.18—1988.7.21 1988.7.21—1990.12.31	中烟党[1987]58号	国烟党[1988]8号免去副局长	仍任副经理
江兰生	副局长 副经理	副局	1987.7.18—1988.7.21 1988.7.21—1990.12.31	中烟党[1987]58号	国烟党[1988]8号免去副局长	仍任副经理
徐景瑜	副局长	副局	1988.7.21—1990.12.31	国烟党[1987]58号		
杨光华	巡视员	副局	1987.7.18—1990.12.31	中烟党[1987]58号		
刘崇阳	巡视员	副局	1987.7.16—1990.12.31	中烟党[1987]58号		借调南洋烟草公司

江苏省烟草专卖局
中国烟草总公司江苏省公司

一、筹建经过

1.1982年6月8日，江苏省人民政府根据国务院“国发［1981］85号”文件精神，以“苏政发［1982］100号”文，决定建立江苏省烟草公司，并成立由省经委段俊、省财办吉琳和省轻工业厅王力行等三人负责的筹建工作小组。经过四个月的筹备工作，省轻工业厅、商业厅、省供销社于1982年10月，以“［82］苏轻字第32号”文，联合下发了《关于江苏省烟草公司正式对外办公的通知》。据此，江苏省烟草公司于1982年11月1日正式对外办公。

2.1983年7月15日，江苏省人民政府根据国务院“国发［1983］151号”文件精神，以“苏政复［1983］125号”文，批复同意成立江苏省烟草专卖局，与省烟草公司合署办公。至此，完成了烟草机构的组建任务。

二、组建上划和隶属关系

1. 根据国发［1981］85号”和“国发［1983］151号”文，江苏省计经委王槐香与中国烟草总公司江明，于1984年11月26日共同签署了《关于江苏省烟草公司上划交接协议书》。决定自1985年1月1日起，江苏省烟草公司上划中国烟草总公司。实行总公司和地方政府双重领导，以总公司为主的管理体制。其产供销、人财物、内外贸由总公司集中统一管理；党的关系和思想政治工作由地方负责。

2. 上划后全称是：江苏省烟草专卖局（以下简称省局）、中国烟草总公司江苏省公司（以下简称省公司），实行一套机构，两块牌子。其行政、业务等工作归口省计经委协调管理。

三、机构规格的变化

1982年9月13日，江苏省人民政府以“苏政复［1982］74号”文，下发了《关于省烟草公司级别待遇等问题的批复》，明确规定：江苏省烟草公司级别相当于省的二级局。即：省公司为副厅（局）级单位。

1989年5月9日，国家烟草专卖局以“国烟政［1989］10号”文，发出《关于江苏省烟草专卖局定为正厅级的通知》中明确：“根据1988年10月26日国家机构编制委员会第十次会议精神”，并征得江苏省人民政府同意，决定将江苏省烟草专卖局定为正厅级，省公司仍为副厅级。

四、内部机构设置和人员编制

（一）机构设置

1.1982年9月30日，江苏省编制委员会以“苏编［82］11号”文，下发《关于江苏省烟草公司内部机构设置的批复》，同意省公司内部机构设四部一室一处。即：生产部、经营部、物资部、计财部、办公室。同时设立政治处。

2.1984年10月9日，省公司发出通知成立职工教育办公室。

3.1985年4月1日，中国烟草总公司以“中烟人字［1985］第8号”文，发出《关于中国烟草总公司江苏省公司内部机构设置的批复》，同意省局（公司）机关设置：办公室、专卖办公室、生产技术处、物资原料处、经济计划处、经营处、财务物价处、劳动工资处、基建处、政治工作部。

4.1985年4月15日，省公司以“[85]苏烟党字第17号”文，决定将政治工作部（实设政治处）更名为干部处，并设立审计组。

5.1985年8月3日，公司党委以“[85]中苏烟党字第36号”文，决定设立审计处、宣传教育处，同时撤销职工教育办公室。

6.1987年7月13日，省公司以“[87]中苏烟干字第186号”文，决定将干部处更名为人事教育处；将物资原料处更名为物资公司；将经营处更名为销售公司；将宣传教育处更名为基层政治工作处。增设烟叶处、企业管理处。

7.1987年9月24日，江苏省科委以“苏科政[87]266号”文，批准成立江苏省烟草学会。

8.1988年3月5日，省公司以“[88]中苏烟人教字第63号”文，决定撤销基层政治工作处。

（二）人员编制

1982年9月13日，江苏省人民政府以“苏政复[1982]74号”文，批复同意省公司人员编制暂定70人。

1984年12月10日，中国烟草总公司以“[84]中烟人字第18号”文，确定省局（公司）编制总数为150人，比原编制增加80人。

截止1988年12月31日，省局（公司）机关上级核定编制为150人。

五、党委、纪委和机关党委的成立

（一）党委成立

1.1983年11月30日，中共江苏省委以“苏委组发[1983]369号”文，批准成立中共江苏省烟草公司委员会。

2.1984年12月10日，中共中国烟草总公司党组以“中烟党[1984]008号”文，批准成立中共江苏省烟草专卖局（公司）委员会，局和公司党委为同一班人。

（二）纪律检查委员会成立

1.1984年10月4日，省公司党委报请省纪委同意，以“[84]苏烟党字第78号”文，决定成立中共江苏省烟草公司委员会纪律检查组。1985年1月30日，经征得省纪委同意，中共江苏省烟草公司委员会以“[85]中苏烟党字第6号”文，将中共江苏省烟草公司委员会纪律检查组改为“中共江苏省烟草公司纪律检查委员会”，由徐毅荀同志兼任书记。1986年12月29日，盛德森任纪委书记。

（三）机关党委成立

1.1982年10月9日，江苏省轻工业厅以“省轻机关党委5号”函复：同意省公司机关成立临时党支部。

2.1988年5月5日，江苏省计划经济委员会分党委以“计经委分党字[88]2号”文，下发《关于中共江苏省烟草公司机关委员会组成人员的通知》。与此同时，省局（公司）机关党委成立。

六、领导成员历次变动情况

（一）党委领导成员历次变动情况（见表一）

（二）行政领导成员历次变动情况（见表二）

1983年7月——1990年12月　　（表一）

姓　名	职　务	级别	任职起止时间	任 职 文 号	免职文号	备注
徐立宇	副书记 书　记		1983.12.1—1984.12.10 1984.12.10—1989.11.11	苏委组复[1983]369号 中烟党字[1984]008号		
徐毅苟	副书记		1983.11.30—1990.12.31	苏委组复[1983]369号		
陈世爱	委　员		1983.11.30—1984.9.29	苏委组复[1983]369号	[84]苏轻党80号	调　离
徐乃章	委　员		1983.11.30—1984.10.31	苏委组复[1983]369号	[84]苏轻党75号	
金雪亭	委　员		1984.9.29—1990.12.31	[84]苏轻党字第75号		
卢少穆	委　员		1984.10.31—1987.8.26	[84]苏轻党字第80号	苏纪审[87]15号	开除党籍
魏瑞华	委　员		1986.12.1—1990.12.31	中烟党[1986]115号		
王广志	委　员		1988.4.28—1990.12.31	中烟党[1988]26号		
盛德森	委　员		1986.12.29—1990.1.31	中烟党[1986]128号		同时任纪委书记

1983年3月——1990年12月　　（表二）

姓　名	职　务	级别	任职起止时间	任 职 文 号	免职文号	备注
徐立宇	副经理 代局长 代经理 局长、经理		1983.3.12—1983.11.30 1983.11.30—1984.12.10 1984.12.10—1989.11.11	苏委组发[1983]11号 苏委组发[1983]369号 [84]中烟党字008号	国烟党[89]78号	
徐毅苟	副局长		1988.5.25—1990.12.31	国烟党字[1988]03号		
陈世爱	副局长 副经理		1983.11.30—1984.9.29	苏委组复[1983]369号	[84]苏轻党75号	调　离
徐乃章	副经理 副局长 副经理		1983.3.12—1983.11.30 1983.11.30—1984.10.31	苏委组发[1983]112号 苏委组发[1983]369号	[84]苏轻党80号	任督导员
金雪亭	副局长 副经理		1984.9.29—1988.5.25 1984.9.29—1990.12.31	[84]苏轻党字75号 [84]苏轻党字第75号	国烟党[1988]03号	免去副局长
卢少穆	副局长 副经理		1984.10.31—1987.8.26	[84]苏轻党字第80号	中烟党[1987]60号	撤销副局长、副经理职务
魏瑞华	副局长 副经理		1986.12.1—1988.5.25 1986.1261—1990.12.31	中烟党[1986]115号 中烟党[1986]115号	国烟党[1988]03号	免去副局长
王广志	副经理		1988.4.28—1990.12.31	中烟党[1986]26号		
许泽丞	总工程师		1984.10.31—1988.12.27	[84]苏轻党字第80号	中烟党[1988]87号	退　休
胡子林	局　长 经　理	正厅	1989.11.11—1990.12.31	国烟党[89]78号		
王安珠	副经理	正处	1989.11.11—1990.12.31	国烟党[89]78号		
盛德森	督导员	正处	1990.1.31—1990.12.31	国烟党[90]14号		

浙江省烟草专卖局
中国烟草总公司浙江省公司

一、筹建经过

1. 根据国务院“国发［1981］85号”文件精神，浙江省轻工业厅于1982年7月和1983年9月分别以“［82］轻食字第565号”和［83］轻食字第673号”文，向浙江省人民政府提出报告，要求成立浙江省烟草公司。据此，浙江省人民政府于1983年10月以“［83］浙政发152号”文，批准成立“浙江省烟草专营公司”，设在省轻工业厅食品工业公司，实行两块牌子，一套班子。

2. 根据国务院“国发［1983］151号”文件，浙江省轻工业厅于1984年2月17日，以“［84］轻食字第94号”文向浙江省人民政府提出《关于组建浙江省烟草公司暨烟草专卖局的紧急报告》。浙江省人民政府于1984年3月29日以“浙政发［1984］74号”文，批准成立浙江省烟草公司，同时挂浙江省烟草专卖局的牌子，由浙江省轻工业厅代管，并对外开展工作。

二、组建上划和隶属关系

1. 根据“国发［1981］85号”和“国发［1983］151号”文，浙江省人民政府办公厅于1984年12月19日以“浙政办［1984］49号”文同意组建全省烟草公司。关于省烟草公司的上划交接事宜，委托省计经委负责与中国烟草总公司签订协议，组织实施。

2. 浙江省计划经济委员会张天佩和中国烟草总公司江明于1984年12月30日签署《关于浙江省烟草公司上划交接协议书》。决定浙江省烟草公司自1985年1月1日起上划中国烟草总公司，实行总公司和地方政府双重领导，以总公司为主的管理体制。其产供销、人财物、内外贸由总公司集中统一管理；党的关系和思想政治工作由地方负责。

3. 上划后全称为：浙江省烟草专卖局（以下简称省局），中国烟草总公司浙江省公司（以下简称省公司），实行一套机构，两块牌子。其业务工作归口浙江省计经委协调管理。

三、机构规格的变化

浙江省人民政府办公厅于1985年7月24日以“浙政办［1985］330号”文《关于省级若干单位级别问题的通知》，明确省公司为副厅（局）级单位。

四、内部机构设置和人员编制

（一）机构设置

1.1984年3月19日，浙江省政府以“浙政发［1984］74号”文，批准成立省局（公司）后，内部机构设办公室、政治处、劳资处、专卖办公室、财务物价处、审计处、计划统计处、生产技术处、销售处、物资原料处、储运处。

2.1986年4月12日，中国烟草总公司以“［86］中烟计劳字第09号”文批复同意，省公司设二室八处。即：行政办公室、专卖办公室、政治工作处、劳动工资处、生产计划处、科学技术处（包括质检站、学会）、技改基建处、烟叶处、财务物价处、审计处。直属机构有卷烟销售经理部、宁波调拨站。

3.1986年7月19日，省公司党委以“［86］浙烟党字16号”文，决定设立卷烟销售管理处，与卷烟销售经理部实行两块牌子，一套机构。

4.1987年3月1日，省公司根据“浙政办［1984］49号”文，将卷烟销售经理部改为杭州调拨站。

5.1987年8月28日省公司党委以“［87］浙烟干字08号”文，决定将原生产计划处与劳动工资处合并为生产计划处；将原烟叶处改为烟叶物资处；将原卷烟销售管理处的职能从杭州调拨站中划出，单设销售管理处。

6.1987年11月18日，浙江省计经委以“浙计经干［1987］857号”文批复同意，成立浙江省烟草机械联营公司。

7.1988年2月21日，中国烟草总公司以“中烟政［1988］16号”文，批复同意成立浙江省烟叶物资公司，对内保留烟叶物资处。

8.1988年12月26，日浙江省清理整顿公司办公室以“浙清整办［1988］01号”文，决定撤销浙江省烟草机械联营公司、浙江省烟叶物资公司。

（二）人员编制

1986年4月12日，中国烟草总公司以“［86］中烟计劳字第09号”文，批复同意省公司机关编制为110人（含质检站20人，学会2人）。

1987年11月18日，省计经委以“浙计经干［87］857号”文，批准省烟草机械联营公司编制16人，其中10人由省公司内部调剂解决，新增企业编制6人。

截止1988年12月31日上级批准省局（公司）机关编制116人。

五、党委、纪委和机关党总支的成立

（一）党委成立

1.1985年11月16日中国烟草总公司以“中烟党字［1985］第48号”文，批准成立中共中国烟草总公司浙江省公司委员会。

2.1986年11月17日国家烟草专卖局以“国烟党［1986］03号”文，批准成立中共浙江省烟草专卖局委员会。局党委成员与公司党委成员为同一班人。

（二）纪律检查委员会成立

1986年3月29日中国烟草总公司以“中烟党字［1986］26号”文，批准成立中共中国烟草总公司浙江省公司委员会纪律检查委员会，由孙建民兼任书记。

（三）机关党总支委员会成立

1.1985年4月15日，中共浙江省轻工业厅机关委员会以“［85］浙轻党字6号”文，批准成立中共浙江省烟草公司机关支部委员会，由张婉如兼任书记。

2.1987年8月21日，中共浙江省计经委机关委员会以“计经党字［1987］16号文”批准同意成立中共浙江省烟草专卖局（公司）机关总支委员会。

六、领导成员历次变动情况

（一）党委领导成员历次变动情况（见表一）

（二）行政领导成员历次变动情况（见表二）

1985年11月——1990年12月　　（表一）

姓　名	职　务	级别	任职起止时间	任职文号	免职文号	备注
潘必兴	书　记		1985.11.16—1990.12.31	中烟党字[1985]第48		
孙建民	副书记		1985.11.16—1990.12.31	中烟党字[1985]第48		
张婉如	委　员		1985.11.16—1990.12.31	中烟党字[1985]第48		
张仁琪	委　员		1985.11.16—1990.12.31	中烟党字[1985]第48号		
蒋世杰	委　员	正处	1990.12.12—1990.12.31	国烟党[90]99号		

1984 年 12 月——1990 年 12 月 （表二）

姓　名	职　务	级别	任职起止时间	任 职 文 号	免职文号	备注
林振玉	经　理		1984.12.3—1985.12.28	[84]浙轻人字 876 号	[85]浙轻人字 709 号	调　离
潘必兴	局　长 经　理		1985.11.16—1990.12.31	中烟党[1985]第 48 号		
张婉如	副局长 副经理		1984.12.3—1988.5.25 1984.12.3—1990.12.31	[84]浙轻人字 876 号 中烟党字[1985]第 48 号	国烟党[1988]04 号	免副局长职务
张仁琪	副局长 副经理		1984.12.3—1988.5.25 1984.12.3—1990.12.31	[84]浙轻人字 876 号 中烟党字[1985]第 48 号	国烟党[1988]04 号	免副局长职务
孙建民	副局长		1988.5.25—1990.12.31	国烟党[1988]04 号		
蒋世杰	副经理	正处	1990.1.8—1990.12.31	国烟党[90]07 号		

安徽省烟草专卖局
中国烟草总公司安徽省公司

一、筹建经过

1.1980 年 6 月 16 日，安徽省委书记苏羽在有关部门负责人参加协调卷烟产销计划与产供销矛盾的会议上指出，省委讨论成立若干工业公司，烟草公司首先成立起来，由轻工业厅代省政府起草文件，并提请省长办公会议讨论通过。据此，1980 年 8 月 19 日，安徽省人民政府“皖政［1980］159 号”文，决定成立安徽省烟草工业公司。筹建工作由省一轻厅负责，副厅长江明任筹建组组长。其交接工作由省一轻厅、商业厅、供销社负责办理。1980 年 10 月 4 日安徽省烟草工业公司正式办公，归省一轻工业厅领导。

2. 根据国务院“国发［1983］151 号”文，安徽省人民政府于 1983 年 12 月 29 日以“皖政［1983］155 号”文，决定省和设有烟草公司的行署、市、县均成立烟草专卖局，与各级烟草公司合署办公。1984 年 1 月 5 日，轻工业部以“［84］轻党字第 1 号”文，批准成立安徽省烟草专卖局。

二、组建上划和隶属关系

1. 根据国务院“国发［1981］85 号”和“国发［1983］151 号”文件精神，1983 年 10 月 4 日，安徽省人民政府与中国烟草总公司签署了《关于安徽省烟草公司上划交接协议书》。明确自《协议书》签订之日起，安徽省烟草公司上划中国烟草总公司，实行总公司和地方政府双重领导，以总公司为主的管理体制。其产供销，人财物由总公司集中统一管理。党的关系和思想政治工作由地方管理。

2. 上划后全称为：安徽省烟草专卖局（以下简称省局）、中国烟草总公司安徽省公司（以下简称省公司），实行一套机构，两块牌子。其业务工作由省经委协调管理。

三、机构规格的变化

1980 年 8 月 19 日，安徽省政府以“皖政［1980］159 号”文，将省公司确定为县（团）级。

1983年9月14日，安徽省编委以“皖编字［1983］98号”文，将省公司确定为副厅（局）级。

1986年5月16日，中国烟草总公司以“中烟党［1986］37号”文，将省局（公司）确定为正厅（局）级。

四、内部机构设置和人员编制

（一）机构设置

1.1980年8月19日省公司成立时，安徽省经委以“皖经干字［1980］第402号”文和安徽省编委以“皖编字［1980］第202号”文，批准省公司内部机构设六科一室。即：办公室、计划科、财务科、生产技术科、物资原料科、销售科、人事工劳科。

2.1980年12月20日，安徽省一轻工业厅以“轻党字［1980］709号”文，批准内设机构为八科一室。即：办公室、人事工劳科、财务物价科、销售科、烟叶科、储运科、计划统计科、生产技术科、物资供应科。

3.1981年9月7日，安徽省一轻厅以“轻政字［1981］415号”文，批准增设基建科。1981年10月13日，安徽省编委以“皖编［1981］190号”文，批准增设销售经理部。

4.1982年2月24日，安徽省编委以“皖编［1982］31号”文，批准增设省公司中心试验室。1982年5月8日，省一轻厅党组以“皖轻党字［1982］254号”文，批准增设政治处、劳动工资科，撤销人事工劳科。

5.1983年1月5日，省一轻厅以“轻政字［1983］01号”文，批准增设烟叶检验站。1983年11月7日，中国烟草总公司以“中烟办［1983］01号”文，批准省公司内设八处一室和两部。即：计划基建处、生产技术处、财务物价处、劳动工资处、物资储运处、监察处、企业管理处、人事处、办公室、烟叶经理部、卷烟销售经理部。烟草中心试验室、烟叶检验站为省公司直属二级机构。

6.1986年12月23日，省局（公司）以“皖烟党字［1986］第054号”文，决定在原机构设置的基础上设立：纪律检查委员会、政治处、工会工作委员会、机关党委、办公室、调研室、教育处、劳动工资处、财务物价处、计划基建处、审计处、专卖处、生产技术处。安徽烟草物资供应公司、销售经理部、烟叶经理部（烟叶检验站合署办公）为一套机构，两块牌子。

（二）人员编制

1.1980年8月19日省公司成立后，省经委以“皖经干字［1980］第402号”文和省编委以“皖编字［1980］第202号”文，批准省公司人员编制80人。

2.1981年10月13日，省编委以“皖编［1981］190号”文，批准增加编制15人。

3.1983年1月5日，省一轻厅以“轻政字［1983］01号”文，批准增加编制15人。

4.1983年11月7日，中国烟草总公司以“中烟办［1983］第275号”文，批准编制暂定109人。烟草中心试验室、烟叶检验站两个二级机构编制60人。

5.1988年国家烟草专卖局为专卖办公室定编制12人。

6.截止1988年12月31日，上级正式批准省局（公司）编制181人。

五、党委、纪委和机关党委的成立

（一）党委成立

1.1981年8月16日，中共安徽省委组织部以“组干二［1981］180号”和中共安徽省一轻厅党组以“轻党字［1981］379号”文，同意批准成立中共安徽省烟草工业公司委员会。

2.1984年1月4日，中共轻工业部党组以“轻党字［1984］第13号”文，批准成立中共中国烟草总公司安徽省公司委员会。

3.1986年8月27日，中共国家烟草专卖局、中国烟草总公司党组以“国烟党［1986］2号”文，批准成立中共安徽省烟草专卖局党委，与中国烟草总公司安徽省公司党委组成人员，为同一班人。

（二）纪律检查委员会成立

1.1984年2月6日，中共轻工部党组以“轻党字［1984］第12号”文，批准成立中共中国烟草总公司安徽省公司纪律检查委员会，王恩铎任书记（正处级）。

2.1987年5月12日，中共国家烟草专卖局、中国烟草总公司党组以“中烟党［1987］33号，文，批准成立中共安徽省烟草专卖局（公司）纪律检查委员会，王恩铎任书记（副厅级）。

（三）机关党委成立

1.1980年11月12日成立临时中共安徽省烟草工业公司机关支部委员会；1981年10月10日，正式成立中共安徽省烟草工业公司机关支部委员会。

2.1983年10月，中共安徽省一轻厅党组以“轻党字［1983］116号”文，批准成立中共安徽省烟草公司机关支部委员会。

3.1984年9月11日，中共安徽省直机关工商分党委以“分党委［1984］004号”文，批准成立中共安徽省烟草公司机关总支委员会。

4.1986年10月29日，中共安徽省直属机关委员会以“直发字［1986］60号”文，批准成立中共中国烟草总公司安徽省公司直属机关委员会。

六、领导成员历次变动情况

（一）党委领导成员历次变动情况（见表一、二）

（二）行政领导成员历次变动情况（见表三、四）

1981年8月——1986年8月（表一）

姓　名	职　务	级别	任职起止时间	任 职 文 号	免职文号	备注
江　明	书　记	副厅	1981.8.16—1984.1.5 1984.1.5—1986.8.27	省委组干二[81]180号 轻工部[84]轻党字第1号		调离
时钟烈	副书记 委　员	正处 副厅	1981.8.16—1984.2.6 1984.2.6—1996.8.27	省委组干二[81]180号 轻工部[84]轻党字第13号		84年2月升副厅
王昌国	副书记	正处	1984.11.14—1986.8.27	中烟党[1984]003号		
汪　洋	副书记	正处	1985.5.25—1986.8.27	中烟党[1985]第008号		
谷春昭	委　员	副处	1981.8.16—1984.2.26	省委组干二[81]180号		
张长录	委　员	副处	1981.8.16—1984.2.6	省委组干二[81]180号		
王　云	委　员	副处	1981.8.16—1984.2.6	省委组干二[81]180号		
王恩铎	委　员	副处 正处	1981.8.16—1984.2.6 1984.2.6—1986.8.27	省委组干二[81]180号 轻工部[84]轻党字第13号		84年1月升正处
舒诒禄	委　员	副处 正处	1981.8.16—1984.2.6 1984.2.6—1986.8.27	省一轻厅轻党字[81]379号 轻工部[84]轻党字3号		84年1月升正处
徐　杰	委　员	正科	1983.10—1984.2.6	省一轻厅轻党字[83]116号		
贾克慧	委　员	正处	1984.2.6—1986.4.8	轻工部[84]轻党字第13号	中烟党[86]31号	调离
王　民	委　员	正处	1984.2.6—1986.8.27	轻工部[84]轻党字第13号		

1986年8月——1990年12月（表二）

姓　名	职　务	级别	任职起止时间	任 职 文 号	免职文号	备注
杨传德	书　记	正厅	1986.8.27—1990.12.31	国烟党[1986]2号		
汪　洋	副书记	副厅	1986.8.27—1990.12.31	国烟党[1986]2号		
时钟烈	委　员	正厅	1986.8.27—1990.12.31	国烟党[1986]2号		局长、经理
徐金榜	委　员	副厅	1986.8.27—1990.12.31	国烟党[1986]2号		
郭文生	委　员	副厅	1986.8.27—1990.12.31	国烟党[1986]2号		

1981年8月——1986年8月 （表三）

姓名	职务	级别	任职起止时间	任职文号	免职文号	备注
江明	局长	副厅	1984.1.5—1986.8.27	轻工部[84]轻党字第1号		调离
时钟烈	局长 经理	正处 副厅	1981.8.16—1984.1.5 1984.1.5—1985.6.4 1985.6.4—1986.8.27	省委组干二[81]180号任经理 轻工部轻党字第[84]第1号任经理 中烟党[1985]26号任局长		84年1月升副厅
舒诒禄	副局长 副经理	副处 正处	1981.8.16—1984.1.5 1984.1.5—1985.6.4 1985.6.4—1986.8.27	皖轻党字[81]378号任副经理 部轻党字[84]第1号任副经理 中烟党[1985]26号任副局长	国烟党[1986]2号免二职	84年1月升正处改任调研员
徐金榜	副局长 副经理	正处	1984.1.5—1985.6.4 1985.6.4—1986.8.27	部轻党字[84]第1号任副经理 中烟党[1985]26号任副局长		
张长禄	副局长 副经理	副处 正处	1981.8.16—1984.1.5 1984.1.5—1985.6.4 1985.6.4—1986.8.27	省委组干二[81]180号任副经理 部轻党字[84]第1号任副经理 中烟党[1985]26号任副局长	国烟党[1986]2号免二职	84年1月升正处改任调研员
凌厚如	副局长 副经理	正处	1984.11.14—1985.6.4 1985.6.4—1986.8.27	中烟党[1984]003号任副经理 中烟党[1985]26号任副局长	国烟党[1986]2号免二职	调离
谷春昭	副经理	副处	1981.8.16—1984.1.5	省委组干二[81]180号		
王云	副经理	副处	1981.8.16—1984.1.5	省委组干二[81]180号		
唐昭甲	副经理	副处	1981.8.16—1984.1.5	皖轻党字[81]178号		
王恩铎	副经理	副处	1981.8.16—1984.1.5	皖轻党字[81]378号		
王一民	副经理	副处	1981.8.16—1984.1.5	皖轻党字[81]378号		
贾克慧	副经理	正处	1984.1.5—1986.4.8	部轻党字[84]第1号	中烟党[1986]31号	调离

1986年8月——1990年12月 （表四）

姓名	职务	级别	任职起止时间	任职文号	免职文号	备注
时钟烈	局长 经理	正厅	1986.8.27—1990.12.31	国烟党[1986]2号		
徐金榜	副局长 副经理	副厅	1986.8.27—1988.9.5 1988.9.5—1990.12.31	国烟党[1986]2号任二职	国烟党[1988]22号	免副局长 继任副经理
郭文生	副局长 副经理	副厅	1986.8.27—1990.12.31	国烟党[1986]2号任二职	国烟党[1988]22号	免副经理 任专职副局长
舒诒禄	调研员	正处	1986.8.27—1990.12.31	国烟党[1986]2号		
张长禄	调研员	正处	1986.8.27—1990.12.31	国烟党[1986]2号		

福建省烟草专卖局
中国烟草总公司福建省公司

一、筹建经过

1.1983年10月15日，福建省人民政府根据国务院“国发［1981］85号”和31号“国发［1983］151号”文件精神，以“闽政［1983］550号”文，批转省经委《关于同意筹建福建省烟草公司批复的通知》，抽调省轻工业厅、商业厅、供销社、农业厅等有关人员成立福建省烟草专卖局、福建省烟草公司筹备领导小组。据此，福建省经委决定省经委副主任黄文麟任筹备组组长，省轻工厅副厅长张贵文任副组长，1983年10月中旬开始进行筹建工作。

2.1983年12月31日，福建省人民政府以“闽政［1983］733号”文和省人民政府办公厅“闽政办［1984］13”文决定：福建省烟草专卖局和福建省烟草公司从1984年1月1日正式成立，对外办公开展工作，隶属省人民政府领导，归口省经委代管。

二、组建上划和隶属关系

1.根据国务院关于烟草实行专营的有关规定和国务院办公厅“国办发[1984]69号”文件精神，1984年12月13日，福建省人民政府委托省经委主任肖健与中国烟草总公司副总经理江明签署了《关于福建省烟草公司上划交接协议书》。决定福建省烟草公司及其所属企、事业单位自1985年1月1日起划转中国烟草总公司，实行总公司和福建省人民政府双重领导，以总公司为主的体制。其产供销、人财物、内外贸由总公司集中统一管理。党的关系和思想政治工作，仍由地方负责管理。

2.上划后的全称为：福建省烟草专卖局（以下简称省局）、中国烟草总公司福建省公司（以下简称省公司），实行一套机构，两块牌子。其业务工作仍归口省经济委员会协调管理。

三、机构规格的变化

1983年12月31日，省人民政府以“闽政［1983］733号”文，确定省局（公司）为副厅级。

四、内部机构设置和人员编制

（一）机构设置

1.1983年12月31日，省人民政府以“闽政［1983］733号”文批准省公司机关设七部二室。即政治部、办公室、生产供应部、烟叶经理部、销售部、科学技术部、财会物价部、计划基建部、专卖办公室。另设福州地区销售部为直属机构。

2.1984年10月24日，中国烟草总公司以“［1984］中烟计字第081号”文批准，设立中国烟草进出口公司福建分公司。

3.1985年1月11日，中国烟草总公司以“［1985］中烟人字第2号”文批准，设立纪检组和劳工部。

4.1985年3月14日，中国烟草总公司以［85］中烟审计字第2号”文批准，设立审计处。

5.1986年10月10日，中国烟草总公司以“中烟政［86］30号”文批准，成立福建省烟草物资储运公司。

6.1986年，中国烟草总公司以“［86］中烟计6号”文批准，设立福建省烟草质量监督检测站。

7.1986年11月20日，福建省科委以“［86］闽科管029号”文批准，成立福建省烟草协会。1986年12月21日，省科委以“86闽科管032号”文批准，改名为福建省烟草学会。

8.1986年12月1日，中国烟草总公司以“中烟政［86］46号”文批准，设立福建省烟草职工教育培训中心。

（二）人员编制

1983年12月31日，省政府以“闽政［1983］733号”文，确定省局（公司）机关人员编制为110人。

1986年10月10日，经中国烟草总公司“中烟政［1986］30号”文批准，省局（公司）机关干部编制130人，比原编制增加20人。

1988年5月11日，国家烟草专卖局以“国烟专［88］22号”文批准，省局专卖办公室定编12人，在原定编4人的基础上增编8人。至此，省局（公司）干部编制为138人。

根据总公司1988年在哈尔滨召开的全国烟草系统第三次政工会议文件之三《关于全国烟草系统各级公司机构、人员编制的暂行方案》中规定的编制定员，工人可按干部定编总数的10～15%比例配备，省局（公司）应增配工人编制20人。

截止1988年12月31日，省局（公司）机关上级批准定编人数共计158人。

五、党组、纪检组和机关党委的成立

（一）党组成立

1.1985年7月19日，中共中国烟草总公司分党组以“中烟党字［1985］第32号”文批准成立中共中国烟草总公司福建省公司党组。

2.1988年10月5日，中共国家烟草专卖局、中国烟草总公司党组，以“中烟党［1988］71号”文批准，成立中共福建省烟草专卖局党组，与中国烟草总公司福建省公司党组为同一班人。

（二）纪律检查组成立

1985年1月11日，经中国烟草总公司“［1985］中烟人字第2号”文批准，成立中共福建省烟草公司纪律检查组。

（三）机关党委成立

1989年8月10日，经中共福建省委省直机关工作委员会“闽委工组［1989］46号”文批准，建立中共福建省烟草专卖局（公司）机关委员会，郑训权兼任机关党委书记。

六、领导成员历次变动情况

（一）党组领导成员历次变动情况（见表一）

（二）行政领导成员历次变动情况（见表二、三）

1985年7月——1990年12月　　（表一）

姓　名	职　务	级别	任职起止时间	任 职 文 号	免职文号	备注
黄锦江	党组书记 党组成员		1985.7.19—1988.10.5 1988.10.4—1990.12.31	中烟党[1985]32号 中烟党[1985]71号	中烟党[1988]71号	免去书记职务
姜成康	党组书记		1988.10.5—1990.12.31	中烟党[1985]71号		
郑训权	成　员		1985.7.19—1990.12.31	中烟党[1985]32号 中烟党[1988]71号		
陈可才	成　员		1985.7.19—1988.10.5	中烟党[1985]32号	中烟党[1988]71号	退出班子
张贵文	成　员		1985.7.19—1988.10.5	中烟党[1985]32号	中烟党[1988]71号	退出班子
吴住居	成　员		1985.7.19—1988.10.5	中烟党[1985]32号	中烟党[1988]71号	退出班子

1985 年 5 月——1988 年 10 月 （表二）

姓　名	职　务	级别	任职起止时间	任 职 文 号	免职文号	备注
黄锦江	局　长 经　理	副厅	1985.7.19—1988.10.5	中烟党[1985]32 号	中烟党[1988]71 号	改任副经理
郑训权	副局长 副经理	正处	1985.7.19—1988.10.5	中烟党[1985]32 号	中烟党[1988]71 号	免去副经理
陈可才	副局长 副经理	正处	1984.5—1985.7.19 1985.7.19—1988.10.5	中烟党[1985]32 号	中烟党[1988]71 号	退出班子
张贵文	顾　问		1984.4.1—1985.10.5	闽政[1984]综 529 号	中烟党[1988]71 号	退出班子
骆启章	总农艺师	正处	1986.3.27—1988.10.5	中烟党[1986]30 号		

1988 年 10 月——1990 年 12 月 （表三）

姓　名	职　务	级别	任职起止时间	任 职 文 号	免职文号	备注
姜成康	局长、经理	副厅	1988.10.5—1990.12.31	中烟党[1988]71 号		
黄锦江	副经理	正处	1988.10.5—1990.12.31	中烟党[1988]71 号		
郑训权	副局长	正处	1988.10.5—1990.12.31	中烟党[1988]71 号		
骆启章	总农艺师	正处	1988.10.5—1990.12.31	中烟党[1988]71 号		

江西省烟草专卖局
中国烟草总公司江西省公司

一、筹建经过

1.1983 年 11 月 4 日，江西省人民政府根据国务院发布的《烟草专卖条例》和有关文件精神，以“赣府字［1983］197 号”文，下发了《关于成立江西省烟草公司、江西省烟草专卖局的通知》。通知中明确：组建工作在省经委的主持下，由省轻工厅会同省商业厅具体负责，提出组建方案，报省政府批准实施。

2.1984 年 1 月 1 日，省轻工厅党组口头宣布由谢屏洲同志具体负责省烟草公司组建工作。同时，江西省烟草公司、江西省烟草专卖局的组建工作正式开始，即日挂牌开展工作，归口省轻工厅领导。

二、组建上划和隶属关系

1.1984 年 12 月 23 日，江西省人民政府委托省经委，会同中国烟草总公司商定江西省烟草公司上划交接事宜。由省经委副主任刘大立和中国烟草总公司副总经理江明签署了《关于江西省烟草公司上划交接协议书》。决定江西省烟草公司自 1985 年 1 月 1 日上划中国烟草总公司，实行总公司和江西省政府双重领导，以总公司为主的管理体制。其产供销、人财物由总公司集中统一管理；党的关系和思想政治工作由地方负责管理。

2. 上划后全称为：江西省烟草专卖局（以下简称省局），中国烟草总公司江西省公司（以下简称省公司），实行一套机构，两块牌子。其业务工作由省计委协调管理。

三、机构规格的变化

1984年1月省公司组建后，江西省人民政府将省局（公司）确定为县（团）级。

1986年11月10日，中共江西省委常委第38次会议同意将省烟草专卖局（公司）定为副厅级，列为省政府的直属局。1987年3月30日，省政府以“赣府字［1987］54号”文，正式通知省局（公司）列为省政府直属局（副厅级）。

四、内部机构设置和人员编制

（一）机构设置

1.1984年5月7日，省轻工厅以“赣轻人［1984］025号”文，批复同意省公司内部设置：党委办公室、行政办公室、专卖管理科、劳动人事科、计划统计科、生产技术科、财务物价科、物资供应科、原料科、销售储运科等十个职能部门。

2.1987年1月8日，中国烟草总公司以“中烟政［1987］34号”文，批准省局（公司）内部机构，设：办公室、专卖处、计划统计处、财务物价处、生产技术处、基建技改处、劳动工资处、审计处、政治处、纪检组、烟叶物资处、销售处；并同意设立烟叶物资经理部和卷烟销售经理部，分别与烟叶物资处和销售处为一套机构，两块牌子；同时，还批准设立烟草检测站。

1987年8月18日，国家烟草专卖局以“国烟专［1987］16号”文，批准设立保卫处。

3.1988年6月16日，省局（公司）党组根据中国烟草总公司“中烟党［1988］22号”文件精神，决定设立人事教育处，与政治处合署办公。

4.1988年8月1日，省局（公司）党组根据国家烟草专卖局“国烟专字［1988］22号”文件精神决定将专卖处改为专卖办公室。

（二）人员编制

1986年12月8日，国家烟草专卖局“国烟专［1986］50号”文，批准省公司行政编制为85人。

1987年1月8日，中国烟草总公司以“中烟政［1987］34号”文，批准增加编制30人。

截止1988年12月31日，上级批准省局（公司）机关编制人数115人。

五、党委（党组）、纪检组和机关党支部的成立

（一）党委、党组成立

1.1984年12月8日，中共江西省委组织部以“赣组［1984］110号”文，批准成立中共江西省烟草公司委员会。

2.1987年2月22日，中共国家烟草专卖局党组和1987年5月5日中共江西省委分别以“中烟党［1987］第21号”文和“赣字［1987］60号”文，批准成立中共中国烟草总公司江西省公司、江西省烟草专卖局党组，两个党组为同一班人。

（二）纪律检查组成立

1987年1月8日，中国烟草总公司以“中烟政［1987］34号”文，批准成立中共江西省烟草专卖局［公司］纪律检查组。

（三）机关党支部成立

1984年10月18日，江西省轻工厅机关党委以“赣轻党字［84］017号”文，批准成立中共江西省烟草公司机关支部。

六、领导成员历次变动情况

（一）党委、党组历次变动情况（见表一、二）

（二）行政领导成员历次变动情况（见表三、四）

1984年12月——1987年2月 （表一）

姓　名	职　务	级别	任职起止时间	任 职 文 号	免职文号	备注
衷尔俊	党委书记		1984.12.19—1987.2.22	赣轻党组字第79号		调离
吕笑然	党委委员		1984.12.19—1985.5.8	赣轻党组字第79号		离休
谢屏洲	党委委员		1986.1.11—1987.2.22	轻工厅党组口头宣布		调离
黄向东	党委委员		1984.12.19—1987.2.22	赣轻党组字第79号		

1987年2月——1990年12月 （表二）

姓　名	职　务	级别	任职起止时间	任 职 文 号	免职文号	备注
雷天翔	党组书记		1987.2.22—1989.2.2	中烟党[1987]21号	国烟党[89]02号	
谭今来	党组成员		1987.4.18—1988.3.27	中烟党[1987]39号	国烟党[90]69号	
黄向东	党组成员		1987.2.22—1990.12.31	中烟党[1988]21号		
雷万春	党组成员		1989.2.2—1990.12.31	国烟党[89]02号		
郭文华	党组书记		1990.9.3——1990.12.31	国烟党[90]69号		

1984年1月——1987年2月 （表三）

姓　名	职　务	级别	任职起止时间	任 职 文 号	免职文号	备注
吕笑然	代局长、代经理		1984.4—1985.8	轻工厅党组口头宣布		离休
谢屏洲	副局长、副经理		1986.1.11—1987.2.22	轻工厅党组口头宣布		调离
黄向东	副局长、副经理		1984.4—1987.2.22	轻工厅党组口头宣布		

1987年2月——1990年12月 （表四）

姓　名	职　务	级别	任职起止时间	任 职 文 号	免职文号	备注
雷天翔	局　长 经　理	副厅	1987.2.22—1989.2.2	中烟党[1987]21号	国烟党[89]02号	
谭今来	副局长 副经理	正处	1987.4.18—1988.3.27 1988.3.27—1990.9.3	中烟党[1987]39号	国烟专党[1988]01号	免去副局长
黄向东	副局长	正处	1988.3.27—1990.12.31	国烟专党[1988]01号		
雷万春	副经理	正处	1989.2.2—1990.12.31	国烟党[89]02号		
郭文华	局　长 经　理	正厅	1990.9.3—1990.12.31	国烟党[90]69号		
谭今来	副局长 副经理	正处	1988.3.27—1990.9.3	中烟党[1987]39号	国烟党[90]69号	

山东省烟草专卖局
中国烟草总公司山东省公司

一、筹建经过

1. 根据国务院“国发［1981］85号”文件精神，1981年8月，山东省人民政府委派省计划委员会、财政厅、一轻厅有关人员出席了中国烟草总公司筹备领导小组在北京召开的烟草专营座谈会。1981年10月，中国烟草总公司总经理李益三赴鲁，同省委、省政府及有关部门负责人商定组建烟草公司事宜。

2.1981年10月20日，山东省经委向省政府呈报了《关于成立山东省烟草公司几个问题的说明》的报告。省政府于1981年10月30日向省委呈报了“［81］鲁政函字第111号”《关于成立山东省烟草公司的请示报告》。同日，省政府办公厅以“［81］鲁政办函字第39号”文，下达了《关于组建省烟草公司的通知》。明确“筹建人员可以省一轻厅为主，从商业厅、供销社的烟草专营机构中抽调组成”。据此，成立了山东省烟草公司筹建小组。主要成员有：王一、孙英、王琨、王复来、戚瑞庭、王作正。

3.1981年12月12日，山东省委常委会议研究同意成立山东省烟草公司，并于12月21日向有关单位印发了会议纪要。1982年4月15日，省经委向省政府呈报了《关于山东省烟草公司组建意见的报告》。4月20日省政府以“鲁政发［1982］51号”文正式批准成立山东省烟草公司，于1982年5月3日开始对外办公，归口省经委管理。

4. 根据国务院“［83］国函字第3号”文，1983年2月、5月、8月，山东省烟草公司先后三次向省政府呈报《关于设立山东省烟草专卖局的报告》。1983年10月22日、31日，山东省编制委员会先后以“鲁编［1983］154号”文和“鲁编［1983］168号”文明确：“省政府同意山东省烟草公司对外并挂山东省烟草专卖局的牌子”。

二、组建上划和隶属关系

1.1984年9月23日，根据国务院“国发［1983］151号”文和国务院办公厅“国办发［1984］69号”文，山东省人民政府与中国烟草总公司联合签署了《关于山东省烟草公司上划交接协议书》。决定自1984年起，山东省烟草公司及其所属企、事业单位上划中国烟草总公司。实行总公司和山东省政府双重领导，以总公司为主的管理体制。其产供销、人财物、内外贸由总公司统一管理；党的关系和思想政治工作仍由地方管理。

2.1985年12月2日，山东省人民政府、国家财政部、中国烟草总公司联合签署了《关于山东省烟草公司及所属企业财政、财务等有关问题上划协议书》，将山东省烟草企业的税收、企业利润一并从1986年1月1日起，上划为中央财政收入。

3. 上划后全称为：山东省烟草专卖局（以下简称省局）、中国烟草总公司山东省公司（以下简称省公司），实行一套机构，两块牌子。其业务工作仍由省经济委员会协调管理。

三、机构规格的变化

1982年4月20日，山东省人民政府以“鲁政发［1982］51号”文，将山东省烟草公司确定为“相当于厅局级单位”。

1984年1月9日，山东省人民政府以“鲁政发［1984］4号”《关于省属几个经济组织建制级别和隶属关系的通知》中明确“省烟草公司，改为比厅局低半格的单位”。

1987年7月11日，国家烟草专卖局以“国烟专［1987］11号”文，将山东省烟草专卖局（烟草公司）定为厅（局）级。

四、内部机构设置和人员编制

（一）机构设置

1.1982 年 4 月 20 日，山东省人民政府以“鲁政发［1982］51 号”文，批准省公司内部设：办公室、人事处、计划处、财务处、生产处、科教处、物资处；并设烟叶经理部、销售经理部，均列企业编制。

2.1983 年 10 月 31 日，省编委以“鲁编［1983］168 号”文，批准同意增设烟草专卖管理处和政治处；物资处改为物资设备处；人事处改为干部处。

3.1984 年 11 月 20 日，山东省经委、对外经贸委、编委以“鲁经综字［84］第 577 号”文，批准在青岛设立中国烟草进出口公司山东分公司。

4.1985 年 4 月 19 日，省局（公司）根据中国烟草总公司“中烟审计字［1985］第 2 号”文件要求，决定设立审计处。

5.1985 年 4 月 23 日，根据中国烟草总公司“中烟进出字［85］第 28 号”文，设立山东省烟草公司烟叶出口供应处（与烟叶经理部一套机构，两块牌子）。

6.1985 年 6 月 25 日，省编制委员会以“鲁编［1985］87 号”文，批准撤销干部处、政治处，设立人事处。省局（公司）科教处同时改为科技处。

7.1985 年 6 月 7 日，中国烟草总公司以“［85］中烟科字第 26 号”文，批准设立山东省烟草技术开发中心。

8.1985 年 12 月 7 日，经省科技协会同意，成立山东省烟草学会。

9.1986 年 10 月 9 日，中国烟草总公司以“中烟党字［86］第 89 号”文件，批准成立政治工作部，下设干部处、基层政工处，撤销人事处；成立企业管理处、劳动工资处。

10.1987 年 2 月 8 日，烟叶出口供应处与烟叶经理部分设。

11.1987 年 4 月 19 日，中国烟草总公司以“中烟党［1987］第 38 号”文件批准，撤销政治工作部。干部处、基层政工处单设。

12.1987 年 12 月 7 日，省局（公司）党组决定增设老干部处、基建技改处、行政管理处；撤销了烟叶出口供应处；将生产处与科技处合并为生产技术处；将物资设备处改为物资设备公司，劳动工资处改为劳资安全处，财务处改为财会物价处。

13.1988 年 6 月 7 日，根据国家烟草专卖局“国烟专［1988］第 22 号”文件的要求，烟草专卖管理处更名为山东省烟草专卖办公室。

14.1988 年 7 月 10 日，中国烟草总公司以“中烟政［1988］46 号”文，批准成立山东省烟草物资设备公司。

15.1988 年 8 月 12 日，省局（公司）以“鲁烟干字［88］第 20 号”文，决定撤销基层政工处，设立宣传教育处。

（二）人员编制

1982 年 4 月 20 日，省政府以“鲁政发［1982］51 号”文，批准省公司列企业编制 148 人，其中：机关 96 人，烟叶经理部 32 人，销售经理部 20 人。

1983 年 10 月 30 日，省编委以“鲁编［1983］168 号”文，正式批准省公司企业编制 148 人。

1985 年 6 月 7 日，中国烟草总公司以“［85］中烟科字第 26 号”文，批准烟草技术开发中心编制 60 人。

1986 年 10 月 9 日，中国烟草总公司以“中烟党［1986］第 89 号”文，批准省局（公司）机关干部编制为 170 人。1988 年 7 月 10 日，中国烟草总公司以“中烟政（1988）46 号”文，批准省烟草物资设备公司编制为 55 人。

截止 1988 年 12 月 31 日，上级批准编制为 285 人，其中：机关干部编制 170 人。

五、党组、纪检组和机关党委的成立

(1) 党组成立

1.1983年6月10日，经中共山东省委批准，省委组织部以“组干（1983）71号”文，任命了山东省烟草公司党组成员。随之，中共山东省烟草公司党组成立。

2.1987年9月27日机构升格后，中共国家烟草专卖局、中国烟草总公司党组以“国烟党［1987］67号”文决定：中共山东省烟草专卖局党组与中共中国烟草总公司山东省公司党组成员为同一班人。

（二）纪律检查组成立

1984年6月26日，中共山东省委企业政治工作部以“鲁企任发［1984］33号”文，批准成立中共山东省烟草公司党组纪律检查组，由王琨兼任组长。

（三）机关党委成立

1.1982年6月，根据工作需要，成立了中共山东省烟草公司机关临时支部委员会。

2.1984年4月26日，中共山东省省直机关委员会以“省机党字［1984］56号”文，批准成立中共山东省烟草公司机关委员会，由王琨兼任书记。

六、领导成员历次变动情况

（一）党组领导成员历次变动情况（见表一）

（二）行政领导成员历次变动情况（见表二、三）

1983年6月——1990年12月　（表一）

姓　名	职　务	级别	任职起止时间	任 职 文 号	免职文号	备注
孙　英	书　记	副厅	1983.6.10—1984.11.24	省委组织部组干[83]71号	省委组织部组干[84]349号	
寻兴华	书　记	副厅	1984.11.24—1987.9.27	省委组织部组干[84]349号		
		正厅	1987.9.27—1990.12.31	中烟党[1987]67号		
王　琨	成　员	正处	1983.6.10—1987.9.27	省委组织部组干[83]71号		
	副书记	副厅	1987.9.27—1989.12.31	中烟党[1987]67号		
	书　记	正厅	1990.1.5—1990.12.31	国烟党[90]02号		
王承训	成　员	正处	1984.12.6—1987.9.27	鲁经人[84]第584号	中烟党[1987]67号	
郝有恩	成　员	正处	1984.12.6—1987.9.27	鲁经人[84]第584号	中烟党[1987]67号	
张永耀	成　员	副厅	1987.9.27—1990.12.31	中烟党[1987]67号		
王裕鹏	成　员	副厅	1988.5.33—1990.12.31	中烟党[1988]35号		
张国植	成　员	副厅	1988.5.33—1990.12.31			

1982年3月——1984年11月　（表二）

姓　名	职　务	级别	任职起止时间	任 职 文 号	免职文号	备注
王　一	经　理	正厅	1982.3.5—1983.6.10	省委组织部组干[82]57号	省委组织部组干[83]71号	调离
孙　英	副经理	副厅	1982.3.5—1983.6.10	省委组织部组干[82]57号		
	经　理		1983.6.10—1984.11.24	省委组织部组干[83]71号	省委组织部组干[84]349号	调离
王　琨	副经理	正处	1983.6.10—1984.11.24	省委组织部组干[83]71号		
王承训	副经理	正处	1983.6.10—1984.11.24	省委组织部组干[83]71号		

1984 年 11 月——1990 年 12 月　　(表三)

姓　名	职　务	级别	任职起止时间	任 职 文 号	免职文号	备注
寻兴华	局　长、经　理	副厅	1984.11.24—1987.9.27	省委组织部组干[84]349 号		
		正厅	1987.9.27—1990.12.31	中烟党[1987]67 号		
王　琨	副局长、副经理	正处	1984.12.6—1987.9.27	鲁经人[84]第 584 号	中烟党[88]35 号	免副局长
		副厅	1987.9.27—1988.5.23	中烟党[1984]67 号		
	局　长、经　理	正厅	1990.1.15—1990.12.31	中烟党[1990]02 号		
张永耀	副局长、副经理	副厅	1987.9.27—1988.5.23	中烟党[87]67 号	中烟党[88]35 号	免副局长
			1987.9.27—1990.12.31			
王裕鹏	副局长	副厅	1988.5.23—1990.12.31	中烟党[87]35 号		
张国植	副局长	副厅	1988.5.23—1990.12.31	中烟党[88]35 号		
王承训	副经理	正处	1984.12.6—1987.9.27	鲁经人[84]第 584 号	中烟党[87]67 号	改任副总农艺师
郝有恩	副经理	正处	1984.12.6—1987.9.27	鲁经人[84]第 584 号	中烟党[87]67 号	改任副总工程师

河南省烟草专卖局
中国烟草总公司河南省公司

一、筹建经过

1.1982 年 4 月，河南省人民政府根据国务院关于烟草行业实行国家专营的通知精神，决定成立河南省烟草公司筹备组。由省一轻厅副厅长刘子坚任组长，原轻工厅烟草工业公司经理蔡光辉任副组长，具体负责筹建工作。

2.1982 年 12 月 13 日，河南省人民政府以“豫政［1982］153 号”文，正式批准成立河南省烟草公司，即日起对外办公，暂由一轻厅代管。1983 年 4 月至上划前，归口省经委代管。

1983 年 3 月 25 日，中共河南省委召开组建河南省烟草公司座谈会，省委书记刘杰、省长何竹康和中国烟草总公司总经理李益三，副总经理陆胜及省直有关部门负责人参加了会议。1983 年 4 月 16 日，中共河南省委、河南省人民政府以“豫发［1983］104 号”文，印发了《关于组建河南省烟草公司座谈会纪要》。

3.1983 年 7 月 27 日，河南省人民政府以“豫政［1983］89 号”文，批准成立河南省烟草专卖局，同河南省烟草公司合署办公，全面开展业务工作。

二、组建上划和隶属关系

1.1984年8月28日，根据国务院“国发［1983］151号”和国务院办公厅“国办发［1984］69号”文件精神，河南省人民政府与中国烟草总公司就河南省烟草公司上划交接事宜联合下发了《关于河南省烟草公司上划交接协议书》。决定河南省烟草公司从协议书签字之日起上划中国烟草总公司，实行总公司和地方政府双重领导，以总公司为主的管理体制。其产供销、人财物、内外贸由总公司统一管理；党的关系和思想政治工作以地方领导为主。

2.上划后的全称为：河南省烟草专卖局（以下简称省局）、中国烟草总公司河南省公司（以下简称省公司），实行一套机构，两块牌子。其业务工作由省计划经济委员会协调管理。

三、机构规格的变化

1983年3月26日，中共河南省委、省人民政府以“豫发［1983］104号”文，将省局（公司）确定为副厅（局）级。

1987年8月25日，河南省人民政府以“豫政函［1987］26号文同意，国家烟草专卖局将河南省烟草专卖局（公司）确定为正厅（局）级。

四、内部机构设置和人员编制

（一）机构设置

1.1983年6月1日，河南省编委以“豫编［1983］52号”文批复，同意省烟草公司设置：办公室、劳动人事处、科技教育处、生产处、烟叶处、计划财务处、供销处、基建储运处、机关党委。

2.1983年10月10日，省编委以“豫编［1983］208号”文，批准省公司设立审计处。

3.1985年6月1日，省局（公司）党组决定撤销计划财务处，设立综合计划处、财务物价处。

4.1985年6月19日，中国烟草总公司与河南省外经委协商，决定成立中国烟草进出口公司河南分公司。

5.1986年5月，省局（公司）党组决定设立烟草专卖办公室。

6.1987年6月26日，中国烟草总公司以“中烟政［1987］18号”文，批准成立河南省烟草公司卷烟销售经理部，对内仍为销售处。

7.1987年9月29日，省局（公司）党组以“豫烟组干［1987］50号”文，决定设立人事处、宣传教育处、劳动工资处，撤销劳动人事处。

8.1987年4月15日，中国烟草总公司以“中烟政［1987］18号”文，批准成立河南省卷烟销售经理部、烟叶生产购销经理部，对内仍为销售处、烟叶处。

9.1988年3月24日，省局（公司）党组以“豫烟人字［1988］6号”文，决定设立企业管理处，成立河南省烟草物资经理部。

10.1988年9月10日，省局（公司）党组决定设立省公司设备管理处，成立河南省烟草机械配件联营公司，处与公司为一套机构，两块牌子。

11.1988年11月30日，省局（公司）党组决定成立省局（公司）监察室，与纪检组合署办公；撤销生产处、科技处，成立生产技术处。

（二）人员编制

1982年12月13日，省政府以“豫政［1982］153号”文，批准省公司暂定企业编制50人。

1983年6月1日，省编委以“豫编［1983］52号”文，批复同意省公司企业编制100人。

1984年12月6日，中国烟草总公司以“［84］中烟人字第017号”文，批复同意省公司编制175人（含原编制）。

1987年6月26日，中国烟草总公司以“中烟政［1987］18号”文，批准成立卷烟销售经理部和烟叶生产购销经理部。分别确定企业编制33人和30人。

1988年3月24日，省局（公司）党组决定建立省烟草物资经理部，企业定编15人。

截止1988年12月31日，省局（公司）机关上级批准编制共计238人。

五、党组、纪检组和机关党委的成立

（一）党组成立

1.1983 年 5 月 13 日，中共河南省委以“豫发［1983］127 号”文，批准成立中共河南省烟草公司党组。

2.1985 年 7 月 11 日，中共中国烟草总公司党组以“中烟党［1985］30 号”文，批准成立中共中国烟草总公司河南省公司党组。

3.1988 年 4 月 13 日机构升格后，中共国家烟草专卖局、中国烟草总公司党组以“中烟党［1988］21 号”文，批准成立中共河南省烟草专卖局党组，与省公司党组为同一班人。

（二）纪律检查组成立

1986 年 9 月 10 日，中共国家烟草专卖局、中国烟草总公司党组以“中烟党字［1986］79 号”文，批准成立中共河南省烟草专卖局、中国烟草总公司河南省公司党组纪律检查组，纪检组长缺职。

（三）机关党委成立

1984 年 4 月 28 日，中共河南省直属机关委员会以“豫直批［1984］37 号”文，批准成立中共河南省烟草公司机关委员会。李国治于 1984 年 9 月起任副书记，1987 年 11 月起任书记。

六、领导成员历次变动情况

（一）党组成员历次变动情况（见表一、二）

（二）行政领导成员历次变动情况（见表三、四）

1983 年 5 月——1988 年 4 月（表一）

姓　名	职　务	级别	任职起止时间	任 职 文 号	免职文号	备注
刘永寿	书　记	副厅	1983.5.13—1985.7.11 1985.7.11—1986.5.31	豫发[1983]127 号 中烟党[1985]30 号	中烟党[1986]42 号	离休
乔星璧	书　记	副厅	1986.5.31—1988.4.13	中烟党[1986]42 号		
刘国富	副书记	正处	1985.7.11—1988.4.13	中烟党[1985]30 号	中烟[1988]21 号	调离
韩清显	成　员	正处	1983.5.13—1985.7.11	豫发[1983]127 号	中烟党[1985]30 号	调离
邱国杰	成　员	正处	1985.7.11—1988.4.13	中烟党[1985]30 号		
黄嘉祁	成　员	正处	1986.9.8—1988.4.13	中烟党[1986]74 号	中烟党[1988]21 号	改任总工程师
晋子铭	成　员	正处	1983.5.13—1983.7.13 1985.7.11—1988.4.13	豫发[1983]127 号 中烟党[1985]30 号	中烟党[1988]21 号	副总工程师
康进良	成　员		1985.7.11—1988.4.13	中烟党[1985]30 号	中烟党[1988]21 号	
李国治	成　员		1985.7.11—1988.4.13	中烟党[1985]30 号	中烟党[1988]21 号	中层干部

1988 年 4 月——1990 年 12 月（表二）

姓　名	职　务	级别	任职起止时间	任 职 文 号	免职文号	备注
乔星璧	书　记	正厅	1988.4.13—1990.5.3	中烟党[1988]21 号		
武恒业	成　员	副厅	1988.4.13—1990.12.31	中烟党[1988]21 号		
邱国杰	成　员	副厅	1988.4.13—1990.12.31	中烟党[1988]21 号		
张保振	成　员	副厅	1988.4.13—1990.12.31	中烟党[1988]21 号		
贾连朝	副书记	正厅	1990.5.3—1990.12.31	中烟党[1990]40 号		

1984 年 5 月——1988 年 4 月　　　　（表三）

姓　名	职　务	级别	任职起止时间	任 职 文 号	免职文号	备注
刘永寿	局长 经理	副厅	1983.5.13—1985.7.11 1985.7.11—1986.5.31	豫发[1983]127 号任经理 中烟党[1985]30 号任二职	中烟党[1986]42 号	离休
乔星璧	局长 经理	副厅	1986.5.31—1988.4.13	中烟党[1986]42 号		
韩清显	副经理	正处	1983.5.13—1985.7.11	豫发[1983]127 号	中烟党[1985]30 号	调离
刘国富	副局长 副经理	正处	1983.5.13—1985.7.11 1985.7.11—1988.4.13	豫发[1983]127 号任副经理 中烟党[1985]30 号任二职	中烟党[1988]21 号	调离
黄嘉祁	副局长 副经理	正处	1983.5.13—1985.7.11 1985.7.11—1988.4.13	豫发[1983]127 号任副经理 中烟党[1985]30 号任二职	中烟党[1988 豫]21 号	改任总工程师
邱国杰	副局长 副经理	正处	1985.7.11—1988.4.13	中烟党[1985]30 号任二职	中烟党[1988]21 号免副局长	继任副经理

1988 年 4 月——1990 年 12 月　　　　（表四）

姓　名	职　务	级别	任职起止时间	任 职 文 号	免职文号	备注
乔星璧	局长、经理	正厅	1988.4.13—1990.5.3	中烟党[1988]21 号	国烟党[90]40 号	免经理
张保振	副局长	副厅	1988.4.13—1990.12.31	中烟党[1988]21 号		
武恒业	副经理	副厅	1988.4.13—1990.12.31	中烟党[1988]21 号		
邱国杰	副经理	副厅	1988.4.13—1990.12.31	中烟党[1988]21 号		
黄嘉祁	总工程师	副厅	1988.4.13—1990.12.31	中烟党[1988]21 号		
贾连朝	经理	正厅	1990.5.3—1990.12.31	中烟党[1990]40 号		

湖北省烟草专卖局
中国烟草总公司湖北省公司

一、筹建经过

1.1983 年 8 月 27 日，根据国务院批转轻工部关于实行烟草专营报告的通知精神，湖北省人民政府以“鄂政函［1983］44 号”文，决定成立湖北省烟草公司，归口省一轻工业局代管。

2.1984 年 3 月 16 日，根据国务院“国发［1983］151 号”文件规定，湖北省人民政府以“鄂政函［1984］26 号”文，决定成立湖北省烟草专卖局，与省烟草公司合署办公。

二、组建上划和隶属关系

1.1984 年 11 月 12 日，根据国务院办公厅“国办发［1984］69”文，湖北省人民政府副省长田英与中国烟草总公司总经理李益三签署了《关于湖北省烟草公司上划交接协议书》。决定自协议书签订之日起湖北省烟草公司上划中国烟草总公司。上划后，实行总公司和地方政府双重领导，以总公司为主的体制。其产供销、人财物、内外贸由总公司集中统一管理。党的关系和思想政治工作以地方领导为主。

2. 上划后的全称为：湖北省烟草专卖局（以下简称省局）、中国烟草总公司湖北省公司（以下简称省公司），实行一套机构、两块牌子。其业务工作归口省经济委员会协调管理。

三、机构规格的变化

1983 年 8 月 27 日，湖北省人民政府以“鄂政函［1983］44 号”文，确定湖北省烟草公司为副厅（局）级单位。

1986 年 8 月 11 日，国家烟草专卖局以“国烟专［1986］38 号”文，将湖北省烟草专卖局（烟草公司）定为正厅（局）级单位。

四、内部机构设置和人员编制

（一）机构设置

1.1983 年 12 月 2 日，湖北省人民政府办公厅以“鄂政办函［1983］103 号”文，批准省公司内设六处一室。即：办公室、政治处、劳资处、计划处、生产技术处、物资供应处、财务物价处。

2.1985 年 3 月 14 日，中国烟草总公司以“中烟审计字［1985］第 2 号”文，批准设审计处。

3.1985 年 12 月 21 日，湖北省编制委员会以“鄂编［1985］086 号”文，批准成立省烟草学会。

4.1986 年 11 月 18 日，湖北省编制委员会批准设立专卖处。

5.1987 年 5 月 26 日，湖北省经济委员会以“鄂经轻［1987］196 号”文，批准成立湖北省烟草机械技术开发联营公司。

6.1988 年 5 月 11 日，国家烟草专卖局以“国烟专［1988］22 号”文，批准将专卖处改为专卖办公室。

7. 截止 1988 年 12 月 31 日，省局（公司）共设十处二室和烟叶经理部、卷烟销售经理部、科研所、烟草学会、烟草机械联营公司等 17 个职能机构（其中：设备管理处、基建技改处、监察处没有批复）。

（二）人员编制

1983 年 12 月 2 日，省政府办公厅以“鄂政办函［1983］103 号”文，批准省公司定企业编制 80 人。

1986 年 11 月 18 日，湖北省编制委员会批准专卖处增加定编 9 人。

1985 年 3 月 14 日，总公司以“中烟审计字［1985］第 2 号”文，批准审计处定编 5 人。

1985 年 12 月 21 日，省编委以“鄂编［1985］086 号”文，批准烟草学会定编 5 人。

1988 年 5 月 11 日，国家烟草专卖局以“国烟专［1988］22 号”文，批准专卖办公室定编 12 人。

截止 1988 年 12 月 31 日，省局（公司）机关经上级批准编制共计 111 人。

五、党委（党组）、纪检组和机关党委的成立

（一）党委（党组）成立

1.1984 年 1 月 17 日，中共湖北省委组织部以“鄂组干［1984］025 号”文，批准成立中共湖北省烟草公司委员会。

2.1986 年 8 月 30 日，中共国家烟草专卖局、中国烟草总公司党组以“中烟党［1986］71 号”文，批复中共湖北省烟草专卖局（公司）党委改为党组，局和公司的党组成员为同一班人。

（二）纪检组成立

1986 年 9 月 4 日中共国家烟草专卖局、中国烟草总公司党组以“中烟党［1986］72 号”文，批准成立中共湖北省烟草专卖局、中国烟草总公司湖北省公司党组纪律检查组。

（三）机关党委成立

1986 年 9 月 26 日，中共湖北省直属机关委员会以“鄂直党组［1986］59 号”文，批准成立中共湖北省烟草专卖局、中国烟草总公司湖北省公司机关委员会。董玮同志任机关党委书记。

六、领导成员历次变动情况

（一）党委、党组成员历次变动情况（见表一）

（二）行政领导成员历次变动情况（见表二）

1984年1月——1990年12月　　（表一）

姓　名	职　务	级别	任职起止时间	任职文号	免职文号	备注
朱启明	党委书记 党组书记		1984.1.17—1987.4 1987.4.8—1990.12.31	鄂组干[84]025号 中烟党[87]37号		
张相泰	党委委员 党组成员		1984.1.17—1987.4 1987.4.8—1990.12.31	鄂组干[84]025号 中烟党[87]37号		
吴厚淳	党委委员		1984.1.17—1987.4.8	鄂组干[84]025号	中烟党[87]37号	改任中层干部
万光国	党组成员		1987.4.8—1990.12.31	中烟党[87]37号		
徐少川	党组成员		1990.1.8—1990.12.31	国烟党[90]05号		任纪检组长

1983年8月——1990年12月　　（表二）

姓　名	职　务	级别	任职起止时间	任职文号	免职文号	备注
朱启明	局　长 经　理		1983.8.27—1987.4.8 1987.4.8—1990.12.31	省委鄂发干[83]33号 中烟党[87]37号		
万光国	副局长 副经理		1987.4.8—1990.12.31	中烟党[87]37号		
张相泰	副局长 副经理		1983.12.30—1987.4.8 1987.4.8—1990.12.31	鄂组干[83]631号 中烟党[87]37号		
吴厚淳	副经理		1983.12.30—1987.4.8	鄂组干[83]631号	中烟党[87]37号	改任中层干部
董　玮	副局级调研员		1988.7.21—1990.11.21	国烟党[88]9号	国烟党[90]88号	离休

湖南省烟草专卖局
中国烟草总公司湖南省公司

一、筹建经过

1.1981年4月14日，湖南省轻工业局根据全省烟草的生产情况及安徽省的经验，以“湘轻食字［81］198号”文件，向湖南省人民政府提出《关于成立湖南省烟草工业公司的报告》。

2.1982年5月17日，为落实国务院“国发［1981］85号”文件精神，湖南省人民政府办公厅向湖南省轻工业局、商业厅、供销社发出《关于成立湖南省烟草公司筹备小组》的函。1982年7月13日，湖南省轻工业局以“湘轻食字［82］443号”文件，向湖南省人民政府提出《关于省烟草公司组建方案意见的报告》。1982年11月17日，国家经委值班室周福华给湖南省人民政府办公厅来电话，督促和了解湖南省组建省烟草公司的情况。1982年11月23日，湖南省人民政府办公厅电话向国家经委汇报了准备筹建的情况。

3.1983年4月5日，中国烟草总公司张励处长来湖南协商组建省烟草公司事宜。1983年4月6日，副省长周政给省长刘正、省委组织部长黄道奇写信，建议尽快成立湖南省烟草公司。1983年4月18日俞海潮副省长批示："请省轻工业局立即起草成立省烟草公司的文件"。1983年4月20日，湖南省轻工业局起草了《关于成立湖南省烟草公司的通知》。1983年4月24日省政府召开办公会议，通过了这个文件。1983年6月3日湖南省人民政府以"湘政发［1983］43号"文件，发出通知指出：自1983年7月1日正式成立湖南省烟草公司，由省轻工业局副局长王哲凡负责筹建工作，隶属省经委领导。

4. 为落实国务院"国发［1983］151号"文件精神，1983年10月22日，湖南省人民政府以"湘政办发［1983］73号"文件，发出《关于设立湖南省烟草专卖局的通知》，批准湖南省烟草专卖局成立。同时明确，与省烟草公司为一套机构。

二、组建上划和隶属关系

1. 根据国务院办公厅"国办发［1984］69号"文件精神，1984年12月2日中国烟草总公司总经理李益三与湖南省人民政府副省长俞海潮签署《关于湖南省烟草公司上划交接协议书》。协议书明确：湖南省烟草公司自1985年1月1日起，上划中国烟草总公司。实行由总公司和地方政府双重领导，以总公司为主的管理体制。其产、供、销，人、财、物，内、外、贸由总公司集中管理；党的关系和思想政治工作仍由地方负责管理。

2. 上划后全称为：湖南省烟草专卖局（以下简称省局）、中国烟草总公司湖南省公司（以下简称省公司），实行一套机构，两块牌子。其行政、业务等工作仍归口湖南省经济委员会协调管理。

三、机构规格的变化

1.1983年6月3日，湖南省人民政府以"湘政发［1983］43号"文件中明确规定：湖南省烟草公司为副厅（局）级单位。

2.1984年12月2日，省政府与总公司签署的上划协议书中提出：省公司既是总公司的直属企业，又是湖南省人民政府赋予厅（局）级管理烟草行业的职能部门。1985年10月18日，中国烟草总公司经征得湖南省委、省政府同意，以"中烟党字（85）第44号"文件，明确省局（公司）为正厅（局）级。

四、内部机构设置和人员编制

（一）机构设置

1.1983年6月3日，湖南省人民政府以"湘政发［1983］43号"文，批准省公司机关设：办公室、人事处、生产技术处、计划财务处、购销处。

2.1984年4月12日，中国烟草总公司以"中烟技字［84］第021号"文件，批准省公司建立省级烟草工业质量检测中心站。1984年7月3日，湖南省编制委员会以"湘编直［1984］110号"文，批复同意省局设立烟草专卖办公室。

3.1985年2月6日，中国烟草总公司以"中烟人字"［85］第4号"文件，批复同意省局（公司）设置：办公室、专卖办公室、计划基建处、生产技术处、劳动工资处、审计处、财务物价处、原烟处（对外称烟叶经理部）、销售处（对外称卷烟经理部）、物资供应处（对外称物资经理部）、储运处、政治工作部、烟草科研检测中心。

4.1986年7月7日，根据中国烟草总公司"中烟生字［1986］12号"和"中烟生企字［1986］第2号"文件精神，省局（公司）以"湘烟政字（86）第026号"文件，决定将原企业改革整顿办公室改为企业管理处。1986年8月29日，省公司以"湘烟政字［86］第040号"文件，决定设立安全监察处。

5.1987年3月16日，省公司以“湘烟政字［87］第012号”文件，决定撤销安全监察处，设立劳资安监处、设备处。

6.1987年7月25日，省公司以“湘烟政字［87］第012号”文件，决定将机关基建办公室改为常设机构。

7.1988年3月18日，省局（公司）以“湘烟政字［88］第015号”文件，决定设立湖南省烟草质量监督检测站，隶属省烟草科研检测中心领导。

（二）人员编制

1983年6月3日，省人民政府以“湘政发［1983］43号”文件，批准机关企业定编60人。

1985年2月6日，中国烟草总公司以“中烟人字［1985］第4号”文件，批准省公司机关企业编制140人，比原编制增加80人。

截止1988年12月31日，上级批准省局（公司）机关编制为140人。

五、党委（党组）、纪委和机关党委的成立

（一）党委、党组成立

1.1983年10月15日，中共湖南省委以“湘发干［1983］261号”文件，任命了党委组成人员，随之，成立了中共湖南省烟草公司委员会。

2.1985年7月19日，中共国家烟草专卖局、中国烟草总公司党组以“中烟党字［1985］第34号”文件，批准成立中共湖南省烟草专卖局、中国烟草总公司湖南省公司党组，局和公司党组为同一班人。

（二）纪律检查委员会成立

1985年2月5日，中国烟草总公司以“中烟党字［1985］第3号”文件，批准成立中国烟草总公司湖南省公司、湖南省烟草专卖局委员会纪律检查委员会，纪委书记缺职。

1985年7月19日，省局（公司）党委改党组后，纪律检查委员会随着改为纪律检查组。1987年4月9日由曹宗贵任纪检组长。

1985年5月14日，中共湖南省直属机关委员会以“湘直发［1985］40号”文件，批准成立中共湖南省烟草专卖局（公司）机关委员会。

六、领导成员历次变动情况

（一）党委、党组领导成员历次变动情况（见表一、二）

（二）行政领导成员历次变动情况（见表三）

1983年10月——1985年7月（党委成员）　　（表一）

姓　名	职　务	级别	任职起止时间	任 职 文 号	免职文号	备注
张良德	书记	副厅	1983.10.15—1985.7.19	湘发干[1983]261号		
张登武	委员	正处	1984.12.21—1985.7.19	湘工财干字[1984]27号		
王树青	委员	正处	1983.10.15—1985.7.19	湘发干[1983]261号		

1985年7月——1990年12月（党组成员）　　（表二）

姓　名	职　务	级别	任职起止时间	任 职 文 号	免职文号	备注
张良德	书记	正厅	1985.7.19—1989.9.27	中烟党[1985]34号	国烟党[89]62号	党委改党组
张登武	成员	副厅	1985.7.19—1990.5.15	中烟党[1985]34号		党委改党组
王树青	成员	副厅	1985.7.19—1990.12.31	中烟党[1985]34号		党委改党组
曹宗贵	成员	副厅	1987.4.9—1990.12.31	中烟党[1987]35号		党委改党组
王滇胜	成员	副厅	1990.2.28—1990.12.31	国烟党[90]21号		

1983年10月——1990年12月　　(表三)

姓　名	职　务	级别	任职起止时间	任 职 文 号	免职文号	备注
张良德	局长 经理	副厅 正厅	1983.10.15—1984.3.6 1984.3.6—1985.10.18 1985.10.18—1989.9.27	湘干发[1983]261号任经理 湘工财干字[1984]7号任局长 中烟党[1985]44号	国烟党[89]62号	85年10月升为正厅
张登武	副局长 副经理	副厅	1984.12.21—1985.10.18 1985.10.18—1990.5.15	湘干财干字[1984]27号任二职 中烟党[1985]44号		85年10月升为副厅
王树青	副局长 副经理	副厅	1983.10.15—1984.3.6 1984.3.6—1985.10.18 1985.10.18—1990.12.31	湘干发[1983]261号任副经理 湘工财干字[1984]7号任副局长 中烟党[1985]44号		85年10月升为副厅
肖寿松	副局长 副经理	副厅	1989.5.3—1990.12.31	国烟党[89]19号		
王滇胜	副经理	副厅	1990.2.28—1990.12.31	国烟党[90]21号		
张登武	局长 经理	正厅	1990.5.15—1990.12.31	国烟党[90]43号		

广东省烟草专卖局
中国烟草总公司广东省公司

一、筹建经过

1.1982年8月2日广东省人民政府办公厅以“粤办函［1982］1086号”发出《关于成立广东省烟草公司筹备小组的通知》，决定由彭楷仁、陈明洛、陈忠传、梁寿涵组成广东省烟草公司筹备小组，在省经委领导下开展工作。

2.1982年12月15日，广东省人民政府召开省长办公会议，认为省烟草公司的筹备工作已基本就绪，同意广东省烟草公司于1983年1月1日正式成立。会议还决定设立省烟草公司董事会。据此，广东省人民政府于1982年12月20日下发“粤府［1982］288号”文，决定1983年1月1日正式成立广东省烟草公司，属企业性质，行使省人民政府授予的行政管理职权。公司设立董事会，实行董事会领导下的经理负责制。并明确规定广东省烟草公司由省人民政府领导，省经委代管。

3. 成立广东省烟草公司董事会。根据省人民政府“粤府［1982］288号”文和省长办公会议精神，1983年3月15日，省人民政府办公厅以“粤府办［1983］31号”文复函，同意成立省烟草公司董事会。由省经委主任王焕任董事长，省烟草公司彭楷仁、省一轻厅蔡萍、省商业厅贺瑞林任副董事长、董事由省财政厅、省农业厅、省外贸局、中行广州分行、省人民银行、省二轻厅、广州、韶关、湛江、梅州市经委各指派一位负责人担任。

1986年8月2日，广东省烟草公司根据省委“粤发［1986］30号”文件精神，以“粤烟［1986］293号”文，向省政府提出《关于撤销广东省烟草公司董事会的报告》。省人民政府于1986年8月19日批复同意撤销省烟草公司董事会。

4.1983年11月9日，根据国务院“国发［1983］151号”文件精神，广东省人民政府办公厅以“粤府办［1983］173号”文，发出《关于成立省烟草专卖局的通知》，决定成立广东省烟草专卖局。局与公司合署办公。

二、组建上划和隶属关系

1.根据国务院“国发［1981］85号”和“国发［1983］151号”文件精神，1985年11月20日，广东省人民政府秘书长李祥麟和中国烟草总公司总经理李益三签署《关于广东省烟草公司上划交接协议书》。决定广东省烟草公司自1986年1月1日起上划中国烟草总公司。实行总公司和地方政府双重领导，以总公司为主的管理体制。其产供销、人财物、内外贸由总公司集中统一管理；党的关系和思想政治工作仍由地方管理。

2.上划后全称为：广东省烟草专卖局（以下简称省局）、中国烟草总公司广东省公司（以下简称省公司），实行一套机构，两块牌子。其行政、业务等工作仍归口广东省经委协调管理。

三、机构规格的变化

1982年12月20日省政府以“粤府［1982］288号”文，将省烟草公司定为副厅级单位。1988年7月18日广东省人民政府办公厅“粤办函［1988］367号”和1988年7月30日国家烟草专卖局、中国烟草总公司以“国烟专［1988］37号”文，将广东省烟草专卖局、中国烟草总公司广东省公司升为正厅级。

四、内部机构设置和人员编制

（一）机构设置

1.1983年3月10日，广东省编制委员会以“粤编［1983］13号”文批复，同意省公司内部机构设一室八部。即：办公室、人事部、综合计划部、财会物价部、科研技术部、基建设备部、物资供应部、烟叶经理部、卷烟经理部。

1983年11月19日，广东省政府办公厅以“粤府办［1983］173号”文，批准省局（公司）设立专卖管理办公室。

2.1984年1月3日，省编制委员会以“粤编［1984］003号”文，批准设立进出口部。

1984年10月30日，省政府办公厅以“粤府办函［1984］951号”文，批准成立中国烟草进出口公司广东分公司，同时撤销进出口部。

3.1984年2月，经省总工会“粤工［1984］032号”文，批准成立广东省烟草公司工会工作委员会。

4.1985年，省局（公司）决定设立对外合资办公室、企业管理办公室、审计室、教育培训中心。

5.1986年1月，省局（公司）决定设立信息计算中心。

1986年3月1日，根据中国烟草总公司“［84］中烟技字第065、094号”文精神和省科协“粤科协字［1985］125号”文批准，省公司成立烟草学会。

1986年省局（公司）批准撤销对外合资办公室。

6.1987年5月11日，中国烟草总公司以“中烟政［1987］20号”文，通知将人事部改为政治部。

1987年5月13日，中国烟草总公司以“中烟政［1987］22号”文，批准成立中国烟草物资公司广州供应站。

1987年11月6日，省局（公司）决定设立资源开发办公室。

7.1988年7月30日，中国烟草总公司以“中烟机［1988］34号”文，批准将企业管理办公室改为生产管理部；增设广东烟草机械零配件服务中心。

（二）人员编制

1982年12月27日，广东省编制委员会以“粤编［1982］216号”文，批复同意省公司暂定企业编制200人。

1985年4月8日，广东省编制委员会以“粤编［1985］169号”文，批复同意省公司机关企业编制 340 人（含原暂定编制 200 人）。

1985 年 4 月 15 日，广东省编制委员会以“粤编［1985］100 号”批复，广东省烟草公司工委会编制 4 人。

1987 年 5 月 13 日，中国烟草总公司以“中烟政［1987］22 号”文，批准中国烟草物资公司广州供应站编制 10 人。

截止 1988 年 12 月 31 日，省局（公司）机关行政、企业定编 354 人。

五、党委、纪委的成立

（一）党委成立

1983 年 5 月 4 日，广东省经济委员会以“粤经干［1983］161 号”文发出《关于成立中共广东省烟草公司委员会的通知》指出：省委批准成立中共广东省烟草公司委员会。

（二）纪律检查委员会成立

1983 年 12 月 28 日，省公司以“粤烟党字［1983］第 023 号”文，向省经委提出《关于建立中共广东省烟草公司纪律检查委员会的报告》于 1984 年上半年，省公司成立了纪律检查委员会，由彭楷仁兼任纪委书记。1985 年中共广东省委经济工作部以“粤经部干字［1985］219 号”文，任命符树民兼任纪委书记。

（三）1984 年 7 月 10 日经省烟草专卖局（公司）党委批准成立共青团省烟草专卖局（公司）委员会。

六、领导成员历次变动情况

（一）党委领导成员历次变动情况（见表一、二）

（二）行政领导成员历次变动情况（见表三、四）

1982 年 8 月——1990 年 9 月　（表一）

姓　名	职　务	级别	任职起止时间	任 职 文 号	免职文号	备注
彭楷仁	书　记	副厅	1982.8.13—1990.9.3	粤组干[1982]451 号		
符树民	副书记	正处	1985.5.6—1988.12.31	粤经部干字[1985]219 号		
陈明洛	委　员	正处 副厅	1983.5.4—1990.9.3	粤经干[1983]161 号 粤组干[1983]1171 号		
陈忠传	委　员	正处	1983.5.4—1988.12.31	粤经干[1983]161 号		
梁寿涵	委　员	正处	1983.5.4—1990.9.3	粤经干[1983]161 号		
欧伟明	委　员	正处	1988.7.21—1989.10.12	中烟党[1988]53 号		

1990 年 9 月——1990 年 12 月 31 日　（表二）

姓　名	职　务	级别	任职起止时间	任 职 文 号	免职文号	备注
欧伟明	党委委员		1988.7.21—1989.10.12	中烟党[88]53 号	国烟党[89]67 号	
纪立纪	党委委员		1989.10.20—1990.9.3	国烟党[89]70 号		
彭楷仁	代理党委书纪		1990.9.3—1990.12.31	国烟党[90]70 号		
陈明洛	党委委员		1990.9.3—1990.12.31	国烟党[90]70 号		
黄永东	党委副书纪		1990.9.3—1990.12.31	国烟党[90]70 号		
梁寿涵	党委委员		1990.9.3—1990.12.31	国烟党[90]70 号		
纪立纪	党委委员		1990.9.3—1990.12.31	国烟党[90]70 号		
廖树英	党委委员		1990.9.3—1990.12.31	国烟党[90]70 号		
黄永东	兼纪委书记		1990.12.25—1990.12.31	国烟党[90]104 号		

1982 年 8 月——1990 年 9 月（表三）

姓　名	职　务	级别	任职起止时间	任 职 文 号	免职文号	备注
陈明洛	经理 局长	正处	1982.8.13—1983.11.9	粤组干[1982]451 号任经理		
		副厅	1983.10.27—1988.12.31 1983.11.19—1990.9.3	粤组干[1982]1171 号 粤府干[1983]173 号任局长		
陈忠传	副局长 副经理	正处	1982.8.13—1983.11.19 1983.11.19—1990.9.3	粤组干[1982]451 号任副经理 粤府办[1983]173 号任副局长		
梁寿涵	副经理	正处	1982.8.13—1990.9.3	粤组干[1982]451 号		
纪立纪	副经理	正处	1985.5.6—1990.9.3	粤经部干字[1985]154 号		
欧伟明	副经理	正处	1988.7.28—1989.10.12	中烟党[1988]53 号	国烟党[1989]67 号	

1990 年 9 月——1990 年 12 月 31 日（表四）

姓　名	职　务	级别	任职起止时间	任 职 文 号	免职文号	备注
陈明洛	代理局长 经理	正厅	1990.9.3—1990.12.31	国烟党[1990]70 号		
黄永东	副局长 副经理	副厅	1990.9.3—1990.12.31	国烟党[1990]70 号		
梁寿涵	副经理	副厅	1990.9.3—1990.12.31	国烟党[1990]70 号		
纪立纪	副经理	副厅	1990.9.3—1990.12.31	国烟党[1990]70 号		
廖树英	副经理	副厅	1990.9.3—1990.12.31	国烟党[1990]70 号		
陈忠传	巡视员	副厅	1990.9.3—1990.12.31	国烟党[1990]70 号		

海南省烟草专卖局
中国烟草总公司海南省公司

一、筹建经过

根据中共中央、国务院《关于建立海南省及其筹建工作的决定》和国务院有关对烟草实行专卖的规定，国家烟草专卖局、中国烟草总公司于 1988 年 1 月 13 日以“国烟办［1988］1 号”文，同意海南行政区人民政府办公厅“琼府办［1988］1 号、2 号”文，关于成立海南省烟草专卖局筹建小组和成立中国烟草总公司海南省公司的请示报告。1988 年 2 月 23 日，海南行政区政府办公厅以“琼府办［1988］8 号”文转发“国烟办［1988］1 号”文，决定成立以陈罗荣为组长，蒙行忠、李子萍为成员的筹建领导小组，负责海南省烟草专卖局（公司）的组建工作。

1988 年 3 月 28 日，中共海南区工委和建省筹备组讨论决定，海南省烟草专卖局（公司）领导班子由陈罗荣、陈喜由、蒙行忠、陈载元、李子萍五人组成，陈罗荣为主要负责人。

二、组建上划和隶属关系

1988年5月16日，中共国家烟草专卖局、中国烟草总公司党组以“中烟党［1988］33号”文，批准成立海南省烟草专卖局（以下简称省局）、中国烟草总公司海南省公司（以下简称省公司）。并直接上划实行国家烟草专卖局、中国烟草总公司和海南省人民政府双重领导，以国家烟草专卖局、中国烟草总公司领导为主的管理体制。其省局（公司）为一套机构、两块牌子。产供销、人财物、内外贸由总公司集中统一管理；业务工作委托省经济计划厅代管；党的关系和思想政治工作由中共海南省组织部企业工委代管。

三、机构规格的变化

1988年5月16日，中共国家烟草专卖局、中国烟草总公司党组以“中烟党［1988］33号”文，将省局（公司）确定为副厅级。

四、内部机构设置和人员编制

（一）机构设置

1.1988年7月20日，中国烟草总公司以“中烟政［1988］47号”文，批准省局（公司）内设办公室、专卖办公室、卷烟业务部、生产物资部、财务部。

2.1988年中国烟草总公司以“（88）中烟科综字第43号”文，批准成立海南省香料烟试验站。

3.1988年9月8日，国家烟草专卖局、中国烟草总公司以“国烟办［1988］9号”文，批准省局（公司）内设进出口部。

（二）人员编制

1988年1月13日，国家烟草专卖局、中国烟草总公司以“国烟办［1988］1号”文，批准省局（公司）机关编制暂定50人。

截止1988年12月31日，上级批准省局（公司）机关编制为50人。

五、党委、纪委和机关党支部的成立

（一）党委成立

1988年9月13日，中共国家烟草专卖局、中国烟草总公司党组以“中烟党［1988］69号”文，批准成立中共海南省烟草专卖局、中国烟草总公司海南省公司委员会。省局（公司）党委成员为同一班人。

（二）机关党支部成立

1988年12月15日，省局（公司）党委决定成立中共海南省烟草专卖局（公司）机关支部委员会，由民主选举产生。

六、领导成员历次变动情况

（一）党委领导成员历次变动情况（见表一）

（二）行政领导成员历次变动情况（见表二）

1988年9月—1990年12月　（表一）

姓　名	职　务	级别	任职起止时间	任职文号	免职文号	备注
陈罗荣	书　记	副厅	1988.9.13—1990.12.31	中烟党[1988]69号		
陈喜由	委　员	正处	1988.9.13—1990.12.31	中烟党[1988]69号		
蒙行忠	委　员	正处	1988.9.13—1990.12.31	中烟党[1988]69号		

1988年5月—1990年12月　（表二）

姓　名	职　务	级别	任职起止时间	任职文号	免职文号	备注
陈罗荣	局长、经理	副厅	1988.5.16—1990.12.31	中烟党[1988]33号		
陈喜由	副局长	正处	1988.5.16—1990.12.31	中烟党[1988]33号		
蒙行忠	副经理	正处	1988.5.16—1990.12.31	中烟党[1988]33号		

广西壮族自治区烟草专卖局、中国烟草总公司广西壮族自治区公司

一、筹建经过

1.1983年5月5日，广西壮族自治区党委、自治区人民政府，根据国务院“国发［1981］85号”文件《国务院批转轻工业部关于实行烟草专营报告的通知》精神，以“桂经干字［1983］44号”文，批准成立广西壮族自治区烟草公司筹备处，任命李万金为主任，朱泽光、康健为副主任，具体负责筹备工作。1983年6月25日，自治区人民政府以“桂政办字［1983］38号”文，批准成立广西壮族自治区烟草公司，委托区工业局代管。于1983年8月1日正式对外办公。

2.1984年1月31日，广西壮族自治区人民政府根据《烟草专卖条例》规定，以“桂政发［84］18号”文，批准成立广西壮族自治区烟草专卖局，与区烟草公司合署办公。

二、组建上划和隶属关系

1. 根据国务院“国发［1983］151号”和国务院办公厅“国发［1984］69号”文件精神，广西壮族自治区人民政府代表甘苦和中国烟草总公司代表南屏于1984年12月1日签署了《关于广西壮族自治区烟草公司上划交接协议书》。决定自1985年1月1日起，自治区烟草公司上划中国烟草总公司。实行总公司和地方政府双重领导，以总公司为主的管理体制。其产供销、人财物、内外贸，由总公司集中统一管理；党的关系和思想政治工作仍由地方管理。

2. 上划后的全称为：广西壮族自治区烟草专卖局（以下简称区局）、中国烟草总公司广西壮族自治区公司（以下简称区公司），实行一套机构，两块牌子。其业务工作由自治区经济委员会协调管理。

三、机构规格的变化

1983年6月25日，自治区人民政府以“桂经干字［83］63号”文，确定区公司为县（团）级。

1984年12月1日，自治区人民政府与中国烟草总公司签订上划交接协议书时，商定区局（公司）为副厅级。

四、内部机构设置和人员编制

（一）机构设置

1. 组建初期，内部机构设置三组一室。即：行政办公室、业务组、生产组、烟叶组。

2.1984年4月20日，自治区人民政府以“桂政办［84］65号”文批准，设六科二部一室。即：办公室、人事劳资料、计划财务科、生产技术科、材料设备科、专卖科、卷烟经营部、烟叶经营部。

3.1985年3月14日，中国烟草总公司以“中烟审计字［85］2号”文，批准建立审计处。

4.1985年8月10日，中国烟草总公司以“中烟政字［85］17号”文批准内部机构设八处一室。即：办公室、政治处、专卖处、(后改称专卖办公室)、生产科技处、计划基建处、财务物价处、物资供应处、烟叶处、销售处。

5.1988年4月4日，中国烟草总公司以“中烟政［1988］31号文“批准成立区卷烟销售公司、烟叶生产购销公司、物资供应公司，分别与销售处、烟叶处、物资处为一套班子两块牌子。

6.1988年10月25日，区局（公司）以“桂烟政字［88］036号”文，决定成立质量监督检测站。

（二）人员编制

1984年4月24日，自治区人民政府办公厅以“桂政办［84］65号”文，批准区局（公司）人员编制为191人（其中：行政管理人员45人，卷烟经营部和烟叶经营部分别定编32人和114人)。

截止1988年12月31日，区局（公司）经上级批准的编制仍为191人。

五、党委（党组）、纪检组和机关党委的成立

（一）党委、党组成立

1.1983年6月，中共广西壮族自治区委员会组织部以“桂经干字［83］62号”文，批准成立中共广西壮族自治区烟草公司委员会。

2.1986年1月25日，中共中国烟草总公司党组以“中烟党字（86）11号”文，批准成立中共中国烟草总公司广西壮族自治区公司党组。1987年8月26日，中共国家烟草专卖局、中国烟草总公司党组以“中烟党［1987］64号文，批准成立中共广西壮族自治区烟草专卖局党组和中国烟草总公司广西壮族自治区公司党组，局（公司）党组为同一班人。

（二）纪律检查组成立

1986年6月30日，中共中国烟草总公司党组以“中烟党［1986］57号”文，批准成立中共中国烟草总公司广西壮族自治区烟草公司党组纪律检查组，由樊国英任组长。

（三）机关党委成立

1988年5月15日，中共广西壮族自治区区直机关委员会“以桂直党字（88）42号”文，批准成立中共广西壮族自治区烟草专卖局（公司）机关委员会。

六、领导成员历次变动情况

（一）党委（党组）成员历次变动情况（见表一）

（二）行政领导成员历次变动情况（见表二）

1983年6月—1990年12月 （表一）

姓名	职务	级别	任职起止时间	任职文号	免职文号	备注
贾礼忠	党委书记 党组成员	副厅	1983.6.25—1986.1.25 1986.1.25—1987.8.26	桂经干字(83)62号 中烟党[1986]11号	中烟党[1986]11号 中烟党[1987]64号	改任总工程师退休
彭瑞世	党组书记	副厅	1986.1.25—1987.8.26	中烟党[1986]11号	中烟党[1987]64号	调离
任西江	党组书记	副厅	1987.8.26—1990.12.31	中烟党[1987]64号		
李荣光	党组副书记	正处	1987.8.26—1990.12.31	中烟党[1987]64号		
康健	党组成员	副厅	1986.1.25—1987.8.26	中烟党[1986]11号	中烟党[1987]64号	离休
黄寅江	党组成员	正处	1986.1.25—1987.8.26	中烟党[1986]11号	中烟党[1987]64号	另行分配
谢敏	党组成员	正处	1986.12.1—1990.12.31	中烟党[1986]118号		

1983年6月—1990年12月　　（表二）

姓　名	职　务	级别	任职起止时间	任职文号	免职文号	备注
康　健	局　长 经　理	正处 副厅	1983.6.25—1987.8.26	桂经干字[1983]62号 中烟党[1986]11号任二职	中烟党[1987]64号	任经理 离　休
任西江	局　长 经　理	副厅	1987.8.26—1990.12.31	中烟党[1986]64号		
李荣光	副局长	正处	1988.9.5—1990.12.31	中烟党[1988]20号		
谢　敏	副局长 副经理	正处	1986.12.1—1990.12.31 1987.8.26—1988.9.5	中烟党[1986]11号任二职 中烟党[1987]64号任二职	中烟党[1988]20号	继任 副经理
黄寅江	副局长 副经理	正处	1986.1.25—1987.8.26	中烟党[1986]11号	中烟党[1987]64号	另　行 分　配
贾礼忠	总　工 程　师	副厅	1986.1.25—1987.8.26	中烟党[1986]11号	中烟党[1987]64号	退　职 休　养

四川省烟草专卖局
中国烟草总公司四川省公司

一、筹建经过

1. 根据国务院“国发［1981］85号”文件《国务院批转轻工业部关于实行烟草专营报告的通知》精神，1982年5月6日，经四川省轻工业局党组研究并报经四川省人民政府同意，决定成立四川省烟草公司筹备组。由高毅任组长，梁敬尧、诸葛行、赵前锋、汤永义、李树朴为副组长。于1982年8月2日，正式开展全省烟草专营机构的筹建工作。

2.1982年10月20日，四川省人民政府“川府发［1982］169号”文件，决定成立四川省烟草公司，由省轻工局、商业厅、供销社三家经营管理烟草工作的机构合并组成，委托四川省轻工业局代管。

3.1983年3月2日，省政府“川府函［1983］31号”文决定：设立四川省烟草专卖局，同四川省烟草公司合署办公，全面开展业务工作。

二、组建上划和隶属关系

1.1984年7月9日，根据国务院“国发［1983］151号”文和国务院办公厅“国办发［1984］69号”文，中国烟草总公司总经理李益三和四川省人民政府副省长顾金池签署了《关于四川省烟草公司上划交接协议书》。决定自协议书签定之日起，全省烟草工商企业上划中国烟草总公司。上划后，实行中国烟草总公司和地方人民政府双重领导，以中国烟草总公司为主的管理体制。其产供销、人财物、内外贸由中国烟草总公司集中统一管理；党的关系和思想政治工作由地方负责管理。

2. 上划后的全称为：四川省烟草专卖局（以下简称省局）、中国烟草总公司四川省公司（以下简称省公司），实行一套机构，两块牌子。其业务工作归口四川省计划经济委员会协调管理。

三、机构规格的变化

1982 年 10 月 20 日，四川省人民政府以“川府发［1982］169 号”文，确定四川省烟草公司为副厅级单位。

1986 年 4 月 17 日，国家烟草专卖局以“国烟专［1986］22 号”文，确定四川省烟草专卖局（公司）为正厅级单位。

四、内部机构设置和人员编制

（一）机构设置

1.1983 年 4 月 1 日，四川省轻工业厅党组以“川轻党干字［83］第 062 号”文，批准内部设：办公室、人事处、计划处、生产技术处、财会物价处、烟叶经理处、销售经理处、物资供应处等七处一室。

2.1983 年 7 月 21 日，四川省轻工业厅党组以“川轻党字［83］第 112 号”文，批准设立储运处。

3.1983 年 11 月 9 日，四川省轻工业厅以“川轻干字［83］第 272 号”文，批准设立省局专卖管理处。

4.1984 年 1 月 14 日，四川省轻工业厅以“川轻干字［84］008 号”文，批准设立政治处、劳动工资处，同时撤销人事处。

5.1984 年 4 月 12 日，中国烟草总公司以“［84］中烟技字第 021 号”文，批准设立四川省卷烟质量检测站。

6.1985 年 4 月 9 日，省公司以“川烟政干字［85］第 029 号”文，决定设立审计处。

7.1985 年 7 月 20 日，四川省科协以“川科协学［85］第 141 号”文，批准成立四川省烟草学会。

8.1986 年 6 月 21 日，中国烟草总公司以“中烟政［1986］11 号”文，批准成立四川省烟草物资公司，与物资供应处一套机构，两块牌子。

9.1986 年 12 月 12 日，省公司以“川烟政干字［86］第 125 号”文，决定设立调研室、企业管理处。

10.1988 年 5 月，省局、省公司根据国家烟草专卖局“国烟专［1988］22 号”文件通知，将原专卖管理处更名为专卖办公室。

11.1988 年 11 月 29 日，省公司以“川烟政干字［88］第 104 号”文，决定设立干部处、科技教育处、监察处（与纪委合署办公）。

（二）人员编制

1983 年 3 月 15 日，四川省政府以“川府函（1983）36 号”文，批复同意省公司暂定编制 140 人。

1984 年，中国烟草总公司以“［84］中烟技字第 003 号”文，批准四川省卷烟质量检测站人员编制 12 人。

1987 年 4 月 11 日，中国烟草总公司以“中烟党［1987］32 号”文，批准省局（公司）纪检委人员编制不少于 5 人。

1987 年 6 月 4 日，中国烟草总公司以“中烟审［1987］05 号”文，批准省局（公司）审计处人员编制不少于 6 人。

1988 年 5 月 11 日，国家烟草专卖局以“国烟专［1988］22 号”文，批准省局（公司）专卖办公室人员编制 12 人。

截止 1988 年 12 月 31 日，上级批准省局（公司）机关编制 175 人。

五、党委、纪委的成立

（一）党委成立

1.1983 年 3 月 18 日，中共四川省委组织部以“川委组干［1983］317 号”文，批准成立中共四川省烟草公司临时委员会。

2.1984年12月12日，中国烟草总公司党组以“［84］中烟党字第010号”文，批准成立中共中国烟草总公司四川省公司委员会。

3.1988年9月10日，机构升格后，中共国家烟草专卖局、中国烟草总公司党组以“国烟党［1988］23号”文决定：中共四川省烟草专卖局党委、中国烟草总公司四川省公司党委成员为同一班人。据此，中共四川省烟草局委员会成立。

（二）纪律检查委员会成立

1985年7月1日，中共四川省轻工业厅党组以“川轻党字［85］第021号”文，批准成立中共中国烟草总公司四川省公司纪律检查委员会，由罗子全兼任纪委书记。

六、领导成员历次变动情况

（一）党委领导成员历次变动情况（见表一、二）

（二）行政领导成员历次变动情况（见表三、四）

1983年2月—1984年12月(临时党委)　（表一）

姓　名	职　务	级别	任职起止时间	任职文号	免职文号	备注
汪文敏	书　记		1983.2.28—1984.12.12	川委组干[1983]317号		
梁敬尧	副书记		1983.2.28—1984.12.12	川经党干[1983]47号		退出班子
罗子全	副书记		1984.10.6—1984.12.12	川轻党[1984]068号		
赵前锋	委　员		1983.2.28—1984.12.12	川轻党[1983]50号		退出班子
诸葛行	委　员		1984.2.28—1984.12.12	川委组干[1984]010号		

1984年12月—1990年12月(党委成员)　（表二）

姓　名	职　务	级别	任职起止时间	任职文号	免职文号	备注
汪文敏	书　记		1984.12.12—1988.9.12 1988.9.12—1990.12.	中烟党[1984]10号 国烟党[1988]23号		
罗子全	副书记		1984.12.12—1988.9.12 1988.9.12—1990.12.31	中烟党[1984]10号 国烟党[1988]23号		
傅学国	副书记		1988.9.12—1990.12.31	国烟党[1988]23号		
诸葛行	委　员		1984.12.12—1988.9.12 1988.9.12—1990.12.31	中烟党[1984]10号 国烟党[1988]23号		
金熬熙	委　员		1984.12.12—1988.9.12 1988.9.12—1990.12.31	中烟党[1984]10号 国烟党[1988]23号		
陈有富	委　员		1985.9.26—1988.9.12	中烟党[1985]40号	国烟党[1988]23号	调离
蒲国英	委　员		1985.9.26—1988.9.12	中烟党[1985]40号	国烟党[1988]23号	
李德福	委　员		1990.12.25—1990.12.31	国烟党[1990]105号		

1982年12月—1984年12月　（表三）

姓　名	职　务	级别	任职起止时间	任职文号	免职文号	备注
汪文敏	经　理	副厅	1982.12.23—1984.12.12	川委组干[1982]671号		
梁敬尧	副经理	正处	1982.12.28—1984.12	川经党干[1982]127号		退出班子 1987.9.离休
赵前锋	副经理	正处	1982.12.28—1984.12.	川经党干[1982]127号		退出班子 1987.9.离休
诸葛行	副经理	正处	1982.12.28—1984.12.12			

1984年12月—1990年12月 （表四）

姓　名	职　务	级别	任职起止时间	任职文号	免职文号	备注
汪文敏	局　长 经　理	副厅 正厅	1984.12.10—1988.9.12 1988.9.12—1990.12.31	中烟党[1984]9号 国烟党[1988]23号		1988.9.升正厅
傅学国	副经理	副厅	1988.9.12—1990.12.31	国烟党[1988]23号		
诸葛行	副局长 副经理	正处 副厅	1984.12.10—1988.9.12 1988.9.12—1990.12.25	中烟党[1984]9号 任二职	国烟党[1988]23号 免副局长	继任副经理 1988.9.升副厅
罗子全	副局长 副经理	正处 副厅	1984.12.10—1988.9.12 1988.9.12—1990.12.31	中烟党[1984]9号 任二职	国烟党[1988]23号 免副经理	任专职副局长 1988.9升副厅
金敷熙	总工程师 副局长 副经理	正处 副厅	1984.12.10—1985.9.19 1988.9.19—1990.12.31	中烟党[1984]9号 任总工 中烟党[1985]30号 任二职	国烟党[1988]23号 免总工、副局长	继任副经理 1988.9.升副厅
陈有富	副局长 副经理	正处	1985.9.19—1988.9.12	中烟党[1985]30号 任二职	国烟党[1988]23号 免二职	调　离
李德福	副经理	副厅	1990.12.25—1990.12.31	国烟党[1990]105号		

重庆市烟草专卖局
中国烟草总公司重庆市公司

一、筹建经过

1. 根据1981年5月国务院“国发［1981］85号”文《批转轻工业部关于实行烟草专营报告的通知》精神，重庆市人民政府于1982年8月，以“重府发［1982］158号”和“重府发［1982］183号”文决定成立重庆市烟草公司。据此，重庆市委工交部以“渝委工［1982］351号”文批准成立重庆市烟草公司筹备组。由李志新任组长，张光林任副组长。于1983年8月1日开始营业。

2.1983年9月27日，为了全面实行烟草专卖的行政管理，重庆市政府以“重府函［1983］102号”文，批准成立重庆市烟草专卖局，与重庆市烟草公司一套机构，归口重庆市第一轻工业局管理。

二、组建上划和隶属关系

1. 根据国务院“国发［1983］151号”文和国家经委“经体［1984］740号”文《关于各地烟草公司上划问题的通知》，1984年7月14日，中国烟草总公司李益三总经理与重庆市人民政府黄冶副市长签署了《关于重庆市烟草公司上划交接协议书》。决定自1985年1月1日起，重庆市烟草公司上划中国烟草总公司。实行总公司和地方政府双重领导，以总公司领导为主的体制。其产供销、人财物由总公司集中统一管理；党的关系和思想政治工作仍由地方管理。

2. 上划后全称为：重庆市烟草专卖局（以下简称市局）、中国烟草总公司重庆市公司（以下简称市公司），实行一套机构，两块牌子。其业务工作归口重庆市经济委员会协调管理。

三、机构规格的变化

重庆市烟草专卖局（公司）于1982年8月和1983年9月经重庆市人民政府批准成立后，虽末明文确定级别，但实际上是按县团级单位管理和对待的。1984年7月14日中国烟草总公司与重庆市人民政府签署的《关于重庆市烟草公司上划交接协议书》中，明确规定“市公司上划后，直属总公司领导，享有省级公司权限”。1986年元月24日，中国烟草总公司以“中烟党［1986］5号”文明确重庆市烟草专卖局（公司）为市属局级单位。

四、内部机构设置和人员编制

（一）机构设置

1.1983年8月1日，市公司正式营业后，内设机构有：党委办公室、组织科、工会、团委、行政办公室、经营计划科、保卫科、劳工科、专卖科、运输科、基建科、材料科。

2.1984年5月9日，重庆市一轻工业局以“重一轻发［1984］211号”文，批准内部机构增设：仓储科、教育科、技术改造办公室、卷烟销售科（对外称卷烟经理部）、烟叶科（对外称烟叶经理部）、宣传科、总务科。

3.1984年年10月，根据工作需要，市公司决定撤销材料科、技术改造办公室。

4.1985年8月市公司决定将内设机构调整为：经理办公室、财务科、统计计划科、保卫科、人事劳资料、综合技术科、专卖办公室、政治工作办公室、群工科。

5.1986年9月18日，中国烟草总公司以“中烟政［1986］26号”文同意市局（公司）机关设立：办公室、专卖办公室、财务物价处、审计处、综合处、劳资处、政治处、卷烟销售公司。

6.1988年8月3日，市局（公司）以“重烟司人劳字（88）第146号”文，向中国烟草总公司政治部报送《关于市公司机关机构设置和人员编制的请示报告》，将内设机构调整为经理办公室、专卖办公室、财务物价处、审计处、综合处、人事劳资处、政治处、监察室（与纪委合署办公）。

7.1988年11月，市局（公司）决定将原卷烟经理部更名为重庆市卷烟销售公司（对内称卷烟销售处）。

8.1988年12月，根据烟叶生产发展需要，市局（公司）决定设立烟叶生产处。

（二）人员编制

1984年5月9日，市一轻局以“重一轻发［1984］211号”文，批复《重庆市烟草公司经济实体方案的实施意见》中明确人员编制按当时机关实有人数确定。

1988年8月3日，市局（公司）以“重烟司人劳（88）字第146号”文，向中国烟草总公司报批机关人员编制88人，截止1988年12月31日，尚未批复。

五、党委、纪委和机关党支部的成立

（一）党委成立

1.1982年11月，中共重庆市委工交部以“渝委工［1982］600号”文，批准成立中共重庆市烟草公司委员会。

2.1985年3月29日，中共国家烟草专卖局、中国烟草总公司党组以“中烟党［1985］14号”文，批准成立中共重庆市烟草专卖局（公司）委员会，局（公司）党委为同一班人。

（二）纪律检查委员会成立

1982年10月28日，中共重庆市委工交部以“渝委工［1982］505号”文，任命杨坚为中共重庆市烟草公司委员会纪律检查委员会书记。市公司党委纪律检查委员会同时成立。

1988年4月9日，中共国家烟草专卖局、中国烟草总公司党组以“中烟党［1988］19号”文，任命杨坚为中共重庆市烟草专卖局（公司）纪委书记（市属副局级）。

（三）机关党支部成立

1984年10月26日，经过民主选举，市公司党委以“重烟司党［1984］19号”文，决定成立中共重庆市烟草公司机关支部委员会。

六、领导成员历次变动情况

（一）党委领导成员历次变动情况（见表一、二）

（二）行政领导成员历次变动情况（见表三、四）

1982 年 10 月—1990 年 12 月 （表一）

姓　名	职　务	级别	任职起止时间	任职文号	免职文号	备注
李志新	书　记	正处	1982.10.26—1985.3.29	渝组干[1982]325 号	中烟党[1985]14 号	改任调研员
李武起	委　员		1985.3.29—1988.4.9	中烟党[1985]14 号		
杨　坚	委　员		1982.11.8—1988.4.9	渝委工[1982]600 号	中烟党[1988]19 号	任纪委书记
张光林	委　员		1982.10.26—1985.3.29	渝组干[1982]325 号		
朱学松	副书记		1982.10.26—1985.3.29	渝组干[1982]325 号	中烟党[1985]14 号	兼烟厂党委书记 改任党委委员
陈　华	委　员		1982.10.26—1984.3.6	渝组干[1982]325 号	重经发[1984]93 号	改任调研员

1982 年 10 月—1990 年 12 月 （表二）

姓　名	职　务	级别	任职起止时间	任职文号	免职文号	备注
廖正坤	副书记	副处 副局	1985.3.29—1988.4.9 1988.4.9—1990.12.31	中烟党[1985]14 号 中烟党[1988]19 号		1988 年 4 月升市属副局级
李武起	委　员	正处 正局	1985.3.29—1988.4.9 1988.4.9—1990.12.31	中烟党[1985]14 号 中烟党[1988]19 号		1988 年 4 月升市属副局级
黄正华	委　员	副处 副局	1985.3.29—1988.4.9 1988.4.9—1990.12.31	中烟党[1985]14 号 中烟党[1988]19 号		1988 年 4 月升市属副局级
李寿恺	委　员	副局	1988.4.9—1990.12.31	中烟党[1988]19 号		
朱学松	委　员	正处	1985.3.29—1988.4.9	中烟党[1985]14 号 中烟党[1988]19 号		

1982 年 10 月—1990 年 12 月 （表三）

姓　名	职　务	级别	任职起止时间	任职文号	免职文号	备注
陈　华	经　理	正处	1982.10.26—1984.4.8	渝组干[1982]325 号	中烟党[1984]93 号	改任调研员
李武起	经　理	正处	1984.3.8—1985.3.29	重经发[1984]93 号		
张光林	副经理	副处	1982.10.26—1985.3.29	渝组干[1982]325 号		
严亦楣	副经理	副处	1982.10.26—1985.3.29	渝组干[1982]505 号 中烟党[1985]14 号		调离市公司

1982 年 10 月—1990 年 12 月 （表四）

姓　名	职　务	级别	任职起止时间	任职文号	免职文号	备注
李武起	局　长 经　理	正处 正局	1985.3.29—1988.4.9 1988.4.9—1990.12.31	中烟党[1985]14 号 中烟党[1988]19 号		
黄正华	副局长 副经理	副处 副局	1985.3.29—1988.4.9 1988.4.9—1990.12.31	中烟党[1985]14 号 任二职	中烟党[1988]19 号 免副局长	继任副经理
张光林	副局长 副经理	副处 副局	1985.3.29—1988.4.9 1988.4.9—1990.12.31	中烟党[1985]19 号 任二职	中烟党[1988]19 号 免副局长	继任副经理
廖正坤	副局长	副局	1988.4.9—1990.12.31	中烟党[1985]19 号		
严亦楣	副经理	副处	1985.3.29—1986.1.20	中烟党[1985]14 号		调离市公司
何增文	副经理	副处	1985.3.29—1988.4.9	中烟党[1985]14 号	中烟党[1988]19 号	改任中层干部
李寿恺	副经理	副处	1988.4.9—1990.12.31	中烟党[1988]19 号		
李志新	调研员	副局	1988.5.31—1990.12.31	中烟党[1988]39 号		
陈　华	调研员	副局	1988.5.31—1990.12.7	中烟党[1988]39 号	国烟专党[1988]39 号	离　休

贵州省烟草专卖局
中国烟草总公司贵州省公司

一、筹建经过

1.1981年7月10日，贵州省人民政府召开常务会议，审议了省轻工厅关于贯彻《国务院转发轻工部关于实行烟草专营报告的通知》的报告，决定成立贵州省烟草专营公司筹备组。会后省委副书记苏钢明确以轻工厅厅长姚英为主，张义良参加，负责筹备工作。

2.1981年11月9日，贵州省委组织部根据省政府“［1981］黔府议33号”纪要，批准成立贵州省烟草公司，以“组干任［1981］300号”文，决定贵州省烟草公司领导班子由姚英、张义良、李文祥、曹广和、吴国本5人组成。

3.根据国务院1983年9月23日“国发［1983］151号”文和贵州省人民政府“黔府［1983］120号”文，决定成立贵州省烟草专卖局，与省烟草公司合署办公。

二、组建上划和隶属关系

1.根据国务院1983年9月23日“国发［1983］151号”文和1985年25日《国务院关于办理烟草企业移交上划的通知》精神，贵州省副省长刘玉林和中国烟草总公司总经理李益三于1985年11月13日签字了《关于贵州省烟草公司上划交接协议书》。决定自1986年6月1日起，贵州省烟草公司及其所属企、事业单位上划中国烟草总公司。实行总公司与地方政府双重领导，以总公司为主的管理体制，其产供销、人财物、内外贸由总公司实行集中统一管理；党的关系和思想政治工作，仍由地方管理。

2.上划后的全称为：贵州省烟草专卖局（以下简称省局）、中国烟草总公司贵州省公司（以下简称省公司），实行一套机构，两块牌子。其业务工作由省经委协调管理。

三、机构规格的变化

1981年11月9日，贵州省委组织部以“组干任［1981］300号”文，确定贵州省烟草公司为正厅（局）级单位。

1984年3月22日，贵州省委组织部以“组干任［1984］42号”文，将省公司改定为副厅（局）级。

1986年1月25日，中共中国烟草总公司以“中烟党［1986］7号”文，将省局（公司）恢复为正厅级。

四、内部机构设置和人员编制

1.1981年11月19日，贵州省标准局以“黔标管字［1981］77号”文，批准成立省烟草公司质量监测站。

2.1982年1月25日，省公司以“黔烟字［1982］第001号”文向省政府《关于贵州省烟草公司机构设置和人员配备方案》的请示报告中，拟设办公室、烟叶处（后改为原料处）、财务处、人事处、计划统计处、生产技术处、销售经理部。

3.1982年5月17日，省公司党委决定成立专卖办公室、生产处、销售处、劳动工资处、政治处、物资储运处，撤销人事处和生产技术处。

5.1986年10月15日，中国烟草总公司以“中烟政字［1986］第34号”文，批准省公司成立企业管理处、政治工作部、保卫处、宣传教育处、机关党委，撤销政治处。之后政治部尚未组建起来仍保留政治处。

6.1987年11月7日，省局（公司）党组以“中烟黔党字［1987］第063号”文，决定成立技改处、审计处、烟叶技术推广站，并决定将生产处改为卷烟生产处。

7.1988年5月20日，省局（公司）党组以“中烟黔党字［1988］第016号”文，决定增设调研室，企业管理处与卷烟生产处合并。

8.1988年8月29日，省局（公司）党组以“中烟黔党字［1988］第29号”文，决定成立进出口处。

（二）人员编制

1986年10月15日，中国烟草总公司以“中烟政字［1986］第34号”文，批准省局（公司）编制为170人。

五、党委（党组）、纪检组和机关党委的成立

（一）党委、党组成立

1.1981年11月9日，中共贵州省委组织部以“组干任［1981］300号”文，批准成立中共贵州省烟草公司委员会。

2.1986年1月25日，中共国家烟草专卖局、中国烟草总公司党组以“中烟党［1986］7号”文，批准成立中共中国烟草总公司贵州省公司党组。

3.1987年6月2日，中共国家烟草专卖局、中国烟草总公司党组以“国烟党［1987］44号”文，批准成立中共贵州省烟草专卖局党组，其成员与省公司党组为同一班人。

（二）纪检组成立

1986年5月15日，中共中国烟草总公司党组以“中烟党［1986］34号”文，批准成立中共中国烟草总公司贵州省公司纪律检查组，组长由李文祥兼任。

（三）机关党支部、机关党委成立

1.1982年4月省公司党委决定成立省公司机关党支部委员会。

2.1986年10月25日，中国烟草总公司以“中烟政字［1986］第34号”文，批准成立省局（公司）机关党委。

六、领导成员历次变动情况

（一）党委、党组领导成员历次变动情况（见表一、二）

（二）行政领导成员历次变动情况（见表三、四）

1981年11月—1986年1月(党委成员)　（表一）

姓　名	职　务	级别	任职起止时间	任职文号	免职文号	备注
姚　英	书　记	正厅级	1981.11.9—1984.3.22	黔组干任[1984]300号	黔组干任[1984]42号	
张义良	副书记 书　记	正厅级	1981.11.9—1984.3.22	黔组干任[1984]300号 黔组干任[1984]42号		改任党组书记
曹广和	副书记	副厅级	1981.11—1984.3	黔组干任[1984]300号	黔组干任[1984]42号	改任调研员
李文祥	委　员 副书记	副厅级	1981.11.9—1984.3.22 1984.3.22—1986.1	黔组干任[1984]300号 黔组干任[1984]42号		改任党组副书记
吴国本	委　员	副厅级	1981.11.9—1984.3.22	黔组干任[1984]300号	黔组干任[1984]42号	改任调研员
周大友	委　员	副厅级	1984.3—1986.1	黔组干任[1984]42号		改任党组副书记
关鸿年	委　员	副厅级	1984.3—1986.1	黔组干任[1984]42号		改任党组成员

1986 年 1 月—1990 年 12 月 31 日　　（表二）

姓　名	职　务	级别	任职起止时间	任职文号	免职文号	备注
张义良	书　记	正厅级	1986.1.25—1987.6.2	中烟党[1986]7 号	中烟党[1987]44 号	病　休
王淑森	书　记	正厅级	1986.6.2—1990.12.31	中烟党[1987]44 号		
周大友	副书记	副厅级	1986.1.25—1989.5.29	中烟党[1986]7 号	中烟党[1987]44 号 国烟党[1989]23 号	
李文祥	副书记	副厅级	1986.1.25—1989.5.29	中烟党[1986]7 号	国烟党[1989]23 号	
关鸿年	成　员	副厅级	1986.1.25—1989.5.29	中烟党[1986]7 号	中烟党[1987]44 号	退　休
郑德安	成　员	副厅级	1986.1.25—1989.5.29	中烟党[1986]7 号	中烟党[1989]23 号	

1981 年 11 月—1986 年 1 月　　（表三）

姓　名	职　务	级别	任职起止时间	任职文号	免职文号	备注
张义良	经　理	正厅级	1981.11.9—1984.1	黔组干[1981]300 号 黔组干任[1984]42 号		改任书记
周大友	局　长 经　理	副厅级	1984.3.22—1986.1.25	黔组干[1981]42 号		改任副职
李文祥	副经理	副厅级	1981.11—1984.3.22	中烟党[1986]7 号	黔组干[1981]42 号	
吴国本	副经理 调研员	副厅级	1981.11—1984.3.22	黔组干任[1981]300 号	黔组干[1981]42 号	
关鸿年	副局长 副经理	副厅级	1984.3.22—1986.1	黔组干任[1984]42 号		
刘松成	副局长	正处级	1984.3.22—1986.1	黔组干任[1984]42 号	中烟党[1986]7 号	调　离
曹广和	调研员	副厅级	1984.3—1986.1	黔组干任[1984]42 号	黔组干[1986]7 号	

1986 年 1 月—1990 年 12 月 31　　（表四）

姓　名	职　务	级别	任职起止时间	任职文号	免职文号	备注
张义良	局　长 经　理	正厅级	1986.11.25—1987.6.2	中烟党[1986]7 号 中烟党[1987]44 号		离　休
王淑森	局　长 经　理	正厅级	1987.6.2—1990.12.31	中烟党[1987]44 号		
周大友	代局长 代经理 副局长 副经理	正厅级	1986.1.25—1987.6.2 1987.6.2—1989.5.29	中烟党[1986]7 号 中烟党[1987]44 号	中烟党[1987]44 号 国烟党[1989]23 号	1986 年 1 月至 1987 年 6 月任代局长、经理
李文祥	副局长 副经理	副厅级	1986.1.25—1990.12.31 1987.6.2—1989.5.29	中烟党[1986]7 号 中烟党[1987]44 号	国烟党[1989]23 号	
关鸿年	副局长 副经理	副厅级	1986.1.25—1987.6.2 1987.6.2—1990.12.25	中烟党[1986]7 号 中烟党[1987]44 号	国烟党[1990]101 号	退休
郑德安	副局长 副经理	副厅级	1986.1.25—1987.6.2 1987.6.2—1989.5.29	中烟党[1986]7 号 中烟党[1987]44 号	国烟党[1989]23 号	

云南省烟草专卖局
中国烟草总公司云南省公司

一、筹建经过

1.1981年5月，国务院以“国发［1981］85号文批转轻工部《关于实行烟草专营报告的通知》，决定对烟草实行国家专营，要求烟叶集中产区尽快成立烟草公司。1981年10月，云南省人民政府办公厅“云政办发［1981］112号”文通知成立云南省烟草公司筹备组，组长廖必均，副组长石铭、刘可旺，组员：王永才、王迺虎、周善生、何忠禄。筹备组工作人员，由省人事局从轻工厅、商业厅、供销社抽调。筹备组经过近半年的工作，使各项准备工作基本就绪。1982年3月27日，省人民政府以“云政发［1982］51号”文通知，成立云南省烟草公司，直属省人民政府领导，归口省经委管理。

2.1983年9月23日，国务院以“国发［1983］151号”文发布《烟草专卖条例》。1983年11月2日，省人民政府以“云政函［1983］132号”文，批准成立云南省烟草专卖局。

二、组建上划和隶属关系

1.根据国务院“国发［1983］151号”和国务院办公厅“国办发［1984］69号”文，云南省人民政府代表石林和中国烟草总公司代表李益三，于1985年1月13日签署了《关于云南省烟草公司上划交接协议书》。《协议书》规定，省烟草公司及其所属企事业单位，从1985年1月1日起，上划中国烟草总公司，实行由总公司和地方政府双重领导，以总公司为主的管理体制。其产供销、人财物、内外贸，由总公司集中统一管理；党的关系和思想政治工作仍由地方负责管理。

2.上划后的全称为：云南省烟草专卖局（以下简称省局）、中国烟草总公司云南省公司（以下简称省公司），实行一套机构，两块牌子。其业务工作仍由省经委协调管理。

三、机构规格的变化

1983年1月13日，云南省人民政府与中国烟草总公司签署的《上划交接协议书》中规定：“省公司既是总公司的直属企业，又是云南省人民政府赋予厅级管理烟草事业的职能部门”。据此，省局（公司）为正厅级单位。

四、内部机构设置和人员编制

（一）机构设置

1.1982年6月25日，云南省经济委员会以“云经办［1982］122号”文，批准省公司下设六处一室。即：计划财务处、烤烟处、卷烟处、基建设备处、储运处、政治处、办公室。直属单位有供销经理部。

2.1983年11月7日，省政府以“云政发［1983］156号”文批准增设专卖处、科技教育处；计划财务处分为计划处、财会物价处。

3.1985年，省局（公司）党委“云烟党字［1985］07号”文，对省公司机关的机构进行调整，设办公室、政治处、劳动人事处、财会物价处、基建处、专卖处、卷烟处、科教处、综合处、设备动力处、审计处、烟草学会。直属机构有卷烟经理部、烤烟经理部、烟草贸易中心、物资经理部、烟草进出口分公司、烟草工业干校、烟草工业研究所。

4.1988年，省公司“云烟司字［1988］08号”文，对省公司机关的机构进行调整，设办公室、政治部、劳动人事部、财会物价部、基建部、生产管理部、科技部、综合计划部、设备动力部、配套工业部、专卖办公室、监察审计处、安全保卫处、经济信息中心、企业管理办公室、烟草学会。直属机构有销售部、原料部、物资部、烟草进出口分公司、储运公司、综合服务公司、烟草学校、烟草工业研究所。

（二）人员编制

1982年4月29日，云南省经济委员会“云经办［1982］59号”文，批准省公司暂定编制65人。

1983年11月7日，省政府以“云政发［1983］156号”文，批准省局（公司）定编100人，比原编制增加35人。

截止1988年12月31日，上级批准省局（公司）机关人员编制为100人。

五、党委、纪委、机关党委和系统工会的成立

（一）党委成立

1.1982年5月13日，中共云南省委以“党组字［1982］106号”文，批准成立中共云南省烟草公司委员会。

2.1986年2月13日，中共国家烟草专卖局、中国烟草总公司党组以“中烟党［1986］3号”文，批准成立中共云南省烟草专卖局委员会。党委成员与省公司党委为同一班人。

（二）纪律检查委员会成立

1983年11月3日，中共云南省委组织部以“组干任字［1983］460号”文，批准成立中共云南省烟草公司纪律检查委员会，由蔡树嘉兼任书记。

（三）机关党委成立

1985年7月22日，中共云南省省级国家机关委员会以“省级党［1985］29号”文，批准成立中共云南省烟草公司机关委员会。

（四）系统工会成立

1983年8月4日，云南省总工会以“云工［1983］组字04号”文，批准成立云南省烟草公司系统工会。

六、领导成员历次变动情况

（一）党委领导成员历次变动情况（见表一）

（二）行政领导成员历次变动情况（见表二、三）

1982年5月—1990年12月(党委成员)　　（表一）

姓　名	职　务	级别	任职起止时间	任职文号	免职文号	备注
廖必均	书　记		1982.5.13—1984.3.21	省委党组字[1982]106号	省委党组字[1984]55号	
孔德璜	书　记	正厅	1984.3.21—1988.12.31	省委党组字[1984]55号		
蔡树嘉	副书记	副厅	1982.5.13—1988.12.31	省委党组字[1982]106号		
王迺虎	委　员	副厅	1982.5.13—1988.2.12	省委党组字[1982]106号	中烟党[1988]10号	调　离
王永才	委　员	正处 副厅	1982.5.13—1988.2.12	省委党组字[1982]106号	中烟党[1988]10号	改任调研员
李厚安	委　员	正厅	1984.3.21—1986.2.13	省委党组字[1984]55号	中烟党[1986]3号	调　离
万隆善	委　员	正厅	1986.2.13—1988.12.31	中烟党[1986]3号		
丁昭录	委　员	副厅	1986.12.1—1988.12.31	中烟党[1986]116号		
詹金华	委　员	副厅	1988.2.12—1988.12.31	中烟党[1988]10号		
杨有珠	委　员	副厅	1988.9.27—1988.12.31	中烟党[1988]27号		

1982 年 5 月—1986 年 2 月 （表二）

姓　名	职　务	级别	任职起止时间	任职文号	免职文号	备注
廖必均	经　理		1982.5.13—1984.3.21	省委党组字[1982]106 号	省委党组字[1984]55 号	
李厚安	局　长 经　理	正厅	1984.3.21—1986.2.23	省委党组字[1984]55 号	中烟党[1986]3 号	调离
王迺虎	副局长 副经理	副厅	1982.5.13—1986.2.13	省委党组字[1982]10 号		
石　铭	顾　问		1982.5.13—1984.11	省委党组字[1982]10 号		离休
刘可旺	顾　问		1982.5.13—1986.9.8	省委党组字[1982]10 号	中烟党[1986]75 号	离休

1986 年 2 月—1990 年 12 月 （表三）

姓　名	职　务	级别	任职起止时间	任职文号	免职文号	备注
万隆善	局　长 经　理	正厅	1986.2.13—1990.12.31	中烟党[1986]3 号		
王迺虎	副局长 副经理	副厅	1986.2.13—1988.2.12		中烟党[1988]10 号	调　离
丁昭录	副局长 副经理	副厅	1986.12.1—1988.12.31 1988.2.12—1990.12.31	中烟党[1986]11 号	中烟党[1988]10 号 免副局长	继任副经理
杨有珠	副局长	副厅	1988.9.28—1990.12.31	国烟党[1988]27 号		
詹金华	总　农 艺　师	副厅	1988.2.12—1990.12.31	中烟党[1988]10 号		
王永才	调研员	副厅	1988.2.12—1990.6.1	中烟党[1988]10 号	国烟党[1990]53 号	
刘巨德	调研员	副厅	1988.2.12—1990.12.31	中烟党[1982]10 号		

陕西省烟草专卖局
中国烟草总公司陕西省公司

一、筹建经过

1.1983 年 10 月 6 日，陕西省人民政府根据国务院“国发［1983］151 号”文件精神，下发“陕政发［1983］175 号”文，批复同意陕西省轻工业厅关于成立陕西省烟草公司的报告。1984 年 1 月 30 日，省政府召开第三次常务会议，决定加快省烟草公司的筹建工作。1984 年 7 月 20 日，中共陕西省委以“陕经干［1984］184 号”文件通知，成立陕西省烟草公司领导小组，由黄霖同志任组长，樊向辰、朱鸿修任副组长。据此，陕西省烟草公司于 1984 年 9 月 1 日正式成立，对外办公，开展工作。归口省经委，由省轻工业厅代管。

2. 根据国务院“国发［1981］85 号”和“国发［1983］151 号”文件规定，陕西省人民政府办公厅于 1984 年 9 月 27 日，以“陕政办［1984］155 号”文件通知，决定成立陕西省烟草专卖局，与省烟草公司合署办公。

二、组建上划和隶属关系

1. 根据国务院1983年9月颁发的《烟草专卖条例》，陕西省人民政府副省长孙克华与中国烟草总公司副总经理南屏于1985年4月3日签署了《陕西省烟草公司上划交接协议书》。决定自1985年1月1日起，陕西省烟草公司上划中国烟草总公司。实行总公司和地方政府双重领导，以总公司为主的管理体制。其产供销、人财物、内外贸由总公司集中统一管理；党的关系和思想政治工作仍由地方管理。

2. 上划后的全称为：陕西省烟草专卖局（以下简称省局）、中国烟草总公司陕西省公司（以下简称省公司），实行一套机构，两块牌子。其业务工作归口省经委协调管理。

三、机构规格的变化

1984年1月30日，陕西省人民政府第三次常务会议决定，陕西省烟草公司为副厅级。

1989年5月30日，国家烟草专卖局以“国烟人［1989］17号”文通知，根据1988年10月26日国家机构编制委员会第十次会议精神，并征得陕西省人民政府同意，决定将陕西省烟草专卖局定为正厅级。

四、内部机构设置和人员编制

（一）机构设置

1.1984年10月5日，陕西省轻工业厅以“陕轻政发［1984］429号”文，批准省公司机关设置：党委办公室、行政办公室、劳动人事处、计划统计处、财务物价处、生产技术处、原料处、销售处、物资储运处、专卖管理办公室。

2.1985年8月23日，中国烟草总公司以“中烟政字［1985］18号”文批准省局（公司）机关设办公室、专卖办公室、综合计划处、财务物价处、生产技术处、烟叶生产供应处、卷烟销售处、物资储运处、劳动工资处、政治处。

3.1986年10月10日，中国烟草总公司以“中烟政字［1986］32号”文，批准撤销烟叶生产供应处和卷烟销售处，成立烟叶生产购销公司和卷烟销售公司。

4.1987年5月22日，中国烟草总公司以“中烟计［1987］73号”文，批准设立省公司烟草质量监测站。

5.1987年6月1日，省局（公司）党委以“中烟陕党字［1987］20号”文，决定设科教处、审计处、企管处。

（二）人员编制

1984年10月5日，陕西省轻工业厅以“陕轻政发［1984］429号”文，批复同意省公司机关编制100人。

1985年8月23日，中国烟草总公司以“中烟政字［1985］第18号”文，批复同意机关人员编制为120人。

截止1988年12月31日，上级共批准省局（公司）机关编制120人。

五、党委、纪委和机关党委的成立

（一）党委成立

1.1985年9月14日，中共陕西省委组织部以“陕组干任［1985］180号”文，批准成立中共陕西省烟草公司委员会。

2.1986年1月27日，中共中国烟草总公司党组以“中烟党［1986］10号”文，批准成立中共中国烟草总公司陕西省公司委员会。

3.1988年6月10日，国家烟草专卖局以“国烟党［1988］6号”文，批准成立中共陕西省烟草专卖局委员会，与省公司党委为同一班人。

（二）纪律检查委员会成立

1.1986 年 9 月 10 日，中共国家烟草专卖局、中国烟草总公司党组以“中烟党［1986］77 号”文，批准成立中共陕西省烟草专卖局、中国烟草总公司陕西省公司纪律检查委员会，朱鸿修兼任书记。

（三）机关党委成立

1987 年 2 月 6 日，为加强机关党的建设和思想政治工作，省局（公司）成立机关党委。

六、领导成员历次变动情况

（一）党委领导成员历次变动情况（见表一、二）

（二）行政领导成员历次变动情况（见表三、四）

1985 年 9 月—1990 年 6 月　（表一）

姓　名	职　务	级别	任职起止时间	任职文号	免职文号	备注
张焕增	书　记	副厅	1985.9.14—1986.1.27 1986.1.27—1990.6.2	陕组干任[1985]180 号 中烟党[1986]10 号	国烟党[1990]52 号	
朱鸿修	副书记	正处	1985.9.14—1986.1.27 1986.1.27—1988.6.19	陕组干任[1985]180 号 中烟党[1986]10 号	国烟党[1988]06 号	调　离
韩秋生	委　员	副厅	1986.1.27—1990.6.2	中烟党[1986]10 号		
樊向辰	委　员	副厅	1986.1.27—1990.6.2	中烟党[1986]10 号		
饶梓云	委　员	正处	1986.1.27—1990.6.2	中烟党[1986]10 号		
李致祥	委　员	正处	1986.1.27—1988.6.10	中烟党[1986]10 号	国烟党[1988]06 号	改任调研员
艾绍山	委　员	正处	1988.6.10—1990.6.2	中烟党[1988]06 号		

1990 年 6 月—1990 年 12 月　（表二）

姓　名	职　务	级别	任职起止时间	任职文号	免职文号	备注
王泽英	党组书记		1990.6.2—1990.12.31	国烟党[1990]52 号		
韩秋生	成　员		1990.6.2—1990.12.31	国烟党[1990]52 号		
张焕增	成　员		1990.6.2—1990.12.31	国烟党[1990]52 号	国烟党[1990]52 号	免书记，任党组成员
樊向辰	成　员		1990.6.2—1990.12.31	国烟党[1990]52 号		
饶梓云	成　员		1990.6.2—1990.12.31	国烟党[1990]52 号		
艾绍山	成　员		1990.6.2—1990.12.31	国烟党[1990]52 号		

1985 年 9 月—1986 年 1 月　（表三）

姓　名	职　务	级别	任职起止时间	任职文号	免职文号	备注
韩秋生	经　理		1985.9.14—1986.1.27	陕组干任[1985]180 号		
樊向辰	副经理		1985.9.14—1986.1.27	陕组干任[1985]180 号		
饶梓云	副经理		1985.9.14—1986.1.27	陕组干任[1985]180 号		
李致祥	副经理		1985.9.14—1986.1.27	陕组干任[1985]180 号		
黄　霖	调研员		1985.9.14—1986.1.27	陕组干任[1985]180 号		

注：1985 年以前，省公司为领导小组，未任命正副职。

1986年1月—1990年12月　　（表四）

姓　名	职　务	级别	任职起止时间	任职文号	免职文号	备注
韩秋生	局　长 经　理	副厅	1986.1.27—1990.6.2	中烟党[1986]10号	国烟党[1990]52号	免去局长 改任副局长
樊向辰	副局长 副经理	副厅	1986.1.27—1990.12.31 1986.1.27—1988.6.10	中烟党[1986]10号	国烟党[1988]06号	免去副局长
饶梓云	副局长 副经理 总农艺师	正处	1986.1.27—1990.12.31 1986.1.27—1988.6.10	中烟党[1986]10号	国烟党[1988]06号	免去副局长
李致祥	副局长 副经理	正处	1986.1.27—1988.6.10	中烟党[1986]10号	国烟党[1988]06号	改任调研员
张焕增	副局长	正处	1988.6.10—1990.12.31	国烟党[1988]06号		
艾绍山	副经理	正处	1988.6.10—1990.12.31	国烟党[1988]06号		
黄　霖	调研员	副厅	1986.1.27—1988.1.3	中烟党[1986]10号	中烟党[1988]1号	离休
王泽英	局　长	正厅	1990.6.2—1990.12.31	国烟党[1990]52号		

甘肃省烟草专卖局
中国烟草总公司甘肃省公司

一、筹建经过

根据国务院“国发（1981）85号”文《批转轻工业部关于实行烟草专营报告的通知》和“国发（1983）151号”文《关于发布〈烟草专卖条例〉的通知》，1984年3月7日，经省政府研究决定成立甘肃省烟草公司和甘肃省烟草专卖局。省政府“甘政发［1984］75号”《关于成立甘肃省烟草公司和烟草专卖局的通知》明确：省烟草公司的组建工作，以省轻工厅为主，会同省商业厅共同进行。为此，成立了筹备小组，由马建德为组长，白俊山、张凤仪为副组长，魏京山、包映德、蔺彦魁、张建民为成员。随即开始工作。

二、组建上划和隶属关系

1. 根据国务院颁布的《烟草专卖条例》和国务院办公厅“国办发［1984］69号”文件规定，甘肃省人民政府委托省经济委员会赵传庚与中国烟草总公司南屏，于1985年5月15日签定了《关于甘肃省烟草公司上划交接协议书》。决定从协议签定之日起甘肃省烟草公司上划中国烟草总公司。实行总公司和省政府双重领导，以总公司为主的管理体制。其产供销、人财物由总公司统一集中管理；党的关系和思想政治工作仍由地方管理。

2. 上划后的全称为：甘肃省烟草专卖局（以下简称省局）、中国烟草总公司甘肃省公司（以下简称省公司），实行一套机构，两块牌子。其业务工作由省经济委员会协调管理。

三、机构规格的变化

1985年5月15日，甘肃省人民政府委托省经委与中国烟草总公司签订的《上划交接协议书》中，确定省局（公司）“既是总公司的直属企业，又是甘肃省人民政府赋予的厅（局）级管理烟草行业的职能部门。”

四、内部机构设置和人员编制

（一）机构设置

1.1984年11月21日，省编委以“甘编［1984］169号”文，批准省局（公司）机关设：办公室、劳动人事处、组织处、财务计划处、生产技术处、供应处、销售处、专卖处等七处一室。

2.1986年10月15日，中国烟草总公司以“中烟政［1986］33号”文，批准省局（公司）内设：政治工作部、办公室、审计处、财务物价处、生产技术处、综合计划处、物资供应处、销售处、劳动工资处、专卖办公室。

3.1987年12月21日，省局（公司）党委研究，报中国烟草总公司同意，以“甘烟字［1987］27号”文，决定成立卷烟销售公司和烟叶物资供应公司，与销售处、物资供应处为一套机构，两块牌子。

4.1989年5月23日，经请示国家烟草专卖局监察司同意，省局（公司）党委以“甘烟专党字［1989］11号”文，决定成立监察处，与纪律检查委员会合署办公。

（二）人员编制

1984年11月21日，省编委“甘编［1984］169号”文，批准企业编制为80人。

1986年10月15日，中国烟草总公司以“中烟政［1986］33号”文，批准省局（公司）机关干部编制为89人。1986年11月26日，中国烟草总公司以“中烟政［1986］39号”文，批准省局（公司）机关增加工人编制为17人；截止1988年12月31日，上级批准省局（公司）机关编制人数为106人。

五、党委、纪委和机关党委的成立

（一）党委成立

1.1984年8月9日，中共甘肃省委以“甘任字［1984］113号”文，批准成立中共甘肃省烟草公司委员会。

2.1986年11月，中共甘肃省委以“甘任字［1986］141号”文，批准成立中共甘肃省烟草专卖局委员会。党委成员与省烟草公司党委为同一班人。

（二）纪律检查委员会成立

1987年4月9日，中共国家烟草专卖局、中国烟草总公司党组以“中烟党［1987］34号”文，批准成立甘肃省烟草公司纪律检查委员会。何杏初任纪委书记。

（三）机关党委成立

为了加强机关党的建设，1988年3月8日，省局（公司）党委研究决定，成立中共甘肃省烟草公司机关委员会。

六、领导成员历次变动情况

（一）党委领导成员历次变动情况（见表一）

（二）行政领导成员历次变动情况（见表二）

1984年8月—1990年12月 （表一）

姓　名	职　务	级别	任职起止时间	任职文号	免职文号	备注
史　池	书　记	副厅	1984.8.9—1990.5.14	甘任字[1984]113号	国烟党[1990]44号	离　休
白俊山	委　员	副厅	1984.8.9—1986.6.16	甘任字[1984]113号	甘任字[1986]60号	改任总工程师
赵金印	委　员	正厅	1986.6.16—1990.5.14	甘任字[1986]60号	国烟党[1990]45号	停　职
左名榜	委　员	副厅	1986.6.16—1990.5.14	甘任字[1986]60号	国烟党[1990]44号	
包映德	委　员	正处	1984.8.9—1990.12.31	甘任字[1984]113号		
孙荣亚	委　员	正处	1984.8.9—1990.12.31	甘任字[1984]113号		
张　辉	委　员	正处	1984.8.9—1988.5.16	甘任字[1984]113号	中烟党[1988]31号	调　离
何杏初	委　员	正处	1987.4.9—1990.12.31	中烟党[1987]34号		
韦光祖	委　员	正处	1988.7.29—1990.12.31	国烟党[1988]10号		
张效善	书　记		1990.5.14—1990.12.31	国烟党[1990]44号		

1984年8月—1990年12月 （表二）

姓　名	职　务	级别	任职起止时间	任职文号	免职文号	备注
白俊山	经　理 总　工	副厅	1984.11.15—1986.7.17 1986.7.17—1988.10.19	甘政任字[1984]17号任经理 甘政任字[1986]5号任总工	甘政任字[1986]5号免经理 中烟党[1988]71号免总工	离休
赵金印	局　长 经　理	正厅	1986.7.17—1990.5.14	甘政任字[1986]号5号	国烟党[1990]45号	停职
左名榜	副局长 副经理	副厅	1986.7.17—1990.5.14	甘政任字[1986]5号	国烟党[1990]44号	
包映德	副局长 副经理	正处	1984.8.9—1986.7.17 1986.7.17—1990.12.31	甘任字[1984]113号任副经理 甘政任字[1986]5号任副局长		
孙荣亚	副局长 副经理	正处	1984.8.9—1986.7.7 1986.7.17—1990.12.31	甘任字[1984]113号任副经理 甘政任字[1986]5号任副局长		
张　辉	副局长 副经理	正处	1984.8.9—1988.5.16	甘任字[1984]113号任副经理 甘政任字[1986]5号任副局长		调离

青海省烟草专卖局
中国烟草总公司青海省公司

一、筹建经过

根据1981年5月国务院关于对烟草行业实行国家专营和1983年9月国务院发布《烟草专卖条例》的通知精神，青海省政府于1983年底，决定成立青海省烟草专卖局，青海省烟草公司，从1984年2月起由蒋斌舟等三同志负责组建。1984年5月19日，青海省编制委员会以“青编发[84] 81号”文，正式批准成立青海省烟草专卖局、省烟草公司。于1984年6月1日正式对外办公，暂由青海省商业厅代管。

二、组建上划和隶属关系

1. 根据国务院“国发［1981］85号”和“国发［1983］151号”文件精神，青海省人民政府委托财经委副主任孙肇然和中国烟草总公司副总经理南屏于1986年1月27日签署了《关于青海省烟草公司上划交接协议书》。决定自1986年1月1日起，青海省烟草公司上划总公司。实行由总公司和青海省人民政府双重领导，以总公司为主的管理体制。其产供销、人财物由总公司集中统一管理；党的关系和思想政治工作仍由地方管理。

2. 上划后全称为：青海省烟草专卖局（以下简称省局）、中国烟草总公司青海省公司（以下简称省公司），实行一套机构，两块牌子。其业务工作由省商业厅代管。

三、机构规格的变化

1984年5月19日，青海省编制委员会以“青编发［84］81号”文，确定省局（公司）为县（团）级单位。

四、内部机构设置和人员编制

（一）机构设置

1.1984年7月11日，青海省商业厅以“［84］青商管字第279号”文，批准省局（公司）内部设置：专卖管理科、业务科、计财科、政工科、生产技术科、办公室、工会、批发部。

2.1987年1月，省局（公司）决定设立储运科。

3.1987年10月15日，中国烟草总公司以“中烟政［87］65号”文，批准设立审计科。

4.1988年8月11日，省局（公司）决定设立行政科。

截止1988年12月31日，省局（公司）内设机构为九个科室。

（二）人员编制

1984年5月19日，青海省编制委员会以“青编发［1984］81号”文，批准省公司定为企业编制60人。

1987年10月15日，中国烟草总公司以“中烟政［1987］65号”文，批准增加编制7人。

截止1988年12月31日，上级批准省局（公司）机关编制为67人。

五、党委、纪委的成立

（一）党委成立

1.1984年12月，中共青海省商业厅党委，批准成立中共青海省烟草公司总支委员会。

2.1986年11月30日，中共国家烟草专卖局、中国烟草总公司党组以“中烟党［1986］117号”文，批准成立中共青海省烟草专卖局委员会和中共中国烟草总公司青海省公司委员会。省局党委成员和省公司成员为同一班人。

（二）纪律检查委员会成立

1987年10月15日，中国烟草总公司以“中烟政［87］65号”文批复：同意成立中共中国烟草总公司青海省公司纪律检查委员会。

六、领导成员历次变动情况

（一）党总支、党委领导成员历次变动情况（见表一）

（二）行政领导成员历次变动情况（见表二）

1984年12月—1990年12月　（表一）

姓　名	职　务	级别	任职起止时间	任职文号	免职文号	备注
蒋斌舟	党总支 党　委　书　记		1984.12—1986.11.30 1986.11.30—1990.12.31	中烟党[1986]117号		
杨名誉	党总支 党　委　副书记		1986.2.21—1986.11.30 1986.11.30—1990.12.31	中烟党[1986]117号		
王俊德	党总支 党　委　委　员		1984.12—1986.11.30 1986.11.30—1990.12.31	中烟党[1986]117号		
贾树学	党总支 党　委　委员		1984.12—1986.11.30 1986.11.30—1990.12.31	中烟党[1986]117号		

1984年1月—1990年12月　（表二）

姓　名	职　务	级别	任职起止时间	任职文号	免职文号	备注
刘太平	经理（兼）		1984.1—1985.5.17		自行免职	留任省商业厅
蒋斌舟	副　经　理 局长、经理		1984.1—1990.12.31	[1986]青商党字第010号		
杨名誉	副　经　理		1986.2.21—1990.12.31	[1986]青商党字第010号		
宋亚强	副　经　理		1986.2.21—1990.12.31	[1986]青商党字第010号		

宁夏回族自治区烟草专卖局
中国烟草总公司宁夏回族自治区公司

一、筹建经过

1.1983年10月15日，宁夏回族自治区人民政府根据国务院“国发［1981］85号”和“国发［1983］151号”文件精神，以“宁政函（1983）84号”文，批复同意宁夏回族自治区经济委员会《关于成立宁夏回族自治区烟草公司的报告》。决定成立宁夏回族自治区烟草公司，同时挂宁夏回族自治区烟草专卖局牌子。

1984年1月27日，中共宁夏轻纺工业厅党组以“宁轻纺党发［1984］6号”文，任命谢先裕、宋亦同志为区烟草公司筹建处临时负责人。对外办公，开展筹建工作。

1984年4月9日，区公司筹建工作基本结束，对外开展业务工作。

2.1984年5月5日，由自治区经委召开了有自治区及吴忠市有关单位参加的吴忠卷烟厂交接会议。会议根据自治区人民政府的批复和烟草专卖必须实行产供销、人财物统一管理的精神，决定自1984年1月1日起将吴忠卷烟厂由吴忠市移交自治区烟草公司管理。

3.1985年7月3日，自治区政府以“宁政发［1985］81号”文，《关于部分市、县组建烟草公司的通知》，到1985年底全区基本上完成了市、县烟草公司的组建上划工作。从1986年1月起，实现了全区烟草行业统一专营的体制。

二、组建上划和隶属关系

1. 根据国务院对烟草行业实行专营的有关规定和国务院办公厅“国办发［1984］69号”文件

精神，宁夏回族自治区人民政府副主席马英亮与中国烟草总公司副总经理南屏，于1986年1月25日共同签署了《关于宁夏回族自治区烟草公司上划交接协议书》。决定宁夏回族自治区烟草专卖局、烟草公司自1986年1月1日起上划中国烟草总公司。实行由中国烟草总公司和自治区人民政府双重领导，以总公司为主的管理体制。其产供销、人财物、内外贸由总公司集中统一管理；党的关系仍由地方管理。

2. 上划后的全称为：宁夏回族自治区烟草专卖局（以下简称区局）、中国烟草总公司宁夏回族自治区公司（以下简称区公司），实行一套机构，两块牌子。

3. 在地方的隶属关系。1983年10月15日，自治区政府以"宁政函［1983］84号"文，决定区局（公司）隶属自治区轻纺工业厅领导。

根据自治区党委和政府主要领导同志的指示，1986年5月9日，自治区经委以"宁经综［1986］133号"文，《关于宁夏烟草公司归自治区经委代管的通知》，从此改由自治区经委代管。

三、机构规格的变化

1.1983年10月15日，自治区政府以"宁政函［1983］84号"文，确定区局（公司）为县（团）级单位。

2.1987年6月17日，中共国家烟草专卖局、中国烟草总公司党组征得中共宁夏回族自治区党委组织部同意，以"中烟党［1987］48号"文，将宁夏区局（公司）升格为副厅级。

四、内部机构设置和人员编制

（一）机构设置

1.1984年12月15日，区局（公司）以"宁烟字［1984］28号"文，就区局（公司）下设人事秘书科、计划财务科、生产技术科、销售科、储运科、专卖办公室。抄报了国家烟草专卖局、中国烟草总公司和区轻纺工业厅。

2.1987年12月1日，中国烟草总公司以"中烟政［1987］84号"文，批准区公司设立办公室、人事教育处、专卖处、审计处、财务物价处、销售处、生产计划处、纪检组。

（二）人员编制

自区局（公司）成立到1988年12月31日，上级未批过区局（公司）机关人员编制。1984年4月区局（公司）正式成立时机关实有人员为58人，1987年6月区局（公司）升格时为66人，1988年底为106人。

五、党组、纪检组和机关党支部的成立

（一）党组的成立

1987年6月17日，中共国家烟草专卖局、中国烟草总公司党组以"中烟党［1987］48号"文，批准成立中共宁夏回族自治区烟草专卖局（公司）党组。两个党组为同一班人。

（二）纪律检查组的成立

1987年12月1日中国烟草总公司以"中烟政［1987］84号"文，《关于宁夏回族自治区烟草公司机构设置的批复》，同意设立纪检组。据此，于1988年2月4日，成立中共宁夏回族自治区烟草公司纪律检查组。

（三）机关党支部的成立

1.1984年5月8日，中共宁夏回族自治区轻纺工业厅党组以"宁轻纺党发［1984］22号"文，批准成立中共宁夏烟草公司临时支部委员会。

2.1985年1月3日，中共宁夏回族自治区直属机关委员会以"宁机党组［1984］2号"文，批准成立中共宁夏烟草公司支部委员会。

六、领导成员历次变动情况

（一）党组领导成员历次变动情况（见表一）

（二）行政领导成员历次变动情况（见表二、三）

1987 年 6 月—1990 年 12 月(党组成员)　　（表一）

姓　名	职　务	级别	任职起止时间	任职文号	免职文号	备注
杨　杰	书　记	副厅	1987.6.17—1990.12.31	中烟党[1987]48 号		
罗俊英	成　员	正处	1987.6.17—1989.7.27	中烟党[1987]48 号	国烟党[1989]48 号	
谢先裕	成　员	正处	1987.6.17—1989.10.7	中烟党[1987]48 号	国烟党[1989]47 号	
于金春	成　员		1989.10.7—1990.12.31	国烟党[1989]68 号		
梁作清	成　员		1989.10.7—1990.12.31	国烟党[1989]68 号		

1984 年 7 月—1987 年 6 月　　（表二）

姓　名	职　务	级别	任职起止时间	任职文号	免职文号	备注
谢先裕	局长 经理	正处	1984.7.14—1987.6.17	宁轻纺党发[1984]32 号	中烟党[1987]48 号	
夏　雨	副局长 副经理	副处		宁轻纺党发[1984]32 号	中烟党[1987]48 号	改任中层干部
宋　亦	副局长 副经理	副处		宁轻纺党发[1984]32 号	中烟党[1987]48 号	改任中层干部

1987 年 6 月—1990 年 12 月　　（表三）

姓　名	职　务	级别	任职起止时间	任职文号	免职文号	备注
杨　杰	局长、经理	副厅	1987.6.17—1990.12.31	中烟党[1987]48 号		
罗俊英	副局长、副经理	正处	1987.6.17—1989.7.27	中烟党[1987]48 号	国烟党[1989]48 号	
谢先裕	调　研　员	正处	1987.6.17—1989.10.7	中烟党[1987]48 号	国烟党[1989]47 号	
于金春	副　局　长	正处	1989.10.7—1990.12.31	国烟党[1989]68 号		
梁作清	副　经　理	正处	1989.10.7—1990.12.31	国烟党[1989]68 号		

新疆维吾尔自治区烟草专卖局、中国烟草总公司新疆维吾尔自治区公司

一、筹建经过

1.1984 年 7 月 2 日，新疆维吾尔自治区人民政府以“新政函［1984］99 号”文批复，由于新疆烟草产销规模有限，暂不单独成立烟草专营机构，由新疆维吾尔自治区糖业烟酒公司挂“新疆维吾尔自治区烟草专卖局”、“新疆维吾尔自治区烟草公司”牌子，行使烟草专卖局和烟草公司的职能，负责向国家烟草专卖局和中国烟草总公司请示报告工作。经营烟草部分单独核算，有关烟

草生产管理、原料供应、烟厂隶属关系等均不变动。

2.1986年2月4日，新疆维吾尔自治区人民政府和中国烟草总公司商定，决定组建新疆维吾尔自治区烟草专卖局、新疆维吾尔自治区烟草公司，由自治区商业厅代管。

二、组建上划和隶属关系

1. 根据国务院“国发［1981］85号”《关于实行烟草专营的通知》和国务院“国发［1983］151号”文颁布《烟草专卖条例》，新疆维吾尔自治区副主席金云辉、中国烟草总公司副总经理南屏，于1986年2月4日签署了《关于新疆维吾尔自治区烟草公司上划协议书》。决定新疆维吾尔自治区烟草公司及新疆卷烟厂自1986年1月1日起上划中国烟草总公司。实行总公司和自治区人民政府双重领导，以总公司为主的管理体制。其产供销、人财物由总公司统一管理；党的关系和思想政治工作仍由地方管理。

2. 上划后的全称为：新疆维吾尔自治区烟草专卖局（以下简称区局）、中国烟草总公司新疆维吾尔自治区公司（以下简称区公司），实行一套机构、两块牌子。其业务工作归口自治区经济委员会协调管理。

三、机构规格的变化

1986年2月4日，组建新疆区烟草专卖局、区烟草公司，其机构规格定为县（团）级。

1988年1月19日，新疆维吾尔自治区人民政府“新政函［1988］11号”文将新疆区烟草专卖局、区烟草公司升格为副厅级。

四、内部机构设置和人员编制

（一）机构设置

1.1987年1月7日，中国烟草总公司以“中烟政［1987］2号”文，批准区公司设立：政治处、专卖办公室、办公室、财会物价处、计划基建处、销售处、生产原料处。

2.1988年10月4日，“中烟政［1988］55号”文批准成立卷烟销售公司、边境贸易公司。

（二）人员编制

1987年1月10日，中国烟草总公司以“中烟政［1987］2号”文，批准区公司编制为65人。

截止1988年12月31日，上级批准区局、区公司机关编制65人。

五、党组（党委）、经检组和机关党总支的成立

（一）党组（党委）成立

1.1988年6月，经请示新疆维吾尔自治区党委主管经济工作的副书记张思学同意，成立中共新疆维吾尔自治区烟草专卖局临时党组和中共中国烟草总公司新疆维吾尔自治区公司临时党组。

2.1987年12月8日，中共国家烟草专卖局、中国烟草总公司党组以“中烟党［1987］82号”文，批准成立中共新疆维吾尔自治区烟草专卖局委员会和中共中国烟草总公司新疆维吾尔自治区公司委员会，两个党委的成员为同一班人。

（二）纪律检查委员会成立

1987年12月8日，区局（公司）党委成立后，根据工作需要，决定成立了区局（公司）党委纪律检查委员会，由杨希忠为负责人。

（三）机关党总支成立

1988年8月1日，根据全国烟草系统第二次政治工作会议精神，区局（公司）党委研究，并报中国烟草总公司，决定成立了区局（公司）机关党总支委员会。

六、领导成员历次变动情况

（一）党组、党委成员历次变动情况（见表一）

（二）行政领导成员历次变动情况（见表二）

1987 年 12 月—1990 年 12 月　　（表一）

姓　名	职　务	级别	任职起止时间	任职文号	免职文号	备注
田文敬	党委副书记	副厅	1987.12.8—1990.12.31	中烟党[1987]82 号		
玉素甫·吾甫尔	党委委员	正处	1987.12.8—1990.12.31	中烟党[1987]82 号		
杨希忠	党委委员	副处	1987.12.8—1990.12.31	中烟党[1987]82 号		

1987 年 12 月—1990 年 12 月　　（表二）

姓　名	职　务	级别	任职起止时间	任职文号	免职文号	备注
田文敬	代　经　理 局长、经理	正处 副厅	1986.5.20—1987.12.8 1987.12.8—1990.12.31	区商业厅口头宣布 中烟党[1987]82 号		
玉素甫·吾甫尔	代副经理 副局长、副经理	副处 正处	1986.5.20—1987.12.8 1987.12.8—1990.12.31	区商业厅口头宣布 中烟党[1987]82 号		
冯洛书	调研员	副处 正处	1986.5.20—1988.9.3 1988.9.3—1990.12.31	区商业厅口头宣布 中烟党[1988]66 号		
于　然	副经理	正处	1989.9.12—1990.12.31	国烟党[1989]58 号		

中国烟草总公司郑州烟草研究院

一、机构沿革情况和隶属关系

（一）机构沿革情况

1.1956 年，轻工业部决定将上海烟草公司技术研究室上划轻工业部，更名为轻工业部烟草工业科学研究室。

2.1958 年 5 月，轻工业部决定将烟草工业科学研究室扩建为研究所，于 1958 年 9 月 30 日迁址郑州市。并由轻工业部科学研究设计院陈智方院长在职工大会上宣布成立轻工业部烟草工业科学研究所。

3.1971 年初，轻工业部决定将研究所下划给河南省，归口省轻工业局领导，更名为河南省烟草甜菜工业科学研究所。

4.1978 年底，轻工业部决定将河南省烟草甜菜工业科学研究所上划轻工业部，同时恢复轻工业部烟草工业科学研究所的名称。

5.1985 年 6 月，根据国务院发布的《烟草专卖条例》，轻工业部党组研究决定并下发“［85］轻科字第 33 号”文，将轻工业部烟草工业科学研究所划归中国国草总公司，更名为中国烟草总公司郑州烟草研究所。

6.1988 年 8 月 26 日，中共中国烟草总公司党组以“中烟党［1988］62 号”文，决定在原烟草研究所的基础上，成立中国烟草总公司郑州烟草研究院。

（二）隶属关系

1.1958 年 5 月——1971 年初和 1978 年底——1985 年 7 月，轻工业部烟草工业科学研究所的行政、科研等工作由轻工业部直接管理；党的关系和思想政治工作由地方负责管理。

2. 自 1985 年 7 月，郑州烟草研究所划归中国烟草总公司后，其行政、科研等工作直属中国烟草总公司领导；党的关系和思想政治工作归口中共河南省轻工业厅机关委员会负责。

二、规格的变化

1958 年 5 月至 1988 年 8 月，从成立轻工业部烟草工业科学研究所到中国烟草总公司郑州烟草研究所改为研究院之前，机构规格均为正处级。

1988 年 8 月 26 日，中共中国烟草总公司党组以“中烟党［1988］62 号”文，决定成立中国烟草总公司郑州烟草研究院的同时，将规格确定为副厅（局）级，其所属二级机构为正处级。同时明确全国烟草科技情报站和中国烟草标准化质量监督检测中心站，规格为正处级，委托郑州烟草研究院代管。

三、内部机构设置和人员编制

（一）内部机构设置

1.1958 年 5 月，轻工业部烟草工业科学研究所成立后，内设工艺组、原料组、化学组、机械组、情报组、行政办公室、卷烟试验工厂、烟草试验农场。

2.1963 年，内设机构调整为：行政办公室、工艺室、原料室、化学室、机械室、情报研究室、政治办公室、机械试验工厂、烟草实验场。

3.1978 年底、恢复轻工业部烟草工业科学研究所后，内设机构调整为：政工科、行政科、计划科、秘书科、原料室、工艺室、机械室、化学室、情报室、机械试验工厂、卷烟试验工厂、烟草实验场。

4.1983 年 12 月，根据工作需要，所党委决定撤销政工科、行政科、秘书科和计划科，设立党委办公室，行政办公室、科研办公室、检测室，将机械试验工厂改为仪器仪表生产车间。

5.1986 年 2 月，根据工作需要，所党委决定科研办公室列名为所长办公室，新成立人事保卫科、器材科、财务科、仪器仪表自动化研究室和调香研究室。

6.1986 年 4 月 10 日，中国烟草总公司以“中烟政［1986］7 号”文决定，在郑州烟草研究所检测室和情报室的基础上成立全国烟草标准化质量监督检测中心站和全国烟草科技情报站，直属总公司领导，委托郑州烟草研究所代管。

7.1989 年 3 月 5 日，中国烟草总公司以“中烟科［89］7 号”文批复，研究院内设党委办公室，院长办公室，总工办公室，行政处，人事处，物资设备处，财务科，第一、二、三、四、五研究室。同时决定将“中国烟草标准化质量监督检测中心站”和“全国烟草科技情报站”改名为“中国烟草标准化质量监督检测中心”和“全国烟草科技情报中心”，并受总公司委托代管“中国烟草博物馆筹建组”。

（二）人员编制

1958 年轻工部烟草工业科学研究所成立后，总人数为 80 人，到 1961 年增至 144 人。

1963 年上级确定研究所编制为 72 人，实际 93 人。

1978 年体制改革前总人数为 130 人。

1985 年 8 月 28 日，轻工业部以“［85］轻劳字第 33 号”文，下达编制 199 人。1986 年 8 月 6 日中国烟草总公司以“［86］中烟计字第 143 号”文下达编制 221 人。

1987 年 3 月 3 日中国烟草总公司以“中烟计［1987］第 16 号”文下达编制为 211 人。

1987 年 8 月 20 日，中国烟草总公司以“中烟政［1987］52 号”文，批准增加编制 20 人。

1988 年 4 月 16 日，中国烟草总公司以“中烟计［1988］第 48 号”文下达编制为 234 人，同年 11 月 15 日又以“中烟计［1988］第 184 号”文追加编制 10 人。

1989 年 5 月 16 日，中国烟草总公司以“中烟计［1989］第 53 号”文，下达人员编制 224 人。

截止 1989 年 12 月 31 日，实际人数人 254 人。

四、党委（支部）、纪委（纪检组）的成立

（一）党委（支部）成立

1.1958 年 10 月，中共郑州市委组织部批准成立中共轻工业部烟草工业科学研究所支部委员会。

2."文革"期间，1966年8月，省委工作组指定成立临时党支部，1974年中共河南省轻工业局党组指定成立党支部。

3.1978年底，中共河南省轻工业局党组批准成立中共轻工业部烟草工业科学研究所委员会。1984年3月26日，中共河南省一轻厅机关委员会以"第一轻机党字［84］4号"文，任命了所党委新的组成人员。

4.1988年8月26日，中共中国烟草总公司党组以"中烟党［1988］62号"文，决定成立中国烟草总公司郑州烟草研究院的同时，任命刘国富为院党委代理书记。

5.1989年1月3日，中共国家烟草专卖局、中国烟草总公司党组以"中烟党［1989］1号"文，批准成立中共中国烟草总公司郑州烟草研究院委员会，并任命了党委组成人员。

（二）纪委成立

1989年8月25日中共河南省轻工业厅机关委员会以豫轻机党字［89］24号"文批复成立中共中国烟草总公司郑州烟草研究院纪律检查委员会，胡秀立同志任副书记。

五、领导成员历次变动情况

（一）党委（支部）成员历次变动情况（见表一、二、三、四）

（二）行政领导成员历次变动情况（见表五、六、七、八、九）

中共轻工业部烟草工业科学研究所支部委员会成员名录

1958年10月—1966年8月 （表一）

姓　名	职　务	级别	任职起止时间	任职文号	免职文号	备注
白筱易	书　记		1958.10—1966.8			已离休
石　渭	副书记		1958.10—1966.8			调　离
刁文岳	副书记		1965.底—1966.8			已离休
王银标	委　员		1958.10—1965.初			已退休
李延荣	委　员		1958.10—1965.初			
马云龙	委　员		1958.10—1964			调　离
徐亚中	委　员		1964.　—1965.初			
封玉超	委　员		1965.　—1966.8			调　离
徐洪畴	委　员		1965.　—1966.8			调　离
闫文华	委　员		1965.　—1966.8			调　离

"文革"期间党支部成员名录

1966年8月—1979年 （表二）

姓　名	职　务	级别	任职起止时间	任职文号	免职文号	备注
封玉超	临时支部成员		1968.8—1974	工作组指定		调　离
徐亚中	临时支部成员		1968.8—1974	工作组指定		调　离
闫文华	临时支部成员		1968.　—1974			
胡新中	党支部成员		1974.　—1979	省轻工业厅党组指定		调　离
白筱易	党支部成员		1974.　—1979	省轻工业厅党组指定		
鲁生辉	党支部成员		1974.　—1979	省轻工业厅党组指定		
赵奋先	党支部成员		1974.　—1979	省轻工业厅党组指定		
黄金亭	党支部成员		1974.　—1979	省轻工业厅党组指定		
解淑珍	党支部成员		1974.　—1979	省轻工业厅党组指定		
钱鸿意	党支部成员		1974.　—	省轻工业厅党组指定		调　离

中共轻工业部烟草工业科学研究所委员会成员名录

1979年—1989年1月 （表三）

姓　名	职　务	级别	任职起止时间	任职文号	免职文号	备注
杨　茂	书　记		1979.—1983.12			
刘兴学	副书记 委　员		1979.—1984.3.26 1984.3.26—1989.1	省“第一轻机党字[1984]第4号”		转任郑州烟草研究所党委委员
扈庆连	副书记		1979.　—1984.3			
徐亚中	副书记 委　员		1984.3.26—1988.8.26 1984.3—1989.1	省“第一轻机党字[1984]第4号”	中烟党[1988]62号	转任郑州烟草研究所党委副书记
郁忠康	委　员		1979.　—1984.3.26			
王宗武	委　员		1979.　—1984.3.26			
康菊生	委　员		1984.3.26—1989.1	省“第一轻机党字[1984]4号		转任郑州烟草研究所党委委员
王党志	委　员		1984.3.26—1989.1	省“第一轻机党字[1984]4号		转任郑州烟草研究所党委委员
范进烈	委　员		1984.3.26—1989.1	省“第一轻机党字[1984]4号		转任郑州烟草研究所党委委员

中共中国烟草总公司郑州烟草研究院委员会成员名录

1989年1月—1990年12月 （表四）

姓　名	职　务	级别	任职起止时间	任职文号	免职文号	备注
刘国富	代理书记 书　记	副厅	1988.8.26—1989.1.3 1989.1.3—1990.12.31	中烟党[1988]62号 中烟党[1989]1号		院党委代理书记 院党委书记
袁行思	委　员		1989.1.3—1990.12.31	中烟党[1989]1号		
徐亚中	委　员		1989.1.3—1990.12.31	中烟党[1989]1号		
康菊生	委　员		1989.1.3—1990.12.31	中烟党[1989]1号		
王党志	委　员		1989.1.3—1990.12.31	中烟党[1989]1号		
范进烈	委　员		1989.1.3—1990.12.31	中烟党[1989]1号		
胡秀立	委　员		1989.1.3—1990.12.31	中烟党[1989]1号		
丁清源	委　员		1989.1.3—1990.12.31	中烟党[1989]1号		

轻工业部烟草工业科学研究所行政领导成员名录

1958年10月—1968年8月 （表五）

姓　名	职　务	级别	任职起止时间	任职文号	免职文号	备注
白筱易	所　长		1958.10—1968.8			
朱尊权	副所长		1958.10—1968.8			
刁文岳	副所长		1965.底—1968.8			

轻工业部烟草工业科学研究所“革委会”成员名录

1968年8月—1969年12月 （表六）

姓　名	职　务	级别	任职起止时间	任职文号	免职文号	备注
刁文岳	主　任		1968.8—1969.12			
瞿冬芬	副主任		1968.8—1969.12			
李玉麟	副主任		1968.8—1969.12			
封玉超	成　员		1968.8—1969.12			
石　渭	成　员		1968.8—1969.12			
崔文品	成　员		1968.8—1969.12			
周国民	成　员		1968.8—1969.12			
俞耀祥	成　员		1968.8—1969.12			

河南省烟草甜菜工业科学研究所“革委会”成员及负责人名录

1969年12月—1978年 （表七）

姓　名	职　务	级别	任职起止时间	任职文号	免职文号	备注
刁文岳	主　任		1969.12—1978.			
瞿冬芬	副主任		1969.12—1972.			调　离
李玉麟	副主任		1969.12.—1971.			调　离
王荣业	负责人		1971.2—1972.			工作组负责人
胡新中	负责人		1972.初—1978.			工作组负责人
刘宗本	负责人		1973.—1974.			工作组负责人
刘　林	负责人		1973.—1974.			工作组负责人
白筱易	负责人		1974.—1978.			
朱尊权	负责人		1977.—1978.			负责业务工作
朱哲夫	负责人		1978.初—			省委工作组
张铁人	负责人		1978.初—			省委工作组
鲁生辉	负责人		1972.—1978.			
赵奋先	负责人		1974.—1978.			
黄金亭	负责人		1974.—1978.			

轻工业部烟草工业科学研究所行政领导成员名录

1978年—1985年7月 （表八）

姓　名	职　务	级别	任职起止时间	任职文号	免职文号	备注
刘兴学	所　长 副所长	正处	1978.—1983.12. 1983.12—1986.2.			1983年12月后任副所长
袁行思	所　长		1983.12—1986.2.			
朱尊权	副所长		1978—1983.12.			后任名誉所长
扈庆连	副所长	副处	1978.—1983.12.			
郁忠康	副所长	副处	1978.—1983.12			
王宗武	副所长	副处	1978.—1983.12			
于华堂	副所长	副处	1983.12—1986.2			

中国烟草总公司郑州烟草研究所(院)行政领导成员名录
1985年7月—1990年12月 (表九)

姓名	职务	级别	任职起止时间	任职文号	免职文号	备注
朱尊权	名誉所长 名誉院长	正处	1983.12—1989.2. 1989.2—1990.12.31	中烟党[1989]10号		
袁行思	所长 院长		1986.2—1988.11. 1988.11.9—	中烟党[1986]9号 中烟党[1988]77号		
于华堂	副所长 副院长	副处 正处	1986.2—1989.2 1989.2.22—1990.12.31	中烟党[1986]9号 中烟党[1989]10号		
刘峘	副处长 副院长	副处 正处	1986.2—1989.2 1989.2.22—1990.12.31	中烟党[1986]9号 中烟党[1989]10号		
杜秉文	副所长	副处	1985.12—1989.2	中烟党[1986]9号		
刘兴学	副所长	正处	1985.12—1988.4.11	中烟党[1986]9号		离休
黄维斐	副院长	正处	1989.2.22—1990.12.31	中烟党[1989]10号		
刘惠清	情报站 站长	正处	1989.2.22—1990.12.31	国烟党[1989]10号		
刘茂盛	质检中心 主任	正处	1989.8.24—1990.12.31	国烟党[1989]49号		

合肥经济技术学院

一、筹建经过

1.1984年1月4日，合肥联合大学与安徽省烟草公司达成联合创办“合肥联大烟草学院”的协议。1984年5月23日，安徽省政府以“政函字［1984］72号”文批复：同意筹办合肥联大烟草分校。1985年3月4日，成立筹备处，王昌国为主任，刘传甫、尤仁枝为副主任。

2.1985年10月8日，安徽省政府以“政函字［1985］95号”文，致函中国烟草公司，同意在合肥市筹建“中国烟草学院”。1985年10月28日，中国烟草总公司以“中烟政字［1985］第26号”文，向国家教委呈报《关于筹建中国烟草学院的论证报告》。1985年12月4日，中国烟草总公司以“中烟政字［1985］第56号”文呈报国家教委，要求将“中国烟草学院”更名为“合肥农业经济学院”。1985年12月18日，国家教委以“［85］教计字184号”文批准筹建“合肥农业经济学院”。

3.1985年12月19日，中国烟草总公司总经理李益三主持召开经理办公会议，集中讨论了合肥农业经济学院的筹备工作，1986年4月30日，中国烟草总公司同安徽省政府就筹建“合肥农业经济学院”有关事项达成协议。江明副总经理和刘永年副秘长分别代表总公司和省政府在协议书上签字。

4.1989年5月11日，国家教委以“［89］教计字065号”文，批准合肥农业经济学院正式建校招生，并将校名定为“合肥经济技术学院”。

二、机构规格和隶属关系

1984年5月23日，安徽省人民政府“政函字［1984］72号”文确定，合肥联合大学烟草分校由安徽省烟草公司和合肥联合大学双重领导。1984年10月11日，中国烟草总公司以“［84］中烟人字第10号”文批准成立烟草学院筹备处，为正处级。1986年5月17日，中国烟草总公司以“中烟党字［1986］40号”文批示：中国烟草学院筹备处更名为“合肥农业经济学院筹备处领导小组”，为厅局级。

1986年8月11日和1989年5月11日，国家教委分别以“［86］教计字144号”和“［89］教计字065号”文，明确中国烟草总公司和安徽省人民政府对合肥经济技术学院实行双重领导，以中国烟草总公司为主的领导体制。

三、内部机构设置和人员编制

（一）机构设置

1.1986年9月10日，国家烟草专卖局、中国烟草总公司党组以“中烟党［1986］78号”文批准，合肥农业经济学院筹备领导小组设教务处、基建处、人事处、办公室。

2.1986年11月13日，中国烟草总公司以“中烟政［1986］35号”文批准，成立合肥农业经济学院建设工程指挥部，系临时性机构。

3.1987年2月3日，中国烟草总公司以“中烟政［1987］7号”文批准，合肥农业经济学院筹备领导小组下设农艺系、机械系、农产品加工系、经济系、基础部以及36个教研室。

4.1989年7月5日，国家烟草专卖局以“国烟人［1989］20号”文批准，将合肥农业经济学院筹备领导小组所设机构，更名为合肥经济技术学院办公室、教务处、基建处、人事处、建设工程指挥部（临时），并增设总务处。

5.1989年12月2日，国家烟草专卖局以“国烟人［1989］第32号”文批准，合肥经济技术学院实行党委领导下的院长负责制，同时设置纪律检查委员会（与监察处合署办公）、党委办公室、组织部、宣传部、系党总支（或支部）、团委、工会、院办公室、教务处、人事处、总务处、基建处、保卫处等十三个党政机构和原料系、加工工艺系、机电工程系、经济贸易系、基础部、马列主义教研室、科研设备处、培训部、图书馆等九个教学机构。

（二）人员编制

1984年10月11日，中国烟草总公司以“［84］中烟人字第10号”文，批准并下达筹备编制20人。

1986年11月18日，中国烟草总公司以“中烟党［1986］107号”文，同意增加编制30人。

1987年8月4日，中国烟草总公司以“中烟政［1987］43号”文，同意增加教学人员编制52人。

1988年4月13日，中国烟草总公司以“中烟政［1988］34号”文，同意在原编制102人的基础上，增加编制50人，合计152人。

1990年3月10日，国家烟草专卖局人事教育司和安徽省教委达成协议，决定从皖南农学院并入252人，加上原批编制152人，总计编制404人。另外皖南农学院并入离退休人员30人。

四、党委、纪委和机关党支部的成立

（一）党委成立

1.1987年2月5日，中共中国烟草总公司党组以“中烟党［1987］13号”文，批准成立中共合肥农业经济学院临时委员会。

2.1989年11月8日，中共国家烟草专卖局党组以“国烟党［1989］77号”文，批准成立中共合肥经济技术学院委员会。

（二）纪律检查委员会成立

1.1989年11月8日，中共国家烟草专卖局党组以“国烟党［1989］77号”文，批准成立中共合肥经济技术学院纪律检查委员会，张国风兼任纪委书记。

（三）机关党支部成立

1.1987 年 8 月 12 日，院临时党委以“党临字［1987］8 号”文，批准建立机关第一、二党支部委员会。

2.1989 年 3 月 9 日，院临时党委以“党临字［1989］1 号”文，决定建立机关第三党支部委员会。

五、领导成员历次变动情况

（一）党委领导成员历次变动情况（见表一、二）

（二）行政领导成员历次变动情况（见表三、四）

1987 年 2 月—1989 年 11 月 （表一）

姓　名	职　务	级别	任职起止时间	任职文号	免职文号	备注
林关胜	副书记		1987.2.5—1989.11.8	中烟党[1987]13 号		临时党委
张国风	委　员 副书记	副厅	1987.2.5—1989.11.8	中烟党[1987]13 号 国烟党[1989]77 号		临时党委 党　委
韩移旺	委　员	副厅	1987.2.5—1989.11.8	中烟党[1987]13 号 国烟党[1989]77 号		临时党委 党　委
凌厚如	委　员	副厅	1987.2.5—1989.11.8	中烟党[1987]13 号 国烟党[1989]77 号		临时党委 党　委

1989 年 11 月—1990 年 12 月 （表二）

姓　名	职　务	级别	任职起止时间	任职文号	免职文号	备注
张国风	副书记		1989.11.8—1990.12.31	国烟党[1989]77 号		
方宇澄			1989.11.8—1990.12.31	国烟党[1989]77 号		
韩移旺	委　员		1989.11.8—1990.12.31	国烟党[1989]77 号		
凌厚如	委　员		1989.11.8—1990.12.31	国烟党[1989]77 号		

1986 年 8 月—1989 年 11 月 （表三）

姓　名	职　务	级别	任职起止时间	任职文号	免职文号	备注
江　明	筹备组组长(兼)	副部	1986.8.27—1989.11.8	中烟党[1986]70 号		
方宇澄	筹备组副组长	副厅	1986.8.27—1989.11.8	中烟党[1986]70 号		
韩移旺	筹备组副组长	副厅	1986.8.27—1989.11.8	中烟党[1986]70 号		
凌厚如	筹备组副组长	副厅	1986.8.27—1989.11.8	中烟党[1986]70 号		
张国风	筹备组成员 筹备组副组长	正处 副厅	1986.8.27—1986.11.13 1986.11.13—1989.11.8	中烟党[1986]70 号 中烟党[1986]104 号		

1989 年 11 月—1990 年 12 月 （表四）

姓　名	职　务	级别	任职起止时间	任职文号	免职文号	备注
江　明	名誉院长	副部	1989.11.8—1990.12.31	国烟党[1989]77 号		
方宇澄	常务副院长	副厅	1989.11.8—1990.12.31	国烟党[1989]77 号		
韩移旺	副院长	副厅	1989.11.8—1990.12.31	国烟党[1989]77 号		
凌厚如	副院长	副厅	1989.11.8—1990.12.31	国烟党[1989]77 号		

1981·1999

CHINA TOBACCO ALMANAC

中国烟草年鉴

关于表彰全国烟草系统先进集体、劳动模范的决定

1982年中国烟草总公司成立以来，全国烟草行业在党中央、国务院的正确领导下，认真贯彻执行党的十一届三中全会以来的路线、方针、政策，坚持四项基本原则，坚持改革开放，积极推进行业内部改革，逐步健全和加强了集中统一管理的烟草专卖体制，促进了行业的发展，产品结构有很大改变，产量、质量、销量有很大提高，实现税利逐年大幅度增长，取得了比较显著的经济效益。在完成组建上划和各项生产经营任务中，行业广大职工团结奋战，艰苦创业，锐意改革，开拓前进，为烟草行业的发展做出了积极的贡献，涌现出了一大批先进单位和个人。为了表彰先进，树立榜样，总结经验，推动工作，在各单位逐级评选、总公司严格考察的基础上，国家烟草专卖局、中国烟草总公司、中国轻工业工会决定：授予86个单位全国烟草系统先进集体称号；授予55名个人全国烟草系统劳动模范称号。

这些先进集体、劳动模范，有的是在深化改革、搞活企业方面成效显著，使落后、亏损的企业一跃跨入了先进行列；有的是依靠科学技术进步，严格各项管理，提高职工素质，改变了单位的面貌；有的是在卷烟、烟叶生产第一线上做出了突出贡献；有的是在经营、管理和服务保障工作上取得了优异成绩。他们有的是连续保持了多年的先进；有的是最近几年涌现出来的典型。他们热爱烟草行业，具有主人翁精神，胸怀全局，忠于职守，脚踏实地，努力工作，在各自的岗位上，为烟草行业社会主义物质文明和精神文明建设贡献了力量，是全国烟草战线的榜样。希望被表彰的先进集体和劳动模范，要珍惜荣誉，谦虚谨慎，再接再厉，不断创出新业绩，做出新贡献，在改革和建设中成为带领行业前进的旗帜。

全国烟草系统广大职工要向他们学习。学习他们勇于创新的改革气魄，学习他们奋发进取的工作态度，学习他们埋头苦干的献身精神，学习他们深入扎实的工作作风，更广泛地开展学先进、赶先进的社会主义劳动竞赛。在党的十三大路线指引下，同心同德，艰苦奋斗，深入改革，为实现烟草行业“七五”计划，保持行业经济稳定增长和协调发展，把烟草行业的各项工作提高到新水平，加速我国的社会主义现代化建设，做出更大的贡献。

附：全国烟草系统先进集体、劳动模范名单

国家烟草专卖局
中国烟草总公司
中国轻工业工会全国委员会
一九八八年四月

全国烟草系统先进集体、劳动模范光荣榜

先进集体（86个）

北京市
北京卷烟厂制丝车间

天津市
天津卷烟厂二车间乙班二组

河北省
张家口卷烟厂
衡水烟草分公司

山西省
太原市烟草公司北城批发部

内蒙古自治区
呼和浩特卷烟厂

辽宁省
东沟县烟草公司
沈阳市烟草公司烟库
营口卷烟厂制丝车间大修组
沈阳卷烟厂二车间五班

吉林省
长春卷烟厂四车间
伊通县烟草公司

黑龙江省
绥化卷烟厂
哈尔滨市烟草公司
林口县烟草公司
哈尔滨卷烟厂二车间

上海市
上海卷烟厂
上海烟草工业机械厂金工车间车床女子班

江苏省
金湖县烟草公司
徐州卷烟厂生产科
南京卷烟厂一车间

浙江省
杭州卷烟厂
宁波调拨站江东新华仓库

安徽省
芜湖卷烟厂
亳州烟草公司
贵池县烟草公司

福建省
厦门卷烟厂

江西省
吉安县烟草公司

山东省
青岛卷烟厂
青州卷烟厂
潍坊烟叶复烤厂
潍坊烟草分公司
烟台烟草分公司
临沂烟草分公司
淄博烟草分公司
莱芜市烟草公司
莒县烟草公司
诸城县烟草公司
荣城县烟草公司

河南省
新郑卷烟厂
临汝卷烟厂
南阳烟草分公司
叶县烟草公司
方城县烟草专卖局
兰考县烟草公司
许昌烤烟厂工会
郑州卷烟厂供销科
宝丰县烟草公司储运科
孟津县烟草公司横水烟叶收购站
安阳卷烟厂制丝车间乙班配方组
许昌卷烟厂三车间丙班四组

湖北省
仙桃市烟草公司
竹溪县烟草公司
天门市烟草公司财会物价科
襄樊卷烟厂北厂包装车间
宜昌市烟草公司葛洲坝批发部

湖南省
长沙卷烟厂
永兴县烟草公司
郴州卷烟厂生产调度科

广东省
广州卷烟二厂
广州卷烟一厂制丝车间

广西壮族自治区
南宁卷烟厂烟叶科

四川省
绵阳烟草分公司
巴中县烟草公司
什邡卷烟厂劳动服务公司餐厅

重庆市
南桐矿区烟草公司

贵州省
遵义卷烟厂
遵义烟草分公司
从江县烟草公司
思南县烟草公司
荔波县烟草公司
清镇县烟草公司
金沙县烟草公司

云南省
玉溪卷烟厂
曲靖卷烟厂
通海县烟草公司
祥云县烟草公司
昆明烟叶复烤二厂机修车间
昆明卷烟厂三车间
宜良县烟草公司汤池烟叶站

陕西省
宝鸡卷烟厂

甘肃省
兰州卷烟厂

青海省
乐都卷烟厂三车间乙班

宁夏回族自治区
吴忠卷烟厂四车间

新疆维吾尔自治区
自治区烟草公司乌鲁木齐经营部

郑州烟草研究所
打叶复烤项目组

劳动模范（55 名）

天津市

杜玉薇（女）　天津卷烟厂工人

河北省

李国庭　张家口卷烟厂厂长

山西省

陈　丽（女）　太原卷烟厂工人

内蒙古自治区

杨奎林　兴安烟草公司经理

辽宁省

乔素娴（女）　昌图县烟草专卖局专卖股副股长
姜治国　凤城复烤厂通远堡烟站技术员

吉林省

李国仁　长春卷烟厂二分厂工人

黑龙江省

王玉林　绥化卷烟厂厂长
陈学森　省烟草公司销售公司副经理

上海市

孙孝盈　上海卷烟厂一车间计划员
杨宝福　上海烟草工业印刷厂采购员

江苏省

徐秀英（女）　淮阴卷烟厂卷制车间主任
王建民　南通烟滤咀实验工厂电气维修工

浙江省

章素珍（女）　宁波卷烟厂二车间挡车工

安徽省

吴心平　贵池县烟草公司经理
孙　强　芜湖卷烟厂挡车工

福建省

祖后秀　建阳烟草分公司经理

江西省

励恩富　德安县烟草公司仓库保管员

山东省

丛亮滋	济南卷烟厂技术改造办公室副主任
张　健	菏泽烟草分公司销售经理部业务股副股长
徐建华	济南卷烟厂锅炉维修班班长
梁秀英（女）	青州卷烟厂卫生所副所长
盛典君	掖县烟草公司经理
曹玉英（女）	青岛卷烟厂包装车间工人

河南省

李玉良	郑州卷烟厂电工
王秀云（女）	安阳卷烟厂制丝车间乙班配方组组长
陈贵良	漯河烟草分公司烟叶科副科长
张成录	南召县烟草公司批发点负责人
李凤芝（女）	商丘卷烟厂一车间切丝工
畅建国	新郑卷烟厂精装车间副主任
杨文录	邓县烟草公司农艺师
田文龙	商城县烟草公司保管员

湖北省

牟来甸	秭归县烟草公司技术员
昌木林	武汉卷烟厂老厂二车间保钳组组长
辛德辉	安陆县烟草公司仓库主任

湖南省

肖寿松	长沙卷烟厂厂长
易大纬	岳阳烟草分公司专卖科科长
王丽萍（女）	常德卷烟厂挡车工

广东省

易锡锋	广东省烟草公司高级农艺师

广西壮族自治区

李卓成	南宁卷烟厂设备科科长

四川省

胡仲坤（女）	蓬安雪茄烟厂包装工
孙义祥	成都卷烟厂副总工程师
李仲余	绵阳烟草分公司经营部业务储运股股长

重庆市

李传玉（女）	重庆卷烟厂工人

贵州省

文国翠（女）	贵阳卷烟一厂工人
刘玉国	贵阳卷烟二厂车间主任
王兴书	贵阳烟草分公司第一批发站党支部书记
潘祖生	开阳县烟草公司生产技术股股长

云南省

戴春阳　　　　大理烟草分公司经理
吴中书　　　　曲靖卷烟厂六车间机械员
卞世萍（女）　昆明烟叶复烤一厂复烤车间工段长

陕西省

饶梓云　　　　省烟草公司副经理

甘肃省

姬树仁　　　　崇信县烟草公司业务干部

宁夏回族自治区

王　娟（女）　永宁县烟草公司开票员

郑州烟草研究所

朱尊权　　　　郑州烟草研究所名誉所长

1981·1990

CHINA TOBACCO ALMANAC

中国烟草年鉴

文化篇

·吸烟与健康·

烟草的药用价值初探

据有关史料记载，烟草又名长命草、相思草、贫根草、南蛮草、返魂草、淡肉果等，原产于南美洲，明代传入我国。

众所周知，烟草中含有烟碱（又称尼古丁）和其他物质，有的成份对人体有毒害作用。有的疾病，与吸烟有关。但是烟草对人体并非“百害无一利”，它还是具有一定的药用价值。

公元约1555年至1632年，我国明代杰出医学家张景岳在其所著《景岳全书》中最早记载烟草的治病作用。据《景岳全书》载：“求其习服之始，则闻以征滇之役，师旅深入瘴地，无不染病，独一营安然无恙，问其故，则众皆服烟，由是遍传”。到了明朝崇祯年间，民间种植烟草和吸烟已很普遍，到了“三尺童子莫不吃烟”，“男女老少，无不手一管、腰一囊”的地步。明代人方以智的《物理小识》一书中也说，“烟草可以祛湿发散，然而久用则肺焦”。姚旅的《露书》说，“金丝烟能令人醉，亦辟瘴气，可治头虱”。清代名医张璐在《本经逢原》中说，“烟草闽人吸以祛瘴，北方人借以避寒”。《新本草纲木·后编》说：“烟草辛温有毒，治风寒湿痹、滞气、停痰、山岚瘴雾。其气入口，不循常度，顷刻而周一身，令人通体俱快，醒能使醉，饥能使饱，人以代酒、代茗，终身不厌。然火气熏灼，耗血、损年，人自不觉耳。”

根据民间史料考证，现在民间仍有不少地方还用烟草防病治病，仅我们搜集、整理出的药用功能就有十多种，主要有以下几个方面：

在密林深处、深山老林之中，凡山岚瘴气较多的地方，一天之中吸1~2支烟，可预防瘴疟；在大雾弥漫的天气，吸少量的烟，可避免雾气侵害，防止疾病发生；在阴暗潮湿的地方居住，每天吸1~2支烟，可预防寒湿病症和风温性关节炎；在寒冷的天气里，吸烟可以暂时御寒；在处理腐尸和腥臭等脏物时，口含一支烟，可辟秽气；吃不洁食物，或受到寒冷侵袭，或情绪不畅，导致胃脘胀满，撑胀隐痛，恶心不适时，点燃一支烟，吸一口咽下，连3~5次，可使症状缓解或消除；夏天席地而睡，吸烟可避免诸虫入鼻入耳。

此外，烟草除了吸入防病治病外，还可外用，也能治疗多种疾病，如烟叶（烟丝）取之适量，放清水中浸泡3~5天，用其水液洗头，可治头虱；用来喷洒植物，可防治蚜虫和红蜘蛛；烟草青叶，捣烂如泥，敷于患处，可治疗无名肿毒；用烟管中的烟油，涂抹患处，可治疗蛇串疮；烟草末加水煎煮，洗患处，可治疗湿疹痒处和烧烫伤；烟草汁、仙人掌汁各10克，香油36克，椰子油、猪油各15克，蜜蜡30克，共放锅内加热煮沸，待蜡溶化后，再下枯矾、胆矾各3克，使熔化和匀，成为仙人膏，敷于患处，可治痈疸和一切恶疮，有去腐生机的功效。随着科学技术的发展，近年来新开发的薄荷型、疗效型和药物型卷烟，都具有清心爽肺、止咳化痰、提神醒脑之功能。

总之，烟草作为预防和治疗疾病的药用价值不可忽视，它对人类有益。但“物极必反”，任何事物有个“度”的问题，要适可而止。否则，就是有害的。这在古今中外的医学史上，都有明确的记载。我们相信，烟草发展与现代技术的更紧密的结合，烟草的潜在药用功能不断被发掘和应用，作为防病和治病的功效，将被人类永远享用。

（张坚跃）

·产品简介·

卷烟极品——“金将军”牌香烟

“金将军”牌香烟是山东将军烟草（集团）有限公司济南卷烟厂与德、瑞、荷、日等五国高级研究人员联合攻关、博采众长、精心设计开发的品质高贵，气派非凡的高科技卷烟极品，是继著名国优名牌将军烟后，将军集团的又一力作。

“金将军”以中国高层人士享用的熊猫香烟为蓝本，处处体现一个高字：

高起点：以最高消费层为对象，最高档次卷烟—熊猫烟为开发目标，是代表企业形象而独树一帜的卷烟极品。

高技术：集中外五国专家才智于一体，采用国际先进研究开发技术与设备，制丝、卷接包工艺设备国际一流。

高配方：采用优质烟叶，由专业配方师精心选片而成。

高装潢：在色彩、构图方面极尽完美，三颗金星与传统将军盾牌和 General 构成金字塔结构，镶嵌在金质磨砂盒面上。

高品质：国际先进工艺、新技术、新材料与中国传统精工细作完美结合，通过“金将军”可以体味熊猫烟那种圆润、细腻、醇和的超然享受。

超一流的内外在质量的统一与将军品牌文化相结合，使“金将军”成为高档烟金字塔尖的一颗耀眼的明珠。

一代精品——“琥珀王”牌香烟

“琥珀”牌香烟是济南卷烟厂在50年代研制开发的甲级卷烟，它以香气浓郁，余味舒适，装潢高雅等特点风靡全国，被誉为中国卷烟之上品。80年代末又研制开发了红、绿双色的硬盒翻盖“琥珀”，几年来，始终畅销不衰。山东将军集团济南卷烟厂为适应市场的需求，答谢广大消费者的厚爱，组织高级研究人员运用高科技，精心研制开发出了新一代“琥珀”精品——“琥珀王”。

“琥珀王”牌香烟装潢设计秉承50年代优质“琥珀”香烟古朴、典雅等特点，套用故宫东大殿琥珀石为名，主图案以琥珀石雕刻艺术品为正稿，暖金色作主色调，衬托出橙色琥珀的亮丽剔透，色调配比超凡不俗，琥珀石上的王冠，象一颗璀璨的明珠，使整个画面更显尊贵、庄严，体现出王者风范。

“琥珀王”牌香烟在内在质量上追求卓越，力求国内口味与国际品味的完美统一。它以国产优质烟叶为主料，辅以进口烟叶，精心选片，好中取优。采用天然香精香料调配，国际先进设备加工制作而成，其色泽金黄，光泽油润，香气醇正，入口柔顺，支支一流，品质超群。

江南名烟——“东渡”牌卷烟

“东渡”牌卷烟是根据八世纪中叶，唐代高僧鉴真应日本邀请传授佛教文化，五次航海均告失败，虽双目失明仍矢志不渝，于古稀之年从张家港市古黄泗浦再次扬帆东渡终获成功而得名。东渡文化的内涵是：真、善、美，象征着吉祥、如意、友谊。因此，“东渡”卷烟产品伴随着消费者一帆风顺、心想事成。“东渡”牌卷烟是徐州卷烟厂采用德、意、英、法先进设备，筛选云、贵等地的优质烟叶，运用特制配方精制而成。且包装精致，烟条匀称，外观大方，吸味淳厚，口感舒畅，是消费者的吸用佳品。为满足消费者的不同嗜好，公司先后推出了蓝硬盒、桔黄硬盒、红硬盒、白硬盒、白软包等中高档系列，1997年4月又开发研制出了金东渡、银卡新红东渡，以供消费者选购。

江苏烟草东渡有限公司是以江苏省烟草公司为龙头，由省卷烟销售公司以及徐州、苏州、无锡、常州、镇江、南京、南通、扬州、盐城、淮阴、连云港、泰州、宿迁等13家烟草公司及张家港市烟草公司参股组成的股份企业，是全国烟草系统第一家品牌公司。东渡牌卷烟曾先后荣获‘94亚太地区博览会金奖、江苏省著名商标、全国消费者信得过产品、’95国优产品等称号。产品畅销全国。

“东渡”牌系列卷烟自1996年1月1日起由江苏烟草东渡有限公司总经销。

烟海之鹰——“杭州”牌卷烟

“杭州”牌卷烟是杭州卷烟厂的骨干产品，已有30多年的生产历史，早期的产量非常小，主要为81mm甲级滤嘴烟。进入80年代后，对该产品进行了系列化的开发，先后推出了“84mm精装杭州”、“84mm听装杭州”和“翻盖杭州”。其中“金版杭州”为甲级混合型卷烟，采用高级烤烟和晾晒烟为原料，以多种天然香料作调味剂，配以高档香精调制而成，具有均匀谐调的香味，烟丝色泽标红、棕黄，口感细腻，余味纯净，劲头较大。其余为甲级烤烟型卷烟，产品烟丝黄亮油润，香气谐调，余味舒适，入喉和顺，劲头适中。该牌号的卷烟包装设计融合地方特色，以杭州名胜六和塔、钱江大桥为主图案，简洁新颖。杭州牌卷烟多年来深受消费者的欢迎，曾多次获奖，1986年被评为浙江省新优名特产品“金鹰奖”，1987年被评为省优产品，并被列为全国30种名优烟之一，1989年被评为杭州市著名商标。

圣地名产——“延安”牌香烟

为实施创名牌、促地产烟升值战略工程，延安卷烟厂在玉溪烟厂专家的指导下，对工艺、配方做了很大的调整和改进，最新研制出新包装、新配方、新口味的“延安”牌香烟。投放市场以来受到全国烟草行业专家和广大消费者的青睐。

“延安”牌香烟属甲级烤烟型，以云南、贵州、湖南、陕南等优质烟叶为配方，辅以进口天然香精香料完善，烟香纯正飘溢，吃味醇和，烟味饱满、劲头适中，余味干净舒适。外包装采用230g/m^{2}金卡纸硬盒，商标主体颜色为金色，正面是弓形的烟牌名及党的“七大”会址图案，背面为“延安”汉语拼音、宝塔山及延安大桥图案，象征着圣地延安，烟支钢印由汉字“延安”及香烟的英文组成，整个包装给人以色泽鲜明、庄重高贵的感觉。

烤烟型畅销产品——“友谊”牌香烟

厦门卷烟厂生产的“友谊”牌香烟属烤烟型产品，1972年投入市场以来，享誉大江南北，历近20多年而不衰。该厂依靠科技进步，实行创优保优，使“友谊”牌声名远播，1983年获“轻工业部优质产品”称号和“省优质产品”称号，1987年被中国烟草总公司评为“86年度全国畅销牌号”，1989年由省烟草公司授予福建省烟草行业“年超十万大箱奖”，1990年又被中国烟草总公司评为“89年度全国畅销牌号”，至今“友谊”牌香烟已形成多个品种的系列产品，深受不同层次消费者的喜爱。

西湖牌卷烟

西湖牌卷烟以驰名中外的“西湖”风景命名，是杭州卷烟厂的一只“龙头”产品，具有悠久的生产历史，产品有“红西湖”、“绿西湖”、“听装西湖”、“金版西湖”、“西湖十景”系列，均为乙级烤烟型卷烟。该产品配方合理，以烤烟特有的香味为主，烟丝颜色浅黄，香气充足，劲头适中。该产品的商标设计以杭州西湖景区具有代表性的“三潭映月”为主图案，简洁明快，充分表现了杭州地方特色。特别是四包装“西湖十景”系列产品，产品包装上具体介绍了“西湖十景”，投放市场后很受欢迎，吸引了来杭旅游人员纷纷购买。“西湖牌”系列产品由于包装设计美观，质量稳定，价格适宜，适应了一般消费者的水平，具有广阔的市场，一度成为市场上的紧俏商品。历年来，该产品曾被评为“行优产品”、“省优产品”、“全国卷烟畅销牌号”，获得新优名特产品“金鹰奖”。

“钟山”牌卷烟

“钟山”牌卷烟是广西钟山卷烟厂80年代的拳头产品，该产品从1978年元月开始研制，经过该厂科研人员上百次的大小试验，在市场历经近6年的考验，于1983年得到消费者的认可。该产品色泽稳定、入喉和顺、吸有醇味、闻有遗香，质量经过严格控制，产品合格率达到98．7%。1983年9月，“钟山”牌滤嘴卷烟荣获广西壮族自治区名牌产品称号。此后“钟山”牌卷烟厂一直作为钟山卷烟厂的拳头产品，1986年9月该产品又获广西壮族自治区优质食品奖；1988年2月获广西卷烟畅销牌号奖；1988年12月荣获首届中国食品博览会银奖等，并因此给企业带来可观的效益。

高档名牌卷烟——“索玛”

该产品是西昌卷烟厂经两年多的努力，开发研制成功的高档次、高品质的翻盖卷烟。该产品叶组选用自然醇化2年以上的凉山、贵州、云南、山东、辽宁、河南和进口优质上等烟叶，精心配制，辅以进口最新高级香精香料调配，使烟香和香精高度和谐。该产品具有清雅、醇和、丰满的优良品质，其焦油量17mg，烟气烟碱量1．3mg。

“索玛”得到了消费者、专家及上级领导的欢迎和好评。今年5月，被四川省人民政府确定为“全省烟草名牌战略”主推的三大高档名牌卷烟之一。

高档烤烟型香烟——精品龙烟

“精品龙烟”是海林卷烟厂最近开发的高档精品烤烟型香烟，卷支规格为：25×（64+20）mm。以腾飞的巨龙为商标装潢的主体图案，使用进口金卡纸、采用先进的磨砂工艺印刷而成的小硬盒及条包硬盒，清新高雅，华而不俗，给人以现代美感。叶组配方精选了云南、贵州、河南、湖南、龙江等主要烟区的优质烤烟，经过精心调制，拟定了比较科学的配方。为了弥补叶组配方的不足，合理地添加香精香料，并采用先进的加工工艺精制而成。烟丝颜色金黄，光泽油润，香气质好量足，圆润纯正，劲头适中，余味干净舒适。

精品昭君牌香烟

呼和浩特卷烟厂生产的精品烤烟型“昭君”牌卷烟，是在原双十支“昭君”牌卷烟的基础上改造研制的新一代高档卷烟产品。根据消费者反馈的信息，该厂从内在设计质量入手，精选各省区各香型的高档烟叶，精心调配高档香精香料，为突出陈烟的浓香叶组配方增加了部分比例的进口津巴布韦烤烟。工艺加工采用传统二次加料醇化发酵技术，提高了增湿加温的技术指标，为提高叶丝的填充值制造了有利的先决条件，保证了烟丝质量，体现了精品卷烟应具有的风格和特性。

新一代精品“昭君”，烟丝色泽金黄、油润、香气清雅飘溢，吸味柔和细腻，余味干净舒适，达到了增加吸烟安全性的设计目的。经有关专家和部分消费者评吸鉴定，内在质量达到高档精品卷烟水平，包装装潢清新悦目、富丽堂皇。

“威虎山”牌香烟

海林卷烟厂生产的“威虎山”牌香烟，系甲级烤烟型香烟，卷支规格25×（64+20）mm。商标装潢以东北虎虎像为主要图案，衬以简洁明快的底色和色块，整体设计具有创意，给人以新颖独特之感。其叶组配方精选进口津巴布韦优质上等烤烟为主料，辅之贵州、河南、龙江高档烤烟，经过先进严格的工艺精制而成。该烟烟丝颜色金黄、光泽油润，香气浓馥，劲头适中，余味干净舒适，焦油量中等。

高级精品“红玫瑰”香烟

高级精品“红玫瑰”香烟，是营口卷烟厂最新推出高档、精制的换代产品。精品“红玫瑰”香烟精选进口及中上等云南优质烤烟为主料，辅以进口高级香精、香料，经过反复试验，组成最佳配方。在生产工艺上，采用了国际先进的制丝、卷制、包装，精心加工而成。该产品烟丝金黄，光泽油润，香味清雅纯正，吸食余味舒净，香气悠长。经测定其焦油含量完全符合国家规定的标准。新配方、新工艺、新一代高级精品“红玫瑰”香烟，给人一个新感觉。

该产品标识设计精美新颖：艳丽的红玫瑰花给人以清新的视觉，大红的“红玫瑰”字体同洁白的盒皮形成鲜明的对比，倒棱八角硬盒翻盖小包装，情有独钟。

“力士”牌混合型香烟

营口卷烟厂生产的“力士”牌混合型香烟，自1979年投入市场以来，以其香味醇厚、劲头适宜等特点，一直畅销辽宁省辽南地区，在大连市尤受欢迎，产品曾远销香港、美国、加拿大、前苏联、罗马尼亚等国家和地区。1994年曾荣获莫斯科国际博览会金奖。1992年“质量万里行”活动中获优质名牌称号，并被评为省优质产品，总公司畅销产品。

该产品近几年经过不断改造和完善，已推出“力士”系列产品，其中“改造”力士1996年投产，年销量达2万多大箱，成为企业的拳头产品之一。

风格独特的“天山”牌卷烟

“天山”牌卷烟是新疆卷烟厂根据中亚一带烟民的吸食习惯，采用新疆盛产的土特产品——莫合烟草，经10多年研制开发成功的新产品。它的问世，填补了我国烟草行业的一项空白，获得全国烟草系统第7次QC成果发布一等奖，目前已申请专利。

“天山”牌莫合卷烟采用莫合烟叶经特殊调制及特殊工艺加工处理，具有风格独特、焦油含量低、安全性较高的特点，产品一经上市就深受各族消费者的喜爱，使这一传统的土特产品大放异彩。

“兴庆宫”——特醇过滤嘴香烟

大唐盛世是中国古代文化繁荣之巅峰。兴庆宫里演绎了多少歌舞升平的盛世情！

“兴庆宫”牌香烟，由西安烟草分公司提供商标装潢、并独家专卖，与宝鸡卷烟厂联合出品。

“兴庆宫”牌香烟，精选云南、贵州、陕西等地的优质烟叶，选用名贵香精香料调制，采用梗丝加料，高温高湿膨化工艺，烟香醇和细腻，沉香持久，余味干净舒适。

“兴庆宫”牌香烟，商标装潢简雅高远，主图案为虚光远景的古兴庆宫建筑群，繁体“兴庆宫”三字光彩四溢，画面古香古色，雄伟壮观。

精美典雅的“阿房宫”牌香烟

中国历史上最宏伟的宫殿是阿房宫。中国烟草行业第一个由商家开发专卖的卷烟牌号是“阿房宫”牌卷烟。

“阿房宫”卷烟，是由西安烟草分公司提供配方和烟标设计装潢，由汉中卷烟二厂生产的烟中精品。她的问世，结束了西安没有自己卷烟品牌的历史。

“阿房宫”卷烟，配方以陕西关中烟民的吸食口味为基调，以云南上等烟叶为基础，精选贵州、陕西等地的优质烟叶，实行人工逐片选叶，人工抽梗；加香加料采用以德国HB公司的尖端技术和先进技术提取的纯天然香料系列，用90年代国际先进水平的FOCKE硬盒圆角翻盖包装机包装而成。

优质烟叶、纯天然香料和现代化设备的完美结合，使“阿房宫”卷烟烟丝光泽油润，香气高雅，吸味醇和，给人以舒适的快感，是高档卷烟中的精品。

“阿房宫”卷烟外观设计精美典雅。底色静宜、恰淡，观之亲切、温馨；主图案以旭日东升中的阿房宫建筑群为背景，上部两朱雀凌空起舞，拱托皇冠；整个商标图形气势恢弘，动感强烈，独具一格，寓意古城西安继往开来，再铸辉煌。

金卡磨砂“孔府”牌香烟

鲁南烟草集团滕州卷烟厂生产的金卡磨砂“孔府”牌香烟，是按“原料精挑细选，生产精工细做，质量精益求精”的工艺要求研制开发的高档产品。

“孔府”牌香烟，包装设计古朴典雅，清新爽目。商标主体图案为象征富贵吉祥荣华的孔府大成殿，印刷上采用金卡喷砂工艺制作，使包装精美不凡。

“孔府”牌香烟，在配方设计上，采用请进来走出去的做法，多次与国内外专家合作，精心研制，先后分析了百多个烟叶样品，从中筛选出津巴布韦、云南、贵州、山东等国内外优质烟叶作为原料，并由专人逐包、逐把、逐片挑选烟叶，进行交叉配比后投料生产；又从众多品牌的香精、香料中选择最佳、最适宜的品种，组合成烟丝添加剂，使产品的内在质量达到一流的境界。

“孔府”牌香烟，在加工工艺上实行了严格的数据控制，采用现代化设备生产，专机专人管理，确保了产品的质量。

“孔府”牌香烟，烟丝色泽金黄油润，包装装潢高雅华贵，吃味醇和，香气浓郁，余味干净舒适，内在、外观质量实现了完美统一。

西南名烟——攀西卷烟

该产品得名于以资源丰富，有中国的“乌拉尔”之称的攀枝花西昌地区，即“攀西裂谷”。

西昌卷烟厂自建厂以来，“攀西”卷烟就作为该厂的拳头产品在四川卷烟市场占有较高的市场份额，并辐射省外，其知名度、信任度始终经久不衰。

多年来，该产品采用高级香料及完善的工艺保证生产，其烟香丰满纯正，余味舒适，吸食满足感强。该产品在首届巴蜀食品节荣获金奖。随着卷烟销售的日趋变化，该品牌也根据市场的要求，演变出特醇白攀西，绿色攀西、金攀西等系列产品，以满足不同地区消费者的需求。

“芍花”贡品香烟

“芍花”贡品香烟，系高档烤烟型卷烟，始产于1990年，是亳州卷烟厂的优质骨干和拳头产品，投放市场以来，深受广大消费者的厚爱。该产品1995年荣获“’95中国专利技术及产品博览会银奖”，1996年荣获“第八届中国新技术新产品博览会金奖。”

“芍花”贡品香烟的香型为深受消费者青睐的浓透清香型，香气浓郁，嗅香怡人，清雅丰满，无杂气，无刺激性，余味干净、舒适。

在工艺制作上，亳州卷烟厂严格把关，要求各等级烟叶逐片挑选，为优质的卷烟香气、光泽等特征奠定了原料基础。制丝过程中采用特殊的加香加料先进工艺处理。卷烟辅料选用高吸附性能的醋纤嘴棒和高透气度的进口卷烟纸，从制丝到卷接包各工序精工细作，确保了内外在质量的一流水平。

“芍花”贡品香烟的装潢设计，采用了高档先进的磨砂金卡材料，高雅大方，豪华气派。烟标的主图案为一朵盛开的红芍花和两朵含苞待放的花蕾，象征着亳州卷烟厂的“芍花”香烟在众多的香烟品牌中独树一枝，前程似锦。

“精品大老板”香烟

84mm烤烟型翻盖“精品大老板”香烟系湖北省来凤卷烟厂与云南烟草科研院合作，采用日本先进调香技术研制而成的高档卷烟，内含80%以上贮存两年的精选云南烟叶，具有浓厚的云烟风味。

“精品大老板”内质纯正，吸味醇和，余香幽长，吸后口腔干净。开发工作由全国著名烟草研究专家、云南烟草科研院总工程师曾先生亲自主持，是卷烟一族中不可多得的佳品。

“精品大老板”外观精美，金黄色外盒包装采用了日本先进磨砂技术，国内独创，光彩照人，具有良好的密封保质效果。

拳头产品“金芙蓉”牌香烟

常德卷烟厂研制生产的甲级过滤嘴烤烟型“金芙蓉”牌卷烟，1970年创牌，畅销国内20几个省、市、自治区。1986年、1989年被评为湖南省省优产品；1988年荣获中国首届食品博览会金奖。

“金芙蓉”卷烟分84mm翻盖、84mm金包装、84mm厅装、81mm金包装、81mm厅装、精芙蓉六种包装。采用云、贵、湘等省上等烟叶原料，添加国产、进口优质香精香料，科学配方，精心卷制而成。先进的工艺水平和严格的生产管理使“金芙蓉”嗅香清新宜人，烟香丰满谐调，烟气细腻。浓度劲头适中，余味纯净，口感舒适。目前该品牌已延伸为一个系列，成为常德卷烟厂实施名牌战略的一支劲旅。

疗效型产品“君健”牌香烟

常德卷烟厂研制生产的特制甲级过滤嘴混合型“君健”牌卷烟，1985年创牌，1988、1990年被评为省优产品，1989年全国卷烟畅销牌号之一。

“君健”卷烟分84mm全包装、95mm全包装两种包装。配方设计：由云南、贵州、湖南、黄淮、东北等省上等烟叶构成叶组配方，采用名贵中草药提取液和国产、进口香精香料调配香精。该产品嗅香优雅舒适，烟香充实谐调，烟气醇和流畅，吸味纯净。因原料中配有止咳平喘养心功能的中药制剂，能减少烟气对上呼吸道的刺激，在预防或抑制慢性支气管炎方面有一定的效果。

红双喜——大众化的高档产品

“红双喜”是武汉卷烟厂的传统老产品，80年代前产量较小，是逢年过节凭票供应的高档烟。80年代初，烟草行业技术改造全面展开，为适应新的技术和市场变化，调整了红双喜配方，形成香气浓馥、清雅，余味舒适干净、刺激性小等特点，适合广大消费者口味，成为一种大众化的高档产品。该产品至1988年，已逐步形成系列产品，多种规格，其中有：无嘴红双喜，84’s直包红双喜和全包红双喜，并多次被评为全国名优烟及“汉货精品”。

五连冠牌香烟

“五连冠”牌香烟是吉林省四平卷烟厂1989年推出的卷烟新品牌，该产品是采用云南上等烤烟与日本长谷川香料公司的优质香精配制而成，属烤烟型，具有香气浓郁，口感舒适，纯净之特点。其商标设计则以女排姑娘获得五次世纪冠军为背景，同时也寓有四平烟厂不断进取之雄心。

因此，该产品上市后就深受消费者喜爱，被吉林省政府授予吉林省名牌产品称号，次年又被吉林省消协评为“关东名牌”和消费者信得过满意产品，是四平卷烟厂的拳头产品之一。

珍品“老仁义”牌卷烟

哈尔滨卷烟厂生产的珍品“老仁义”牌卷烟，系清香烤烟型。配方以云南上等陈酵烟叶为主，并适量选用贵州、河南及津巴布韦等地优质烟叶，辅以高档专用香精香料，采用进口的设备精制而成。

烟支外观新颖、独特，商标设计精美、华贵，香气优雅、奔放，吸味醇和，给人以优美而愉快的感觉。

“兴安”牌卷烟

乌兰浩特雪茄烟厂生产的“兴安”牌甲级烤烟型滤嘴烟，是1985年10月开发研制而成的，首批产品于1986年7月投放市场后，以其独特的风味深受不同层次消费者的青睐，除畅销内蒙古和东北三省外，还打入京、津、沪和冀、鲁、豫等地，并销往俄罗斯、北朝鲜和蒙古等国家。该产品1988年以来，连续三年被评为区优产品，1990年获内蒙古自治区名牌产品博览会银奖。

“醉翁亭”牌卷烟

“醉翁亭”牌卷烟是滁州卷烟厂1986年开发研制的拳头产品。该产品选用云南、贵州优质上等烟叶和巴西、津巴布韦等地进口高品质的烟叶，经过反复调试而成。香精、香料选用天然植物香料，具有谐调和衬托烟香，改善吸味，增加浓度的作用。烟丝颜色橙黄，光泽油润，香气充足而清雅、协调、无杂气、无刺激性、余味舒适。1989年在安徽省名优新特产品汇展中获得“江淮之花”金杯奖，并被列为全国甲级烤烟型175个重点牌名之一。

老牌卷烟——“壹枝笔”

由颐中烟草（集团）有限公司青岛卷烟厂生产的“壹枝笔”牌香烟诞生于四十年代初期，是颐中公司成立之初作为中流砥柱的产品之一，四、五十年代曾风靡全国，家喻户晓，一向以质地优良、设计独特，为富商大贾、社会名流所专用，在颐中公司的发展史上写下了重重的一笔。

为使这一历史名牌再放异彩，颐中公司全体员工倾注了极大的心血和汗水。外观设计一改原有风格，采用了具象式写法，构思采用具有欧式中世纪风格的鹅毛笔为主图案，使整个烟标显得既简洁明快，又古朴精巧，可谓纳古今中外之精粹。

内在质量上，“壹枝笔”卷烟力求卓越，烟叶精选云贵派系高档品，香精香料采用国际流行香型，经精心研制，反复配方而成。其外观颜色金黄，光泽油润，内在口味醇和，香气清雅飘逸，余味干净舒适。

“红锡包”牌香烟

“红锡包”作为一个著名的卷烟商标，曾是英美烟草公司在我国注册生产的主力牌号，1952年后，由青岛卷烟厂继续生产，直至1958年停产，1994年又由颐中集团青岛卷烟厂重新推出。

“红锡包”粉红色的外包装迎合了中国百姓“红色象征富贵吉祥”的民族文化心理，加上品质醇良，深受当时各界名流人士的喜爱。重新推出的“红锡包”在保留原有特色的基础上，精选国内上等烟叶和国外著名香料公司提供的香精香料，装潢设计更加典雅精美，而且经过严格工艺，先进设备加工制造。

“红锡包”香烟，烟丝色泽金黄，光泽油润，内在口味醇和，香气清雅飘逸，吸味丰满，余味纯正和美。“红锡包”将以她独特的风格，甜润清香的吸味而成为馈赠亲友的佳品，绅士风采的展示，赢得各界人士的钟爱。

“大团圆”牌香烟

值炎黄子孙欢庆香港即将回归祖国之际，为纪念这一历史性的时刻，颐中烟草集团青岛卷烟厂特别推出具有象征意义的最新产品“大团圆”。

“大团圆”香烟追求卓越完美，是名符其实的烟中精品。在生产之前经长久详密计划，集中全厂开发科技人员力量，精选国内优质上等烟叶配以全天然香精香料，从选料、配量、制丝、加香以至卷烟、包装，都采用先进设备，一丝不苟，精益求精地完成。产品口味芬芳纯正，清新怡人。

商标设计以表现东方民族喜庆洋溢的深红色为底色，溢彩鎏光，深炯宜人，为您逢佳节、办喜事增辉添彩渲染气氛。具有皇家气派的烫金“大团圆”尽显该产品尊贵高雅，主图案以中华人民共和国版图轮廓为主线索，表达了香港即将回归祖国举国欢庆的内涵，也表达了对消费者合家团圆，共享天伦的美好祝愿。

被誉为“国烟”的中华牌卷烟

上海卷烟厂生产的中华牌卷烟，是我国高档烤烟型卷烟中的杰出代表，被誉为“国烟”。84mm 翻盖中华烟采用优质原料，工艺精良，烟香浓郁，吸味纯正，包装美观、华贵，深受国内外消费者的喜爱。产品远销港澳、东南亚、欧洲、美洲和大洋洲，在海内外享有很高的声誉。中华牌卷烟 1985 年、1986 年连续两年被评为“上海市优质出口商品”；1987 年获得“全国烟草行业优质产品”；1988 年荣获“国家质量金奖”；1991 年被评为“全国十佳驰名商标”；1994 年获“金桥奖”和“最佳中国市场名牌”；1997 年又被评为“上海市著名商标”。

传统名烟“红双喜”

红双喜牌卷烟是上海卷烟厂又一传统名牌产品。84mm 翻盖红双喜采用优质原料，烟气浓香，吸味纯净，劲头适中，加之具有喜庆、吉祥之意的精良包装，深得广大消费者的喜欢。红双喜牌卷烟多次获得部优、行优产品称号，并列为全国十三种名优烟之一。1990 年被上海市经委评为优质产品；1991 年被中国烟草总公司评为行业优质产品；1994 年被国家烟草专卖局在卷烟产品质量等级评比中评定为优等品；被“93 全国民用生活品消费取向调查组委会”评为“消费者购物——首选优质产品”荣誉称号。

“富健”牌卷烟

龙岩卷烟厂生产的“富健”牌甲级卷烟，于 1985 年出品，属烤烟型滤嘴卷烟，具有烤烟“浓、醇、厚”之独特风格。曾获“部优”、“省优”等十几个荣誉称号，被中国烟草总公司列为“中国 39 种名烟”之一。产品畅销全国 20 多个省、市。

·轶闻趣事·

少数民族烟俗趣闻

拉祜族抽烟

取居在云南澜沧江畔的拉祜族，不分男女老少都有吸烟的习惯，他们吸烟的形式有多种，有的抽烟卷，有的抽烟锅，也有的抽大竹筒水烟。有时人们发现这样的情形，母亲嘴上叼着一烟锅，背上背着孩子，这孩子嘴上也抽着烟锅，这烟锅就搁在母亲肩上。拉祜族喜爱抽烟，究其缘由有两条：其一山区森深草密，虫、蚊昆虫较多，蚊、虫等昆虫怕此烟味，为了避免蚊、虫叮咬，故而人们经常嘴里叼着烟锅；其二，拉祜族人认为大人能享受的东西，小孩同样应得到一份享受。因此，孩子从小就学会抽烟，当你到拉祜人家里坐客递烟时，千万别忘了给老太太和小孩也递上一支，不然他们会生气的。

水烟袋的传说

在中国南方沿海居民中，流传着一些优美的关于水烟袋起源的传说。其中有这样一个故事：一次，一个渔民在大海里打鱼，突然见一白髯齐胸，精神矍铄的老人端坐在一个平素绝无人至的孤岛的礁石上。时隔不久，又见一朵白云里飘下一位仙女，身上带着一支三尺长的竹干，降落到小岛上，仙女走到水边往竹筒里灌水，随后将盛水的竹筒捧给坐在礁石上的老人。只见老人接过竹筒，在竹筒上捍了捍，然后敲石取火，点燃一支枯草，悠悠地抽起烟来，渔民见此情景，好生奇怪，于是把船迅速靠近岸边，准备上前看个究竟。当渔民要靠近老人和仙女时，两个仙人突然飘飘然腾空而去。渔民走到仙人停留的地方，发现刚刚吸过烟草的一支竹筒，缕缕青烟还在不停地往外冒，微风吹来，渔民顿感到一阵从未闻到过的清香。他拿起竹筒，模仿仙人的吸烟姿势，轻轻的吸了一口，一股清凉而带竹香的烟气，使他感到全身轻松快慰。渔民像得到宝贝一样，双手捧着烟筒朝仙人飘去的方向深深鞠了一躬，然后驾起渔船直奔回家。后来，这支仙人留下来的水烟筒很快传遍了沿海各地，便成了今天沿海居民所喜欢吸用的水烟袋。

火塘传烟

居住在云南金平的哈尼族有着奇特的婚姻习俗，托媒说亲离不开烟草，而且媒人很难当。当小伙子与某个姑娘相识并看中她后，爹妈即开始为儿子物色两个媒人。尔后，男方父母买一只新饭箩，放进一包毛烟，一对梳子，一小把野麻，交给媒人。入夜以后，媒人一手举火把，一手拿着新饭箩前往女方家。按照风俗，媒人不准讲话，进门先咳嗽三声，以告女方家人，然后熄灭火把进门，把饭箩放在火塘的烤板上。两个媒人各取一只烟筒，在火塘旁边抽烟，吸几口后，把烟及烟筒分别递送给女方父母抽，再依次递给火塘边其他的人。烟筒传了两圈后，媒人就走了。第二天鸡叫头遍时，姑娘悄悄走进男方家，把昨天晚上媒人送去的饭箩放回男方家的烤板上。第二天晚上，两个媒人像头天晚上一样，再把饭箩拿到女方家。如女方同意，就不再送回饭箩，算是订婚了，如第三天一早，姑娘再将饭箩送回，则表示姑娘谢绝小伙子的爱情。

敬嚼烟

互敬烟的礼俗，流行于西南一些少数民族之中，如傣、景、颇、阿昌、傈僳、哈尼、佤、拉祜等民族。每逢聚会、串门或闲坐聊天，男女皆互敬嚼烟，表示友好和尊敬。

嚼烟的烟料除烟丝以外还有芦子、熟石灰和“撒凡”（由槟榔根、李树皮、栗树叶熬制而成）等配料。嚼时各取一小部分放入口中慢慢咀嚼，直到满口充满红色的混合液体时，再连渣一起吐出。

据说嚼烟有消炎止痛的功效，对牙齿和口腔有保护作用，常嚼烟的人不会得牙痛病，即使到了古稀之年，满口牙齿仍完好无损。

互敬嚼烟也表现在婚俗中。如傈僳族无论男女，腰间都挂一个绣花烟包，否则会被人瞧不起。男女青年择偶求爱时，往往很注意对方腰间的绣花烟包。小伙子如看中哪位姑娘，就把绣花烟包解下扔给她。姑娘如果答应小伙子的求爱，就接住绣花烟包，并将自己的烟包也扔过去，这算是一种爱情的信物。倘若不愿意，不仅不接烟包，而且赶紧离去。有趣的是凡是遇婚嫁喜事时，傈僳族人喜欢送礼，礼品的厚薄多少不限，但在礼品中一定放上一包烟末，以表示敬重。

烟盒、烟丝、爱情

德昂（崩龙）族约一万人，分居于云南省德宏、临沧和思茅等地。德昂语称串姑娘为“毫咪尼别”，德昂族流行的一种谈爱方式。一般十四岁以上的未婚男女，就开始参加社交活动，不受社会舆论的谴责。

德昂族男女之间，有两种恋爱方式：一种是一群小伙子对一群姑娘的集体社交活动。男女双方有自己的头头，男头头称“叟色离”，女头头称“叟色别”，他们是利用节日、婚礼等场合集体对歌寻找意中人。一种是当小伙子钟情某个姑娘时，往往在夜幕降临时或月光皎洁的夜晚，走到姑娘竹楼前，轻轻地吹起芦笙或弹起小三弦，低声吟唱。姑娘听了声音，便赶忙起床，准备好茶水轻轻地打开后门，然后返回卧室。待小伙子进入火塘一侧坐下后，姑娘才走出卧室，请小伙子喝茶、嚼烟，小伙子也从小筒帕中取出烟盒回敬姑娘。这时姑娘的父母兄弟自觉地避开或睡去，留下这对情人用对歌或吹葫芦丝倾吐相互之间的爱情，直到公鸡啼鸣方散。临别时，如男方有爱慕之意，便故意将烟盒留下。若是一般感情，姑娘就将烟盒还给对方。

如果是经过若干次的交往和对歌，互相有意，即可互赠礼物，男方送给姑娘项圈、手镯或红漆的要箍，姑娘送给小伙子的是亲手织成的小筒帕。

爱情成熟以后，男方正式送给姑娘一包烟丝，配上沙基、芦子、石灰（嚼烟之用），用红绒线扎成一包，由姑娘交给父母，或挂在姑娘的床头。若父母收下礼物，小伙子就高高兴兴地请父母托媒人前往说亲，但女方父母即使同意婚事，也要试验男家是否有诚意，直到男方来说媒两三次，表示了诚意，父母才应允女儿的婚事。以后便是双方商议结婚和择日举行婚礼的事了。

问烟

瑶族普遍实行一夫一妻制的氏族外婚姻。由于各地瑶族经济发展不平衡以及受传统风俗的影响，各地各支系瑶族的婚姻习俗也不尽相同。

瑶族中有种古老的求婚方式叫“问烟”，或称“传烟”。男女青年通过对歌相恋之后，由男家托人至女家说媒，即向女方父母送去烟叶一包。女方父母若对这门亲事不同意，就将烟叶退回去，若是同意就将烟叶留下。男方根据女方是将烟叶留下还是退回决定采取下一步骤。如未退回，便继续请热情人再向女方传递烟叶。如第二次仍未退回，男方便直接派两个媒人到女方家求婚，男方的父亲或是伯叔也可以亲自去求婚。

随着社会经济的发展，这种求婚方式不断变化，现在有的由送烟改为送茶叶或送其它物品。

对烟亲

滇南彝族是一个能歌善舞的民族，且喜抽烟。彝族青年婚恋中现场聚会时，往往由姑娘给小伙子装烟、点烟，当地称为“吃火草烟”。

相传有个姑娘爱上一个小伙子，她不给他点烟草，而在她的新衣服上烙通一个洞，小伙子奇怪地望着她，她微笑着拿出针线，在烙通的地方绣了一朵花。这朵花不仅补了洞，还留下了难忘的深情。

“吃火草烟”一般是利用赶街的机会由小伙子邀请别寨子姑娘到本寨玩。地点选在山头上，伴随着熊熊的篝火，大家尽情唱跳嬉戏。

最有趣的是姑娘给小伙子燃烟时的对唱。姑娘拿着火草绕来绕去，对小伙子唱道：“嫌我不嫌我，给你点烟火?”男方唱道：“帮我点烟火，恐怕雷打我。”女方又唱：“雷打对门对，不打郎和妹。”这样，小伙子得到姑娘给他点一次烟的机会。

在男女对歌中，当小伙子对不赢姑娘时，可以将长辈歌手请来帮忙，而姑娘得始终依靠自己的本领。无论哪方对歌对输了，都要按习惯送给对方礼物，如果男方输了，就买些装饰品送给女方，如女方输了，就买烟送给男方，这就叫“双烟亲”。

恋烟

居住在广西西部巴马瑶族自治县的瑶族（番瑶），青年男女在婚恋中同烟草有着特殊的缘份。这些青年人经常随身携带着抽烟用的烟杆，当你要与某人交情，就故意向对方讨来烟杆抽烟，抽完后装进自己的口袋，等她（他）向你要时，你可故意说不知道，这样对方就明白了。接着双方用含情蓄意的词语交谈，对唱几首情歌；如当时有别的信物，就互相交换，若没有，烟杆照样留着，约定下次会面时互相交换礼物。

双方建立爱情关系之后，男方要在十天或二十天左右到女方家去帮助做活两三天，主要观察女方的态度及劳动、说话待人等各方面的表现。男方返回家时，女方要送至半路，赠送一条头巾，这条头巾往往表明女方对男方的态度。若头巾镶饰丝绸并绣有彩色的花样，表明对男方很有感情；若头巾仅绣有花样而无丝绸镶饰，则表明感情稍次；若头巾既不绣花又不镶丝绸，则表明女方对男方没有多大感情。

之后，男方还得第二次去女方家“帮忙”，并带去礼物回敬给女方。双方在半年中经三次赠送恋爱礼物，都情投意合，临近春节时，男方就买两斤烟叶敬送女方父母，女方父母将一部分烟叶送给同村邻居亲朋，别人就知道是怎么回事了。

春节后，男方再次到女方家帮忙做活，回来时女方家要包十五个粽粑送给男方拿回家，并用一条精制的头巾包着。男方回家后将一些粽粑切成两节，同样送给邻居亲友。这叫做“童年粽粑”，以此宣告订婚。

在恋爱过程中，女方还要做“思念烟”。当双方爱情达到一定成度而分别后，女方为表示对男方的尊重和思念，就选两张同样大小而质量又好的烟叶编成绳索样，卷成圆团，用红丝线绑牢，再用一张烟叶包扎好。包扎很讲究，不能将烟叶翻着包，翻着包意味着背心离意。精心制成这个思念烟之后，如果每天去做什么活路都要带回一样东西作纪念。比如去赶街就用一张烟叶包扎，去薅玉米就用玉米叶包扎……凡是每天做什么活都有实物做见证，以此表示女方在此间没有哪一天不想到自己的情人。等下次见面时，女方就用一条精制的黑毛巾包着，又用纱带或红线绑好，给自己的情人。当男方打开这份珍贵的礼物时，全部深情厚意都体现在这份恋烟中，男方很感动，就将自己用篾条精心编制成的一个小箩和一个光滑优美的短烟杆送给女方，作为订婚礼物。女方把这份礼物拿回家，父母兄弟及朋友见到时，人人称好，同意订婚。

瑶族喜烟，这种同烟草发生特殊关系的婚俗一直流传到今。

蒙古族尚鼻烟

清代中叶，闻鼻烟曾风靡一时。现代生活中闻鼻烟者并不多见，但有些少数民族却一直保留着这一习俗。如蒙古族至今仍然重视鼻烟和鼻烟壶。

据传蒙古族同胞嗅鼻烟同喇嘛教有关。喇嘛教规定不许吸烟，但有烟瘾的教徒同烟草结下了不解之缘，只得以嗅代吸，即过了“瘾”，也不违犯戒律。当然，这样解释鼻烟在蒙古族的流行是很不够的。不过鼻烟确实适合蒙古族生活环境，因为他们常年生活在人烟稀少的大草原上，在马背和帐篷里度过他们的时光，不便于用烟筒抽烟。为适应流离颠沛的生活，他们还要求鼻烟壶必须坚固，不怕摔，常以木制或金属制成，壶塞以银链拴结在壶的肩部。

当你入蒙古族同胞家庭时，有一股清凉、芬芳的烟香味扑鼻而来，这就是烟草加入芳香、通窍类中药材而配成的鼻烟所散发出来的气味。40 岁以上的蒙古族男女多数都有“古壶热”，即鼻烟壶。壶中盛有烟粉或药粉，嗅了能提神爽志。“古壶热”还被当作一种珍贵的佩戴饰物，经常带在身边。

蒙古族鼻烟有自己配制的，也有从中药店买来的。在缺医少药的情况下，伤风感冒时于鼻孔抹上少许鼻烟，几个喷嚏过后顿时轻松，病情就能逐渐好转。因此，鼻烟是蒙古族牧民生活不可缺少的一种必备品。在蒙古族比较集中的村屯，不仅蒙古族同胞有这种习俗，汉族群众中也有一部分嗅鼻烟的习惯。

蒙古族嗅鼻烟的历史可以追溯到清康熙年间以前，十九世纪以后极为盛行。著名的英国学者、传教士吉尔摩尔（James Gilmour）对蒙古族生活、文化很有研究、以惊人的毅力学会了蒙文和蒙语，于 1870 年 8 月，在北京制订了去蒙古考察的庞大计划，并身体力行，后来写成专著《在蒙古中间》，于 1888 年在伦敦出版。吉尔摩尔说，蒙古族人民“没有我们西方国家握手互致问候”的习俗，而是以吸闻鼻烟这一“特殊风俗习惯”来表达相互的友谊和尊敬。吉尔摩尔又指出，蒙古族人民的财富、身份和社会地位往往能从他们拥有鼻烟壶上反映出来。他们的风俗要求人们在相会时，主人能够以高贵、美丽的鼻烟壶来接待宾客，以象征“一个好的吉兆”。除了金属、骨、角等鼻烟壶外，价格低廉的料器鼻烟壶以及昂贵的玉器鼻烟壶大多来自北京，最昂贵的价值竟达 80 两银之多。

另一位英国学者卡罗特尔（Douglas Carruther）1914 年在伦敦出版了《不被知晓的蒙古》一书，书中谈到蒙古族闻鼻烟的习俗：

鼻烟壶是蒙古人民生活中的伴侣。吸闻鼻烟是蒙古族最流行的习俗，它不仅有良好的社会意义（友谊、和睦、尊重），同时也是礼仪中最严格的信物（祭祀神佛和祖先）。蒙古族人民的财富和社会地位，也由他们所使用的鼻烟壶来断定；它（鼻烟壶）是衡量不同社会阶层的标准。有些蒙古族人民把大量的、难以置信的钱财，都耗费在收藏鼻烟壶上，如玉器鼻烟壶、镶嵌宝石鼻烟壶。他们宁可离开自己的爱妻和心爱的马，但不能没有鼻烟壶。

1910 年伦敦出版赫特利（John Hedley）的《在黑暗的蒙古长途徒步旅行》一书说，所有的蒙古人都吸鼻烟。在腰带上，每个人都带着自己的鼻烟壶。虽然没有成文的法律规定，但当客人拜访主人帐篷时，主人必须鞠躬，用双手捧着鼻烟壶给客人，而且客人必须用双手接过主人的鼻烟壶，倒出少许鼻烟，放在鼻子上吸闻几分钟，然后鞠躬，用双手将鼻烟壶归还给尊敬的主人。赫特利说这是“非常细小、但又文雅的礼仪”，如同“西方人在饮酒时碰杯祝福一样”，其目的是为了“建立相互的尊敬和信任”。

蒙古族在长期吸鼻烟中形成了一些富有民族情趣的礼俗。民国十二年出版的胡朴安《中华全国风俗志》对此有较详细的记载：

蒙古人交际，其礼仪多沿清制：一递哈达，二递烟壶，三问安，四装烟，五打签……烟壶递于见面时。平等相交递送，彼此均双手高举，或双手略低，鞠躬相互，各举向鼻端一嗅，互相璧还，一如递状；尊长向卑幼，则微欠身右手授之，卑幼以两手接，以一足跪，敬谨领受，捧举鼻端，仍如接壶状，还纳之尊长；卑幼向尊长则反是。若王前则双足跪，双手举，王上坐，身略俯，受之一嗅而接之，不答，递者礼毕，无一言而退。蒙古人无论男女，必斜插旱烟袋于左肋，挂火镰、荷包于后腰，晤面时，行其应用之礼，或请安，或递烟壶，再行装烟之礼：用客人之烟袋纳诸主人之荷包装烟，然后以布拭烟嘴，用一手或双手送诸客，客受之亦如法还之。老幼尊卑，累分先后，若平等则互换云。

蒙古族尚鼻烟及其礼俗，有许多至今仍一直保留着。

·资料·

一张珍贵的照片

《中国烟草工作》是国家烟草专卖局主办的指导行业工作的机关刊物（现改名为《中国烟草》），创刊于1985年。经过两期试刊，1986年1月正式出刊。

为了办好这份刊物，国家烟草专卖局、中国烟草总公司于1985年11月，在湖南零陵卷烟厂召开了首次特约通讯员会议，总结了试刊工作，并对出刊的有关问题进行了研究。会议期间，大家合影留念（见照片）。此后，不少特约通讯员积极为《中国烟草工作》撰稿，为支持办好刊物做出了很大贡献。

天津市华特包装机械有限责任公司

第一分公司

地址：天津市红桥区丁字沽三号路 8 号　　邮政编码：300131

石家庄卷

石家庄卷烟厂

地址：河北省石家庄市维明街92号　　邮政编码：050051

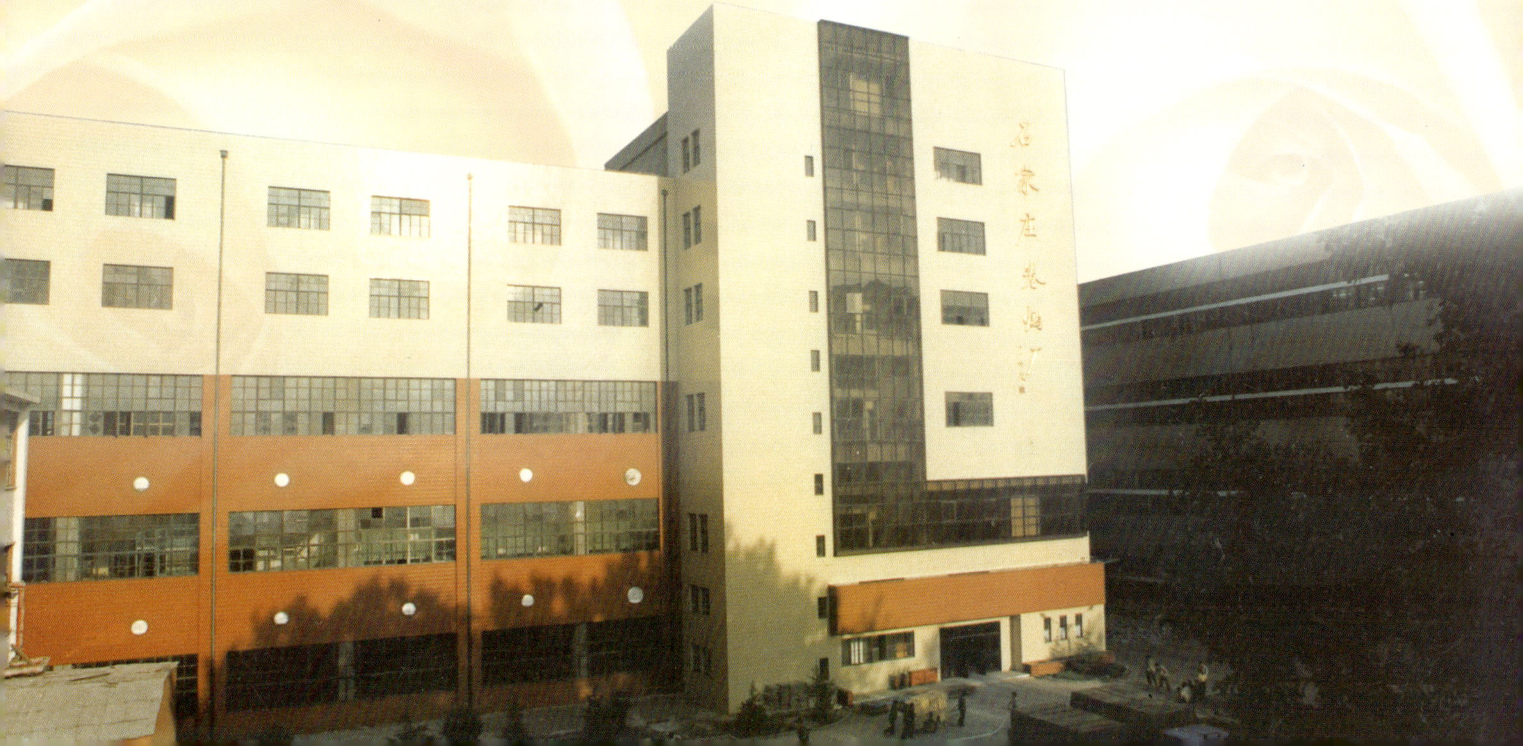

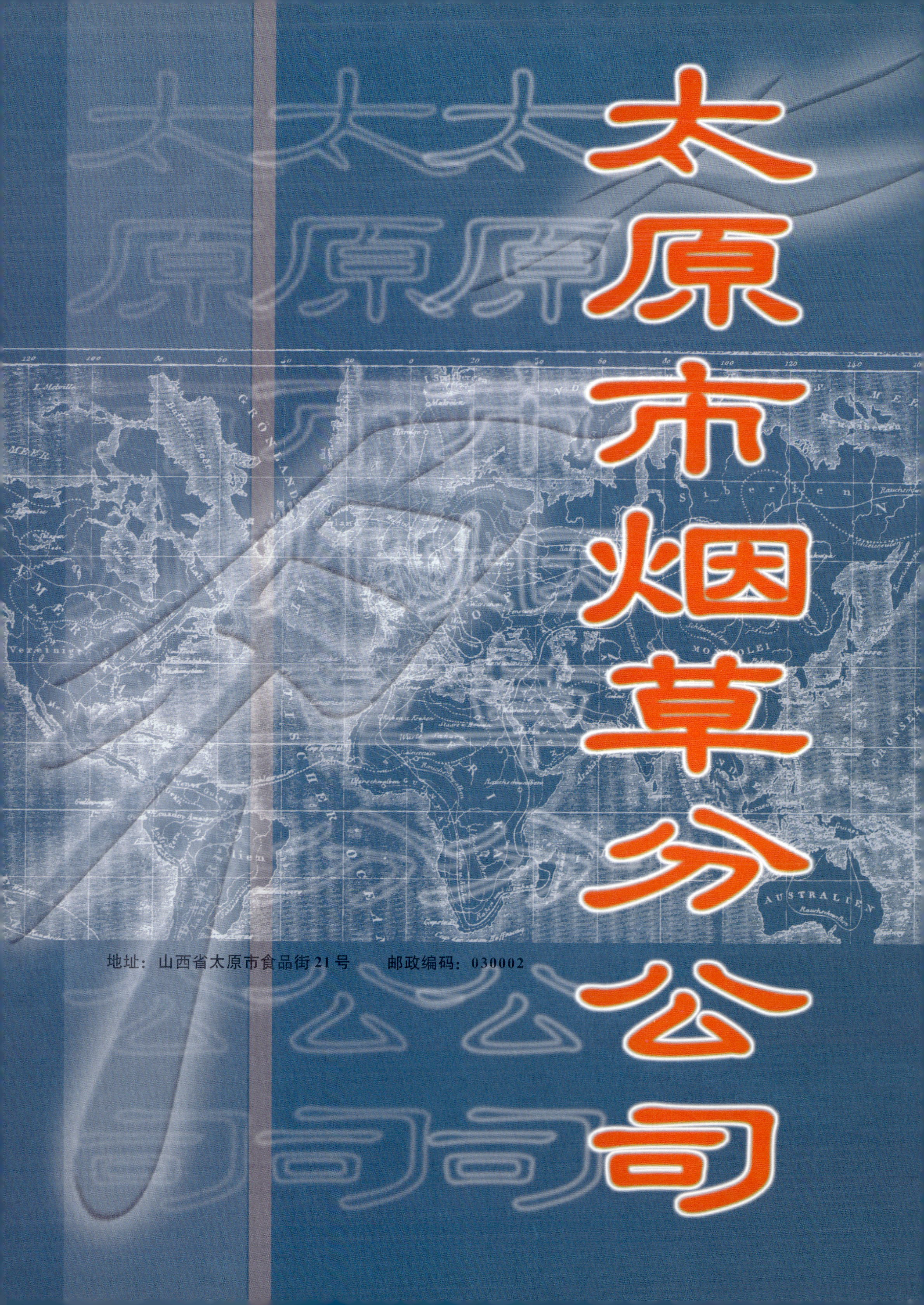
太原市烟草分公司
地址：山西省太原市食品街21号　邮政编码：030002

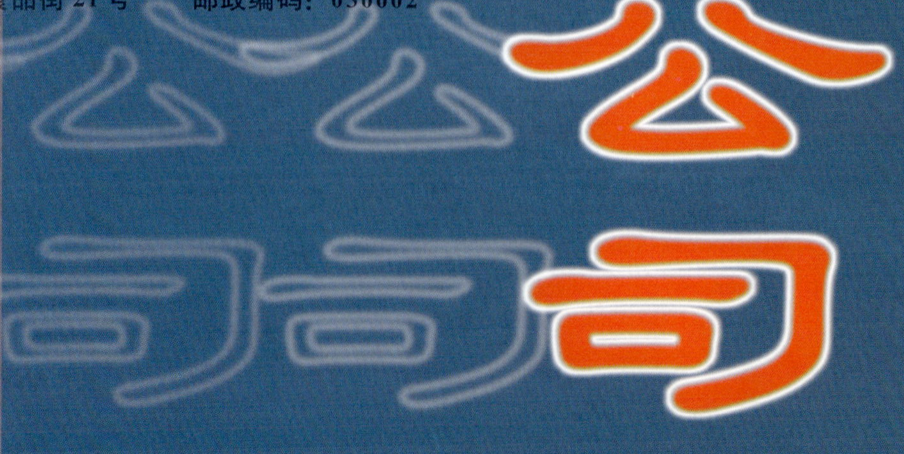

烟草大厦
YANCAODASHA
运城市烟草分公司
地址：山西省运城市人民北路317号　邮政编码：044000

臨汾烟草分公司

地址：山西省临汾市车站路 9 号　　邮政编码：041000

長治市煙草分公司

地址：山西省长治市府西街3号　　邮政编码：046000

呼和浩特卷烟厂
地址：内蒙古呼和浩特市锡林南路81号　邮政编码：010020

烏蘭浩特卷煙廠
地址：内蒙古乌兰浩特市铁西区毛线街1号　　邮政编码：137400

营口
营口卷烟厰
营口卷煙廠
YINGKOUJUANYANCHANG

沈阳卷烟厂

延吉卷烟厂

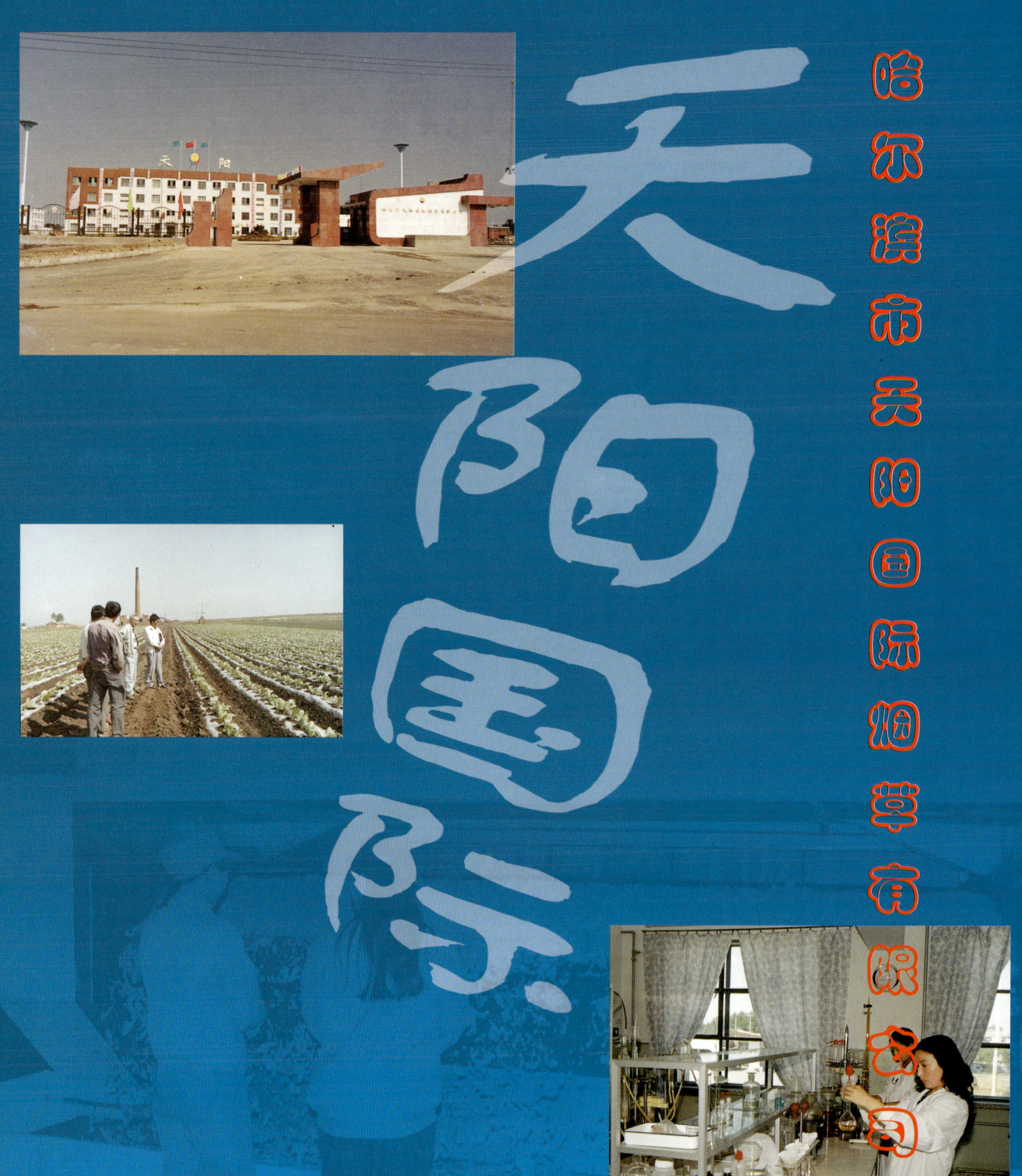
天阳国际
哈尔滨市天阳国际烟草有限公司
地　　址：黑龙江省哈尔滨市动力区荣进街2号
邮政编码：150048

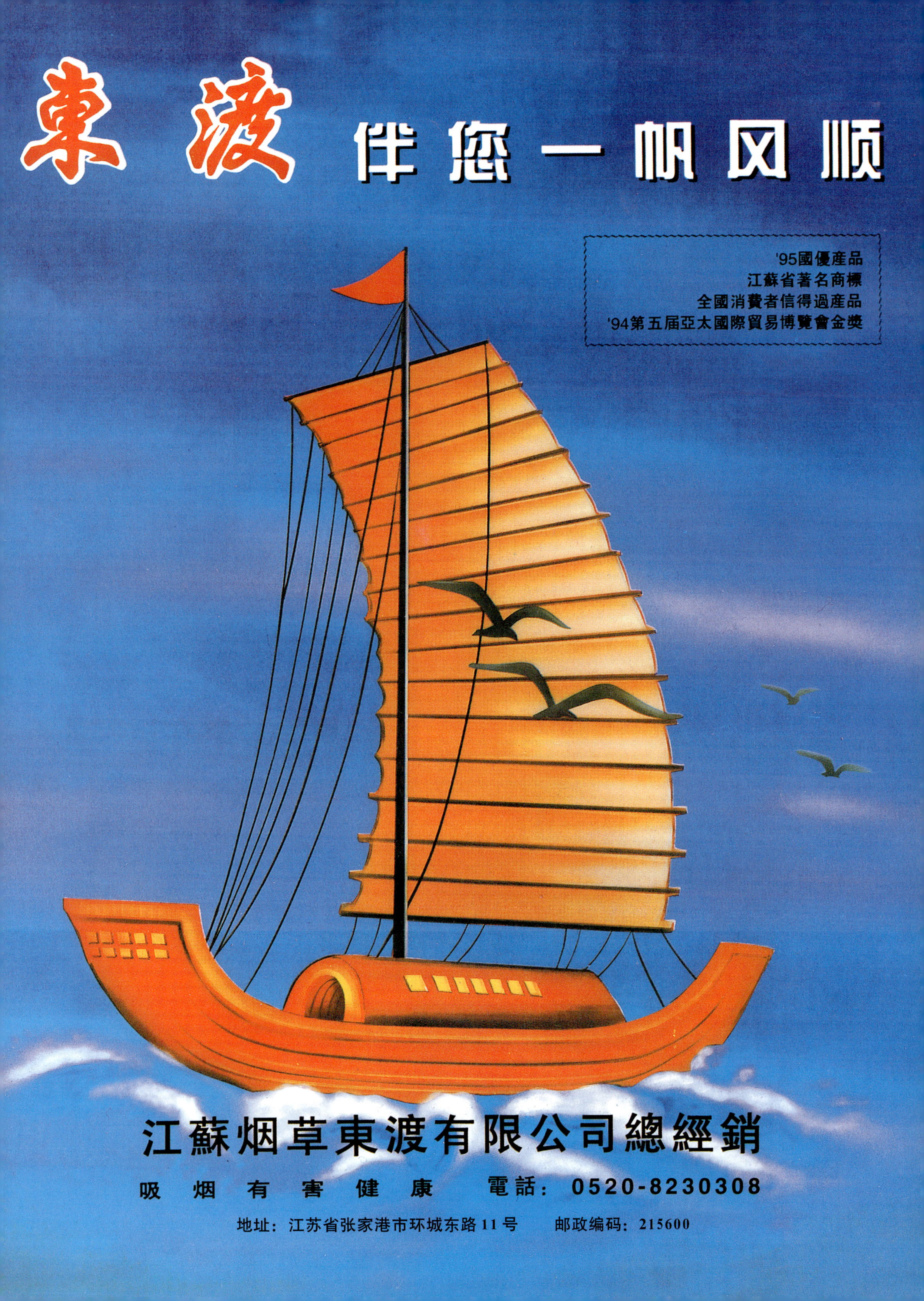
東渡
伴您一帆风顺
'95國優産品
江蘇省著名商標
全國消費者信得過産品
'94第五届亞太國際貿易博覽會金獎
江蘇烟草東渡有限公司總經銷
吸烟有害健康
電話：0520-8230308
地址：江苏省张家港市环城东路11号
邮政编码：215600

上海烟

地　　址：上海市许昌路1062号

邮政编码：200082

草集团公司

高级过滤嘴香烟
上海
上海卷烟厂出品

上海春天
SHANGHAI SPRINGTIME
上海春天百货商厦
FENG
百事可乐

地址：江苏省南京市杨将军巷9号　　邮政编码：210018

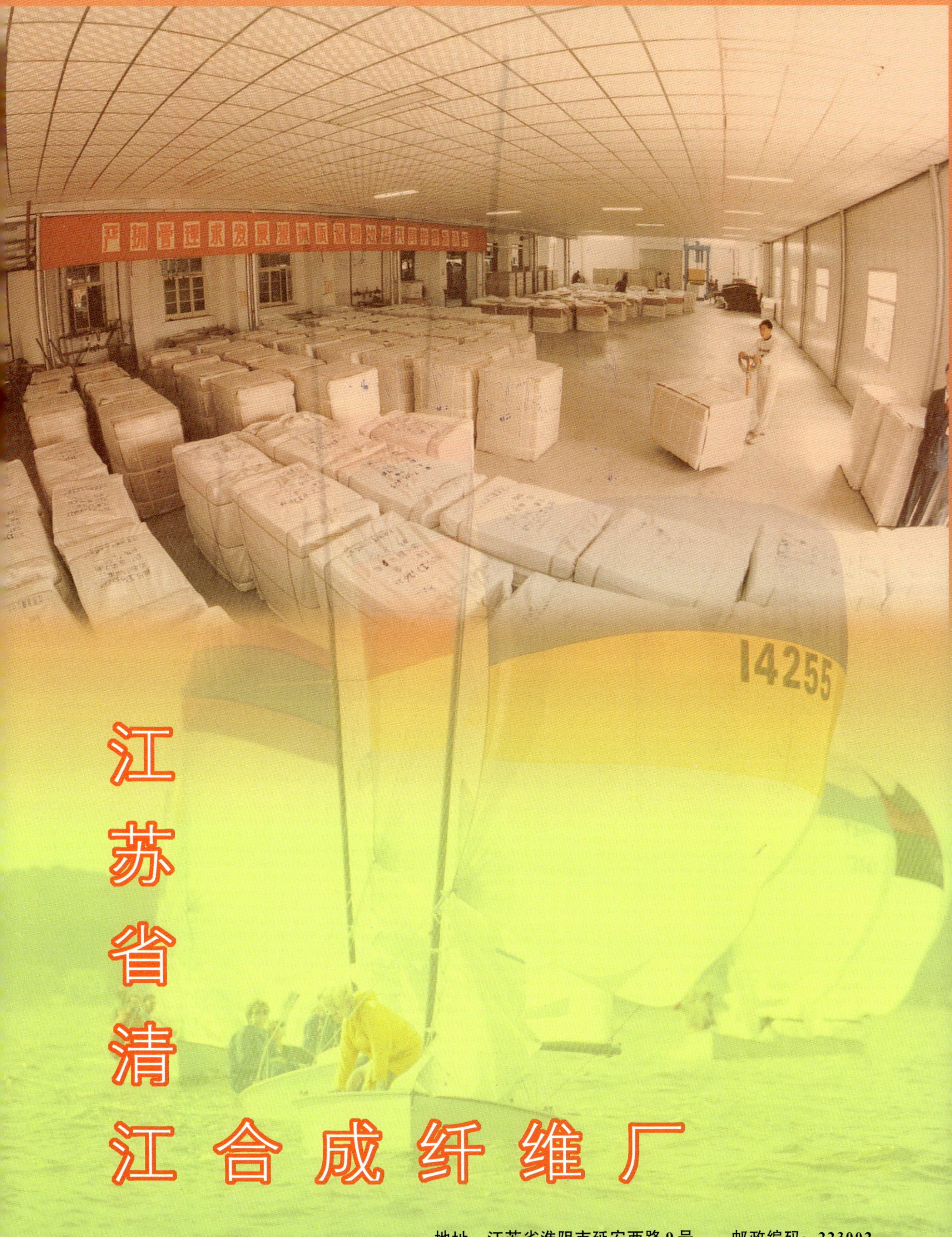
14255
江苏省清江合成纤维厂

江蘇聯通集團公司
地址：江苏省江阴市人民中路200号　　邮政编码：214400

地址：河北省唐山市建设北路 73 号　　邮政编码：063000

淮陰卷煙廠

地址：江苏省淮阴市大庆路32号　　邮政编码：223002

永不满足
淮陰卷煙厰

沧州
沧州市烟草分公司
地址：河北省沧州市西环中路27号　　邮政编码：061001

蚌埠卷烟厂

地　　址：安徽省蚌埠市红旗一路279号
邮政编码：233010

蚌

埠

滁州卷烟厂
地　　址：安徽省滁州市清流路1号
邮政编码：239000

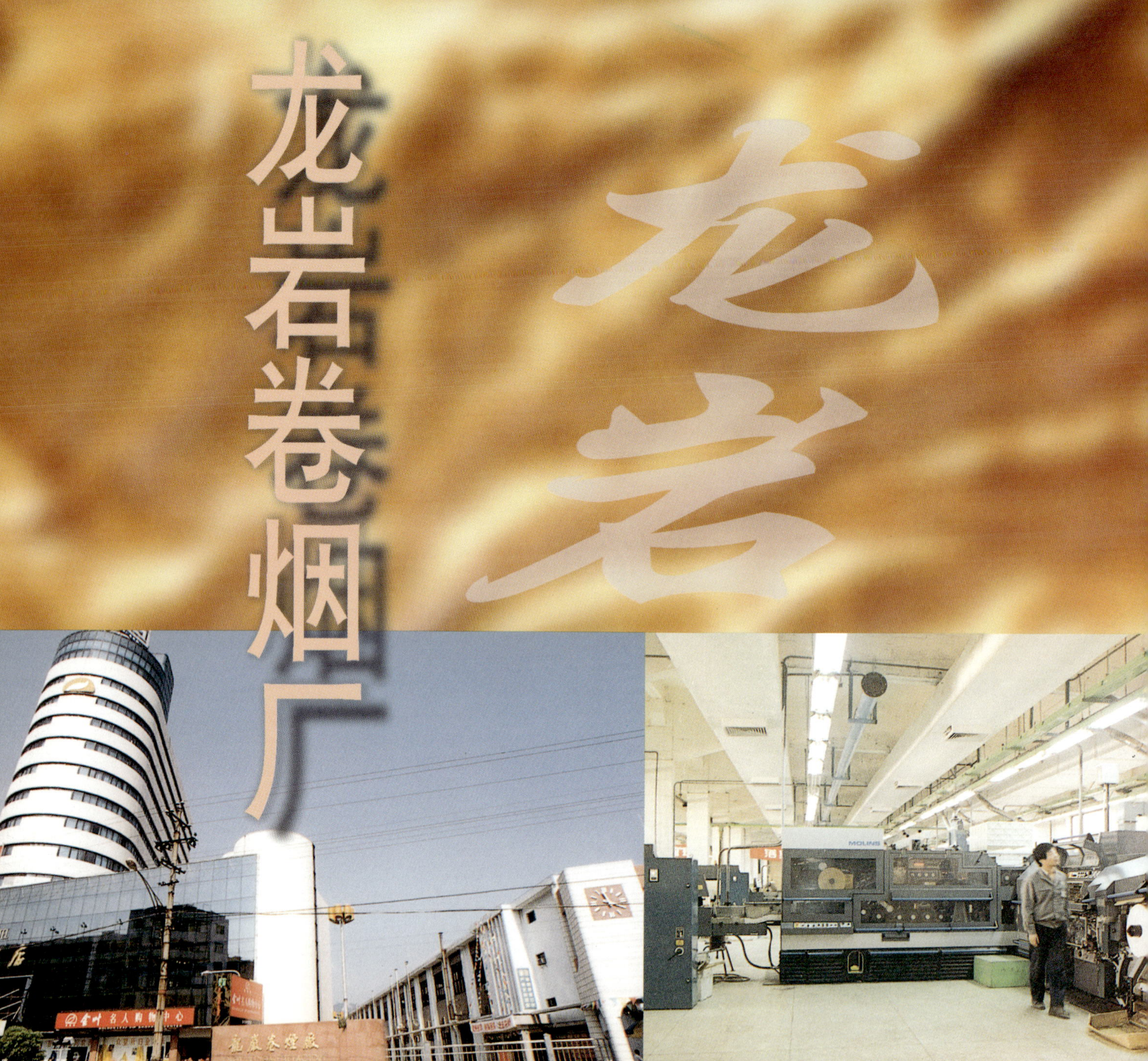

地址：福建省龙岩市西安南路 24 号　　邮政编码：364000

杭州
卷
煙
廠

山东颐中烟草

东方烟草（集团）有限公司

东方烟草

地址：山东省潍坊市开发区东风东街181号　　邮政编码：261031

g Zhou Juan Yan Chang
地　　址：浙江省杭州市中山南路 77 号
邮政编码：310008

集團）有限公司

山东烟草宏发
地　址
邮政编码

（集团）公司
省济南市解放路青龙桥南首
3

山东鲁南烟草（集团）有限公司

地址：山东省滕州市解放街9号　　邮政编码：277500

郑州卷烟厂
黄金叶
Filter Cigarettes
FILTER CIGARETTE
20
6 901028 160377

200/20
黄金葉
特製精品香煙
鄭州捲煙廠出品
黄金葉
黄金葉
地址：河南省郑州市陇海东路 72 号　　邮政编码：450004

平頂山

河南洛阳华帝卷烟滤材厂

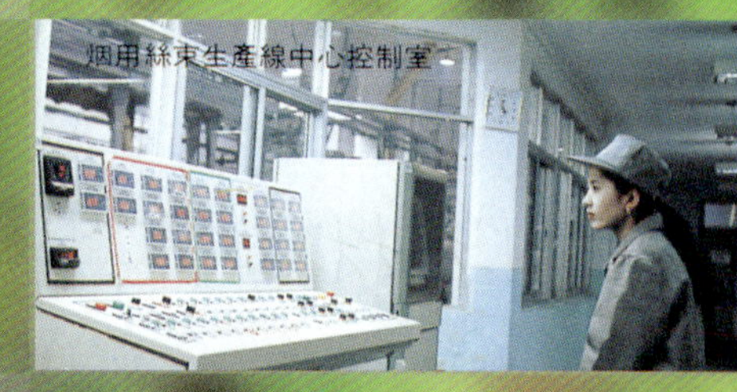
烟用絲束生產線中心控制室

引進意大利烟用絲束生產線

烟用絲束物檢，化驗室

地址：河南省洛阳市东花坛熙春西路 11 号　　邮政编码：471002

武
武汉卷烟厂

零陵

卷烟厂

地址：湖南省永州市芝山区工农路 74 号　　邮政编码：425006

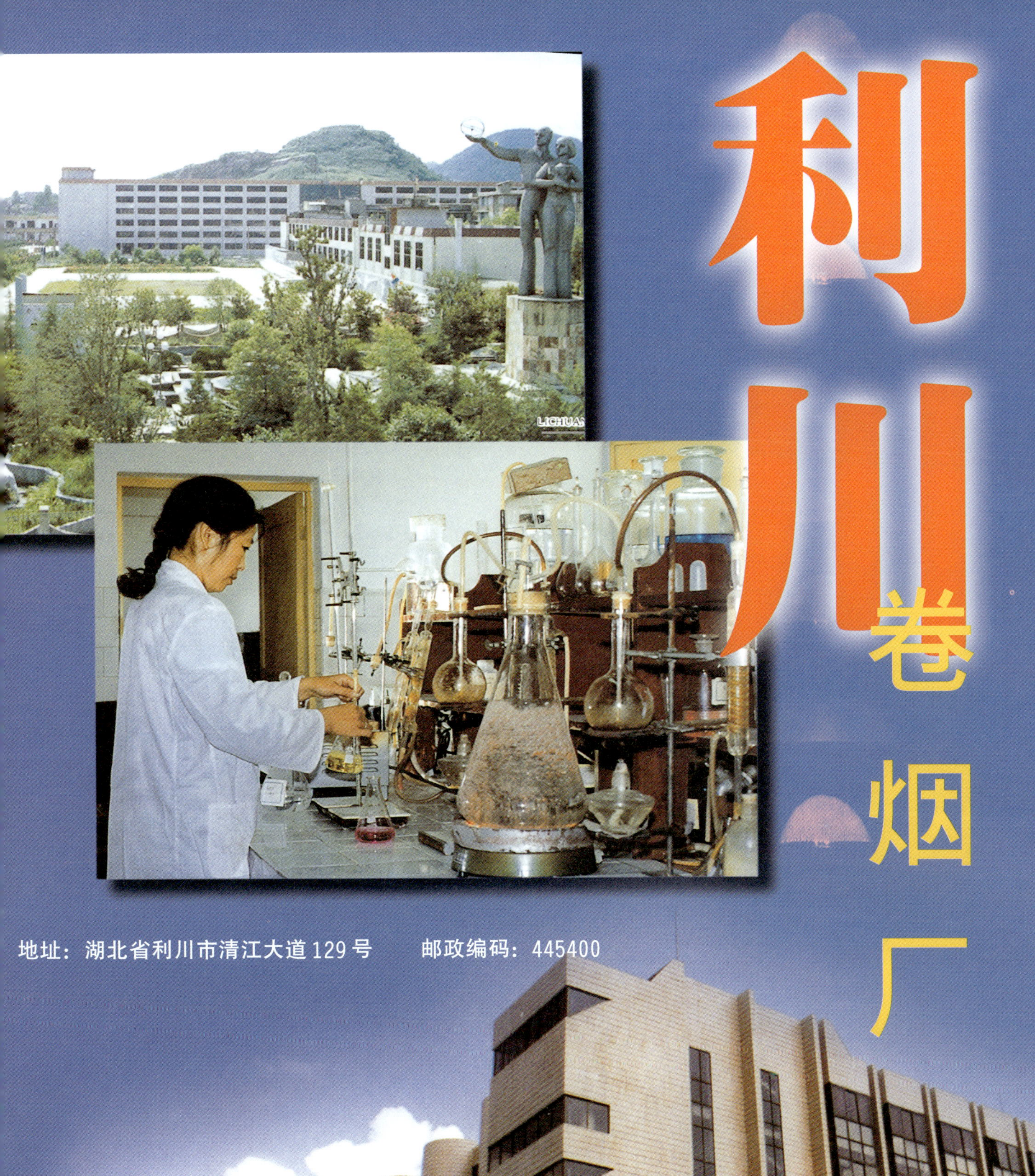

利川卷烟厂

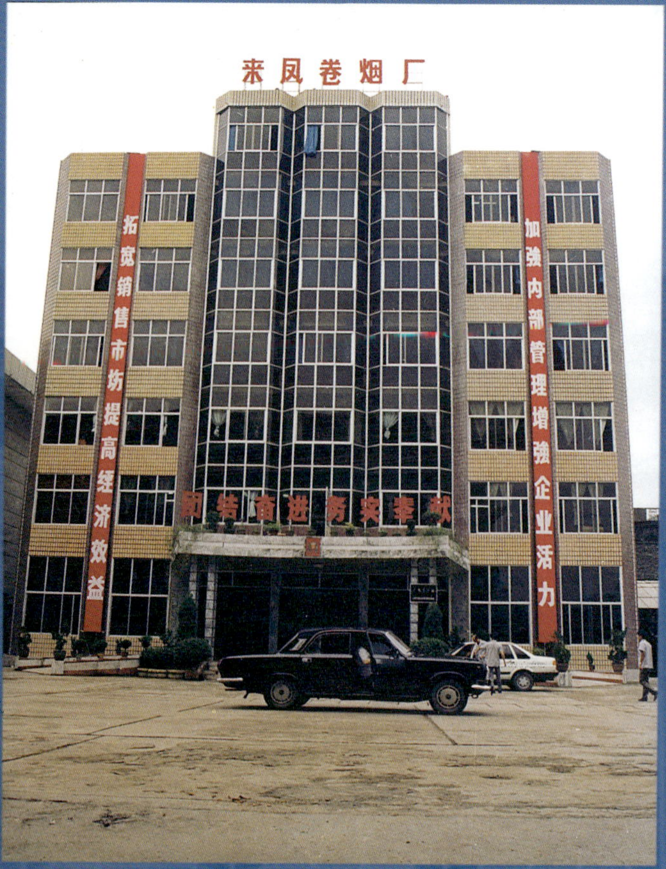

来鳳卷煙廠

地址：湖北省来凤县翔凤镇接龙桥 7 号　　邮政编码：445700

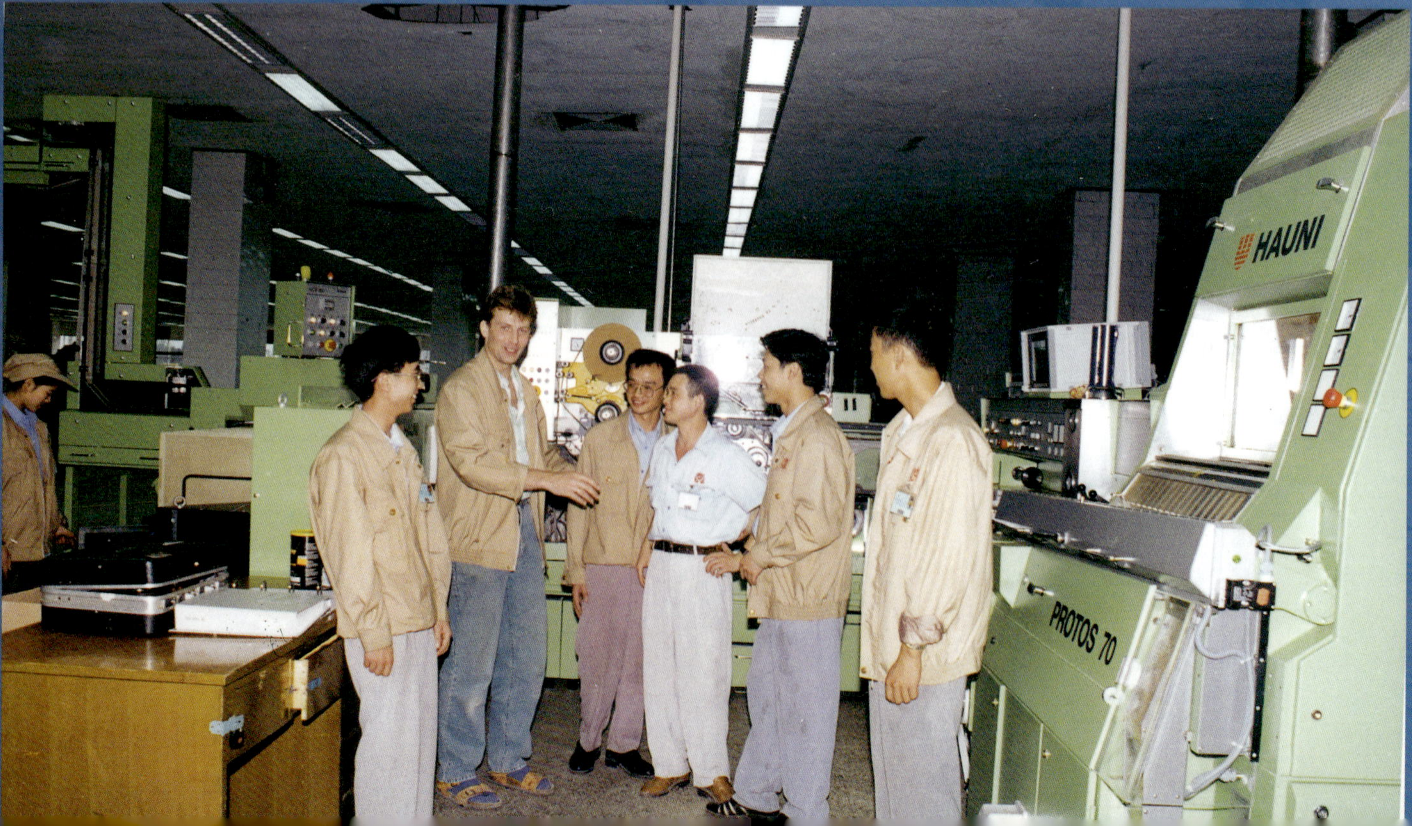

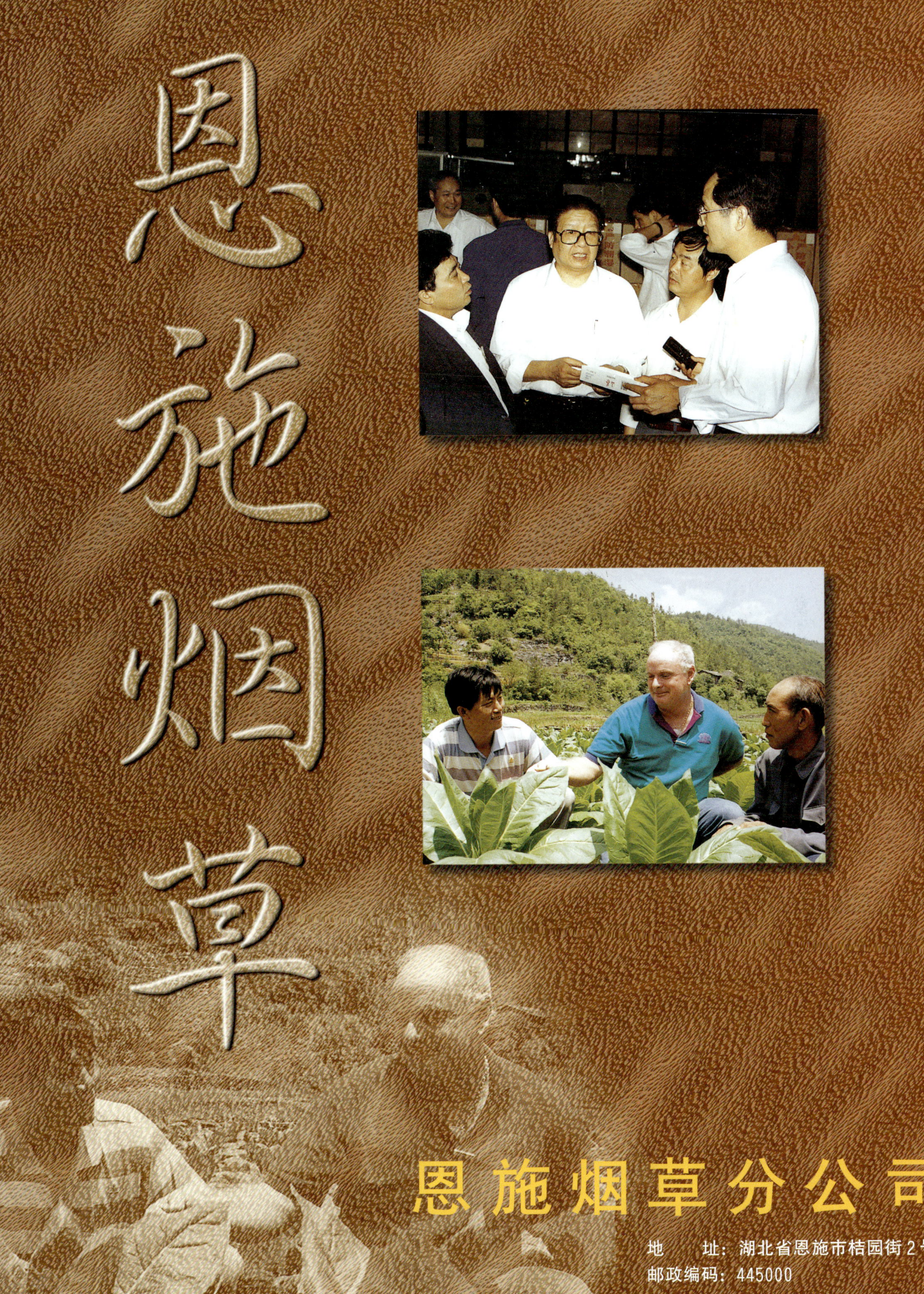
恩施烟草

汝州卷烟厂

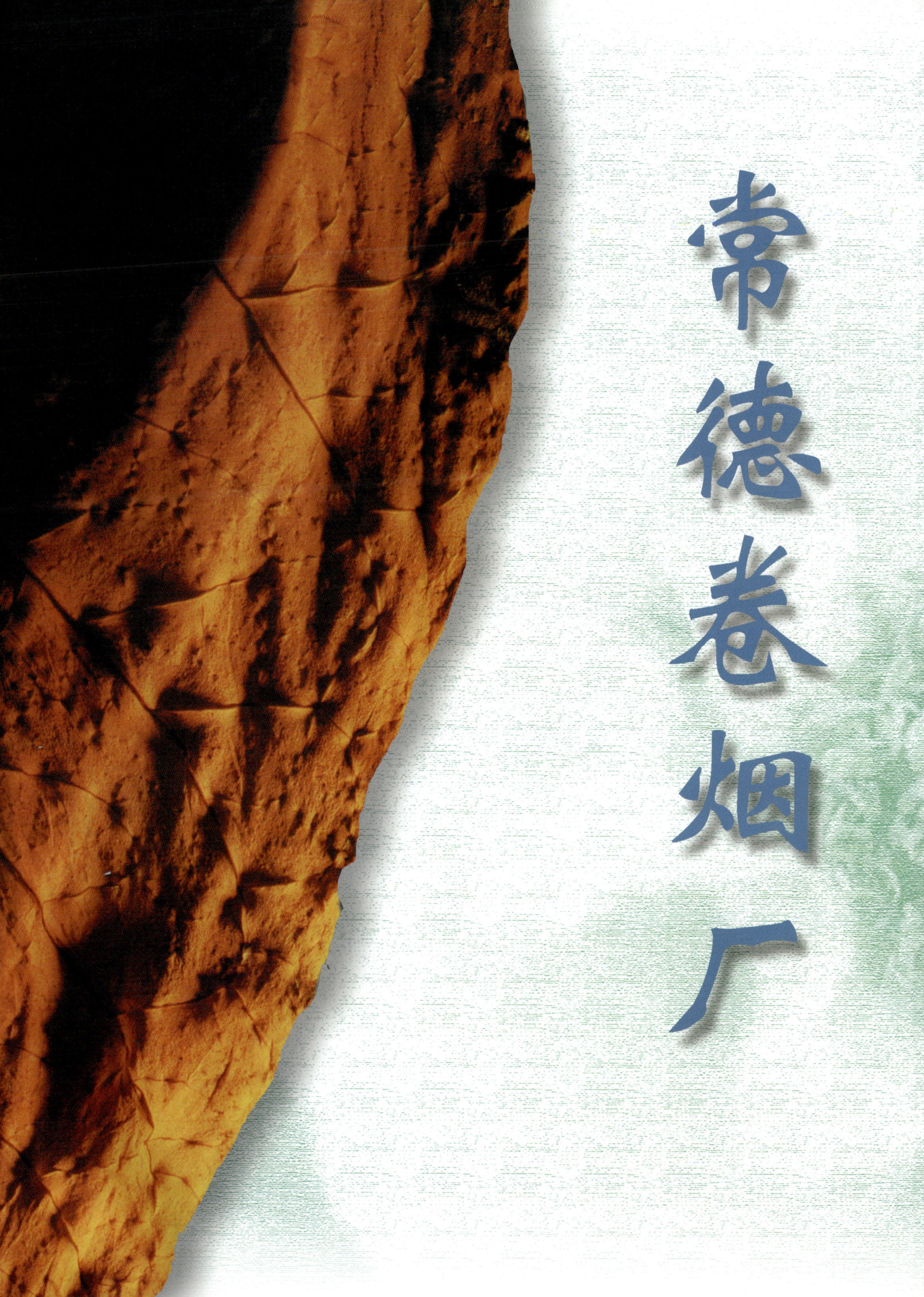
常德卷烟厂

地址：湖南省常德市洞庭大道　　邮政编码：415000

地址：湖南省龙山县城内　　邮政编码：416800

龙山卷烟厂

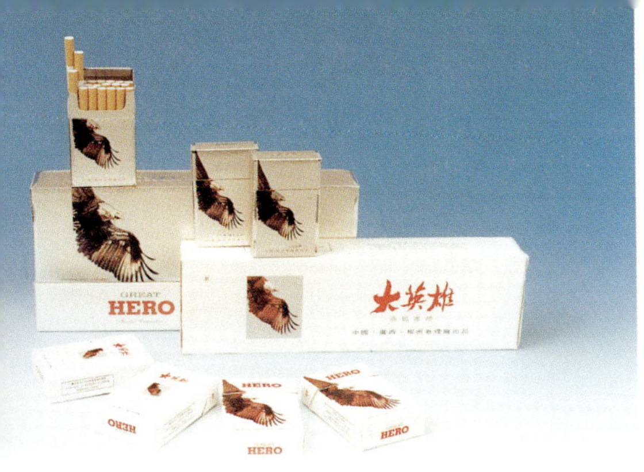

广西甲天下

广西甲天下烟草（集团）有限责任公司

南宁烟草(集团

有限责任公司

刘三姐

地　　址：广西南宁市望州路北二里29号

邮政编码：530001

博白卷烟厂
广西博白县博白镇城东路008号
邮政编码：537600

地　　址：广西浦北县环城路223号
邮政编码：535300

广西平南卷烟厂

地　　址：广西平南县大安镇
邮政编码：537307

地址：四川省资阳市建设北路西段9号　　邮政编码：641300

西昌

地　　址：四川省成都市文庙西街1号
邮政编码：610041

重庆
重庆市烟草公司
Marlboro
地　　址：重庆市渝中区陕西路 1 号
邮政编码：630011

地址：重庆南岸弹子石　　邮政编码：630061

烟 厂

黔江烟草分公司

地址：重庆市黔江县联合镇西沙南路 39 号　　邮政编码：408700

涪陵卷烟厂

地　　址：重庆市涪陵市
邮政编码：648000

昆明船舶设备集团公司

地　　址：云南省昆明市人民东路81号
邮政编码：650051

遵义老

地址：贵州省遵义市北京路　　邮政编码：563003

③

昆明国际贸易中心的场馆享有“云南第一厦”之美称，占地面积19万平米，现有建筑面积12 万平米，展厅可搭建标准展位1600 个，场馆整体造型中心突出，建筑韵律于均衡中富于变化。由中央大厅、展览厅、多功能厅、写字楼、信息中心、 商务中心、 洽谈室、办公用厅、中西贵宾厅、宴会厅、馆内庭院等组成,是一座气势恢宏，设施一流，功能齐全的现代化建筑。

地址：云南省昆明市春城路　　邮政编码：650200

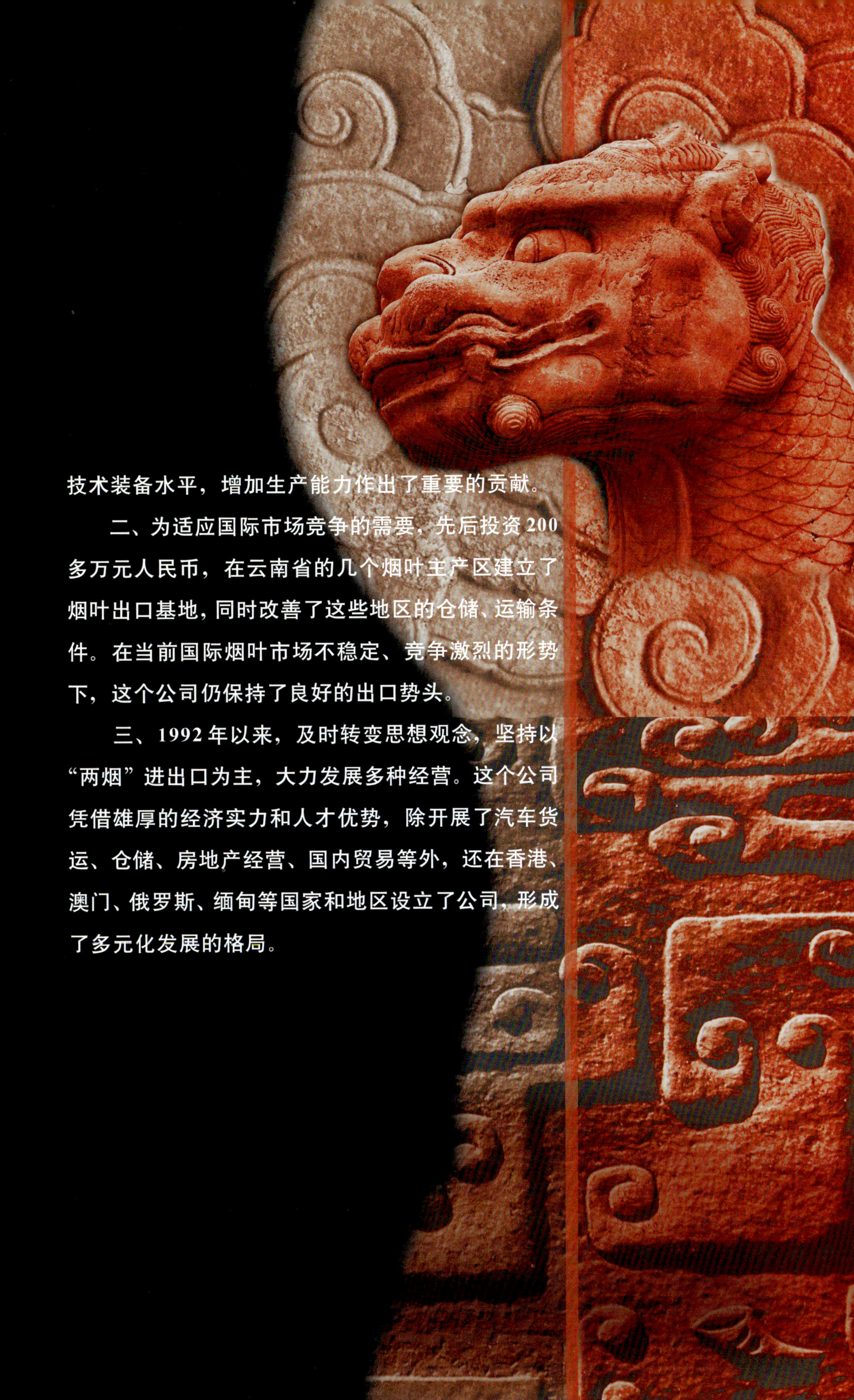

技术装备水平，增加生产能力作出了重要的贡献。

二、为适应国际市场竞争的需要，先后投资200多万元人民币，在云南省的几个烟叶主产区建立了烟叶出口基地，同时改善了这些地区的仓储、运输条件。在当前国际烟叶市场不稳定、竞争激烈的形势下，这个公司仍保持了良好的出口势头。

三、1992年以来，及时转变思想观念，坚持以“两烟”进出口为主，大力发展多种经营。这个公司凭借雄厚的经济实力和人才优势，除开展了汽车货运、仓储、房地产经营、国内贸易等外，还在香港、澳门、俄罗斯、缅甸等国家和地区设立了公司，形成了多元化发展的格局。

玉溪红塔烟草（集团）有限责任公司

Yuxi Hongta Tobacco (Group) Co., Ltd.

引进德国制丝生产线
The tobacco cutting machinery is imported from Germany

引进意大利G.DX2000型卷包机组
The G.DX2000 Cigarette Packing Machines from Italy.

团公司现代化工厂全貌
he modernized ciga-
tte factory's scene of
uxi Hongta Tobacco
Group) Co., Ltd.

工厂的计算机网络中心
The Computer Room of the Factory

红塔集团董事长、总裁　字国瑞

面向未來　迎接挑戰

玉溪红塔集团的今天来之不易，成就首先应该归功于改革开放，归功于省委、省政府的正确决策。玉烟能有今天，还因为有一个团结务实的领导班子，有一支尽职尽责的职工队伍。但尺有所短，寸有所长，今天的玉烟仍然要远学邯钢，近学兄弟单位的先进经验，博采众长，丰富自己。

目前，我们的企业正面临严峻挑战。要顺应世界烟草工业的大趋势，对我们来说，无疑是一个迫切需要解决的问题。我们如今仍偏重于在烟草上作文章，组织结构单一，而发展多品种多结构经营应该成为今后的战略目标。

省委、省政府决定在全省开展“远学邯钢，近学玉烟”的活动，是对玉烟5000多名职工工作成绩的肯定，也是对玉烟今后的工作提出了更高的要求。

历经40年的岁月，今日的玉烟已经成熟，抗风浪冲击的力量比任何时候都强。红塔集团所要思考的问题是，如何巩固提高，再创辉煌？我们也已具备了再创辉煌的条件：一是顺利实现了领导班子的新老交替，组成一个团结奋进，并能带领5000多名职工在市场经济的风浪中搏击的领导集体。二是大规模、高起点的技改已为今后的发展奠定了良好的基础。我们与世界最大的烟草企业相比，在一些方面可以说是旗鼓相当，并驾齐驱。三是在深化企业改革、实现“两个根本性转变”的过程中，正继往开来，探索新的路子。80年代中后期，我们实行公司＋农户的体制，较好地解决了以农副产品为原料的工业企业如何发展的问题。用稳定的优质原料来生产名烟，也促进了城乡协调发展和工农共同致富。四是企业开始从工厂制向公司制转变。“红塔集团”的成立，使我省的烟草工业在更大规模、更高层次上展开了集约经营。我们目前考虑的是，如何巩固发展玉溪红塔集团，探索和发展云南红塔集团，以形成云南烟草工业的主体框架。我们已开始研究企业发展中带战略性的问题，围绕“两烟”生产进一步发展优势，利用“两烟”积累，向非烟工业投资，并提高非烟投资效益，为云南经济开创新的发展之路。今后，我们要有长远的、战略的眼光，努力发展高新技术和“朝阳工业”，把云南红塔集团建成大规模、现代化的企业集团，争取早日进入世界工业500强。

我们的战略措施是：一、保持技术的领先地位，实施名牌战略，敢于向世界名牌挑战，让“红塔山”跨出国门，成为世界名烟；二、强化内部管理，苦练内功，以适应跨行业跨国度的管理向我们提出的更高要求；三、以烟为主开展多元化经营，为云南再创新的支柱产业做贡献。

省委、省政府提出“远学邯钢，近学玉烟”，给了我们一个机会，内部的压力和外部的挑战会使我们牢牢记住“天外还有天”，鞭策我们继续奋斗，永不止步。

红河卷烟厂
'95 10 23

地址：云南省弥勒县吉山路　　邮政编码 652300;

'97 3 18

旬阳卷烟厂

地　　址：陕西省旬阳县城小河北
邮政编码：725700

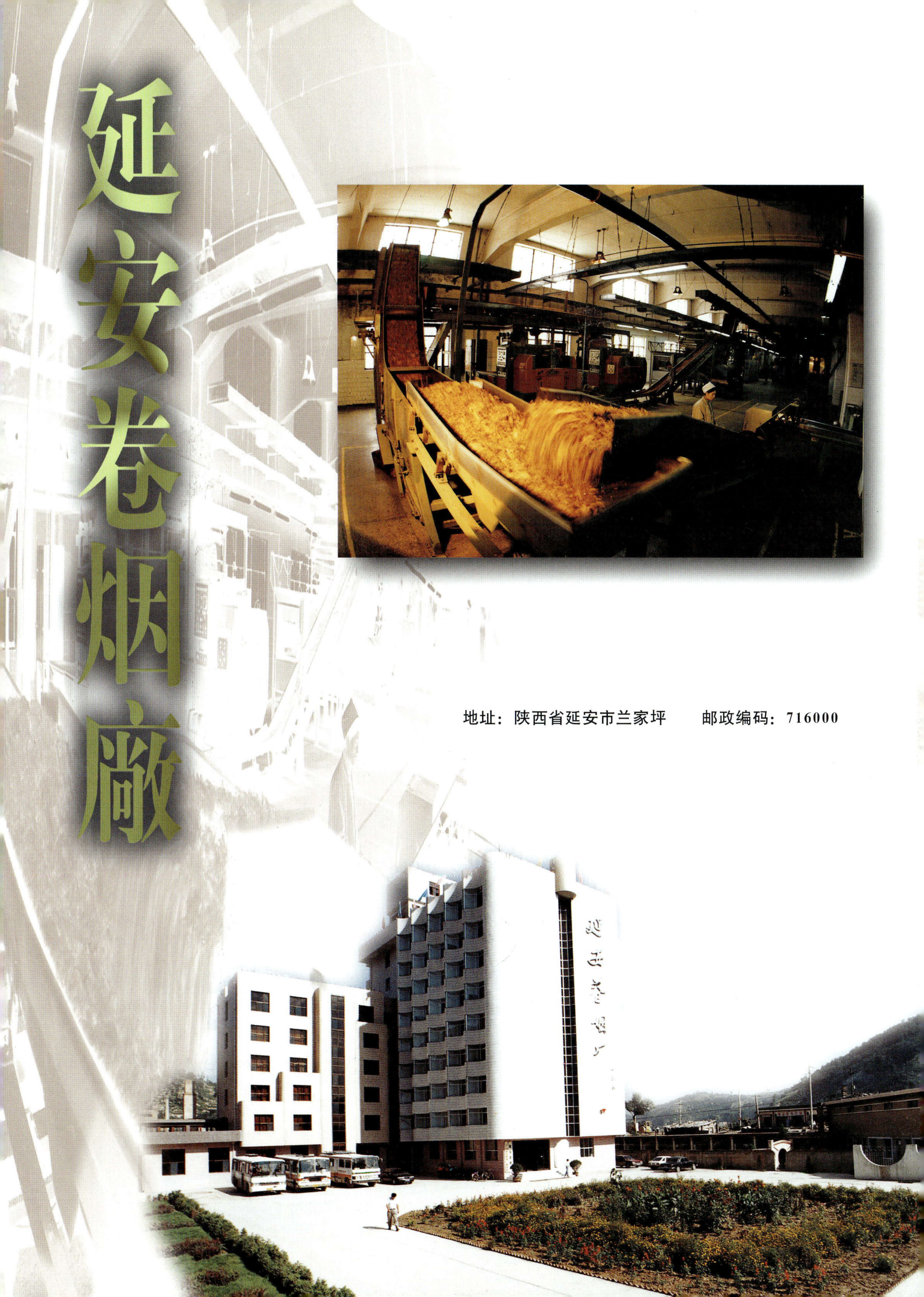

延安卷烟廠
地址：陕西省延安市兰家坪　　邮政编码：716000

地址：陕西省宝鸡市东风路 1 号　邮政编码：721000

西安市烟

草分公司

地址：陕西省西安市东关炮房街 22 号　　邮政编码：710048

汉中烟草（集

漢
中
煙
草

团）有限公司

地址：陕西省汉中市天台路中段　　邮政编码：723000

咸阳卷烟厂

地　　址：陕西省彬县西大街
邮政编码：713500

陕西省合阳烟叶复烤厂

地址：陕西省合阳县环北路 11 号　　邮政编码：715300

兰州卷烟厂

地　　址：甘肃省兰州市城关区62号
邮政编码：730030

新疆維吾爾自治區煙草專賣局

地址：新疆乌鲁木齐市明德路 23 号　　邮政编码：830002

新疆卷烟廠

地址：新疆奎屯市乌鲁木齐西路　　邮政编码：833200

地　　址：新疆乌鲁木齐市扬子江路16号
邮政编码：830000

新疆烟叶生产开发有限责任公司

深圳冠达波顿
波顿香料

图书在版编目(CIP)数据

中国烟草年鉴/国家烟草专卖局　主编

——北京:经济日报出版社,1997.12

ISBN 7-80127-395-8/F·112

I. 中… II. 国… III. 烟草工业—年鉴—中国 IV. F426.89.54

中国版本图书馆 CIP 数据核字(96)第 22599 号

广告许可证:广字(1996)第 048 号

中国烟草年鉴

国家烟草专卖局　　主编

经济日报出版社出版发行

(北京王府井大街 277 号　邮编:100746)

深圳雅昌彩色印刷有限公司印刷

开本:889×1194 毫米　1/16　36 印张　800 千字

1997 年 12 月第 1 版　1997 年 12 月第 1 次印刷

印数:1——9000 册

ISBN 7-80127-395-8/F·112　定价:330 元